Ingeborg Fleischhauer · Der Pakt

INGEBORG FLEISCHHAUER

DER PAKT

Hitler, Stalin und die Initiative der deutschen Diplomatie 1938–1939

ULLSTEIN

Die Autorin dankt der Fritz Thyssen Stiftung
für die freundliche Unterstützung

CIP-Titelaufnahme der Deutschen Bibliothek
Fleischhauer, Ingeborg:
Der Pakt : Hitler, Stalin und die Initiative der deutschen
Diplomatie 1938 – 1939 / Ingeborg Fleischhauer. – Berlin ;
Frankfurt am Main : Ullstein, 1990
ISBN 3-550-07655-X

1990 Verlag Ullstein GmbH · Berlin Frankfurt am Main

Satz: Fotosatz-Service Weihrauch, Würzburg
Druck und Verarbeitung: Ebner Ulm
Printed in Germany 1990
ISBN 3-550-07655-X

Inhalt

»Es scheint heute, klarer als man es 1939 sah, daß das Ungenügen der diplomatischen Anstrengungen vor dem Kriege (Anstrengungen, die nicht ohne guten Willen und Beharrlichkeit waren) zu einem großen Teil auf das Fehlen einer tiefen moralischen Abwehrreaktion gegen den absurden und ruchlosen Hitlerismus zurückging.

Nachdem ihm ein solcher Widerstand nicht zur rechten Zeit entgegengesetzt worden war, mußte Europa erdulden, daß die persönliche Aktion des deutschen Diktators immer entschiedener und unabweislicher wurde. Niemals ist die Geschichte so ausschließlich dem Willen eines einzigen Mannes erlegen … Die Diplomatie war von da an machtlos, dem Willen Hitlers Zügel anzulegen.«

Grégoire Gafenco, Derniers Jours de l'Europe (1946)

Die Fragestellung: Von wem ging die Initiative aus?

Der Abschluß des Hitler-Stalin-Paktes – nach den beiden unterzeichnenden Außenministern auch Molotow-Ribbentrop-Pakt genannt – in den Morgenstunden des 24. August 1939 (der Vertrag war am 23. August 1939 ausgehandelt und auf diesen Tag datiert worden), war ein Meilenstein auf dem Wege Hitlers zum Polenfeldzug und damit in den Zweiten Weltkrieg.

Der Pakt hat Publizistik und Wissenschaft seit Bekanntwerden der Schritte, die zu seinem Abschluß geführt haben[1], in Atem gehalten. Hat man seine immense politische Wirkung vor Augen, so verwundert die Tatsache, daß die internationale Wissenschaft in der Betrachtung seiner Entstehungsgeschichte bisher über sich widersprechende Standpunkte hinweg nicht zu einer höheren rationalen Synthese gefunden hat. Nach wie vor streiten die Historiker aus Ost und West – wie Walter Laqueur schon um die Mitte der sechziger Jahre in einer Mischung aus Resignation des Forschers und Belustigung des zeitgenössischen Beobachters konstatierte[2] – darüber, »ob nun die Initiative des Nichtangriffspaktes von Hitler oder Stalin ausging«. Dieser Streit wird seit geraumer Zeit nicht allein zwischen »Ost und West«, sondern auch innerhalb der Historikerzünfte der von diesem Pakt betroffenen Länder ausgetragen. In letzter Zeit schalten sich Publizistik und breite Öffentlichkeit der bis heute von seinen Fernwirkungen betroffenen Gesellschaften Ostmitteleuropas in den Prozeß der Erhellung seiner Hintergründe und Tragweite ein, fordern Massenveranstaltungen die Veröffentlichung der zugrunde liegenden Texte. Dies sind den Historiker ebenso überraschende wie erfreuende Neuheiten. Wann wäre früher – wie zuerst am 23. August 1988 in der litauischen Hauptstadt – eine viertel Million interessierter Bürger auf die Straße gegangen, um ihrer Forderung nach Bekanntgabe eines fünfzig Jahre alten Zusatzabkommens zu einem Vertrag zwischen zwei fremden Mächten Nachdruck zu verleihen![3]

Die akademische Geschichtswissenschaft der ehemaligen Signatarmächte – der UdSSR einerseits und der Bundesrepublik Deutschland als

Rechtsnachfolger des Deutschen Reiches andererseits – tut sich mit einer wirklichen Verarbeitung dieses spezifischen Teils ihrer gemeinsamen Geschichte jedoch noch schwer: Während sich in der passionierten sowjetischen Historikerdebatte der neuesten Zeit zwischen den weit auseinanderklaffenden Standpunkten der Traditionalisten und der *pere-strojtschiki* erst allmählich eine übergreifende, die Gegensätze überbrükkende Optik herauskristallisiert, neigen deutsche Historiker immer noch dazu, sich in den scheinbaren Sicherheiten der Ostforschung der fünfziger und sechziger Jahre zu wiegen und die Fülle der inzwischen in der UdSSR veröffentlichten Materialien und Gesichtspunkte zu übersehen. Sie laufen Gefahr, hinter den neuen, massiven Erkenntnisdurchbrüchen zurückzubleiben.

Eine zentrale Frage der internationalen Debatte über den Hitler-Stalin-Pakt sucht – wie es auch der Moderator der ersten deutsch-sowjetischen Fernsehdebatte[4] über diesen Pakt vergebens tat – den eigentlichen Urheber dieses präzedenzlosen Bruchs völkerrechtlicher Normen auszumachen. Von wem ging die Initiative zu diesem Pakt aus? Nicht zufällig gehen in dieser Frage die Standpunkte nach wie vor weit auseinander.

1. These: Die Initiative ging von Stalin aus

Ein Großteil der älteren und neueren deutschen Interpretationen der Entstehung dieses Paktes geht von der Ansicht aus, Stalin habe mit einiger Kontinuität ein Abkommen mit dem nationalsozialistischen Deutschland gesucht und seine Annäherungsversuche ab Herbst 1938 – nach Überwindung der Schockwirkung, die das Münchner Abkommen auf die Sowjetregierung hatte – in dem Maße intensiviert, daß Hitler im Sommer 1939, in Vorbereitung des geplanten Polenfeldzugs, nur noch auf dessen wiederholte Angebote einzugehen brauchte, um das von sowjetischer Seite begehrte Vertragswerk unter Dach und Fach zu bringen. Diese Ansicht steht in einer kontinuierlichen Linie zu früheren Behauptungen von nationalsozialistischer Seite. Die Art, in der sie vorgetragen wird, erweckt nicht selten den Anschein, als wolle man sich der schweren deutschen Verantwortung entledigen, indem man dem Objekt deutscher Kriegsplanung die Schuld für die Entfesselung des Krieges zuweist.

Bei näherer Betrachtung zeigt sich, daß diese These auf einer unstatthaften Vermischung unterschiedlicher historisch-politischer Zeitebenen einerseits und mangelnder Unterscheidung zwischen dem Nichtangriffspakt als solchem und diesem besonderen Zweck- und Raubbündnis andererseits beruht. Überdies muß ihre Evidenz solange als äußerst dürftig gelten, wie nicht Quellen, die der Forschung bisher verborgen geblieben sind, Auskünfte über die Erwägungen und Entscheidungen Stalins gäben, die eine derartige Aussage untermauern würden. Doch die Existenz solcher Quellen ist aus einer Reihe von Gründen zweifelhaft.

Schriftliche Primärevidenzen dieser Art dürften nicht (mehr) existieren: Stalin hat unseres Wissens weder Aufzeichnungen noch ausführliche Protokolle anfertigen und auch sonstige Dienstvorgänge in der Regel mündlich besorgen lassen. Zuwiderhandlungen (etwa im Sinne heimlicher Mit- oder Nachschriften) sind angesichts der von ihm angewandten Methoden der rigorosen Gleichschaltung seines Beamtenapparats im Zuge der »großen Säuberung« kaum zu erwarten. Sekundärevidenzen dürften, hätte es sie jemals gegeben, die nach dem deutschen Vertragsbruch und Einfall in die UdSSR eingetretenen psychologischen Kataklysmen Stalins und inneren Umbrüche im Kreml kaum überdauert haben. Nachträgliche indirekte Evidenzen, wie etwa Augenzeugenberichte von entsprechendem Gewicht, können heute nur noch in bescheidenen Grenzen erwartet werden. Sie dürfen – wie etwa bestimmte Erinnerungen von Wjatscheslaw M. Molotow, Anastas I. Mikojan, die schriftlich vorliegen, oder Beobachtungen des Dolmetschers Pawlow, der sich bisher nur mündlich geäußert hat – aus einer Reihe von Gründen (vor allem anhaltende Loyalität, Sprachregelungen und Tabus) kaum grundlegend neue Erklärungen bringen.

Der seriöse Forscher wird also die zentrale Frage nach Evidenzen für entsprechende innere Entscheidungen des »Kreml« notgedrungen weitgehend als unbeantwortbar zurückstellen müssen. Dies berechtigt ihn gleichwohl nicht, aus der Not an Dokumenten die Tugend nur scheinbar plausibler Spekulationen über die Ziele und Absichten Stalins zu machen, wie dies die Forschung der Nachkriegszeit gern tat. Denn er ist heute genötigt, wichtige neue Gesichtspunkte zu berücksichtigen, die diese These stark relativieren.

Der erste besteht darin, daß sich eine Kontinuität in den »Angeboten« Stalins an die Hitler-Regierung mit dem Ziele exklusiver politischer Beziehungen gar nicht nachweisen läßt. Denn prüfbare Vorschläge zu einer vertraglichen Festlegung der beiderseitigen Beziehungen hat Stalin der Hitler-Regierung allein in der Phase ihrer scheinbar noch unabgeschlossenen Konsolidierung und außenpolitischen Festlegung zugehen lassen.

Über Sinn und Ziele dieser frühen Paktvorschläge Stalins besteht in der Forschung weitgehende Klarheit[5]. Die durch die Verträge von Rapallo (1922) und Berlin (1926) geregelten Exklusivbeziehungen zwischen der UdSSR und dem Weimarer Deutschland waren bereits unter den Regierungen Brüning und Papen schweren Belastungsproben ausgesetzt gewesen, die zu ihrer Abkühlung und der wachsenden Entfernung der Vertragspartner geführt hatten. Die Machtübernahme Hitlers war nicht geeignet, diesen Prozeß zurückzunehmen. Die Sowjetregierung war sich des großen Ernstes dieses Ereignisses bewußt und verhielt sich gerade deshalb außenpolitisch besonders vorsichtig und abwartend. Sicherheitspolitisch zog sie bereits im Sommer 1933 die erste dramatische Konsequenz, indem sie (nicht – wie vielfach angenommen – die Reichsregierung) die Zusammenarbeit der Roten Armee mit der Reichswehr aufkündigte[6]. Bei einer zunehmend pessimistischen Einschätzung der von Hitler geplanten Ostpolitik war sie im ersten Jahr nach Kräften bemüht, Klarheit über die fernen Ziele Hitlers zu gewinnen. Sie hielt dabei einerseits, wie etwa die Rede Stalins vor dem XVII. Parteitag der KPdSU (26. Januar 1934) zeigte, aufgrund ideologischer Erwartungen eine stärkere Einbindung der Ziele Hitlers in die anderer Interessengruppen, etwa der Reichswehr, nicht für unmöglich – eine Hoffnung, die spätestens mit dem Röhm-Putsch jäh in sich zusammenfiel. Sie mag andererseits – angeregt durch die deutsche Diplomatie[7] und die Haltung des Auswärtigen Amts – eine Mäßigung der Ziele Hitlers unter den realpolitischen Zwängen der Macht und sein Übergehen von einer Politik des provozierenden Wortes zu der einer gemäßigten Tat nicht ausgeschlossen haben – eine Erwartung, die mit dem Austritt Deutschlands aus dem Völkerbund (14. Oktober 1933) fragwürdig und nach Ablehnung der sowjetischen Vorschläge hinfällig wurde.

Wenn die Sowjetregierung Hitler zunächst durch Vorschläge und Anfragen zu einer klaren Verlautbarung seiner Ziele in Osteuropa zu drängen suchte, so war sie vorrangig an zwei Fragen interessiert: an den deutschen Plänen für das Baltikum und die Ukraine (die Tatsache, daß Hitler es auf den gesamten Sowjetstaat abgesehen hatte, scheint sie zu diesem Zeitpunkt noch verkannt zu haben). Im Hinblick auf die Ukraine verschloß der deutsch-polnische Nichtangriffspakt vom 26. Januar 1934[8], in dem die Sowjetregierung Absprachen über die Ukraine vermutete, die Tür zu weiteren Gesprächen. Hinsichtlich des Baltikums hat die Sowjetregierung der deutschen Regierung mit dem Vorschlag einer gemeinsamen deutsch-sowjetischen Erklärung über die Unantastbarkeit der Unabhängigkeit der baltischen Staaten (28. März 1934), zwei Monate nach Abschluß des deutsch-polnischen Paktes, ungeachtet der Warnungen Nadolnys vor dem negativen Ausgang der Demarche, noch einmal und in unmißverständlicher Klarheit die »Gretchen-Frage«[9] gestellt.

Aus der Rundum-Absage der vorgeschlagenen Baltikumsgarantie – des letzten sowjetischen Versuchs einer bilateralen Stabilisierung der außenpolitischen Beziehungen – durch die Reichsregierung zog die sowjetische Außenpolitik – nach den Worten Litwinows – die »gebotenen Schlüsse«. Der Versuch, Deutschland wenigstens in eine multilaterale Ostpaktkonstruktion (im Sinne der älteren Idee eines »Ost-Locarno«[10]) einzubeziehen, die in sowjetischer Sicht den Krieg unmöglich machen und die russische Sicherheitsfrage im Baltikum auf andere Weise lösen würde, welchen Litwinow im Juni 1934 – bereits im Zusammenspiel mit dem französischen Außenminister Barthou – unternahm, bezeichnete bereits das definitive sowjetische Abrücken vom Bemühen um bilaterale Beziehungen. Er verlief erwartungsgemäß – wie dieses – im Sande.

Umgehend, ab Spätsommer 1934, traf die Sowjetregierung daraufhin – vor dem Hintergrund beklemmender Vorkriegsstimmung in Moskau – die ersten sichtbaren inneren Sicherheitsmaßnahmen für den *casus belli:* Sie ordnete die Erfassung aller in der UdSSR beheimateten Deutschen und ihre »Passeportisierung« an und verordnete per 1. Januar 1935 die Aussiedlung der sowjetischen Deutschen aus dem westlichen Grenzgebiet – Maßnahmen zur präventiven Neutralisierung einer potentiellen »Fünften Kolonne«[11].

Diese und andere innenpolitische Maßnahmen – die Anfänge der »großen Säuberung« – waren von einer grundlegenden außenpolitischen Umorientierung begleitet: Stalin nahm nun die an sich schwachen, aber gegebenenfalls zu Zwecken der »kollektiven Sicherheit« ausbaufähigen Möglichkeiten des Völkerbundes wahr (17./18. September 1934) und suchte, nicht zuletzt unter dem Eindruck der Einführung der allgemeinen Wehrpflicht in Deutschland (16. März 1935), das schwierigere und sicherheitspolitisch weniger befriedigende Bündnis mit Frankreich (2. Mai 1935) und der Tschechoslowakei (16. Mai 1935)[12]. Spätestens damit hatte – nach Ansicht des Auswärtigen Amts[13] und speziell der deutschen Rußland-Diplomatie – die »Politik der freien Hand, des Sichnichtbindens, die bisher der Sowjetaußenpolitik als erstrebenswertes Ziel vorgeschwebt hatte, ... ihr Ende gefunden«.[14]

Die Tatsache, daß sich die Sowjetregierung – trotz der virulenten Bolschewismus-Attacken der neuen Regierung und der offen proklamierten revisionistischen Ost-Pläne Hugenbergs und Rosenbergs – überhaupt so lange abwartend verhalten hatte, geht zu einem Teil auf die verborgenen Aktivitäten der deutschen Rußland-Diplomatie und des Auswärtigen Amts zurück. Obwohl ein detaillierter Nachweis des Einflusses, den sie (über Neurath) in den drei ersten Regierungsjahren Hitlers zum Zwecke einer zumindest formellen Aufrechterhaltung gutnachbarlicher Beziehungen auf den neuen deutschen Kanzler ausübte, bisher nicht erbracht ist[15], entsteht der Eindruck, daß sich Hitler vielleicht auch unter diesem Einfluß in der ersten Zeit Zurückhaltung auferlegte. Eine gewisse Überschätzung der eigenen Möglichkeiten durch das Auswärtige Amt – den damaligen Staatssekretär Bernhard Wilhelm von Bülow, den Leiter der Ost-Abteilung Richard Meyer[16] und, nach dessen Entlassung, Andor Hencke (1935–36) und seinen Nachfolger Roediger sowie den Botschafter in Moskau (1933–34), Rudolf Nadolny[17] – ist indes unverkennbar. Sie mußten stufenweise gewahr werden, »daß Hitlers Zurückhaltung in der Russenpolitik mit großem Widerstreben erfolgte und nicht das Ergebnis einer politischen Einsicht darstellte ... Es begann ein für die Außenwelt unsichtbarer Kampf, den das Auswärtige Amt bis zu dem frühzeitigen Tode des Staatssekretärs von Bülow im Frühsommer 1936 gegen die nationalsozialistischen ostpolitischen Konzeptionen im besonderen führte ... Der Gegensatz zwischen Hitler und dem Auswärtigen Amt war der Gegensatz zwischen der verantwortungsbewußten Behörde und dem politischen Demagogen, der die Außenpolitik und vor allem die Ostpolitik ohne Rücksicht auf die politischen und geschichtlichen Erfahrungen nach seinen weltanschaulichen Ideen glaubte formen zu können. Leider fand dieser Kampf mit dem Tode Bülows und mit dem Einzug Ribbentrops in die Wilhelmstraße einen frühen Abschluß. Mit Bülow starb gewissermaßen das alte Auswärtige Amt zu Pfingsten 1936.«

Auf diese Einflußnahme geht – demselben Zeugnis Meyers zufolge – die gemäßigte Rußland-Erklärung in der ersten Reichstagsrede Hitlers (23. März 1933) zurück: »Nach längeren Auseinandersetzungen erklärte sich Hitler zur Abgabe einer im Auswärtigen Amt formulierten Erklärung« bereit, nach der die Reichsregierung »gewillt sei, gegenüber der Sowjetunion freundschaftliche, für beide Seiten nutzbringende Beziehungen zu pflegen«. Diese Erklärung, für Hitler selbst vermutlich ein Lippenbekenntnis, gab der Sowjetregierung zeitweilig Hoffnungen und dem Auswärtigen Amt »die formelle Legitimation ..., auf eigene Verantwortung Beziehungen zu der Sowjetunion zu pflegen, Forderungen der Partei abzulehnen und wilde Reden von Parteiführern zu bagatellisieren«.

Der zweite Erfolg des Auswärtigen Amts war die Ratifikation des Verlängerungsprotokolls des Berliner Vertrags. Sie erfolgte am 6. Mai 1933 »nach einigem Hin und Her ... ohne nennenswerte Schwierigkeiten ... Es war für Hitler ein Formalakt, der zur Vermeidung sonst zu erwartender akuter Verwicklungen diente.«[18]

Wie immer man die innen- und außenpolitischen Wirkungen dieser Versuche der Einflußnahme auf Hitler von seiten des Auswärtigen Amts einschätzen mag – sie waren mit dem vollständigen Fiasko der von Botschafter Nadolny selbstgewählten und von Außenminister von Neurath gebilligten Mission Nadolnys ebenso intern erschöpft wie nach außen hin – aus sowjetischer Sicht – transparent geworden. Die Sowjetregierung zog umgehend die entsprechenden Schlüsse. Die Periode des Abwartens und der Hoffnung auf (Wieder-)Herstellung besonderer Beziehungen auf bilateraler Ebene ging mit der Demission Nadolnys zu Ende.

In der dann einsetzenden Phase deutsch-sowjetischer Beziehungen, die bis zum Bekanntwerden des Anti-Komintern-Paktes (25. November 1936) und seiner Implikationen reichte, erfolgten keine sowjetischen »Angebote« einer besonderen Regelung der Beziehungen zu Deutschland mehr. Vielmehr subsumierte die sowjetische Außenpolitik Deutschland nun vollends unter die Kategorie aller anderen Staaten mit entgegengesetzter Gesellschaftsordnung, für die Stalin seit 1925 die Regel der »friedlichen Koexistenz« formuliert hatte[19]. Wenn offizielle und inoffizielle Vertreter der Sowjetregierung von nun an in stereotypen Wendungen erklärten, daß die Sowjetunion »gute Beziehungen zu allen Staaten, auch (!) zu Deutschland«[20] wünsche, so kam in ihnen ihr Rückzug zu den Prämissen der allgemeinen Sicherheitspolitik gegenüber den kapitalistischen Staaten zum Ausdruck, hinter denen der »Primat der Sicherheit zur Abschirmung des inneren Umwandlungsprozesses«[21] – der forcierten Industrialisierung und bald auch erzwungenen Aufrüstung – stand.

Es ist denkbar, daß Stalin in seinem Innern die ferne Erwartung eines Regimewandels, einer veränderten Kräftekonfiguration in Deutschland oder eines »Sich-Besinnens« Hitlers und damit die vage Hoffnung hegte, daß es zur Realisierung der radikalen Ostpläne der Nationalsozialisten nicht kommen würde[22]. Auf der Ebene des staatsmännischen Handelns aber, in seiner praktischen Innen- und Außenpolitik, stellte sich Stalin auf die neuen Realitäten ein.

So bedurfte es eines an der Verbesserung der deutsch-sowjetischen Beziehungen (im Sinne der Wiederherstellung eines Sonderstatus) extrem interessierten deutschen Gesprächspartners, um aus gelegentlichen Konstatierungen der allgemeinen Leitlinien der sowjetischen »Friedenspolitik« spezifische »Angebote« an die deutsche Seite herauszuhören. Rußland-orientierte Kreise des Auswärtigen Amts sowie einiger anderer Ressorts (vor allem Finanzminister Schacht) haben – angesichts ihrer wachsenden Sorge über ein ostpolitisches Abenteurertum Hitlers – diese Disposition besessen: Die angeblichen Angebote Stalins zur Wiederherstellung der »Zusammenarbeit zwischen Deutschland und Rußland im vollen Umfang«[23], die von 1935 bis Anfang 1937 – ausschließlich deutschen Quellen zufolge – über den sowjetischen Geschäftsträger in Berlin, Bessonow, an Roediger und Andor Hencke im Auswärtigen Amt sowie über den Leiter der Sowjetischen Handelsvertretung in Berlin, Kandelaki, an Reichsfinanzminister Schacht ergangen seien[24], dürften sich bei genauer, vergleichender Betrachtung – auch der sowjetischen Aufzeichnungen über die entsprechenden Gespräche – als zweckgerichtete Überinterpretationen von seiten der Kräfte in Deutschland erweisen, die im wachsenden Maße über den Revisionismus Hitlers besorgt waren und in einer aktiven sowjetischen Deutschlandpolitik einen Stabilisationsfaktor erster Ordnung sahen. Nicht zufällig haben die deutschen Gesprächspartner gerade im Zusammenhang mit der Erörterung von Wirtschaftsfragen, denen im Rahmen der sowjetischen »Friedenspolitik« besonderes Gewicht zukam, zu diesem Zwecke Fühler ausgestreckt.

Wer in Kenntnis der äußerst ambivalenten Text- und Quellenlage dennoch zu der Annahme neigt, die Initiative zu den anfänglichen diplomatischen Demarchen sowie nachfolgenden inoffiziellen Sondierungen sei von sowjetischer Seite ausgegangen, wird zumindest im Anti-Komintern-Pakt (25. November 1936) eine einschneidende Zäsur erkennen müssen[25]. Gleichwohl haben Augenzeugen, vornehmlich unter den in Moskau akkreditierten deutschen und anderen Diplomaten, aufgrund ihrer Beobachtungen die Vermutung ausgesprochen, daß die Bereitschaft der Sowjetregierung zu einer Bereinigung der außenpolitischen

Lage durch bilaterale Vereinbarungen mit Deutschland und zur grundlegenden politischen Verbesserung der deutsch-sowjetischen Beziehungen auch nach Bekanntwerten des Charakters des Antikomintern-Paktes weiterbestanden hätte; zu dieser Annahme neigte im nachhinein, in seinen in der Zeit des »Kalten Krieges« entstandenen Erinnerungen, Gustav Hilger[26]. Westliche Diplomaten, etwa der frühere US-Botschafter Joseph E. Davies[27], unter Zugrundelegung der »Meinung einiger der am längsten hier weilenden Diplomaten« verschiedener Länder, und der französische Botschafter Robert Coulondre[28], aufgrund eigener Beobachtungen, haben sie schon damals geäußert. Historische Interpreten sind ihnen im Ansatz gefolgt und haben die Möglichkeit einer noch immer bestehenden Bereitschaft der Sowjetregierung zu einer Belebung der Handelsbeziehungen mit dem Ziele der Wiederaufnahme politischer Gespräche mit Deutschland selbst für die Periode zwischen dem Abschluß des Anti-Komintern-Paktes und dem Münchner Abkommen – in Ermangelung von Beweisen – zumindest als eine Hypothese erörtert[29].

Noch schwieriger ist die Beweislage hinsichtlich der Periode nach Abschluß des Münchner Abkommens (1. Oktober 1938). Zwar haben unbeirrbare Verfechter der These 1 – zuerst Angelo Rossi (ein Journalist, der nicht mit dem italienischen Botschafter in Moskau, Augusto Rosso, zu verwechseln ist)[30] und später mit Nachdruck unter anderen der schwedische Historiker Sven Allard[31] – behauptet, daß Stalin bereits »unmittelbar nach dem Münchner Abkommen und stärker noch seit Dezember 1938« (Rossi) sowie »Ende 1938 und Anfang 1939« (Allard) »wieder ernstlich Versuche« unternommen hätte, um zu einem Abkommen mit Deutschland zu kommen. Allein, sie sind uns die Beweise schuldig geblieben.

In kaum besserer Beweislage befinden sich die Historiker, die den Rechenschaftsbericht Stalins zur Eröffnung des XVIII. Parteitags der KPdSU am 10. März 1939 als Auftakt einer neuen sowjetischen Initiative zur Annäherung an Deutschland verstehen. Ihre Zahl ist groß[32]. Nachdenklich aber stimmt die Tatsache, daß die diplomatischen und politischen Beobachter, die dieser Rede damals in Moskau wie im Ausland mit großer Aufmerksamkeit folgten, in ihr keine Kursänderung Stalins im Sinne eines etwaigen Angebots an die deutsche Regierung erkannten. Bei genauer Betrachtung entsteht der Eindruck, daß diese Rede (die von westlichen Kremlinologen sogenannte »Kastanien-Rede«), in der sich

Stalin – nach westlicher Lesung und Übersetzung – dagegen verwahrte, für die westlichen Demokratien »die Kastanien aus dem Feuer zu holen« (der russische Text der Rede enthält diesen Ausdruck nicht!), erst im Lichte späterer Ereignisse rückblickend eine Bedeutung gewann, die ihr in dieser Tragweite schwerlich innegewohnt hat.

Das Hauptgewicht ihrer Argumentation aber legen die Anhänger der These, nach der Stalin die Initiative zum Hitler-Stalin-Pakt ergriffen hätte, seit Beginn der fünfziger Jahre auf die Vorgänge im Sommerhalbjahr 1939: In erster Linie die Gespräche von Angehörigen des Auswärtigen Amts, der Dienststelle Ribbentrop und schließlich von Reichsaußenminister Joachim von Ribbentrop selbst, mit Sowjetvertretern in Berlin einerseits sowie der Deutschen Botschaft Moskau mit Vertretern der Sowjetregierung andererseits, die dann tatsächlich in der dritten Augustwoche 1939 zur Vorlage eines sowjetischen Entwurfs zum Nichtangriffspakt und – nach Klärung der territorialen Fragen für das Zusatzprotokoll – zum Vertragsabschluß geführt haben. Die Behauptung, daß die sowjetische Seite in diesen Gesprächen den aktiven Part gespielt hätte, ist wiederum erst relativ spät, nämlich in der Zeit des »Kalten Krieges«, und überwiegend von seiten Außenstehender ausgesprochen worden, die keinen unmittelbaren Einblick in die deutsch-sowjetischen Gespräche besaßen. Der – seinerzeit wenig erfolgreiche – englische Chef-Unterhändler in den vorausgegangenen, fehlgeschlagenen politischen Verhandlungen zwischen Frankreich/England und der UdSSR, William Strang[33], behauptete dann als einer der ersten, ohne Angabe von Quellen, daß »die ersten Fühler zu einer Verbesserung in den sowjetisch-deutschen Beziehungen im Frühjahr 1939 im Anschluß an die Feststellung [sic] Stalins vom 10. März von der sowjetischen Seite kamen«. Als unseriös und tendenziös müssen auch die Behauptungen des ebenfalls seinerzeit in seinen Bemühungen erfolglosen ehemaligen Angehörigen der Dienststelle Ribbentrop, Dr. Peter Kleist[34], gelten, der in Deutschland eine Kronzeugenfunktion für sich in Anspruch nahm. Um seinen eigenen Mythos zu schmieden, hat Kleist die Forschung nachhaltig irregeführt. Nach Kleist hätte Stalin – nach seinem Versuchsballon in der Rede vom 10. März – ab April 1939 in Deutschland »vorgefühlt«, um ab Mai 1939 »deutlicher« zu werden.

Die deutsche und deutschsprachige historische Forschung ist dieser Argumentationslinie zum großen Teil gefolgt, und dies oft mit erstaunlicher Emphase: neben der erwähnten Arbeit von Sven Allard[35] vor allem Philipp W. Fabry[36], Walther Hofer[37], F.A. Krummacher und Helmut Lange[38], J.W. Brügel[39] und Andreas Hillgruber zu wiederholten Malen und crescendo[40], wobei er zuletzt, zusammen mit Klaus Hildebrand, »prononciert ausgesprochen« die These vertrat, entscheidend sei dabei für Stalin »sein Wille [gewesen], den Krieg nicht zu verhindern, sondern ihn indirekt auszulösen, mit Hitler als Handelndem, der die ›Entfesselung‹ besorgte«[41]. Diese Interpretation stützt sich – neben einer ungenügend textkritischen Übernahme der Inhalte der deutschen Aufzeichnungen und Berichte über jene Vorgänge – wiederholt[42] auf eine Rede Stalins aus dem Jahre 1925, in der er angeblich für die fernere Zukunft die militärische Überlegenheit des Sowjetstaates als des lachenden Dritten über die einander im Todeskampf zerfleischenden kapitalistischen Mächte vorweggenommen hätte. Zu dieser Rede wäre zumindest zu sagen, daß sie vor einem gänzlich andersgearteten innen- und außenpolitischen Hintergrund gehalten wurde[43].

Die Erklärung der Entstehungsgeschichte des Hitler-Stalin-Paktes, nach der die Initiative von Stalin ausging, krankt – läßt man den häufig transparenten ideologischen Denkansatz und das psychologische Bedürfnis nach Abwälzung der Verantwortung auf die Gegenseite zur Seite – vor allem an drei Schwächen:

1. der Verwechslung der generellen Leitlinien der sowjetischen Politik der »friedlichen Koexistenz« mit gezielten »Angeboten« an die deutsche Adresse;
2. der unkritischen Zugrundelegung der deutschen Dokumente und
3. der mangelnden Unterscheidung zwischen dem legitimen sowjetischen Interesse am Zustandekommen eines (defensiven) Nichtangriffspaktes als solchem einerseits und dem faktischen Eingehen eines (in seinen Konsequenzen offensiven) Bündnisses zur (militärischen) Aufteilung der politischen Interessensphären andererseits.

2. These: Die Initiative ging von Hitler aus

Besser gesicherte Beweise können die Verfechter dieser entgegengesetzten These ins Feld führen. Sie stützt sich auf eine stattliche Reihe unzweifelhafter Augenzeugenberichte und hält sich von den scheinbaren Evidenzen ungenügend analysierter Quellen und Dokumente fern. Ein ideologischer Erklärungsansatz tritt in ihr seltener in Erscheinung als im ersten Fall und zumindest nicht als ein die bestehenden Erkenntnislücken schließender *deus ex machina* in Aktion.

Die Augenzeugenberichte, die Hitler die Verantwortung für das Zustandekommen des Paktes mit Stalin zuweisen, sind zu einem Teil im unmittelbaren zeitlichen Kontext der deutschen Fühlungnahmen und zu weiteren Teilen in großer zeitlicher Nähe zu ihnen entstanden. So hielt der Staatssekretär des Auswärtigen Amts, Ernst Freiherr von Weizsäcker, in seinen persönlichen Tagebuchaufzeichnungen, etwa unter dem Datum des 18. Juni 1939, fest, das deutsche »Spiel« beziehe sich nun neben Japan vor allem auf Rußland: »Wir machen Avancen ... Die Russen sind aber noch stark mißtrauisch.«[44] Der Leiter des Ministerbüros Ribbentrops, Dr. Erich Kordt, berichtete später, daß »Hitler bekanntlich ... die geheimen Vorfühler ... ausstrecken ließ«, diese aber längere Zeit »zu keinem konkreten Ergebnis« führten[45]. Friedrich Gaus erfuhr Ende Mai 1939 aus dem Munde Ribbentrops, daß »Adolf Hitler seit einiger Zeit erwäge, den Versuch zu machen«, ein neues Verhältnis zur UdSSR herzustellen; er hätte angeordnet, »festzustellen, ob diese darauf einginge«[46]. Der für Ostfragen zuständige Angehörige der Handelspolitischen Abteilung des Auswärtigen Amts, Dr. Karl Julius Schnurre, sagt für seinen Bereich und die ihm aufgetragenen Fühlungnahmen zur sowjetischen Seite aus, daß es Hitler war, der sich Ende Juli 1939 entschloß, »die Initiative gegenüber der Sowjetunion zu ergreifen«[47].

Aus der Sicht der Deutschen Botschaft Moskau sprach nach vollbrachter Tat, neben dem Botschafter[48] selbst, Militärattaché General Köstring vom geglückten »deutschen Coup«, dem Sieg des Werbens Hitlers um die Gunst Stalins, das bereits ab Frühsommer 1939 zu beobachten gewesen sei[49]. Der Beauftragte der Botschaft für Wirtschaftsfragen, Legations- und spätere Botschaftsrat Gustav Hilger, wußte aus seiner Kenntnis der deutschen Verhandlungsführung in Berlin und Moskau zu berichten, daß sich Hitler gegen Ende Juli 1939 definitiv entschloß, »die Initiative zu einer Verständigung mit den Russen zu ergreifen«[50].

Dieser Sichtweise sind, noch in den Kriegsjahren beginnend, mehrere westliche Interpretationen gefolgt. So berichtete Frederick L. Schuman 1941 vom »Nazi courtship«, das vermutlich vor März 1939 eingesetzt habe und nach der Demission Litwinows (3. Mai 1939) »ardent« geworden sei[51]. John Wheeler-Bennett betonte 1946, daß Hitler ab April 1939 Anstrengungen unternommen hätte, durch beträchtliche Zugeständnisse an Stalin die sowjetische Neutralität zu erkaufen, Stalin aber über

Monate hinweg argwöhnisch geblieben sei[52]. L.B. Namier pflichtete diesem Standpunkt zwei Jahre später bei und unterstrich, daß die Sowjetregierung aufgrund ihrer Position, Ideen und Taktik, objektiv betrachtet, gar kein Interesse daran haben konnte, voreilig auf die deutschen Angebote einzugehen[53]. Schließlich analysierte Watt die Beweise zugunsten der Annahme von »German advances« gegenüber Stalin; er gab der These hohe Glaubwürdigkeit, wies aber auch auf den ungenügenden Quellenstand zu ihrer endgültigen Bestätigung hin[54].

Auf seiten deutscher Historiker ist Max Braubach dieser Ansicht in seiner Bonner Antrittsrede (1959) gefolgt[55]. Georg von Rauch kam ihr bei seiner Analyse der Entstehung des Pakts nahe, als er feststellte: »Der drängende Teil bei dem deutsch-sowjetischen Gespräch war eindeutig Hitler; hier ist die Ungeduld ... in bezug auf weitere machtpolitische Gewinne unverkennbar.«[56]

Die sowjetische Geschichtsforschung hat diesen Standpunkt von der Nachkriegszeit bis vor kurzem uneingeschränkt vertreten. In der Zeit des Stalinismus ist ihre Glaubwürdigkeit durch ein vordergründiges Interesse an nationaler Selbstlegitimierung getrübt worden. Im Zeitraum der ersten Liberalisierung der Richtlinien für das historische Schrifttum unter N.S. Chruschtschow hat als erster Zeitzeuge der frühere Sowjetbotschafter in London, Iwan M. Majskij, von den »deutschen Avancen«, der »deutschen diplomatischen Offensive« und den »Reden der nazistischen Sirene«[57] gesprochen. Sowjetische Historiker sind ihm darin gefolgt. Die heute in vielen Aspekten überholte »Geschichte des Großen Vaterländischen Krieges« von 1962 sprach vom Entschluß der »deutschen Regierung«, »den Krieg gegen die UdSSR aufzuschieben«: So habe sie »die Initiative [ergriffen], um mit der Sowjetunion ins Gespräch zu kommen«, wobei sie diese abwechselnd ihrer »freundschaftlichen Gefühle« versichert habe und in »unverblümte Drohungen« ausgebrochen sei[58].

Von den »deutschen Sondierungen«, den »wiederholten Vorschlägen« der »deutschen Regierung«, in Verhandlungen einzutreten, schrieben im selben Jahre auch I.K. Kobljakow in der Zeitschrift *Istorija SSSR*[59] und im Jahre 1968 Lew Besymenskij in seiner »Sonderakte ›Barbarossa‹«[60]. Die Autoren der 1969 auf deutsch erschienenen »Geschichte der sowjetischen Außenpolitik«[61] hoben hervor, daß die Sowjetregierung – nach vorausgegangenen deutschen Sondierungen auf hoher Ebene, nämlich den Fühlungnahmen Weizsäckers, Schulenburgs und Schnurres – »unter den schweren Bedingungen« des Sommers 1939 »von der deutschen Regierung den Vorschlag [erhielt], einen Nichtangriffspakt abzuschließen«. Sie habe keine andere Wahl gehabt, als in diesen Vorschlag einzuwilligen. Dies war, auf eine Kurzform gebracht, die nunmehr klassische sowjetische Argumentation. Sie lag auch den entsprechenden Passagen der »Geschichte der KPdSU« von 1970[62] zugrunde und wurde 1972 in den *Voprosy istorii* von I.J. Androsow[63] weiterentwickelt, der für die – in seinen Augen – unverblümte Art dieser deutschen Annäherungen den Ausdruck der »frontalen Sondierung« gebrauchte. Ihm folgte 1979 sein sowjetlettischer Kollege V.J. Sipols[64] mit einer ersten detaillierten Darstellung unter Hinzuziehung sowjetischen Aktenmaterials. Igor F. Maksimytschew schließlich wies 1981 – um diese lange, aber keinesfalls erschöpfende Liste abzuschließen – »die Behauptung, die UdSSR habe ... Verhandlungen mit Deutschland angeregt«, zurück und betonte, es habe sich dabei um »nichts anderes als eine deutsche Sondierung des sowjetischen Standpunkts«[65] gehandelt. Zum Beweis unterzog er – wie vor ihm bereits Majskij, Sipols, Androsow und andere – die zentralen deutsch-sowjetischen Fühlungnahmen und Vorgespräche einer detaillierten Analyse, die seine Betrachtungsweise plausibel macht. In seiner bahnbrechenden neuesten Arbeit über die letzten »Monate vor dem 23. August 1939«[66] hat schließlich Sipols im Mai 1989 die zentralen Quellen des sowjetischen Außenministeriums verwendet und *in extenso* zitiert – ein hoffnungsvoller Vorbote des Bandes XXII der »Dokumente der Außenpolitik der UdSSR« aus dem Jahre 1939, den die Fachwelt seit Erscheinen von Band XXI (1938) im Jahre 1977 mit großem Interesse erwartet.

Denn mit der graduellen Anerkennung der Existenz eines Geheimen Zusatzprotokolls zum deutsch-sowjetischen Nichtangriffspakt ist ja ein Hindernis entfallen, das die sowjetische historische Forschung bisher stark eingeengt und Aktenveröffentlichungen verhindert hatte[67]. Zwar war die Verneinung geheimer Territorialabsprachen, wie sie das Protokoll festschrieb, durch sowjetische Historiker weniger hermetisch, als es westlichen Forschern schien: Schon die erste »Geschichte des Großen Vaterländischen Krieges 1941–1945« nach dem Kriege vertrat den Standpunkt, daß die Sowjetregierung in der Situation des Sommers 1939 nur noch die Möglichkeit sah, die Westukraine und das westliche Weißrußland sowie das Baltikum vor dem Überrollen durch die deutsche Kriegsmaschine zu bewahren. Sie habe Deutschland »die Verpflichtung abverlangt, die Linie der Flüsse Pissa, Narew, Bug, Weichsel, San nicht zu überschreiten«[68]. Die damit berührte Frage nach Art und Charakter dieser Verpflichtung blieb aber auch dann weiter offen, als Sipols Ende der siebziger Jahre präzisierte: »Da Deutschland sehr am Abschluß des Nichtangriffsvertrages interessiert war, übernahm Ribbentrop im Zuge der Verhandlungen auch gewisse zusätzliche (einseitige) Verpflichtungen. Im Bewußtsein dessen, daß es der Sowjetunion insbesondere darum ging, die an ihre westliche Grenze anliegenden Gebiete (Baltikum, Westukraine, Bessarabien u.a.) vor einer Aggression geschützt zu wissen, ging Ribbentrop die Verpflichtung ein, daß Deutschland die Unantastbarkeit dieser Gebiete achten wird.«[69]

Allerdings war damit eine Bresche in die offizielle Mauer der Verneinung geschlagen, die mit Anbruch der »Glasnost«-Debatten von sowjetischen Historikern schnell mit weiteren Inhalten gefüllt wurde. Als Stein des Anstoßes erwies sich bei der nun einsetzenden Suche nach der Form der damals getroffenen Übereinkunft zunächst die Frage der Authentizität des einzigen bekannten Texts des Geheimen Zusatzprotokolls: der auf einem 1944 von Karl von Loesch angefertigten Film (zur Vernichtung bestimmter Dokumente) enthaltenen Lichtbilder des deutschen Alternats (in russischer und deutscher Sprache), die im Politischen Archiv des Auswärtigen Amts in Bonn aufbewahrt werden.[70] Die Schwierigkeit der Anerkennung der Authentizität dieser Kopie wurde dadurch verstärkt, daß die sowjetische Diplomatie jener Zeit, vor dem Hintergrund der sowjetischen Verweigerung der Diskussion dieses Protokolls im Nürnberger Prozeß, von seinem Mitunterzeichner Molotow auf die Linie des Schweigens eingeschworen worden war[71]. Aufgrund dieser ressortinternen Festlegung waren Diplomaten stärker als Fachhistoriker gehalten, die Echtheit der einzigen bekannten Kopie einer skrupulösen Prüfung zu unterziehen. Die Aufsätze von Valentin Falin[72] sowie seine Beiträge in der im August 1988 von der Presseagentur *Nowosti* in Moskau veranstalteten Diskussion über »Europa vor dem Zweiten Weltkrieg«[73] waren Ausdruck einer agnostischen Position.

Für die Anerkennung der Authentizität der gefilmten Dokumente hat sich in diesem Zeitraum sowie Ende September 1988 in der Zeitung *Sovetskaja Ėstonija* schriftlich als erster sowjetischer Historiker Jurij Afanasjew ausgesprochen.[74] Andere sowjetische Historiker (wie Michail Semirjaga[75], V.M. Kulisch, H. Arumäe u.a.) schlossen sich seiner Ansicht an. In den ersten Monaten des Jahres der fünfzigsten Wiederkehr des tragischen Datums des 23. August 1939 bildete sich auf dieser Grundlage zwischen sowjetischen Diplomaten und engagierten Historikern ein Konsensus dahingehend, daß in Ermangelung des Originals zumindest festzustellen sei: Sowohl Vorgeschichte als auch Auswirkungen und nachträgliche sowjetische Verlautbarungen zeugen von einer beiderseitigen Festlegung auf genau die Linien, die in der einzigen bekannten Kopie des Protokolls in Worten beschrieben sind. Diesen Standpunkt begründete in den freimütigen Debatten der Kommission des Zentralkomitees der KPdSU zur Frage der internationalen Politik, etwa in der Sitzung vom 28. März 1989, der Leiter der Historisch-Diplomatischen Verwaltung des Außenministeriums der UdSSR, F.N. Kowaljew[76]. In diesem Sinne formulierte auch die sowjetisch-polnische Historikerkommission in ihren vorerst abschließenden Thesen vom Mai 1989 den Standpunkt, »die weitere Entwicklung der Ereignisse und die diplomatische Korrespondenz [geben] Grund zu der Schlußfolgerung, daß im August 1939 in einer bestimmten Form eine (vertragliche) Vereinbarung über die Interessensphären der beiden Länder (ungefähr entlang der Linie der Flüsse Pissa, Narew, Weichsel, San) erreicht worden ist«.[77]

Das Verdienst der Erstveröffentlichung des russischen Texts des deutschen Alternats fiel im Mai 1989 – nach mehreren vorausgegangenen Veröffentlichungen in den baltischen Republiken in zum Teil ungenügenden Übersetzungen[78] – auf dem Hintergrund seiner positiven Bewertung der Authentizität dem Moskauer Historiker und Publizisten Lew Besymenskij zu[79]. Damit war das Eis definitiv gebrochen. Die auf Antrag des Deputierten aus Estland, E. Lippmaa, vom 1. Juni 1989[80] umgehend eingesetzte »Kommision zur politischen und rechtlichen Bewertung des sowjetisch-deutschen Nichtangriffspaktes von 1939« des Ersten Kongresses der Volksdeputierten der UdSSR[81] nahm die schwierige Arbeit einer korrekten Wertung des Gesamtcharakters dieses Paktes in Angriff. Die leidenschaftlichen Reden einiger, überwiegend baltischer, Deputierter mit ihrem Wunsch nach kritischer Quellendokumentation und Erklärung der Ungültigkeit des Geheimen Zusatzprotokolls[82] bestimmten Tenor und Tempo der Arbeit dieser Kommission. Einen ausführlichen Zwischenbericht über ihre Ergebnisse hat der Vorsitzende, Alexander Jakowlew, in seinem *Prawda*-Interview vom 18. August 1989 erstattet[83].

Ihren abschließenden Bericht legte die Jakowlew-Kommission dem Zweiten Kongreß der Volksdeputierten der UdSSR im Dezember 1989 vor. Seine Anlagen umfaßten ein Dokument aus dem persönlichen

Archiv Molotows vom April 1946, das beweist, daß das sowjetische Original des Geheimen Zusatzprotokolls vom 23. August 1939 dort zu diesem Zeitpunkt vorgelegen hat. Die dem Dokument beiliegende Kopie des russischen Originals ist mit dem im Politischen Archiv des Auswärtigen Amts vorhandenen Text identisch. Auf dieser Grundlage verabschiedete der Kongreß am 24. Dezember 1989 eine Resolution über die politische und rechtliche Bewertung des sowjetisch-deutschen Nichtangriffspakts von 1939[83a], die die Existenz des Protokolls aufgrund der graphologischen, phototechnischen und lexikalischen Expertisen als bewiesen ansieht. Die vom Vorsitzenden des Obersten Sowjet der UdSSR, M. Gorbatschow, bestätigte Verordnung verurteilt dieses und die nachfolgenden geheimen Protokolle als eine Abweichung von den Leninschen Prinzipien der sowjetischen Außenpolitik und erklärt sie als juristisch unhaltbar und vom Moment ihrer Unterzeichnung an *(ex tunc)* unwirksam.

Damit hat sich die Sowjetregierung auf klare Weise von einem unheilvollen Erbe befreit.

Keiner Revision unterliegen die historischen Darstellungen (mit Ausnahme der letzten Beiträge von Wjatscheslaw Daschitschew, der sich traditionellen Positionen der deutschen Forschung am weitesten nähert), nach denen die Initiative zu diesem Vertragswerk von Hitler ausging. Wohl aber wird die Mitschuld Stalins durch seine Einwilligung in die deutschen Vorschläge einer immer schärferen Analyse unterzogen. So betont wiederum Daschitschew, daß Hitler Stalin zwar »um den Finger gewickelt« habe, der Pakt aber zugleich »den besonderen Stempel der Persönlichkeit Stalins« trage und Stalin in gewissen Augenblicken auf seine Weise dazu beigetragen habe, den Annäherungsprozeß in Gang zu halten[84]. Mit diesen Überlegungen nähert sich dieser reformistischste Zweig der sowjetischen Historiker-Debatte einer dritten Betrachtungsweise von der Entstehung des Pakts.

3. These: Stalin und Hitler gingen aufeinander zu

In Ermangelung der vollständigen Quellenbasis haben es vorsichtige Interpreten dieser Vorgänge früher vorgezogen, die deutsch-sowjetische Annäherung einer überwiegend phänomenologischen Beschreibung der äußeren Ereignisse und der Textstruktur der bekannten Dokumente zu unterziehen. Sie haben die Frage nach den unbekannten übergeordneten Entscheidungen Hitlers oder Stalins für die jeweilige Fühlungnahme weitgehend ausgeklammert und die These des beiderseitigen – zögernden und tastenden – Aufeinanderzugehens formuliert.

Die angelsächsische historische Literatur der frühen fünfziger Jahre, die unter dem Impetus der ersten Durchsicht und Aufarbeitung der nationalsozialistischen Dokumente, insbesondere der deutschen auswärtigen Akten, entstand, folgte überwiegend diesem pragmatischen Zugang. So ging Max Beloff[85] davon aus, daß die beiden Gewaltherrscher analoge Intentionen hatten und insofern gleiche Ziele mit nämlichen Mitteln verfolgten. William L. Langer und S. Everett Gleason[86] sahen die Initiative zu den Wirtschaftsverhandlungen stärker von deutscher und die zu den politischen Gesprächen stärker von russischer Seite ausgehen. Gerhard L. Weinberg zeichnete in seiner bis heute unübertroffenen Studie »Germany and the Soviet Union 1939–1941«[87] präzis den Weg nach, auf dem die beiden Seiten sukzessive in vorsichtigen und vor der Weltöffentlichkeit weitestgehend verborgenen Schritten aufeinander zugingen.

Derselben These folgte später streckenweise – wenn auch unter geringerer methodischer Umsicht und häufig mit emphatisch-unkritischem Textverständnis – die Frankfurter Dissertation (1980) von Reinhold W. Weber[88], die den »sowjetischen Avancen gegenüber Deutschland« vom Mai 1939 die entscheidende »deutsche Initiative« vom Juli 1939 folgen läßt.

Diese These beschränkt sich im wesentlichen auf die Darlegung der Begegnungen und Fühlungnahmen zwischen der deutschen und sowjetischen Seite, wie sie in den deutschen diplomatischen Akten belegt worden sind, und verfolgt in erster Linie das bloße diplomatische Geschehen. Sie nähert sich dadurch einer vierten Erklärungsweise an, die sich in ihrem methodischen Vorgehen nur auf wirkliche Evidenzen stützt, ihren Erkenntnisanspruch niedrig, aber präzis ansetzt und damit in der Verwendung ihrer Beweismittel kaum anfechtbar ist. Sie fragt nur insoweit nach den Entscheidungen Hitlers und Stalins, wie diese Niederschlag in bestimmten Demarchen fanden, und betrachtet die jeweiligen Kontaktnahmen unter den punktuellen Gesichtspunkten und Interessen der handelnden und berichtenden Personen, die überwiegend der Diplomatie angehörten. Da die Diplomatie im Friktionsbereich zweier feindlicher totalitärer Systeme weitgehend im Verborgenen agieren mußte, hat sie der Nachwelt mit der Erforschung ihres Vorgehens eine schwer lösbare Aufgabe überlassen. Gustav Hilger, der doch ein naher Beobachter dieser Vorgänge von ihren Anfängen an war, hielt es nicht für möglich, diese Aufgabe zu lösen. Er sah in der »Wiederannäherung zwischen Deutschland und der Sowjetunion ... das Ergebnis eines gegenseitigen Gib und Nimm, bei dem weder der jeweilige Anteil der diplomatischen Einwirkung noch der Zeitpunkt, zu dem die eine oder andere Seite den endgültigen Entschluß zu einer Verständigung gefaßt hatte, genau festgestellt werden kann.«[89]

Mit einer solchen Agnosie haben sich Historiker verständlicherweise nicht abfinden können. So zeichnete schon Georg von Rauch in seiner »Geschichte des bolschewistischen Rußland«[90] – allerdings erst für die Phase ab Ende Mai 1939 – das schematische »Bild eines allmählichen Aufeinanderzukommens der deutschen und sowjetischen Diplomatie ..., zusammengesetzt aus einem langsamen Suchen und Vortasten zunächst untergeordneter Beamter, aus vertraulichen Gesprächen und Andeutungen, die schließlich in offizielle Gespräche der verantwortlichen Träger der Politik einmündeten, bis im August des Jahres die endgültige Entscheidung fallen konnte«.

Diese Betrachtung mißt der Leistung der Diplomatie einen aktiveren Wert bei, als dies gemeinhin für diese Hochperiode des diktatorischen Totalitarismus, auch auf dem Gebiete der Außenpolitik, geschieht[91]. Sie tritt in zahlreichen der hier erwähnten Analysen der Vor- und Entstehungsgeschichte des Hitler-Stalin-Pakts an prominenter Stelle zutage. Doch haben nur wenige Historiker bisher das Zeugnis beteiligter Zeitzeugen angemessen gewürdigt, die eine vierte These vertraten, daß nämlich die ursprüngliche Initiative von der deutschen Diplomatie ausging.

4. These: Die Initiative ging von der deutschen Diplomatie aus

Wohl hat es D.C. Watt in seinen systematischen Erörterungen für notwendig befunden, zwischen »those who advocate [an initiative] and those who decide upon«[92] zu unterscheiden. Informierte Zeitgenossen und zeitgeschichtliche Interpreten haben wiederholt auf die große Leistung der deutschen Rußland-Diplomatie beim Zustandekommen des Nichtangriffspaktes hingewiesen. Unter den Angehörigen der Deutschen Botschaft Moskau hat besonders Gustav Hilger[93] die aktive Rolle der Rundland-orientierten Kräfte der Handelspolitischen Abteilung des Auswärtigen Amts in Berlin (Wiehl, Schnurre) sowie von Botschafter Graf von der Schulenburg in Moskau unterstrichen, haben Hilger und Hans Herwarth von Bittenfeld[94] beschrieben, wie die ersten Schritte zur deutsch-sowjetischen Annäherung vom Botschafter und seinen Mitarbeitern ausgingen.

Informierte Beobachter sind ihnen darin bereits zu Lebzeiten des Botschafters gefolgt: Der rumänische Außenminister (ab November 1938) und Botschafter in Moskau (ab Juni 1940), Grigore Gafencu, ein langjähriger Bekannter Schulenburgs, hob 1944 in seinem Schweizer Exil die außergewöhnlichen Qualitäten des deutschen Diplomaten hervor – »qualités, si différentes de celles que la Wilhelmstraße exigeait de ses ambassadeurs«; seine dominierende Haltung war dabei in den vier ersten Jahren seiner Mission, in denen es ihm zufiel, in Moskau ein aggressiv feindliches Land zu vertreten, »une inépuisable patience. Il attendait son heure ...« Der Nichtangriffspakt – unter den gegebenen Umständen »le miracle ..., auquel il avait contribué plus que tout autre«[95] – hätte den Höhepunkt seiner aktiven Friedensdiplomatie bedeutet.

Der amerikanische Historiker David J. Dallin betonte in seiner ebenfalls 1944 erschienenen Nachzeichnung der »Außenpolitik des sowjetischen Rußland, 1939–1942«[96], daß lange Zeit »in Deutschland Hitler das Haupthindernis für eine russisch-deutsche Annäherung war«, während Stalin unter der Voraussetzung, daß die ihm unterbreiteten deutschen Vorschläge ihn nicht in eine Falle lockten, eher zu einer Annäherung bereit gewesen wäre; Dallin hebt die Bedeutung Schulenburgs als des unentbehrlichen Vermittlers zwischen beiden hervor: »Der Deutsche Botschafter, Werner von der Schulenburg, war dazu ausersehen, eine prominente Rolle zu spielen ... gut aussehend und klug, ein Diplomat der alten Schule, wurde er von Moskau nicht verdächtigt, der antisowjetischen Politik der neuen deutschen Machthaber anzuhängen. Er machte kein Geheimnis aus der Tatsache, daß er das Nazi-Regime und seine politischen Methoden verabscheute.«

Dieser Einschätzung Dallins folgte – nach dem Bekanntwerden der Hintergründe des gewaltsamen Todes Schulenburgs nach dem 20. Juli 1944 – der englische Deutschland- und Rußland-Experte John Wheeler-Bennett. In seinem 1946 veröffentlichten Aufsatz »Twenty Years of Russo-German Relations, 1919–1939«[97] betonte er die Rolle, die einige Berater Hitlers im Kampf für die deutsch-russische Annäherung und gegen die »Politik der tiefsten Doppelzüngigkeit und Unaufrichtigkeit in den nachfolgenden Verhandlungen« spielten; als den herausragenden unter jenen »Beratern Hitlers ..., die wohl aufrichtig für eine prorussische Politik arbeiteten«, betrachtete er den »Deutschen Botschafter in Moskau, Graf von der Schulenburg, den Schüler von Maltzan und Brockdorff-Rantzau und fast letzten Vertreter der Ostorientierung im Auswärtigen Amt. Der Gedanke an die Unterzeichnung eines Nichtangriffspaktes mit Rußland bedeutete für ihn die Rückkehr der deutschen Außenpolitik zur gesunden Ratio des Bismarckschen Genius. Ohne Zweifel hat er seine Rolle in dem Drama mit hingebungsvollem Eifer, Aufrichtigkeit und Enthusiasmus gespielt, ohne Verrat ins Auge zu fassen.«

Dallin und Wheeler-Bennett waren in den Kriegsjahren in den Nachrichtendiensten ihrer Länder für deutsch-russische Fragen zuständig und hatten Einblick in die verborgenen Bemühungen der deutschen Rußland-Diplomatie. Dies trifft *a fortiori* auf William L. Langer, den Leiter der Sektion Research and Analysis der UdSSR-Abteilung im Office of Strategic Services der USA, zu. Langer hat nicht nur jahrelang mit Akribie die Entwicklung der deutsch-russischen Beziehungen verfolgt, sondern hat während des Krieges auch eine zentrale Rolle bei der vertraglichen Zusammenarbeit der amerikanischen und sowjetischen Geheimdienste gespielt. In seiner Anfang der fünfziger Jahre, zusammen mit S. Everett Gleason, verfaßten Untersuchung über die amerikanische Außenpolitik in der Weltkrise, »The Challenge to Isolation, 1937–1940«[98], berichtete Langer als erster, daß die Botschaft der Vereinigten Staaten in Moskau im Sommer 1939 von Angehörigen der Deutschen Botschaft »volle und präzise Berichte über die gesamten deutsch-sowjetischen Verhandlungen erhielt. Praktisch jeder der Schritte, die zu dem deutsch-sowjetischen Pakt führten, war daher in Washington fast ebenso früh bekannt wie in Berlin, und Präsident Roosevelt war viel besser über diese Dinge informiert als Paris und London.«

Wie Langer betonte, bestand nach amerikanischer Kenntnis »das Mißtrauen Hitlers gegenüber deutschen Karrierediplomaten vollkommen zu Recht. Im Auswärtigen Amt und im gesamten Auswärtigen Dienst gab es Männer der alten Schule, die das Nazi-Regime ablehnten und befürchteten, daß Hitlers Politik ihr Land schnell in den totalen Untergang führen würde. Bei einigen von ihnen war diese Stimmung so stark ausgeprägt, daß sie sich verpflichtet fühlten, der offiziellen Politik ein Gegengewicht entgegenzusetzen und Warnungen an die Gegner Hitlers ergehen zu lassen, die diese veranlaßten, Vorkehrungen für den schlimmsten Fall zu treffen. Unter den Diplomaten wie unter den führenden Militärs gab es einige, die von fremden Mächten die Schaffung der Bedingungen für die Niederlage der Nazis erhofften.« Als herausragende Gestalt unter diesen Kräften im Auswärtigen Amt und Dienst hob auch Langer Schulenburg hervor: »Der hochintelligente und allgemein geachtete Deutsche Botschafter in Moskau, Graf Friedrich Werner von der Schulenburg ... ein glühender Verfechter der engen, traditionellen deutsch-russischen Freundschaft, war zutiefst Nazi-Gegner und bezahlte seinen Teil in der Verschwörung gegen Hitler im Juli 1944 mit dem Leben.«

Gleichzeitig untersuchte in England L.B. Namier den Gang der deutschen Annäherungsversuche, die immer wieder durch abrupte, unzeitgemäße Einschaltungen Hitlers und Ribbentrops unterbrochen wurden. Er wies nach, daß die Fortsetzung dieser Annäherung in schwierigen Momenten nur dem zähen und couragierten Handeln Schulenburgs zuzuschreiben war: »Wäre die Sache bei Hitler, Ribbentrop und dem unterwürfigen Weizsäcker geblieben, so wären die Verhandlungen vermutlich gescheitert. Aber sie hatten in Graf von der Schulenburg einen ausgezeichneten Botschafter der alten Schule, einen Junker mit dem Bismarckschen Glauben an die deutsch-russische Freundschaft, der es darüber hinaus wagte, Ribbentrop und sogar Hitler die Stirn zu bieten.«[99]

Aufgrund dieser Wertungen sah sich der deutsch-amerikanische Historiker Carl E. Schorske zu Beginn der fünfziger Jahre veranlaßt, die Initiativen des Botschafters Graf Schulenburg – parallel zu denen seines Kollegen in London, Herbert von Dirksen – isoliert zu betrachten[100]. Er hat eine beeindruckende Fallstudie über die Bemühungen zweier Diplomaten um Kriegsverhinderung vorgelegt. Sie zeugt insbesondere von dem »skeptischen Realismus« Schulenburgs, der sich bis zum Münchner Abkommen »der Realitäten im Kreml und in der Reichskanzlei zu sehr bewußt war, um sich leerem Gerede von einer russisch-deutschen Entspannung hinzugeben«. In seiner knappen Studie zeichnet Schorske dann die ersten Schritte zu einer großangelegten diplomatischen Initiative der Annäherung der beiden verfeindeten Mächte nach, die Schulenburg unmittelbar nach dem Münchner Abkommen in eigener Regie eingeleitet habe, und beschreibt ihren dornenreichen Weg aus der Sicht der Deutschen Botschaft Moskau. Seine Analyse der deutschen Aufzeichnungen vom August 1939, der erfolgreichen Phase dieser Annäherung, führt ihn zu dem Schluß: »Welche Verantwortung Schulenburg auch immer für die Grundlegung des russisch-deutschen Bündnisses getragen haben mag – er hat weder den Blitzbesuch Ribbentrops bei Stalin empfohlen, noch hat er seinen überraschenden Erfolg vorausgesehen.« Leider hat Carl Schorske – trotz der sich stetig verbreiternden Quellenbasis und mancher Anregung in dieser Richtung[101] – bis heute keinen Nachfolger gefunden.

Die Entdeckung des Nachlasses von Botschafter Graf Schulenburg[102] und die Einbeziehung einer Reihe neu zugänglicher in- und ausländischer Dokumente, vor allem die Freigabe der sowjetischen diplomatischen Akten, erlauben es heute, die entscheidenden Schritte auf dem Weg zum Hitler-Stalin-Pakt in einem neuen, klaren Lichte zu sehen. Sie bestätigen auch, daß die Initiative zum Nichtangriffsvertrag in wesentlichen Momenten von der deutschen Rußland-Diplomatie ausging.

Botschafter Schulenburg selbst hat in Privatbriefen aus jenen Tagen zu seiner Rolle Stellung genommen. Zu bedenken ist dabei, daß die private Korrespondenz des Botschafters, wie ihm bekannt war, die Zensur der deutschen Sicherheitsorgane durchlief; unnötige Offenheit und Direktheit verboten sich, wollte der Botschafter neben sich selbst nicht seine Korrespondenten gefährden[103]. Am 21. August 1939, 18 Uhr, teilte Graf Schulenburg seiner in Berlin verbliebenen, deutsch-russischen Lebensgefährtin, Alla von Duberg, mit: »Ich komme eben aus dem Kreml. Wenn Du diesen Brief erhältst, wirst Du bereits aus den Zeitungen wissen, daß der große Schlag gelungen ist. Es ist ein diplomatisches Wunder. Die Folgen sind nicht abzusehen... noch stehen uns einige Tage höchster Anstrengungen bevor! Aber das macht jetzt nichts, nachdem die Entscheidung so gefallen ist, wie wir wollten und wünschten. Hoffentlich verderben nicht die Umstände die Dinge, die jetzt im rechten Lote sind. Jedenfalls haben wir unsere Aufgabe erfüllt... Möge sich alles dies zu etwas Glücklichem auswachsen!«[104]

Wenige Tage nach Unterzeichnung des Paktes, am 27. August 1939, schrieb er in veränderter Stimmungslage nach Berlin: »Nun ist der große Schlag gefallen, der alles, auch unsere privaten Dinge, völlig umwirft. Du weißt natürlich, daß ... ich unter keinen Umständen vorläufig nach Berlin kommen kann und daß der Krieg beinahe noch stärker droht als im vergangenen Jahre. Gott gebe, daß alles gut geht! ... Ich kann und darf Dir nicht alles schreiben ... aber eines will ich doch sagen: als ich am 21.8. dem Führer drahten konnte, daß nunmehr *alles* in Ordnung sei und daß

Herr v. Ribbentrop am 23.8. herkommen könne, da ist dies Telegramm dem Führer überreicht worden, als er in zahlreicher Gesellschaft bei Tische saß. Als er das Telegramm gelesen hatte, ist er aufgesprungen, hat die Fäuste gen Himmel gehoben und hat ausgerufen: ›Das ist der hundertprozentige Sieg! Ich tue es zwar nie, aber jetzt trinke ich eine Flasche Champagner!‹ Und er hat Alkohol getrunken!! Angeblich zum zweiten Male in seinem Leben. Ich schreibe Dir das nur, damit wenigstens Du weißt, *wer* diesen hundertprozentigen Sieg erfochten hat. Die unglaublich schnelle Zeichnung des Vertrages durch Herrn v. Ribbentrop war natürlich nur möglich, weil *vorher* alles erledigt war; und der Erfolg *sicher* war. *Aber dies alles bitte unter uns!* ... Gott gebe, daß es zum Guten sein möge!!!«[105]

Angesichts dieser Äußerungen des deutschen Botschafters in Moskau, des besten Kenners der Umstände, die zur Unterzeichnung dieses Pakts geführt hatten, erheben sich zwei Fragen:

1.) Schulenburg war für seine Nüchternheit und Bescheidenheit bekannt. Wenn er die Ausräumung des sowjetischen Mißtrauens und die Zustimmung Stalins zum Besuch Ribbentrops in Moskau zum Zwecke der Unterzeichnung eines Nichtangriffsvertrags als ein »diplomatisches Wunder« bezeichnete, das er selbst mehr als alle anderen Beteiligten zustande gebracht hatte, so tat er dies im Bewußtsein des schweren, an Hindernissen reichen Weges, den er bis zu diesem Zeitpunkt zurückgelegt hatte. Die Tatsache, daß sich dieses vielversprechende »diplomatische Wunder« dann im Moment der Ausarbeitung des Paktes mitsamt seinem Geheimen Zusatzprotokoll unversehens zu einem »Schlag« auswuchs, »der alle Dinge völlig umwirft« und den Krieg drohender machte, als dies selbst auf den hohen Wogen der Sudetenkrise im Herbst 1938 der Fall gewesen war, hatte der Botschafter nicht in dieser Weise vorausgesehen. Worum also hatte er in den vorausgegangenen Wochen und Monaten gerungen?

2.) Wenn der Botschafter des nationalsozialistischen Deutschland sich selbst diesen diplomatischen Sieg zuschrieb, so stellt sich die Frage nach Art und Inhalt jener deutschen Aufzeichnungen, Berichte und Erinnerungen, die den Eindruck erwecken (sollten), als sei die Initiative zu diesem Pakt von sowjetischer Seite ausgegangen: Sind sie mit der Absicht geschrieben worden, den/die Empfänger glauben zu machen, es läge eine sowjetische Initiative vor?

Wer diesen Fragen nachgeht, begibt sich auf das schwierige Gebiet der mündlichen und schriftlichen Kommunikation unter den Bedingungen totalitärer Systeme – ein Gebiet, das nicht erforscht ist, obgleich in unserem Jahrhundert Millionen von Menschen aufgrund unzulässiger Äußerungen in Lagern und in der Vernichtung endeten. In dieser Untersuchung werden (mindestens) drei unterschiedliche Ebenen sprachlicher Einstellung auf die politischen Realitäten des NS-Staates angesprochen: die sprachliche Anpassung, Verstellung oder aber Umgehung der eigentlichen intendierten Sachverhalte:

– Anpassung von seiten der Funktionsträger im nationalsozialistischen Deutschland, die es – unabhängig von ihren eigenen, möglicherweise divergierenden, aber im Arbeitsprozeß weitgehend zurückgestellten Beweggründen – ihrem obersten Dienstherren sowie ihren unmittelbaren Vorgesetzten recht machen wollten;

– Verstellung von seiten der Beamten, die sich ihrer divergierenden inneren Einstellung und Einschätzung der Dinge bewußt waren und sich im amtlichen Umgang – überwiegend aus Gründen des Selbstschutzes – bestimmter gängiger Formulierungen und Floskeln, auch der etwa im Auswärtigen Amt als *façon de parler* (»Sprachregelung«) empfohlenen Redeweisen, bedienten, um ihre wirkliche Haltung zu verdecken und gleichzeitig in einer bestimmten Richtung Einfluß auszuüben;

– und Umgehung (häufig unter verdeckten Andeutungen) des eigentlich Bewegenden in einer bewußt knappen Sprache der Sachlich- oder Alltäglichkeit.

Diese drei Formen sprachlicher Besonderheit, die sich unter den Zwängen der totalitären Macht entwickeln, insbesondere aber die beiden letztgenannten, müssen in diese Betrachtung einbezogen werden, sollen nicht zentrale Absichten und ihre besondere Ausführung der Aufmerksamkeit entgehen. Dies gilt *a fortiori* für die Teilbereiche, in denen politisches Handeln in das Feld des Widerstands führte. In ihnen ist die Berücksichtigung der jeweiligen sprachlichen Tarnung schlechterdings Gebot – eine Tatsache, derer sich viele Forscher, besonders jene, die selbst nie unter den Zwängen eines Einparteien-Systems gedacht, gehandelt und gesprochen haben, nicht immer in ausreichendem Maße bewußt gewesen sind.

Auf eine besondere *Intentionalität* der inneren Struktur der verwendeten Texte und ihrer *Zweckorientierung* im Hinblick auf die Reaktion, die sie beim Empfänger auslösen sollten, haben mehrere Zeitgenossen aufmerksam gemacht: Auf deutscher Seite hat der Deutsche Militärattaché in Moskau,

Ernst Köstring, betont, daß die Vertreter der beiden Länder in ihren Fühlungnahmen verstanden, dem Staatsoberhaupt und Außenminister der Gegenseite jeweils Bemerkungen in den Mund zu legen, die Anlaß zu weiterem Vortasten boten und die politische Annäherung möglich machten[106].

Auf sowjetischer Seite hat Iwan Majskij – aufgrund analoger Zwänge der sowjetischen Diplomatie in der hohen Zeit des Stalinismus – auf die besondere, zweckgerichtete Abfassung der deutschen Aufzeichnungen hingewiesen. Er hat dabei auf nämliche Entstellungen in den britischen Aufzeichnungen – etwa von Lord Halifax über die mit ihm geführten Gespräche – aufmerksam gemacht und der »bürgerlichen Diplomatie« insgesamt eine interessierte Berichterstattung unterstellt. Vor diesem Hintergrund hat Majskij als erster die Frage aufgeworfen: »Warum sollten wir den Dokumenten deutscher Diplomaten mehr Vertrauen entgegenbringen [als den britischen]?«[107]

Bei seiner Analyse der Aufzeichnungen, die der deutsche Wirtschaftsunterhändler, Dr. Karl Julius Schnurre, über seine Gespräche mit dem sowjetischen Geschäftsträger in Berlin, Georgij Astachow, im Wege der deutsch-sowjetischen Annäherung für Ribbentrop (und Hitler) verfaßte, äußerte Majskij den Verdacht, Schnurre hätte die Haltung und Worte Astachows in einem anderen Lichte wiedergegeben, als sie sich ihm tatsächlich präsentierten: im Sinne einer größeren Bereitschaft der sowjetischen Seite zur Annäherung an Deutschland, als sie in Wirklichkeit bestand. Er bestätigte die bei Bekanntwerden der deutschen diplomatischen Akten schon von Namier ausgesprochene Vermutung, daß diese eine besondere Auswahl darstellten und inhaltlich überdies »eine einseitige: Und wenige Männer werden geneigt sein, die von ihnen begangenen Fehler und die Ablehnung feilzubieten, auf die sie gestoßen sind; sie setzen sich in ihren eigenen Akten in Positur, und das Bild ist retouchiert«[108].

Auf ein aktives, ja forcierendes Moment in den Fühlungnahmen, Gesprächen und Aufzeichnungen deutscher Diplomaten wurde auch in der jüngeren sowjetischen Literatur aufmerksam gemacht: So sprach z.B. Kobljakow von der »außergewöhnlichen Aktivität«, die die »deutsche Diplomatie« ab Anfang August 1939 entwickelt habe[109], und betonte Androsow den persönlichen Charakter der »Avancen Schnurres« und wiederholten »Anfragen Schulenburgs«[110]. Diese Beobachtungen ergaben sich vermutlich aus ihrer Kenntnis der sowjetischen Berichte und Aufzeichnungen.

Als prominenter Zeitzeuge und Mitgestalter der deutsch-sowjetischen Annäherung hat Schnurre die Vermutung, daß die zentralen Aufzeichnungen und Berichte deutscher Diplomaten in der Absicht geschrieben wurden, die gewünschte Veränderung in den deutsch-russischen Beziehungen herbeizuführen, wiederholt bestätigt. Selbst die Frage, ob die Aufzeichnungen auf »freien Interpretationen« beruhen könnten, hat Schnurre mit wissendem Lächeln bejaht: »Durchaus möglich. Solche freien Interpretationen waren damals nicht unüblich.«[111] In der Tat springt die Tatsache ins Auge, daß *alle* Aufzeichnungen oder Berichte, nach denen sich die sowjetische Seite aufgeschlossen für eine Annäherung an Deutschland gezeigt habe, von Personen stammen, die der Rußland-Orientierung angehörten, ihr zu dieser Zeit nahe oder kurzzeitig unter ihrem Einfluß standen. Es sind dies die Berichte von Schulenburg, Tippelskirch, Hilger und Köstring aus der Botschaft Moskau sowie Aufzeichnungen von Wiehl, Peter Kleist, Weizsäcker, Woermann und vor allem Schnurre in Berlin.

Damit erhebt sich die Frage: Hat die deutsche Diplomatie den engen Spielraum, der ihr in den Jahren 1938/39 noch verblieben war, genutzt, um Hitler und Stalin durch eine von langer Hand vorbereitete und gezielte Initiative in eine vertragliche Bindung zu führen, die die deutsche Außenpolitik auf längere Sicht festlegen sollte? Gewichtige Zeugnisse sprechen für diese Annahme. Deshalb soll das außenpolitische und diplomatische Geschehen, das Deutschland und Rußland im entscheidenden Zeitraum zwischen Münchner Abkommen und Hitler-Stalin-Pakt verband, im folgenden – selbst auf die Gefahr einer gewissen perspektivischen Einseitigkeit hin – überwiegend aus der Moskauer Sicht der Deutschen Botschaft nachgezeichnet werden. Im Zentrum stehen sowohl die Absichten als auch die politischen Wertungen der Angehörigen der Botschaft, unter deren Augen der Pakt entstand, an erster Stelle des an privilegierter Stelle vermittelnden Botschafters – wie A.J.P. Taylor zu Recht bemerkte, »war kein Außenseiter ein besserer Richter der sowjetischen Außenpolitik als Schulenburg«[112].

Die der historischen und zeitgeschichtlichen Forschung bekannten Hinweise auf die maßgeblichen Entscheidungen Hitlers und Stalins werden einbezogen, neue Anhaltspunkte für ihr Eingreifen in die von der Diplomatie eingeleitete Initiative werden verfolgt. So ergibt sich das komplizierte Bild dieser stufenweisen Annäherung, in deren Zentrum die wohl schwierigste diplomatische Leistung stand, die je an der Reibungsfläche zweier totalitärer Staaten vollbracht worden ist.

Die deutsche Rußland-Diplomatie nach dem Münchner Abkommen

Auswärtige Kenner der deutschen Außenpolitik sind der Ansicht gewesen: »Der Zweite Weltkrieg mußte am 1. Oktober 1938 ausbrechen[1].« In Deutschland waren sich distanzierte Beobachter des Verhaltens der deutschen Regierung in der sogenannten Sudetenkrise, die genaue Kenntnis von den außenpolitischen Hintergründen besaßen, darüber »klar, daß H[itler] mit äußerster Leichtfertigkeit an den Krieg herangetrieben hat«; in den kritischsten Tagen (27.–28. September 1938) war ihnen »die Lage als fast hoffnungslos erschienen«[2]. Reichskanzler Hitler und Reichsaußenminister von Ribbentrop hatten dem deutschen Volk und der Welt ihre Entschlossenheit vor Augen geführt, die von deutscher Seite weitestgehend künstlich erzeugte Krise um die deutsche Bevölkerung des Sudetenlandes zu einem bewaffneten Konflikt eskalieren zu lassen. Nach der Einverleibung des Saargebiets (13. Januar 1935) im Westen und dem »Anschluß« Österreichs (13. März 1938) im Süden stand damit im Osten des »Dritten Reiches« die Tschechoslowakei auf der Tagesordnung des manischen Expansionsdrangs des deutschen Kanzlers.

Die Begleitpropaganda von der hochgerüsteten Tschechoslowakei als dem sowjetischen »Flugzeug-Mutterschiff« in Mitteleuropa öffnete aufmerksamen Beobachtern im In- und Ausland den Blick dafür, daß die angeblich bedrohte Lage der sudetendeutschen Minderheit und das geforderte Recht auf Selbstbestimmung nur ein Vorwand für eine militärisch-politische Expansion und der Erwerb der gesamten Tschechoslowakei das Ziel des forcierten Schürens der Krise war. Der Geheimbefehl zur Zerschlagung der Tschechoslowakei, den Hitler am 30. Mai 1938 erteilte, führte dies den Militärs und Eingeweihten drohend vor Augen. Ein wie auch immer propagandistisch und militärisch verschleierter Angriff auf die tschechoslowakische Republik rührte an die Gefahrenzone der Veränderung des bestehenden Gleichgewichts in Mitteleuropa und mußte mit einer gewissen Wahrscheinlichkeit die Dynamik der bestehenden Beistandspakte entladen: Frankreich würde seinem tschechoslowakischen Bündnispartner Hilfe erweisen und England Frankreich in einen Krieg gegen Deutschland folgen müssen, während die UdSSR nach dem Eingreifen Frankreichs zur Hilfeleistung an den mittelosteuropäischen Bruderstaat mit seiner überwiegenden slawischen Mehrheit verpflichtet war. Damit war die überaus gefährliche Situation eines Zweifrontenkrieges vorgezeichnet.

Während es in Kenntnis der militärischen Realitäten bereits fraglich war, ob, wann und unter welchen Opfern das deutsche Heer die Tschechoslowakei – ein Bollwerk schwer einnehmbarer Grenzbefestigungen – einzunehmen vermochte[3], galt es weithin als sicher, daß es in einem Zwei- oder Mehrfrontenkrieg über kurz oder lang unterliegen mußte. Und dies selbst ungeachtet der Frage, ob die UdSSR mit mehr als symbolischer Hilfe für das kleine slawische Volk in den Konflikt eintreten würde.

Der Generalstabschef des deutschen Heeres, Ludwig Beck, folgte in Kenntnis dieser Perspektive den sittlichen und militärischen Normen der preußischen Tradition und quittierte am 18. August 1938 im Protest gegen den geplanten Eroberungskrieg mit seinen absehbaren Konsequenzen den Dienst.[4] Kein deutscher General folgte seinem Beispiel. Wohl aber hat das defensive Interesse – die akute Bedrohung, der Deutschland durch dieses verantwortungslose Vabanque-Spiel ausgesetzt wurde – zum ersten Mal seit der Stabilisierung des Hitler-Regimes eine Handvoll Männer in militärischen und zivilen Schlüsselpositionen in der Überzeugung zusammengeführt, daß das Land nur durch eine Verschwörung bewahrt werden könnte.[5] Ihre Pläne blieben Theorie: »*Eigentlich*« [Hervorhebung der Vf., I.F.] – so berichtete General von Kleist wenige Tage nach dem unerwarteten, friedlichen Ausgang der Krise dem Botschafter a.D. Ulrich von Hassell – »hätte es, wenn man uns am 28. wirklich in den Krieg gestürzt hätte, keinen anderen Weg zur Vermeidung einer Katastrophe für Deutschland gegeben, wie den, die führenden Politiker militärisch zu verhaften.«[6]

Zu einer »Septemberverschwörung«[7] ist es indes nicht gekommen, wofür neben der die geschlossene Handlungsfähigkeit erschwerenden außenpolitischen Entwicklung vor allem die in den Grundfragen unentschlossene Haltung der Militärs ausschlaggebend war. So kam das einzige ernsthafte Unternehmen mit dem Ziele, Deutschland nicht schon wieder in einen Krieg mit gigantischen Folgen für die ganze Welt treiben zu lassen, nicht zustande, »zum Unheil für Deutschland und für die ganze Welt«[8], wie die oppositionellen Kräfte im Auswärtigen Amt erkannten.

Statt dessen ergriff mit Unterzeichnung des Münchner Abkommens am 1. Oktober 1938 – nach den Beobachtungen Ulrich von Hassels – »die ungeheure Erleichterung des ganzen Volks ... über den abgewendeten Krieg« auch große Teile seiner in ihrem Innern oppositionellen Eliten – der Moment zum Handeln war ungenutzt verstrichen und sollte sich in dieser Art nie wieder einstellen.

Diese an Euphorie grenzende Erleichterung über die Haltung der Großmächte – das Nachgeben der Westmächte unter dem drohenden Grollen der Sowjetregierung – währte nicht lange. Im nachhinein betrachtet, traten schon wenige Tage später »die Vorgänge vom 27. und 28.9. ... immer klarer als ein Augenblick größter Lebensgefahr hervor. Wir [d.i. die Regierung Hitler und Ribbentrop, I.F.] haben ein geradezu frevelhaftes Spiel gespielt«. Die euphorische Stimmung wich in dem Maße einer rapiden Ernüchterung und neuen, vertieften Befürchtungen, in dem zu erwarten stand, »daß H[itler] ... bald wieder nach außen offensiv« werden würde. Wie allgemein bekannt war, machte Hitler kein Hehl daraus, »daß er das Eingreifen der Mächte nicht verwunden hat[te] und lieber seinen Krieg gehabt hätte«. Wiederholt äußerte der Kanzler Unmut über diesen Ausgang der Krise und behauptete, »nach wie vor überzeugt zu sein, daß England und Frankreich im Gefühl ihrer Schwäche keinesfalls marschiert wären. *Wenn* sie es aber getan hätten, so würde doch der Sieg auf unserer Seite gewesen sein, hauptsächlich weil unsere Luftmacht doppelt so stark wie die vereinigte französisch-englische, ja sogar auch russische sei!« Sein Außenminister zeigte sich vor seinen Untergebenen im hohen Maße »verstimmt ..., weil es nicht zur Anwendung von Gewalt gekommen ist«. Diese und andere Beobachtungen führten die informierten und um die künftige Entwicklung besorgten Kreise in Berlin zwangsläufig zu dem »Eindruck, daß Hitler nur ganz kurz Ruhe geben werde. Er könne gar nicht anders, als wieder einen neuen Schlag ins Auge zu fassen.«[9]

Tatsächlich hat die Ungehaltenheit darüber, daß die Beschwichtigungspolitik der Westmächte und speziell das Nachgeben Chamberlains in München seine offensiven Pläne desavouiert hatten, Hitler noch zehn Monate später übermannt. Im August 1939 beschwor er in einem Spiel mit vertauschten Rollen seiner Gegner – diesmal war die Sowjetregierung die »Beschwichtigerin« und die Westmächte hatten den drohenden Part – eine weitere gefährliche außenpolitische Krise, die Krise um Polen, herauf, die nun unwiderruflich auf Krieg angelegt war. In der Rede vor den deutschen Oberbefehlshabern, die Hitler – nach seinen eigenen Worten: nach Herstellung seiner »persönlichen Bindung mit Stalin«[10] – am Vormittag des 22. August 1939 auf dem Obersalzberg hielt[11], entfuhren ihm die Worte, er habe nur Angst, daß ihm »noch im letzten Moment irgendein Schweinehund [eine Reverenz vor Sir Neville Chamberlain, I.F.] einen Vermittlungsplan« vorlegen könnte.

Angesichts dieser bestürzenden Entwicklung, die Deutschland innerhalb von zehn Monaten von einer durch fremde Mächte vereitelten Auslösung eines Krieges zur tatsächlichen Entfesselung des Weltkrieges durchlief, erheben sich wichtige Fragen nach dem Handeln der für die auswärtigen Beziehungen zuständigen Kräfte und Instanzen: Wie konnte die deutsche Diplomatie den Einbruch in ihre ureigenste Domäne durch einen Kanzler hinnehmen, der sich nicht allein in den Augen des deutschen Generalstabschefs, sondern auch aus der Perspektive weiter Kreise des Auslands, die in den Berichten deutscher Auslandsvertreter ihren Niederschlag fand, als Vabanqueur erwiesen hatte? Wie konnte der Auswärtige Dienst einem Außenminister folgen, der auf den hohen Wogen der Krise die Mittel der Diplomatie aussetzte, um die Kriegstrommel zu rühren? Wie verbrachten die verantwortungsbewußten Kräfte des Auswärtigen Amts, die die sogenannte Sudentenkrise auf ihrem jeweiligen Posten aus nächster Nähe miterlebt und ihre möglichen katastrophalen Konsequenzen erkannt hatten, die folgenden zehn Monate deutscher Außenpolitik als einem Mittel der Kriegsvorbereitung?

Die zeitgeschichtliche und historische Forschung hat auf diese schwierigen Fragen noch keine umfassende oder erschöpfende Antwort gegeben[12]. Eine solche wird dadurch erschwert, daß die bestehende Literatur jene Fragen auf drei unterschiedlichen Ebenen berührt, die mangels übergreifender Studien nur schwer in ein Gesamtbild zu integrieren sind: die – einander nicht selten stark kontrastierenden – Ebenen der Selbstaussage, der Fremdaussage und der damals erstellten Texte. Schließlich wird die Beantwortung dieser Fragen dadurch kompliziert, daß das Auswärtige Amt zu diesem Zeitpunkt nicht mehr ein durch Auslese, Ausbildungsgang und Laufbahn vereinheitlichtes Beamtentum besaß: Den alten Beamten und Karrierediplomaten, dem sogenannten »alten« Auswärtigen Amt, trat nun – besonders mit dem, ebenfalls noch nicht in seinen Einzelheiten erforschten, großen Revirement vom Februar 1938, das die eigentliche »Gleichschaltung« des Auswärtigen Amts und Dienstes einleitete – mit brutaler Arroganz das in diese Hochburg des nationalen und konservativen Gedankens eingedrungene Aufsteigertum aus Partei, SA und SS in den Weg.

Die Stimmung im Auswärtigen Amt

Unter den führenden Kräften des »alten« Auswärtigen Amts, die der amerikanische Untersuchungsoffizier DeWitt C. Poole 1946 nach ausgedehnten Befragungen als seine »rationale Elite«[13] bezeichnete, herrschte zum Zeitpunkt der sogenannten Sudetenkrise bereits eine überwiegend durch Sorgen um die weitere Entwicklung gedämpfte Stimmung. Die Haltung dieser Kreise gegenüber früheren außenpolitischen Schritten Hitlers, die den Bruch mit der europäischen Friedensordnung anzeigten – nach dem Austritt aus Völkerbund und Abrüstungskonferenz (14.10.1933) waren dies besonders der Bruch des Versailler Vertrags durch das Gesetz über den Aufbau der Wehrmacht (16.3.1935), die Aufkündigung des Vertrags von Locarno und Besetzung der entmilitarisierten Rheinlandzone (7.3.1936), das deutsch-italienische Geheimprotokoll (25.10.1936) und der Abschluß des Anti-Komintern-Paktes mit Japan (25.11.1936) sowie schließlich der Anschluß Österreichs (13.3.1938) – ist noch nicht durch eine übergreifende Studie erhellt worden. Es besteht die Vermutung, daß die Stimmung im Auswärtigen Amt und Dienst neben den jeweiligen sozialen und intellektuellen Voraussetzungen auch durch generationsspezifische Erlebnisse geprägt war: Die älteren Mitglieder dürften offen oder insgeheim eine »Politik des friedlichen Revisionismus«[14] des »Diktats von Versailles« begünstigt oder befürwortet und daher vor den besorgniserregenden Veränderungen bis zu einem gewissen Grade die Augen verschlossen haben; die jüngeren, in der Weimarer Republik ausgebildeten und ins Auswärtige Amt aufgenommenen Kräfte nahmen an dem Ausbruch Hitlers aus der europäischen Nachkriegsordnung von seinen ersten manifesten Zeichen an wahrscheinlich stärker Anstoß. Auf beiden Seiten mag sich der Zweifel an der Vertretbarkeit der Politik Hitlers in diesen Jahren in unterschiedlichem Grade vertieft haben. Ob sich nach genauerer Untersuchung stärkere Einheitlichkeiten der Haltung der in vielfacher Weise heterogenen höheren Beamtenschaft des Auswärtigen Amts ergeben würden, sei dahingestellt – es besteht einiger Grund zu der Annahme, daß sich die führenden Karrierediplomaten des Auswärtigen Amts in ihren politischen Ansichten und Wandlungen nur recht allgemein unter Begriffen wie »nationalkonservative Elite«[15] (im breiten Strom der deutschen Opposition gegen Hitler) und »Honoratioren«[16] (in den Kreisen des aktiven Widerstandes gegen den Nationalsozialismus) subsumieren lassen. Neben ihrer – seit der Schülerschen Reform – verstärkt unterschiedlichen sozialen Herkunft und Orientierung, die ihre Standpunkte hinsichtlich der innerdeutschen Entwicklung mitgeprägt haben, waren für ihre außenpolitischen Betrachtungsmuster wohl nicht zuletzt ihre jeweiligen Auslandsverwendungen von prägender Bedeutung. Aus diesen dürften mehr oder minder starke Assimilationen an das Denken anderer Länder und Mächte sowie persönliche Loyalitäten resultiert haben, die auch nach der Rückversetzung in die Zentrale in gewissem Maße wirksam blieben. Insgesamt darf diesem Kreise aufgrund seiner in der Regel längeren Auslandsaufenthalte, vielfältigen Sprachkenntnisse und Kulturerfahrungen wohl ein größerer politischer Weitblick und eine geringere Anfälligkeit für die aus spezifischen nationalen Ängsten entstandene Homogenisierung des Breitenbewußtseins und seiner Unterwerfung unter den einen ausführenden Willen unterstellt werden.

Eine sorgenvolle Stimmung hatte in den Wochen der Krise nicht nur in der Führungsschicht der Berliner Zentrale, sondern auch in den großen Auslandsvertretungen geherrscht, wobei es einer besonderen Studie bedürfte, um zu erklären, weshalb sich die Sorge dieser »rationalen Elite« nicht unmittelbar in die Praxis politischen Handelns übersetzte. Charakteristisch für ihre Versuche, mit herkömmlichen Mitteln eine Bewußtseinsänderung der deutschen Führung herbeizuführen, war etwa der von Fritz Wiedemann berichtete Versuch dreier Missionschefs, Hitler mit dem Ernst der Lage zu konfrontieren. Die deutschen Botschafter in Paris, Johannes Graf von Welczek, London, Herbert von Dirksen, und Washington, Hans Dieckhoff, hatten sich im Anschluß an die provozierende Rede Hitlers auf dem Nürnberger Parteitag (4.–6. September 1938), zu dem sie befohlen waren, darum bemüht, Hitler zu sprechen, um ihn über die Lage in den jeweiligen Ländern aufzuklären. Hitler wollte sie nicht sehen – Berufsdiplomaten waren, nach den Worten seines langjährigen Adjutanten, in seinen Augen professionelle »Defaitisten, die er sich vom Leibe hielt. Die Botschafter fanden sich in einer unwürdigen Lage«. Nach Tagen immer erneuten, demütigenden Antichambrierens ließ Hitler die wartenden Botschafter schließlich am letzten Tage des Parteitages unter Flüchen zu sich kommen. »Dann empfing er sie alle drei zusammen etwa 10 Minuten lang.«[17]

Hitlers Mißachtung der Diplomatie des »alten« Amts war schon in Friedenszeiten notorisch. »Dem Auswärtigen Amt und seiner Beamtenschaft stand Adolf Hitler mit Mißtrauen gegenüber«, schrieb Ribbentrop später.[18] Er »sah im Auswärtigen Amt einen alten verknöcherten Beamtenapparat, der vom Nationalsozialismus mehr oder minder unberührt war. Er hat sich ... oft über das Auswärtige Amt lustig gemacht. Er sah im Auswärtigen Amt eine Heimstätte von Reaktion und Defaitismus.«[19] In einer Mischung aus bildungs- und klassenbedingtem Unterlegenheitsbewußtsein und pseudorevolutionärem Vernichtungswillen sah Hitler in den deutschen Karrierediplomaten in sozialer Hinsicht überwiegend stock-aristokratische Existenzen und in politischer Hinsicht »welt- und wirklichkeitsfremde« Miesmacher von »Briefträgerniveau«.[20] In der Kriegszeit wuchs sich sein von Mißachtung gespeistes Vorurteil zu grotesken Formen der Verachtung aus. Das »alte« Auswärtige Amt schien ihm dann »ein wahrer Schuttplatz der Intelligenz« zu sein. Aus den Auslandsvertretungen gingen ihm in den »auch sprachlich miserablen Berichten« dieser »Operettendiplomaten« Empfehlungen zu, die zu nichts als Untätigkeit rieten.

Von allen Berichten deutscher Auslandsvertreter hielt Hitler wiederum von den Berichten aus Moskau am wenigsten. Wie Ribbentrop später vor dem Nürnberger Gerichtshof aussagte, hatte er Hitler die Berichte der Deutschen Botschaft Moskau »wiederholt, das heißt überhaupt laufend ... vorgelegt, aber der Führer äußerte sich, daß Diplomaten und Militärattachés in Moskau die schlechtest informierten Menschen der Welt seien. Das war seine Antwort.«[21]

Die Deutsche Botschaft Moskau

Unter den großen deutschen Auslandsvertretungen hatte die Deutsche Botschaft Moskau[22] von den Anfängen des nationalsozialistischen Deutschland an eine besondere Stellung eingenommen. Sie lag außerhalb jeglichen aktuellen politischen Interesses Hitlers und genoß daher zunächst eine gewisse Narrenfreiheit. Unter diesen Bedingungen hatte sich in ihr eine Kombination von Personen und Einstellungen zusammengefunden, die gegen die Forderungen der nationalsozialistischen Führung weitgehend immun waren.

Der Botschafter, Friedrich Werner Graf von der Schulenburg (1875–1944), hatte der Wilhelmstraße unter drei Regierungsformen gedient[23], als er am 1. Oktober 1934 seinen Dienst in Moskau antrat. Die Lage des Botschafters des nationalsozialistischen Deutschland im stalinistischen Rußland war in vielfacher Hinsicht schwieriger als die seiner Kollegen in westlichen Hauptstädten: Von deutscher Seite wurde seine Mission von den gravierendsten außenpolitischen Differenzen und Schwierigkeiten überfrachtet, die auszutragen oder abzufangen ein die Kräfte eines gewissenhaften Botschafters weit übersteigendes Geschäft war. Auf sowjetischer Seite traten ihm andere Schwierigkeiten in den Weg: Er fand die Sowjetgesellschaft nach einer Hungersnot von gigantischen Ausmaßen in einer Phase des Darniederliegens der Wirtschaft und der Lethargie einer schwergeprüften und dezimierten Bevölkerung vor. Dieser wurden nun durch die gewaltsame Wiederankurbelung der Wirtschaft in der beginnenden Periode der forcierten Industrialisierung von Stalin neue, gewaltige Opfer abverlangt. Dieser Prozeß wurde ab Mitte der dreißiger Jahre vom Terror der Säuberungen begleitet, der auch führende deutsche Diplomaten in Mitleidenschaft zog: Die Botschaft des nationalsozialistischen Deutschland wurde, hierin nicht grundsätzlich von den anderen westlichen Botschaften unterschieden, von einem undurchdringlichen Sicherheitscordon umgeben, der ihre Bewegungsfreiheit sehr stark einengte. Wiederholt wurden Angehörige der Botschaft in die Schauprozesse involviert und der Spionage verdächtigt, so etwa der deutschbaltische Journalist und Presseattaché Wilhelm Baum und der deutsch-russische Militärattaché Ernst Köstring. Dem Botschafter fiel es zu, seine Mitarbeiter vor den Anklagen der Stalinschen Sicherheitsorgane und zugleich vor der Ausweisung nach Deutschland zu schützen, wo manche von ihnen analoge Verfolgungen erwarteten. Dies alles hat die Stimmung an der Botschaft in hohem Maße belastet und den Botschafter zeitweilig stark in Anspruch genommen.

In einem Aspekt allerdings blieb der Deutschen Botschaft Moskau eine Handlungsfreiheit erhalten, die die in ihr herrschende Atmosphäre wohltuend von anderen Dienststellen des NS-Staates unterschied: Die Abriegelung durch das sowjetische Sicherheitssystem hatte sie in eine so weitgehende Isolation versetzt, daß auch eine Infiltration und Bespitzelung durch deutsche Sicherheitskräfte kaum möglich war. Eine Ortsgruppe der NSDAP, wie sie in anderen Ländern im Umfeld der Botschaft als potentielle »Fünfte Kolonne« aufgebaut wurde, hat es trotz wiederholter Versuche der Einflußnahme durch Ernst Wilhelm Bohle – seit 1937 Leiter der Auslandsorganisation (AO) der NSDAP im Auswärtigen Amt im Range eines Staatssekretärs – in Moskau nicht gegeben.[24] Versuche des Reichssicherheitshauptamts, rührige SD-Leute in der Botschaft »einzubauen«, wurden vom Botschafter unter Hinweis auf die besondere Lage im Sowjetstaat zurückgewiesen. So blieb »der Nationalsozialismus« über längere Zeit »vor der Tür«.[25]

Über seinen Charakter waren sich die führenden Angehörigen der Deutschen Botschaft Moskau relativ frühzeitig im klaren. Zu diesem Bewußtsein verhalf ihnen – neben einer privilegierten räumlichen und ideologischen Distanz – nicht zuletzt ihre Herkunft: Der verdeckte Zynismus, mit dem Hitler die »Oberschichte«[26] ins Visier nahm, rührte an die sozialen Sicherheitsfaktoren des national-konservativen beamteten Adels wilhelminischer Tradition, der sich der Botschafter verpflichtet wußte; die unverblümten Aversionen Hitlers gegen den »Geist von Zossen« berührten die Interessen jener militärischen Führungselite, der Botschaftsrat Werner von Tippelskirch angehörte (sein Vetter, Kurt von Tippelskirch, war Oberquartiermeister im Generalstab des Heeres); das Wüten gegen das deutsche Judentum, das in den Nürnberger Gesetzen eine Rechtsgrundlage erhielt, vernichtete den Glauben an die deutsch-jüdische Kultursymbiose und rief die Kräfte der Botschaft zum Schutz ihrer wehrlosen Glieder wach; der Kreuzzug der nationalsozialistischen Propaganda gegen das Russen- und Moskowitertum schließlich versetzte die Deutsch-Russen unter den Botschaftsangehörigen, Gustav Hilger und Ernst Köstring (in der Zeit der Zusammenarbeit zwischen Reichswehr und Roter Armee der 1. Adjutant von General Hans von Seeckt), in eine komplizierte Identitätssituation und nervenaufreibende Dauerkrise der Selbstbehauptung.

Daneben gewährleistete der Moskauer Posten trotz unzähliger praktischer Schwierigkeiten immerhin – gemessen an Berlin – einen in Hinsicht auf das internationale Geschehen bevorrechteten Informationsstand: Einerseits schuf die tagtägliche, hautnahe Berührung mit den ideologischen und politischen Besonderheiten des in zunehmendem Maße patriotisch-national untermauerten sozialistischen Sowjetsystems eine verfeinerte Sensibilität für gewisse strukturelle Analogien der beiden Systeme. Andererseits vertieften die Informationen, die ihnen in der Hauptstadt der Komintern zur Verfügung standen, ihre kritische Distanz zu den Vorgängen der ideologischen und politischen Gleichschaltung in

Deutschland. Schließlich ermöglichten der freie Umgang mit der ausländischen Presse und der weitgehend ungehinderte Verkehr mit diplomatischen Vertretern, auch der neutralen und Gegnerländer, eine Schärfung des kritischen Blicks auf die gefährliche Entwicklung des nationalsozialistischen Deutschland, die den Mangel an offizieller Information über die Absichten der deutschen Regierung bis zu einem gewissem Grade ausglich.

Angesichts dieser Entwicklung brachte die Botschaft – wie dies u.a. die reichhaltige amtliche und private Korrespondenz des Botschafters andeutet – für die Konsolidierungsmaßnahmen Stalins ein gewisses Maß an Verständnis auf. Der straffe Zentralismus und rigorose Etatismus des stalinistischen Systems fanden ihre distanzierte Zustimmung[27]. Infolgedessen lavierte sie über Jahre hinweg mit zähem Mut und in wohl gemessener Entfernung zwischen der Scylla des Stalinschen Systems und der Charybdis der Hitlerschen Diktatur – die Diplomaten führten nach den Erinnerungen Hans von Herwarths »einen dauernden Balanceakt aus«. Die wilde ideologische Hetze, die, von Deutschland entfacht, allmählich zum Substitut der beiderseitigen Gesprächsbeziehungen wurde, und die brutale Gewalt, die beide Seiten im Kampf gegen ihre Feinde einsetzten, führten ihnen die Gefahren vor Augen, die bei einer weiteren Eskalation des Konfliktes drohten. Aufgrund ihrer profunden Kenntnis der Sowjetgesellschaft und besonders ihrer Führungsgruppen bestand unter den führenden Angehörigen der Botschaft der Konsens, daß eine Eskalation des zwischen Deutschland und dem Sowjetstaat schwelenden Konflikts zur lodernden Krise nur von Deutschland ausgehen konnte. In seiner Außenpolitik war das Hitler-System – nach der übereinstimmenden Ansicht der Männer um Botschafter Graf Schulenburg – das weitaus gefährlichere: Während Stalin die gewaltigsten Anstrengungen unternahm, um sein riesiges Imperium durch Anspannung aller Wirtschaftskräfte innerlich zu festigen, erschien der rapide Aufbau der deutschen Industrie und Militärmaschine deutlich auf kriegerische Expansion angelegt. »Die Sowjets verhielten sich defensiv und taten alles nur mögliche, um einen Krieg abzuwenden.« Hitler hingegen war offensiv und suchte die Konfrontation; seine »Politik [würde] zum Kriege führen«[28].

In Kenntnis des immensen wirtschaftlichen und militärischen Gewichts der beiden Staaten und der gewaltigen Sprengkraft ihrer ideologischen Systeme ergab sich für Schulenburg – einen in der wilhelminischen Außenpolitik geschulten und im Russischen Reich im deutschen konsularischen Dienst gereiften Diplomaten – nur ein einziger Schluß: Ihre kriegerische Konfrontation mußte um jeden Preis verhindert und eine Phase der Entspannung und allmählichen Annäherung der innenpolitisch nicht unähnlichen Systeme bei erster sich bietender Gelegenheit eingeleitet werden.

Der rumänische Außenminister und spätere Botschafter in Moskau, Grigore Gafencu, der mit Schulenburg gut bekannt war, charakterisierte dessen schwierige und grundlegend paradox-anachronistische Lage mit den Worten: »So merkwürdig das auch erscheinen mag: Es waren vor allem die Diplomaten, die geistig der bolschewistischen Lehre und der nationalsozialistischen Doktrin gleichermaßen fernstanden, welche (vielleicht gerade aufgrund dieser Entfernung) verstanden, bis zu welchem Grade die zwischen beiden Systemen bestehende Analogie im Sinne einer Politik des Ausgleichs (conciliation) und des guten Einvernehmens (entente) ausgenutzt werden konnte. [Er] ... sagte – unter Hinweis auf die Autorität Bismarcks – häufig, daß die Interessen Deutschlands und Rußlands ganz natürlich zusammenfielen, und ... schrieb die derzeitigen Schwierigkeiten in den Beziehungen der beiden Reiche der gewaltsamen und leidenschaftlichen Antithese zu, die der Nationalsozialismus dem Bolschewismus entgegensetzte.« Gafencu sah in Schulenburg den Diplomaten, der »bestens in der Ausübung einer realistischen Politik bewandert und sich über den Wert und die Aufrichtigkeit der beiden Doktrinen vollkommen im klaren« war[29].

Zu den Absurditäten der Lage des Botschafters in Moskau gehörte die Tatsache, daß er wichtige politische Informationen nicht aus Berlin, sondern aus sowjetischen Regierungskreisen erhielt. Während er von den Entscheidungsträgern in Berlin für politisch unzuverlässig oder unmaßgeblich gehalten oder aber in der Hektik des Befehlseifers schlicht übergangen wurde, machten ihm die Vertreter der Sowjetregierung Vorhaltungen über das Vorgehen seiner Regierung, auf die er nichts erwidern konnte. So erfuhr er beispielsweise vom offensiven Charakter des deutsch-japanischen Anti-Komintern-Paktes nicht von seiner Regierung, sondern indirekt vom sowjetischen Außenkommissar[30]. In dieser zwiespältigen Lage entwickelte er eine Haltung, in der vollständige persönliche Aufrichtigkeit mit dem Ausdruck des Bedauerns über die deutsche Entwicklung zusammentraf, auf die einzuwirken er sich bemühte, die sich indes bislang als übermächtig erwies; sie äußerte sich in »einer für ihn charakteristischen Geste, indem er mit dem Ausdruck besorgter Hilflosigkeit seine Arme hob«. Diese Geste ist seinen Mitarbeitern bis heute als Ausdruck des tiefen inneren Konflikts seiner Lage in Erinnerung[31]; sie wurde auch auf sowjetischer Seite registriert, wenn auch lange Zeit nicht korrekt gedeutet.[32]

Die wachsende Gewißheit über die aggressiven Ziele Hitlers im europäischen Osten veranlaßte den Botschafter im Herbst 1937 in Kenntnis der temporären Schwäche der Roten Armee – nach der Liquidierung ihrer Offizierselite im Zuge der sogenannten Tuchatschewskij-Affäre ab Juni 1937 – und der offensiven deutsch-japanisch-italienischen Militärallianz – nach Beitritt Italiens zum Anti-Komintern-Pakt im Oktober 1937 –, von einer Haltung besorgter Hilflosigkeit zu der eines aktiven Warners überzugehen. Mit ihm ging die Botschaft von einer Einstellung der Resistenz (im Sinne von M. Broszat) zu einer in Grenzen aktiven Opposition gegen die außenpolitischen Ziele Hitlers in Osteuropa über. Diese Wende ist durch den Vortrag – eine kollektive Ausarbeitung der führenden Botschaftsangehörigen – gekennzeichnet, den der Botschafter am 25. November 1937 vor der Wehrmachtsakademie in Berlin über »das Problem Sowjetunion« hielt[33].

Er begann seine breitangelegten historisch-politischen Ausführungen vor dem Nachwuchs des deutschen Offizierskorps mit dem Hinweis auf das Gewicht Rußlands in der »preußisch-deutschen Geschichte der letzten zwei Jahrhunderte« und die »Bedeutung, die die Haltung Rußlands für die Bismarck'sche Politik in der Zeit der Reichsgründung gehabt hat ...« Die Behauptung, die Sowjetunion habe nunmehr eine Mächtekonstellation hervorgerufen, die Deutschland bedrohe, wies Schulenburg als Verkehrung der Tatsachen zurück: »Die wachsende Furcht vor Deutschland hat dazu geführt, daß die Beziehungen der Sowjetunion zu den anderen Staaten in einem immer steigenden Maße zu einer Funktion des Verhältnisses zu Deutschland geworden sind. Jeder Machtgewinn Deutschlands wird in der Sowjetunion als eigener Mißerfolg empfunden.« Denn dominierend sei für die internationale Politik der Sowjetführung »ein starkes außenpolitisches Ruhebedürfnis«. Nur die aggressive deutsche Außen- und Bündnispolitik zwinge sie, *»eine französisch-englisch-sowjetische Einheitsfront* gegen die faschistischen Staaten« anzustreben.

Der Vortrag fand – wie der Reichskriegsminister und Oberbefehlshaber der Wehrmacht, Werner von Blomberg, dem Botschafter privat mitteilte[34] – »den vollen Beifall der Hörer«. Er rief beträchtliche Aufmerksamkeit hervor. Zahlreiche Personen in Führungspositionen, wie etwa Blomberg selbst, baten um Zusendung des Manuskripts. Der Tenor dieses Vortrags lief den Vorstellungen Hitlers und den Richtlinien der von Reichsminister Goebbels diktierten Propaganda so eindeutig entgegen, daß seine Wirkung schwerlich ihrer Aufmerksamkeit entging.

Der »Anschluß« Österreichs und die deutsche Mobilmachung, die Schulenburg – offenbar völlig unvorbereitet – in Deutschland miterlebte, führten ihm drastisch vor Augen, wie berechtigt die ihm bekannten Befürchtungen der Sowjetregierung über die weiteren Ziele der deutschen Außenpolitik waren. Die Unterzeichnung des Münchner Abkommens am 29. September 1938 löste zwar in Berlin und den westlichen Hauptstädten einen »Rausch der Erleichterung ... über den vermiedenen Krieg« aus, doch diejenigen, die ihm nicht erlagen, »stellten sich sofort die sorgenvolle Frage, wie lange es dauern würde, bis die Hybris wieder in Erscheinung treten werde«[35]. An der Deutschen Botschaft Moskau herrschte nur gemessene Erleichterung über diese Lösung der Krise. Hier sah man in erster Linie die folgenschweren Konsequenzen dieser Konferenz: In der Aussperrung der Sowjetregierung aus der Runde der konferierenden Großmächte erkannte man einen Affront, in der Nichthinzuziehung der Tschechoslowakei ein Diktat der Großmächte, die sich beide rächen mußten.

In der nachträglich geäußerten Betrachtung Ernst Köstrings hatten »die mit fliegenden Rockschößen nach München jagenden Engländer und Franzosen ... Stalin von der Münchner Konferenz abrupt und grob« ausgeschlossen[36] – er war sich darüber im klaren, daß die Sowjetregierung daraus ihre Konsequenzen ziehen würde.

Botschafter Schulenburg selbst gab den Protest Potemkins in einem Gespräch mit ihm (29. September 1938) – nicht ohne ein gerüttelt Maß an persönlicher Zustimmung – mit den Worten wieder, »es sei eigentlich eine Unmöglichkeit, daß man eine Konferenz über das Schicksal eines Landes abhalte, ohne daß dieses Land vertreten sei. Was jetzt geschehe, sei die Wiedergeburt des ›berühmten‹ Vier-Mächte-Paktes, der Europa seinen Willen aufzwingen wolle ... die jetzt an der Zerstörung der Tschechoslowakei beteiligten Mächte würden ihr Zurückweichen vor dem militanten Nationalismus bitter bereuen. Zuerst Polen, denn es gebe in Polen ›sehr viele‹ Deutsche ...«[37]

Während es Botschaftsrat von Tippelskirch überlassen blieb, in einem Routine-Bericht an den Leiter des Referats Sowjetunion (Pol V) des Auswärtigen Amts vom 3. Oktober 1938[38] den obligaten Glückwunsch auszusprechen und zu betonen, welch »großer Jubel über den gewaltigen, unvorstellbaren Erfolg, den der Führer für Deutschland errungen hat«, an der Botschaft herrsche, blieb die Stimmung an der Botschaft in Wahrheit weiter gedrückt. So schrieb der Botschafter am selben Tage privat nach Berlin: »Nun ist die große Entscheidung gefallen und gefallen im Sinne des Friedens!! ... Immerhin fühle auch ich eine große Erleichterung. Das kann ich nicht leugnen! Ich sehe ganz ab von den allgemeinen politischen Sorgen, die sich jeder denkende Mensch und Deutsche machen mußte. (Es gibt nur sehr wenig denkende Menschen!) Auch meine höchsteigenen Belange liefen große Gefahr. Wäre der Krieg ausgebrochen, hätte ich ... meinen Posten verloren ... Aber ... glaube bitte nicht, daß das alles Bluff war, daß keine Gefahr bestanden hat. Wir sind nur durch ein Wunder um den Krieg herumgekommen! ... In der neuen Lage der Dinge sehen alle unsere Belange ganz anders aus. Ich werde nun energisch ... herangehen müssen. Doch davon später!«[39] Rückblickend schrieb er zwei Wochen später, die große Krise sei wider Erwarten »doch noch friedlich ausgegangen! Ich muß gestehen, ich habe zuletzt nicht mehr daran geglaubt.« Zweideutig fügte er hinzu: »Wir verdanken Alle sehr viel dem britischen Premierminister. Aber immerhin: es ist ein Glück, daß es so gekommen ist und nicht anders!«[40]

Die leitenden Beamten der Botschaft – vor allem Botschafter Schulenburg, Militärattaché Köstring und Gustav Hilger – traten nun in eine Phase der Selbstbesinnung und Neuorientierung ein. Sie nutzten mit dem 2. Oktober 1938 »den ersten Sonntag der ›Ruhe‹ zu einem Ausfluge« und begaben sich »... nach dem Schlachtfelde von Borodino«[41]. Der Besuch von Borodino – dem Schlachtfeld, auf dem Napoleons Grande Armée 1812 die erste Probe russischer Verteidigungsstärke erfahren hatte – war in jenen Tagen von symbolischer Bedeutung: Ein deutscher Angriff auf Rußland in den Spuren der napoleonischen Armee schien ihnen nun, nach diesem ersten deutschen Vorrücken in den »slawischen Raum«, näherzukommen. Im Bewußtsein der katastrophalen Konsequenzen, die ein Krieg für Deutschland und Rußland haben würde, sahen diese Männer ihre Verpflichtung darin, einer solchen Entwicklung mit allen verfügbaren Mitteln entgegenzuwirken.

Ihre spezifische Erfahrung von »München« hatte dabei den Ausschlag gegeben:

1. Die Botschaft ging davon aus, daß Hitler zur Auslösung des Krieges

bereit gewesen war und Europa an der Schwelle zu einem großen Krieg gestanden hatte, der in seinen Auswirkungen nicht hinter dem Ersten Weltkrieg zurückbleiben würde.

2. Sie nahm an, daß die Gefahr eines neuen Weltkrieges durch das diplomatische Einschwenken der Westmächte nur temporär gebannt war; die Sorgen der politisch bewußten und verantwortlichen Menschen bestanden weiter – sie hatten sich sogar vertieft. Denn Hitler würde weiter zum Kriege treiben, ein »Wunder« dieser Art aber würde sich nicht mehr wiederholen.

3. In Anbetracht des Ausfallens des inländischen Widerstandes gegen die Machtpolitik Hitlers bestand für sie das Gebot der Diplomatie in der Herbeiführung einer außenpolitischen Paktsituation, in der die Wiederholung eines solchen Konflikts, der mit unausweichlicher Logik zum Kriege führen würde, nicht möglich wäre.

4. Aus der Sicht der deutschen Rußland-Diplomatie hielt die Sowjetregierung einen Schlüssel zum Erreichen einer solchen Situation in den Händen. Sie mußte in kurzer Zeit mit energischen Schritten dazu bewegt werden, ihr weltpolitisches Gewicht zur Stabilisierung der Lage Mittel- und Osteuropas in die Waagschale zu werfen.

5. Die Idee der Belebung einer tragenden vertraglichen Bindung, die Deutschland fest mit der Sowjetunion verband, die seit 1934 brach darniederlag, mußte mit neuen Mitteln in den außenpolitischen Entscheidungsprozeß der beiden Länder eingeführt werden. Einen Ansatzpunkt dazu bot die besondere Lage der Sowjetregierung nach dem Münchner Abkommen.

Die diplomatische Initiative zum Nichtangriffspakt

Die Sowjetunion war nach dem Münchner Abkommen aus der Gemeinschaft der Großmächte ausgeschlossen und in Isolation versetzt worden. Wollte sie nicht vollends aus der gesamteuropäischen Politik – mit der zu erwartenden weiteren Neuaufteilung – ausgeschaltet und ins Abseits gedrängt werden[1], so mußte sie sich bei gleichbleibender Beschwichtigungspolitik der Westmächte früher oder später auf eine Gesprächsbeziehung mit Deutschland einstellen: Dieses war aus der Krise um die Tschechoslowakei als stärkste kontinentale Macht hervorgegangen.

Aus der Sicht erfahrener Diplomaten in Moskau bestand angesichts dieser Entwicklung die Erwartung, daß die Sowjetregierung für eine Annäherung an Deutschland zu interessieren sei. Eine solche Perspektive scheint einigen von ihnen – nach ihren späteren Zeugnissen zu urteilen – nahezu zwangsläufig vor Augen gestanden zu haben: Der französische Botschafter in Moskau, Robert Coulondre, vertrat im nachhinein die Ansicht, daß die Westmächte Stalin durch das Münchner Abkommen direkt in die Arme Hitlers getrieben hätten.[2] Er stützte seine Ansicht auf eine angebliche Indiskretion des Ersten Stellvertreters des Außenkommissars, V.P. Potemkin. Danach hätte dieser im Anschluß an den Versuch Coulondres, die Gründe plausibel zu machen, die Daladier nach München geführt hatten, für einen Moment die Fassung verloren: »Von Emotionen überwältigt und ebensosehr Slawe wie Diplomat«, habe Potemkin Coulondre erwidert: »Mein armer Freund, was haben Sie getan? Für uns sehe ich keinen anderen Ausweg mehr als eine vierte Teilung Polens!«[3]

Der italienische Kollege von Coulondre in Moskau, Augusto Rosso, bestätigte später die Annahme, daß ein Vertreter der Sowjetregierung bereits zu diesem Zeitpunkt die Notwendigkeit einer Teilung Polens vor Augen gehabt hätte, und dies im Verein mit Deutschland. 1946 berief er sich auf seine Tagebuchaufzeichnungen aus den ersten Oktobertagen 1938, in denen er die Worte einer »Persönlichkeit mit Autorität« festgehalten hätte, die »eine verantwortliche Position einnahm«. Diese Persönlichkeit, die mit Potemkin identisch sein könnte, hätte im Gespräch mit Rosso »eine Anspielung auf die Möglichkeit einer ›vierten Teilung Polens‹« gemacht. Rosso fügte hinzu: »Wenn ich mich nicht täusche, würde ein Einvernehmen zwischen den teilenden [Mächten] nötig sein, damit die Teilung zustandekäme.«[4] Rosso erkannte in diesen Worten und anderen (ungenannten) Beobachtungen »Symptome einer beginnenden Annäherung an Berlin«[5] und berief sich seinerseits auf eine Formulierung seines späteren rumänischen Kollegen in Moskau, Grigore Gafencu, nach der »das Mißtrauen des Westens gegenüber der Sowjetunion den Kompromiß von München und das Mißtrauen der Sowjetunion gegenüber dem Westen den Kompromiß von Moskau herbeigeführt hat«[6]. Zu bedenken ist dabei aber, daß Gafencu diese Entwicklung erst im Sommer 1939 wahrgenommen und beschrieben hat[7]. Potemkin selbst hat später nicht explizit zu dieser Episode Stellung genommen. Wohl aber hat er in seiner 1953 in Moskau erschienenen Schrift[8] über den »Kampf der sowjetischen Diplomatie gegen die Folgen der *appeasement*- Politik« – in seiner Sicht »eine Politik des Tolerierens und sogar der Hilfe für die Angreifer« – die Ansicht vertreten, Chamberlain und Daladier hätten die Interessen der kleinen Länder geopfert, um die nationalsozialistische Expansion nach Osten zu lenken.[9]

Ein *Prawda*-Artikel vom 1. Oktober 1938 zeigt an, daß sich die Sowjetregierung tatsächlich intensiv mit den deutschen Plänen für Polen beschäftigte, ohne indes den Schluß zuzulassen, sie hätte eine Beteiligung an diesen in Erwägung gezogen. Er warnte die polnische Regierung in Anbetracht ihres Verhaltens in der Sudetenkrise nachdrücklich davor, mit ihren eigenen Händen das Grab der polnischen Unabhängigkeit zu graben, und äußerte die düstere Vermutung, daß die Zeit nicht fern sei, in der »das faschistische Deutschland, vergiftet von seiner Straffreiheit, die Frage der Teilung Polens auf die Tagesordnung setzen« würde. Die Gesprächsinitiative, die Potemkin gleichzeitig gegenüber dem polnischen Botschafter in Moskau, W. Grzybowski, ergriff, zeigte an, daß die Sowjetregierung sich mit dieser finsteren Prognose keineswegs zur Untätigkeit verurteilte. Im Gegenteil warb sie bei der polnischen Regierung, nicht ohne Erfolg, um eine Vertiefung und freundlichere Gestaltung der beiderseitigen politischen und Wirtschaftsbeziehungen auf der Basis wachsender gemeinsamer Besorgnis: Die Vertreter beider Länder waren nicht nach München geladen worden und hatten Grund, den Ergebnissen der Konferenz – der gestärkten Position Hitlers – mit Skepsis zu begegnen.[10] Eine Umstellung der sowjetischen Bündnispolitik war mithin vorerst nicht erkennbar.

So hat auch die westliche zeitgeschichtliche Forschung der Nachkriegszeit die Äußerung Potemkins gegenüber Coulondre zwar immer wieder aufgegriffen[11], sich aber nicht auf die Annahme festgelegt, die Sowjetregierung hätte bereits zu diesem Zeitpunkt eine Umstellung ihres Bündnissystems geplant oder zumindest ernsthaft erwogen. Der britische Zeitgeschichtler Max Beloff stellte fest, daß »die sowjetische Politik in dem Zeitabschnitt zwischen der Münchner Konferenz und der deutschen Besetzung der ... Tschechoslowakei ... keine auffällige Transformation durchlief« und »die sowjetische Diplomatie nicht dazu zu neigen schien, irgendeine Initiative zu ergreifen, sondern sich vielmehr anschickte, die Position von vergleichsweiser Isolation hinzunehmen, in der sich das Land nun befand«. Für erörterungswert hielt er aber die Frage, ob die Sowjetregierung eventuell innerhalb dieses Zeitraums zu der Ansicht gelangt wäre, »daß sie ihren Absichten am besten mit einem formellen Arrangement mit Deutschland dienen könnte, falls diese Macht dazu gebracht werden könnte, die Idee des Angriffs auf Rußland aufzugeben ...«[12]

Ein anderer britischer Historiker, E.H. Carr, sah – bereits in Kenntnis der einschlägigen deutschen diplomatischen Korrenspondenz – im Jahre 1949 wenig Grund zu einer weiteren Untersuchung dieser Frage: »Die Periode von Oktober 1938 bis März 1939 bietet wenige verläßliche Schlüssel für die Entwicklung der sowjetischen Außenpolitik. Daß die westlichen Staatschefs unzuverlässige Verbündete gegen die deutsche Aggression waren, war für die Sowjetführung evident. Daß das Ergebnis, wenn nicht die Intention, von München darin bestehen konnte, die deutsche Aggression nach Osten zu lenken, war nicht weniger klar. Aber es konnte keine alternative Politik gefunden werden.«[13]

I. DIE ANBAHNUNG ERWEITERTER HANDELSBEZIEHUNGEN 1. OKTOBER 1938 BIS 31. JANUAR 1939

Tatsächlich war die Perspektive einer Umstellung der sowjetischen Außenpolitik angesichts des tiefen Schocks, dem die Regierung Stalins mit dem Zustandekommen des Vier-Mächte-Abkommens ausgesetzt war, zunächst nur als eine äußerst vage Möglichkeit für die Zukunft zu erkennen. Die von Coulondre berichtete Äußerung Potemkins dürfte insofern wohl eher seinem politischen Weitblick – im Sinne der zunehmenden Verengung der außenpolitischen Perspektive der Sowjetregierung – als einer entsprechenden Vorentscheidung der Sowjetregierung entsprungen sein.

Denn es ist kein Anhaltspunkt dafür bekannt, daß die Sowjetregierung in jenen mehrtägigen internen Beratungen, zu denen sie sich in den ersten Oktobertagen zurückzog, bereits so weitreichende Erörterungen angestellt hätte. Wohl aber sah sie sich genötigt, aus den verbliebenen Überresten des zerstörten Gebäudes der Kollektiven Sicherheit den Bauplan einer neuen Außenpolitik zu erstellen. Doch diese schien – soweit dies die Verlautbarungen der nächsten Monate erkennen ließen – eher auf maximale Stärkung der eigenen Machtmittel und Abwehr der Gefahr aus Ost und West aus eigener Kraft hinauszulaufen, als auf die Möglichkeit eines Arrangements mit dem potentiellen Aggressor. Ob und inwieweit in diesen Beratungen auch Fragen einer künftigen Deutschlandpolitik erörtert wurden, bleibt offen. Vermutlich hat sich aber schon hier ein weitgehender Konsens über die verborgenen Absichten der Westmächte herausgebildet[1], – ihres Willens, der deutschen Aggression, wenn und solange möglich, nicht in geschlossener und bewaffneter Abwehrfront entgegenzutreten, sondern statt dessen freien Auslauf im Osten zu lassen. Dieses Verständnis vom verborgenen Sinn der Vier-Mächte-Vereinbarungen – im Sinne eines geheimen Einverständnisses mit der deutschen Expansion nach Osten – fügte der Ratlosigkeit der Sowjetregierung tiefes Mißtrauen gegen die Westmächte hinzu. Dieses wuchs im Verlauf der nachfolgenden Wochen und Monate mit der Kenntnis einer Reihe von außenpolitischen Ereignissen, die dies zu bestätigen schienen – unter ihnen der Wiener Schiedsspruch vom 2. November und die deutsch-französische Nichtangriffserklärung vom 6. Dezember 1938 – und kumulierte in den Wintermonaten 1938/39 in der Ukraine-Frage[2]. Ihr wachsendes Mißtrauen hat das Verhältnis der Sowjetregierung zu Frankreich und England für einige Monate bis zur Kommunikationslosigkeit belastet.

Die öffentlichen Verlautbarungen der Vertreter des Volkskommissariats für Äußeres im unmittelbaren zeitlichen Umfeld dieser Beratungen zeugten nicht nur von Fassungs-, sondern auch und in erster Linie von Orientierungslosigkeit. Der Volkskommissar für Auswärtige Angelegenheiten, Maksim Litwinow, machte auf seinem Wege vom Genfer Völkerbund nach Moskau in Paris Station, wo er den französischen Außenminister Georges Bonnet mit Vorwürfen überhäufte. Er wiederholte zentrale Aussagen der Sowjetregierung aus den Monaten der Sudetenkrise, als er behauptete, Chamberlain wäre lediglich auf einen Bluff Hitlers hereingefallen, als er den Gang nach Godesberg und München angetreten hätte; Hitler hätte es nie gewagt, das Risiko eines Krieges einzugehen, wenn ihm England und Frankreich, gestützt auf die Hilfe Rußlands, mit Entschiedenheit in den Weg getreten wären[3]. In dieser Hinsicht war die deutsche Diplomatie allerdings anderer Ansicht.

Am 16. Oktober – nach seiner Teilnahme an den Konsultationen der Sowjetregierung – machte Litwinow dem scheidenden französischen Botschafter Coulondre Vorhaltungen darüber, daß die Franzosen den sowjetischen Versuchen, die notwendigen militärischen Absprachen zum Beistandspakt von 1935 zu treffen, immer, auch dann, als die Tschechoslowakei faktisch ihre Hilfe benötigte, systematisch ausgewichen seien. Auf die Frage Coulondres, was man denn jetzt unternehmen könne, antwortete Litwinow, »daß sich die eingebüßten wertvollen Positionen jetzt weder zurückgewinnen noch kompensieren ließen. Wir sehen in dem, was geschehen ist, eine Katastrophe für die ganze Welt. Eins von beiden: Entweder werden England und Frankreich auch weiterhin allen Forderungen Hitlers stattgeben, und der letztere wird die Herrschaft über ganz Europa sowie über die Kolonien erlangen und sich für einige Zeit beruhigen, um das Verschlungene erst einmal zu verdauen, oder werden England und Frankreich die Gefahr erkennen und anfangen, nach Wegen zu suchen, um der weiteren Dynamik Hitlers entgegenzutreten. In diesem Falle werden sie sich unweigerlich an uns wenden und eine andere Sprache mit uns reden. Im ersten Falle werden in Europa nur drei

Großmächte – England, Deutschland und die Sowjetunion – bleiben. Am wahrscheinlichsten ist, daß Deutschland das British Empire vernichten und dessen Erbe antreten wollen wird. Weniger wahrscheinlich ist ein Überfall auf uns, der für Hitler ein größeres Risiko wäre.«[4]

Auch die innenpolitischen Entwicklungen der ersten Wochen nach dem Münchner Abkommen – ein kurzes, intensives Aufleben des Terrors gegen angebliche Feindsympathisanten aus den eigenen Reihen und Vertreter fremder Mächte sowie Ausländer unterschiedlicher Art – zeugten nicht von einer beginnenden Umstellung der sowjetischen Politik vis-à-vis Deutschland. Ein Nachlassen der Angst, Verdächtigungen und Feindseligkeit gegenüber den Vertretern des nationalsozialistischen Deutschland wurde nicht wahrgenommen. In der gesamten amtlichen und privaten Korrespondenz der Deutschen Botschaft Moskau findet sich in dieser Zeit kein Indiz, das auf einen solchen Wandel in der sowjetischen Einstellung schließen ließe. Im Gegenteil registrierten die Angehörigen der Deutschen Botschaft Moskau in den Tagen, Wochen und schließlich Monaten nach dem Ernüchterungsschlag von München lediglich eine kalte, auf das Allernotwendigste reduzierte Korrektheit der sowjetischen Regierungsvertreter. Deutsche Reichsangehörige unterlagen weiter den Zwangsmaßnahmen der Sicherheitsorgane des sowjetischen Innenkommissariats. Die Schikanen gegen die in der UdSSR lebenden Ausländer nahmen in den Wochen nach München deutlich zu.[5] Dabei war die Deutsche Botschaft bemüht, in ihren Berichten an die verschiedenen Berliner Dienststellen zu versichern, daß die Deutschen einen »normalen« Platz im allgemeinen System der Ausländerverfolgung einnahmen, zu der sich Stalin angesichts der – in seinen Augen – vorkriegsartigen Situation und seine Sicherheitsorgane aufgrund der bestehenden Mißtrauenskrise veranlaßt sahen.[6]

Gleichwohl legte der Botschafter in seinen Berichten großen Wert darauf zu betonen, daß die Sowjetregierung über den unerwarteten Rückzug der englischen und französischen Regierung noch verärgerter sei als über die erwartungsgemäß eingetretene Politik Hitlers. Die Stimmungsberichte, die er wenige Tage nach Bekanntwerden des Münchner Abkommens an befreundete Personen nach Berlin schickte, lassen nicht nur – zum ersten Male während seines Aufenthalts in der UdSSR – seine durch Enttäuschung über die sowjetische Passivität in der Sudetenkrise gespeiste, bittere Ironie erkennen, sondern sie deckten bereits alle für eine diplomatische Initiative in Frage kommenden Möglichkeiten auf: »Die

Regierung hier« – so schrieb er am 3. Oktober – »ist natürlich im höchsten Grade mißvergnügt über den Ausgang der Krise. Alles, aber auch Alles und Jedes ist schiefgegangen! Es gibt keinen Krieg in Europa ...; der Völkerbund hat sich wieder als Seifenblase erwiesen; die berühmte und von Litwinow gehätschelte ›kollektive Sicherheit‹ ist wirkungslos geblieben; um die Sowjetunion hat sich niemand gekümmert, geschweige, daß man sie zur Teilnahme an den Verhandlungen eingeladen hätte ... und endlich ist das Bündnissystem der Sowjet-Union zum mindesten schwer durchlöchert, wenn nicht gar zerstört worden. Das sind keine angenehmen Dinge und man ist recht böse hier. Dabei richtet sich der Zorn nicht so sehr gegen uns (man versteht, daß ›wir‹ genommen haben, was wir bekommen konnten) als gegen Engländer und Franzosen, denen man heftige Vorwürfe macht.«[7]

Hiermit war ein Punkt berührt, an dem die Botschaft in den folgenden Monaten weiterarbeiten würde. Noch schienen die Widerstände in Moskau unüberwindlich. Ein Zufall kam dem deutschen Botschafter entgegen: Mitte Oktober wurde – gleichzeitig mit dem Botschafter des mit Deutschland verbündeten Japan – der französische Botschafter Coulondre aus Moskau abberufen und nach Berlin versetzt; im November wurde der britische Botschafter Chilston abgelöst. Ihm folgte in dieser äußert schwierigen Phase der sowjetischen Westbeziehungen und auf dem absoluten Tiefstand der deutsch-sowjetischen Beziehungen routinemäßig als rangältester Missionschef in Moskau Graf Schulenburg in der Eigenschaft des Doyen des diplomatischen Korps.[8] Damit gewann er in dieser schwierigsten Phase der Beziehungen einen günstigeren Zugang zu den Entscheidungsträgern im Kreml.

Die Einleitung der Initiative

Über die erste Oktoberhälfte blieb Botschafter Schulenburg im Hintergrund des Amtsgeschehens. Er war von den Vorgängen betroffen und ließ sich nicht zu voreiligen Äußerungen verleiten. Allerdings bemühte er sich vom 10. Oktober ab um eine Dienstreise nach Berlin. Er wollte Einblick in die Absichten der Reichsleitung gewinnen und sein künftiges Vorgehen mit den verantwortungsvollen Kräften im Auswärtigen Amt abstimmen.[9] Das Feld der offiziellen Berichterstattung überließ er dem zweiten Mann der Botschaft, Botschaftsrat Werner von Tippelskirch.

Die Berichte, die dieser im Oktober an den Leiter des Osteuropareferats der Politischen Abteilung (Pol. V), VLR. Dr. Schliep, richtete, folgten den Anweisungen und Interessen Schulenburgs. Von ihnen dienten insbesondere die Berichte vom 3. und 10. Oktober[10] der Vorbereitung der diplomatischen Initiative der Botschaft.

Tippelskirch vertrat den Standpunkt, daß »die Litwinowsche Politik ein völliges Fiasko erlitten« hätte und dies »nicht ohne Folgen für die Sowjetpolitik bleiben« könnte. Die Sowjetregierung werde einerseits die proletarische Internationale neu beleben und über die Volksmassen auf fremde Regierungen einwirken und andererseits »noch mehr wie [sic] bisher darauf bedacht sein ..., ihre militärische Kraft zu stärken«. Dies mache – so ließ Tippelskirch einfließen – möglicherweise den verstärkten Import von Produktionsmitteln erforderlich. Weiter schrieb er: »Daß Stalin aus dem Mißerfolg der Sowjetpolitik auch personelle Schlußfolgerungen ziehen wird, erscheint ... nach unseren Erfahrungen wahrscheinlich. Dabei denke ich naturgemäß in erster Linie an Litwinow, der im Verlauf der Krise in Genf nutzlose Anstrengungen gemacht hat. Wir haben gewisse Nachrichten darüber, daß die Sowjetmachthaber im Verlauf der Krise ständig lang andauernde Besprechungen abgehalten haben. Es soll Besorgnis und Unsicherheit geherrscht haben ... Stalin wird jetzt wieder zu der bewährten Methode greifen, für Mißerfolge Sündenböcke zu finden.«

Diese Voraussage, die sich genau sieben Monate später bewahrheitet hat, überrascht: Aus der Sicht der Deutschen Botschaft Moskau boten bereits zu diesem Zeitpunkt das Versagen der Politik Litwinows, seine Abwesenheit vom innersten Kreise in den langen, angespannten Krisensitzungen und seine nutzlosen Reden in Genf hinreichende Gründe für die Annahme seiner baldigen Entlassung.[11] Noch wichtiger erscheint im Licht der späteren Entwicklung die den ersten Bericht Tippelskirchs abschließende Anregung: »Will man sich auf das Gebiet der politischen Spekulation begeben, so ist der Gedanke unausweichlich, daß die Sowjetregierung ihre Außenpolitik wird überprüfen müssen. In erster Linie käme hier das Verhältnis zu Deutschland, Frankreich und Japan in Betracht. Was uns anlangt, so wäre gegebenenfalls eine positivere Einstellung der Sowjetunion zu Deutschland möglich und zwar aus der Erwägung heraus, daß Frankreich als Bundesgenosse entwertet ist und eine aggressive Haltung Japans zu gewärtigen ist... Immerhin möchte ich die Annahme nicht als [sic] abwegig halten, daß die gegenwärtigen Umstände für ein neues, größeres deutsches Wirtschaftsabkommen mit der Sowjetunion günstige Möglichkeiten bieten.«

Im zweiten Bericht teilte Tippelskirch mit, daß noch keine Tendenz auf eine Veränderung der Stellung Litwinows und der Richtung der sowjetischen Außenpolitik schließen lasse. Die Botschaft gehe davon aus, daß »einstweilen die Sowjetpolitik den gleichen Kurs wie bisher steuern wird. Litwinow wird bestimmt versuchen, die Sowjetregierung davon zu überzeugen, daß seine bisherige Politik die einzig richtige war und auch in Zukunft fortgesetzt werden müsse. Er wird dabei sicherlich davon ausgehen, daß Frankreich und England aus dem Verlauf der tschechoslowakischen Frage die Lehre ziehen werden und Vorkehrungen treffen werden, damit sie sich nicht noch einmal gezwungen sehen, vor deutschen Machtansprüchen zurückzuweichen. Litwinow wird sicherlich auch damit operieren, daß der Versicherung des Führers, keine weiteren territorialen Forderungen in Europa zu haben, kein Glauben zu schenken sei. Es ist bezeichnend, daß die Sowjets offenbar der Meinung sind, daß die Versicherung des Führers nicht für die Ukraine gelte ... Litwinow [wird] seine Politik des Kollektivismus auch weiterhin verteidigen in der Überzeugung, daß der Machtzuwachs Deutschlands und insbesondere die Zerschlagung der Tschechoslowakei eine Gleichgewichtsverlagerung in Europa zur Folge haben werden, bei der über kurz oder lang der Sowjetunion eine bestimmte Rolle ganz von selbst zufallen muß ... Er wird mit anderen Worten fortfahren, Maßnahmen gegen die Aggressoren zu empfehlen in der Hoffnung, beim nächsten Mal mehr Erfolg zu haben.« Nach Meinung der Sowjetregierung sei »der Krieg nur verschoben« und der »Sowjetunion in der Zukunft eine wichtige Rolle« zugedacht. Aus all dem resultiere »die Schlußfolgerung, daß Stalin bestrebt sein wird, das *potentiel de guerre* weiter zu stärken«.

Diese Einschätzung der Lage bestärkte die Botschaft in der »Auffassung, daß der gegenwärtige Augenblick günstig ist, mit der Sowjetregierung ein neues Wirtschaftsabkommen abzuschließen, das von Herrn Schnurre seit langem vorbereitet wird«. Der Botschaftsrat schloß: »Ich möchte daher erneut vorschlagen, diese Frage sogleich einer entsprechenden Prüfung zu unterziehen«, und betonte abschließend: »Ich darf hinzufügen, daß der Herr Botschafter meine Auffassung teilt und mich zu dieser Anregung ausdrücklich ermächtigt hat.«

Diese Anregungen folgten der Überlegung Schulenburgs, »daß die sowjetische Isolation genutzt werden sollte, um ein generelles Abkommen mit der Sowjetregierung herbeizuführen, dessen erste Stufen ein Handelsabkommen und ein neueres und weiteres Kreditabkommen sein sollten«.[12] Die fatale Lage, in die Hitler die deutsche Wirtschaft manövriert hatte, konnte einen fruchtbaren Boden für derartige Anregungen bieten. Denn die Reichsregierung suchte verzweifelt nach Auswegen. Wie Propagandaminister Joseph Goebbels am 13. Dezember privat notierte, war »die Finanzlage des Reiches ... katastrophal. Wir müssen nach neuen Wegen suchen. So geht es nicht mehr. Sonst stehen wir kurz vor der Inflation.«[13]

Während Tippelskirch diese Anregungen an Schliep weiterleitete, arbeitete der Botschafter die Leitlinien der Gespräche aus, die er in Berlin zu führen beabsichtigte. Diese Gespräche versprachen, dornenreich und lang zu werden. Am 24. Oktober schrieb er an Frau von Duberg in Berlin: »Ich freue mich furchtbar, Dich wiederzusehen ... aber ich werde diesmal sehr wenig Zeit haben.«[14] Er plante, seine Reise in der Zeit vom 31. Oktober bis zum 10. November durchzuführen, müßte aber dringend zunächst »2 Tage in Warschau bleiben, weil ich dort etwas mit Moltke zu besprechen habe«. Er war beunruhigt, auf seinen Dienstreiseantrag »noch keine Antwort von Berlin« erhalten zu haben. Eine Notiz des Botschafters vom 27. Oktober zeigt, daß er keine dienstliche Erlaubnis zum Aufenthalt in Warschau erhielt – mit seinem Kollegen, dem deutschen Botschafter in Warschau, H.-A. von Moltke, der wie er ein Mann des »alten« Amts war, konnte er zu diesem Zeitpunkt keinen Gedankenaustausch führen. Schließlich wurde ihm für die Zeit vom 31. Oktober bis 12. November eine Dienstreise nach Berlin bewilligt. Die Tage vom 2. bis 10. November verbrachte er in Berlin.

In Vorbereitung der dortigen Gespräche verfaßte Schulenburg eine von ihm gezeichnete und auf den 26. Oktober datierte »Aufzeichnung«[15]. Sie beginnt mit den Worten: »Ich beabsichtige, mich in nächster Zeit an den Vorsitzenden des Rats der Volkskommissare M o l o t o w zu wenden, um zu versuchen, zu einer Regelung der die deutsch-sowjetischen Beziehungen erschwerenden Fragen zu gelangen.« Es ist, wie Schorske zu Recht bemerkte, »mehr als überraschend, daß Schulenburg eine so vollständige Umgehung von Litwinow zugunsten eines direkten Zugangs zu Molotow erwogen haben sollte«. Dabei erwecken die Gesprächspunkte, die Schulenburg nachfolgend in der ihm eigenen nüchtern-knappen Art auflistete, nicht den Anschein, als würde hier eine »diplomatische Revolution«[16] eingeleitet: Sie sahen unter »A« die unverzügliche Aufnahme von Verhandlungen zwecks einer neuen Vereinbarung über Handels- und Zahlungsverkehr unter neuen, für die UdSSR günstigen Bedingungen, unter »B« die Regelung einiger den Wirtschaftsverkehr erschwerenden Streitfälle und unter »C« vor allem die Bereinigung reichsdeutscher Haft- und Vermögensangelegenheiten vor (darunter allein vierhundert ungelöste Haftfälle »verschwundener« deutscher Reichsangehöriger).

Dies waren – gesondert betrachtet – Angelegenheiten, die Schulenburg auch in den vorausgegangenen Jahren wiederholt den zuständigen sowjetischen Stellen vorgetragen hatte. Neu waren zu diesem Zeitpunkt die Häufung der Vorschläge in einem umfassenden Verhandlungsprogramm und insbesondere der Adressat. Es war für einen Botschafter durchaus unüblich, sich über den Kopf der zuständigen Ressortchefs – in diesem Falle Innen-, Außen- und Außenhandelskommissar – hinweg an den Regierungschef zu wenden, zumal im Reiche der sowjetischen Ministerialbürokratie. Insofern schien sich in diesem unkonventionellen Schritt doch eine »Revolution« anzukündigen: Der Botschafter sah offenbar in Molotow den wichtigeren Mann, der künftighin neben Stalin die Beziehungen der UdSSR zu Deutschland bestimmen würde. Molotow war nicht durch eine einseitige Bindung an die Westmächte festgelegt und aufgrund seiner ressortübergreifenden Stellung – nicht zuletzt auch dank des Ansehens, das er bekanntermaßen bei Stalin genoß – imstande, eine Neuorientierung der sowjetischen Deutschlandpolitik zu ermöglichen.

Darüber hinaus hoffte der Botschafter, daß diese Aufzeichnung in die Hände Hitlers gelangen und seine Zustimmung finden würde. In diesem Falle empfahl es sich nicht, den (jüdischen) Außenkommissar als Gesprächspartner vorzuschlagen. In jedem Falle wollte Schulenburg bei dieser *tour d'horizon* mehr erreichen als nur eine Lösung der hier erwähnten Einzelfragen. Der zweite Satz der Präambel dieser Aufzeichnung scheint dies anzudeuten: »Die günstigste Gelegenheit für diesen Schritt wäre der Beginn der Verhandlungen betreffend die deutsch-sowjetische Vereinbarung über Handels- und Zahlungsverkehr 1939 und die Gewährung eines größeren Warenkredits an die Sowjetunion.« Die Verhandlungen sollten also in erster Linie einen Anlaß bieten, um einen wesentlich umfassenderen Schritt von weiterreichender Bedeutung einzuleiten.

Bei seinem Eintreffen in Berlin wurde Schulenburg mit drei Nachrichten konfrontiert: Am 21. Oktober war nach der Besetzung des Sudetenlandes auch die »Führerweisung« zur »Erledigung der Rest-Tschechei« ergangen – die deutsche Wehrmacht wurde angewiesen, sich in Bereitschaft zum weiteren Vormarsch nach Osten zu halten. Am 24. Oktober hatte Ribbentrop Polen im Auftrage Hitlers »eine gemeinsame Politik gegen Rußland auf der Basis des Anti-Komintern-Paktes« vorgeschlagen[17] – eine weitere gefährliche Bedrohung der sowjetischen Interessen; es war klar, daß Hitler seine Aufmerksamkeit nun in erster Linie auf die »Lösung« der sogenannten polnischen Frage richtete. Und am 2. November schuf der (Erste) Wiener Schiedsspruch mit der Schaffung der »Karpatho-Ukraine« einen Marionettenstaat im Osten der zerschlagenen Tschechoslowakei, der eine Aufmarschbahn gegen die Sowjetukraine und möglicherweise den gesamten Sowjetstaat bilden konnte[18]. Alle drei Nachrichten waren gleichermaßen geeignet, dem Botschafter mit aller Wucht die bittere Notwendigkeit der Pläne vor Augen zu führen, derentwegen er nach Berlin gekommen war.

Sein in diesen Tagen ebenfalls in Berlin anwesender Kollege im Ruhestand, Ulrich von Hassell, kommentierte das dritte Ereignis am 4. November mit der bestürzten Frage: »Die neue Tschechoslowakei ist ein womöglich noch ungesunderes Gebilde als die alte, besonders der Ostzipfel. Dort entsteht ein Zustand, der die Quelle größter Konflikte werden kann. Setzt Hitler auf die Ukraine?«

Die Stimmung, die Schulenburg im Auswärtigen Amt antraf, dürfte sich nicht wesentlich von der unterschieden haben, die Hassell Mitte Dezember vorfand[19]: Neurath, noch zu Beginn des Jahres sein Vorgesetzter, machte, in »eine unwürdige Rolle« verwiesen, »einen resignierten Eindruck«. Staatssekretär von Weizsäcker gab »eine ziemlich bedenkliche Beschreibung von der Ribbentropschen und Hitlerschen Außenpolitik, die offensichtlich auf den Krieg los wolle; man schwanke nur, ob gleich gegen England, indem man sich dafür noch Polens Neutralität erhalte, oder zuerst im Osten zur Liquidation der deutsch-polnischen und der ukrainischen Frage sowie natürlich der Memelsache«. Der Amtschef Ribbentrop selbst empfing seine aus dem Ausland in Berlin weilenden Botschafter ungern und wollte »abweichende Ansichten ebenso wenig hören wie sein Herr und Meister«. Im ganzen schien der Betrieb im Amt »ans Unerträgliche zu grenzen: ein wildes Gehetze, bei dem demnächst alle Nerven reißen. Auch die höchsten Beamten, vielleicht ausgenommen in begrenztem Maße Weizsäcker, wissen von den politischen

Zielen und Linien nichts.« Der Leiter des Orientreferats der Politischen Abteilung (Pol. VII), Werner Otto von Hentig, den Schulenburg von seinen früheren Orient-Posten her persönlich gut kannte, »sagte mit Recht, das ganze Klagen über die Verhältnisse habe keinen Zweck. Die Lage sei so bedrohlich, daß angefangen werden müsse, das Handeln vorzubereiten.«

Der deutsche Botschafter in Moskau dürfte bei seinen Gesprächen im Auswärtigen Amt eine nicht weniger drängende Haltung eingenommen haben als sein Kollege Hentig. Zweifellos hat er empfohlen, die schwierige Lage der Moskauer Regierung umgehend zu Gesprächen zu nützen, die geeignet wären, einen Normalisierungsprozeß zwischen den beiden verfeindeten europäischen Großmächten in Gang zu setzen. Es darf vermutet werden, daß er die Haltung Stalins und seiner Regierung dabei in einer Weise charakterisierte, die auf deutscher Seite Interesse erwecken sollte. In diesem Sinne ist wohl die spätere Aussage des damaligen Staatsministers Otto Meissner zu verstehen: »Nach den persönlichen Eindrücken, über die der deutsche Botschafter in Moskau Graf Schulenburg berichtete, scheint es, daß Stalin, von der militärischen Stärke Deutschlands und der Entschlossenheit seiner Führung überzeugt, sich nach der tschechoslowakischen Krise von vornherein für Deutschland als die stärkere Macht entschieden habe.«[20] Daß dies nicht den Tatsachen, wohl aber den Hoffnungen und Plänen der deutschen Rußland-Diplomatie entsprach, wird der weitere Verlauf dieser äußerst mühsamen Annäherungsinitiative zeigen. Immerhin wußte Schulenburg, wie die Erinnerung von Meissner beweist, in Berlin zumindest bei der »rationalen Elite« für seinen Plan Interesse zu wecken.

Dies galt *a fortiori* für jene Pragmatiker des Auswärtigen Amts, die sich in der ehemaligen Handelspolitischen und nunmehrigen Wirtschaftspolitischen Abteilung konzentrierten. Die Argumente, die Schulenburg hier vorbringen konnte, fielen auf einen fruchtbaren Boden: Die Sowjetunion wünsche, nun vollends in die Defensive gedrängt, die maximale Stärkung ihres Kriegspotentials. Dazu benötige sie ausländische Hilfe, in erster Linie deutsche Technologie. Die deutsche Rüstungsindustrie laufe auf hohen Touren und habe einen ebenso großen Bedarf an Rohstoffen, wie die deutsche Bevölkerung nach Sicherung der Nahrungsmittelbasis, vor allem Weizen, verlange. Schließlich bestehe die wie auch immer entfernte Hoffnung, daß Hitlers Verlangen nach der Kornkammer Ukraine verringert, wenn nicht sogar gestillt werden könnte, wenn ihm ausreichende Getreidelieferungen aus dem Schwarzmeergebiet zu langfristig gesicherten, günstigen Bedingungen zufielen.

Diese Argumentation entbehrte nicht der Gefahren: Sie wies der Sowjetunion die Politik einer (zeitweiligen) wirtschaftlichen Beschwichtigung zu; allerdings würde diese es ihr erlauben, ihr *potentiel de guerre* bis zu dem Maße der Abschreckung auszubauen, das eine blinde deutsche Angriffshandlung weniger wahrscheinlich machte. Da Schulenburg und der überwiegende Teil der deutschen Rußland-Diplomatie die Außenpolitik der Sowjetregierung für grundlegend defensiv hielten, sahen sie in der Steigerung des sowjetischen Rüstungspotentials keine Gefahr.

Im Hinblick auf Deutschland konnte ihnen die Lieferung russischer Agrarprodukte als erwünscht, der massive Export rüstungswichtiger Rohmaterialien hingegen als gefährlicher erscheinen. Demgegenüber versprach ein belebter Handels- und Wirtschaftsverkehr an sich kurzfristig eine gewisse Entspannung der Lage und mittel- bis langfristig ein Aufweichen der verhärteten Linien der deutsch-sowjetischen Konfrontation. Schließlich bestand zu diesem Zeitpunkt noch immer die vage Hoffnung, daß sich die beiden Gegner allmählich vom Nutzen friedlicher gegenseitiger Beziehungen überzeugen würden und die deutsche Seite auf ihre aggressiven Ziele verzichtete.

Die erste aktenkundige Anregung zu einer Neubelebung der deutsch-sowjetischen Handelsbeziehungen, die in dieser Zeitspanne im Auswärtigen Amt entstand, war die Aufzeichnung des Leiters der Wirtschaftspolitischen Abteilung, Ministerialdirektor Wiehl. Emil Wiehl[21], ein römisch-katholischer Staatsanwalt aus Baden, dessen Laufbahn im Auswärtigen Amt (Einberufung durch Erlaß vom 5. Februar 1920) ihn in der Weimarer Republik in die westlichen Hauptstädte (London, Washington und San Francisco) geführt hatte, stand dem Nationalsozialismus fern und war für Schulenburg ein verläßlicher Gesprächspartner.

Die Aufzeichnung Wiehls trägt das Datum des 4. November 1938, des zweiten Tages der Besprechungen Schulenburgs mit seinen Kollegen im Auswärtigen Amt.[22] In ihr stellte Wiehl die Möglichkeit der Steigerung der deutschen Rohstoffbezüge aus Rußland in den Vordergrund der Überlegungen und versuchte durch das Argument Interesse für eine Belebung der Handelsbeziehungen zu wecken, daß man Rußland auch »unabhängig von der Abwicklung der Kreditlieferungen zu sofortigen größeren Rohstofflieferungen an Deutschland« veranlassen könnte. Immerhin sei »die deutsche Rohstofflage ... so, daß von seiten der Dienststellen des Generalfeldmarschall von Göring und der übrigen beteiligten Ressorts mit Nachdruck die Forderung erhoben wird, wenigstens noch einmal den Versuch zu machen, das Rußlandgeschäft, insbesondere soweit die Einfuhr russischer Rohstoffe in Frage steht, wieder zu beleben.« Wiehl fügte hinzu: »Auch die Deutsche Botschaft in Moskau hat sich mehrfach dafür ausgesprochen und den jetzigen Zeitpunkt für geeignet bezeichnet.« Er empfahl, die ohnedies vor Jahresende anstehende Kontaktaufnahme mit der Sowjetischen Handelsvertretung in Berlin zu nutzen, um »zwanglos die Gelegenheit zu einer Sondierung der Russen ... [zu ergreifen], ob sie an der Fortführung der Kreditverhandlungen ... interessiert sind«.

Mit dem Hinweis auf die angespannte deutsche Rohstofflage suchte Wiehl, Druck auf die Entscheidungsträger auszuüben. Hermann Göring, auf den er sich zu diesem Zeitpunkt berief, war seit 1936 Beauftragter für den Vierjahresplan und als solcher zuständig für die Rohstoffversorgung auch der Rüstungs- und Kriegsindustrie. Göring[23] war ein Exponent jener Kräfte in der Regierung Hitler, die während der Sudetenkrise erheblich um die militärische Sicherheit Deutschlands gebangt und – zusammen mit Neurath – versucht hatten, Hitler zum Einlenken zu bewegen[24]. In jenen kritischen Tagen hatte sich seine persönliche Rivalität zu Ribbentrop vertieft, dem er bedenkenlose Kriegstreiberei zum Vorwurf machte. Seit der Sudetenkrise im Kreis um Hitler als »Feigling« abqualifiziert, war Göring für den Versuch einer wirtschaftspolitischen Entschärfung und Umgehung künftiger außenpolitischer Konflikte offen. Sein Verhältnis zu Rußland als einem potentiellen Partner Deutschlands war weit weniger als das der meisten seiner Kollegen mit dem Ballast des Antibolschewismus belastet.

Die von Wiehl erwähnten »übrigen beteiligten Ressorts« bestanden neben dem Reichswirtschaftsministerium unter Walther Funk, dem Nachfolger Schachts in diesem Ressort, aus dem Reichsfinanzministerium, der Deutschen Golddiskontbank und der Reichsbank. Der Reichsbankpräsident – zu diesem Zeitpunkt, bis zu seiner Entlassung am 20. Januar 1939, noch Hjalmar Schacht – hatte sich schon in den Jahren 1935 bis 1937 für eine Neubelebung des Handels mit der UdSSR eingesetzt und war angesichts der verschäften außenpolitischen Konfliktlage vermehrt an einer Intensivierung der deutsch-sowjetischen Wirtschaftsbeziehungen interessiert.

Der Leiter des Ost-Europa-Referats der Wirtschaftspolitischen Abteilung, Dr. Karl Julius Schnurre, hatte – nach einschneidenden Kriegserfahrungen[25] – wie sein Abteilungsleiter die entscheidenden Schritte seiner Laufbahn im Weimarer Deutschland gemacht. Nach Auslandsaufenthalten in London, Paris, Genf und ab 1928 auch Teheran, wo er eng mit dem damaligen Gesandten Graf von der Schulenburg zusammenarbeitete, sowie Budapest und Belgrad 1936 wieder in die Zentrale berufen, war der renommierte Jurist der Handelspolitischen Abteilung (HAPOL) – zunächst unter Botschafter Ritter und bald darauf Ministerialdirektor Wiehl – zugeteilt worden.

Schnurre griff die in der Aufzeichnung Wiehls enthaltene Anregung auf und drängte energisch auf ihre Ausführung. Nach weniger als einem Monat konnte er in einer Aufzeichnung vom 1. Dezember 1938[26] berichten: »Die deutsche Stellungnahme über die bevorstehenden Russenverhandlungen ist in mehreren Ressortbesprechungen, von denen die letzte heute stattfand, festgelegt worden ... Das Ergebnis ist folgendes:
1) Sobald der russische Handelsvertreter Dawydow aus Moskau zurück ist, werden die Besprechungen mit der Handelsvertretung über die Verlängerung des deutsch-sowjetischen Wirtschaftsvertrages für das Jahr 1939 aufgenommen ...
2) Es besteht Einverständnis darüber, daß wir die Russen gelegentlich dieser Besprechungen ... wegen eines neuen Warenkredits sondieren ...
3) Bedingung für die Gewährung dieses Kredits würde sein, daß das Russengeschäft für uns einen vermehrten Gegenwartswert ... erhält ...«

Mit seinem Hinweis auf den »Gegenwartswert« – ein Euphemismus für den steigenden deutschen Rohstoffbedarf – sprach Schnurre die Befürworter forcierter Kriegsvorbereitungen an: Der Kreditvertrag über 200 Millionen Reichsmark mit einer Laufzeit von sechs Jahren sollte an die Bedingung geknüpft werden, daß die russische Seite für drei Viertel des Betrags kriegswichtige Rohstoffe lieferte. In Kenntnis der schwierigen Entscheidung, die der sowjetischen Seite damit abverlangt wurde, empfahl Schnurre, »die Erfolgsaussichten des deutschen Vorschlags ... nicht allzu groß zu bewerten«. Er wies besonders auf die »auf politischem Gebiet liegenden Schwierigkeiten« hin – eine implizite Anregung zur Verbesserung der politischen Beziehungen.

Das deutsche Rohstoffinteresse gewann die Oberhand über politische Bedenklichkeiten. Unerwartet schnell erfolgte am 19. Dezember 1938 die Unterzeichnung der Verlängerung des deutsch-sowjetischen Wirtschaftsvertrags, die im Frühjahr 1938 als undurchführbar vertagt worden war. Nach außen hin als eine »Routineangelegenheit« behandelt, erregte die reibungslose Art ihres schnellen Zustandekommens im Ausland zu Recht »erhebliches Aufsehen«[27].

Der nächste Schritt bestand darin, die sowjetische Seite mit dem weiteren deutschen Vorhaben zu befreunden. Zu diesem Zwecke lud Schnurre, in Anwesenheit des in Berlin befindlichen Hilger, drei Tage nach der Unterzeichnung die sowjetische Handelsvertretung in Berlin zu einem Gespräch im Auswärtigen Amt ein[28]. Das starke Aufgebot deutscher Gesprächspartner – Schnurre in Anwesenheit von Oberregierungsrat Ter-Nedden, Regierungsrat Erdmann vom Reichswirtschaftsministerium, Attaché Dr. Walter Schmid und Hilger – bewies die Wichtigkeit der Absichten. Von sowjetischer Seite erschien nur der stellvertretende Leiter der Handelsvertretung, Skosyrew, in Begleitung einer Sekretärin.

Als Vorwand für die anschließenden Gespräche dienten Fragen, die sich aus der deutschen Wirtschaftshoheit im Sudetengebiet ergaben. Von diesen ging die deutsche Seite zu zwei wichtigen Eröffnungen über: der Mitteilung, daß Deutschland unter der Bedingung bereit sei, der UdSSR einen Kredit von 200 Millionen RM zu gewähren, daß diese die Rohstofflieferungen an Deutschland in den nächsten zwei Jahren auf 150 Millionen RM erhöhte, wobei die vorbereitete und Skosyrew ausgehändigte Warenliste erkennen ließ, um welche Rohstoffe es der deutschen Regierung ging; und der Erklärung, »daß deutscherseits der Wunsch bestehe, in Verbindung mit dem Kreditabkommen eine Reihe von Fragen zu bereinigen, die sich bisher als eine Belastung der gegenseitigen Beziehungen gezeigt hätten«. Es folgte die Nennung der strittigen Fragen, die in der Aufzeichnung Schulenburgs vom 26. Oktober 1938 enthalten waren.

Die erste Anregung fand – nach dem Wortlaut der Aufzeichnung Hilgers über diese Begegnung zu urteilen – die Zustimmung von Skosyrew, wobei fraglich ist, ob er sich sofort des Charakters dieses Angebots bewußt war. Nach Hilger hatte Skosyrew gesagt, »auch die Sowjetseite wünsche eine Belebung und Erweiterung der Wirtschaftsbeziehungen mit Deutschland«. Diese Formulierung unterschied sich nicht von den stereotypen Wendungen der sowjetischen »Friedenspolitik«. Neu war nicht einmal die Tatsache, daß sie nicht auf unverbindlichem diplomatischen Parkett, sondern im Auswärtigen Amt gebraucht wurde. Denn schon bei seinem Vorstellungsbesuch bei Ribbentrop am 6. Juli 1938 hatte der neuernannte Sowjetische Botschafter in Berlin, A.F. Merekalow, auf die interessierte Frage Weizsäckers nach seinen etwaigen Plänen hinsichtlich einer Ausweitung der deutsch-sowjetischen Wirtschaftsbeziehungen – nach der Aufzeichnung Merekalows – »geantwortet, daß wir keinerlei besondere Motive haben, die hinderlich für eine Ausweitung unserer Wirtschaftsbeziehungen mit Deutschland wären«. Er hatte hinzugefügt, daß die Sowjetregierung für den Fall »bei der Ausweitung dieser Beziehungen behilflich sein würde, daß die deutschen Industriekreise und das Wirtschaftsministerium auf die Bedingungen eingehen, die den Deutschen in Beantwortung ihrer Kreditvorschläge übergeben worden sind«. In diesem Falle müßte allerdings die Initiative von der deutschen Seite ausgehen.[29]

Hinsichtlich des zweiten Vorschlags war Skosyrew – nach dem Protokoll Hilgers – ebenfalls interessiert, »sozusagen ›reinen Tisch‹ zu machen ... und [war] er gern bereit, an diesem Ziele mitzuarbeiten«. Skosyrew versprach seinen deutschen Gastgebern, Direktiven aus Moskau zu erbitten.

Eine genaue Analyse der Aufzeichnung über dieses Gespräch ergibt, daß sich Skosyrew überwiegend passiv und in seinen Einverständnisbekundungen rezeptiv verhielt. Er griff die Anregungen auf, ohne selbst Stellung zu beziehen. Sein Verhalten war neutral. Trotz des eher positiven Tons der Aufzeichnung Hilgers wäre es verfehlt, aus dem Gesprächsverlauf eine aktive Bereitschaft der Sowjetregierung abzuleiten. Im übrigen hätte kein sowjetischer Auslandsvertreter in diesen hohen Jahren des Stalinschen Terrors vor Erhalt der jeweiligen Instruktion auch nur das geringste Zutun zu einer Fühlungnahme der Gegenseite gewagt.

In Moskau bemühte sich Botschafter Graf Schulenburg nach seiner Rückkehr (12. November 1938)[30], das Interesse der Sowjetregierung zu wecken. Die in Berlin gemachten Erfahrungen sowie das Erlebnis der totalen Isolation der Sowjetunion – der Reiseverkehr war so abgestorben, daß er im ganzen Zuge »der Einzige [war], der in Bigossowo die sowjetische Grenze überschritten hat«[31] – hatten ihn in seiner Entscheidung bestärkt. Umgehend lud er den gerade in Moskau weilenden Merekalow[32] für den 15. November zu einem Mittagessen in die Residenz ein. Merekalow nahm die Einladung an.

Die politische Hauptsorge, die hinter dieser Einladung stand, bewegte sich zweifellos um die Frage, »wie sich die Dinge in der nächsten Zeit ›um Polen herum‹ entwickeln [werden]. Das muß man abwarten! ... Es ist eine scheußliche Zeit ...«[33] Daneben erhoffte sich der Botschafter von dem Wirtschaftler Merekalow, der bis vor kurzem die Importabteilung des Außenhandelskommissariats geleitet hatte, Verständnis für die in Berlin eingeleitete Initiative und deren Unterstützung im Außenkommissariat.

Die Anstöße, die Schulenburg Botschafter Merekalow gab, erreichten nach einigen Wochen ihr Ziel. Wie Schnurre[34] berichtet, wurden die Bemühungen in Berlin bald »unterstützt durch eine Demarche des damaligen Botschafters Merekalow, der mit Skosyrew im Auswärtigen Amt erschien und die Bereitwilligkeit seiner Regierung erklärte, auf dieser Grundlage Verhandlungen zu führen«.

Das »Gentleman's Agreement«

Ein weiteres Ergebnis der Bemühungen Schulenburgs hat nach Berichten ihm nahestehender Personen in einer Absprache mit Litwinow bestanden: Sie soll darauf hinausgelaufen sein, »die gegenseitigen Angriffe in der jeweiligen Presse auf ein erträgliches Maß zu reduzieren« – aus der Sicht des Auswärtigen Amts »das erste definitive Anzeichen einer Annäherung zwischen Deutschland und Rußland«[35]. Diese Absprache, für die keine dokumentarischen Beweise vorliegen, soll im unmittelbaren zeitlichen Zusammenhang mit der Berlin-Reise des Botschafters erfolgt sein. Nach Kenntnis von Erich Kordt war es Schulenburg, »den die routinemäßig von Berlin angeordneten Vorstellungen beim Sowjetaußenkommissariat langweilten, gelungen, im Oktober 1938 mit Litwinow eine Vereinbarung zu treffen, wonach keine persönlich beleidigenden Angriffe gegen die leitenden Persönlichkeiten der Sowjetunion und Deutschlands mehr in der Presse beider Länder erscheinen sollten. Hitler hatte hierzu seine Zustimmung gegeben.«[36]

Auch Gustav Hilger datiert diese Übereinkunft auf Oktober 1938, wobei er in seinen Darstellungen von 1953 und 1959 leicht beim genauen Zeitpunkt differiert. Nach Hilger ging die Initiative eindeutig von Schulenburg aus. Er schrieb 1953: »Die Deutsche Botschaft hat zuerst vorgeschlagen, daß Maßnahmen ergriffen werden sollten, um – als einen Beweis des guten Willens – die Schmutzkampagne gegen das andere Staatsoberhaupt einzustellen. Der Gedanke stammte von Schulenburg; aber er hat ihn mit dem Gesandten und mir selbst erörtert, bevor er ihn Litwinow vorgetragen hat.«

Erwartungsgemäß fiel bei Litwinow – offenbar noch vor der Abreise Schulenburgs nach Berlin –, wiederum nach Hilger, »die Anregung ... auf fruchtbaren Boden; sie wurde dann auf verschiedenen Treffen, zuerst in Moskau und dann in Berlin, diskutiert. Und schließlich wurde Übereinstimmung erzielt. Der nächste Schritt erfolgte im Oktober 1938, als Litwinow und Schulenburg eine mündliche Übereinkunft trafen, nach der Presse und Radio der beiden Staaten sich von nun an Mäßigung auferlegen und aufhören sollten, das andere Land anzugreifen. Die Folgen dieser Übereinkunft waren die ersten sichtbaren Anzeichen dafür, daß eine Veränderung in den Beziehungen zwischen der Sowjetunion und Deutschland nahte. Stalins Bereitschaft, Übereinkünfte dieser Art einzugehen, war in erster Linie eine Folge der Münchner Konferenz.«[37]

Die historische Literatur ist diesen Darstellungen mit gewissen Einschränkungen gefolgt und setzte fortan zumindest ein »Stillhalteabkommen zwischen Litwinow und Graf Schulenburg vom Oktober 1938, das für die Presse gegenseitige Angriffe auf die obersten Repräsentanten des Staates ausschließen sollte«, als gesichert voraus.[38] Dabei sind wichtige Fragen offengeblieben, die sich sowohl auf den Charakter dieser Absprache selbst als auch auf ihre eventuellen Folgen für die Propaganda- bzw. Pressepolitik der beiden Regierungen beziehen: Ungeklärt ist insbesondere die Frage geblieben, ob es sich bei dieser Absprache tatsächlich um eine Form von »Abkommen« handelte, das auch die Zustimmung der Staatsoberhäupter besaß oder zumindest von diesen toleriert wurde[39], oder nicht vielmehr um eine pragmatische Übereinkunft zwischen den beiden gut aufeinander eingespielten und vom gleichen Interesse nach Entspannung geleiteten Gesprächspartnern – Schulenburg und Litwinow.

Herwarth (1982) brachte eine Präzisierung, als er betonte, es sei auf Drängen Schulenburgs ein »Gentleman's Angreement ... mit dem Ziel [getroffen worden], die persönlichen Angriffe gegen Hitler und Stalin in der deutschen und sowjetischen Presse einzustellen«. Er datiert diese Übereinkunft »im Spätherbst 1938«, genauer zwischen der sogenannten »Reichskristallnacht« und seiner Entsendung nach Memel. Wie die Privatkorrespondenz Schulenburgs zeigt, war Herwarth um den 8. Dezember 1938 nach Memel abgeordnet worden.[40]

Auch Herwarth nimmt an, daß »Schulenburgs Vorschlag ... die Zustimmung von Hitler und Stalin« fand. Allerdings betont er selbst, daß ihm »damals ... das Abkommen nicht sonderlich wichtig vor[gekommen sei], erst später erkannten wir darin einen ersten Meilenstein der sich anbahnenden Verständigung zwischen beiden Ländern«[41].

Aus seinen Befragungen der Angehörigen des Auswärtigen Amts (unter ihnen Ribbentrop, Neurath, Weizsäcker u.a., aber auch Herwarth) hatte DeWitt C. Poole geschlossen, daß dieses »erste definitive Zeichen einer Versöhnung zwischen Deutschland und Rußland« im Herbst 1938 in Form einer Übereinkunft der Regierungen zustandegekommen war: »Die beiden Regierungen kamen formell darin überein, die in der Presse der jeweils anderen Seite üblichen Angriffe aufeinander auf ein erträgliches Maß zu reduzieren.«

Im Kern ergeben diese Darstellungen das folgende Bild: Schulenburg hat im Rahmen seiner Besprechungen zur Vorbereitung der diplomatischen Initiative im engsten Kreise der Botschaft im Oktober 1938 unter anderem die Frage der Einstellung der gegenseitigen Beschimpfungen aufgeworfen. Möglicherweise hat er zu diesem Zeitpunkt auch schon beim Außenkommissar(iat) vorgefühlt – eine solche Sondierung bereitete dort schon aus dem Grunde keine Überraschung, weil Schulenburg auch in den vorausgegangenen Jahren wiederholt auf die beiderseitige Mäßigung der Presse hingearbeitet hatte. Auch in diesen früheren Gesprächen hatte Litwinow Verständnis für diesen Standpunkt gezeigt und darauf gedrängt, daß die deutschen Medien den ersten Schritt in diese Richtung machten. In den Berliner Gesprächen hat Schulenburg seinen Kollegen und vermutlich Vorgesetzten diesen Standpunkt vorgetragen und auf Zustimmung gedrängt. Auch hier ist dies nicht das einzige Mal gewesen, daß er ein korrektes, entspanntes Verhalten gegenüber der sowjetischen Seite und eine mildernde Einwirkung auf die deutsche Presse dringend empfahl. Einige seiner Kollegen haben seinen Standpunkt akzeptiert und seine Empfehlung beherzigt. So offenbaren die sowjetischen diplomatischen Berichte der darauffolgenden Wochen von seiten der gut mit Schulenburg zusammenarbeitenden Kollegen (etwa des Leiters des Osteuropa-Referats, Schliep, und des Unterstaatssekretärs Woermann) ein außerordentlich entgegenkommendes und von Verständnis für den sowjetischen Standpunkt geleitetes Verhalten[42].

Kein dokumentarischer Nachweis läßt erkennen, daß Schulenburg bereits zu diesem Zeitpunkt auf höchster Ebene für seine Anregung Gehör gefunden hätte. Die erste, dokumentarisch belegte Anweisung an die deutsche Presse zur Mäßigung des Tons gegenüber der UdSSR datiert auf den 9. Mai und wurde als Antwort auf die Demission Litwinows gegeben.[43]

Indes liegen zwei indirekte Hinweise darauf vor, daß sein Drängen auf eine Mäßigung des Tons in Berlin gewisse Nachwirkungen hatte. So enthalten die Aufzeichnungen von Propagandaminister Goebbels aus der ersten Dezemberhälfte 1938 einen Hinweis darauf, daß er die Behandlung bestimmter Probleme (wie Memel, Litauen) unter taktischen Gesichtspunkten bis zur Reifung der »ganzen Ostfrage« vertagte: »Wir stoppen in der Presse etwas ab. Jetzt können wir keinen Konflikt gebrauchen. Die Ostfrage muß mal insgesamt gelöst werden.«[44] Hitler selbst hob später, unmittelbar vor Zustandekommen des Nichtangriffspakts mit der UdSSR, in einer Rede vor der Generalität am 22. August 1939, rückblickend hervor, er selbst hätte »seit Herbst 1938 ... [den] Entschluß [gefaßt], mit Stalin zu gehen«. Er hätte Stalin (nach den Münchner Erfahrungen mit den in seinen Augen schwachen westlichen Staatsmännern) neben sich als den einzigen großen Staatsmann auf der Welt gesehen, der wie er sein ganzes Augenmerk auf die Zukunft richtete, und infolgedessen beschlossen, »mit ihm eine Neuaufteilung der Welt vorzunehmen«. Nach dem Tode Stalins, den er für einen todkranken Mann hielt, wollte Hitler die Sowjetunion »zerbrechen ... Dann dämmert die deutsche Erdherrschaft herauf«.[45]

Nach der Rückkehr des Botschafters nach Moskau, frühestens wohl in seinem Gespräch mit Merekalow vom 15. November 1938, hat er die sowjetische Seite vermutlich über eine gewisse deutsche Bereitschaft zur Reduzierung der Schimpfkampagne informieren können. Unklar bleibt, wie eine solche Bereitschaft auf sowjetischer Seite gewertet wurde. Über ihren vornehmlich taktischen Charakter bestanden – soweit dies die sowjetischen diplomatischen Berichte erkennen lassen – bis Mitte August 1939 keine Zweifel. Bis zum Frühsommer sind auch (seltener werdende) sowjetische Proteste über Verunglimpfungen führender Staatsmänner zu verzeichnen. Hingegen war und blieb die Auseinandersetzung der sowjetischen Medien mit dem »faschistischen Aggressor« weniger von personellen Übertönen als vielmehr von einem programmatischen, ideologischen und klassenkämpferischen Pathos bestimmt, das von realistischen Analysen der deutschen Ziele und Gefahr untermauert war.

Kein Indiz erlaubt es, in der Absprache Schulenburg-Litwinow, in welcher Form sich diese auch immer ereignet haben mag, ein Abkommen zwischen den beiden Regierungen zu erkennen. Wichtig dürften in erster Linie die Rückwirkungen gewesen sein, die sie auf eine anfängliche taktische Umstellung Hitlers und seiner Propagandaorgane hatte. Auf sowjetischer Seite hat sie nicht zu einer erkennbaren Schmälerung der tiefwurzelnden Verdachtsmomente gegenüber den langfristigen deutschen Plänen beigetragen. Die ideologische und militärische Wachsamkeit der Regierung Stalins ist – wie die Verlautbarungen der nächsten Wochen erkennen ließen – in keiner Weise von ihr beeinflußt worden.

Wirtschaftliche Beschwichtigung und militärische Abschreckung

Die Reden zum 21. Jahrestag der Oktoberrevolution zeugten von einer Vertiefung der antifaschistischen Frontstellung der UdSSR. Diese war im Innern vom Anhalten der neuen Woge des Terrors unter der Losung des Kampfes gegen Volksfeinde, Agenten fremder Mächte und Spione, d.h. der Ausschaltung potentiell unzuverlässiger Kräfte in Militär- und Sicherheitsapparat, begleitet: Das »Verschwinden« des Befehlshabers der fernöstlichen Streitkräfte der Roten Armee, Marschall Blücher (Bljucher), erwies sich jetzt als endgültig[46] – er wurde im November 1938 erschossen[47]; der Leiter des Innenkommissariats und Chef der GPU, Jeschow, wurde innerhalb weniger Wochen durch den georgischen Landsmann Stalins, Lawrentij Berija, ersetzt; im Außenkommissariat wurden die von Litwinow eingesetzten Abteilungsleiter (G.I. Weinstein als Leiter der II. Westlichen, für Deutschland, und Weinberg als Leiter der für England zuständigen Abteilung des Narkomindel) entfernt[49]. Ende 1938 war die Hälfte der seit Anfang dieses Jahres ernannten Volkskommissare ihres Amtes enthoben[50].

Stalins Motive für diese rigorose präventive Gleichschaltung des Militär- und Beamtenapparates lagen zu einem großen Teil in seiner besonderen Perzeption der außenpolitischen Zuspitzung. Im außenpolitischen Teil seiner großen Rede am Vorabend der Feierlichkeiten[51] hatte Molotow die Losung verkündet, daß »der zweite imperialistische Krieg«, der Krieg zwischen zwei kapitalistischen Mächtegruppierungen, bereits in vollem Gange sei: Die faschistischen Angreiferstaaten (Deutschland, Japan und Italien) setzten ihr Militärpotential in Bewegung, um die Kraftprobe mit den bürgerlichen Staaten (England, Frankreich und USA) heraufzubeschwören. Im Falle der Sowjetunion richtete sich – nach den Worten Molotows – der Stoß der faschistischen Aggressoren zugleich gegen die Ost- und die Westflanke, wobei »der japanische Überfall auf die Sowjetunion (im Gebiet des Chassan-Sees) eher in Berlin als in Tokio beschlossen worden« sei; er sei die direkte Folge des gegen die UdSSR gerichteten Anti-Komintern-Paktes.

Die Rede Molotows verdeutlichte, daß eine außenpolitische Um- oder Neuorientierung der Außenpolitik der UdSSR nicht stattgefunden hatte. Molotow stützte sich ausdrücklich auf die Politik der kollektiven Sicherheit als des einzigen wirkungsvollen Instruments zur Verhinderung der Ausbreitung des Weltbrandes und betonte im Hinblick auf die »kleinen Länder«, die die Opfer der Unterwerfung der westlichen Demokratien unter den Willen des Aggressors waren: »Wir kennen unsere Verpflichtungen. Wir schlagen jede Provokation von seiten der Kriegsbrandstifter, von seiten der Angreifer der Sowjetunion, sei es im Westen, sei es im Osten, zurück. Auf jeden Schlag werden wir mit einem doppelten, mit einem dreifachen Gegenschlag antworten.« Unter Hinweis auf frühere Äußerungen Stalins hob Molotow hervor, daß die Sowjetunion noch immer von feindlichen kapitalistischen Mächten umgeben sei, die mit Haß auf das Vaterland des Sozialismus sähen. Er rief das Sowjetvolk zu Wachsamkeit auf und kündigte einen entschlossenen Kampf gegen äußere und innere Feinde an.

Für die Kommunistische Internationale – die zweite Säule der sowjetischen Außenpolitik – verkündigte ihr seit dem Reichstagsbrand-Prozeß in Moskau lebender Sekretär, Georgij Dimitrow, in seinem vielbeachteten *Prawda*-Artikel[52] vom selben Tage die internationale Einheitsfront gegen den Faschismus. Deutschland, so betonte Dimitrow, wolle die baltischen Länder in ein Schlachtfeld zum Kampf gegen die Sowjetunion verwandeln und ihr die Ukraine entreißen. Die westlichen bürgerlichen Regierungen seien Deutschland dabei behilflich. Nur die antifaschistische Bewegung der Volksmassen könnte sie daran hindern. In der Zeitschrift *Bolschewik*[53] veröffentlichte Dimitrow zugleich eine – aus heutiger Sicht überraschend präzise – chronologische Vorschau auf die deutschen Angriffskriege, die Europa in den nächsten Jahren zu gewärtigen hätte: In ihr setzte er an die achte Stelle, für den Herbst 1941, den deutschen Angriff auf die UdSSR. Kein Zweifel, die vereinte deutsch-japanische Gefahr bestimmte das außenpolitische Denken und Handeln der Sowjetregierung.

Diese Beobachtungen veranlaßten den deutschen Botschafter, im ersten politischen Bericht[54], den er nach dem Münchner Abkommen, am 18. November 1938, an das Auswärtige Amt richtete, die Ansicht zu vertreten, daß »eine Änderung in den Ansichten des Kreml nicht eingetreten« sei: »Kollektivismus, Völkerbund und Volksfrontgedanke gehören somit nach wie vor zu den Grundlinien der Außenpolitik der Sowjets ... Oberster Grundsatz der sowjetischen Politik ist die Bekämpfung des Faschismus und die Stärkung der Machtmittel des Sowjetstaates.« Im »Bewußtsein der kapitalistischen Umkreisung der Sowjetunion« habe sich im Kreml die Erkenntnis durchgesetzt, daß »alles auf die eigene Stärke ankommt«. Die Schlußfolgerung bestehe in der »Schaffung einer starken Roten Armee«.

Der Bericht des Botschafters war deutlich auf einen Effekt des Aufhorchens und der Abschreckung angelegt. Die Lehren, die Berlin aus diesen Darlegungen ziehen sollte, liefen darauf hinaus, daß die Sowjetregierung unverändert an ihrer Kollektivstrategie gegen eine eventuelle Aggression festhielt und die ihr zur Verfügung stehenden Machtmittel mit vollem Einsatz steigerte. Gerade vor dem Hintergrund dieses Wettlaufs zweier in Hochrüstung befindlicher Systeme böte sich – dies war der Kerngedanke Schulenburgs – die Möglichkeit einer »Entspannung auf ökonomischer Grundlage«[55]. Dem lag neben seiner Erfahrung der partiellen Wesensgleichheit und funktionellen Analogie der beiden totalitären Systeme die Beobachtung neuer, akzellerierter Mißtrauensprozesse zugrunde, wie sie in den krankhaften Formen des »Bewußtseins der kapitalistischen Einkreisung« der beiden Staatsführer zu beobachten waren. In seinen Berichten suchte der Botschafter, der deutschen Seite die Gleichartigkeit und Parallelität dieser Entwicklung, als einer Grundlage für gewisse Formen der Verständigung, vor Augen zu führen.

Aus der privaten Korrespondenz des Botschafters geht hervor, daß er dabei nicht einen Bund der Paria-Mächte von Versailles gegen die demokratische Welt anstrebte, sondern vielmehr die Hoffnung hegte, daß die Westmächte allmählich aus ihrer beschwichtigenden Reserve heraustreten und sich stabilisierend in diesen schwelenden deutsch-russischen Konflikt einschalten würden. In diesem Sinne suchte er auch auf seine westlichen Gesprächspartner in Moskau einzuwirken. So führte er in jenen Tagen ein längeres Gespräch mit Charles Wheeler Thayer, dem kenntnisreichen jungen amerikanischen Vizekonsul, dessen intellektuelle Fähigkeiten er schätzte; und er empfahl solche Gesprächskontakte auch seinen Mitarbeitern[56]. Im Anschluß an dieses Gespräch mit Thayer schrieb er am 20. November 1938 privat nach Berlin: »Du wirst gelesen haben, daß inzwischen der Botschafter Wilson ›zur Berichterstattung‹ nach Washington berufen worden ist und daß unser Botschafter in Washington Dieckhoff den Befehl erhalten hat, ›zu dem gleichen Zwecke‹ nach Berlin zu kommen. Wir wissen hier nicht, was hinter diesen Dingen steckt, aber es sieht nach einem ›Krache‹ aus, der sicher kein Vorteil sein dürfte. Man wird das Weitere abwarten müssen. Immerhin denke ich, daß die anderen Mächte nun endlich in der Angelegenheit etwas wirklich Nützliches werden tun müssen. Vielleicht kommt so eine unerwartet schnelle Lösung, die sonst noch lange auf sich warten lassen kann.«[57]

Polen am Scheideweg

Die Besorgnis Schulenburgs über die weiteren außenpolitischen Schritte Deutschlands bezog sich primär auf die Entwicklung in und um Polen. Während der deutsche Botschafter in Moskau weiter von seinen Dienststellen in Unkenntnis gelassen wurde, gingen der sowjetischen Regierung von durchlässigen Nahtstellen der deutschen Diplomatie in den ihr benachbarten Ländern – Polen und Japan – konkrete Informationen zu[58]. Sie zeugten von dem deutschen Bemühen, Polen für den gemeinsamen Kampf gegen die UdSSR, vorrangig um die Ukraine, zu gewinnen.[59] Die Sowjetregierung glaubte Beweise dafür zu besitzen, daß Deutschland für dieses Vorgehen die Zustimmung der Westmächte besaß.[60] Das wachsende Desinteresse an Polen, das die Westmächte in den Wochen nach München bekundeteten[61], schien dies zu bestätigen. Die Realisierung des primären Interesses der Sowjetregierung – des Interesses am Aufbau einer wirkungsvollen kollektiven Abschreckungsfront gegen eine »faschistische Aggression« – mußte damit auch jetzt für den besonderen und aktuellen Fall Polens zurückgestellt werden; es eröffnete sich sekundär die Möglichkeit einer bilateralen Rückversicherung Polens.

Die polnische Regierung kam der Sowjetregierung entgegen: Sie sah sich – wie Botschafter Schulenburg dem Auswärtigen Amt nicht ohne Absicht mitteilte – »tatsächlich gezwungen ..., anderswo Stütze zu suchen«[62]. Nach der Darstellung Schulenburgs hatte sich der polnische Botschafter in Moskau, Grzybowski, seit Oktober 1938 bei Litwinow um die Aufnahme von Gesprächen dieses Inhalts bemüht; Litwinow hatte sich – wie Grzybowski Schulenburg mitteilte[63] – zunächst Bedenkzeit ausgebeten.

Währenddessen gingen der Sowjetregierung beunruhigende Mitteilungen zu: Am 18. November stellte Botschaftsrat Rudolf von Scheliha[64] von der Deutschen Botschaft Warschau im Gespräch mit dem stellvertretenden Leiter der Politischen Abteilung des polnischen Außenministeriums, T. Kobylanski, in Warschau fest, daß Polen unter gewissen Bedingungen bereit sei, »sich an der Seite Deutschlands am Angriff auf die Sowjetukraine zu beteiligen«[65]. Die Nachricht gelangte umgehend nach Moskau. Am 24. November sprachen Chamberlain-Halifax und Daladier-Bonnet in ihren Pariser Beratungen mit einer für die sowjetische Seite unheilvollen Passivität von der offenkundigen deutschen Absicht, durch den Angriff auf die Ukraine »mit der Zerstückelung Rußlands zu beginnen«[66]. Es war nicht verwunderlich, wenn Litwinow unter diesen Umständen am 24. November die polnische Anregung zu Verhandlungen aufgriff.

In der Zwischenzeit hatte der polnische Botschafter in Berlin, J. Lipski, dem deutschen Angebot einer »Generalbereinigung« der aus deutscher Sicht offenen Probleme in seinem zweiten Gespräch mit Ribbentrop (17. November) im Auftrag von Außenminister Beck die erste dezente, aber unmißverständliche Absage[67] erteilt – Polen begegnete dem Druck seiner beiden übermächtigen Nachbarn, indem es auf Äquidistanz zu Deutschland und Rußland zu gehen und gleichzeitig eine engere Anlehnung an die Westmächte herzustellen suchte.[68]

Am 26. November bekräftigten Polen und die UdSSR in einem gemeinsamen Kommuniqué[69] die volle Gültigkeit des polnisch-sowjetischen Nichtangriffspaktes und betonten, daß dieser die bilateralen Beziehungen auf eine friedliche Grundlage stelle[70]. Am 27. November betonten die *Prawda* und am 28. November die *Iswestija* die positive Entwicklung der polnisch-sowjetischen Beziehungen – nach der Auffassung von Ernst Köstring war Rußland damit der »erste Versuch [gelungen] … aus seiner außenpolitischen Bedeutungslosigkeit herauszukommen«.[71]

Der Botschafter erkannte in dieser »Sensation des Tages«[72] den Versuch Polens, »sich gegen eine Gefahr den Rücken [zu] decken«. Er wußte, daß diese Gefahr nur von Westen, aus Deutschland, drohte, litt aber immer stärker unter dem Mangel an Informationen. In einem Schreiben an den Leiter des auch für die Fragen Polens zuständigen Ost-Europa-Referats der Politischen Abteilung des Auswärtigen Amts, Schliep, vom 28. November 1938 ersuchte er diesen dringend, ihn »wenigstes privatbrieflich zu orientieren«, ob denn tatsächlich »Gefahr im Anzug ist«. Der Botschafter war beunruhigt wegen eventueller ihm unbekannter Pläne Hitlers. Ebenfalls am 28. November schrieb er privat nach Berlin: »Ich schrieb Dir, daß in nächster Zeit genau zu beobachten sein wird, ›was sich um Polen herum tut‹. Gestern hat die Sowjet-Regierung ein Communiqué veröffentlicht, das besagt, in neueren Verhandlungen mit der hiesigen polnischen Botschaft sei festgestellt worden, ›daß der polnisch-sowjetische Nichtangriffs-Pakt in vollem Umfange aufrechterhalten werde‹. D.h. daß die Sowjet-Union nicht beabsichtigt, Polen Schwierigkeiten zu machen, wenn Polen ›irgendwoher‹ einem Drucke, einer Gefahr ausgesetzt sein sollte. Diese sowjetische amtliche Erklärung richtet sich ganz offenbar gegen uns, aber leider wissen wir nicht, wodurch sie eigentlich veranlaßt worden ist. Polen scheint sich vor uns zu fürchten und sich den Rücken decken zu wollen. Aber warum?? Sehr viel Freude wird das Heranziehen der Sowjet-Union durch Polen in Deutschland kaum hervorrufen! Sollte sich an unserer Ost-Grenze ein Gewitter zusammenziehen?«[73]

Ende November 1938 hatte sich an der Deutschen Botschaft Moskau die Vermutung verdichtet, Hitler plane seine nächste außenpolitische Machtprobe in und um Polen. Die Bekräftigung der Gültigkeit des polnisch-sowjetischen Nichtangriffspaktes ließ erwarten, daß dieser nächste Konflikt mit großer Wahrscheinlichkeit zum Kriege führen würde. Erneut trat die Kriegsgefahr in den Vordergrund der politischen Überlegungen und praktischen Vorkehrungen.[74] Es kam nun darauf an, nach Möglichkeit in kürzester Zeit ein diplomatisches *fait accompli* zu schaffen, das dem verantwortungslosen Expansionswillen Hitlers Zügel anlegte.

Der Bericht über die polnisch-sowjetische Annäherung, den Botschafter Schulenburg nach reiflichem Überlegen am 3. Dezember nach Berlin sandte[75], war ein weiterer Meilenstein auf diesem Wege. Die »Münchner Zusammenkunft« – so schrieb der Botschafter – habe Polen und Rußland wieder zusammengeführt. Die Initiative sei aller Wahrscheinlichkeit nach von Polen ausgegangen. »Die Furcht vor dem ständig wachsenden Deutschland« habe die Sowjetunion, der Wunsch nach einer »Rückendeckung gegen Deutschland« habe Polen bewogen, die bisher bestehenden Gegensätze zu überwinden. Die Sowjetunion fühle sich nach München isoliert; sie halte Frankreich für entwertet, die Tschechoslowakei für einen deutschen »Vasallenstaat, der als Sprungbrett für das weitere Vordringen Deutschlands in Richtung Sowjetunion dienen soll ... Die Karpatho-Ukraine unter deutschem Einfluß erscheint der Sowjetunion ... als eine große Gefahr ... Durch die Normalisierung ihrer Beziehungen zu Polen hofft die Sowjetunion Polen aus der ... Front der Angreiferstaaten herauszubrechen.« Schulenburg bestätigte, daß »die Angst vor ... einem gemeinsamen deutsch-polnischen Vorgehen gegen die Sowjetunion ... hier zweifellos bestanden« habe. Durch die Bekräftigung des sowjetisch-polnischen Nichtangriffspaktes – als einer Maßnahme zur Verhinderung des Beitritts Polens zum Anti-Komintern-Pakt – habe die Sowjetregierung »eine zukünftige deutsche Offensive im Osten von der polnischen-sowjetischen an die deutsch-polnische Grenze« zurückzuverschieben gesucht. »Die Sowjetunion ist an der Aufrechterhaltung des status quo im Osten, d.h. an der Aufrechterhaltung Polens und der baltischen Staaten in ihrem augenblicklichen Bestande ... interessiert.«

Mit dieser Argumenation spielte Schulenburg auf die Ausgangslage an, in der sein Vorgänger in Moskau, Rudolf Nadolny, ab Januar 1934 – nach Abschluß des deutsch-polnischen Nichtangriffspaktes – in Berlin für die Beruhigung der sowjetischen Ängste durch eine Baltikumsgarantie plädiert hatte. Damals waren seine Argumente bei Hitler auf taube Ohren gestoßen. Doch hatten sich nun die Voraussetzungen geändert: Damals war die UdSSR ein vom Hunger geschwächtes, wehrloses Land gewesen, heute stellte sie einen straff organisierten, mächtigen Staat dar, in dessen Abschreckungskraft die Gegner weiterer deutscher Expansion *nolens volens* ihre Hoffnungen setzen. So gewann in dieser neuen Situation der Gesichtspunkt der militärischen Abschreckung einen zunehmend aktuellen Wert: »Innere politische Schwierigkeiten ... zumindest«, so warnte der Militärattaché Ernst Köstring mit Nachdruck, »würden eine sowjetische Mobilmachung heute nicht mehr gefährden.«[76]

Der Botschafter ließ in seinem Bericht auch keinen Zweifel an der militärischen Entschlossenheit der UdSSR: »Die Sowjetunion tritt Deutschland, das sie als ihren größten Machtgegner ansieht, überall, wo nur möglich, entgegen.« In einem Brief an den Leiter des Ost-Europa-Referats der Politischen Abteilung des Auswärtigen Amts[77] kamen seine wahren, auf den Erfahrungen der Sudetenkrise basierenden Sorgen zum Ausdruck: Offenbar wolle die Sowjetregierung, dieses Mal gemeinsam mit Polen, ihre alten Ostpakt-Pläne wahr machen und wenn möglich eine Garantie der baltischen Staaten aussprechen. Aber: »Ich kann mich vorläufig nicht zu der Meinung aufschwingen, daß die Sowjetunion gegenwärtig Verpflichtungen übernehmen wird, die sie zwingen könnten, für die Interessen Dritter zu den Waffen zu greifen. Die Erfahrungen im tschechischen Konflikt sind zu unangenehm gewesen.«

Deutlich, wenngleich in zensurbedingter Zurückhaltung, drückte er seine Genugtuung über die polnisch-sowjetische Annäherung in einem Privatbrief aus[78]: »Die Annäherung Polens an die Sowjet-Union ist eine wichtige Sache; man kann die Folgen noch nicht absehen. Ich schrieb Dir bereits vor längerem, daß die ›Dinge um Polen‹ in der nächsten Zukunft beachtenswert sein würden. Auch in Rumänien tut sich allerlei. Siehe die Erschießung der Führer der ›Eisernen Garde‹.«[79] Hoffnungsvoll stimmten den deutschen Botschafter auch bestimmte innersowjetische Entwicklungen: das Nachlassen des Terrors, das sich ab Anfang Dezember 1938 abzuzeichnen begann und die Erwartung einer inneren Stabilisierung und Verbesserung der Lebensbedingungen auslöste, und die »Ernennung des energischen und einflußreichen Mikojan zum Außenhandelskommissar«[80], von der angenommen werden konnte, daß sie einer Belebung des Außenhandels dienlich sein würde.[81]

Neuer Anstoß zur Belebung der Handelsbeziehungen

Erneut trat die Intensivierung der deutsch-sowjetischen Handelsbeziehungen in den Vordergrund des Interesses der Botschaft. Unmittelbar nach der Bekanntmachung der Ernennung von Anastas Mikojan zum Volkskommissar für Außenhandel lud der deutsche Botschafter den Sowjetbotschafter in Berlin, Merekalow, erneut in die Residenz ein, um die am 15. November 1938 aufgenommenen Gespräche zu vertiefen. »Am vorigen Freitag«, so teilte er Schliep am 5. Dezember[82] mit, »hat Herr Merekalow zum zweiten Mal bei mir gefrühstückt. Er meinte«, – eine Formulierung, die das Interesse des Botschafters erkennen ließ – »die Ernennung Mikojans zum Außenhandelskommissar werde den deutsch-sowjetischen Handelsbeziehungen sicher nützlich sein. Merekalow wagte aber nicht mit Bestimmtheit zu sagen, wann der hier weilende Leiter der Berliner Handelsvertretung Dawydow nach Berlin zurückkehren wird. Er ›glaubt‹, daß dies bis Mitte des Monats der Fall sein werde.«

Erneut lagen die Absichten, die Schulenburg mit dieser zweiten Einladung Merekalows verband, zweifellos auf der Ebene der allmählichen Anbahnung besserer politischer Beziehungen. So ist es zu erklären, daß auch Hitler über diesen Gedankenaustausch in Kenntnis gesetzt wurde. Er spielte später, unter sich bereits verändernden außenpolitischen Bedingungen, während des Neujahrsempfangs des Diplomatischen Korps am 12. Januar 1939, auf den vorausgegangenen Besuch Merekalows bei Schulenburg an, um eine scheinbar schon etablierte Gesprächsbeziehung zu unterstellen.

Indes erforderte die Entscheidung der Sowjetregierung über eine Aufnahme der deutschen Anregungen mehr Zeit, als von deutscher Seite erhofft. Dawydow kehrte Mitte Dezember 1938 nicht nach Berlin zurück. In seiner Abwesenheit unterzeichnete sein Vertreter, Skosyrew, am 19. Dezember routinemäßig die anstehende Verlängerung des Handelsvertrages für 1939. Dieser wenig bedeutende Stellvertreter Dawydows erschien auch am 22. Dezember zu der in den Augen Schnurres und Hilgers so wichtigen Sondierung der sowjetischen Bereitschaft im Auswärtigen Amt. Eine Antwort erfolgte zunächst nicht – nichts deutete darauf hin, daß die Sowjetregierung auf das Angebot des Ost-Europa-Referats der Wirtschaftspolitischen Abteilung des Auswärtigen Amts einzugehen beabsichtigte.

Am 4. Januar 1939 unternahm Schulenburg einen weiteren wichtigen Schritt in dieser Richtung. Er suchte Außenkommissar Litwinow auf[83] und trug ihm zunächst – wie gewöhnlich – eine umfangreiche Liste von Fällen verhafteter Ausländer vor, in denen – nach seinen Worten – »die inneren sowjetischen Behörden ... vertragsbrüchig« geworden waren, und bat um Anhörung durch den dafür zuständigen Volkskommissar für Inneres, Lawrentij Berija. Dann ging er zum eigentlichen Anlaß dieses Gesprächs über und kam »auf unser erneutes Kreditangebot an die Sowjetunion« zu sprechen. Dabei mußte er feststellen, »daß Herr Litwinow nichts davon wußte« – ein Beweis, wie wenig ernst die Sowjetregierung diese deutschen Anregungen genommen hatte, hinter denen sie nicht zuletzt das deutsche Interesse an kriegswichtigen Rohstoffen erkennen mußte. Nach den eindringlichen Hinweisen des Botschafters auf die Bedeutung dieser Frage zeigte sich Litwinow dann aber »offenbar erheblich interessiert und hat sich eine Notiz gemacht«.

Um der Demarche des Botschafters gegenüber Litwinow Nachdruck zu verleihen, meldeten sich in Berlin Legationsrat Hilger und Botschafter a. D. Nadolny zu einem Gespräch bei Merekalow an. Dieser empfing sie am 5. Januar 1939 zu einem längeren Gespräch.[84] Die Tatsache, daß der 1934 in Ungnade entlassene und als Privatperson auf seinem Gut bei Berlin lebende frühere Botschafter in Moskau zusammen mit dem für Handelsfragen zuständigen Legationsrat den sowjetischen Botschafter aufsuchte, entsprach nicht den diplomatischen Gepflogenheiten. Sie verdeutlicht indes den inoffiziellen Charakter dieser Anbahnungsgespräche. Nadolny genoß auf sowjetischer Seite Ansehen. Hilger suchte ihn während seiner Berlin-Besuche auf und klagte darüber, daß Schulenburg und er in Berlin nur »langsam vorwärts kämen ..., daß ... Hitler sich noch immer nicht zu einem vernünftigen Verhalten durchringen konnte«.[85] Unter diesen Voraussetzungen beschloß Nadolny, der auf deutscher Seite längst kein Gehör mehr fand, das Gewicht seiner Argumente in die sowjetische Waagschale zu werfen. Sie bestanden darin, daß das deutsche Interesse am Zustandekommen eines erweiterten Handels-und Kreditabkommens außerordentlich gewachsen sei und »die Deutschen bereit zu weiteren Zugeständnissen« seien. Auf deutscher Seite wartete man – nach den Worten Hilgers – nur auf die sowjetische Liste der gewünschten Geräte, um der sowjetischen Seite im Hinblick auf Preise und Lieferfristen in jeder Hinsicht entgegenzukommen. »Hilger erklärte, daß die Deutschen bereit zur Aufnahme von Verhandlungen sind, daß sie auf eine Antwort warten und er selbst ... seine Abreise nach Moskau verschieben könnte, um an ihnen teilzunehmen.«

Eine Woche später zeitigten die gemeinsamen deutschen Anstrengungen einen ersten Erfolg: Am 10. Januar meldete sich Merekalow persönlich zu einem Gespräch beim Leiter der Wirtschaftspolitischen Abteilung des Auswärtigen Amts, Emil Wiehl, an, um eine Erklärung seiner Regierung »in Sachen des deutschen Kreditangebots« zu übermitteln.[86] Vorausgegangen waren dieser Entscheidung der Sowjetregierung einerseits der Erhalt einer weiteren beunruhigenden Information aus Warschau über gemeinsame, gegen die UdSSR gerichtete deutsch-polnische Pläne[87] und andererseits, wie zu deren Bestätigung, der kurz darauf erfolgende Besuch des polnischen Außenministers, J. Beck, in Deutschland; Beck konferierte am 5. Januar in Berchtesgaden mit Hitler und am 6. Januar in München mit Ribbentrop[88]. Die Sowjetregierung war sich zu diesem Zeitpunkt wohl der Tragweite der Gespräche, nicht aber der polnischen Zurückhaltung bewußt[89]; sie hatte insofern großes Interesse daran, deutsch-polnische Kombinationen zu verhindern. Das Eingehen auf die deutschen Angebote konnte ein Schritt in dieser Richtung sein.

Unter diesen Umständen folgte Merekalow dem von Schulenburg in Moskau und Schnurre in Berlin vorgezeichneten Weg und erschien schließlich am 11. Januar in Begleitung Skosyrews in der Wirtschaftspolitischen Abteilung des Auswärtigen Amts[90]. Über das Gespräch Merekalow-Wiehl liegen drei Informationen vor: eine kurze nachträgliche Darstellung von Gustav Hilger[91], der auch bei diesem Gespräch anwesend war, und zwei längere Aufzeichnungen Wiehls vom selben und vom folgenden Tage[92]. Nach der Erinnerung von Hilger erschien Merekalow, drei Wochen nach Unterbreitung des deutschen Vorschlags (22.12.1938), »mit Skosyrew im Auswärtigen Amt und erklärte, seine Regierung sei bereit, diese Bedingungen zu diskutieren, doch sollten die Verhandlungen in Moskau geführt werden«. Hilger fügte hinzu, daß das deutsche Interesse an den sowjetischen Rohstoffen zu jener Zeit so groß gewesen sei, daß selbst der sowjetische Wunsch, die Verhandlungen in Moskau zu führen, »günstige Aufnahme fand«. In der englischen Ausgabe der Erinnerungen Hilgers schloß sich der signifikante Hinweis an: »... the Reich's interest in Soviet raw material was so great, that Wiehl, the chief of the economic division of the Foreign Ministry, gave strong support to Merekalov's wish.«

Die Aufzeichnungen Wiehls zeugen in der Tat von seinem starken Interesse am Zustandekommen der Verhandlungen, wobei er an Moskau als Verhandlungsort keinen Anstoß nahm. Die kritische Prüfung des Textes der Aufzeichnungen – die Substanz der sowjetischen Erklärung bewegte sich im Rahmen der »guten Geschäftsbeziehungen« *(delowye otnoschenija)*, die das Korrelat ihrer »Friedenspolitik« mit kapitalistischen Staaten bildete – erweckt den Eindruck, als habe Wiehl überscharf den Charakter einer offiziellen Regierungserklärung hervorheben wollen: Die »Erklärung« bestand lediglich in der sachlichen Mitteilung, sowjetischerseits sei man unter der Voraussetzung bereit, in Moskau über den deutschen Vorschlag vom 22. Dezember des Vorjahres zu verhandeln, daß von deutscher Seite weitreichende Zugeständnisse (in Hinblick auf Zinskonditionen, Ausfallgarantie, Preise und Lieferfristen) gemacht würden. Nach Darstellung von Wiehl wünschte die Sowjetregierung Moskau als Verhandlungsort, weil der dort mögliche geschäftliche Kontakt »den Verhandlungen nur förderlich sein« würde. Wiehl suchte in seinen Aufzeichnungen den Eindruck zu erwecken, er habe diesem sowjetischen Begehren lange und beharrlich widersprochen, sich ihm aber letztendlich beugen müssen: »Da von deutscher Seite die Anregung ausgegangen sei, die Kreditverhandlungen in kürzester Zeit wieder aufzunehmen, glaubte die Sowjetregierung dem deutschen Wunsch am wirksamsten dadurch entgegenzukommen, daß sie Verhandlungen an einem Orte vorschlüge, wo ihr Erfolg am ehesten gewährleistet wäre.«

In seiner zweiten, ausschließlich für Ribbentrop (und dies bedeutete zur Vorlage bei Hitler) bestimmten Aufzeichnung ging Wiehl noch ausführlicher auf die Begründung ein, weshalb der Sowjetregierung dieser Wunsch nicht verwehrt werden könnte; er übte Druck auf den/die

Addressaten dieser Aufzeichnung aus, wenn er darauf hinwies, daß das deutsche »Rohstoffinteresse an dem Zustandekommen eines günstigen Kreditvertrages so groß [sei], daß es nicht zweckmäßig erscheint, durch eine Ablehnung des russischen Wunsches die Verhandlungen etwa zu vereiteln oder auch nur zu verzögern oder wesentlich zu erschweren«.

Die Analyse der Aufzeichnungen Wiehls erweckt den Eindruck, daß die sowjetische Seite, die sich während dreimaliger Sondierungen durch den deutschen Botschafter in Moskau und zweimaliger Sondierungen in Berlin überwiegend rezeptiv verhalten hatte[93], sich auch bei dieser ihrer ersten Willensbekundung abwartend verhielt. Nur in der Frage des Ortes der Verhandlungen manifestierte sie ein Interesse: »In der ersten Zeit wurde ausschließlich vom Sitz der Verhandlungen gesprochen«, berichtete Schulenburg später seinem italienischen Kollegen, Augusto Rosso[94]. Von deutscher Seite sei Berlin, von sowjetischer hingegen Moskau gewünscht worden[95]. Wie Rosso Außenminister Graf Ciano in seinem Bericht vom 5. Februar 1939 mitteilte, wurde »infolge der Empfehlungen von Botschafter von Schulenburg« – dieser befand sich in der Zeit vom 13. Januar bis 1. Februar 1939 erneut auf Dienstreise in Berlin und Warschau und hatte insofern die Möglichkeit, die Demarche persönlich zu unterstützen – »schließlich beschlossen, Herrn Schnurre nach Moskau zu schicken«.

Diese Informationen bestätigen, daß die mit Graf Schulenburg kooperierenden Kräfte im Auswärtigen Amt, seinen Empfehlungen folgend, als Verhandlungsort Moskau bevorzugten. Aus der Sicht der Wirtschaftspolitischen Abteilung des Auswärtigen Amts und der Deutschen Botschaft, die gleichermaßen am Zustandekommen der Verhandlungen interessiert waren, wurden im Falle der Verhandlungsführung in Moskau zahlreiche potentielle Reiz- und Fehlerquellen ausgeschaltet – die zu erwartenden Einschaltungen inkompetenter Minister, vor allem Ribbentrops, an erster Stelle. In Moskau würde die deutsche Delegation, unterstützt durch Hilger und unter der umsichtigen Führung des Botschafters, in Ruhe verhandeln und mit einem unterschriftsreifen Verhandlungsergebnis zurückkehren können. Demgegenüber hatte der Auftrag, den Wiehl für diese Gesprächsführung besaß, zweifellos darin bestanden, die Verhandlungen in Berlin aufzunehmen. Hitler wollte in den Genuß der russischen Rohstoffe gelangen, ohne sich damit in der Weltöffentlichkeit auch nur den geringsten Anschein einer (politischen) Festlegung zu geben.

Aus sowjetischer Sicht könnten bei dieser Ortswahl – neben dem Wunsche Stalins nach einer wirksamen Kontrolle des Gangs der Gespräche – auch personelle Gesichtspunkte eine Rolle gespielt haben. Die Frage, ob Stalin den Gesprächen in Moskau darüber hinaus in der Weltöffentlichkeit einen offiziellen Charakter zu geben beabsichtigte, der auch als Druckmittel gegen etwaige polnische Wünsche nach einer Anlehnung an Deutschland wirksam werden konnte, sei in Ermangelung einschlägiger Quellen dahingestellt.

Der überwiegend rezeptiven Haltung Merekalows, die auch in den Aufzeichnungen Wiehls durchscheint, tut selbst der abschließende Hinweis keinen Abbruch, nach dem er angeblich seine persönliche Verwendung in dieser Sache als Ausdruck des Wunsches der Sowjetregierung betrachtet wissen wollte, »damit eine neue Ära in den deutsch-sowjetischen Wirtschaftsbeziehungen zu beginnen«. Auch diese Formulierung lag auf der bekannten Ebene der guten Geschäfts- und Wirtschaftsbeziehungen. Unüberhörbar war demgegenüber das Interesse Wiehls an einer schnellen Belebung der Handelsbeziehungen, obgleich er sich mit der Schlußbemerkung seiner Aufzeichnung, er habe diesen »Wunsch der Sowjetregierung nach einer Belebung des deutsch-sowjetischen Warenaustauschs gern zur Kenntnis« genommen, nur allzu deutlich in eine scheinbar passive Rolle begab. Bei all der Intentionalität ihrer Darstellung haben diese Aufzeichnungen von Wiehl entscheidend zur Wende im deutsch-sowjetischen Verhältnis beigetragen.

Der Neujahrsempfang Hitlers

Einen Tag nach dem Treffen Wiehl-Merekalow, am Abend des 12. Januar 1939, machte Hitler während seines Neujahrsempfangs für das Diplomatische Korps im Gebäude der neuen Reichskanzlei in schroffem Gegensatz zu seinen früheren Gepflogenheiten – er hatte die Anwesenheit von Sowjetvertretern regelmäßig ignoriert – eine Geste, die damals als »Sensation« galt. Als deutscher Augenzeuge hat Hitlers Adjutant, Fritz Wiedemann, diese Szene 1964 mit den Worten wiedergegeben: »Hitler begrüßte den russischen Botschafter besonders freundlich und unterhielt sich auffallend lange mit ihm. Man sah und spürte, wie sich aller Augen auf die beiden richteten und jeder in seinem Kopf die Frage wälzte: Was geht hier vor? Je länger die Unterhaltung dauerte und je freundlicher sie verlief, um so mehr steigerte sich die verhaltene Erregung ... An diesem Tage wurde der Russe zum Mittelpunkt des Diplomatenempfanges ... Sie begannen, sich alle um den Russen zu drängen wie Bienen um den Honig. Jeder wollte wissen, was der Führer mit ihm eigentlich gesprochen habe ... Ich weiß nicht, was Hitler mit dem russischen Botschafter gesprochen hat ... Aber die Art und die sichtlich freundliche Stimmung, in der er das tat, waren ein klares Zeichen dafür, daß sich in seiner Einstellung etwas geändert hatte. Hitler hatte den Russen jedenfalls mit voller Absicht so ausgezeichnet.«[96]

Der Inhalt des Gesprächs Hitlers mit Merekalow hat nicht nur den anwesenden Diplomaten, sondern auch ihren Regierungen Rätsel aufgegeben. In der Atmosphäre gespannter Aufmerksamkeit neigte man zu Überbewertungen. So betonte der amerikanische Geschäftsträger in Moskau, Kirk, in seinem Bericht an Staatssekretär Cordell Hull vom 20. Januar[97] unter Berufung auf Berichte der Londoner Büros einiger amerikanischer Pressekorrespondenten, nach denen ein geheimes Treffen deutscher und sowjetischer Beamter mit dem Ziele der Ausarbeitung eines Programms zur wirtschaftlichen und militärischen Zusammenarbeit der beiden Länder in Vorbereitung sei: »In diesen Berichten wird auch die Herzlichkeit Hitlers gegenüber dem sowjetischen Botschafter auf dem Empfang zur Einweihung der neuen Reichskanzlei in Berlin erwähnt, auf welchem er dem sowjetischen Botschafter aufgetragen haben soll, Stalin darüber in Kenntnis zu setzen, daß Deutschland zum gegenwärtigen Zeitpunkt keine Absichten auf die Ukraine habe, und auf welchem er einen Gedankenaustausch vorgeschlagen haben soll, zu dem sich Stalin bereit erklärt habe.« Kirk fügte hinzu, das Moskauer Büro dieser Korrespondenten besitze keine Information zu diesen Vorgängen. »Hier ist weder eine Bestätigung noch eine Verneinung dieser Berichte erhältlich.« Kirk gab zu bedenken, daß diese Berichte mit den Gerüchten über das bevorstehende deutsch-sowjetische Handelsabkommen zusammenhängen könnten, die in der Zwischenzeit zirkulierten.

In Wahrheit war der Inhalt des Gesprächs, über dessen Länge keine präzisen Angaben existieren, weniger wichtig als sein spektakulärer äußerer Charakter. Wie Merekalow am selben Abend dem Außenkommissariat telegraphierte, hatte ihn Hitler tatsächlich als einzigen der anwesenden Diplomaten mit besonderer Aufmerksamkeit behandelt. Danach beendete Hitler die einführenden »Lobeshymnen auf das Münchner Abkommen«, um die Reihe der Diplomaten abzuschreiten und bei Merekalow stehenzubleiben; »Hitler begrüßte mich, erkundigte sich nach meiner Wohnung in Berlin, nach meiner Familie, der Reise nach Moskau, unterstrich, daß er über meinen Besuch bei Schulenburg in Moskau unterrichtet war, wünschte Erfolg und verabschiedete sich. Nach ihm kamen Ribbentrop, Lammers, General Keitel und Meissner auf mich zu. Das Gespräch mit jedem von ihnen beschränkte sich auf allgemeine Liebenswürdigkeiten. Äußerlich [!] verhielt sich Hitler sehr liebenswürdig und führte sein Gespräch ungeachtet meiner schlechten Beherrschung der deutschen Sprache ohne Dolmetscher. Hitler umging das [Diplomatische] Korps, verneigte sich leicht und entfernte sich.«[98]

Für den Fortgang der Bemühungen der Deutschen Botschaft Moskau ist von Bedeutung, daß Hitler die diplomatische Initiative durch seinen Hinweis auf das Gespräch Schulenburg-Merekalow und die Erfolgswünsche aus sowjetischer Sicht legitimierte. Ungeachtet des ansonsten wenig bedeutsamen Inhalts dieses Gesprächs mußte die Geste Hitlers nicht nur in der internationalen Öffentlichkeit, sondern auch auf sowjetischer Seite als ein Signal seiner Bereitschaft zu einer Revision der bestehenden gespannten Lage und erste Bekundung seines Interesses an einer deutsch-sowjetischen Annäherung verstanden werden[99]. Die Behauptungen der Pseudo-Memoiren Litwinows, nach denen ihm im Januar 1939 der direkte Zugang zur Berliner Sowjetvertretung genommen und die dortigen Diplomaten aufgefordert wurden, von da an Stalin direkt zu berichten, verdienen in diesem Zusammenhang eine gewisse Aufmerksamkeit[100]. Für die historische Forschung würde diese Eventualität nichts Gutes verheißen: Hätte Stalin tatsächlich im Januar 1939 eine solche Weisung gegeben, so könnten die von ihm angeforderten Berichte danach anders als die üblichen diplomatischen Berichte, und das heißt unter Umständen: ohne Niederschrift, erfolgt sein[101].

Wäre aber eine solche Reaktion auf diese Geste Hitlers gerechtfertigt gewesen? Es wurde bereits früher angenommen, daß Hitler um die Jahreswende 1938/39 von seinen alten Ukraine- bzw. Rußland-Plänen Abstand genommen und sich mit der Idee einer zeitweiligen Annäherung getragen hat[102]. Zweifellos mußte sich Hitler im Moment der beschriebenen Anbahnungen der Wirtschafts- und Kreditverhandlungen die Frage stellen, ob und inwieweit er diese Entwicklung in sein politisches Kalkül einbeziehen und für seine Pläne nutzbar machen könnte. Diese Frage wurde auch in anderer Hinsicht zusehends aktuell, als sich der polnische Außenminister Beck Anfang Januar 1939 gegen die Bestrebungen Hitlers und Ribbentrops zur Wehr zu setzen begann, Polen zu einem militärischen Zusammenschluß gegen die Sowjetukraine und möglicherweise die ganze Sowjetunion zu veranlassen. Dabei hatten einige Äußerungen Becks im Gespräch mit Hitler – etwa über die ernste Lage, in der sich Polen in der Septemberkrise angesichts mehrerer russischer »Armeekorps an der russisch-polnischen Grenze, zum Teil bis unmittelbar an die Grenzlinie heran«, befunden habe – diesem auf plastische Weise eine verletzliche Stelle im politischen Bewußtsein der polnischen Regierung vor Augen geführt; in diesem Punkte konnte er sie mit geeigneten Mitteln unter Druck setzen.

Ein zweiter Aspekt ist hier von Bedeutung. Er betrifft den Marionettenstaat der Karpatho-Ukraine, dem die UdSSR allem Anschein nach größte Bedeutung beimaß. Dieser östliche Zipfel des tschechoslowakischen Staates, der in Ausführung des Münchner Abkommens durch den (Ersten) Wiener Schiedsspruch (2. November 1938) als Karpatho-Ukraine[103] abgetrennt und verselbständigt worden war, sollte nach deutschen Plänen zu einem Brückenkopf gegen die ukrainischen Gebiete der Sowjetunion ausgebaut werden. In der Kornkammer Ukraine hatte Hitler, von den Anfängen seines ambitiösen Revisionsprogramms an, den »Lebensraum« gesehen, durch dessen Erwerb die Möglichkeit einer nochmaligen Aushungerung des deutschen Volkes – einer Wiederholung der Hungerjahre bei Ausgang des Ersten Weltkriegs – verhindert werden sollte. Mit einer ukrainischen Minderheit von 0,7 Millionen Menschen sollte die Karpatho-Ukraine, unter Anwendung des Grundsatzes des Selbstbestimmungsrechts der Völker, zunächst als propagandistischer und später als machtpolitischer Hebel benutzt werden, um die Sowjetukraine mit ihren dreißig Millionen Einwohnern ideologisch aufzuweichen, zu zersetzen und schließlich aus den Angeln zu heben.

In den ersten Wochen nach der Schaffung dieses wenig lebensfähigen staatlichen Gebildes liefen die Pläne Hitlers auf die Herstellung einer »Großukraine« hinaus. Die Sowjetregierung nahm mit Bestürzung die – nach den Worten von Botschafter Schulenburg[104] – »große Gefahr« wahr, die dieser deutsche Vasallenstaat, der »Kristallisationspunkt für eine ukrainische Unabhängigkeitsbewegung«, als »Sprungbrett für das weitere Vordringen Deutschlands in Richtung Sowjetunion« bildete.

Indessen meldeten bald und unter verhaltenem Waffengeklirr die angrenzenden Staaten – Polen im Norden und Ungarn im Süden – ihr Interesse an den ihnen benachbarten Gebieten der Karpatho-Ukraine an.

Gegen Ende November 1938 mußte Hitler einsehen, daß er die Interessen (zumindest eines) dieser Länder in geeigneter Weise berücksichtigen mußte, wenn er sich nicht auf seiner erhofften Expansionsbahn nach Osten unnötige Feinde schaffen wollte. Polen in den Genuß dieser Gebiete zu bringen, hätte seine machtpolitische Stärkung und Ausweitung nach Südosten bedeutet, die Hitler bei der weiteren Durchsetzung seiner Polenpläne hinderlich werden mußte. Die ungarische Revisionspolitik kam ihm in der Hinsicht stärker entgegen: Ab Anfang Dezember 1938 zeigte die ungarische Regierung Verständnis für die Ostpläne Hitlers und bot als Beweis für ihre Bereitschaft zur Kooperation sowie als Preis für den Erhalt der Karpatho-Ukraine Ungarns Austritt aus dem Völkerbund und Beitritt zum Anti-Komintern-Pakt an.

Vor die Alternative eines an Stärke gewinnenden, aber im Hinblick auf seine Rußland-Pläne nicht kooperativen Polen einerseits und eines noch unentschiedenen, aber durch territoriale Zugeständnisse für eine militärische Offensivfront gegen Rußland zu gewinnenden Ungarn andererseits gestellt, entschied sich Hitler für die zweite Möglichkeit. So war gegen Jahresende 1938 das Pendel der deutschen Ostpolitik stark zugunsten der ungarischen Angebote ausgeschlagen. Die Westmächte schienen – wie ein Bericht des deutschen Botschafters in London, Herbert von Dirksen[105], aus Anlaß der Neujahrsbotschaft der britischen Regierung zeigte – für ein Zusammengehen dieser Art Verständnis zu haben. Gleichwohl hielt Polen an seinem Vorhaben eines politisch-militärischen Eingreifens in der Karpatho-Ukraine fest und fragte mit zunehmendem Argwohn nach den wahren Absichten Deutschlands im Karpathenraum.

In seinem Gespräch mit Außenminister Beck (5. Januar 1939) betonte Hitler unter Anspielung auf die Revisionsansprüche Ungarns, daß er nicht beabsichtige, Polen beim Erwerb der karpatho-ukrainischen Konkursmasse zu beteiligen: Der Wiener Schiedsspruch, so hob er hervor, hätte in Polen »zu gewissen Mißverständnissen geführt«. Hitler stellte jetzt seine früheren Ukraine-Pläne in Abrede und machte klar, daß er ein kleines, aber starkes Polen im gemeinsamen Kampf gegen Rußland wünsche. Wenige Tage später bestätigte Ribbentrop[106] im Gespräch mit Beck, daß das »Reich« eine Grenzausweitung Polens nach Süden nicht tolerieren würde. Am 11. Januar 1939 zwang Ungarn der Tschechoslowakei mit deutscher Zustimmung erste Vereinbarungen auf. Am 12. Januar – dem Tage, an dem Hitler in der Reichskanzlei das Diplomatische Korps empfing – gab der ungarische Außenminister die offizielle Erklärung ab, daß Ungarn bereit sei, dem Anti-Komintern-Pakt beizutreten. Am selben Tage wurden in der Karpatho-Ukraine unter starkem ungarischen Militärdruck und nach Auflösung aller politischen Parteien die Wahlen zum ersten Sejm ausgeschrieben. Während die Sowjetregierung in einer Beteiligung Polens am Ausbau des karpatho-ukrainischen Brückenkopfes nach Osten den Beweis einer für sie gefährlichen deutsch-polnischen und antisowjetischen Militärallianz gesehen hätte, schien sie eine Beteiligung Ungarns weniger zu beunruhigen.

Es ist wahrscheinlich, daß Hitler – in Kenntnis der sowjetischen Besorgnis über seine Pläne einer »Großukraine« – durch seine freundliche Hinwendung zu Merekalow in erster Linie den Eindruck erwecken wollte, daß er keinerlei Absichten auf die Ukraine habe. In zweiter Linie war sie ein Manöver zur Einschüchterung Polens. Hitler wollte der »polnischen Großmannssucht« durch seine scheinbaren Intimitäten mit Merekalow exemplarisch den *casus* eines gemeinsamen deutsch-russischen Zusammengehens (gegen Polen) vorexerzieren. Dafür bot sich ihm der Empfang des Diplomatischen Korps an: Bis Ende Januar 1939, wenn Ribbentrop zur Fortsetzung der Gespräche nach Warschau reisen sollte, hätten die Polen Zeit, die entsprechenden Schlüsse aus dieser Schrekkensvision zu ziehen! So mochte Hitler hoffen, mit ein und derselben Geste die Polen gefügig und die Russen vertrauensselig zu machen. Zu diesem Zweck hatte Ribbentrop auch den deutschen Botschafter in Moskau zu Konsultationen nach Berlin kommen lassen. Am 9. Januar 1939 wurde Schulenburg überraschend telephonisch der Bescheid erteilt, daß die von ihm seit längerem beantragte Reise nach Berlin »genehmigt«[107] worden war.

Gleichzeitig war Hitler von Ribbentrop, der unter den Druck seiner qualifizierten Wirtschaftsfachleute geraten war, um Zustimmung zur Aufnahme der neuen, entscheidenden Verhandlungsrunde über die sowjetischen Rohstofflieferungen ersucht worden – die Aufzeichnungen Wiehls dürften Hitler genau am 11. und 12. Januar vorgelegt oder mit entsprechenden Kommentaren vorgetragen worden sein. Der kriegswirtschaftliche Sektor mit Göring an der Spitze sprach in dieser Frage ohnedies eine eindeutige Sprache: Ohne die sowjetischen Rohstoffe – sei es nun durch Direktausfuhr in eigener Regie aus einer besetzten Ukraine oder durch vertraglich geregelten sowjetischen Export – konnten das erforderliche Rüstungswachstum nicht auf Dauer beibehalten und an eine Konfrontation mit den Westmächten überhaupt nicht gedacht werden.

Daneben könnte Hitler diese Geste auch mit einem Seitenblick auf die anwesenden deutschen Militärs ausgeführt haben. Sein riskantes und aus ihrer Sicht zumindest verfrühtes Heraufbeschwören einer Zweifrontensituation im Verlauf der Sudetenkrise hatte Teile des Generalstabs bedenklich gestimmt und zu Warnungen vor einer Unterschätzung der sowjetischen Verteidigungsbereitschaft veranlaßt[108]. Die unablässig und mit unbeirrbarer Beharrlichkeit vorgetragenen Beurteilungen von Militärattaché Köstring und die Auswertungen des in diesen Fragen mit diesem und Botschafter Schulenburg kooperierenden Chefs der Amtsgruppe Ausland/Abwehr, Vizeadmiral Wilhelm Canaris[109], verliehen ihnen die erforderliche Realitätsdimension. Als Folge eines sich abzeichnenden Meinungsumschwungs der Militärs war ein »Vortrag Ribbentrops vor der deutschen Generalität im Januar 1939, in dem er die Unwandelbarkeit der antibolschewistischen Linie unterstrich, ... recht kühl aufgenommen worden«[110]. Selbst der Chef des Oberkommandos der Wehrmacht, Generaloberst Wilhelm Keitel, scheint Anfang Februar 1939 eine gesellschaftliche Begegnung mit dem sowjetischen Militärattaché zum Anlaß genommen zu haben, um Hitler die Vorzüge eines sowjetischen Stillhaltens – wenn nicht sogar Mittuns – im Falle einer deutschen Aktion gegen Polen vor Augen zu führen[111]. Allgemein gewann der Gedanke an Bismarcks Rückversicherungspolitik gegenüber Rußland in diesem Zeitraum in der Generalität offenbar an Aktualität[112]. Er griff auch auf Hitler über[113].

In dieser Kombination der Umstände mag Hitler in der Tat um die Jahreswende 1938/39, und präziser wohl in der zweiten Januarwoche 1939 (der Woche nach den Gesprächen mit Beck am 5./6. Januar und dem Neujahrsempfang am 12. Januar) entschieden haben, daß die Zeit für jenes Bündnis mit der Sowjetunion nahte, das ihm seit langem als ein zeitweiliges »Bündnis zum Kriege« vorschwebte[114].

So wird man in dieser Geste Hitlers seine erste taktische Erprobung einer etwaigen Annäherung an die UdSSR und das Verlangen nach Kenntnis der sowjetischen Reaktion sehen müssen. Nicht zu Unrecht haben Biographen Hitlers darauf hingewiesen, daß ihn gerade in diesen Wochen »die Wendigkeit und Kälte, mit der er ... unter den Augen der sprachlosen Welt von der einen auf die andere [Alternative zur Erreichung seines Zieles in der Polen-Frage] umschaltete,... auf der Höhe seines taktischen Verstandes« zeigten[115].

Die sowjetische Regierung, die durch das wiederholte deutsche Drängen zur Aufnahme der Wirtschaftsgespräche auf eine derartige Wendung in Grenzen vorbereitet war, scheint Hitler mit dieser Geste bis zu einem gewissen Grade beeindruckt zu haben. Die unmittelbare Sorge um die Ukraine-Pläne Hitlers schienen zu weichen. Am 13. Januar erfuhr der italienische Botschafter in Moskau, Rosso, daß Litwinow dem polnischen Botschafter, Grzybowski, gerade mit Befriedigung versichert hätte: Paris und London gäben sich alle erdenkliche Mühe, um Berlin zu überzeugen, daß sein Weg nach Osten führe; »Hitler ist davon jedoch weniger überzeugt, als es die Franzosen und Engländer von ihm behaupten«[116] – ein Schluß, der nach den Berechnungen von Mario Toscano sehr wohl bereits in Kenntnis des Gesprächs Hitlers mit Merekalow einerseits und Chamberlains mit Mussolini andererseits gezogen sein konnte[117].

Wenn die Sowjetregierung aus der Liebenswürdigkeit Hitlers gegenüber Merekalow – zweifellos dem Beginn seines großangelegten Manövers der Täuschung und Übertölpelung Stalins – den Eindruck gewonnen hätte, er sei nicht an der Ukraine interessiert und habe keine kriegerischen Absichten gegen die UdSSR, sondern sähe gern eine Verbesserung der Beziehungen[118], so erhielt sie, wie aus sowjetischen Veröffentlichungen zu schließen ist, Mitte Januar 1939 dafür die scheinbare Bestätigung. Geheimen Informationen des sowjetischen Auslandsnachrichtendienstes zufolge hatte Hitler seinen Plan, gen Osten zu ziehen, zunächst aufgeschoben, um sich dem Westen zuzuwenden.[119] Hierzu mußte er sich eines neuen Rohstoffpotentials bedienen. Es stand ihm in der UdSSR zur Verfügung. Eine engere wirtschaftliche Verflechtung mit dem Sowjetstaat aber – dies war die Hoffnung der deutschen Rußland-Diplomatie – konnte ein erster Schritt zur Stabilisierung der außenpolitischen Entwicklung in Osteuropa sein. Zweifellos hat Schulenburg seinen Einfluß in Berlin in diesem Sinne geltend gemacht. Es ergab sich eine aufschlußreiche Parallele.

Aus vergleichbaren Erwägungen heraus hatte der in London akkreditierte Kollege Schulenburgs, Herbert von Dirksen, sich in den Monaten nach dem Münchner Abkommen um eine Intensivierung der deutsch-englischen Wirtschaftsbeziehungen bemüht. Wie Schulenburg in Moskau, so war Dirksen in London – nach Mitteilungen von Erich Kordt –

dabei »auf eigene Initiative ohne Weisung aus Berlin« vorgegangen. Es war Dirksen im Januar 1939 unter schwierigen Bedingungen gelungen, auf dem wichtigen Kohlesektor erste Anfangserfolge zu erzielen. Er hoffte, daß sie nur den Ausgangspunkt für eine deutsch-britische Zusammenarbeit auf breiterer Wirtschaftsgrundlage bilden würden. Während nun die Vorschläge Schulenburgs in Berlin unerwartet aufgegriffen wurden, »fand der Gedanke einer deutsch-britischen Wirtschaftsverständigung aber keine günstige Aufnahme«. Er wurde mit fadenscheinigen Begründungen abgelehnt[120]. Das Interesse an den russischen Wirtschaftsbeziehungen gewann die Oberhand.

So war es nur natürlich, wenn Emil Wiehl – in Anwesenheit Schulenburgs in Berlin – am 20. Januar von (Hitler über) Ribbentrop autorisiert wurde, den sowjetischen Botschafter zu sich zu bitten, um ihm die grundsätzliche Zustimmung der deutschen Regierung zu dem von sowjetischer Seite gewünschten Vorgehen auszusprechen[121]: Die deutsche Einschränkung bestand lediglich darin, daß zum Zwecke der Vermeidung internationalen Aufsehens nur eine kleine deutsche Delegation in Moskau verhandeln sollte. Am 30. Januar sollte Karl Schnurre in Warschau mit Botschafter Graf Schulenburg zusammentreffen, um gemeinsam mit ihm nach Moskau zu reisen und dort mit Unterstützung von Gustav Hilger die Verhandlungen aufzunehmen. Dreimonatige intensive Bemühungen der deutschen Rußland-Diplomatie schienen erste Früchte zu tragen.

Die Rückberufung Schnurres

In den zehn Tagen zwischen dem Empfang Merekalows durch Wiehl (20. Januar) und dem geplanten Eintreffen Schnurres in Moskau (30. Januar) zeichnete sich in Moskau eine auffallende Veränderung ab: Während die Lenin-Feierlichkeiten am 21. Januar noch ganz unter dem Leitgedanken der militärischen Einkreisung standen – Reden werden bekanntlich früher geschrieben[122] –, ging die sowjetische Presse nach den Beobachtungen der Deutschen Botschaft auf die alarmierenden Nachrichten der westlichen Presseorgane von einem bevorstehenden deutschen Angriff auf die Ukraine »gar nicht [mehr] ein ... Im Gegenteil, sie versucht, den Franzosen beizubringen, daß wir mit den Italienern zusammen Interesse für ihr Land haben als nächstes Ziel einer ›Aggression‹«[123].

In den folgenden Tagen zeigte sich Litwinow beim Antrittsbesuch des neuen britischen Botschafters in Moskau, Sir William Seeds, in der Frage einer möglichen deutschen Aggression gegen die Ukraine »optimistisch«: Hitler sei immer den Weg des geringsten Widerstandes gegangen und werde sich deshalb (auch bei seinem nächsten Schlag) schwerlich nach Osten wenden – eine Äußerung, die der Sowjetbotschafter in London, Iwan Majskij, am 27. Februar im Gespräch mit Lord Halifax wiederholte[124].

Der stellvertretende Außenkommissar Potemkin setzte den Botschafter des mit Deutschland verbündeten Achsen-Landes Italien, Augusto Rosso, am 23. Januar in allgemeiner Weise über die Möglichkeit von deutsch-sowjetischen Verhandlungen zur Erweiterung des Warenaustausches zwischen den beiden Ländern in Kenntnis[125]; er berührte in diesem Zusammenhang auch das italienisch-sowjetische Verhältnis und erinnerte, wie zufällig, an vielversprechende Äußerungen des italienischen Außenministers Ciano gegenüber dem Sowjetbotschafter in Rom, Boris E. Stein. Ein auffallender Stimmungswechsel zeichnete sich ab[126].

In Berlin weilte Schulenburg auf Gegeneinladung Merekalows am 27. Januar vor seiner Rückreise nach Moskau in der sowjetischen Residenz. In entspannter Atmosphäre stellte ihm Botschaftsrat Astachow die Frage, ob er nicht der Ansicht sei, daß die beginnenden Gespräche über die Wiederaufnahme der Handels- und Kreditverhandlungen mit einer Verbesserung der politischen Beziehungen verbunden seien. Schulenburg dämpfte einen verfrühten Optimismus und gab zu bedenken, daß eine Verbesserung der politischen Beziehungen wohl eher als Resultat dieser Verhandlungen möglich sei[127].

Am selben Tage berichtete der diplomatische Korrespondent des Londoner *News Chronicle*, Vernon Bartlett, dem gute Beziehungen zur Sowjetvertretung unter Majskij nachgesagt wurden, von der sowjetischen Verärgerung über die ungebührliche englische Zurückhaltung. Er ließ durchblicken, daß die in wenigen Tagen beginnenden deutsch-sowjetischen Handelsgespräche den Auftakt zu einer deutsch-sowjetischen Annäherung[128] bilden könnten. Die *Prawda* vom 31. Januar gab den Inhalt des Artikels – einen Tag nach Hitlers bemerkenswerter Reichstagsrede[129] und doch schon unter veränderten Umständen – auf Seite fünf in einer längeren TASS-Meldung aus London wieder[130]; in ihr wurde die britische Regierung einer Reihe schwerer diplomatischer Affronts gegen die UdSSR und des Wunsches bezichtigt, lieber das

Empire untergehen zu lassen, als mit Hilfe der UdSSR den Sieg zu erringen.

Demgegenüber eröffnete Bartlett – und ihm folgend die *Prawda* – eine neue Perspektive: Aufmerksamkeit verdiene die Tatsache, daß »die Initiative zu den neuen sowjetisch-deutschen und sowjetisch-polnischen Handelsgesprächen von Berlin und Warschau ausgingen. Mit anderen Worten möchte sich Hitler, ungeachtet seiner verbalen Ausfälle gegen den Bolschewismus, nicht einen solch bemerkenswerten Zufall entgehen lassen, um die Möglichkeit eines gleichzeitigen militärischen Drucks von Westen und Osten auszuräumen.« Sowjetische Kreise – so die *Prawda*-Wiedergabe Bartletts – seien ohnedies immer der Meinung gewesen, daß eine Politik der Freundschaft gegenüber jeder Regierung möglich sei, bei der sie auf Gegenseitigkeit stoße. Unter den gegenwärtigen Voraussetzungen, unter denen in England eine Kampagne zugunsten der Kündigung des englisch-sowjetischen Handelsabkommens geführt werde, könnten die deutsch-sowjetischen Handelsgespräche, die auch eine »politische Bedeutung« hätten, damit enden, daß die UdSSR Deutschland im Falle des Krieges »unerschöpfliche Ressourcen« zur Verfügung stelle. Es wäre, so zitierte die *Prawda* abschließend Bartlett, »außerordentlich unvernünftig anzunehmen, daß die derzeit zwischen Moskau und Berlin bestehenden Differenzen notwendigerweise ein unabänderlicher Faktor der internationalen Politik bleiben«.

Der *Prawda*-Artikel diente, wie die starken Worte der Mißstimmung über das englische Verhalten zeigten, in erster Linie zur Warnung Englands. In zweiter Linie gab er die durch die Liebenswürdigkeit Hitlers gegenüber Merekalow veränderte Atmosphäre wieder, ohne es zu versäumen, die wahren Gründe für diese Wendung Hitlers bloßzustellen. Der Artikel war darauf angelegt, allseitige Aufmerksamkeit zu erzeugen. Der amerikanische Geschäftsträger in Moskau berichtete detailliert nach Washington[131].

Währenddessen hatte die Sowjetregierung bereits eine rüde Abfuhr hinnehmen müssen: Ribbentrop, der in der letzten Januarwoche in Warschau noch einmal um die polnische Zustimmung rang, sagte die Reise Schnurres, dessen Gesprächstermin mit Mikojan bereits auf den 30. Januar festgesetzt war, kurzfristig ab und befahl ihm, der sich ebenfalls in Warschau aufhielt, umgehend nach Berlin zurückzufahren. Da alle Maßnahmen zur »Tarnung«[132] der Reise Schnurres ergriffen worden waren (er sollte sich in Warschau mit Schulenburg treffen und als dessen persönlicher Gast mit ihm nach Moskau reisen!), war der Außenminister über westliche Presseberichte von der Anreise einer deutschen Handelsdelegation nach Moskau schockiert. Schulenburg war gezwungen, unverrichteter Dinge allein nach Moskau zurückzukehren. Und Emil Wiehl mußte die Tatsache der Rückberufung Schnurres am 28. Januar ohne eine plausible Erklärung dem Sowjetbotschafter Merekalow in Berlin und der Deutschen Botschaft Moskau mitteilen[133].

Über diesen deutschen Affront – nach Hilger und Schnurre ein »Schlag ins Gesicht« der Sowjetregierung – ist damals viel berichtet und später manches geschrieben worden.[134] Zwei Gründe – ein wirtschaftlicher und ein politischer – verdienen in diesem Zusammenhang Hervorhebung: Einerseits war, wie sich Dr. Schnurre heute erinnert, die deutsche Seite zwar »an der Lieferung von kriegswichtigen Rohstoffen lebhaft interessiert, scheute sich aber zu diesem Zeitpunkt, Handelsvertragsverhandlungen größerer Dimensionen mit der Sowjetunion einzuleiten«[135]. Andererseits war die Zustimmung Hitlers und Ribbentrops zur Aufnahme dieser Verhandlungen in der Tat bereits mit einem weiterreichenden *politischen* Kalkül vor Augen erteilt worden. Nicht anders ist zu verstehen, daß sich beide – nachdem die geheimen politischen Absichten dieser getarnten Reise in der Publizität der Weltpresse sichtbar geworden waren – in ihren verborgenen Plänen »ertappt«[136] fühlten. Sie antworteten darauf mit einer hysterischen Überreaktion[137].

Die Sowjetregierung, die dieser Reise Schnurres nach Moskau zunächst – nach späteren Äußerungen Astachows gegenüber Weizsäcker – keine politische Bedeutung beigemessen hatte, erkannte in der völlig protokollwidrigen »*Absage* der deutschen Regierung ... einen zweifellos *politischen Akt*«[138]: ihr wirtschaftliches Interesse wurde der Rücksichtnahme auf England und Frankreich geopfert, ihr Gesichtsverlust hingenommen. Daß sich Hitler nach dem Abflauen seines momentanen Ärgers sehr schnell wieder auf die Notwendigkeiten seines längerfristigen taktischen Kalküls besann, bewies seine Reichtagsrede vom 30. Januar 1939, in der er den Sowjetstaat entgegen seinen früheren Gewohnheiten mit Schweigen überging.

In dem hier interessierenden Zusammenhang ist primär von Bedeutung, daß die Initiative der deutschen Rußland-Diplomatie durch die Rückbeorderung Schnurres einen ersten, herben Rückschlag erlitten hatte. An dieser Tatsache ließ Schulenburg, nach Abklingen seines ersten Unmuts, in seiner Korrespondenz mit Weizsäcker ebensowenig Zweifel[139], wie dieser der gemeinsamen Hoffnung Ausdruck gab, »trotz dieser Erschwerung zum Ziel zu gelangen«[140].

Als in den ersten Februartagen 1939 im Auswärtigen Amt die Nachricht durchsickerte, die Führung erwäge in ihrem Ärger sogar einen Abbruch der deutsch-sowjetischen Beziehungen, ergriff Emil Wiehl erneut die Initiative, um unter Hinweis auf die wirtschaftspolitischen Notwendigkeiten vor den katastrophalen Folgen eines solchen Schrittes zu warnen. Wiehl verfaßte, nach Absprache mit Schnurre und anderen interessierten Männern, am 6. Februar zur Vorlage bei Ribbentrop eine »Aufzeichnung über die wirtschaftlichen Folgen eines Abbruchs der Beziehungen zur Sowjet-Union«[141], in der er unter Anführung der in der gegebenenen Lage wirkungsvollsten Argumente und Berufung auf alle beteiligten Ressorts betonte, daß bei Abbruch der Beziehungen nicht nur die schwebenden Verhandlungen über eine Erhöhung der sowjetischen Rohstofflieferungen automatisch ihr Ende finden, sondern auch die derzeitigen Lieferungen eingestellt werden würden, und »ein Ausfall der Rohstoffbezüge aus Rußland selbst in dem jetzigen Ausmaße schwere wirtschaftliche Schäden herbeiführen« würde. Wiehl machte »erhebliche Bedenken« der beteiligten Ressorts gegen einen Abbruch der Beziehungen geltend und sprach sich mit Nachdruck nicht nur für die Beibehaltung, sondern vielmehr für die Ausweitung des Warenaustausches mit der Sowjetunion »mit allen Mitteln« aus.

Am selben Tage bat Wiehl Botschafter Merekalow zu sich[142]. Er verfolgte dabei zweifellos das Ziel, das ungebührliche deutsche Verhalten zu entschuldigen und das deutsch-sowjetische Gespräch auch angesichts dieser Zerreißprobe in Gang zu halten[143]. In seiner Aufzeichnung über die Unterredung legte er Merekalow die Worte in den Mund, dieser rechne unverändert »mit einem günstigen Ergebnis der Verhandlungen in Moskau« und hoffe, daß sie »zu einer Erweiterung der Handelsbeziehungen zwischen Sowjet-Rußland und Deutschland führen werden« – Worte, die angesichts der schweren sowjetischen Verstimmung im Munde Merekalows wenig wahrscheinlich waren, die Hoffnungen der deutschen Diplomatie hingegen sehr genau zum Ausdruck brachten.

Auch die Angehörigen der Deutschen Botschaft Moskau gaben in ihren Gesprächen mit Kollegen, etwa von der Botschaft der USA in Moskau, ihrer Hoffnung Ausdruck, daß die Rückberufung Schnurres nur eine Verschiebung, nicht aber der Ausdruck einer grundsätzlichen Absage an die bisherige Intention sei, mit der UdSSR zu einer Vereinbarung über erweiterte Handelsbeziehungen zu gelangen[144]. In diesen Gesprächen gaben die Botschaftsangehörigen ihren amerikanischen Gesprächspartnern auch vertraulich zu verstehen, »daß die abrupte Rückberufung von Herrn Schnurre ... nicht ohne Zusammenhang mit der politischen Bedeutung war, die gewisse Interpretationen in der Möglichkeit eines Handelsabkommens zwischen Deutschland und der Sowjetunion gesehen hatten«. Diese Interpretationen, so wurde angenommen, haben den Ärger Hitlers und anderer hoher Nazi-Beamter ausgelöst und zu der Entscheidung geführt, die Verhandlungen mit der Sowjetregierung aufzuschieben.[145]

Von Bedeutung für den Fortgang dieser Initiative mag ferner die Tatsache gewesen sein, daß Ribbentrop bei seinem Besuch in Warschau in diesen letzten Januartagen 1939 offenkundig mit seinen Versuchen gescheitert war, Polen – nach den Worten des polnischen Außenministers Beck – »in eine antirussische Kombination hineinzuziehen. Er bekam zur Antwort, daß wir [Polen] unseren Nichtangriffspakt mit Rußland sehr ernst nähmen und als dauernde Lösung betrachteten«[146].

Nach den Erinnerungen seiner damals anwesenden Frau hätte Ribbentrop (wie möglicherweise drei Wochen zuvor Hitler) nun dieses niederschmetternde Erlebnis der polnischen Ablehnung – Beck war am zweiten Tage schon gar nicht mehr zum verabredeten Gespräch mit Ribbentrop erschienen – veranlaßt, sich auf der Rückfahrt von Warschau nach Berlin zum ersten Mal in dem Sinne zu äußern: »Jetzt bleibt uns nur der Ausweg, uns mit Rußland zu einigen, wenn wir nicht völlig eingekreist werden sollen«[147].

Während derartige Überlegungen auch in anderen Ressorts an Boden gewannen[148], schwankte Hitler erneut, ob er nicht doch als nächstes Ziel die Ukraine ins Visier nehmen sollte. Nachgiebige Reaktionen des Auslands auf seine Reichstagsrede hatten seine Kriegslust neu belebt. Dort klammere man sich an die Idee eines langen Friedens; aber den werde es – so räsonierte Goebbels am 1. Februar nach seinem Besuch bei Hitler – nur geben, »wenn sie uns unser Recht geben, ja«. Hitler selbst begann nun verstärkt, über seine »nächsten außenpolitischen Schritte nach[zu]denken. Vielleicht kommt wieder die Tschechei dran. Denn dieses Problem ist ja nur zur Hälfte gelöst. Aber er ist sich noch nicht ganz klar darüber. Vielleicht auch die Ukraine.«[149]

Aufgrund dieser Unschlüssigkeit wurde den um Anbahnung einer festen Beziehung zur UdSSR bemühten Kräften im Auswärtigen Amt erlaubt, die schwebenden Verhandlungen – sollte sich die sowjetische Seite trotz des Affronts dazu bewegen lassen – in Moskau durch Botschafter Schulenburg wiederaufzunehmen.

II. DIE ANBAHNUNG POLITISCHER VERHANDLUNGEN 1. FEBRUAR BIS 10. MAI 1939

Die Wochen von der Rückberufung Schnurres bis zum Zusammentreten des XVIII. Parteitags der KPdSU am 10. März 1939 verliefen an der Deutschen Botschaft Moskau unter zähem Ringen um die Fortführung der kaum begonnenen Rohstoff- und Kreditverhandlungen.

Wie der deutsche Botschafter im Schreiben an Staatssekretär von Weizsäcker vom 6. Februar bestätigte, war die Botschaft in der Zwischenzeit »mit einer Vorfühlung bei dem sowjetischen Außenhandelskommissar Mikojan« beauftragt worden. Schulenburg unterstrich die Bedeutung Mikojans mit den Worten, daß es sich um »eine *ganz große* Sowjet-Persönlichkeit« handele, und bezeichnete die Vorfühlung als »durchführbar«. Man würde »sehen, wie weit wir die deutschen Belange fördern können«.

Doch die erste Besprechung mit Mikojan (10. Februar) verlief ergebnislos: Der Botschafter selbst übergab dem neuen Außenhandelskommissar den deutschen Entwurf für das Kreditabkommen, fand aber kein Entgegenkommen. Die Sowjetregierung war lediglich bereit, die Rohstofflieferungen etwa in dem bis dahin praktizierten Volumen fortzusetzen[1]. Auch andere Vertreter der Sowjetregierung zeigten im Gespräch mit dem deutschen Botschafter weiterhin große Zurückhaltung. So blieb auch der wiederholte Versuch Schulenburgs, in Abwesenheit des erkrankten Volkskommissars Litwinow mit dessen Erstem Stellvertreter, Potemkin, in der Frage der deutschen Verhafteten im Gespräch zu bleiben, ohne Resultat. Trotz vieler Bemühungen, so schrieb er privat nach Berlin, käme er »noch nicht vorwärts«[2]. Demgegenüber setzte der Vorsitzende des Präsidiums des Obersten Sowjet, Michail Kalinin, den neuernannten französischen Botschafter, Paul Émile Naggiar, nach der Überreichung seines Beglaubigungsschreibens am 11. Februar offiziell darüber in Kenntnis, daß der deutsche Botschafter der Sowjetregierung am Vortag »offizielle Vorschläge zur Eröffnung von Wirtschaftsverhandlungen«[3] unterbreitet hatte.

Die Stimmung an der Botschaft war und blieb weiter gedrückt. Ein

Brief des Botschafters vom 20. Februar betonte, das Unglück nehme derzeitig überhand: »Wir leben schon in schwierigen Zeiten! Aber gerade deshalb soll man sich nicht kleinkriegen lassen! Man muß eben kämpfen ...![4]

Die beharrlichen Anstrengungen des Botschafters, die Auswirkungen, die der Affront der Rückberufung Schnurres auf die Sowjetregierung hatte, zu mildern, wurden von den diplomatischen Vertretungen der Westmächte mit Wachsamkeit verfolgt. Voreilig folgerte etwa der Geschäftsträger der Vereinigten Staaten, Kirk, in einem Bericht vom 20. Februar[5], daß die Verhandlungen Schulenburgs mit Mikojan unmittelbar vor dem Abschluß ständen. Zwei Tage später ging er noch einen Schritt weiter und behauptete, daß Mikojan im Zusammenhang mit diesen von ihm geführten Verhandlungen mit Deutschland zu einer »hohen politischen Autorität in der Sowjethierarchie«[6] geworden sei, während der Einfluß Litwinows bis zu dem Grade sinke, daß »infolgedessen ein Wechsel im Volkskommissariat für Auswärtige Angelegenheiten angezeigt ist«.

In Wahrheit brachte aber auch der zweite Besuch Schulenburgs bei Mikojan (23. Februar)[7] keine Änderung der sowjetischen Haltung. Am 27. Februar bemerkte Schulenburg in einem Privatbrief, an die Rückberufung Schnurres erinnernd, mit Ironie, er habe nun »das Vergnügen, an Schnurres Stelle die sehr schwierigen Verhandlungen zu führen oder wenigstens zu fördern«. Er betonte: »Ich habe keine großen Hoffnungen, daß etwas daraus wird!«[8]

Als der neue japanische Botschafter in Moskau, Shigenori Togo, Schulenburg Vorhaltungen machte und im Gespräch vom 28. Februar sogar behauptete, die deutschen Wirtschaftsverhandlungen dienten nach Ansicht des gesamten diplomatischen Korps in Moskau nur dazu, »Moskau den Nacken zu steifen«, erwiderte Schulenburg wahrheitsgetreu, »daß es noch völlig unsicher sei, ... ob diese Verhandlungen überhaupt zu einem Ergebnis führen würden«. Auf das Drängen Togos, die Verhandlungen wenigstens für einige Zeit auszusetzen, hat Schulenburg – nach seinen eigenen Worten – »wiederholt betont, daß es wirklich nicht nötig sei, Verhandlungen mit der Sowjetunion zu bremsen; das besorge Moskau allein!«[9]

Den Grund für die »Hartnäckigkeit«, die die Sowjetregierung in diesem Zeitraum gegenüber den Vertretern der Achsenmächte, insbesondere Japan, demonstrierte, sahen diplomatische Beobachter in Moskau in einer ansatzweise neuen Einschätzung ihrer außenpolitischen Lage: Die Äußerungen Hitlers gegenüber dem polnischen Außenminister Beck, nach denen Deutschland keine Absichten auf die Ukraine hätte, führten nach Ansicht einiger Diplomaten dazu, daß sich die Sowjetunion »von Europa her sicher fühle«[10]. Tatsächlich war die Entscheidungssituation, in die sich die Sowjetregierung gestellt sah, wesentlich komplizierter.

Erstschlag im Osten oder Westen?

Die militärische Situation, in der sich die Sowjetunion im Zeitpunkt der Rückberufung Schnurres sowie in den nachfolgenden Wochen befand, war komplex und widerspruchsvoll. Im Osten drängten in Japan – nach einem Bericht von Richard Sorge vom 23. Januar 1939[11] – die Kräfte der Kwantung-Armee, unterstützt durch den japanischen Kriegsminister Seishiro Itagaki, wieder stärker zu einer militärischen Konfrontation mit Rußland und flammten in den letzten Januartagen 1939 tatsächlich die Grenzgefechte wieder auf[12].

In dem nördlichen Abschnitt ihrer Westgrenze, dem nach sowjetischer Auffassung militärisch verletzlichen finnisch-baltischen Gebiet, begann die Frage der Remilitarisierung der Ålandinseln[13] der Sowjetregierung sichtlich Sorgen zu bereiten; diese fanden unter anderem in ihren diplomatischen Versuchen Ausdruck, in dieser Frage einen Konsens mit den Westmächten herbeizuführen[14]. Sie wuchsen in dem Maße, in dem die deutschen Aktivitäten im Baltikum offenkundiger wurden: Schon am 9. Dezember 1938 hatte Astachow aus Berlin gemeldet, daß das Baltikum an der ersten Stelle der Gebiete stehe, die sich Deutschland aufgrund alter historischer Ansprüche wieder einzuverleiben trachtete[15]. Mit Argwohn verfolgte die Sowjetregierung daher die Entwicklungen innerhalb der »bürgerlichen« baltischen Regierungen: Ein zunehmendes Bemühen um Anlehnung an das rasch erstarkende und um Einflußnahme bemühte Deutschland blieb ihr nicht verborgen. Mitte Februar berichtete der finnische Gesandte in Moskau, Baron A.S. Yrjö-Koskinen, seinem Außenminister, daß die Sowjetregierung beunruhigt über die Annäherung Polens und Litauens an Deutschland sei und sich die Frage stelle, »welche Richtung Lettland an der Wegkreuzung, an der es sich jetzt befindet, einschlagen wird«[16].

Anfang März vertiefte sich der sowjetische Argwohn hinsichtlich der

Beziehungen, die Deutschland zu den baltischen Staaten herzustellen versuchte. Er dürfte am 7. März beim Erhalt eines Telegramms des sowjetischen Gesandten in Estland, K.N. Nikitin, einen ersten Höhepunkt erreicht haben. Wie Nikitin dem Außenkommissar berichtete, hätte Estland mit Deutschland ein Geheimabkommen über den Durchlaß deutscher Truppen durch Estland abgeschlossen und bereits mit dem Ausbau seines Eisenbahnsystems in Richtung Osten begonnen[17]. Diese Nachrichten legten aus sowjetischer Sicht den Schluß nahe, daß – ungeachtet der parallel dazu in Moskau eingehenden geheimdienstlichen Informationen, nach denen Deutschland im Verein mit Italien den nächsten militärischen Schlag nach Westen richten wollte[18] – auch die deutschen Angriffspläne für den Osten weiter in Ausarbeitung begriffen waren.

Damit blieb in erster Linie die Frage der deutschen Pläne in Polen weiter aktuell. Tatsächlich rissen auch in dieser Zeit die Nachrichten nicht ab, nach denen Hitler seine Polen-Pläne nicht definitiv aufgegeben hätte und ihm auch weiterhin »die polnische Position hinsichtlich des Kampfes mit dem Kommunismus klar«[19] sei: Nach einer vertraulichen Mitteilung des deutschen Botschafters in Warschau, Hans Adolf von Moltke[20], die nach Moskau gelangte, maß die deutsche Regierung – trotz der eindringlichen Warnungen des Botschafters Schulenburg – dem sowjetisch-polnischen Kommuniqué vom 26. November 1938 keine ernsthafte Bedeutung zu; vielmehr sähe sie es als »vollkommen klar« an, daß »Polen im Falle eines deutsch-russischen Konflikts auf unserer Seite stehen wird«. Das französische Außenministerium schien über ähnliche Informationen zu verfügen[21].

Im Außenkommissariat herrschte offenbar die Meinung vor, daß Polen nach wie vor sein Interesse an der Sowjetukraine angemeldet habe – eine Ansicht, die aus dem Verhalten Polens in der Sudetenkrise resultierte. Den Durchmarsch deutscher Truppen durch Polen hingegen würde die polnische Regierung nach Möglichkeit zu vermeiden suchen: Polen würde – wie Litwinow am 19. Februar zu bedenken gab[22] – »jedoch bereit sein, im Notfall auf seine eigenen Ansprüche zu verzichten und keine Einwände gegen Hitlers Feldzug durch Rumänien zu erheben ... Polen wird auch nichts gegen Hitlers Feldzug durch das Baltikum und durch Finnland haben, um selbst gegen die Ukraine zu ziehen und all das mit der Politik Japans abstimmen zu können.«

Neue in Berlin kursierende Gerüchte des Inhalts, daß Deutschland über Polen im Osten und Rumänien im Südosten gegen die UdSSR vorzudringen suche[23], bestätigten in sowjetischer Sicht die Aktualität dieser Vermutungen. Der Beitritt Mandschukuos im Osten und Ungarns[24] im Westen der Sowjetunion zum Anti-Komintern-Pakt (24. Februar 1939)[25] – einen Monat später gefolgt von Spanien (27. März) – führte der Sowjetregierung die enger werdende militärische Zangenbewegung der »faschistischen Angreiferstaaten« vor Augen. Ihre Gegenmaßnahmen – Unterzeichnung eines polnisch-sowjetischen Handelsabkommens (19. Februar)[26] und die Einstellung des direkten diplomatischen Verkehrs mit Ungarn (2. März)[27] – verdeutlichten dem diplomatischen Beobachter in Moskau ihre außerordentlich geringe außenpolitische Manövrierfähigkeit.

Der Eindruck der mangelnden außenpolitischen Beweglichkeit, in der die Sowjetregierung angesichts dieser komplizierten und teilweise undurchsichtigen Kräfteverschiebungen an ihren Grenzen befangen war, wurde auch durch die lauten militärischen Töne der sowjetischen Medien nicht verringert, die in diesen Wochen immer wieder hervorhoben, daß »die Rote Armee unbesiegbar« sei[28]. Aus Sicht des Augenzeugen deuteten diese Manifestationen der militärischen Stärke allerdings auf das akzellerierte Tempo hin, mit dem sich die Sowjetarmee nun, nach Einstellung der Säuberung des Militärapparats, auf die aus ihrer Sicht allem Anschein nach unausweichliche Konfrontation einstellte.

Der deutsche Verzicht auf die Karpatho-Ukraine

Ende Februar/Anfang März 1939 gelangte die Sowjetregierung zu einer veränderten Einschätzung der Gefahren, die ihr in absehbarer Zeit von Deutschland drohten. Genau um die Monatswende setzte sich in ihr die Ansicht durch, daß sich Hitler in seinem unentschlossenen Taktieren in der Frage, ob er den entscheidenden Erstschlag im Westen oder im Osten, und zwar hier in Richtung auf die Rohstoffbasis der Ukraine, d.h. gegen die UdSSR, führen sollte, für die erste Möglichkeit entschieden hatte[29]. Eine überaus wichtige Rolle spielte bei dieser Einschätzung der vorrangigen deutschen Pläne der »Verzicht Hitlers auf seine ukrainische Idee«[30].

Im Verlauf des Monats Februar hatte Hitler offenkundig die Idee fallengelassen, die sogenannte Karpatho-Ukraine als propagandistisch-militärischen Hebel zur Eroberung der Sowjetukraine zu benutzen[31]. In der zweiten Märzwoche überließ er sie in aller Offenheit als Belohnung für den Beitritt zum Anti-Komintern-Pakt dem ungarischen Reichsverweser Horthy: am 13. März setzte der deutsche Gesandte in Bukarest, Dr. Otto von Erdmannsdorff, Horthy und Ministerpräsident Graf Teleki darüber in Kenntnis, daß Hitler die Besetzung der Karpatho-Ukraine durch ungarische Truppen auf einen Schlag und in Abstimmung mit den deutschen Truppen in Böhmen und Mähren wünsche. Horthy verlangte die Karpatho-Ukraine seinerseits mit Zustimmung Hitlers ultimativ der Tschechoslowakei ab. Am 14. März, einen Tag vor dem Einmarsch deutscher Truppen in Prag, besetzten ungarische Truppen diesen östlichen, an die UdSSR angrenzenden Landesteil der Tschechoslowakei[32].

Der öffentlich bekundete Verzicht Hitlers auf die Verwirklichung seiner Pläne zur Herstellung einer »Groß-Ukraine« enthielt aus englischer Sicht bereits alle Anzeichen für den gefährlichen Schritt zu einem *rapprochement* Deutschlands und der Sowjetunion[33]. In sowjetischer Sicht bedeutete er erklärtermaßen einen »Vernichtungsschlag gegen die englischen Hoffnungen«, Hitler durch sein Vorgehen gegen die Sowjetukraine in eine Konfrontation mit der UdSSR zu treiben[34].

Geheimdienstliche Informationen dürften die Sowjetregierung in dieser Bewertung der Dinge bestärkt haben. In Anbetracht des Eindringens des sowjetischen Nachrichtendienstes über die Schulze-Boysen/Harnack-Gruppe in den Bereich der militärischen Planung ist es wahrscheinlich, daß Moskau schon damals Kenntnis von der Rede Hitlers vom 8. März 1939 erlangte; in ihr legte der Reichskanzler vor einem größeren Kreise seine Pläne für die nächste Zeit dar[35]. Er gab die bevorstehende Besetzung der »Rest-Tschechei« durch deutsche Truppen, »spätestens am 15. März«, bekannt und präzisierte das weitere Vorgehen: Zuerst sei Polen »an der Reihe«. Seine militärische Niederwerfung würde den deutschen Truppen keine großen Schwierigkeiten bereiten. Dem polnischen Rohstoffreservoir würde bis 1940 auch das Ungarns und Rumäniens anzuschließen sein – dann sei »Deutschland ... unbesiegbar«. Mit freiem Rücken und im Besitz der polnischen Kohle, des rumänischen Erdöls und der landwirtschaftlichen Produkte der drei reichen ostmitteleuropäischen Länder würde die deutsche Wehrmacht in den Jahren 1940 und 1941 die endgültige Abrechnung mit Frankreich und England vornehmen. Die UdSSR blieb bei dieser Planung außerhalb des Geschehens.

Ein Bericht Merekalows aus Berlin vom 11. März[36] bestätigte den von Hitler in seiner Rede vom 8. März vorgezeichneten Ablauf der bevorstehenden militärischen Ereignisse: Es sei kaum anzunehmen – so schrieb Merekalow –, daß Hitler Polen für die nahe Zukunft irgendwelche ernsten Vorschläge hinsichtlich der Sowjetukraine gemacht hätte. »Am ehesten war hier wohl der Wunsch der französischen Seite [am Werke], die Expansion Deutschlands nach Osten gerichtet zu sehen.« Indessen sei aufgrund der forcierten deutschen Anstrengungen zur Befestigung des Westwalls die »Verschärfung der deutschen Politik in westlicher Richtung« unverkennbar.

Mitteilungen von Peter Kleist an Informanten des sowjetischen Nachrichtendienstes bestätigten diesen Bericht Merekalows am 13. März.[37] Nach diesen hatte Hitler am 6. März[38] die Entscheidung zur Liquidierung der verbleibenden Teile der Tschechoslowakei gefällt. Nach Ausschaltung des Unruheherdes Prag würde er die Unsicherheitsfaktoren Polen, Ungarn und Rumänien in geeigneter Weise stillegen, um bei der bereits für Mai 1939 geplanten deutsch-italienischen West-Aktion den Rücken frei zu haben. Selbst die Einverleibung des Memelgebietes und die verstärkte deutsche Aktivität im Baltikum ziele nur auf die Herstellung eines »geschlossenen Hinterlandes für die Konfrontation im Westen« ab. Alle derzeit im Osten und Südosten geplanten Maßnahmen dienten »der Vorbereitung der Aktion gegen den Westen«. Die späteren Pläne Hitlers hingegen schlössen den Krieg gegen die Sowjetunion als »letzte und entscheidende Aufgabe der deutschen Politik« ein. Zu diesem Zweck würde möglicherweise auch Polen zu einem späteren Zeitpunkt als Hilfskraft herangezogen werden. In seinem derzeitigen Bestand hingegen sei es zum Kampf gegen die UdSSR nicht zu gebrauchen; es müsse erst »territorial geteilt«[39] und politisch neu organisiert werden.

Wie Kleist weiter berichtete, sei im Zusammenhang mit der Vorbereitung auf die Eroberung der Tschechoslowakei auch die ukrainische Frage gestreift worden. Doch alle Planspiele, die Ribbentrop Hitler zu dieser Frage vorgelegt hätte, seien von diesem mit den wegwerfenden Worten quittiert worden, all das seien »zunächst noch Träume«. In ihrem ersten Teil – der Voraussage der bevorstehenden Besetzung der verbleibenden Teile der Tschechoslowakei – fanden die Mitteilungen Kleists aus Moskauer Sicht am 14. März durch ein Telegramm Merekalows[40] und am 15. März in der Praxis Bestätigung – ein Anhaltspunkt dafür, daß auch seine übrigen Mitteilungen zutreffen konnten.

Um die Wende Februar/März 1939 schien in Moskau die Sorge über eine unmittelbar bevorstehende Bedrohung von seiten Deutschlands plötzlich verflogen zu sein. Am 1. März teilte Schulenburg Emil Wiehl mit, nach seinem letzten Besuch bei Außenhandelskommissar Mikojan seien er und Hilger noch »recht pessimistisch« gestimmt gewesen. »Wir haben geglaubt, daß weitere Bemühungen zwecklos seien. Am nächsten Tage hatte sich das Bild geändert. Mikojan ist nun doch bereit, Rohstoffe für 200 Millionen Mark zu liefern.«[41] Am 3. März schrieb sein italienischer Kollege, Botschafter Augusto Rosso, an Außenminister Graf Ciano, in sowjetischen Regierungskreisen nehme man jetzt ein »Gefühl von vermehrtem Selbstvertrauen und größerem Optimismus im Hinblick auf die internationale Lage der UdSSR« wahr; Rosso fügte hinzu: »Ich habe den Eindruck, daß die Sowjetregierung heute faktisch die Gewißheit besitzt, daß sie – zumindest für eine gewisse Zeit – weder von Deutschland noch von Polen bedroht ist.«[42]

In diesem Moment, in dem die Sowjetregierung ihre Bedenken gerade zu überwinden schien, erfuhren die diplomatischen Versuche zur Anbahnung erweiterter Wirtschaftsverhandlungen zum zweiten Mal einen herben Rückschlag: Am 8. März – dem Tage, an dem Hitler die Besetzung Polens und die militärische »Lösung« der Polen-Frage anordnete – mußte Ministerialdirektor Wiehl Botschafter Schulenburg mitteilen, daß den deutschen Lieferungen an die UdSSR nun »erhebliche Hindernisse« im Wege stünden und zur Zeit die Frage geprüft werde, ob eine Fortführung der Verhandlungen überhaupt noch gewünscht würde[43]. In der entscheidenden Sitzung des Handelspolitischen Ausschusses, die am 1. März im Auswärtigen Amt stattfand, hatte der Vertreter des Reichswirtschaftsministeriums, Ministerialdirigent Schlotterer, die Forderung seines Ressorts vorgetragen, derzufolge in Anbetracht der neuen (militärischen) Lage »die schwebenden Verhandlungen über den Russenkredit in geeigneter Form zum Scheitern gebracht werden müssen«[44]. Die Beanspruchung der deutschen (Kriegs-)Wirtschaft in den nächsten zwei Jahren ließe, wie neu ergangenen Weisungen zu entnehmen sei, deutsche Lieferungen dieses Umfangs nicht zu, was in Anbetracht der deutschen Rohstofflage »außerordentlich bedauerlich« sei. Die Verhandlungen sollten allerdings »nicht völlig abgebrochen, sondern dilatorisch weitergeführt werden«, bis sich vielleicht später einmal die Möglichkeit einer Wiederaufnahme bieten würde. Diese Entscheidung der deutschen Regierung war – wie Carl Schorske zu Recht bemerkte[45] – durch kriegswirtschaftliche, nicht politische Gesichtspunkte bestimmt, die einen Handelsvertrag mit der UdSSR nicht länger wünschenswert erscheinen ließen. Die Bemühungen der deutschen Rußland-Diplomatie um Herstellung einer tragfähigen Basis für eine spätere politische Annäherung erwiesen sich zum zweiten Mal als vergeblich. Mit den Worten Schorskes: »Die diplomatische ›Aufbau‹-Arbeit ... wurde von einer Regierung abgebrochen, die für die nächste Zeit jedes Interesse an Diplomatie als einem Instrument der internationalen Politik verloren hatte.«

Der XVIII. Parteitag der KPdSU

Mit dem XVIII. Parteitag der KPdSU, der – simultan zu den in Berlin getroffenen Entscheidungen – am 10. März 1939 in Moskau eröffnet wurde, schien sich dem deutschen Rußland-Dienst ein neuer Ansatzpunkt zu bieten. In erster Linie aber war er von großer innenpolitischer Bedeutung[46]. Er bezeichnete das Ende der »großen Säuberung«. Auch die Säuberungen des Militärapparates waren in den Wochen vor dem Zusammentreten des Kongresses eingestellt, die Armeeführung vollständig der Parteiführung unterworfen worden. Stalin verfügte nun über eine hermetisch gleichgeschaltete Armee. Die Herrschaft der Partei über den gesamten Staat und die Alleinherrschaft Stalins über die Partei erreichten ihren Höhepunkt, als Stalin – wie sein deutscher Gegenspieler als »vozhd« (Führer) akklamiert – im Lauf des Parteitags auch das Zentralkomitee der Partei zu fast vier Fünfteln erneuerte. Der Personenkult Stalins stand auf dem Zenit[47].

Außenpolitisch trat der Parteikongreß zwar im Zeitpunkt der bisher größten Zuspitzung der Weltkrise seit der Konsolidierung des Sowjetstaates zusammen. Doch sprach die neugewonnene Sicherheit, die diplomatische Beobachter seit Anfang März des Jahres in der Sowjetführung bemerkt hatten, auch aus dem Rechenschaftsbericht über die Arbeit des Zentralkomitees der Partei, den Stalin am 10. März zur Eröffnung des Parteitags hielt.

Angesichts der äußerst gespannten Weltlage war der außenpolitische Teil der Rede Stalins nicht allein in Moskau mit einer »Mischung aus Neugier und Ängstlichkeit«[48] erwartet worden. Stalin war sich dieser Tatsache bewußt, als er seinen fulminanten Bericht über die internationale Lage und die aus ihr resultierenden Aufgaben der bolschewistischen Partei vortrug[49]. Seine Darstellung der Kräfteverschiebungen in der Welt erwies sich später, im nachhinein betrachtet, als ein wichtiger Meilenstein im Wege der Anbahnung der deutsch-russischen Annäherung und verdient daher besondere Aufmerksamkeit[50].

Um sich ein korrektes Bild vom besonderen Aussagewert der außenpolitischen Leitlinien Stalins Mitte März 1939 zu machen, ist es zweckmäßig, sie mit dem vorausgegangenen Bericht dieser Art zu vergleichen, nämlich seinem Rechenschaftsbericht vor den Delegierten des XVII. Parteitags vom 26. Januar 1934[51]. Gemeinsam war beiden Berichten der Hinweis auf die Verschärfung der Konfliktsituation innerhalb der kapitalistischen Welt, untermauert durch eine vulgärmarxistische Interpretation der Zuspitzung der Wirtschaftskrise des Kapitalismus zur internationalen, politischen Krise, die wiederum zwangsläufig zum Kriege führe. Die Reden unterschieden sich im jeweiligen Grad der behaupteten Krise: Während Stalin 1934 von einer akuten Vorkriegssituation sprach, die bereits zu einzelnen Regionalkonflikten geführt hätte, war 1939 für ihn der »Zweite Imperialistische Krieg« im vollen Gange, wenn auch noch nicht zum Weltkrieg geworden. In beiden Fällen verstand er den »Krieg als Mittel der Neuaufteilung der Welt in Einflußzonen« zugunsten der »stärkeren Staaten« (1934) und auf Kosten der »nicht-aggressiven Staaten« (1939). Als zum Kriege strebende Mächte wurden in beiden Reden ausschließlich die »aggressiven Staaten«, der »Militärblock der Aggressoren«, verurteilt: Japan und Deutschland (1934) respektive Japan, Deutschland und Italien (1939).

Den Hauptgrund dafür, daß die von schweren Wirtschaftskrisen erschütterten Angreiferstaaten eine Reihe von Regionalkriegen mit der Tendenz zum allgemeinen Weltkrieg hätten provozieren können, sah Stalin 1939 in der Ablehnung der Politik der Kollektiven Sicherheit, das heißt, »der Politik des kollektiven Widerstands gegen die Aggressoren«, durch die »Mehrheit der nicht-aggressiven Staaten und, vor allem, England und Frankreich« sowie in deren Übergang zu einer Position der Nichteinmischung und sogenannten »Neutralität«. Stalin umschrieb die Haltung hinter der – in seinen Augen falschen – Neutralitätspolitik Englands und Frankreichs, die seit dem Münchner Abkommen zu beobachten gewesen sei, mit den Worten: »Möge jedes Land sich selbst gegen die Angreifer verteidigen... wir bleiben auf der Seite, wir werden sowohl mit den Aggressoren als auch mit ihren Opfern Handel treiben« – eine Haltung, die er selbst, nach der übereinstimmenden Meinung der führenden westlichen Diplomaten in Moskau, nur allzu gern eingenommen hätte[52].

Die Nichteinmischungspolitik der westlichen Länder war – nach Stalin – zu einer Politik der »Begünstigung der Aggression, der Entfesselung des Krieges« geworden, deren Folge zwangsläufig ein Weltkrieg sein würde. So würde Japan unter dem Mantel der Nichteinmischung erlaubt, gegen China »oder noch besser gegen die Sowjetunion« Krieg zu führen, und Deutschland würde erlaubt, »sich in Europa in Kriege zu verstricken und sich in einen Krieg mit der Sowjetunion zu verwickeln«. Hinter dieser Politik der Anheizung zum Kriege stehe die Absicht, »daß alle Teilnehmer am Kriege tief in den Morast des Krieges versinken … sich gegenseitig schwächen und erschöpfen, um dann, wenn sie ausreichend erschöpft sind, mit frischen Kräften auf die Bühne zu treten …, um den geschwächten Kriegsteilnehmern, natürlich ›im Interesse des Friedens‹, ihre Bedingungen zu diktieren.«

In Wahrheit aber waren – so Stalin – die Westmächte nicht weniger bedroht. Er wies die (westliche) These, die im Anti-Komintern-Pakt zusammengeschlossenen Staaten hätten keine aggressiven Absichten gegen die Westmächte, sondern bemühten sich in Wahrheit, die bolschewistische Weltgefahr einzudämmen, als »plumpes Spiel« der Verdummung durch die nazistische Propaganda zurück; denn es sei »lächerlich, die ›Herde‹ der Komintern in den Wüsten der Mongolei, den Bergen Abessiniens und im undurchdringlichen Dickicht von Spanisch-Marokko zu suchen«.

Die wichtigeren Beispiele Stalins für die »Neuaufteilung der Welt« bewegten sich im territorialen Vorfeld der Sowjetunion: So habe man die japanische Aggression gegen China angeheizt und Deutschland Österreich sowie Teile der Tschechoslowakei zum Fraße hingeworfen, um danach von der angeblichen ›Schwäche der russischen Armee‹, von der ›Zersetzung der russischen Fliegerei‹, von ›Unruhen‹ in der Sowjetunion zu tönen. »Sie [die Westmächte] trieben die Deutschen weiter nach Osten, versprachen ihnen eine leichte Beute und rieten ihnen: Fangt ihr nur den Krieg mit den Bolschewiken an, und weiter wird schon alles gut gehen.«[53]

Charakteristisch sei in dieser Hinsicht der Lärm um die Ukraine gewesen: Die westliche Presse hätte bis zur Heiserkeit geschrien, daß die Deutschen gegen die Sowjetukraine zu Felde ziehen, daß sie bereits die sogenannte Karpatho-Ukraine in der Hand haben, daß sie spätestens im Frühjahr 1939 die Sowjetukraine mit ihren mehr als dreißig Millionen Einwohnern an die Karpatho-Ukraine mit ganzen 700.000 Einwohnern »anschließen« würden. Dieser verdächtige Lärm, so fuhr Stalin fort, erwecke doch eher den Eindruck, als sollte er »den Zorn der Sowjetunion gegen Deutschland wecken, die Atmosphäre vergiften und einen Konflikt mit Deutschland provozieren, ohne daß dazu sichtbare Gründe bestünden«. Stalin hob dann hervor, daß es »in Deutschland« möglicherweise Verrückte gäbe, die einen harthäutigen Elefanten *(slon)*, die Sowjetukraine, an ein weichhäutiges Käferchen *(kozjavka)*, die Karpatho-Ukraine, »anschließen« wollten – für diese würde in der Sowjetunion schon die ausreichende Zahl von Zwangsjacken bereitgehalten. Normale Leute aber würden eine solche Anregung lächerlich finden ...

Die Sicherheit, mit der Stalin – zum nicht enden wollenden Gelächter und Beifall seiner Zuhörer – Wortspiel an Wortspiel reihte, um die große Zahl der Kriegstreiber in England und Frankreich und die – in seinen Augen offenbar kleinere – Zahl der antisowjetischen Kriegstreiber in Deutschland bloßzustellen, zeigte an, daß er die außenpolitische Schreckschwelle überschritten hatte. Die Bemerkung, daß für einen Konflikt zwischen Deutschland und Rußland »keine sichtbaren Gründe« bestünden, deutete ebenso auf eine vorausgegangene Beseitigung von Konfliktstoffen hin, wie sie das – seit 1934 – gleichbleibende Interesse Stalins an einem konfliktfreien Raum in Mittel- und Ostmitteleuropa unterstrich. Hitlers (zeitweiliges) Desinteresse an der Ukraine und die Wendung der deutschen Kriegsmaschinerie nach Westen waren die uns bekannten Gründe für seine spürbare Erleichterung.

In diesem Zusammenhang verdient auch die Tatsache Erwähnung, daß der Begriff der »kapitalistischen Einkreisung«, der noch 1937 – also in Kenntnis der militärischen Implikationen des Anti-Komintern-Paktes – in den Reden Stalins zentrale Bedeutung besaß[54], in der Rede vor dem XVIII. Parteitag nicht mehr verwendet wurde. Deutschland – diesen Schluß scheint Stalin zu diesem Zeitpunkt gezogen zu haben – wäre aus der Front der kapitalistischen Einkreisung ausgebrochen, indem es sein Interesse gegen die Kriegstreiber im Westen selbst gewendet hätte.

Stalin sprach mit Sarkasmus davon, daß die westliche Presse sich nun, wenige Monate nach dem Münchner Abkommen, von Hitler in ihrer Erwartung eines deutschen Feldzugs gegen Rußland betrogen fühlte, und dies um so mehr, als die Deutschen sich nun vor aller Augen nach Westen wandten. Es entstünde der Eindruck, »daß man den Deutschen die Gebiete der Tschechoslowakei als Preis für die Verpflichtung eines Krieges gegen die Sowjetunion überlassen habe, und sich die Deutschen nun unter Flüchen [gegen ihre Auftraggeber] weigern, den Wechsel zu bezahlen«. Dieses große und gefährliche politische Spiel der Westmächte – in den Augen Stalins: Ausdruck des verderbten Machiavellismus »alter, ausgebrannter bürgerlicher Diplomaten« – könnte »für sie mit einem ernsthaften Fiasko enden«. So schienen für Stalin in diesem »Zweiten Imperialistischen Krieg« die nicht-aggressiven, demokratischen Staaten die unberechenbaren Gegner, die aggressiven Diktaturen hingegen die berechenbaren Feinde geworden zu sein.

Andere Veränderungen in seiner Sichtweise schlossen sich an. Während im Bericht von 1934 die Verschärfung der Gegensätze zwischen den einzelnen kapitalistischen Ländern einerseits und innerhalb der jeweiligen kapitalistischen Gesellschaft andererseits betont wurde, ist der zweite Aspekt – die Herausbildung einer (vor)revolutionären Situation innerhalb der kapitalistischen Staaten – in der Rede von 1939 nur noch marginal vorhanden; die positive Möglichkeit einer »aktiven« Außenpolitik durch Entzündung nationaler Revolutionen, die in der Rede von 1934 noch mit einem gewissen Enthusiasmus aufgezeigt wurde[55], ist aus seinem Blickfeld gewichen[56]. Dafür tritt ein neuer Stützpfeiler der sowjetischen Außenpolitik auf: die »Friedenspolitik«.

Was verstand Stalin im März 1939 unter »Friedenspolitik«? Sein Vier-Punkte-Programm über die Inhalte der sowjetischen Außenpolitik gab die Antwort:

– im Hinblick auf »alle Länder«, die zu voller Gegenseitigkeit bereit waren: »Frieden und Festigung der Geschäftsbeziehungen«;
– im Hinblick auf alle Anrainerstaaten (»Nachbarländer, die mit der UdSSR eine gemeinsame Grenze haben«); »friedliche, nahe und gutnachbarliche Beziehungen«, ebenfalls auf der Basis der Gegenseitigkeit;
– im Hinblick auf die Völker, die »Opfer der Aggression werden und für die Unabhängigkeit ihrer Heimat kämpfen«: Unterstützung;
– im Hinblick auf die Drohungen von seiten der Aggressoren und Kriegstreiber, die versuchen, die Unantastbarkeit der sowjetischen Grenzen zu verletzen: doppelte Kampfbereitschaft[57].

Somit war die sowjetische Außenpolitik zumindest in ihrer öffentlichen Selbstdarstellung zu diesem Zeitpunkt durch drei Ziele bestimmt: Festigung der »Geschäftsbeziehungen« mit den kapitalistischen Ländern zum Zwecke nutzbringenden Außenhandels; Erhaltung des *Status quo* – wenn nötig unter (militärischem) Einsatz – der umliegenden Länder; militärische Abschreckung der potentiellen Angreiferstaaten und Kriegshetzer!

Damit war das Bemühen umschrieben, nach Möglichkeit und mit den zur Verfügung stehenden Mitteln nicht in den bevorstehenden Weltkrieg hineingezogen zu werden. Gleichwohl hat Stalin das Thema der »ernsthaften Gefahr«, daß diese »bedrohlichen Ereignisse« nicht an der UdSSR vorbeigehen würden, in seinem Rechenschaftsbericht mehrfach variiert[58]; es kehrte in den – Teil I (Außenpolitischer Teil) der Rede abschließenden – vier »Aufgaben der Partei auf dem Gebiete der Außenpolitik«[59] an privilegierter zweiter Stelle in der bekannten, aber häufig mißverständlich gedeuteten Warnung wieder: »Vorsicht zu wahren und den Kriegsprovokateuren, die gewöhnt sind, die Glut mit fremden Händen zu beseitigen[60], nicht zu erlauben, daß unser Land in Konflikte hineingezogen wird«. Dieser strikten Neutralitätsmaxime ging als erste Aufgabe der Partei die »Politik des Friedens und der Festigung der Geschäftsbeziehungen mit allen Ländern« voran und folgten unter 3. die »Festigung der Kampfkraft von Roter Armee und Kriegsflotte« sowie unter 4. die Festigung der »internationalen Beziehungen der Freundschaft mit den Werktätigen aller Länder«.

Die Ergebnisse des XVIII. Parteikongresses wurden – in Moskau und im Ausland – zunächst nicht als eine Sensation aufgenommen, die eine grundlegende Änderung der sowjetischen Außenpolitik, insbesondere gegenüber Deutschland, angezeigt hätte. Mit ihrem abschließenden Bericht über den XVIII. Parteitag, den Schulenburg am 3. April zeichnete, bewegte sich die Deutsche Botschaft Moskau durchaus im Rahmen des üblichen Verständnisses: Nach einer detaillierten und im hohen Maße professionellen Analyse der Fragen, die auf dem Parteitag behandelt, und der Entscheidungen, die getroffen wurden, wurde zusammenfassend festgestellt, »daß der 18. Parteikongreß keinerlei Sensation gebracht, keine neuen Richtlinien aufgestellt und nichts grundsätzlich Neues beschlossen hat. Die Hauptthemen, die den Kongreß beschäftigt haben, nämlich die ›Erfolge‹ der Sowjetwirtschaft, die Ausmerzung der ›Volksfeinde‹, die Erhöhung der Kampfbereitschaft gegenüber den äußeren Feinden, die ›politisch-moralische Einheit des Sowjetvolkes‹ und die Notwendigkeit einer besseren parteipolitischen Schulung der Massen, werden in der Sowjetpresse und in den Reden führender Partei- und Regierungsfunktionäre seit Jahr und Tag erörtert.«[61]

Gemeinhin verstand man die Rede Stalins als wenig schmeichelhaft für die Westmächte; aber es hätte – nach der späteren Betrachtung von Namier – »mehr Eifer als nüchternen Menschenverstand, oder irgend eine andere Absicht erfordert, um in ihr eine klare Annäherung an

Deutschland zu erkennen«.[62] Auch das Diplomatische Korps war sich in dieser Ansicht weitgehend einig. So erblickte der britische Botschafter, Sir William Seeds, in der Rede Stalins kein Vorzeichen einer künftigen sowjetisch-deutschen Annäherung[63]; auch das Foreign Office zog aus ihr keine derartig weitreichenden Schlüsse, obwohl andere Anhaltspunkte dazu hätten verleiten können[64]. Der frühere Botschafter der USA in Moskau, Joseph E. Davies, der seit Sommer 1938 in Brüssel akkreditiert war, aber das Geschehen in Moskau weiter genau verfolgte, erkannte in der Rede Stalins das bis dahin »ganz gewiß ... bedeutsamste Gefahrensignal«[65] für die Westmächte, ohne es indes mit einem etwaigen Nebengedanken Stalins in deutscher Richtung zu verbinden. Davies sah eine objektiv bestehende Gefahr in der Tatsache, daß die Sowjets Frankreich und England nicht mehr trauten und fürchteten, diese »würden Rußland die Kastanien aus dem Feuer holen und Deutschland allein bekämpfen lassen«. Aus diesem Grunde ließ er dem britischen Premierminister Chamberlain Anfang April über den US-Botschafter in London die Warnung zukommen, »wenn sie nicht Vorsicht übten, würden sie Stalin Hitler in die Arme treiben«.[66]

Auf diese Möglichkeit der Auslegung der Rede Stalins hatte zwei Wochen vorher, in seinem Bericht an den amerikanischen Staatssekretär Hull vom 14. März[67], der US-Geschäftsträger in Moskau, Kirk, unter Berufung auf Mitteilungen von Angehörigen der Deutschen Botschaft Moskau, aufmerksam gemacht: Die deutschen Kollegen – so meldete Kirk – »haben Zufriedenheit über den Ton des Hinweises Stalins auf die internationale Lage und besonders über seine Verurteilung der Versuche zum Ausdruck gebracht, die sowjetisch-deutschen Beziehungen zu vergiften und einen Krieg zwischen den beiden Ländern zu provozieren, für den es keine Grundlage gäbe. Sie haben sogar die Ansicht erwogen, daß *– falls diese Bemerkungen in geeigneter Weise und von geeigneten Beamten in Berlin zur Kenntnis Hitlers gebracht würden* – eine Verbesserung in der politischen Beziehung zwischen der Sowjetunion und Deutschland entwickelt werden könnte.« Dieser Bericht zeigt, daß Botschafter Schulenburg und seine Mitarbeiter spätestens drei Tage nach der Rede Stalins erwogen, seine Ausführungen zum Ausgangspunkt einer neuen Annäherungsinitiative zu machen.

Es lag in der Natur der diplomatischen Berichterstattung, daß die Vertreter der gescholtenen »aggressiven« Achsenmächte die Rede Stalins mit Blick auf mögliche Implikationen für ihre Länder lasen und analysierten. Es entsprach dem Ringen um Kriegsverhinderung, das Botschafter Schulenburg mit seinem italienischen Kollegen Rosso verband, wenn beide auch nur die geringsten Anhaltspunkte für eine mögliche Gesprächsbereitschaft nutzten, um sie zum Ausgangspunkt einer diplomatischen Initiative zwischen Berlin, Rom und Moskau zu machen. Solche Anhaltspunkte ließen sich in dieser Rede bei einiger Kenntnis der schwierigen außenpolitischen Lage der UdSSR und einigem Interpretationsgeschick in der Tat entdecken. So hob Rosso in seinem Bericht an Außenminister Ciano vom 12. März die »bemerkenswerte Mäßigung, sowohl im Ton wie in der Substanz«, gegenüber den totalitären Mächten hervor, die »vielleicht mit größerer Nachsicht behandelt« worden seien als die demokratischen Länder.

Der deutsche Botschafter unterstrich in einem Bericht vom 13. März[69] – einem vorzüglichen Beispiel für die exemplarische Klarheit, Schärfe und Objektivität seiner politischen Berichte – das »unveränderte Festhalten an der bisherigen Politik« der UdSSR; er betonte aber zugleich, daß »sich die Ironie und Kritik Stalins erheblich schärfer gegen England, d.h. die regierende englische Reaktion, wendete als gegen die sogenannten Angreiferstaaten und insbesondere Deutschland«. Im Wortlaut gab Schulenburg die bissigen Bemerkungen Stalins über das angeblich fehlgeschlagene westliche Manöver der Anheizung Deutschlands zum Krieg gegen die UdSSR wieder. Er zitierte aber auch die Warnungen an die Adresse der Angreiferstaaten, die UdSSR durch Drohungen einzuschüchtern oder durch Grenzverletzungen zu provozieren: Die Sowjetunion beabsichtige, jeden derartigen Schlag »mit einem Doppelschlag zu beantworten«.

Dieser Bericht Schulenburgs entstand unter den drückenden Sorgen über das weitere deutsche Vorgehen in der Tschechoslowakei: Die Besetzung Prags und der »Rest-Tschechei« erfolgte genau in den Tagen des Moskauer Parteitags. Die Folgen eines weiteren militärischen Vormarsches der Wehrmacht waren aus Moskauer Sicht nicht absehbar, boten indessen Stoff zu ernsten Überlegungen. So stand etwa im Brief des Botschafters an Gesandtschaftsrat Dr. Stelzer, Bukarest, vom 12. März[70] an erster Stelle die große »Spannung«, mit der der Botschafter »die Entwicklung der Dinge im Südosten, im Augenblick insbesondere den Verlauf der Ereignisse in der Tschechei und in der Slowakei« verfolgte. Erst an zweiter Stelle empfahl er Stelzer, sofern sich dieser noch für die Sowjetunion interessiere, »die vor drei Tagen von Stalin gehaltene Rede zu lesen; sie enthält vieles Erstaunliches«. Im Privatbrief nach Berlin war von den Moskauer Ereignissen gar keine Rede; statt dessen richtete der Botschafter das Interesse ganz auf »die Entwicklung der Dinge in der Tschechei und in der Slowakei«. Dort würde sich »in den nächsten Tagen allerlei ereignen, ohne daß es zu einem Welt-Konflikt kommt«.[71]

Am 13. März[72] hob Militärattaché Köstring in seinem Bericht an Tippelskirch (OKW) hervor, die »Achse« sei in dem relativ sachlichen Bericht Stalins »in mehr herabsetzender als beleidigender Art« behandelt worden. Köstring ging einen Schritt weiter als sein Botschafter, als er die Frage aufwarf, welchen Zweck Stalin wohl verfolge, wenn er Deutschland »ausgesprochen milde, wenn nicht gar wohlwollend« behandele, die Westmächte hingegen »als Hetzer zu einem Kriege Rußland-Deutschland« anprangere und damit Deutschland seinen Feind in den westlichen Demokratien aufzeige. »Aus Liebe zu uns tut es Stalin sicher nicht. Die reale Vernunft mag bei ihm mitsprechen. Sieht Deutschland im Westen seine Hauptgegner, so hofft er auf Ruhe vor uns.«

Nach einer Woche hatten sich die Absichten an der Botschaft weiter konkretisiert. Am 20. März ergriff Botschaftsrat von Tippelskirch in einem Bericht an Schliep[73] erneut die Initiative. Unter Hinweis auf die Zurückhaltung Stalins gegenüber Deutschland und angebliche Äußerungen Litwinows, nach denen Deutschland und Italien »im Begriffe ständen, ihr Verhältnis zur Sowjetunion zu arrangieren«, regte er an, den »Wirtschaftsverhandlungen mit der Sowjetunion ... doch einen neuen Auftrieb« zu geben; nach Einstellung der Wirtschaftsverhandlungen Englands und Frankreichs mit Deutschland würde ja »hauptsächlich die Sowjetunion wirtschaftlich für Deutschland wieder größere Bedeutung« gewinnen.

Der Botschafter plante zu diesem Zeitpunkt bereits einen ersten Schritt zur Anbahnung einer politischen Annäherung. Die Ereignisse dieser Tage – deutsche Besetzung Prags (15. März) und Vorschlag zur Einberufung einer Sechser-Konferenz durch die Sowjetregierung (19. März) – drängten ihn zum politischen Handeln. Unmittelbar nach Abschluß des Parteitags, am 23. März, reiste Graf Schulenburg nach Berlin, um sich zunächst ein Bild von der neuen Lage zu machen und dann – im Sinne der Mitteilungen deutscher Botschaftsangehöriger an den US-Geschäftsträger Kirk vom 13. März – unter Berufung auf die Rede Stalins die geeigneten Personen in der Umgebung Ribbentrops und Hitlers von der Notwendigkeit einer Annäherung zu überzeugen.

Bis zum 21. April weilte der Botschafter in Berlin[74]. Über seine Begegnungen und Gespräche ist wenig bekannt. Die Atmosphäre, die er im Auswärtigen Amt antraf, war wenig geeignet, seinen nüchternen Warnungen Gehör zu verschaffen: Sie stand ganz unter dem Eindruck des erfolgreichen Überraschungsschlags gegen die Tschechoslowakei. Dies war – in den Augen von Ulrich von Hassell – »der erste Fall offenbarer Hybris, das Überschreiten aller Grenzen, zugleich jedes Anstandes«.[75] Der scheinbare außenpolitische Erfolg der Aktion steigerte die in den führenden Positionen herrschende Anmaßung zu offener Arroganz. Wenig wirkungsvoll erschien es angesichts dieser Stimmung, den Machtfaktor Sowjetunion warnend in die Waagschale zu werfen. Hatte Hitler doch wenige Tage zuvor, auf der Prager Burg, auf der Höhe seines Triumphes, dem Reichspressechef Dietrich die rhetorische Frage hingeworfen: »Haben Sie Nachrichten über militärische Bewegungen in Frankreich, der Sowjetunion oder über eine Mobilmachung der englischen Flotte?« Auf die verneinende Antwort Dietrichs hatte er mit den wegwerfenden Worten geantwortet: »Ich habe es gewußt! In 14 Tagen spricht kein Mensch mehr darüber.«[76]

Von den Ereignissen des Moskauer Parteitags scheinen in Berlin in der Hektik der Vorbereitungen auf die Besetzung der Tschechoslowakei nur wenige Personen überhaupt Notiz genommen zu haben. Der Botschafter betrat eine *terra incognita*, als er versuchte, auf die Möglichkeiten aufmerksam zu machen, die sich der deutschen Seite mit der Rede Stalins boten. Aus der weiteren Umgebung Ribbentrops hat allein Peter Kleist die Argumente des Botschafters festgehalten, wobei unklar bleibt, ob er sein Wissen als Zaungast einschlägiger Gespräche Schulenburgs mit führenden Männern im Auswärtigen Amt oder – wie er selbst zu verstehen gibt – aus einem persönlichen Gespräch mit dem Botschafter gewann.[77]

Nach den Erinnerungen Kleists vertrat Schulenburg damals die Ansicht, daß Stalin ausschließlich von realpolitischen Bedürfnissen, nicht ideologischen Erwägungen, geleitet sei. Er sei bemüht, aus den gegenwärtigen Konflikten herauszubleiben, da er »als nüchterner Staatsmann für seine ungeheuren wirtschaftlichen Vorhaben Ruhe sucht«. Damit biete sich der deutschen Regierung »eine gute Grundlage für eine Entspannung unserer Beziehungen zur Sowjetunion, eine Chance, die Deutschland in seiner gegenwärtigen Situation mit beiden Händen ergreifen sollte«.

Schulenburg hat offenbar Interesse für seinen Standpunkt wecken können.[78] Mit einer gewissen Phasenverschiebung traf dies auch auf Außenminister Ribbentrop zu. Wenn dieser allerdings im nachhinein behauptete, es sei seine »ureigenste Idee« gewesen, »einen Ausgleich mit Rußland zu suchen«[79], so ist dies eine Zweckinterpretation – noch Ende Januar 1939 hatte er den Weltkommunismus öffentlich zu Deutschlands Erzfeind erklärt.[80] Auch seine Behauptung, er habe »im März 1939« geglaubt, »aus einer Rede Stalins dessen Wunsch herauszuhören, die sowjetisch-deutschen Beziehungen zu verbessern«, steht auf schwachem Grund: Gustav Hilger und Karl Schnurre mußten noch am 10. Mai[81] feststellen, daß weder Ribbentrop noch Hitler diese Rede zu kennen schienen.

Ribbentrop nahm nach dem Kriege einen Standpunkt für sich in Anspruch, der ihm in jenem Zeitraum nur aus dem Munde Schulenburgs bekannt war. So behauptete er später – ohne Nennung des Zeitpunkts –, er habe die Rede Stalins Hitler vorgelegt (tatsächlich fehlt in den Akten des Politischen Archivs des Auswärtigen Amts der von Schulenburg angekündigte deutsche Text der Rede, aber dieser mag den Akten wesentlich später entnommen worden sein) und »dringend um die Ermächtigung zu den erforderlichen Schritten [gebeten], um festzustellen, ob hinter dieser Rede wirklich ein ernsthafter Wunsch Stalins stehe«. Der Pragmatismus, der in diesen Worten Ribbentrops zum Ausdruck kam, vermittelt erneut den Eindruck, daß der Urheber dieser Empfehlung in Wahrheit Botschafter Schulenburg war. Nach Ribbentrop hatte sich Hitler »zunächst abwartend und zögernd« verhalten.

Es ist nicht nachweisbar, wann und von wem Ribbentrop die Anstöße zu diesem Vorgehen erhalten hat. Die Annahme, daß diese unmittelbar nach der Rede Stalins – also in den überaus hektischen Tagen vor oder nach der Besetzung Prags – erfolgten, ist aus praktischen Gründen zweifelhaft. Die Zeit nach Abschluß des XVIII. Parteitags wäre dafür schon geeigneter gewesen. Nach dem Parteitag kam Schulenburg sofort zur persönlichen Berichterstattung nach Berlin. Unbekannt bleibt, ob er hier selbst von Ribbentrop gehört wurde. Desungeachtet erscheint die Annahme gerechtfertigt, daß die Kenntnis Ribbentrops mittelbar oder unmittelbar (etwa über Kleist) auf Schulenburg zurückging.

Wirklich ernst genommen hat Ribbentrop den Inhalt dieser Rede vermutlich erst wesentlich später – in jenen Augusttagen, als die deutschen Bemühungen um die sowjetische Gunst unerwartet Erfolge zeitigten. Bei seiner Vorbereitung auf die Reise nach Moskau zur Unterzeichnung des deutsch-sowjetischen Nichtangriffspaktes hat er sie in seine Gesprächsunterlagen aufgenommen. Während der Gespräche erinnerte er wiederholt an diese Rede und gab vor, daß er und Hitler sie sehr wohl als eine Einladung verstanden hätten.[82] Während des nach Unterzeichnung des Paktes gereichten Imbisses erhob daraufhin auch Molotow in den Morgenstunden des 24. August – nach der deutschen Aufzeichnung des Vortragenden Legationsrats Andor Hencke – »sein Glas auf Herrn Stalin, wobei er bemerkte, daß es Stalin gewesen sei, der durch seine Rede vom März d.J., die in Deutschland gut verstanden worden sei, den Umschwung der politischen Beziehungen eingeleitet habe«[83]. Doch war in diesem Moment des scheinbaren außenpolitischen Triumphes – wie E.H. Carr gezeigt hat[84] – allein schon »der Wunsch, Stalin als dem ersten Zeuger dieses soeben erfolgreich abgeschlossenen Abkommens zu schmeicheln, ... zu durchsichtig, als daß man den Bemerkungen ihr volles Gewicht beimessen könnte«.

Ungewiß bleibt, ob der Reichsaußenminister daneben noch von einer weiteren, unbekannten Seite auf die mögliche Bedeutung der Rede Stalins aufmerksam gemacht wurde: Nach Ansicht einiger, 1946 von DeWitt Poole befragter (wiederum ungenannter) Angehöriger des Auswärtigen Amts war Berlin durch Moskau »auf informelle Weise« darüber in Kenntnis gesetzt worden, daß die Ausführungen Stalins an die deutsche Regierung gerichtet seien.[85] Bei dieser Behauptung handelt es sich – will man nicht noch zweifelhaftere geheimdienstliche Quellen heranziehen[86] – vermutlich um (seitenverkehrte) Gerüchte, die auf fragmentarischen Kenntnissen der Bemühungen der Deutschen Botschaft Moskau um Anbahnung einer politischen Annäherung beruhten.

Ebenso dürfte der »Vertrauliche Bericht«, den der Angehörige der parteiamtlichen Dienststelle Ribbentrop und des »Persönlichen Stabs« des Reichsaußenministers, Rudolf Likus[87], am 1. April 1939[88] – also während der Anwesenheit Schulenburgs in Berlin – schrieb, das Resultat einer unkorrekt verstandenen (abgehörten) Mitteilung oder aber gezielter Desinformation gewesen sein; nach Likus hätte der Volkskommissar für Verteidigung, Marschall Kliment Jefremowitsch Woroschilow, sich »kürzlich ... zur Gattin des deutschen Botschafters abfällig über die Politik der Westmächte [geäußert und gemeint], daß ... das Verhältnis zwischen Deutschland und Sowjetrußland auf eine andere Grundlage gestellt werden könnte«. Schulenburg war unverheiratet, eine derartige

Aussage im Munde des Volkskommissars für Verteidigung undenkbar. Allerdings sind die Art der Gerüchte und die späteren Behauptungen Ribbentrops Indizien dafür, daß die Hinweise der Deutschen Botschaft, besonders die Bemühungen des Botschafters in Berlin, auf längere Sicht nicht wirkungslos blieben. Durch die Art ihrer Vermittlung der sich auf Deutschland beziehenden Passagen der Rede Stalins gewann in den verantwortlichen Dienststellen allmählich die Ansicht an Boden, daß Stalin »den Weg für eine deutsch-sowjetische Verständigung im Auge behielt«[89].

Die Besetzung der Tschechoslowakei aus Moskauer Sicht

Die Besetzung der Tschechoslowakei (15. März 1939) und Schaffung des Reichsprotektorats Böhmen und Mähren (16. März) haben nach Moskauer Augenzeugen in der Sowjetregierung einen »Schock, wahrscheinlich aber keine allzu große Überraschung«[90] ausgelöst. Die Erschütterung darüber, daß das »Reich« durch die Eroberung Böhmens und Mährens »seine Maske abgeworfen« hatte, indem es von der »Politik der nationalen Expansion zur Politik der Aggression, von der auf völkischer Gemeinschaft begründeten Forderung zum militärischen Imperialismus«[91] übergegangen war, wie sie westliche Staatsmänner befiel, hat die Sowjetregierung nicht geteilt. Schon während der Sudetenkrise hatte Litwinow dem deutschen Botschafter erklärt, in Moskau wisse man sehr wohl, daß es Deutschland gar nicht um die Durchsetzung der Rechte der deutschen Minderheiten gehe – es wolle in Wahrheit »die Vernichtung der gesamten Tschechoslowakei, ... wolle das Land erobern«[92].

Ebenso machte die in Paris und London eingetretene Ernüchterung darüber, daß seit dem Coup[93] von Prag das Münchner Abkommen nicht mehr existierte[94] und Hitler die Hoffnungen der westlichen Demokratien mit Füßen getreten hatte[95], auf die sowjetische Regierung keinen Eindruck. Sie sah in der Besetzung Prags durch die deutsche Wehrmacht die von ihr erwartete Demonstration Hitlers, »daß er nicht im geringsten auf England oder auf Frankreich Rücksicht zu nehmen gewillt war und auch nicht die Verpflichtungen achtete, die er ihnen gegenüber übernommen hatte«.[96]

Von sowjetischer Seite wurde schließlich mit Genugtuung beobachtet, daß diese Aufkündigung des Münchner Abkommens endlich, zusammen mit dem britischen Premierminister, auch weite Kreise Englands aus der Lethargie der Beschwichtigung riß.[97]

Eine gewisse Beunruhigung muß die Besetzung Prags der Sowjetregierung gleichwohl verursacht haben; sie zog eine rapide Veränderung des politischen und ökonomischen Kräftegleichgewichts in Ostmitteleuropa nach sich, die die sowjetischen Interessen nicht unberührt lassen konnte. Ihre Unruhe wurde möglicherweise dadurch vermindert, daß es Hitler durch die Bildung des ungarischen Puffers im Gebiete der Karpatho-Ukraine vermieden hatte, deutsche Truppen an die sowjetische Grenze zu verlegen. So teilten Deutschland und die UdSSR noch immer keine gemeinsame Grenze, die, wie es die deutsch-polnische Grenze bewies, unruhig werden konnte.

Wenn Außenkommissar Litwinow die deutschen »erklärenden Noten« vom 16. und 17. März, wie dies Berichte der Deutschen Botschaft behaupteten, mit einem Anflug von Befriedigung[98] entgegennahm, so spiegelte dies vermutlich in erster Linie die nachträgliche Zufriedenheit der Sowjetregierung über diese Lösung der für sie gefährlichen Frage der Karpatho-Ukraine wider. Die sowjetische Gegennote, die der Außenkommissar dem deutschen Botschafter am späten Abend des 18. März in Moskau[99] – sowie der sowjetische Botschafter dem Auswärtigen Amt in Berlin am 19. März – überreichte und die am 19. März über TASS und den sowjetischen Rundfunk verbreitet wurde, stellte dann auch eine ebenso klare und entschiedene wie im Ton verhaltene Verurteilung des deutschen Vorgehens dar. Die deutsche Regierung – so hieß es in dieser von Litwinow gezeichneten Note – habe »willkürlich, gewaltätig, aggressiv« gehandelt, den »Grundsatz der Selbstbestimmung der Völker« in grober Weise verletzt, die »Gefahr für den allgemeinen Frieden ... verstärkt, ... die politische Stabilität in Mittel-Europa verletzt ... und dem Gefühl der Sicherheit der Völker einen neuen Schlag versetzt«. Namens der Sowjetregierung betonte der Außenkommissar, daß die durch das deutsche *fait accompli* geschaffene Lage nicht anerkannt werde.

Die Note der Sowjetregierung, die in Moskau als eine »geharnischte Note«[100] und im Ausland sogar als »eine übermäßig starke Note«[101] betrachtet wurde, war an den deutschen Botschafter adressiert und versäumte es nicht, der völkerrechtlich motivierten Ablehnung des deutschen Vorgehens die Versicherung der Hochachtung für den Adressaten, Botschafter Graf von der Schulenburg, folgen zu lassen. Wie schon wiederholt während der Sudetenkrise, so hatte der Botschafter auch im

Zusammenhang mit der Notenübergabe im Gespräch mit Litwinow festzustellen versucht, was die Sowjetunion weiter zu tun beabsichtigte. Er erhielt auch jetzt nur ausweichende Antworten, die für eine überzeugende Abschreckung Hitlers unzureichend waren. In seinem Bericht an Tippelskirch (OKW) resümierte General Köstring den Inhalt des Gesprächs zwischen Schulenburg und Litwinow mit den Worten, die Sowjetunion werde »weiter auf dem Papier mit unseren Gegnern gleichgeschaltet vorgehen ... Mitschreien wird sie gern mit ihnen, Mitschlagen mit keinem.«[102]

Der Botschafter hob den prinzipiellen Charakter der Note hervor, die in der Feststellung gipfele, »daß die Sowjetregierung die staatsrechtlichen Änderungen in der Tschechoslowakei, weil ohne Befragung des Volks vorgenommen, nicht als rechtmäßig anerkennen könne«.[103] Zugleich suchte er den Ton der Note Litwinows in seinen Berichten ans Auswärtige Amt zu mildern; diese Note, so hob er hervor, stelle eine »Meinungsäußerung der Sowjetregierung dar und enthält keinen Protest«[104]. Um zu verhindern, daß damit der Schluß einer einseitigen Nachgiebigkeit der Sowjetregierung gegenüber dem deutschen Vorgehen gezogen würde, betonte er gleichzeitig die »praktische Bedeutung« der Note; sie bestehe darin, »daß die Sowjetregierung auch weiterhin nicht selbständig handeln, sondern sich nach dem Verhalten Englands, Frankreichs und Amerikas richten wird«.

Durch die Art seiner Berichte suchte der Botschafter, das Gespräch zwischen Berlin und Moskau auch in der neuen, erschwerten Situation nicht abreißen zu lassen. Seine Vorgesetzten in Berlin hatten für dieses Bemühen wenig Verständnis. Am 20. März erteilte ihm Weizsäcker im Auftrage Ribbentrops die telegraphische Weisung[105], jede weitere Erörterung der Angelegenheit der besetzten Tschechoslowakei mit Vertretern der Sowjetregierung abzulehnen. In diesem Sinne sei in Berlin auch den Botschaftern Englands und Frankreichs »erklärt worden, daß wir Proteste nicht annehmen könnten«. Die Art des Vorgehens, das Ribbentrop auch dem Botschafter in Moskau aufzuerlegen suchte, entbehrte jeder Form: Wie Weizsäcker Schulenburg mitteilte, hatte man die beiden westlichen Botschafter »mit ihren Schritten vollkommen abfallen [sic] lassen«. Die Reichsregierung war nicht mehr an diplomatischer Verständigung interessiert. Desto dringender stand der deutschen Rußland-Diplomatie ihre Aufgabe vor Augen.

Nach den später gegenüber DeWitt Poole gemachten Aussagen hätten sich führende Männer im Auswärtigen Amt nach der Annexion der Tschechoslowakei verstärkt die Frage gestellt, ob »die Westmächte bereit und in der Lage waren, noch ein Gegengewicht gegen den scharfen deutschen Machtzuwachs« in Ostmitteleuropa aufzubringen und ob es »den sowjetischen Interessen nicht dienlicher wäre, wenn eine – wenn auch nur temporäre – Verständigung mit Deutschland zustandegebracht werden könnte«. Sie hätten begonnen, sich wieder stärker an den Bismarckschen Vorstellungen der »Interessengemeinschaft zwischen Deutschland und Rußland in der polnischen Frage« zu orientieren.[106]

Hier liegt eine nachträgliche Kontraktion unterschiedlicher Standpunkte vor. Gemeinsam war diesen lediglich die Sorge um den Ausgang der Polen-Pläne Hitlers. Je stärker sich Hitlers Augenmerk nach der Annexion der Tschechoslowakei über Memel auf Danzig und womöglich ganz Polen richtete, desto intensiver wurde im Auswärtigen Amt über die Frage nachgedacht, wie ein Konflikt mit Polen im Falle seiner Unvermeidlichkeit zu »lokalisieren« wäre. In diesen – von Erich Kordt wiedergegebenen[107] – Diskussionen trafen sich traditionelle machtpolitische Erwägungen mit neuen Einschätzungen des Stalinschen Sowjetimperiums als des Vollstreckers des klassischen russischen Imperialismus. Insbesondere der Landhunger, der Drang nach den südlichen Meeren, der Stalin in Analogie zu Hitler gern unterstellt wurde, führte konservative Kreise im Auswärtigen Amt und in der Wehrmacht zu der Überlegung: »So abschreckend auch das sowjetische Regime im Innern sein mochte ... sollten mit einem in seinen äußeren Zielen so gemauserten Sowjetstaat nicht durchaus vorteilhafte politische Beziehungen unterhalten werden können?« Die Vorteile politischer Beziehungen zum stalinistischen Rußland sah man dabei auf unterschiedlichen Ebenen.

Erich Kordt, der in diesen Monaten zum Chef des Ministerbüros von Ribbentrop ernannt worden war und insofern guten Einblick besaß, hat drei Orientierungen unterschieden. Eine konservative, machtpolitische Orientierung in der Armee und Beamtenschaft neige einem vulgarisierenden Verständnis der Bismarckschen Rußland- und Polenpolitik zu; diese »Pseudo-Bismarckianer ... [wollten] den ›Draht nach Moskau‹ benutzen ..., um den ›*Cordon sanitaire*‹ durchzusägen«.[108] Sie glaubten, sich dem Drange Hitlers nach Polen (Danzig) und Litauen (Memel) nicht widersetzen zu können oder müssen, sondern suchten im Gegenteil, die Hitler vorschwebende Revisionspolitik in Ostmitteleuropa mit Zustimmung und Unterstützung Stalins im Zuge einer (gemeinsamen) militärischen Auslöschung der infolge der Pariser Vorortverträge geschaffenen kleinen Staaten zu vollenden.

Von diesen »Pseudo-Bismarckianern« unterschied Erich Kordt ausdrücklich die Gruppe um Staatssekretär von Weizsäcker. Diese zweite Gruppe habe – nach seiner Darstellung – möglicherweise die Gefahren überschätzt, die ein Bündnis der Westmächte mit der Sowjetunion für Deutschland bedeutet hätte; doch habe sie einen Abbau der ideologischen Kampfstellung und eine »Normalisierung der Beziehungen« im Auge gehabt, wenn sie »ein solches Bündnis bekämpften und einen ›Draht nach Moskau‹ legen wollten«. Weizsäcker habe dabei die Ansicht vertreten, daß »Deutschland nicht schlechter mit der Sowjetunion stehen [sollte], als die anderen Mächte«.

Diese Darstellung umgeht die Frage, welche Art von »Normalität« diese Orientierung anstrebte: Die »Normalität« der polnischen Teilungen oder die unterbrochene Normalität von Rapallo? Die Ansichten Weizsäckers zur Polen-Frage – ähnlich wie ein Jahr zuvor die von ihm befürwortete »chemische Lösung« in der Frage der Tschechoslowakei – zielten auf eine unkriegerische »Einnahme« ab, wie sie in Anbetracht der Konstellation der Mächte nicht realisierbar war. Der Staatssekretär selbst hatte Ribbentrop schon im Dezember 1938 empfohlen, »Polen auf das uns genehme Größenmaß als Puffer gegen Rußland zu reduzieren«, indem man es durch den »Erwerb ... Danzigs, sowie einer breiten und festen Landbrücke nach Ostpreußen« beliebig verkleinere; »Polen hätte dabei wenig Sympathien und kaum irgendwelche Hilfe Dritter zu gewärtigen«. Als die Besetzung der Tschechoslowakei bevorstand, hatte Weizsäcker Ribbentrop geraten, statt dessen doch lieber »mit Polen ins reine [zu] kommen«, indem die Wehrmacht »Memel besetzen, dann auf Danzig und den Korridor losgehen« sollte. Nach der Besetzung Prags sah er voraus, daß die »neue Aktion« bei all ihren negativen Auswirkungen zumindest »wohltätig ... auf Warschau wirken [wird], wo eine Anmaßung ohnegleichen herrscht«. Am 27. März – Botschafter Schulenburg hielt sich seit einigen Tagen zu Besprechungen im Auswärtigen Amt auf – schien es dem Staatssekretär allerdings »nicht mehr möglich ..., die Danzig-Frage zu lösen«, weil »ein deutsch-polnischer Zusammenstoß die Lawine ins Rutschen bringen würde«. Dennoch irritierten ihn

»die Frechheiten der Polen und ihr mangelndes Eingehen auf eine ihnen gemachte Offerte« zunehmend. Er meinte nun, Deutschland könne sie »z. Zt. nur so behandeln, daß wir Polen mürber machen. Weder eine Zwischenlösung noch ein Krieg mit Polen kommen in Betracht.«[109]

Man darf in diesem partiellen Einlenken auch den Einfluß der Argumente sehen, die der deutsche Botschafter in Moskau während seines Aufenthalts in Berlin (24. März bis 1. April) im Auswärtigen Amt geltend machte, wie auch die Rede von der »Normalisierung der Beziehungen« – allerdings auf der Basis des Berliner Vertrags von 1926 – wahrscheinlich auf Schulenburg zurückgeht. »Die Beamten der Deutschen Botschaft Moskau« stellten auch aus der Sicht von Erich Kordt eine besondere Gruppe dar. Als »hervorragende Rußlandsachverständige« galten sie ihm »infolge ihrer längeren Erfahrung mit sowjetischen Angelegenheiten und der Tradition seit Brockdorff-Rantzaus Zeiten wahrscheinlich [als] besser informiert als die meisten anderen Missionen«[110].

Dem deutschen Botschafter in Moskau waren die Standpunkte der konservativen »Pseudo-Bismarckianer« und der Weizsäcker-Gruppe vertraut; er sah mit weiter Distanz auf ihre gefährliche nationale Enge und verabscheute in ihnen sowohl das nationale Vergeltungsdenken als auch die Mißachtung der Rechte der kleinen Völker. Seine Beziehung zu Polen war seit seinem gut vierjährigen Aufenthalt in Warschau freundschaftlich eng, die seit dieser Zeit bestehende nahe persönliche Bekanntschaft zu den führenden Familien der polnischen Gesellschaft garantierte die Festigkeit seiner Achtung der polnischen Nation[111]. Seine Versuche im Auswärtigen Amt liefen darauf hinaus, einen Krieg gegen Polen als unnötig und im höchsten Maße gefährlich darzustellen und dafür an erster Stelle den Widerstand der Sowjetregierung, an zweiter Stelle das zu erwartende Eingreifen der Westmächte ins Feld zu führen. Im Hinblick auf die Frage Danzigs konnte Schulenburg diese Argumente kaum geltend machen: Er mußte aus früheren Bemerkungen Litwinows den Eindruck gewonnen haben, daß sich die Sowjetregierung der Einverleibung Danzigs ins »Reich« nicht widersetzen würde.[112]

So machte die Deutsche Botschaft Moskau nicht nur zwangsläufig in ihren diplomatischen Bewegungen zwischen Hitler und Stalin eine Gratwanderung – auch in den Versuchen der Einflußnahme auf die Stützen der deutschen Außenpolitik, die Vorgesetzten und Kollegen im Auswärtigen Amt, mußte sie sich mit größter Vorsicht bewegen, wollte sie nicht mißverstanden und für einen Standpunkt in Anspruch genommen werden, der den eigenen Grundüberzeugungen zuwiderlief. Es entsteht der Eindruck, daß der Standpunkt der Deutschen Botschaft von führenden Männern im Auswärtigen Amt zwar als ein Mittel zum Zweck gehört und zum Teil übernommen wurde, das tiefere moralische Pathos und die historisch-politische Berechtigung dieses Standpunkts aber überhört oder belächelt wurden.

In der zweiten Märzhälfte mehrten sich in außenpolitisch informierten Kreisen Berlins die Anhänger einer deutsch-russischen Verständigung. Die Rede vom »polnischen Mosaik« – der Teilbarkeit Polens zu Hitler gefälligen kleineren Einheiten – wurde angesichts der Gefahren, die sich in seinem Vorgehen gegen Polen ankündigten, zum politischen Tagesthema.[113] Da Hitler jede gegen Rußland gerichtete kriegerische »Lösung« des sogenannten polnischen Problems als »schwierig und gefährlich«[114] ansah, richteten sich viele Augen erwartungsvoll nach Moskau. Nach Mitteilungen an die Italienische Botschaft Berlin bot die nach der Eroberung der Tschechoslowakei geschaffene Lage in dieser Hinsicht zumindest eine Möglichkeit: Mit der Einverleibung ihres großen Militärpotentials ins »Reich« mußte auch die Angst der Reichsregierung vor dem vielzitierten »russischen Mutterschiff Tschechei« (angeblichen sowjetischen Militärbasen an der Ostflanke Deutschlands) geschwunden sein – eine »Tatsache, die Hitler dazu führen könnte, seine Absichten gegenüber Rußland zu verändern«.[115]

Auch die Gedanken Hitlers kreisten – in den Worten seines Adjutanten von Below: »beflügelt« durch das »Abkommen mit Hàcha und die friedensmäßige Besetzung der Tschechei«[116] – schon während seiner Rückreise aus Prag am 18. März um Rußland. So sehr sich die Militärmacht des »Großdeutschen Reiches« durch die tschechische Beute erhöht hätte, sei es – so soll sich Hitler gegenüber Below geäußert haben – doch »schwierig geworden, die Polen zu isolieren ... Der Erbfeind der Polen sei aber nicht Deutschland, sondern Rußland. Auch uns drohe eines Tages von Rußland eine große Gefahr. Aber warum sollte der Feind von übermorgen nicht der Freund von morgen sein? Er fuhr fort, daß diese Frage sehr gründlich überlegt werden müsse. Die Hauptaufgabe sei es, jetzt einen Weg für neue Verhandlungen mit Polen zu finden.«

Der Weg, den die »Verhandlungen« mit Polen nahmen, führte Hitler bald zu seinen Überlegungen über Rußland zurück.

Die Verweigerung Polens

Mit der Besetzung der Tschechoslowakei hatte Hitler Polen von drei Seiten eingeschlossen. Das »Großdeutsche Reich« war – nach den späteren Erklärungen von General Jodl[117] – in der Weise »arrondiert worden, daß nun die polnische Frage auf der Grundlage mehr oder minder günstiger strategischer Voraussetzungen betrachtet werden konnte«. Mit der Besetzung des Memel-Gebietes am 23. März war Polen auch vom Nordosten her eingekreist.

In den Tagen nach Besetzung der Tschechoslowakei richtete sich die Aufmerksamkeit der Großmächte auf Polen und Rumänien, die beiden Länder zwischen Ostsee und Schwarzem Meer, die nun an die deutsche Expansionsbahn nach Osten angrenzten. Die bösen Erwartungen waren so groß, daß eine unzutreffende Äußerung des rumänischen Gesandten in London, Tilea, über Vorbereitungen zur deutschen Invasion in Rumänien bereits den Stein der westlichen Diplomatie ins Rollen brachte.[118] Am Morgen des 18. März suchte der britische Botschafter in Moskau, Seeds, Volkskommissar Litwinow auf, um ihm im Namen seiner Regierung die Frage zu stellen, welche Haltung die Sowjetunion im Falle einer deutschen Aggression gegen Rumänien einnehmen würde. Umgehend schlug die Sowjetregierung am 19. März die Einberufung einer Sechs-Mächte-Konferenz, möglichst in Bukarest, vor, auf der die betroffenen Länder (England, Frankreich und die UdSSR, Polen, Rumänien und die Türkei) eine gemeinsame Abwehrfront gegen die erwartete deutsche Aggression bilden sollten. Der Vorschlag – eine Wiederholung des sowjetischen Vorschlags vom Vorjahr unter den Bedingungen akuter Kriegsgefahr – scheiterte am tiefen Mißtrauen Chamberlains gegenüber dem bolschewistischen Rußland. Offiziell wies die britische Regierung die sowjetische Anregung als »verfrüht« zurück. TASS gab diese Erklärung am 22. März bekannt und dementierte zugleich Gerüchte, nach denen die Sowjetregierung Polen und Rumänien kürzlich für den Fall, daß sie Opfer einer Aggression werden sollten, einseitige Hilfe angeboten hätte.[119]

Statt dessen unterbreitete die britische Regierung den Regierungen Frankreichs, der UdSSR und Polens am 21. März den Vorschlag einer gemeinsamen Erklärung, nach der diese Staaten gegen die Bedrohung der Unabhängigkeit eines europäischen Staates gemeinsam vorgehen würden. Dieser Vorschlag wurde von den Regierungen Frankreichs und der

UdSSR angenommen, stieß aber auf das Widerstreben der polnischen Regierung, durch eine derartige Erklärung in eine antideutsche Defensivfront einzutreten und dadurch die Wut Hitlers auf Polen zu lenken.

Dies war eine verspätete Rücksichtnahme: Nachdem Hitler schon in seiner Ansprache vom 8. März die militärische »Lösung« der polnischen Frage ins Auge gefaßt hatte, ging es ihm nun darum, Polen unter dem Druck der bereits bestehenden militärischen Zangenbewegung entlang seiner Grenzen den Schein eines »letzten« und unannehmbaren Angebots zu unterbreiten. Am selben Tage, an dem der britische Vorschlag an die polnische Regierung und das deutsche Ultimatum an Litauen zur Abtretung des Memel-Gebiets erging (21. März), bat Ribbentrop den polnischen Botschafter in Berlin, Lipski, zu sich, um die unmißverständliche Forderung Hitlers nach Danzig und dem sogenannten polnischen Korridor zu stellen.[120] Nach den Erinnerungen des polnischen Außenministers Beck wiederholte Ribbentrop jetzt ultimativ das Angebot eines deutsch-polnischen »Ausgleichs«, einer antirussischen Zusammenarbeit, einer Kompensation Polens im Süden als Tausch für einen Verzicht auf die Ostsee und schloß »die Drohung einer Rückkehr Deutschlands zur Rapallopolitik«[121] an.

Das Gespenst von Rapallo verfehlte seine Wirkung nicht. Am 23. März, dem Tage der Besetzung des Memel-Gebietes, bat Beck die britische Regierung als Ersatz für die von polnischer Seite abgelehnte Vier-Mächte-Erklärung um eine bilaterale (britisch-polnische) Erklärung. Die britische Regierung stimmte zu, und die französische Regierung schloß sich ihr an. Am 31. März gab Premierminister Chamberlain im Unterhaus die Erklärung ab, die britische und französische Regierung würden die Unabhängigkeit Polens in jeder Weise schützen. Am 13. April – nach der Besetzung Albaniens durch italienische Truppen am 7. April – wurde dieselbe Garantie auf Rumänien und Griechenland und wenig später auf die Türkei ausgedehnt.

Die Tage nach der Zurückweisung des deutschen Ultimatums durch Polen (26. März) verbrachte Hitler auf seinem Berchtesgadener Landsitz, dem Berghof, in äußerster Erregung. Im Auswärtigen Amt wußte man von seiner Enttäuschung über den Mißerfolg seiner Polen-Politik[122]. In diesem Zustand muß er – an die Vorgänge des Neujahrsempfangs anknüpfend – zum zweiten Male nach Mitteln und Wegen gesonnen haben, um Polen mit Rußland zu strafen. In diesem Zusammenhang soll er sich gegenüber Generaloberst von Brauchitsch zum ersten Mal über eine solche Absicht geäußert haben. Nach der Erinnerung seines Adjutanten sprach »Hitler ... zu Brauchitsch auch über die politische Lage. Gegenüber Polen sollte abgewartet werden«. Angeblich wollte er die Polen nicht durch ein gewaltsames Vorgehen in der Danzig- und Korridorfrage in die Arme Englands treiben.[123] Die eigentliche Idee, die ihm zu diesem Zeitpunkt vorschwebte, sprach er wie im Scherz aus: »Wissen Sie, was mein nächster Schritt sein wird? Sie setzen sich besser, bevor ich es Ihnen sage: Ein Staatsbesuch in Moskau.«[124]

Am 30. März kehrte Hitler in großer Unruhe nach Berlin zurück. Hier erlebte er am 31. März erneut »einen schwarzen Tag«.[125] Die Unterhaus-Erklärung Chamberlains versetzte ihn in Rage. In Anwesenheit von Admiral Wilhelm Canaris trommelte er mit geballten Fäusten »wutentbrannt auf die Marmorplatte seines Schreibtisches und stieß eine Verwünschung nach der anderen gegen England aus. Schließlich schrie er: ›Denen werde ich einen Teufelstrank brauen!‹« Mit diesem »Teufelstrank« – so schloß Domarus wohl zu Recht – meinte Hitler neben einer Abrechnung mit England und Polen »schließlich, wenn alle Stricke reißen sollten, ein deutsch-russisches Bündnis! Vor dem Gespenst einer nationalsozialistisch-bolschewistischen Allianz würden die verkalkten Engländer ... kapitulieren.«[126]

Am 3. April – der polnische Außenminister Beck traf, anders als auf deutscher Seite erhofft, in London und nicht in Berlin ein – ließ Hitler die Vorbereitungen für »Fall Weiß«, den deutschen Feldzug gegen Polen, treffen. Am 11. April erging die »Weisung für die ›Grenzziehung Ost‹« an die deutsche Wehrmacht. Die Abruptheit des *volte-face* entsprach dem simplistischen Kategoriensystem Hitlers: Hatte sich die »große Lösung (mit Polen gegen Rußland)« zunächst nicht durchführen lassen, so wollte er die »kleine Lösung (mit Rußland gegen Polen)« ausprobieren[127].

Mit der »Weisung für die einheitliche Kriegsvorbereitung der Wehrmacht für 1939/40«[128], deren II. Teil die militärische Niederschlagung Polens im Rahmen der Planung von »Fall Weiß« anordnete, wurde der Krieg gegen Polen zur Gewißheit. Das Interesse an einer schnellen Verständigung mit Rußland wuchs. Wie die Weisung betonte, sah die »politische Führung ... es als ihre Aufgabe [an], Polen ... womöglich zu isolieren, d.h. den Krieg auf Polen zu beschränken«. Sollte eine Isolierung mißlingen, war Hitler auch bereit, »den Westen anzufallen und dabei Polen zugleich zu erledigen«.[129]

Als Instrument der »politischen Führung« – die »Isolierung« Polens war in erster Linie eine Aufgabe der Außenpolitik und Diplomatie – stand das Auswärtige Amt nun vor einer doppelten Aufgabe: Es sollte einerseits die Wege zu dieser »Isolierung« ebnen, die über Rußland führten, und wußte doch andererseits, daß Hitler den russischen Faktor in seiner militärischen Planung noch immer weitgehend vernachlässigte, – sein Hauptaugenmerk war auf England gerichtet: »Ein Eingreifen *Rußlands*«, so hieß es in den Richtlinien für »Fall Weiß«, »soweit dieses dazu fähig sein sollte«, würde Polen kaum nützen; es müßte »seine Vernichtung durch den Bolschewismus bedeuten«.

Darüber hinaus wurden im Zuge der operativen Durchführung von »Fall Weiß« auch die angrenzenden baltischen Staaten mittelbar gefährdet. Die am 11. April 1939 verabschiedete Weisung legte fest: »Die Haltung der Randstaaten wird allein von dem militärischen Übergewicht (die letzten drei Worte handschriftlich abgeändert in: den militärischen Erfordernissen, I.F.) Deutschlands bestimmt werden.« Danach folgte der Satz: »Im Zuge der weiteren Entwicklung kann es erforderlich werden, die Randstaaten bis zu der Grenze des alten Kurland zu besetzen und dem Reiche einzugliedern.« Die damit drohende, verheerende Vision einer unmittelbaren Verwicklung mit den baltischen Staaten und – aufgrund der sowjetischen »Schutznoten« an Lettland und Estland vom 28. März 1939 – mit größter Wahrscheinlichkeit auch mit der UdSSR hatte das Oberkommando der Wehrmacht veranlaßt, diesen zweiten Satz durch Bestimmung 37/39 II. Ang. vom 13. April 1939 in der bereits vorliegenden »Führer-Weisung« zu streichen[130]. Der erste Satz aber blieb bestehen und mit ihm die Möglichkeit einer willkürlichen Ausdehnung der Kampfzone auf die baltischen Gebiete.

Der Versuch Ribbentrops: Die Sondierung Kleists

Die britisch-französischen Garantieerklärungen für Polen sowie Rumänien, Griechenland und die Türkei hatten in Ostmitteleuropa eine neue politische Lage geschaffen[131]: Da diese Länder ein kontinuierliches Band von der Ostsee bis zum Schwarzen Meer zogen, konnte Deutschland die UdSSR nicht angreifen, ohne die territoriale Integrität zumindest eines dieser Länder zu verletzen. In diesem Falle hätte es aufgrund der westlichen Garantieverpflichtungen den Krieg mit England und Frankreich riskiert.

Der Sowjetunion war damit ohne ihr Zutun an ihrer Westflanke ein Staatengürtel angelegt worden, der unter dem Schutz der Westmächte stand; Stalin hatte – nach Ansicht des ehemaligen französischen Botschafters in Moskau und damaligen Botschafters in Berlin, Coulondre – infolge der westlichen Garantien »die Deckung im Westen, die er seit zehn Jahren suchte. Er steht von jetzt an auf dem Balkon und kann die Ereignisse ohne Gefahr kommen sehen ...«[132] Hitler hingegen benötigte – dieser Interpretation zufolge – jetzt mehr denn je ein Stillhalteabkommen mit der Sowjetunion, wenn er mit dem Angriff auf Polen oder ein anderes der genannten Länder nicht einen Zweifrontenkonflikt vom Ausmaß eines Weltkriegs vom Zaun brechen wollte. Coulondre zog daraus den Schluß: »Nachdem man Stalin in München zu Hitler gestoßen hat, stößt man nun Hitler zu Stalin.«

Einen entscheidenden Unsicherheitsfaktor hat Coulondre in diesem vereinfachten Bild der Optionen ungenügend berücksichtigt: Er bestand in der Frage, ob die beiden »Führer« im Ernstfall an eine wirksame Intervention der westlichen Demokratien in Polen glaubten. In dieser Frage aber bestanden auf beiden Seiten starke Zweifel. Hitler war in seiner Verachtung der »kümmerlichen Gestalten von München« bereit, ein Hasard-Spiel zu treiben. Und Stalin war durch seine Erfahrung des westlichen Nachgebens in München zumindest nachhaltig gewarnt. Die aktuelle Einschätzung der Kapazitäten Englands und Frankreichs bestätigte sein Mißtrauen. Charakteristisch war in dieser Hinsicht die Beurteilung, die dem Außenkommissariat von Botschafter Majskij aus London zuging: »Was kann Großbritannien (oder sogar Großbritannien und Frankreich zusammengenommen) tatsächlich für Polen und Rumänien im Falle eines deutschen Überfalls auf diese Länder real unternehmen? Sehr wenig. Bis sich die britische Blockade gegen Deutschland zu einer ernsthaften Gefahr für letzteres auswächst, werden Polen und Rumänien aufhören zu existieren.«[133]

Hinzu kam auf sowjetischer Seite die berechtigte Befürchtung, daß die militärisch nur schwer einlösbaren westlichen Garantieerklärungen den Ausbruch eines Krieges im territorialen Vorfeld der UdSSR sogar begünstigen könnten.[134] Zu einem solchen Verständnis neigten auch Teile der englischen Opposition, etwa der frühere britische Premierminister D. Lloyd George, wenn er die britischen Garantien an Polen und Rumänien ohne eine adäquate sowjetische Rückendeckung als ein »verantwortungsloses Hasardspiel« bezeichnete.[135] Aus seiner Sicht konnte die

Sowjetunion nicht länger ignoriert werden: Die einzigen praktikablen Verbindungswege einer effektiven Militärhilfe für Polen führten über sowjetisches Gebiet. »England benötigte zumindest die wohlwollende Neutralität der Sowjetunion, besser noch die Wahrscheinlichkeit einer sowjetischen Unterstützung für Polen im Angriffsfalle.«[136] Der Schlüssel zu einem wirkungsvollen Garantiebündnis lag – wie Churchill betonte – in der Verständigung des Westens mit Rußland.[137] Eine derartige Verständigung war im Zuge der überhasteten englischen Garantieerklärung an Polen jedoch nicht gesucht worden: Das englisch-polnische Kommuniqué vom 6. April gab zwar bekannt, daß England und Polen einander für jeden Fall einer direkten oder indirekten Bedrohung der Unabhängigkeit einer der beiden Seiten durch einen dritten Staat Hilfe zugesichert hatten, ließ aber offen, wie eine solche Hilfe wirksam werden sollte.

Die Sowjetregierung zog aus dieser Lage ihre eigenen Schlüsse: In Ermangelung der Möglichkeit, eine kollektive Abschreckungsfront gegen die weitere deutsche Expansion zu errichten, suchte sie ihr territoriales Vorfeld aus eigenen Kräften abzusichern[138]. Dabei unterschied sie, sofern dies ihre Verlautbarungen erkennen lassen, allem Anschein nach zwischen Anrainerstaaten erster und zweiter strategischer Ordnung – eine Prioritätenfolge, die wohl in erster Linie von militärischen Sicherheitsinteressen und in zweiter Linie von historisch-politischen Gesichtspunkten geleitet war:

– Anrainerstaaten erster Ordnung waren die Länder im Ostseeraum, auf deren Rolle als neutrale Puffer die Sowjetunion unter keinen Umständen verzichten wollte. Sie sollten – in Ermangelung eines effizienten Paktsystems – durch bilaterale Vereinbarungen gegen das deutsche Vordringen abgesichert werden. Dies versuchte die Sowjetregierung durch diplomatische Angebote zum rechtmäßigen Gebietserwerb (etwa den Vorschlag Litwinows an Finnland zur Übernahme bzw. Pacht der strategisch wichtigen finnischen Inseln, wobei die Sowjetregierung sogar zu einem Austausch gegen karelische Gebiete bereit war[139]) oder aber durch Drohungen zu erreichen (etwa durch die Noten Litwinows an Lettland und Estland vom 28. März, nach denen die UdSSR eine weitere deutsche Einflußnahme nicht tolerieren würde[140] – Noten, die aus Sicht der betroffenen Regierungen den Charakter unerwünschter einseitiger Garantieerklärungen besaßen[141]).

– Anrainerstaaten zweiter Ordnung waren die Länder, auf deren Neutralität die Sowjetregierung zu verzichten bereit war, wenn eine Garantieerklärung sie selbst der Gefahr einer Verwicklung in eine internationale Konfrontation ausgesetzt hätte. Dies traf auf Polen und Rumänien zu. Die Sowjetregierung wurde in diesen Wochen nicht müde, öffentlich zu beteuern, daß sie diesen Ländern keine militärische Hilfe zugesagt hätte.[142] Dies schloß nicht aus, daß sie sich im weiteren Verlauf der Zuspitzung der Krise bemühte, auch diese Staaten auf diplomatischem Wege näher an sich heranzuziehen.[143] Vorerst lag den wiederholten Bekundungen ihrer zu nichts verpflichtenden Neutralität zweifellos in erster Linie die taktische Absicht zugrunde, sich durch keinerlei Ränkespiele von seiten Englands und Frankreichs in einen Konflikt über diese Länder verwikkeln zu lassen. Die Fragen, ob und unter welchen Bedingungen ihnen in zweiter Linie auch ein (zeitweiliges) strategisches Desinteresse an diesen Ländern zugrunde lag, können ohne Kenntnis der entsprechenden sowjetischen Unterlagen nicht beantwortet werden.[144]

Der formale Grund, den die Sowjetregierung für diese Zurückhaltung ins Feld führte, nämlich die Tatsache, daß Polen und Rumänien keine sowjetische Hilfe in Anspruch nehmen wollten, war jedenfalls nicht ausschlaggebend: Die baltischen Staaten weigerten sich nicht weniger hartnäckig als Rumänien und Polen, sowjetische Hilfe anzunehmen, und wurden dennoch mit Garantieerklärungen bedacht.

Für diese ungleiche Behandlung der Anrainerstaaten war die realistische Einschätzung der eigenen militärischen Möglichkeiten (mit)bestimmend.[145] In dieser Hinsicht hatte Stalin seinem englischen Kollegen zweifellos vieles voraus. Zwischen der Kette der aus Moral und Anstand resultierenden, weltpolitisch tragischen Fehlentscheidungen Chamberlains – eines »missionnaire égaré parmi des anthropophages«[146] – und den mitleidlosen, aber realpolitisch richtigeren Entschlüssen Stalins liegen Welten, die hier nicht dargestellt werden können.

Hitler erkannte in der neuen, durch die westlichen Garantieerklärungen geschaffenen Lage die Möglichkeit, ja Notwendigkeit, die sowjetische Gunst zu suchen mit dem Ziel, Polen im Rücken zu isolieren und anschließend – vor den Augen eines neutralen Stalin oder mit sowjetischer Schützenhilfe – niederzuringen.

Im Auswärtigen Amt und in der Deutschen Botschaft Moskau verstand man diese Situation. Wenn die um eine Annäherung an die UdSSR bemühten Kräfte ihre diplomatische Initiative ungeachtet ihrer immer klarer absehbaren Gefahren weiterentwickelten, so wurden die prinzipiellen Unterschiede in ihren Motiven doch in den nächsten Monaten immer deutlicher: Die »Pseudo-Bismarckianer« im Auswärtigen Amt verfolgten das Ziel, Hitler diesen Weg als den des vermeintlich »geringeren Übels« zu ebnen, um Deutschland die Katastrophe zu ersparen; Schulenburg und seine nächsten Mitarbeiter hingegen erhofften – mit den Worten Köstrings – »gegenüber einem ›größeren‹ nicht ein ›kleineres‹ Übel, indem wir eine deutsch-russische Annäherung erstrebten, sondern die Ausschaltung des ›Übels an sich‹, nämlich des Krieges«.[147]

Die ersten ernsthaften Überlegungen sowie Erörterungen dieser Art haben nach der definitiven polnischen Absage (26. März) eingesetzt, sich nach der Unterhauserklärung Chamberlains (31. März) auf den Kreis um Hitler ausgedehnt und in den ersten Tagen der Vorbereitungen auf »Fall Weiß« zum Entschluß zur ersten Kontaktnahme zu den Sowjets geführt. Über diesen Zeitraum hinweg war Botschafter Schulenburg mit einer kurzen Unterbrechung in Berlin. Inwieweit es ihm in dieser Zeit gelang, seinen Argumenten Geltung zu verschaffen, kann mangels schriftlicher Quellen nicht nachgewiesen werden. Auch im Auswärtigen Amt empfahl sich im Frühjahr 1939 sogar unter Gleichgesinnten bereits strengste Geheimhaltung. »Schnüffeleien« in den Diensträumen waren an der Tagesordnung. Das gesellschaftliche Leben der Amtsangehörigen wurde durch eine »drückende Wolke von Heuchelei und Mißtrauen« erstickt. Das Wühlen der Gestapo »unter der glatten Oberfläche« ihres Privatlebens blieb ihnen nicht verborgen.[148]

Die Deutsche Botschaft Moskau erhielt den ersten schriftlichen Beweis für eine veränderte Stimmung in einigen militärischen Dienststellen Ende März 1939. Am 29. März fragte General Tippelskirch vom OKW bei Militärattaché Köstring in Moskau an, ob er nicht der Meinung sei, Stalin »könnte auch anders«, d.h. mit Deutschland gehen.[149] Köstring verstand den Sinn dieser Anfrage aus dem Generalstab des Heeres. Er antwortete abweisend: »Daran wird Stalin zunächst selbst nicht glauben.« Bestenfalls könnte er es »die *anderen*... glauben *machen*« wollen. Allerdings gab Köstring zu, daß sich viele Staaten »verstärkt für Rußland interessieren«, gerade »vor dem gefährlichsten Gegner Deutschland« aber sei hier die Angst sehr groß. Und schlagen würde sich die Sowjetunion nicht, zumindest nicht zu Beginn einer großen Auseinandersetzung. »Wozu denn? Würden Sie als Stalin anders handeln?« Die Auskunft des Militärs war eindeutig: In ein militärisches Bündnis mit Hitler, schon gar in ein Offensivbündnis, würde sich Stalin aus wohlverstandenem Eigeninteresse nicht einspannen lassen.

Hier mochte der politische Vabanqueur andere Hoffnungen hegen. In Wilhelmshaven, wo Hitler wahrscheinlich die Anordnungen zur Vorbereitung des Angriffs auf Polen (»Fall Weiß«) auszuarbeiten begann, hielt er am 1. April aus Anlaß des Stapellaufs des Schlachtschiffes »Tirpitz« eine Rede gegen die »Einkreisungspolitik Englands«[150], in der er deutlich darum bemüht war, einen Keil zwischen die Westmächte und die UdSSR zu treiben. Er ließ keinen Zweifel daran, daß er die Absicht habe, das »Diktat von Versailles« aus der Welt zu schaffen, und unterstrich die starken deutschen Kulturwurzeln in Osteuropa (»Das wissen die englischen Staatsmänner nicht. Sie haben keine Ahnung davon ...«) Hingegen bezeichnete er die Verbindung der Westmächte zu den ostmitteleuropäischen Staaten als »augenblickliche Bindungen nicht homogener Körper« und schloß: »Wenn mir heute jemand sagt, daß es zwischen England und Sowjetrußland keinerlei weltanschauliche oder ideologische Differenzen gibt, so kann ich nur sagen: Ich gratuliere ...« Es werde sich bald herausstellen, wie groß der Unterschied »zwischen dem demokratischen Großbritannien und dem bolschewistischen Rußland Stalins« sei. Und er fügte mit Blick auf das Ende des Spanischen Bürgerkrieges hinzu: »Es freut uns, feststellen zu können, wie schnell, ja wie außerordentlich schnell auch hier der weltanschauliche Wandel der Kriegsmaterial-Lieferanten der roten Seite gekommen ist, wie sehr man dort jetzt plötzlich das nationale Spanien begreift und bereit ist, mit diesem nationalen Spanien, wenn schon nicht weltanschauliche, dann wenigstens wirtschaftliche Geschäfte zu machen. Auch das ist ein Zeichen, wohin die Entwicklung geht. Denn ... ich glaube, daß alle Staaten vor dieselben Probleme gestellt werden, vor denen wir einst standen. Staat um Staat wird entweder der jüdisch-bolschewistischen Pest erliegen, oder er wird sich ihrer erwehren. Wir haben es getan und haben nun einen nationalen deutschen Volksstaat aufgerichtet. Dieser Volksstaat will mit jedem anderen Staat in Frieden und Freundschaft leben ...«

Dies war eine klare Anspielung auf die Lehre von der »friedlichen Koexistenz« und das erste Anzeichen einer ideologisch versöhnlicheren Haltung Hitlers zur Sowjetunion.[151] Darüber hinaus verwendete er ein Bild, das zwanzig Tage zuvor – in der Mehrzahl ihrer deutschen Übersetzungen – Stalin in seiner Rede vor dem XVIII. Parteitag gebraucht hatte: Hitler drohte demjenigen, der bereit wäre, für die Westmächte »die Kastanien aus dem Feuer zu holen«, er werde sich dabei die Finger verbrennen.[152]

Diese Drohung war primär an die Adresse der polnischen Regierung gerichtet, konnte aber auch Stalin treffen, sofern er sich für die britischen Pläne gewinnen ließ: Seit dem 23. März führte der britische Minister für Überseehandel, Sir Robert Hudson, in Moskau Wirtschaftsverhandlungen mit Molotow und Mikojan – vor Hitler eröffnete sich die Perspektive einer Wiederholung der britischen Handelsblockade gegen Deutschland im Moment der Zuspitzung der Krise!

Allerdings war das Kastanien-Idiom in der Bismarckschen Redetradition gebräuchlich, und der Gedanke an Bismarck war in diesen Frühjahrsmonaten 1939 in Deutschland vielerorts gegenwärtig. Auch Ulrich von Hassell erinnerte anläßlich des Stapellaufes der »Tirpitz« an die Leitlinien der Politik Bismarcks – als Schwiegersohn des Admirals von Tirpitz hatte er dazu besondere Veranlassung. Hassell war mit »keiner Freude nach Wilhelmshaven«[153] gekommen. Auf dem Wege hatte er sich am 25. März – vier Tage nach Hitlers Forderung nach Danzig und zwei Tage nach Einverleibung des Memel-Gebietes und Abschluß des deutsch-rumänischen Wirtschaftsvertrags (23. März)[154] – in Berlin im Gespräch mit Bekannten (u.a. Admiral Canaris) und ehemaligen Kollegen (unter ihnen wahrscheinlich auch Schulenburg) über die Auswirkungen der letzten Aktionen Hitlers auf die Lage in Osteuropa informiert. Es wurde ihm dabei »immer klarer, daß gerade diese beiden Ereignisse (Rumänien und Memel) im ganzen Osten noch alarmierender gewirkt haben als die Tschechensache. Die Sowjets und Polen sind stärker an den Westen herangerückt, nachdem Stalin noch vor kurzem sich als Feind der westlichen Kapitalisten gebärdet hatte, von denen er sich nicht mit Deutschland aufeinanderhetzen lassen werde, am allerwenigsten durch ein leeres Gespenst, wie die angeblichen deutschen Ukrainepläne.«[155] Hassell zog daraus die Schlüsse: »Die Lage ist so, daß Hitler mit seiner letzten Aktion Deutschland absolut in die Rolle des ›Menschenfeindes‹ manövriert hat. Jeder Schritt – und es ist psychologisch unwahrscheinlich, daß er auf die Dauer ruhig bleibt – kann die Katastrophe herbeiführen.« Damit kreisten auch die Gedanken Hassells zunehmend um die Sowjetunion. In einem Artikel, den er am 2. April, noch während der gemeinsamen Anwesenheit mit Hitler in Wilhelmshaven, unter dem Titel »Tirpitz in der Weltpolitik« in der DAZ veröffentlichte, berief er sich auf die Leitlinien der Rußlandpolitik Bismarcks. Er betonte, auch Tirpitz sei der Ansicht gewesen, daß zwischen Deutschland und Rußland keine unüberwindlichen Interessengegensätze bestünden und ein Krieg gegen Rußland der »größte Fehler« wäre, den Deutschland begehen könnte.

Im Auswärtigen Amt wurde die Frage nach den Möglichkeiten einer Annäherung an Rußland in diesen ersten Apriltagen 1939 in Anwesenheit Schulenburgs intensiv erörtert.[156] Angesichts der Hitler-Weisung für »Fall Weiß« trat ihr nun auch der Außenminister näher[157]: Am Karfreitag, dem 7. April, erteilte er den Auftrag zu einer ersten Sondierung der Gesprächsbereitschaft der Berliner Sowjetvertretung. Dies geschah einen Tag nach dem englisch-polnischen Kommuniqué und am Tage der italienischen Invasion in Albanien, dem strategischen Brückenkopf der Achse auf dem Balkan, den Rußland traditionellerweise als seine Einflußsphäre betrachtete. Ribbentrop befahl seinem Referenten für polnische und russische Fragen in der Dienststelle Ribbentrop (und – vermutlich unwissentlichen – Informanten des sowjetischen Nachrichtendienstes), Peter Kleist, umgehend seine – nach den zweifelhaften Formulierungen Kleists – »persönlichen Beziehungen zu den Leuten der Sowjetbotschaft zu verbessern«.[158]

Kleist verschwieg in seiner Darstellung vieles, was für die Rekonstruktion dieser Vorgänge ausschlaggebend wäre, und gab manches vor, was sich (so) nicht ereignet hat: Die Version Kleists bestand darin, daß Astachow ihn unumwunden mit einem sowjetischen Verhandlungsangebot an Deutschland bedacht hätte – eine seitenverkehrte Darstellung des tatsächlichen Gesprächsverlaufs.

In Wahrheit kann als reales Substrat seiner Erzählung festgehalten werden: Ribbentrop schickte – möglicherweise mit Wissen Hitlers – diesen subalternen Angehörigen seiner Dienststelle mit gewissen, wenn auch unklaren Beziehungen zur sowjetischen Seite vor, um den sowjetischen Standpunkt zu sondieren. Sollte die Sondierung negativ verlaufen, konnte diese Kontaktaufnahme folgenlos abgebrochen werden. Kleist suchte den geeigneten Weg, um mit einer gewissen Autorität an die Berliner Sowjetvertretung heranzutreten. Er bat Fritz Tschunke – dies war der von Kleist nicht namentlich erwähnte »führende Mann der deutschen Ostwirtschaft«[159] –, ihn auf diesem Gang zu begleiten. Tschunke war auf sowjetischer Seite aus den Zeiten der Zusammenarbeit mit der Roten Armee als ehemaliger Major der Reichswehr in guter Erinnerung. Er war jetzt ein führendes Mitglied des Rußland-Ausschusses der deutschen Wirtschaft[160] und avancierte während des Krieges zum Leiter der Ost-Abteilung des Otto-Wolff-Konzerns.

Als Begleiter dieser aus sowjetischer Sicht wichtigen Persönlichkeit war Kleist nicht nur der Zugang zur Sowjetvertretung offen – er wurde sogar vom zweiten Mann der Botschaft, dem zuständigen Berater für Handels- und Wirtschaftsfragen und Botschaftsrat, Georgij Astachow, empfangen. (Astachow war nicht – wie Kleist angibt – der Geschäftsträger und Leiter der Mission; Botschafter Merekalow war in Berlin anwesend und reiste erst etwa zehn Tage später für immer nach Moskau ab.)

Der Vorwand, unter dem Tschunke und Kleist das Gespräch mit Astachow aufnahmen, ist nicht bekannt. Ein Hinweis auf deutsche Wirtschaftsinteressen in Rußland dürfte genügt haben. Kleist gab in seiner späteren Darstellung dieses Gesprächs an, zur Erörterung politischer Fragen nicht autorisiert gewesen zu sein. Statt dessen habe er im Salonton parliert – über das Verbot moderner »entarteter« Kunst in der UdSSR. Astachow habe daraufhin abgewinkt und dem Sinne nach bemerkt, dogmatische Verirrungen dieser Art sollten ja wohl eher auf deutscher Seite diskutiert werden.

Danach hätte – nach Darstellung Kleists – »Astachow in einem historisch glänzend unterlegten Exposé und mit einer Deutlichkeit, die nichts zu wünschen übrig ließ, auseinander[gesetzt], daß es doch sinnlos sei, wenn Deutschland und die Sowjetunion um ›ideologische Haarspaltereien‹ sich gegeneinander bekämpften, anstatt, wie oft in der Geschichte, Seite an Seite große Politik zu machen«.

Nun besteht aber Grund zu der Annahme, daß in Wahrheit der gutausgebildete nationalsozialistische Propagandist dieses »historische ... Exposé« hielt, während der sowjetische Botschaftsrat und Wirtschaftssachverständige sich im Rahmen seiner Gesprächsbefugnisse bestenfalls zu gelegentlichen sachlichen Einwürfen des Inhalts verstand, daß in der Tat nach sowjetischer Auffassung kein zwingender Grund zu einer weiteren Verhärtung der Gegensätze bestände und – mit Blick auf den anwesenden Vertreter der deutschen Wirtschaft – die Sowjetregierung immer die Herstellung nützlicher »Geschäftsbeziehungen« befürwortet hätte. Während sich Kleist nach diesem Gespräch einen »phänomenalen Erfolg«[161] zuschrieb, zog er sich durch die Art seiner Berichterstattung umgehend einen scharfen Rüffel Ribbentrops und die Bemerkung zu, er (Ribbentrop) »glaube nicht, daß dem Führer die Fortführung dieser Unterhaltung erwünscht ist«. Dieser abrupte Abbruch der Sondierung vermittelt den Eindruck, daß sie unergiebig war.

Was besagt das? Kleist verschwieg in seiner Darstellung dieser Fühlungnahme die inhaltlichen Schwerpunkte seines Auftrags. Da sein Besuch bei Astachow »wenige Tage« nach Erhalt des Auftrags Ribbentrops am Karfreitag, dem 7. April, erfolgte, ist davon auszugehen, daß er (bzw. Fritz Tschunke) frühestens am Ostermontag mit der Sowjetvertretung in Kontakt treten konnte und wahrscheinlich für den nächsten Tag, den Osterdienstag und ersten Arbeitstag, einen Besuchstermin erhielt. Osterdienstag, der 11. April, aber war der Tag, an dem Hitler die Weisung zur militärischen Niederschlagung Polens (»Fall Weiß«) definitiv an die Wehrmacht ergehen ließ. Es ist denkbar, daß Kleist Astachow an diesem Tage darauf aufmerksam machen sollte, daß ein deutscher Feldzug gegen Polen nicht zu Verwicklungen mit Rußland führen müßte, wenn man sich nur rechtzeitig verständigte. Ja, in diesem Falle könnten Deutschland und Rußland sogar »Seite an Seite große Politik machen«. Damit wäre der Regierung Stalin das erste deutsche Angebot zur vierten Teilung Polens unterbreitet worden. Diese Interpretation findet eine indirekte Bestätigung in einer Notiz Goebbels' vom Ostermontag (10. April), in der er den Abschluß des Beistandspakts zwischen London und Warschau mit den Worten kommentierte, Polen werde das wohl einmal teuer bezahlen: »So hat es bei der Tschechei auch angefangen. Und das Ende war dann die Aufteilung dieses Landes.«[162] Auf dieses Angebot erfolgte allem Anschein nach von sowjetischer Seite keine (befriedigend positive) Reaktion.

Zurück zur Initiative dieser Kontaktnahme. In seinen Wiedergaben hat Kleist seinen Besuch in der Sowjetbotschaft als Initiative Astachows und dessen angebliche Offerte als klares sowjetisches Angebot an Deutschland dargestellt. Die Sekundärliteratur ist ihm darin gefolgt. Demgegenüber besteht kein Zweifel, daß es sich in Wahrheit um eine deutsche Initiative handelte, die von Ribbentrop ausging und möglicherweise mit Wissen Hitlers erfolgte. Nach Darstellung von Sipols, der die sowjetischen Aufzeichnungen kennt, verfolgte sie das Ziel einer »Abschwächung der Spannungen in den Beziehungen« Deutschlands zur UdSSR.[163]

Ein Bericht von Kleist aus dem Jahre 1944 bestätigt, daß die Initiative von deutscher Seite ausging. Kleist unternahm in den Monaten September/Oktober 1944 im Auftrage von Heinrich Himmler – wiederum ohne Erfolg – weitere Versuche, die Sowjets zu einer Annäherung an das Hitler-Reich zu bewegen. In seinem abschließenden Bericht an Himmler, der, in »Führer-Typen« geschrieben, zur Vorlage bei Hitler bestimmt war, nahm Kleist rückblickend Bezug auf seine erste Kontaktnahme dieser Art. Er schrieb: »Ich möchte hierbei erwähnen, daß ich im Jahre 1939 während der Vorbereitungen des Sowjetpaktes die erste Fühlung mit Astachow, dem damaligen Geschäftsträger in Berlin durch Major Fritz Tschunke vermitteln ließ ...«[164]

Das eklatante Scheitern dieses unglücklichen ersten Versuchs einer Verständigung mit der Sowjetvertretung hat die interessierten Männer im Auswärtigen Amt davon überzeugt, daß schnellstens angemessene Sondierungen auf höherer Ebene vorgenommen werden mußten.

Erste deutsche Fühlungnahme: Weizsäcker–Merekalow

In ihrer zunehmend »dramatischen Spannung«[165] richteten die Angehörigen der deutschen Rußland-Diplomatie ihre Erwartung auf Moskau und London. In Moskau war seit Anfang April 1939, und verschärft seit der Eroberung Albaniens durch den Achsen-Partner Deutschlands, eine neue Pressekampagne zur Errichtung eines »resoluten kollektiven Sicherheitssystems gegen die faschistische Aggression« und zur Neubelebung der Idee der kollektiven Verteidigungsfront im Gange.[166] In den westlichen Hauptstädten gerieten die Regierungschefs, Neville Chamberlain und Edouard Daladier, unter den Druck ihrer Opposition und öffentlichen Meinung sowie ihrer Diplomatie. Besonders die Diplomaten warnten jetzt dringend davor, Stalin in die Arme Hitlers zu treiben[167]. Aus Sicht der kleinen ostmittel- und osteuropäischen Länder, die sich seit dem Schock von München von den Großmächten verlassen fühlten, vollzog sich endlich eine einschneidende Veränderung: »Europa schien zu erwachen und aufs neue, im Angesicht der Gefahr, seine Einheit und Solidarität zu beweisen.«[168]

An die Seite der Westmächte traten mit der Botschaft des Präsidenten Roosevelt an Hitler und Mussolini vom 14. April[169] auch die Vereinigten Staaten von Amerika. Die Sowjetregierung begrüßte diese Entwicklung und antwortete mit einem Dankestelegramm Kalinins an Roosevelt. Die Moskauer Presse veröffentlichte es am 16. April[170] und gab am 22. April auch den Wortlaut der Note Roosevelts selbst bekannt. Die Solidarität der Großmächte gegen Hitler schien im Entstehen.

Die Garantieerklärungen – am 11. April wurde die britische Garantieerklärung für Griechenland zur Gewißheit[171] und am 13. April gaben Frankreich und England öffentlich ihre gemeinsame Garantieerklärung für Rumänien und Griechenland ab[172] – schufen für die deutsche Diplomatie eine neue Situation. Die diplomatischen Möglichkeiten zur Gewinnung von Verbündeten, Ausübung von Druck oder politischer Einschüchterung verengten sich zusehends – Deutschland stand im Spielfeld der Nationen zunehmend isoliert da. Aus der Sicht Hitlers hingegen waren die westlichen Garantien an die ostmittel- und südosteuropäischen Staaten – wie es die sowjetische Seite nicht zu Unrecht sah – »keinen Heller wert«, sie standen nur »auf dem Papier«.[173] Sie konnten nur dann real wirksam werden, wenn die Sowjetregierung sich in adäquater Weise beteiligen würde. Somit erreichte der psychologische Abschreckungseffekt, den Chamberlain durch die Garantieerklärungen in erster Linie hervorrufen wollte, in Wahrheit überwiegend die deutsche Diplomatie; ein militärisch-politischer Abschreckungseffekt auf Hitler war nur durch eine konsequente Herbeiziehung der UdSSR gewährleistet. Churchill brachte diese Sachlage in seiner Unterhaus-Rede vom 13. April klar zum Ausdruck, wenn er betonte, die »Stunde der halben Maßnahmen« sei vorbei; es gehe nun darum, die »Sowjetunion ohne jeden Vorbehalt in unseren Block zur Verteidigung des Friedens einzubeziehen«.[174]

Der erste Schritt, der diesem neuerwachten britischen Interesse an einem umfassenden Sicherheitssystem Rechnung trug, war die Wiederaufnahme der Verhandlungen mit der UdSSR am 14. April[175]. Ihr folgten am 14. April ein französischer Vorschlag[176] und am 15. April die erste britische Note[177]. Diese berief sich auf das Versprechen der Unterstützung in ihrer Unabhängigkeit bedrohter Länder, das Stalin in seiner Rede vor dem XVIII. Parteitag gegeben hatte, und forderte ihn auf, sich in einer öffentlichen Erklärung den britisch/französischen Garantien anzuschließen. Eine solche Erklärung, so schloß die englische Note, würde die internationale Lage beruhigen und die Echtheit des Versprechens Stalins unter Beweis stellen.

Der Sowjetregierung erschien das britische Verlangen unannehmbar: Neben ihren Zweifeln an effektiver westlicher Militärhilfe für Polen und Rumänien fürchtete sie, daß eine Garantieerklärung dieser Art Auswirkungen auf die baltischen Länder haben könnte, deren Unabhängigkeit nicht von den Westmächten garantiert wurde. Im Falle einer deutschen Aggression gegen Polen und Rumänien würde der UdSSR – nach diesen Überlegungen – also die Hauptlast, bei einer (weiterreichenden) Aggression gegen die baltischen Länder die ausschließliche Last der Verteidigung zufallen. In beiden Fällen würde sie sich vermutlich allein im Kriege gegen Deutschland befinden, die westliche »Kriegstreiberei« also ihr Ziel erreicht haben – eine äußerst »gefährliche Situation«, die sie unter allen Umständen vermeiden wollte.[178]

Anstelle einer Antwort überreichte Litwinow Botschafter Seeds noch am 17. April (sowie Majskij Halifax am 18. April) den sowjetischen Gegenvorschlag: Es war der detailliert ausgearbeitete Vorschlag für einen vollausgereiften Beistandspakt zwischen England, Frankreich und der UdSSR.[179] Dieser Vorschlag lief auf ein Bündnis zur gegenseitigen Militärhilfe der drei Großmächte für die Dauer von fünf bis zehn Jahren hinaus. Im Hinblick auf alle Staaten Osteuropas, »die zwischen der Ostsee und dem Schwarzen Meer liegen und an die UdSSR grenzen«, sollten sich die drei Mächte zur unverzüglichen Militärhilfe im Fall einer Aggression verpflichten. Ferner sollten die drei Mächte versprechen, »nach Beginn der Kampfhandlungen ohne [gegenseitige] Zustimmung ... in keinerlei Separatverhandlungen mit den Aggressoren einzutreten und keinen Separatfrieden abzuschließen«. Schließlich sollte simultan zu dem geplanten Abkommen eine gemeinsame Militärkonvention unterzeichnet werden. Mit diesem Vorschlag begann – nach sowjetischer Auffassung – »der letzte Versuch der UdSSR, den Krieg zu verhindern«[180]. Er war – entsprechend den nunmehr klassischen Leitlinien der Litwinowschen Außenpolitik – auf die Errichtung einer wirksamen kollektiven Verteidigungsfront mit den Westmächten, unter (passiver) Einbeziehung der ostmittel- und südosteuropäischen Staaten einschließlich der Türkei, gerichtet. Er stellte die Westmächte vor eine schwierige Wahl.

Die fragmentarische Kenntnis dieser Vorgänge (der sowjetische Vorschlag an Großbritannien wurde nicht bekannt gegeben), die auf den festen Zusammenschluß der drei europäischen Großmächte gegen eine weitere deutsche Expansion hinausliefen, löste in einigen Berliner Dienststellen Panik aus. Die Kreise, die aus unterschiedlichen Motiven schon früher eine Annäherung des nationalsozialistischen Deutschland an die UdSSR befürwortet hatten, suchten nun verstärkt, mit oder ohne Wissen Hitlers den Weg nach Osten zu bahnen. Zu ihnen gehörten Kräfte des linken Flügels der NSDAP, wie etwa der Gauleiter von Ostpreußen, Erich Koch[181], und Wirtschaftskreise, vertreten durch Hermann Göring. In seiner Sorge um den bevorstehenden Konflikt trug sich

Göring mit der Absicht, Hitler zu einer Fühlungnahme mit Stalin zu bewegen. Zunächst suchte er die italienische Zustimmung für sein Vorhaben, um seinen Vorschlag wirkungsvoller an Hitler heranzutragen. Er reiste nach Rom, wo er diese Frage am 16. April im Beisein von Außenminister Ciano mit Mussolini persönlich besprach.[182]

Göring hielt die Fiktion einer friedlichen deutschen Polenpolitik aufrecht – die Besorgnis der italienischen Gesprächspartner, daß Hitler nach der Einverleibung Österreichs und der Tschechoslowakei Polen ins Visier nahm, stand im Raum.[183] Doch ging er unter Hinweis auf eine angebliche »Wendung in der polnischen Außenpolitik« zuungunsten Deutschlands direkt auf sein Ziel zu. Er erinnerte Mussolini an die Rede Stalins vom 10. März 1939, in welcher Stalin ausgeführt habe, »daß die Russen sich nicht als Kanonenfutter für die kapitalistischen Mächte benutzen lassen würden«, und deutete an: »Er (der Generalfeldmarschall) wolle den Führer fragen, ob man nicht durch gewisse Mittelsmänner vorsichtig bei Rußland mit dem Ziel einer Annäherung vorfühlen könne, um Polen dann auch mit Rußland zu beunruhigen.« Mussolini begrüßte diese Möglichkeit und erklärte, »man habe in Italien seit einiger Zeit ähnliche Gedanken gehabt und bereits auch ... mit den Russen durch den Moskauer italienischen Botschafter im Zusammenhang mit Wirtschaftsverhandlungen einen freundlicheren Ton angeschlagen ... Für den Fall, daß die Achsenmächte zu dem Entschluß kämen, sich Rußland zu nähern, glaube der Duce, für Italien einen Handelsvertrag mit Rußland als Weg benutzen zu können.« Als »Ziel einer solchen Annäherung« der Achsenmächte an die UdSSR bezeichnete es Mussolini, »Rußland dadurch zu veranlassen, sich im Sinne der vorerwähnten Stalin-Rede den Einkreisungsbewegungen Englands gegenüber kühl und ablehnend zu verhalten und eine neutrale Stellung zu beziehen... Die Achsenmächte könnten den Russen erklären, daß sie nicht die Absicht hätten, Rußland anzugreifen. Im übrigen hätten die Achsenmächte in ihrem weltanschaulichen Kampf gegen die Plutokratie und den Kapitalismus zum Teil dieselben Ziele wie das russische Regime ... Der Duce hielt die Angelegenheit für wichtig, weil auch England im Augenblick den Russen Avancen mache.« Göring unterstrich den Eindruck, den »eine eventuelle Neutralitätserklärung von seiten Rußlands ... auf Polen und die Westmächte« haben würde: »Polen würde, wenn sich Rußland neutral erklärte, keinen Finger mehr in einem allgemeinen Konflikt rühren.«

Mussolini machte »die Durchführung einer Annäherung zwischen den Achsenmächten und Rußland« von mehreren Voraussetzungen abhängig: der Zustimmung Japans, dem deutschen Verzicht auf die Ukraine und dem Beginn des allgemeinen Krieges frühestens in zwei bis drei Jahren. Göring zeigte sich bereit, die Zustimmung Japans zu gewinnen, beteuerte, daß Hitler »keinerlei Absichten auf die Ukraine« habe und gab vor, daß auch Deutschland aus Gründen seiner zwangsläufig langsamen Aufrüstung (Begrenzung des Rohstoffvorrats u. a.) erst nach zwei bis drei Jahren Krieg führen wolle. »Der Führer habe ihm (dem Gen.-Feldmarschall) sagen lassen, daß er gegen Polen nichts plane.« Hinsichtlich der Möglichkeiten, Rußland für eine Annäherung an die Achsenmächte zu gewinnen, zeigte sich Göring übertrieben optimistisch. Abschließend wurde in bezug auf »Rußland« Einigkeit darin erzielt, daß »Deutschland und Italien ... versuchen [sollten], mit diesem Lande das sogenannte ›petit jeu‹ zu spielen«.

Während Göring am 16. April im Palazzo Venezia die italienische Zustimmung zu einer taktischen Annäherung an die UdSSR fand, bereitete Staatssekretär von Weizsäcker in der Wilhelmstraße für den nächsten Tag die erste diplomatische Fühlungnahme mit dem Sowjetbotschafter in Berlin vor. Den Vorwand zu dieser Fühlungnahme bildeten die handelspolitischen Interessen der UdSSR. In den vorausgegangenen Tagen war Sowjetbotschafter Merekalow beim Leiter der Wirtschaftspolitischen Abteilung, Wiehl, vorstellig geworden, um in Ausführung einer Weisung Litwinows vom 5. April[184] durch Überreichen einer Verbalnote und eines entsprechenden Memorandums seiner Regierung gegen das Ausbleiben der vertraglich geregelten Lieferungen von Rüstungsmaterial der tschechischen Škoda-Werke an die UdSSR zu protestieren. Obgleich einem früheren (unmittelbar nach der Besetzung der Tschechoslowakei erfolgten) sowjetischen Antrag auf Aufrechterhaltung der bestehenden Verträge stattgegeben worden war, waren nun, nach Ergehen der Weisung für »Fall Weiß«, die Lieferungen erneut eingestellt worden. Hitler wollte diese Erzeugnisse jetzt nicht länger in die UdSSR ausführen, sondern sie der eigenen Rüstungsindustrie zuführen. Wiehl, der die Verbalnote entgegennahm, empfahl dem Botschafter, in dieser Angelegenheit doch unmittelbar beim Staatssekretär vorstellig zu werden. Bei Weizsäcker lag es, dem Gespräch eine geeignete Wendung zu geben.

Diese Initiative Wiehls traf den Staatssekretär im Moment einer tiefen persönlichen Sinnkrise. Er ergriff die Gelegenheit, um der – in seinen Augen unausbleiblichen – Verstrickung Deutschlands in einen Welt-konflikt entgegenzuarbeiten. »Das bißchen«, was er beitragen konnte, um den Krieg zu verhindern – so schrieb er einige Monate später in einem Privatbrief[185] –, habe er auf seine Weise zu tun versucht. Er sah Deutschland seit dem Marsch auf Prag – aus seiner Sicht eine »Bombe mit Spätzündung«, die den »diplomatischen Aufmarsch im Frühjahr 1939« nach sich zog[186] – »vor einer neuen, noch gefährlicheren Phase seiner Außenpolitik. Jeder irgendwie Beteiligte mußte aus dem März 1939 seine Schlüsse ziehen ... Meine Warnungen an Ribbentrop hatten nichts gefruchtet, meine indirekten Verbindungen zu Hitlers Hauptquartier nichts eingebracht. Wie sollte es in Zukunft werden, da doch die Westmächte Hitlers Übergriffe keinesfalls mehr tolerieren würden?«

Am Vorabend seiner Begegnung mit Merekalow, dem 16. April, schrieb er in einem Privatbrief: »Was mich bewegt, erkennst Du am schnellsten, wenn ich Dir sage, daß Herr von Ribbentrop die gegenwärtige englische Einkreisungsaktion für hohle Propaganda erklärt. Kein englischer Soldat würde unter die Waffe treten, wenn wir jetzt militärisch Polen vernichteten, so ist seine Ansicht.«[187] Die Leichtfertigkeit seines Chefs stand im schroffen Gegensatz zu anderen Informationen, die Weizsäcker in diesen Tagen über England erhielt.[188] So schloß er seinen Brief mit dem Satz: »Tue jeder, was er für seine Pflicht hält.«

In diesem Bewußtsein ging er auf die Anregung Wiehls ein, den Sowjetbotschafter zu einem Gespräch zu empfangen. Dieses versprach insofern geeignete Auswirkungen, als Merekalow selbst auf seine bevorstehende Reise nach Moskau hinwies und betonte, er wünsche bis zu diesem Zeitpunkt eine Klärung der deutschen Position in der Frage der Lieferungen des Škoda-Werkes für die UdSSR.[189] Über den Inhalt des Gesprächs geben zwei Aufzeichnungen Weizsäckers sowie je eine Aufzeichnung Merekalows und des anwesenden Botschaftsrats Astachow Auskunft. Die beiden Aufzeichnungen Weizsäckers tragen einen unterschiedlichen Charakter: Die erste, für Ribbentrop (zur Vorlage bei Hitler) bestimmte, berichtet in der zweckgerichteten Diktion bombastischer Selbstsicherheit von einer »unverblümten« Offerte des Russen zur Verbesserung der deutsch-sowjetischen Beziehungen. Die zweite, für Wiehl bestimmte Aufzeichnung spricht in sachlichem Ton von der sowjetischen Beschwerde über die wirtschaftliche Diskriminierung durch die deutschen Verwaltungs- und Militärorgane in Prag. Nur die erste Aufzeichnung hat Eingang in die Aktenveröffentlichungen zur Entstehung des Hitler-Stalin-Paktes gefunden. Sie galt und gilt in der einschlägigen westlichen Literatur als Beweis für die primäre sowjetische Initiative zur deutsch-sowjetischen Annäherung. Selbst kritische angelsächsische Historiker (wie Carr und Namier), die weit davon entfernt waren, Stalin bis zu diesem Zeitpunkt die aktive Rolle eines Werbers um Hitlers Gehör nachzusagen, nahmen dieses »Zeugnis« des Staatssekretärs für einen unwiderlegbaren Beweis. Indes hält sein Wahrheitsgehalt einem kritischen Textvergleich, insbesondere mit den sowjetischen Gegenaufzeichnungen, nicht stand.[190]

Es entsprach nicht der vollen Wahrheit, wenn Weizsäcker an den Anfang seiner ersten Aufzeichnung vom 17. April die Behauptung stellte, daß »der Russische Botschafter ... heute – zum ersten Mal seit seiner hiesigen Amtstätigkeit – zu einer sachlichen Besprechung« zu ihm gekommen sei. Er wollte mit dieser Betonung der Exklusivität des Ereignisses seine besondere aktuelle Bedeutung hervorheben. In Wahrheit hatte Weizsäcker bereits am 6. Juli 1938 ein längeres Gespräch mit dem neuernannten Botschafter geführt, das er (Weizsäcker) ebenfalls zum Anlaß einer Sondierung genommen hatte – ein Gespräch, das er nun aus guten Gründen verschwieg.[191] Wie in diesem ersten aktenkundigen Gespräch, so lag auch am 17. April 1939 der aktive Teil beim Staatssekretär.[192] In seiner an Ribbentrop gerichteten Aufzeichnung stellte Weizsäcker den Protest Merekalows über das Ausbleiben der Rüstungslieferungen lediglich als einen Vorwand hin (»eine angeblich besonders interessierende Sache«), um in Wahrheit festzustellen, ob die deutsche Regierung nach der veränderten militärischen Lage an der Aufrechterhaltung der vertraglich geregelten Beziehungen festhalte. Weizsäcker habe dies seinerseits zum Anlaß genommen, um »gegen Schluß der Erörterung« zur politischen Fragestellung überzugehen: Er »warf ... dem Botschafter ein Wort darüber hin, daß auch bei gutem Willen unsererseits Kriegsmateriallieferungen an Sowjetrußland im jetzigen Augenblick atmosphärisch nicht gerade begünstigt würden durch Nachrichten über einen russisch-englisch-französischen Luftpakt und dergleichen«. Dies war – in verschleierter Form, der möglicherweise eine uns unbekannte »Sprachregelung« zugrunde lag – die erste manifeste Bekundung eines Interesses am Nichtzustandekommen des sowjetisch-englisch-französischen Bündnisses als einer Voraussetzung für die Verbesserung der deutschen Beziehungen zur UdSSR aus dem Munde eines exponierten Vertreters der deutschen Außenpolitik. Laut Aufzeichnung Weizsäckers nahm »Merekalow ... dieses Wort [nun zum Anlaß], um auf das politische Gebiet überzugehen«. Tatsächlich hätte sich Merekalow aber dann lediglich nach der deutschen »Auffassung über die gegenwärtige Lage in Mitteleuropa erkundigt« – die Pflicht eines Botschafters in Krisenzeiten.

Weizsäcker hat seine Frage dahingehend beantwortet, daß Deutschland das einzige Land sei, das »das gegenwärtige europäische Säbelrasseln nicht mitmache«. Darauf fragte Merekalow, wie Deutschland denn dann zu Polen stehe. Nach den erklärenden Worten Weizsäckers fragte – so seine Aufzeichnungen – »der Russe mich unverblümt, was ich von dem deutsch-russischen Verhältnis hielte«. Weizsäcker ergriff diese Gelegenheit zu einer Friedensofferte, wenn er betonte, »wir hätten bekanntlich stets den Wunsch gehabt, mit Rußland in einem beiderseits befriedigenden Wirtschaftsaustausch zu leben«. Die unkorrekte Wortkombination (»in ... austausch ... leben«) läßt auf eine Kontraktion seines Wunsches und (unerwähnt gelassenen) Auftrags schließen, den Weg über einen verbesserten Wirtschaftsaustausch zu einem gemeinsamen Leben in »Frieden« zu ebnen.

Nach Darstellung Weizsäckers schloß Merekalow daraufhin die Unterhaltung mit der Erklärung, die sowjetische Politik »sei immer gradlinig gewesen«, ideologische Differenzen müßten – wie das italienisch-sowjetische Verhältnis zeigte – normale Geschäftsbeziehungen nicht verhindern, und die Beziehungen der UdSSR zu den westlichen Demokratien brauchten solche Beziehungen nicht zu stören. Diese Erklärung lag ganz auf der klassischen Linie der friedlichen Koexistenz. Ein Ergebnis des Gesprächs wurde auch dadurch nicht greifbarer, daß Weizsäcker unterstrich, »der Russe [hätte] die Unterhaltung [auf diesen Punkt] hingeführt«. Seine Aufzeichnung erweckt den Eindruck, daß die geschickte Lenkung des Gesprächs in seiner Hand lag und ihn nur die psychologische Lage, in der er sich befand, dazu führte, diesem Gespräch die Dimension einer politischen Wende zu geben. Das Ziel war ein zweifaches: der sowjetischen Seite durch Beweise guten Willens die deutsche Verhandlungsbereitschaft zu signalisieren und Hitler durch den angeblich veränderten sowjetischen Standpunkt die Richtung zu weisen, seine Polen-Pläne mit der Sowjetregierung abzustimmen.

In einer nach Kriegsbeginn niedergeschriebenen persönlichen Rückerinnerung an die Zeit von »April 1939 bis Sommer 1939«[193] nahm Weizsäcker mit folgenden Worten zu diesen Bemühungen um die Einbeziehung der UdSSR Stellung: »Statt zu warten ..., warfen wir im April 39 den Polen öffentlich den Handschuh hin ... Komplementär dazu begann unser Liebeswerben um die Russen. Ich habe als späteres Ziel, gewissermaßen als außenpolitisches Dessin, diesen Weg befürwortet ... Nur war auch die neue Bemühung um Rußland wieder eine krampfhafte ... Alles dies war aber einer zwangsläufigen Entwicklung unterworfen, nachdem der Fehler des 15. III. gemacht [war] und zugleich der Appetit immer mehr wuchs. Aus den ... Wünschen an Polen wurde ein Drängen aufs Ganze. Ostraumträume bekamen die Oberhand. Sie waren aber, wie der Führer sagte, nicht an Fristen gebunden; er glaubte, die Frucht reife von selbst.« In Anbetracht dieser Rückblende Weizsäckers erhebt sich die Frage, ob seine Aufzeichnung(en) nicht wesentliche Auslassungen enthalten – die Art ihrer Darstellung ließe sonst auf ein recht sprödes »Liebeswerben« schließen.

Die sowjetischen Gegenaufzeichnungen liefern einige Erklärungen[194]. Das kurze, sachliche Telegramm Merekalows, der im Gegensatz zu Astachow nicht Karrierediplomat war und weder über die erforderlichen sprachlichen noch professionellen Feinheiten verfügte, stellt seinen Protest über das deutsche Vorgehen in Prag in den Vordergrund – die Diskriminierung der sowjetischen Instanzen in schroffer Verletzung der Zusage Hitlers vom 22. März, die die Gültigkeit der bestehenden Verträge der Tschechoslowakei bestätigte. Nach einem längeren, daran anschließenden Wortwechsel hätte Weizsäcker wie im Scherz eingefügt: Wie könnte man denn der UdSSR Kanonen liefern, wo sie doch gerade im Begriff sei, einen Luftpakt einzugehen. Weizsäcker habe dem die friedlichen Absichten der deutschen Regierung entgegengestellt: Deutschland suche seit drei Monaten in den Verhandlungen mit Polen für die Garantierung der polnischen Westgrenze Danzig und die exterritoriale Autobahn durch den Korridor zu erhalten und habe keinerlei Angriffsabsichten. Hingegen heize England die internationale Lage an und dränge den kleinen Staaten unerwünschte Garantien auf. Alle Länder, selbst Belgien, Holland und die Schweiz, mobilisierten, nur Deutschland nicht. Die sowjetische Presse verhalte sich in der letzten Zeit viel korrekter als die englische. »Deutschland hat prinzipielle politische Meinungsverschiedenheiten mit der UdSSR. Es wünscht dennoch, die ökonomischen Beziehungen zu uns zu entwickeln.«

Zehn Tage nach dem Gespräch Weizsäckers mit Merekalow – dieser befand sich in Moskau, wo in Anwesenheit Stalins eine mehrtägige Besprechung im Kreml stattfand – schickte der als Dolmetscher fungierende Botschaftsrat Astachow auf Weisung Litwinows seine Aufzeichnung dieses Gesprächs nach Moskau. Die Darstellung Merekalows hatte bei der Sowjetregierung offene Fragen hinterlassen. Die Aufzeichnung Astachows zeigt einen überaus höflichen, entgegenkommenden Staatssekretär, der den sowjetischen Protest mit Bedauern zur Kenntnis nimmt, den einseitig gegen die Sowjetunion gerichteten Charakter der Maßnahmen bestreitet und die entstandenen Schwierigkeiten geflissentlich zu schlichten verspricht. Geschickt hat er dabei den Gedanken eingeflochten, daß die miltitärischen Instanzen leider die Frage nach der Opportunität der Lieferung von Luftwaffen an den Sowjetstaat stellen würden, der doch Verhandlungen über die Beteiligung an einem gegen Deutschland gerichteten Luftpakt führe. Astachow schrieb: »Nach einem Wechsel von Repliken geht das Gespräch auf allgemein-politische Themen über. W[eizsäcker] sagt, daß er gern zu einem Meinungsaustausch über die allgemeine politische Lage und zur Beantwortung aller den Botschafter interessierenden Fragen bereit ist.«

Hiermit nahm allem Anschein nach Weizsäcker die Initiative in die Hand und spielte dem im diplomatischen Sprachgebrauch ungeübten Merekalow die Rolle des Fragers zu. Dieser erkundigte sich daraufhin auch tatsächlich nach dem Stand der deutsch-französischen Beziehungen. Weizsäcker antwortete mit völligem deutschen Unverständnis über die französische Feindseligkeit. Darauf stellte Merekalow die Frage nach den deutschen Forderungen an Polen. »Forderungen« – so Weizsäcker – habe Deutschland nicht gestellt, Polen wohl aber eine annehmbare »Offerte« gemacht, die es mit der Garantie der deutsch-polnischen Grenze verbinde. Die Verhandlungen hielten an. Die Frage nach etwaigen polnisch-deutschen Grenzkonflikten verneinte Weizsäcker rundum. Darauf warf der Sowjetbotschafter die Frage nach den Gründen für die allgemein gespannte Lage in Europa auf. Der Staatssekretär entgegnete, den Deutschen sei dies alles unverständlich. Sie wollten niemanden angreifen, sie mobilisierten die zusätzlichen Jahrgänge nicht, wie dies alle Nachbarn täten ... Darauf fiel ihm Merekalow ins Wort: »Sie haben ja längst mobilisiert!« Weizsäcker stritt das ab und betonte, die Spannung würde von England und Frankreich künstlich gegen Deutschland geschürt. In Wahrheit habe Deutschland überhaupt keine Angriffspläne. Ob sich denn etwa die Sowjetunion von Deutschland bedroht fühle? Merekalow antwortete ausweichend, die UdSSR sei an der Beseitigung jeder Kriegsgefahr und Entspannung der Lage interessiert. Eine besondere Bedrohung seitens Deutschlands empfinde sie gerade nicht. Weizsäcker nahm dies zum Anlaß, um des längeren das besonnene Verhalten der sowjetischen Regierung und Medien zu loben. Er wollte wissen, ob man sowjetischerseits ebenso glücklich über die deutsche Presse sei ... Hier warf Astachow ein, daß die deutsche Propaganda zwar quantitativ weniger Ausfälle gegen die Sowjetunion und ihre führenden Politiker zulasse, »daß diese Ausfälle aber *qualitativ* in keiner Weise abgeschwächt [seien] und nicht den Eindruck erwecken, als habe eine Veränderung der Linie stattgefunden«. Dies bewiese nicht zuletzt ein Leitartikel des *Völkischen Beobachter* mit seinen groben Beleidigungen Stalins. »Weizsäcker zuckte die Schultern und stöhnte ...« Darauf fragte ihn Merekalow, wie er denn dann »die Perspektiven der Beziehungen zwischen der UdSSR und Deutschland« sehe. Hierauf machte Weizsäcker seine russischen Gesprächspartner im vielsagenden Tone scheinbarer Pläsanterie auf die außergewöhnlich günstige konjunkturelle Lage aufmerksam: »Besser als jetzt können sie [gar] nicht sein ...« Danach ging er zu einem ernsten Ton über und ließ die eindringlichen Worte fallen: »Sie wissen, daß zwischen uns Gegensätze ideologischer Art bestehen. Gleichzeitig damit aber wollen wir aufrichtig [!] die Wirtschaftsbeziehungen zu Ihnen entwikkeln.« Darauf verabschiedete sich Merekalow mit der Bemerkung, er müsse bald nach Moskau reisen, wo er sehr beschäftigt sei.

Gerüchte, die sich in Berliner Regierungskreisen alsbald um dieses Gespräch rankten, bestätigen, daß diese Eröffnungen Weizsäckers in der Tat als erster offizieller deutscher Schritt der Annäherung an die UdSSR galten. Nach Mitteilungen des persönlichen Adjutanten von Hermann Göring im Luftfahrtministerium, General der Flieger Karl Bodenschatz, an den Gehilfen des französischen Luftattachés, Hauptmann Paul Stehlin, vom 6. Mai 1939[195] war parallel zu diesem Gespräch (nach Bodenschatz hatte Ribbentrop selbst Merekalow diese Mitteilungen gemacht) der sowjetische Militärattaché im Oberkommando der Wehrmacht empfangen worden. Beide seien »genauestens über die Ansichten der deutschen Regierung in Kenntnis gesetzt« worden. Bodenschatz schloß seinen Bericht[196] mit den Worten, er könne Stehlin wirklich nicht mehr sagen, aber »eines Tages werde er feststellen, daß etwas im Osten im Gange ist«. Nach den Gründen für einen derartigen Sinneswandel Hitlers gefragt, gab Bodenschatz an, daß für Hitler als Soldaten juristische und ideologische Erwägungen bei der Ausführung eines Planes nicht stichhaltig seien: »Sie ... wissen, daß ein sehr katholischer König einst nicht gezögert hat, sich mit den Türken zu verbünden. Unterscheiden sich, im übrigen, die beiden Regime wirklich? Sind sie sich auf wirtschaftlichem Gebiete nicht fast gleich ...? Kurz, man kann die Lage folgendermaßen zusammenfassen: Die Polen glauben, auf die materielle Hilfe Rußlands rechnen zu können. Ihre Rechnung geht nicht auf: Ebensowenig, wie Hitler glaubte, die Fragen Österreichs und der Tschechoslowakei ohne Zustimmung Italiens lösen zu können, denkt er heute daran, die deutsch-polnische Meinungsverschiedenheit ohne Rußland zu regeln ... Es hat schon drei polnische Teilungen gegeben; glauben Sie mir, Sie werden eine vierte erleben!«

Dabei ist zu bedenken, daß diese vertraulichen Mitteilungen fast drei Wochen nach dem Gespräch Weizsäcker-Merekalow gemacht wurden – in dieser Zeit hatte einerseits die Aufzeichnung Weizsäckers möglicherweise schon das beabsichtigte Interesse gefunden und war andererseits die Ablösung Litwinows durch Molotow erfolgt. Dieser fortgeschrittene Entscheidungsstand Hitlers kam auch in den nachträglichen, zusammenfassenden Erinnerungen Stehlins über die Aussagen von Bodenschatz zum Ausdruck: »Deutschland will Danzig wiederhaben und den Korridor ... Aber Hitler will dafür nur dann das Risiko eines Krieges eingehen, wenn er alle Trümpfe in seiner Hand hält. Deren wichtigster ist die Gefahr eines Zweifrontenkrieges. Daher ist eine Verständigung zwischen dem Dritten Reich und der Sowjetunion unerläßlich.« Diesem Ziele hätten die »Verhandlungen« gedient, die im Gespräch mit Merekalow einerseits und dem sowjetischen Militärattaché andererseits eingeleitet worden seien.[197]

Der Bericht von Paul Stehlin hat zahlreiche Fragen aufgeworfen, die bis heute unbeantwortet geblieben sind. Sie beziehen sich in erster Linie auf die Motive der Mitteilungen von Bodenschatz. Die Annahme von David Dallin, es habe sich um ein »rein diplomatisches Manöver«[198] Hitlers zum Zwecke der Abspaltung der UdSSR von den Westmächten gehandelt, ist wenig plausibel. Es gibt keinen Anhaltspunkt dafür, daß Hitler dieses etwa zweistündige Gespräch im Büro von Bodenschatz im Luftfahrtministerium sanktioniert hätte. Coulondre vermutete, daß Göring seinen Adjutanten mit Zustimmung Ribbentrops zum französischen Militärattaché geschickt hatte. Doch war Coulondre einerseits der Meinung, daß zu dieser Zeit in erster Linie »Ribbentrop daran arbeitete, Hitler zu einem Abkommen mit den Sowjets zu führen«[199], eine Vermutung, die nur in Grenzen berechtigt ist. Andererseits unterschätzte er die zwischen Göring und Ribbentrop bestehende Rivalität, ihre Differenzen in der Frage des Krieges und ihren erbitterten Machtkampf in außenpolitischen und Bündnisfragen.

Wahrscheinlicher ist die Annahme, daß Bodenschatz auf eigene Faust und im Alleingang gehandelt hat – seine Kommunikationsfreudigkeit war bekannt und Goebbels ein Dorn im Auge.[200] Vielleicht war er sich dabei der Zustimmung Görings sicher. Dieser hatte in den ersten Maitagen mit Hitler eine Auseinandersetzung über seinen Entschluß zur militärischen Niederwerfung Polens gehabt und ihn – nach seinen eigenen Worten – ermahnt, »noch zu warten«.[201] Er hielt den Krieg für gefährlich und verfrüht und gab besorgt operative Studien für den Fall eines europäischen Krieges in Auftrag. Er sah Deutschland für ein solches Risiko nicht ausreichend gerüstet und ordnete die beschleunigte Luftrüstung an, bevor er sich am 3. Mai aus Anlaß des Siegs Francos in Spanien auf eine Mittelmeerreise begab.

Unmittelbar vor der Abreise Görings hatte Bodenschatz bereits den polnischen Militärattaché in Berlin vor bevorstehenden deutschen Aktionen gegen Polen gewarnt: Er »bemerkte, daß in diesem Jahr Krieg unvermeidlich sei und bemühte sich, den polnischen Militärattaché davon zu überzeugen, daß England und Frankreich nicht in der Lage seien, Deutschland daran zu hindern, Polen schnell zu überrennen ...«[202] Drei Tage nach der Abreise Görings setzte Bodenschatz den Gehilfen des französischen Luftattachés über die deutschen Pläne in Kenntnis.

Unklar bleibt – auch im Lichte dieser Mitteilungen – ob die Sondierung Weizsäcker-Merekalow (und eventuell OKW-Militärattaché) auf höheres Betreiben oder aber durch Absprache mit den interessierten Kräften innerhalb des Auswärtigen Amts (Schulenburg, Wiehl, Weizsäcker mit Kenntnis Görings) und des OKW (Canaris[203], Oster) erfolgt ist. Denkbar ist, daß auch jene Militärs, die den zu erwartenden Implikationen des Polenfeldzugs mit Besorgnis entgegensahen und daher in wachsendem Maße zu einer Verständigung mit Rußland drängten[204], bei dieser (koordinierten) Aktion mitgewirkt haben. Trotz dieser offenen Fragen kann die Lage um die Mitte April 1939 folgendermaßen resümiert werden: Die Polen-Pläne Hitlers standen fest. Im Auswärtigen Amt suchte man – mit Wissen Görings (und des OKW) – »krampfhaft« (Weizsäcker) nach Wegen, um die russische Neutralität zu sichern. Die eventuelle sowjetische Bereitschaft dazu wurde sondiert.

Auch Hitler stand die Notwendigkeit einer Verständigung mit Rußland jetzt vor Augen, doch wollte er die Frucht – das »Abkommen zum

Kriege«[205] – langsam zur Reife kommen lassen (Weizsäcker/Bodenschatz)[206]. Dabei schwankte er noch stark zwischen der wachsenden Verführung seiner »Ostraumpläne« (Weizsäcker) und den beängstigenden Visionen eines letztlich überlegenen Rußland. Charakeristisch für dieses Schwanken waren die Gedanken, die er – vordergründig zur Abschreckung Rumäniens und Englands – am 19. April dem rumänischen Außenminister Grigore Gafencu, der sich auf einer Informationsreise durch verschiedene europäische Hauptstädte befand, auf den Weg nach London mitgab. Nach »erschreckenden Prophezeiungen« an die Adresse Englands und seiner Verbündeten hielt Hitler plötzlich brüsk inne und stellte die rhetorische Frage: Wozu denn diese unendlichen Massaker? Die Antwort, die er sich selbst gab, lautete: »Am Ende werden wir alle, Sieger und Besiegte, unter den gleichen Trümmern liegen, und nur einem wird es nützen, dem da von Moskau.«[207] Wie David Dallin wohl nicht zu Unrecht vermutete, war in Deutschland zu diesem Zeitpunkt noch »Hitler ... das Haupthindernis einer deutsch-russischen Annäherung«[208].

Die Regierungsberatung im Kreml

Merekalow hatte Weizsäcker mitgeteilt, er werde in den nächsten Tagen nach Moskau fahren. Nach der Information von Bodenschatz an Stehlin reiste Botschafter Merekalow am Tage nach seinem Empfang im Auswärtigen Amt, also am 18. April, in Begleitung des Militärattachés nach Moskau. Er kehrte nie zurück.[209]

Am nächsten Tage, dem 19. April, reiste der Sowjetbotschafter in London, Iwan Majskij, zu Konsultationen nach Moskau[210]. Die Erklärung, die er für seine Reise gibt, ist plausibel: »Gleichzeitig mit der Übersendung unserer Gegenvorschläge berief mich M.M. Litwinow zur Teilnahme an einer Regierungsberatung über die Frage des Drei-Mächte-Paktes zur gegenseitigen Hilfe und der Perspektiven seines Abschlusses nach Moskau. Am 19. April verließ ich London.« Majskij kehrte am 28. April über Paris zurück, wo er den dortigen Sowjetbotschafter, Jakob Suriz, der – obgleich persönlich unmittelbar an den Paktverhandlungen beteiligt – nicht an den Moskauer Konsultationen teilgenommen hatte, über die Ergebnisse der Moskauer Regierungsberatung unterrichtete.

Die Beratung war von erheblicher Bedeutung. Majskij spricht von »dieser denkwürdigen Beratung im Kreml« und unterstreicht die Anwesenheit Stalins. Die Atmosphäre, in der die Sowjetregierung zu dieser Beratung zusammentrat, kam in einem Artikel der Zeitschrift des Außenministeriums, *Journal de Moscou*, vom 18. April zum Ausdruck. Der Artikel nahm Bezug auf die Note Roosevelts an Hitler und Mussolini (14. April) und kommentierte sie mit den Worten, es sei jetzt »klarer denn je, daß die Welt auf eine schreckliche Katastrophe zugeht, die unausweichlich eintreten wird, wenn die notwendigen Maßnahmen nicht rechtzeitig ergriffen werden ... Es ist natürlich, daß solch schwerwiegende Ereignisse gleichermaßen die Aufmerksamkeit von Ländern wie der UdSSR und den USA auf sich ziehen müssen, die aufgrund ihrer Macht und ihrer geographischen Lage keinen direkten Angriff zu fürchten haben.«

Als einzige Beschreibung dieser Beratungen ist das Zeugnis von Iwan Majskij von besonderem Wert. Majskij schrieb: »Auf der Regierungsberatung in Moskau mußte ich genaueste Berichte und Erklärungen über die Stimmungslage in England, über das Kräfteverhältnis zwischen Befürwortern und Gegnern des Paktes, über die Position der Regierung im ganzen sowie der einzelnen ihrer Mitglieder im Verhältnis zum Pakt, über die Perspektiven der nächsten politischen Entwicklung auf den britischen Inseln und über viele andere Dinge geben, die in der einen oder anderen Weise mit dem voraussehbaren Schicksal der sowjetischen Gegenvorschläge zusammenhingen. In meinem Bericht an die Regierung bemühte ich mich um äußerste Aufrichtigkeit und Objektivität ... [sowie darum], bei der Regierung keinerlei Illusionen hervorzurufen ... Ich sagte die Wahrheit, ... und als Resultat ergab sich ein wenig tröstliches Bild. Desungeachtet hat die Regierung dennoch beschlossen, die Gespräche fortzusetzen und alle möglichen Anstrengungen zu unternehmen, um die Engländer und Franzosen davon zu überzeugen, [daß es notwendig sei,] ihre Position zu ändern. Denn ich habe sowohl auf dieser Beratung als auch in privaten Gesprächen mit den mir bekannten Mitgliedern der Regierung die ganze Zeit über nur eine Empfindung [hinsichtlich ihrer Einstellung] gehabt: ›Ein neuer Weltkrieg muß um jeden Preis verhindert werden! Man muß möglichst schnell zu einem Vertrag mit England und Frankreich kommen!‹«

Soweit der Bericht Majskijs. Nicht weniger interessant als das, was er enthält, ist für die historische Forschung das, was er unerwähnt läßt.

Die erste Frage betrifft den Auftrag, den Majskij am Ende dieser Beratungen erhielt: Er sollte offenbar auf dem Rückweg in Paris Station machen, um den dortigen Sowjetbotschafter Instruktionen zu überbringen, und dann umgehend nach seiner Rückkehr im Sinne der in Moskau gefaßten Beschlüsse auf die englische Regierung einwirken. In Anbetracht der zunehmend gespannten, vorkriegsartigen Lage und der bislang unveränderten Haltung der westlichen Regierungen darf davon ausgegangen werden, daß Majskij für seine diplomatischen Bemühungen, die britische Zustimmung zum sowjetischen Paktvorschlag vom 17. April zu sichern, eine bestimmte Frist gesetzt war. Sollte er die Zustimmung der englischen Regierung bis zu diesem Zeitpunkt nicht gewinnen, würde eine andere Planungsmodalität ins Spiel kommen. Der Zeitraum war vermutlich knapp bemessen. Denn unmittelbar am Tage nach seiner Rückkehr in London (29. April) suchte Majskij den britischen Außenminister Lord Halifax auf, um ihm – nach seiner eigenen Darstellung – »unter den Moskauer Eindrücken stehend, lange und leidenschaftlich die Wichtigkeit des schnellestmöglichen Abschlusses eines Dreierpakts zur gegenseitigen Hilfe zu beweisen und ihn nachdrüklich des innigsten Wunsches der Sowjetregierung nach Zusammenarbeit mit England und Frankreich im Kampfe gegen die Aggression zu versichern«.

Die zweite Frage bezieht sich also auf den Zeitraum, der Majskij zur Erfüllung seiner diplomatischen Mission – bzw. der englischen Regierung für eine Antwort auf den sowjetischen Paktvorschlag – gesetzt war. Denkbar wäre, daß sich aus der Sicht Stalins etwa der 1. Mai, der Kampftag der internationalen Arbeiterklasse, als *deadline* angeboten hätte: An diesem Tage konnte Stalin auf der Tribüne auf dem Roten Platz die Botschafter aller betroffenen Länder aufmerksam betrachten, sich aus ihrem Verhalten ein Bild machen und ihnen gegebenenfalls Fragen stellen.

Die dritte Frage richtet sich auf die Präsenz und gegebenenfalls Berichterstattung des Sowjetbotschafters in Berlin auf dieser Regierungsberatung. Es ist vermutet worden[211], daß Merekalow in seinem Bericht ein positiveres Bild von der Einstellung seiner Gastregierung zeichnen konnte als sein Kollege Majskij. Die Ausführungen des deutschen Staatssekretärs am Vorabend seiner Reise mußten Aufmerksamkeit finden. Die zusätzlich angeforderte Aufzeichnung Astachows erreichte Litwinow gegen Ende der Beratungen. An jenem 27. April bestanden, wie Majskij beobachten mußte, bereits starke Spannungen im Verhältnis Stalins und Molotows zu Litwinow.[212] In der äußerst gereizten Atmosphäre, in der Stalin nur mit Anstrengung nach außen hin Ruhe bewahrte und Molotow Litwinow offen der politischen Fahrlässigkeit bezichtigte, konnte der Bericht Astachows über das Angebot Weizsäckers eine beträchtliche Wirkung erzielen. Das Fehlen antisowjetischer Invektiven in der Reichstagsrede Hitlers vom nächsten Tage besiegelte die Botschaft Weizsäckers an die Sowjetregierung.

Auf der anderen Seite brachte Merekalow vermutlich auch und vor allem Informationen über »Fall Weiß« mit nach Moskau. Damit rückte der Termin für die deutsch-polnische Verwicklung näher, und die Sowjetregierung geriet unter wachsenden Entscheidungsdruck. Nicht zufällig zirkulierte in den Tagen dieser Beratungen im Kreml in Moskau das Gerücht, daß die deutsche Regierung mit dem Angebot an die Sowjetregierung herangetreten sei, mit ihr einen Nichtangriffspakt abzuschließen, wenn sie sich neutral verhalte und einem von Deutschland angegriffenen Land keine Unterstützung gewähre.[213]

Stalin war sich (spätestens) von diesem Zeitpunkt an bewußt, daß Hitler die Haltung der Sowjetregierung ernsthaft in Betracht zog und bereit war, Rücksicht auf ihre Interessen zu nehmen. Damit bot sich – neben den vorrangigen sowjetischen Bestrebungen um die Errichtung einer kollektiven Abschreckungsfront – von jetzt an real eine »deutsche Option« an. Unbekannt bleibt, an welchem Ort der Prioritätenfolge Stalins diese Option zu diesem Zeitpunkt angesiedelt war. Allen Anzeichen nach hat Stalin ihren Wert zunächst gering bemessen: Er hat seinen in Berlin akkreditierten Botschafter nicht zurückreisen lassen und damit eine Weiterentwicklung der Fühlungnahme Weizsäckers mit Merekalow unterbunden, und seine Botschafter in London und Paris zu verstärkten Bemühungen um die Zustimmung der dortigen Regierungen gedrängt. Ohne Zweifel aber muß das Vorhandensein einer »deutschen Option« – und sei es zunächst im unteren Bereich der Prioritätenfolge – schon zu diesem Zeitpunkt einen Faktor in den Überlegungen Stalins gebildet haben.

Litwinow hat später berichtet, daß seine (einige Tage nach Beendigung der Beratung erfolgende) Demission und Ersetzung durch Molotow das Ergebnis von Eröterungen über die internationale Lage im Rahmen mehrerer Konferenzen gewesen sei.[214] Die wichtigste Konferenz dieser Art dürfte die »denkwürdige Beratung im Kreml« gewesen sein, in der die weitere außenpolitische Planung festgelegt wurde: Hier wurden Majskij (und Suriz) vermutlich Fristen gesetzt, in denen sie die Zustimmung der westlichen Regierungen zum Konzept Litwinows sichern sollten. Scheiterten ihre Versuche, so sollte den westlichen Regierungen durch die Demission Litwinows ein unmißverständliches Signal gesetzt werden. Litwinow selbst hatte diese Eventualität offenbar seit längerem vorausgesehen und für den Fall des Scheiterns seiner Verhandlungen seinen Rücktritt ins Auge gefaßt.[215] Ob die nunmehr im Hintergrund bereitstehende »deutsche Option« in Stalin die zu diesem demonstrativen Akt erforderliche Entscheidungskraft stärkte, sei in Ermangelung von Beweisen dahingestellt.

Neben diesem Hauptpunkt der Regierungsberatung dürfte die allgemein besorgniserregende Weltlage zur Debatte gestanden haben. Die außenpolitischen Optionen der UdSSR hatten sich weiter verengt. Mit Sorge hatte die Sowjetregierung das verstärkte Werben Ribbentrops um ein militärisches Engagement Japans im Rahmen des Dreiecks Berlin-Rom-Tokio verfolgt. In einem militärischen Dreierbündnis, das neben einer antisowjetischen auch eine antibritische Stoßrichtung enthielt, erkannte Ribbentrop die Möglichkeit, das im Entstehen begriffene antideutsche Paktsystem zu konterkarieren. Durch eine feste militärische Bindung Japans an die Achsenmächte wollte er das globale Mächtegleichgewicht wieder zugunsten Deutschlands stabilisieren. Unter Zureden und Drohungen setzte er die japanische Regierung stärker unter Druck, wobei er – etwa im Gespräch mit den japanischen Botschaftern in Rom, Toshio Shiratori, und in Berlin, Hiroshi Oshima, während der Geburtstagsfeierlichkeiten Hitlers am 20. April 1939[216] und im Gespräch mit Oshima am 28. April[217] – auch die Anspielung auf eine deutsch-sowjetische Annäherung als Druckmittel einsetzte. Der Wechsel der Taktik, die zur Bindung Japans verwendet wurde, verriet die innere Unsicherheit des Außenministers und das Schwanken Hitlers, die abwechselnd mit den Gedanken an die feste Einbindung Japans in einen antirussischen Militärpakt und an die Gewinnung der Zustimmung Japans zum Abschluß eines deutsch-russischen Nichtangriffspaktes spielten.

Auf sowjetischer Seite scheint man – sofern dies die sowjetischen Aktenveröffentlichungen[218] erkennen lassen – sehr wohl die starken deutschen Pressionen auf Japan, weniger aber die Reserven der japanischen Regierung verzeichnet zu haben, welche sich freilich stärker gegen die antibritischen als die antisowjetischen Ziele des von deutscher Seite angestrebten Militärbündnisses richteten. Die passionierte und allem Anschein nach einseitig präjudizierende Berichterstattung des sowjetischen Militäragenten in Japan, Richard Sorge, hat offenbar in diesem Zeitraum ihre Befürchtung genährt, daß mit einer japanischen Bereitschaft durchaus zu rechnen sei. Gewisse Aktivitäten der Japanischen Botschaft Moskau dürften sie in dieser Einschätzung bestärkt haben.[219]

Besorgnis mußten auch die Zeichen einer stärkeren Annäherung Deutschlands an die baltischen Länder auslösen, die – genau in den Tagen der Moskauer Regierungsberatung – etwa in der Behandlung militärischer und politischer Vertreter der baltischen Länder zum Ausdruck kam. Auf der bombastischen Militärparade aus Anlaß des 50. Geburtstags von Adolf Hitler wurde ihnen in Berlin ostentativ ein bevorzugter Platz zugewiesen. Auch im *Völkischen Beobachter* wurde ihre Anwesenheit mit unzweideutigem Interesse hervorgehoben.[220] Aus Moskauer Sicht konnte man hierin – wenige Tage nach der Fühlungnahme Weizsäckers und Abreise Merekalows zu Konsultationen mit seiner Regierung – die drohende Geste an die Adresse Moskaus erkennen, daß sich Deutschland noch immer alle Optionen offenhielt.

Für die mit Blick auf den Polenfeldzug angestrebte Neutralisierung Rußlands schienen beide Varianten ihre Vorteile zu besitzen: Hitler konnte hoffen, Stalin durch das Druckmittel eines erweiterten aggressiven Militärpakts der Achsenmächte mit Japan für seine Bündnisidee gefügig zu machen, oder ihn, sollte sich Japan nicht in eine aktive antisowjetische Militärfront einreihen lassen, mit dem Versprechen der Ruhe im Westen und Einflußnahme auf Japan für die deutsch-sowjetische Paktidee zu gewinnen. So rückte das Interesse an der Haltung der USA als einem stabilisierenden Faktor im Pazifik stärker in den Kreis der sowjetischen Erwägungen. Vermutlich hat es auch in den Beratungen der Sowjetregierung, die um den 21. April begannen, eine wichtige Rolle gespielt.[221]

Im Zentrum dieser Beratungen aber standen die Perspektiven, die sich mit der Überreichung des sowjetischen Paktvorschlages an die Westmächte am 17. April eröffneten. In dieser Hinsicht boten die Ereignisse, die sich – simultan zu der Beratung im Kreml – in London abspielten, aus Moskauer Sicht ein »wenig tröstliches Bild« (Majskij). Die Tatsache, daß der sowjetische Paktvorschlag weder in Frankreich noch in England den Kabinettsmitgliedern, geschweige denn einer größeren Öffentlichkeit, zugänglich gemacht worden war, verringerte die Hoffnung auf stärkeren Druck der Opposition auf die Regierung Chamberlain. Die – in sowjetischen Augen – »symbolische Geste«[222], daß der englische Botschafter in

Berlin, Henderson, der aus Protest über die Besetzung Prags von seinem Posten abberufen worden war, ausgerechnet während der Moskauer Regierungsberatung, am 24. April, nach Berlin zurückbeordert wurde, verdeutlichte, daß die britische Regierung sich in einem Entscheidungsdilemma befand und die Beantwortung der sowjetischen Note vom 17. April bis zum 9. Mai hinauszögerte.[223] Ihre Einstellung zu einem Pakt mit dem bolschewistischen Rußland blieb auch in diesem Zeitraum negativ.

Der Verlauf der Kabinettssitzungen jener Tage lieferte Moskau die letzten Beweise dafür, daß die britische Regierung nicht bereit war, auf die sowjetischen Bündnisvorschläge einzugehen. Sogar die von unterschiedlicher Seite vorgebrachten, dringlicher werdenden Warnungen, die Sowjetregierung könnte durch Ablehnung ihres Paktvorschlags in die Arme Deutschlands getrieben werden, wirkten nicht letztlich alarmierend. So hatte Sir Alexander Cadogan den sowjetischen Paktvorschlag in Vertretung von Lord Halifax in der Sitzung des Außenpolitischen Ausschusses vom 19. April als »extremely inconvenient« bezeichnet, aber zugleich die »entfernte« Möglichkeit zu bedenken gegeben, daß Rußland, trüge man seinem Interesse nicht Rechnung, zu einem Stillhalteabkommen (non-intervention agreement) mit Deutschland gezwungen sein könnte.[224] Die Ausarbeitung des Generalstabs (»Military Value of Russia«) vom 24. April, die dem Außenpolitischen Ausschuß in seiner Sitzung vom 25. April vorlag, bezeichnete die militärischen Gefahrenmomente, die aus der mangelnden Berücksichtigung der sowjetischen Bedürfnisse resultierte, als gravierend. Sie richtete die Aufmerksamkeit des Foreign Office »auf die extrem großen militärischen Gefahren der Möglichkeit einer Übereinkunft zwischen Deutschland und Rußland«.[225]

Dies alles veranlaßte Lord Halifax in der Kabinettssitzung vom 26. April lediglich zu der abschließenden Bemerkung, zweifellos müsse die britische Politik darin bestehen, Rußland im Falle eines Krieges neutral oder »auf unserer Seite« zu halten. Es dürfe aber nicht vergessen werden, welche Wirkung ein Bündnis mit Rußland auf Polen, Rumänien und »andere Länder, einschließlich Deutschland[!]« haben würde. Halifax folgerte: »Wir sollten nicht so handeln, daß wir die russische Hilfe im Kriegsfall verlören; wir sollten nicht die gemeinsame Front mit Polen gefährden; und wir sollten nicht den Frieden gefährden.«[226] Mit diesem Programm erlegte sich das Foreign Office selbst Handlungsunfähigkeit auf. Der Leiter der für die UdSSR zuständigen Nördlichen Abteilung des

Foreign Office, Sir Laurence Collier, gewann am 28. April, dem Tage der Rückkehr Majskijs nach London, den Eindruck, »daß das wirkliche Motiv für die Einstellung des Kabinetts der Wunsch ist, die russische Hilfe zu sichern und gleichzeitig unsere Hände frei zu behalten, um es Deutschland zu ermöglichen, sich auf russische Kosten nach Osten auszudehnen, wenn wir es für passend halten«.[227]

Die Berichte, die der Sowjetregierung in den Tagen nach Abschluß der Beratung im Kreml zugingen, bestätigten diesen Eindruck. Die Reaktion des britischen Außenministers Halifax auf das leidenschaftliche Plädoyer Majskijs für den baldigen Paktabschluß (29. April) wirkte auf ihn »wie eine kalte Dusche«[228]. Die vorläufige Antwort von Halifax an die Sowjetregierung vom selben Tage war nicht geeignet, in Moskau eine günstigere Reaktion hervorzurufen.[229] Die nachfolgenden Berichte Majskijs aus London änderten daran nichts – er schrieb sie in »gereizter Erregung über die starrsinnige Blindheit«[230] der englischen Regierung, besonders des Außenministers Lord Halifax. Die Berichte des sowjetischen Botschafters in Paris, Jakob Suriz, den Majskij auf seiner Rückreise von Moskau über Paris nach London ins Bild gesetzt hatte, wirkten in Moskau nicht weniger desillusionierend.[231] Somit erlangte die Sowjetregierung Ende April 1939 faktisch Gewißheit darüber, daß die englisch-französische Antwort auf ihren Vorschlag vom 17. April negativ ausfallen würde.[232] »The outlook for ›collective security‹ was thus at its blackest.«[233]

Die Demission Litwinows

Am 1. Mai 1939 war Außenkommissar Litwinow – Promotor und Symbol der Idee der »kollektiven Sicherheit« – während der Parade auf dem Roten Platz als Ehrengast auf der Ehrentribüne in nächster Nähe Stalins zu sehen – eine Tatsache, die in den sowjetischen Presseberichten vom 2. Mai nicht übergangen wurde. Über den gesamten 2. Mai hinweg war Litwinow – nach Auskunft des englischen Botschafters Seeds an Lord Halifax[234] – angeblich noch mit den Mai-Feierlichkeiten beschäftigt und für den britischen Botschafter nicht zu erreichen. Am Morgen des 3. Mai empfing er Seeds zu einem Gespräch. Die Weisungen des Botschafters waren eng begrenzt und liefen auf die Wiederholung früherer ausweichender Erklärungen hinaus. Litwinow suchte Seeds zu einer Präzisierung der englischen Absichten zu veranlassen und stellte ihm die direkte Frage, ob die britische Regierung Deutschland im Falle eines Angriffs auf Polen den Krieg erklären werde. Die Antwort war kennzeichnend für das britische Bemühen, sich nicht festlegen zu lassen: England befände sich in diesem Falle ja schon aufgrund seiner Verpflichtungen im Kriegszustand, eine Erklärung dieser Art halte man für unnötig. Eine Änderung der britischen Position war weder erfolgt noch zu erwarten.

Der britische Premierminister verdeutlichte dies genau an diesem Tage (3. Mai) vor dem Unterhaus, als er den Einwürfen der Befürworter eines Paktsystems mit Rußland mit der Erklärung begegnete, »freundliche Unterredungen« mit der Sowjetregierung würden fortgesetzt, der vorliegende sowjetische Vorschlag aber nicht akzeptiert werden, denn ein Dreierbündnis dieser Art würde den Krieg unvermeidlich machen.[235] Die Kabinettssitzung dieses Tages stand noch ganz unter dem Eindruck der Reichstagsrede Hitlers vom 28. April, seines »letzten Liebesappells an England«[236] und zugleich seiner »Rehabilitierung« Rußlands[237]. Mehrere Kabinettsmitglieder, unter ihnen nun Lord Halifax, mußten sich mit der Gefahr eines deutsch-sowjetischen *rapprochement* auseinandersetzen. Wenngleich ein solches Arrangement unter der Annahme der wohlerwogenen Sicherheitsinteressen der UdSSR momentan noch als wenig wahrscheinlich galt, wurde doch angeregt, die Verhandlungen mit der UdSSR zumindest eine Zeitlang glaubwürdig weiterzuführen, um einer solchen Entwicklung vorzubeugen. Eine Zurückweisung des sowjetischen Paktvorschlags würde – wie jetzt auch der Staatssekretär im Kriegsministerium hervorhob – Rußland geradezu in eine »natürliche Orientierung« zu Deutschland leiten. Halifax tat dies als eine »bloße Möglichkeit« ab[238].

Dem Außenkommissar gingen somit an diesem 3. Mai die letzten Beweise für die unveränderte britische Haltung zu. Unmittelbar nach seinem Gespräch mit Seeds dürfte Litwinow Stalin Vortrag gehalten haben. Der während der Regierungsberatung festgesetzte Rubikon war überschritten. Es war nun der Zeitpunkt eingetreten, um die erste sichtbare Konsequenz aus der englischen Hinhaltetaktik zu ziehen. Sie bestand im sofortigen Rücktritt Litwinows und seiner Ersetzung durch den Vorsitzenden des Rates der Volkskommissare, Molotow.

Im weiteren Verlauf desselben Tages verabschiedete das Präsidium des Obersten Sowjet den Erlaß *(Ukaz)* über die Ernennung Molotows zum Außenkommissar unter Beibehaltung seines Amtes als Vorsitzender des Rates der Volkskommissare.[239] Gleichzeitig[240] wurde im Gebäude des Narkomindel die Amtsübergabe vollzogen. Am Abend desselben Tages tagte hier eine Regierungskommission, bestehend aus Molotow, dem Georgier und Leiter der Auslandsabteilung des Außenkommissariats und stellvertretenden Volkskommissar für Äußeres, Wladimir Dekanosow, Maksim Litwinow sowie – ein weiterer Georgier – Berija und dem Russen Malenkow.[241]

Die Abteilungsleiter des Außenkommissariats wurden zum Vortrag bestellt. Ein großes Revirement wurde eingeleitet, in dessen Verlauf eng mit dem Kurse Litwinows verbundene Beamte (überwiegend jüdischer Herkunft) ihres Amtes enthoben, andere der »Säuberung« unterworfen wurden. Unter ihnen befand sich der langjährige Leiter der Presseabteilung des Außenkommissariats, Jewgenij Gnedin; ihn hatte Tippelskirch schon am 10. Oktober 1938 unter den Opfern der Säuberung gewähnt[242]. Am Morgen des 4. Mai 1939 veröffentlichte die Sowjetpresse in der damals für solche Ereignisse üblichen großen Aufmachung auf Seite eins den Ukaz des Präsidiums des Obersten Sowjet vom 3. Mai. Auf der letzten Seite erschien unter der Rubrik »Chronik« die unscheinbare Mitteilung, der bisherige Außenkommissar Litwinow sei »auf eigenen Wunsch« von seinem Posten zurückgetreten.[243] Am selben Tage hob Radio Moskau hervor, diese personelle Veränderung bedeute keinen Wechsel in der sowjetischen Außenpolitik. Die Presseabteilung des Narkomindel gab westlichen Korrespondenten dieselbe Erklärung.

Die Deutsche Botschaft Moskau hatte diese Wendung der Dinge seit dem Münchner Abkommen vorhergesagt. Jetzt, da sie eingetreten war, betonte Geschäftsträger von Tippelskirch in seinem Bericht vom 4. Mai[244] an das Auswärtige Amt, daß »in letzter Zeit konkrete Anzeichen für Erschütterungen seiner (d.i. Litwinows, I.F.) Stellung nicht vorlagen«. »Größte Überraschung« hätte dieser dem äußeren Anschein nach plötzliche Wechsel »hervorgerufen, da Litwinow sich mitten in Verhandlungen mit der englischen Delegation befand«[245]. Tippelskirch brachte diese personelle Veränderung jetzt mit »Meinungsverschiedenheiten« im Kreml über die Art der Verhandlungsführung in Verbindung, deren Grund »im tiefen Mißtrauen liegen [dürfte], das Stalin gegenüber gesamter kapitalistischer Umwelt hegt«.

Der britische Botschafter sah in diesem personellen Wechsel lediglich »das (so oft vorausgesagte)« und nun eingetretene »Verschwinden von M. Litwinow«. Er unterstrich den Aspekt der damit erfolgten »Stärkung des

Volkskommissariats für Auswärtige Angelegenheiten durch die Ernennung einer solch bedeutenden politischen Persönlichkeit wie M. Molotow«. Seeds warf auch die Frage auf, »ob der plötzliche Wechsel zu einem Zeitpunkt, in dem unsere Verhandlungen, vom sowjetischen Standpunkt her betrachtet, für mehr als zwei Wochen auf verdächtige Weise hinausgezögert worden sind, nicht ein Verlassen der Litwinowschen Politik der kollektiven Sicherheit (von der man meinen könnte, daß sie wieder an der Schwelle zu einer Zurückweisung durch die Westmächte stehe) und eine Entscheidung bedeutet, statt dessen in eine Politik der Isolation einzutreten, die mehr in Übereinstimmung mit Stalins Reden [sic] wäre«. Seeds bedauerte, auf diese Frage noch keine Antwort geben zu können, hielt es aber für bemerkenswert, daß die sowjetische Presse dieses Tages die Erklärung des britischen Premierministers über den »freundschaftlichen Geist« der britisch-sowjetischen Unterredungen vom Vortage unerwähnt gelassen habe.

Auch der deutsche Botschafter, der sich in diesen Tagen als Leiter der deutschen Delegation zu den Hochzeitsfeierlichkeiten des persischen Kronprinzen in Teheran befand, teilte seinem italienischen Kollegen in Persien, Petrucci, mit[246], der Rücktritt Litwinows sei unerwartet erfolgt, wenn Stalin auch in seiner Rede vom 10. März die Möglichkeit eines Wechsels in der sowjetischen Außenpolitik offengelassen habe. Schulenburg betonte, daß er es nicht wage, eine Prognose zu stellen, entwikkelte aber eine Sicht der Dinge, die sich im nachhinein betrachtet als richtungweisend erwies. Er erklärte, daß »die Sowjetunion seit langer Zeit eine Annäherung an Deutschland gesucht« habe, die aufgrund der militanten, abweisenden offiziellen Haltung Deutschlands nicht zustandegekommen sei.

Auf die Frage nach den Gründen für die Ablösung Litwinows nannte Schulenburg »drei mögliche Hypothesen:
1. Stalin wollte sich Litwinows entledigen, der zu sehr mit dem System der Kollektiven Sicherheit kompromittiert ist, das total versagt hätte.
2. Die von Litwinow gezeigte Schwäche und seine Angst, sich grundlegend gegen Japan zugunsten Chinas, gegen Deutschland zugunsten der Tschechoslowakei und in letzter Zeit zugunsten Polens festzulegen, hätten Stalin gereizt (verärgert), der sich jetzt definitiv festzulegen beabsichtigte.
3. Die unkluge englische Handlungsweise und das dezidiert antideutsche Verhalten Polens, die die Kriegsgefahr im Osten näherbrachten,

hätten es Stalin ratsam erscheinen lassen, sich von der von Litwinow verfolgten Politik abzuwenden, um eine Verständigung mit der Achse Rom-Berlin zu suchen.«

Wie Petrucci Ciano mitteilte, hielt Schulenburg »die letzte, dritte Hypothese für die wahrscheinlichste«.

Bei dieser Deutung Schulenburgs darf der Adressat der Mitteilung nicht außer acht gelassen werden – das italienische Außenministerium: Da Italien für Polen besondere Verantwortung trug und dem Polen-Feldzug ebenso ablehnend gegenüberstand, wie es den aus ihm resultierenden allgemeinen Krieg für verfrüht hielt, war hier aus der Sicht der deutschen Gegner dieses Krieges eine Interessengemeinschaft angezeigt. Schulenburg machte die italienische Diplomatie hier auf eine Möglichkeit aufmerksam, an der er selbst – nach seiner Rückkehr – im Verein mit seinem italienischen Kollegen in Moskau, Augusto Rosso, nach Kräften zu arbeiten begann: in Kenntnis der komplizierten Entscheidungslage der Sowjetregierung einen gemeinsamen Ausweg aus dem beiderseitigen Dilemma zu bahnen.

Insofern erkannte Schulenburg die dritte von ihm erwähnte Alternative wohl in erster Linie als eine latente, aus dem Entscheidungsdilemma Stalins resultierende Möglichkeit, nicht aber als eine bereits getroffene Entscheidung. Gerhard Weinberg ist diesem Sachverhalt nahegekommen, wenn er vermutete: »Als er [Molotow] Litwinow ersetzte, war eine Bewegung weg vom Westen wohl angezeigt, aber dies eher in Richtung auf eine neutrale ... Position als in pro-deutsche Richtung. Diese letzte kam erst als ein Resultat der deutschen Reaktion auf die Entlassung Litwinows, und nicht so sehr als eine Initiative Molotows, zustande.«[247] Dem entspricht die Erinnerung Herwarths, der damals mit Schulenburg in Teheran weilte; er schrieb: »Wir erkannten nicht sogleich, daß dies der entscheidende Wendepunkt und das Ende der Politik der kollektiven Sicherheit und des ungeteilten Friedens war, die Litwinow vertreten hatte.«[248]

Die Reaktionen auf die Demission Litwinows im Ausland waren sehr unterschiedlich, wobei allein »in Deutschland die Reaktion ... unmittelbar erfolgte«.[249] Nach den diplomatischen Vertretungen und Außenministerien[250] haben sich Historiker[251] der betroffenen Länder um Aufklärung der Hintergründe bemüht. Zahlreiche sinnvolle Hypothesen und Gesichtspunkte sind in diese Erörterung eingeflossen. Eine letztlich befriedigende Erklärung kann nur aus der Kenntnis der sowjetischen

Akten resultieren. Die bisherigen westlichen Erklärungen lassen sich bei all ihrer Gegensätzlichkeit auf die folgenden Thesen reduzieren, deren Ordnung zugleich die Rangfolge ihrer Wahrscheinlichkeit anzeigt:
– Der Rücktritt (oder die Entlassung) Litwinows hatte Signalcharakter: Er sollte die Westmächte darauf aufmerksam machen, daß die Politik der kollektiven Sicherheit in Gefahr war.
– Er entband im Moment der Kriegsgefahr einen Mann von seinem verantwortungsvollen Posten, dessen Konzept sich nicht bewahrheitet hatte und der nicht zum engen Kreise um Stalin gehörte (Litwinow ist – im Gegensatz zu Molotow – niemals Mitglied des Politbüros gewesen).
– In Molotow ernannte Stalin einen Außenkommissar, der keine eigenen Ideen verfolgte, sondern ein fähiges Exekutivorgan seines Willens war.
– Der Wechsel an der Spitze des Außenkommissariats gab der Sowjetregierung im Moment der außenpolitischen Zuspitzung wieder volle Bewegungsfreiheit.
– Mit Litwinow und den von ihm eingesetzten Männern wurde die prowestliche Fraktion des Narkomindel (zeitweilig) entfernt (Litwinow unterlag nicht der Säuberung, sondern konnte in Ehren auf seine Wiederverwendung warten).
– Mit der Entfernung des (Juden) Litwinow wurde ein Hindernis für eine (weitere) Annäherung Deutschlands an die UdSSR aus dem Wege geräumt.
Doch dies sind lediglich Thesen. In Unkenntnis der genauen Entscheidungen Stalins ist – wie für William Langer zu Beginn der fünfziger Jahre – »ein abschließendes Urteil selbst jetzt noch unmöglich«.[252]

In den drei im engeren Sinne betroffenen Ländern – UdSSR, England und Deutschland – gingen die Erklärungen über den Sinn dieser Maßnahme am weitesten auseinander. Die geringste Bedeutung wurde dem Wechsel in England beigemessen.[253] Wie Namier später mit Bedauern festhielt, hätte er gerade diesem Lande zur Warnung dienen sollen, aber »zu wenig wurde in dieser Zeit in ihn hinein- und zu viel im Lichte der nachfolgenden Ereignisse aus ihm herausgelesen«.[254]

Auf sowjetischer Seite wurde ein intendierter Signalcharakter dieser Entscheidung der Sowjetregierung verneint und auf die Tatsache hingewiesen, daß das Ansehen Litwinows in der Bevölkerung begrenzt, sein Einfluß auf die sowjetische Außenpolitik eng bemessen und seine persönliche Stellung in der Regierung niemals unangefochten gewesen wären. Ferner wurde betont, daß personelle Entscheidungen dieser Art nicht von einem Menschen (Stalin), sondern von der Regierung getroffen und die außenpolitischen Leitlinien niemals von einem Minister, sondern durch Beschlüsse des Obersten Sowjet bestimmt würden. Es wurde bestritten, daß der Wechsel an der Spitze des Außenkommissariats einen Wandel in der sowjetischen Außenpolitik angedeutet hätte – vielmehr hätte Stalin in der durch die englische Ablehnung bedingten Pattsituation die geballte Entscheidungsgewalt in die Hände eines engen Mitarbeiters gelegt, der das Vertrauen der werktätigen Massen und der Regierung besessen hätte.[255]

Allein in Berlin löste die Nachricht der Demission Litwinows eine »Sensation, die phantastischsten Gerüchte« aus.[256] Die Intensität, mit der sie diskutiert und zum Ausgangspunkt neuer Pläne gemacht wurde, zeugte von der gesteigerten Erwartung, mit der die auf eine Verständigung mit Rußland drängenden Kreise ihren Blick nach Moskau richteten: Seit den Fühlungnahmen Kleists und Weizsäckers (sowie eventuell des OKW) hatten sie verzweifelt auf ein Zeichen sowjetischer Zustimmung gewartet. Nun endlich glaubten sie es zu erhalten. Diese Beobachter, überwiegend aus dem nationalsozialistischen Lager, waren im hohen Maße Gefangene der Rassenideologie und ihres germanozentrischen Weltbewußtseins, wenn sie – im Gegensatz zur Deutschen Botschaft Moskau[257] – in der »Absetzung des Juden Litwinow-Wallach« einen direkten Fingerzeig Stalins an die deutsche Adresse erkannten.[258]

Zweite deutsche Fühlungnahme: Schnurre–Astachow

Tatsächlich brach die Demission Litwinows den Bann der Lähmung, der seit Bekanntwerden der Polen-Pläne Hitlers (»Fall Weiß«) in Berlin auf informierten politischen und militärischen Dienststellen lastete. Stalin – darin bestand jetzt ihre Hoffnung – habe durch Entlassung Litwinows ein Zeichen seiner Zustimmung zu einer Verständigung mit Hitler gesetzt. Damit trat die Gefahr eines Zweifronten- und damit eines großen europäischen Krieges im Moment des deutschen Angriffs auf Polen in den Hintergrund.

Dieses Verständnis der Handlungsweise Stalins schlug unmittelbar in Aktivitäten neuen politischen und militärischen Planens um. Es intensivierte die laufenden Planungen und gab den Befürwortern einer politischen Verständigung mit Rußland beträchtlichen Aufwind. So konstatierte der italienische Generalkonsul in Berlin Renzetti, seit Monaten ein wachsamer Beobachter dieser Entwicklung, am 7. Mai[259] eine veränderte Situation. Die Aufmerksamkeit der militärischen, politischen und Wirtschaftskreise war jetzt mit großer Intensität auf die Untersuchung und Überprüfung der Möglichkeiten einer Verständigung mit Rußland gerichtet. Selbst diejenigen, die den Gedanken an eine Normalisierung der Beziehungen zu Moskau noch vor Wochen verworfen hatten, traten ihm nun näher. Wie Renzetti jetzt erfuhr, war die Frage der deutsch-russischen Beziehungen während der vorausgegangenen Monate unter strengster Geheimhaltung von einer kleinen Arbeitsgruppe von hohen Militärs, unter Hinzuziehung einiger Wirtschaftssachverständiger, bearbeitet worden, im Zuge der krisenartigen Zuspitzung der letzten Wochen hätten sie ihre Bemühungen intensiviert. Ihre Vorschläge fänden nun Gehör.

Nach Informationen, die dem britischen Militärattaché in Berlin, Mason-MacFarlane, zugingen, unternahmen bestimmte Wehrmachtsdienststellen energische Versuche, um den Weg zu einem Militärbündnis mit Rußland zu ebnen; so wenig verlockend für sie auch die Vorstellung eines größeren Zweifrontenkrieges sei, sie würden zweifellos in den Krieg ziehen, »wenn Rußland, selbst wenn es nur neutral bleiben sollte, ihr Spiel spielen würde«.[260] Nach Berliner Gerüchten wandte auch Hitler diesem Problem wachsende Aufmerksamkeit zu. Personen aus seiner nächsten Umgebung, wie etwa der Gauleiter von Ostpreußen, Erich Koch, wußten seit einigen Wochen – also offenbar seit der Weisung für »Fall Weiß« – von seinen Überlegungen, eine Vereinbarung mit Rußland herbeizuführen.[261]

Die Memoirenliteratur enthält, so fragwürdig sie ist, Anhaltspunkte, nach denen der Fall Litwinows, anders als die Rede Stalins vor dem XVIII. Parteitag, auch in der unmittelbaren Umgebung Hitlers einen Immediateffekt hervorgerufen hätte. »Litwinows plötzliche Entlassung verfehlte ihren Eindruck auf Hitler nicht.«[262] Nach der Erinnerung seines Adjutanten sah Hitler in der Ersetzung des jüdischen Außenministers durch Molotow ein »Anzeichen aus Moskau, daß auch Stalin an einer Änderung der sowjetischen Politik gegenüber Deutschland interessiert war«.[263] Die Gründe für dieses Interesse habe Hitler in der wirtschaftlichen Schwäche der UdSSR und in dem Bedürfnis Stalins gesehen, sich des »Unsicherheitsfaktors Polen« zu entledigen. Es dominierte – auch in der Wiedergabe dieser Überlegungen Hitlers durch seinen Adjutanten –

aus der Sicht Hitlers das deutsche Interesse weit über die diesem eventuell entgegenkommenden Erwägungen Stalins: In *unserem* Interesse – so habe Hitler seinem Adjutanten mitgeteilt – »läge eine Verständigung mit Rußland, weil wir so Polen isolieren und England gleichzeitig abschrekken könnten. Seine Hauptaufgabe bleibe es, einen Krieg mit England zu vermeiden. Auch Deutschland sei für einen solchen Kampf, der auf Leben und Tod geführt werden müßte, nicht gerüstet.«

Diesem Interesse folgte unmittelbar nach Bekanntwerden des Rücktritts Litwinows die Verabschiedung neuer Richtlinien für Propaganda und Presse; sie verordneten die sofortige Einstellung der Polemik gegen die Sowjetunion und den Bolschewismus sowie eine pflegliche Behandlung des neuen Außenkommissars, dessen »jüdische Versippung« (die Frau Molotows, Zhemtzhuschina, war jüdischer Herkunft) – im Gegensatz zu seinem Vorgänger – nicht erwähnt werden durfte.[264]

Die Informationen von Bodenschatz an Stehlin (6. Mai) besagten ebenfalls, daß Hitler im Begriffe war, sich um eine Verständigung mit Rußland zu bemühen, und bereits »etwas im Osten im Gange« sei. Stehlins Missionschef, Coulondre, gelangte nach Auswertung dieser sowie anderer in diesen Tagen in Regierungskreisen zirkulierender Nachrichten am 7. Mai zu den Schlüssen[265]:

»1. … Der Führer ist fest entschlossen, die Rückkehr Danzigs und des polnischen Korridors zu Deutschland zu sichern.

2. Der Führer wird, geduldig und überlegt, die Frage nicht frontal angehen, da er jetzt weiß, daß Frankreich und England nicht weichen und die Koalition, auf die er stoßen wird, zu stark sein wird. Er wird manövrieren, bis seine Stunde schlägt.

3. Der Führer wird sich zu diesem Zweck mit Rußland verständigen. Der Tag wird kommen, an dem er so seine Ziele erreicht, ohne daß die Alliierten ›irgendeinen Grund oder selbst irgendwelche Intentionen haben zu intervenieren‹. Vielleicht wird man dann eine vierte Teilung Polens sehen …

4. Das Dritte Reich wird sich nicht in einen Krieg begeben, bevor es sich nicht seine vollständige wirtschaftliche Autarkie gesichert hat.

5. Die … Einstellung Japans hat dazu beigetragen, Hitler auf die UdSSR zu richten …«

Coulondre erkannte in der jetzt von Hitler geplanten »Orientierung Deutschlands nach Rußland« die Möglichkeit mehrerer taktischer Absichten:

»1. mit der UdSSR zu einem mehr oder minder geheimen Einvernehmen zu gelangen, das ihm entweder die wohlwollende Neutralität dieses Landes im Konfliktfalle oder sogar seine Komplizenschaft für eine Teilung Polens bringt.
2. durch die Gefahr einer Annäherung an die UdSSR allein zugleich Druck auf Japan und Polen auszuüben, der dazu bestimmt ist, Japan zur Unterzeichnung eines Militärbündnisses und Polen zur Einwilligung in die geforderten Konzessionen zu führen.
3. die Westmächte, die durch ein deutsch-russisches Zusammengehen bedroht sind, zur Annahme gewisser sowjetischer Forderungen zu führen, der sich Polen und Rumänien widersetzen werden, um so den Verbündeten die Karten zu verderben.«

Coulondre hielt es für unwahrscheinlich, daß sich Hitler in seiner Wahl zwischen einem wirklichen Einvernehmen mit der UdSSR oder einem diplomatischen Manöver zur Veränderung der Lage zu seinen Gunsten schon endgültig festgelegt hätte, und neigte stärker zur zweiten Annahme. Beruhigend erschien ihm dabei der Gedanke an die Haltung der UdSSR – denn »il faut être deux pour s'entendre«! Und hier hatte er »starke Zweifel, daß die UdSSR, durch die Wiederherstellung eines Kräftegleichgewichts in Europa von der deutschen Gefahr befreit, ihre Hand zu einer Teilung Polens reicht, die dieses Gleichgewicht bricht und die UdSSR in [Grenz]kontakt mit Deutschland bringt und sie der Gnade des Dritten Reichs ausliefert«. Nicht ideologische Erwägungen würden sie dabei vom Zusammengehen mit dem nationalsozialistischen Deutschland abhalten, sondern das Wissen, daß sie zu schwach für einen solchen Nachbarn sei, der sie damit zugleich in eine deutsch-japanische Zange nähme. Im Ernstfall – so schrieb Coulondre an Bonnet – müsse man Stalin die Augen über die wahren Absichten Hitlers öffnen! Die Gefahr schien ihm allerdings gering: »Die einzige Rußland bedrohende Macht in Europa ist Deutschland, und diese Bedrohung kann nur zunehmen, wenn Polen aufhören würde zu existieren oder die Westmächte geschlagen würden. Warschau dem Reich zum Opfer zu bringen, könnte für Moskau im Falle, daß London und Paris das Spiel aufgegeben hätten, nur eine Verschlimmerung sein. In dem Moment, wenn dem nicht so ist, liegt das sichere Interesse der UdSSR im Konfliktfall auf seiten der Alliierten.« Aus diesen Gründen empfahl Coulondre, gemeinsam mit London die Bemühungen in Moskau zu verstärken, »um den deutschen Versuch der Ausweitung nach Osten zu vereiteln und Rußland in eine Verteidigungsorganisation einzugliedern«.

Unterdessen äußerte Hitler – zum ersten Male in seinen sechs Regierungsjahren – Interesse, seine Rußland-Sachverständigen zu hören. Ribbentrop ergriff diese Gelegenheit hastig. Noch bevor er selbst am 4. Mai zu mehrtägigen Besprechungen mit dem italienischen Außenminister Graf Ciano nach Mailand fuhr, gab er entsprechende Weisungen: Der deutsche Botschafter in Moskau sollte gehört werden, und der Experte des Auswärtigen Amts für Osthandel, Schnurre, sollte ihn und Legationsrat Hilger zu einem ausführlichen Gespräch über die gegenwärtige Situation der Sowjetunion auf dem Berghof begleiten.[266] Schulenburg, der sich in Teheran befand, erkannte den Sinn dieser überhasteten Aktion: Er erklärte Petrucci, er sei eiligst nach München gerufen worden, »um mit von Ribbentrop Unterredungen über die neue Lage zu führen, die in Moskau infolge der Demission Litwinows eingetreten sei«.[267]

Während Ribbentrop am Rande seiner Mailänder Gespräche mit Ciano über einen deutsch-italienischen Freundschafts- und Bündnispakt unter Hinweis auf die angebliche Änderung der sowjetischen Außenpolitik die bedingte italienische Zustimmung zur »Entlastung der Beziehungen der Achsenmächte zur Sowjetunion« erhielt[268], erfolgte im Auswärtigen Amt die zweite Fühlungnahme zur Berliner Sowjetbotschaft. VLR Karl Schnurre nutzte die Tage vor seiner Abreise nach Berchtesgaden, um Informationen von sowjetischer Seite zu erhalten, die er dort in geeigneter Weise vorbringen könnte. Am Nachmittag des 5. Mai bat er den Geschäftsträger Astachow zu sich.[269]

Schnurre knüpfte an das Gespräch Weizsäckers mit Merekalow an, als er sein Treffen mit Astachow mit der Mitteilung eröffnete, »daß wir uns mit der von seinem Botschafter am 17. April beantragten Durchführung der sowjetischen Lieferverträge mit den Škoda-Werken einverstanden erklärt hätten«. Aus sowjetischer Sicht war dies »ein bestimmtes Symptom, und dies um so mehr, als hier von Bestellungen von Kriegsmaterialien die Rede war«.[270]

Nicht zufällig nahm – der Aufzeichnung Schnurres zufolge – Astachow diese Mitteilung »mit sichtlicher Befriedigung entgegen und betonte, daß für die Sowjet-Regierung nicht so sehr die materielle Seite der Frage von Bedeutung wäre als vielmehr die grundsätzliche«. Dem folgte offenbar ein Meinungsaustausch über die Möglichkeit einer Fortsetzung der unterbrochenen Wirtschaftsverhandlungen, an welcher Astachow –

nach Darstellung Schnurres – Interesse bekundete. Die Aufzeichnung schloß mit dem Passus: »Astachow kam dann auf die Absetzung Litwinows zu sprechen und versuchte, ohne direkte Fragen zu stellen, zu erfahren, ob uns dies Ereignis zu einer veränderten Einstellung der Sowjet-Union gegenüber bringen würde.«

Die westliche Forschung ist den Angaben Schnurres ausnahmslos gefolgt und hat die Astachow zugeschriebenen Worte als Ausdruck des sowjetischen Wunsches nach Veränderung der Beziehungen, d.h. als eine sowjetische Sondierung der eventuellen deutschen Bereitschaft, gedeutet.[271] Demgegenüber hielt es der frühere Sowjetbotschafter in London, Majskij, und, ihm folgend, die sowjetische Forschung für »sehr wahrscheinlich, daß Schnurre die Frage selbst stellte, wie sich der Rücktritt Litwinows auf die deutsch-sowjetischen Beziehungen auswirken werde, dann jedoch in seiner Aufzeichnung des Gesprächs die Dinge so darstellte, als sei diese Frage von Astachow ausgegangen (solche Kniffe werden von bürgerlichen Diplomaten zuweilen angewandt)«[272].

Majskijs Interesse an dieser Sicht der Dinge war evident: Er war bemüht nachzuweisen, daß die Sowjetregierung – trotz ihres späteren Eingehens auf die deutschen Angebote – kein »Doppelspiel« getrieben und die Angebote der Westmächte nicht gegen die der Hitler-Regierung ausgespielt habe. Ungeachtet dieser Interessenlage hat er einen Punkt von Bedeutung angesprochen:

– Schnurre war im hohen Maße daran interessiert, daß die abgebrochenen Wirtschaftsverhandlungen wieder aufgenommen würden und er selbst zur Verhandlungsführung nach Moskau entsandt würde – er legte Astachow die Frage nach der Wiederaufnahme der Verhandlungen in den Mund.

– Schnurre war stark daran interessiert, daß Hitler endlich die Initiative ergriff, um Deutschland nicht in einen Weltkrieg zu manövrieren, in dem es unterliegen müßte – er legte Astachow die Frage in den Mund, ob Deutschland nun nicht seine Einstellung zur Sowjetunion ändern wolle.

– Schnurre unterstrich schließlich in seiner Aufzeichnung – wiederum mit den angeblichen Worten Astachows – die große Bedeutung der Persönlichkeit Molotows, der nicht Spezialist in der Außenpolitik im engen Sinne sei, dafür aber »ein desto größeres Gewicht für die künftige sowjetische Außenpolitik haben würde« – er unterstellte eine Änderung der sowjetischen Außenpolitik zugunsten Deutschlands und deutete an, daß die »künftige sowjetische Außenpolitik« für Deutschland offen sei. Mit dieser stark zielgerichteten Berichterstattung unterschob er dem bevorstehenden Gespräch mit Hitler eine scheinbare sowjetische Offerte.

In Wahrheit verhielt sich die sowjetische Seite zu diesem Zeitpunkt gegenüber einer deutschen Sondierung außerordentlich zurückhaltend. Botschafter Merekalow wurde – wie in den Zeiten der tiefsten Krise – in Moskau zurückgehalten. Der Geschäftsträger besaß keine Instruktionen, die ihn zu einem politischen Gespräch ermächtigt hätten; in den Gesprächen mit Schnurre »bedauerte Astachow verschiedentlich, daß er auf unsere Fragen keine Weisungen bekam und keine Antworten geben konnte«.[273] In diesem Sinne war es charakteristisch, wenn die Gerüchte über eine deutsche Annäherung, die in diesen Tagen in den diplomatischen Kreisen Berlins zirkulierten[274], nicht nur die deutsche Opposition beunruhigten[275], sondern auch den sowjetischen Geschäftsträger offenbar unvorbereitet in eine schwierige Lage versetzten. So berichtete Coulondre am 9. Mai an den französischen Außenminister[276], in den letzten vierundzwanzig Stunden sei Berlin von dem Gerücht überschwemmt worden, Deutschland unterbreite der Sowjetregierung Vorschläge für eine Teilung Polens. Astachow selbst habe sich bei einem Treffen am Abend des 9. Mai völlig überrascht gezeigt und Coulondre um Aufklärung gebeten – er besäße keinerlei Information über einen durch den Rücktritt Litwinows angezeigten Wechsel in der Außenpolitik seines Landes.

Im Gegenteil schienen die in Berlin ausgestreuten Gerüchte sogar das sowjetische Mißtrauen zu nähren. So erfuhr der Sonderbeauftragte für die deutsche diplomatisch-politische Korrespondenz in der Nachrichten- und Presseabteilung des Auswärtigen Amts, VLR Braun von Stumm, am 9. Mai von demselben Astachow, daß die »neuerlich geübte Zurückhaltung der deutschen Presse« in Moskau »noch recht mißtrauisch« betrachtet würde. Man sehe in der unerwarteten deutschen »Zurückhaltung … doch nur ein kurzlebiges taktisches Manöver«. Man wäre froh, »wenn solche Befürchtungen unberechtigt wären«. Braun schloß seinen Vermerk über dieses Gespräch mit dem Hinweis, er habe Astachow »über die Bedeutung des Wechsels der außenpolitischen Leitung in Moskau … befragt« – hier lag zweifellos die korrekte Rollenverteilung vor. Nach Braun hatte Astachow betont, daß Außenpolitik in Moskau nicht von einer Person, sondern in Befolgung allgemeiner Richtlinien gemacht würde und von einer Neuorientierung der sowjetischen Politik keine Rede sein könnte. Einer solchen müßten jedenfalls Änderungen der Politik anderer Länder vorausgehen.[277]

Astachows Aufzeichnung über dieses Gespräch mit Braun bestätigt seine reservierte Haltung.[278] Diese war auch dadurch nicht zu beseitigen, daß Braun eine Reihe von Beweisen für die veränderte Einstellung der deutschen Medien zur Sowjetunion und für den Willen der Reichsregierung zur Verbesserung der gegenseitigen Beziehungen anführte, unter ihnen die bevorstehenden Nichtangriffspakte mit Lettland und Estland, die nach seiner Darstellung zeigten, daß Deutschland »keine aktiven Aspirationen in dieser Richtung«, und der Verzicht auf die Karpatho-Ukraine, der anzeige, daß Deutschland keine expansiven Absichten in Richtung Ukraine habe. Weiter – so schrieb Astachow – habe sich Braun nicht gewisser Äußerungen darüber enthalten, »daß doch wohl auch der Abgang Litwinows, der im Rufe stehe, der Hauptdrahtzieher der gegen Deutschland gerichteten internationalen Kombinationen zu sein, eine wohltuende Wirkung auf die sowjetisch-deutschen Beziehungen haben« könnte. Braun war dann ausführlich auf die Ära des Friedens von Brest-Litowsk eingegangen und hatte an die Wohltaten erinnert, die dieser für den Sowjetstaat hatte: Keine Kontributionen, keine Abrüstung und keinerlei diskriminierende Maßnahmen gegen die Sowjetregierung. Kein Wunder, daß England heuchlerisch gegen den Brester Frieden wüte und einen Kurs der Kriegsentfesselung eingeschlagen habe, in dem selbst »eine ganz kleine ›Änderung‹ in der Verfassung Danzigs den Krieg auslösen könne ... Am Ende des Gesprächs bestand B[raun] v[on] S[tumm] noch einmal darauf, daß eine Verbesserung unserer Beziehungen wünschenswert sei, und sei es nur auf der Ebene der Presse. Er ist einverstanden, daß man persönliche Ausfälle und Beleidigungen einstellen solle ...«

In seiner Aufzeichnung versicherte Astachow abschließend, er habe alle Argumente Brauns mit den entsprechenden Einwänden beantwortet und dabei betont, daß von der deutschen Seite, sofern diese offen und auf eigene Initiative die Verschlechterung der deutsch-sowjetischen Beziehungen ausgelöst habe, grundsätzlich auch ihre Verbesserung abhänge. Die sowjetische Seite lehne niemals eine Verbesserung der Beziehungen ab, wenn eine solche tatsächlich ihre Grundlagen habe. Was die von Braun angeführten Symptome einer Besserung der Beziehungen betreffe, so habe er sie verworfen oder in Zweifel gezogen und betont, »daß wir vorerst keinerlei Gründe haben, ihnen ernsthafte Bedeutung beizumessen, die über die Grenzen eines kurzzeitigen taktischen Manövers hinausgingen«.

Soweit die Darstellungen der Aussagen Astachows in den Aufzeichnungen Schnurres, Brauns und Astachows selbst. Ein zusammenfassender Bericht des Geschäftsträgers an Potemkin vom 12. Mai bestätigt seine skeptische Haltung: »Die Deutschen sind bemüht, den Eindruck einer eintretenden oder sogar schon eingetretenen Verbesserung in den deutsch-sowjetischen Beziehungen zu erwecken. Wenn man alle unsinnigen Gerüchte zur Seite läßt, die hier von Deutschen oder müßigen ausländischen Korrespondenten fabriziert werden, kann man als unzweifelhafte Tatsache vorerst nur eines konstatieren: das ist eine merkliche Veränderung des Tons der deutschen Presse in bezug auf uns. Die groben Schimpfkanonaden sind verschwunden, die Sowjetführer werden mit ihren wirklichen Namen und ihrer offiziellen Funktion, ohne beleidigende Epitheta, genannt.« Astachow hob hervor: »Aber wir können, auch wenn wir diese Momente bemerken, die Augen natürlich nicht vor ihrem ausschließlich oberflächlichen, die Deutschen zu nichts verpflichtenden Charakter verschließen. Die Presse kann den Ton in jedem beliebigen Moment wieder in die umgekehrte Richtung ausschlagen lassen, da sie keinerlei prinzipielles Abschwenken von der früheren Linie gezeigt hat, sondern in ihrer Beziehung zu uns lediglich zurückhaltender und korrekter geworden ist ... Allzu deutlich sind ja die Motive, die die Deutschen veranlassen, uns gegenüber den Ton zu ändern, als daß man dies im gegebenen Stadium ernst nehmen könnte.« Astachow hoffte der Zustimmung Potemkins sicher zu sein, wenn er »auf gewisse Spielweisen von seiten der Deutschen und ihnen nahestehender Personen antworte, daß wir bisher keine Gründe haben, um auf die Ernsthaftigkeit dieses ›Umschwungs‹ zu vertrauen, obgleich wir immer bereit sind, eine Verbesserung der Beziehungen zu begrüßen«.[279]

In seinem nächsten Gespräch mit Astachow am 15. Mai kam Schnurre – nach der Aufzeichnung Astachows[280] – erneut auf »das Thema der Verbesserung der deutsch-sowjetischen Beziehungen« zurück und wiederholte »hartnäckig, daß Deutschland keine aggressiven Absichten hinsichtlich der UdSSR habe und die beiderseitigen Beziehungen verbessern möchte«. Schnurre hat keine Aufzeichnung darüber angefertigt. Er konnte keine Erfolge aufweisen. Astachow hielt sich weiter »streng an seine Weisung. Er bedauerte, keine Instruktion [zu Gesprächen] zu haben«.[281]

In einem weiteren Gespräch mit Schnurre vom 17. Mai hob Astachow – nach Aufzeichnung Schnurres[282] – wieder das sowjetische Mißtrauen hervor und betonte, der veränderte Ton der deutschen Medien könnte lediglich eine aus taktischen Gründen eingelegte Pause bedeuten. Er sprach von einem »ausgesprochene[n] Gefühl der Bedrohung durch Deutschland«. Gleichwohl hätte er – nach Schnurres Aufzeichnung – angedeutet, daß «keine außenpolitischen Gegensätze zwischen Deutschland und der Sowjet-Union bestünden« und daß »die Möglichkeit einer Veränderung der deutsch-sowjetischen Beziehungen« nicht ausgeschlossen sei; auch habe er dabei »wieder den Vertrag von Rapallo« erwähnt (über eine frühere Erwähnung des Vertrags durch Astachow ist nicht berichtet worden).

Allerdings ging Schnurre in diesem Gespräch so weit, Astachow offen nach dem Stand der englisch-sowjetischen Verhandlungen zu fragen – ein Hinweis auf die Ziele seiner Fühlungnahmen. Astachow soll geantwortet haben, daß diese wohl kaum das von England gewünschte Resultat erbringen würden – eine unter den gegebenen Umständen ungewöhnliche Aufrichtigkeit, die allein dadurch zweifelhaft erscheinen muß, daß Astachow nur geringe Kenntnis vom Stand der Moskauer Verhandlungen besaß. Schnurre schloß die Aufzeichnung über das Gespräch vom 17. Mai mit der Bemerkung, er habe sich in seinen Äußerungen zurückgehalten und Astachow nur durch Zwischenbemerkungen veranlaßt, seinen Standpunkt breiter darzulegen – eine Formulierung, die ebensosehr auf Unzufriedenheit des Empfängers seiner ersten Aufzeichnung über den (forcierenden) Stil der Gesprächsführung Schnurres schließen läßt, wie sie dieser Wiedergabe der Erklärungen Astachows größtmögliche Objektivität zu verleihen suchte.

Bestätigung findet die reservierte Haltung Astachows in einem »Vertraulichen Bericht« der Dienststelle Ribbentrop über einen Empfang der Sowjetbotschaft für die Berliner Auslandskorrespondenten vom 22. Mai[283]. So stark das Interesse des geheimen, dem Likus-Netz angehörenden Berichterstatters an einer die deutsche Seite ermutigenden Geste des Geschäftsträgers auch aus seinem Bericht sprach, er mußte konstatieren, daß Astachow es »peinlich [vermied], irgendwelche sachlichen Auskünfte zu geben«, die den Wünschen Ribbentrops entgegenkamen. »Mit undurchdringlichem Lächeln« habe er dahingehende Fragen »abgewehrt und auch über das deutsch-russische Verhältnis sich mit ... Zurückhaltung geäußert«. Seine einzige sachliche Äußerung hätte darin bestanden, »daß man in Moskau nur zu Verträgen bereit sei, die unbedingt auf Gegenseitigkeit beruhten. Rußland sei, so sagte er, zu Gegenseitigkeitsverträgen mit jeder Macht bereit, auch ... mit England, Frankreich und ... Deutschland«, wobei er sofort »korrigierend hinzufügte, daß er damit natürlich nicht das geringste über das deutsch-russische Verhältnis gesagt habe ...«

Zu Unrecht hat man in den Äußerungen Astachows einen »so deutlich vorgetragenen sowjetischen Verständigungswunsch« gesehen, daß diesem »auf deutscher Seite nichts Gleichwertiges gegenüber[gestanden]« hätte[284]. Selbst die Vermutung, Astachow könnte ein ganz besonders manipulationsfähiger, wandlungsfreudiger Sowjetdiplomat gewesen sein, der seine Aussagen wechselweise auf die jeweiligen Erfordernisse und Gesprächspartner einstellte, wird beim Blick auf seine Aufzeichnungen und seine Persönlichkeit entkräftet: Astachow war ein – nach den Maßstäben traditioneller Diplomatie beurteilt – junger, fähiger und gradliniger Donkosak, dessen Arbeitsschwergewicht auf dem Fernen Osten lag, wo er auch seine ersten Schritte als sowjetischer Auslandsvertreter gemacht hatte. Seine einzige Eignung für den Berliner Posten bestand darin, daß er vorzüglich deutsch sprach, intelligent und lernfähig war, gute Formen besaß und präzise Berichte schrieb. Ob er jemals von Stalin ins Vertrauen gezogen wurde, bleibt zweifelhaft. Bezeugt wurde hingegen, daß er kurz nach der Rückführung der Sowjetbotschaft in die UdSSR zu einer Haftstrafe verurteilt und in den hohen Norden verbannt wurde, wo er noch im Herbst 1941 den Tod fand[285]. Doch dieses Schicksal traf mit wenigen Ausnahmen alle Berliner Sowjetvertreter nach ihrer Rückkehr bei Ausbruch des Krieges.

Der Vortrag bei Hitler (10. Mai 1939)

Die Zeit vom 3. bis 13. Mai verbrachte Hitler auf dem Berghof bei Berchtesgaden. Von hier aus verfolgte er die Auswirkungen der Reichstagsrede vom 28. April.[286] Diese Rede, in der er das deutsch-britische Flottenabkommen vom Juni 1935 und den deutsch-polnischen Nichtangriffspakt vom Januar 1934 gekündigt und ausgerufen hatte: »Danzig ist eine deutsche Stadt, und sie will zu Deutschland«, zeitigte nicht den erhofften Erfolg. Die Ansprache, die der polnische Außenminister Beck am 5. Mai vor dem polnischen Sejm hielt, zeigte nicht das geringste Einlenken in der Frage Danzigs und des Korridors.[287] Der Besuch des rumänischen Außenministers Grigore Gafencu in London bewies, daß auch Rumänien eine stärkere Anlehnung an die Westmächte suchte. Presseberichte aus London verdeutlichten, daß die britische Regierung den letzten Vorschlag Litwinows behandelte[288] und in Anerkennung des sowjetischen Bemühens um kollektive Sicherheit auf breitester Basis nach einer Kompromißformel suchte[289], die auch die Interessen der kleineren Länder, in erster Linie Polens und Rumäniens, in angemessener Weise berücksichtigte.

Zu diesen alarmierenden Nachrichten kam die Weigerung Japans, ein Abkommen zur militärischen Erweiterung des Anti-Komintern-Paktes einzugehen, das als Offensivbündnis gegen die UdSSR oder auch England gedeutet würde: Am 5. Mai erfuhr Hitler, daß die Verhandlungen in Tokio festgefahren waren.[290] Dies veranlaßte ihn endgültig, sein Kalkül umzuwerfen. Dem kam entgegen, daß Italien, seit der Invasion Albaniens unter den Druck der Großmächte geraten, sich Hitlers Wünschen stärker öffnete. Die Italien-Reisen des Oberbefehlshabers des Heeres, Generaloberst von Brauchitsch (ab 30. April), Görings (ab 4. Mai) und Ribbentrops (ab 5. Mai) erreichten ihr Ziel: Am 7. Mai konnte Ribbentrop aus Mailand telegraphieren, daß die italienische Regierung bereit zum Abschluß eines umfassenden politisch-militärischen Paktes war. Im Rahmen dieser Vorverhandlungen gab Graf Ciano auch sein Einverständnis zu Sondierungen der sowjetischen Bereitschaft zur politischen Annäherung an die Achse – eine Zustimmung, die die Japaner verweigerten.

Auf der positiven Seite dürfte Hitler auch die jüngsten Nachrichten über Rußland verbucht haben: Nach einem beschönigenden Bericht von Peter Kleist über sein Gespräch mit Astachow und der Aufzeichnung Weizsäckers über das angebliche Interesse Merekalows an der Verbesserung der politischen Beziehungen zwischen beiden Ländern lag Hitler mit der Aufzeichnung Schnurres vom 5. Mai ein vermeintlich weiterer Beweis für das sowjetische Interesse an der Verbesserung der Beziehungen zu Deutschland vor. Vor dem Hintergrund dieser scheinbaren sowjetischen Willensbekundungen nahm sich das Ausscheiden Litwinows in der Tat wie ein Signal Stalins an Hitler aus[291] – das einzige positive Signal, das der Reichstagsrede vom 28. April gefolgt zu sein schien, in der Hitler die Sowjetunion ostentativ umgangen hatte.[292]

Mit Interesse erwartete Hitler daher am 10. Mai in Begleitung des Chefs des Oberkommandos der Wehrmacht, Keitel, die Ankunft der Rußland-Sachverständigen aus dem Auswärtigen Amt und Dienst[293].

Die Anwesenheit Keitels trug dem militärischen[294], die Schnurres dem (kriegs)wirtschaftlichen Interesse Rechnung, die Hitler bei ihrem Vortrag mit im Auge hatte.

Bei aller Hektik der konfusen Anordnungen und Telegrammwechsel gibt die Terminierung dieses wichtigen Vortrags der Rußland-Sachverständigen vor Hitler doch Rätsel auf. Am 4. Mai hatte Schnurre der Deutschen Botschaft Moskau gedrahtet, Hilger möge umgehend nach Berlin kommen, um am Montag, dem 8. Mai, zu Gesprächen zur Verfügung zu stehen; an diesem Tage sollte Ribbentrop nach Abschluß seiner Mailänder Gespräche in München eintreffen. Von dort sollte er nach Vorgesprächen mit Schulenburg, Hilger und Schnurre mit diesem zum Vortrag bei Hitler nach Berchtesgaden reisen.[295] Doch Schulenburg befand sich noch in Teheran. Dort ging ihm am 7. oder 8. Mai ein Telegramm vom 6. Mai zu, das Tippelskirch an ihn weitergeleitet hatte; dieses von Franz von Sonnleithner, einem Angehörigen des Ministerbüros, gezeichnete Telegramm forderte ihn auf, sich zusammen mit dem Adjutanten des (auf einer Asienreise befindlichen) Militärattachés, Hauptmann von Schubuth, am 9. Mai incognito zu Besprechungen in München bereit zu halten. Parallel dazu machte Tippelskirch das Auswärtige Amt in einem Telegramm vom 7. Mai auf die Abwesenheit Schulenburgs aufmerksam und schlug die Reise Hilgers in seiner Vertretung vor. Hilger reiste noch am selben Tage ab und hielt sich vom 8. Mai an in Berlin bereit. Dort erfuhr er, daß Ribbentrop sich in München befinde. Er reiste sofort nach München, wartete aber einen Tag, bis er schließlich von Ribbentrop erfuhr, daß Hitler ihn am Mittag des 10. Mai, einem Mittwoch, persönlich zu hören wünschte. Währenddessen reiste auch Schulenburg eher als beabsichtigt aus Teheran ab. Am Donnerstag, dem 11. Mai, meldete er aus Athen telegraphisch seine Ankunft in Berlin für Freitag nachmittag, den 12. Mai, an.[296]

Dabei ist zu bedenken, daß Schulenburg noch früher in Wien oder auch München hätte eintreffen können. Von dort aus hätte er auch binnen weniger Stunden zu Hitler gelangen können, der sich noch immer auf dem Berghof aufhielt und erst am Morgen des 14. Mai von dort an den sogenannten Westwall aufbrach. Besondere Termine standen bei Hitler für diese Tage nicht an, so daß sich die Frage erhebt, weshalb Hitler anstelle Hilgers und Schnurres (10. Mai), oder zumindest in Ergänzung ihres Vortrags, nicht den Botschafter selbst am 12. oder 13. Mai empfangen hat. Es entsteht der Eindruck, daß die Planer im Auswärtigen Amt dem Botschafter entweder aufgrund ihrer Unfähigkeit, einen geeigneten Flugplan aufzustellen, oder mit einem anderen Kalkül vor Augen die Möglichkeit nahmen, Hitler seine Ansichten darzulegen. Dies ist im nachhinein betrachtet insofern besonders erstaunlich, als Hitler in dieser Situation zum ersten Mal bereit war, die Standpunkte der Rußland-Kenner zur Kenntnis zu nehmen.[297]

Er sah den Nachrichten aus Moskau mit Spannung entgegen: Ungehalten über eine durch Ribbentrop verursachte Verspätung, empfing er die Gäste »mit einem eigenartig lauernden Blick«.[298] Schon die erste Frage verriet das Ziel seines Lauerns: Sie richtete sich auf die Gründe der Entlassung Litwinows.

Die Lage, in der sich Gustav Hilger in Vertretung des Botschafters befand, war im hohen Maße ambivalent: Er hoffte, Hitler davon zu überzeugen, daß er in Stalin einen ernstzunehmenden Partner vor sich hatte, wollte gleichwohl weder Stalin dem deutschen Spiele ausliefern, noch das deutsche Schicksal zu stark an das totalitäre Rußland binden. Um diesen Gefahren zu entgehen, beschränkte er sich auf knappe, klare und Hitler einleuchtende Ausführungen, die der Wahrhaftigkeit seiner Argumentation keinen Abbruch taten. Im Zentrum stand eine den deutschen Interessen nahekommende Interpretation der Rede Stalins vor dem XVIII. Parteitag.

Die erste Frage beantwortete Hilger unter Hinweis darauf, daß Litwinow die ausschließliche Verständigung mit den Westmächten gesucht hätte, während Stalin den Westmächten mißtraute und der »Meinung sei, die Westmächte hätten die Absicht, Rußland im Falle eines Krieges die Kastanien aus dem Feuer holen zu lassen«. Diese Erklärung leuchtete Hitler ein.

Seine zweite Frage lautete, ob »Stalin unter gewissen Umständen bereit sein würde, sich mit Deutschland zu verständigen«. Hilger unterließ es, mit einem längeren Resümee der sowjetischen Bemühungen um Wiederherstellung guter Beziehungen in den ersten Jahren des nationalsozialistischen Deutschland zu antworten, und beschränkte sich auf den in Kurzform vorgetragenen »Hinweis, daß Stalin am 10. März erklärt habe, für einen Konflikt zwischen Deutschland und der Sowjetunion sei kein erkennbarer Grund vorhanden«.

Zu ihrer Überraschung konstatierten Hilger und Schnurre, daß weder Hitler noch Ribbentrop die Rede Stalins zu kennen schienen, obgleich Botschaft und Auswärtiges Amt in interesseheischender Weise über sie berichtet hatten. »Auf Ribbentrops Ersuchen mußte ... [Hilger] den betreffenden Passus zweimal zitieren.«

Die dritte Frage Hitlers galt den »Dinge[n] in Rußland im allgemeinen«, insbesondere Zustand und Moral der Roten Armee. Hierauf zog Hilger in einem weiteren Exposé alle Register des neuen Patriotismus der Sowjetgesellschaft sowie der neuerwachten Stärke, Kampfmoral und Verteidigungskraft der Sowjetarmee, die die Deutsche Botschaft Moskau seit Jahren hatte klingen lassen. Er betonte den Wandel vom revolutionären Sowjetstaat Lenins zur pragmatischen Realpolitik Stalins und ließ es nicht an verdeckten Hinweisen auf Strukturgleichheiten der beiden totalitären Systeme fehlen. Hitler vernahm dies offenbar zum ersten Male und »hörte aufmerksam zu«. Danach verabschiedete er die Gäste abrupt und ohne ein Wort darüber zu verlieren, wie er sich die künftigen Beziehungen zwischen Deutschland und der UdSSR vorstellte.

Der Vortrag Hilgers hatte auf Hitler eine nachhaltige Wirkung. Langfristig erwies er sich als konterproduktiv – eine Gefahr, der sich die Deutsche Botschaft Moskau stets im hohen Maße bewußt war. Hitler drückte nach dem Weggang von Hilger sein Mißfallen über dessen Darstellung der Stärke der Roten Armee aus und gab zu bedenken, es sei durchaus denkbar, daß Hilger ein Opfer der sowjetischen Propaganda geworden sei. Wenn dies der Fall sei, so sei seine Darstellung der Verhältnisse in Rußland für Hitler wertlos. Habe er aber recht, so habe er – Hitler – »keine Zeit zu verlieren, um einer weiteren Konsolidierung der Sowjetmacht vorzubeugen«.[299]

Kurzfristig ergriff Hitler die von Hilger aufgezeigte Möglichkeit, daß sich Stalin zu einer Verständigung bereitfinden könnte. Hilger hatte ihm einen verständigungsbereiten, in mancher Hinsicht artverwandten Stalin präsentiert. Hitler glaubte, sich dessen Zustimmung sicher sein können. Noch am selben Tage, dem 10. Mai, diktierte er die Richtlinien für den Wirtschaftskrieg und den Schutz der eigenen Wirtschaft. Sie stellten die wirtschafts- und »innenpolitische Ergänzung zur Weisung vom 11. April für den ›Fall Weiß‹«[300] dar. Wenige Tage darauf, am 14. Mai, brach Hitler in neuer Zuversicht zu einer sechstägigen Inspektionsreise des Westwalls, des – wie er meinte – für Frankreich und England »unbezwingbaren Wall[s] von Stahl und Eisen«, auf. Kurz darauf (vermutlich am Montag, dem 15., und/oder Dienstag, dem 16. Mai) empfing der Außenminister in der Wilhelmstraße[301] Botschafter Schulenburg. Die erste bedeutende Weisung an den deutschen Botschafter in Moskau seit

Bestehen des »Dritten Reiches«, die der Reichsaußenminister nun im Auftrage Hitlers erteilte, wurde *mündlich* und unter den Zeichen strengster Geheimhaltung gegeben[302]; Ribbentrop leitete sie mit dem bis dato unglaublichen Eingeständnis ein, »die deutsche Regierung sei der Meinung, daß der Kommunismus in der Sowjetunion aufgehört habe zu existieren; daß die Kommunistische Internationale nicht länger ein Faktor von Bedeutung für die sowjetische Außenpolitik sei, und daß man infolgedessen das Gefühl hätte, daß kein wirkliches ideologisches Hindernis mehr zwischen Deutschland und Rußland bestand«. Unter diesen Umständen erscheine es der deutschen Regierung wünschenswert, daß sich der Botschafter auf schnellstem Wege nach Moskau zurückbegebe, um der Sowjetregierung sehr diskret den Eindruck zu vermitteln, daß Deutschland keine Feindschaft gegen sie unterhielte. Der Botschafter solle auch die »gegenwärtige sowjetische Einstellung zu den sowjetisch-deutschen Beziehungen herausfinden«. Ribbentrop schärfte dem Botschafter ein, daß er »mit allergrößter Vorsicht« verfahren müßte – jedes Bekanntwerden eines deutschen Herantretens an die Sowjetunion würde Japan in Aufregung versetzen und die besonderen deutsch-japanischen Beziehungen in ärgerlicher Weise stören.

Schulenburg warf daraufhin die Frage auf, welche Wirkung diese Sondierung denn auf die laufenden englisch-sowjetischen Verhandlungen haben sollte.[303] Die Antwort Ribbentrops, »daß die deutsche Regierung über die Aussichten eines Abkommens zwischen Großbritannien und der Sowjetunion nicht beunruhigt sei, da sie nicht überzeugt war, daß England und Frankreich geneigt wären, irgend einem Lande in Osteuropa ausgiebige und ernstgemeinte Militärhilfe zu gewähren«, überzeugte den Botschafter nicht. »Obwohl Ribbentrop das Gegenteil behauptet hat«, – so erfuhr die US-Botschaft in Moskau nach der Rückkehr Schulenburgs aus seinem Umkreis – »glaubt man, daß das Ziel dieser Annäherung nicht ohne Zusammenhang mit den sowjetisch-britischen Verhandlungen ist«.

Dies war die erste direkte Warnung der Botschaft an die Westmächte, daß Hitler von nun an bemüht war, durch sein Angebot an Stalin ein britisch-sowjetisches Abkommen zu verhindern. Im Hinblick auf Polen enthielt die Weisung implizit die – erste uns bekannte – Einladung der UdSSR zur Teilung des Landes; sie lautete: »Im Falle eines Konflikts mit Polen beabsichtigt Deutschland nicht, das *ganze* [Hervorhebung von uns, I.F.] Land zu besetzen.«

Erneut war es der Persönliche Referent des Botschafters, Herwarth, der der Botschaft der USA mitteilte, daß »die dem Botschafter erteilte Weisung allgemeiner Natur war und noch nicht für ein definitives deutsches Angebot an die Union der Sozialistischen Sowjetrepubliken, wohl aber für einen möglichen ersten Schritt in dieser Richtung genommen werden konnte; die künftigen Entwicklungen in dieser Richtung würden von der Reaktion abhängen, auf die der Botschafter hier in seinen Gesprächen träfe«.

Wie Schulenburg nach seiner Rückkehr in Moskau seinem italienischen Kollegen mitteilte, hatte Ribbentrop ihm diese Weisung in großer Hektik und unter allergrößtem Zeitdruck gegeben: »In der Wilhelmstraße hatte ihn Ribbentrop angewiesen, allerschnellstens nach Moskau zurückzufahren, sofort Kontakt mit Molotow aufzunehmen und ihm die Wiederaufnahme von Verhandlungen ... vorzuschlagen«.[304] Noch während der Anwesenheit des Botschafters in Berlin war die Deutsche Botschaft Moskau am 16. Mai aufgefordert worden, den Botschafter zum erstmöglichen Termin bei Molotow und Potemkin anzumelden.[305]

Während Schulenburg am 17. Mai aus Berlin abreiste, um am 18. Mai wieder die Geschäfte in Moskau zu übernehmen, brachte Ribbentrop am 17. Mai in einem Gespräch mit dem Päpstlichen Nuntius in Berlin, Orsenigo, die neuen Erwartungen zum Ausdruck.[306] Der Außenminister konkretisierte darin die Aussagen, die Staatssekretär von Weizsäcker bereits zwei Tage nach dem Vortrag vor Hitler, am 12. Mai, im Gespräch mit dem Nuntius gemacht hatte. Beide wiesen ein Angebot des Papstes zur Friedensvermittlung mit dem Hinweis zurück, daß sich die deutsche Regierung des Gelingens ihrer Polen-Pläne sicher sei: Eine Einmischung Englands und Frankreichs würde am Westwall scheitern; Italien, Spanien und Japan würden »wie ein Mann« für die deutschen Interessen einstehen; Polen würde in einem Blitzkrieg niedergeworfen und in seine Bestandteile zerlegt werden. Der bedeutsamste Part kam in diesem Kriege nun Rußland zu. Rußland – so sagte Ribbentrop – sei »nicht bereit, für England die Kastanien aus dem Feuer zu holen. Das Spiel Englands, sich drohend gegen Deutschland zu erheben, indem es dann die anderen für sich kämpfen läßt und sich selber immer eine Tür offen läßt, ... dieses Spiel hat Stalin nicht gefallen, und sogar Litwinow hat deshalb gehen müssen. Die Dinge stehen jetzt so, daß man praktisch auf eine andere Tendenz in Rußland hoffen kann. Wir haben zu Rußland keinen anderen Gegensatz als den Bolschewismus ... Gegen diesen haben wir den Anti-

Komintern-Pakt; wenn aber Rußland diese Propaganda aufgibt, so steht der Annäherung zwischen uns beiden nichts entgegen.«

Wie die Deutsche Botschaft Moskau, so bemühten sich Teile der deutschen Opposition in Berlin und im westlichen Ausland, diese beunruhigenden Nachrichten zur Kenntnis der Westmächte zu bringen. In Brüssel ersuchte Hauptmann von Rintelen den Botschafter der USA und vormaligen Botschafter in Moskau, Joseph E. Davies, um eine Unterredung. Rintelen, der Davis »heftig antinazistisch und probritisch eingestellt zu sein« schien, teilte ihm mit, »Deutschland mache eine verzweifelte Anstrengung, um die Sowjets neutral zu halten ... Hitler [ge]brauche jedes Mittel, um eine britisch-sowjetrussische Allianz zu verhindern«. Rintelen hielt es für »durchaus möglich, daß Deutschland und Rußland zusammenspannten, da sie gemeinsame Wirtschaftsinteressen hätten und der Nationalsozialismus und der russische Kommunismus ideologisch Brüder seien; Hitler, Mussolini und Stalin seien vom gleichen Geistestyp. Für die westlichen Demokratien ... sei es von ausschlaggebender Bedeutung, daß Großbritannien sich sofort an Rußland anschlösse.«[307] Rintelen teilte Davies auch mit, daß der tschechoslowakische General Jan Syrový (dort irrtümlich Syrowitsch) »kürzlich zweimal [als Emissär Hitlers] nach Moskau« geschickt worden sei.

Ähnliche Nachrichten gingen auch dem britischen Botschafter in Berlin, Henderson, zu. Henderson und sein Militärattaché hatten aus unterschiedlicher Quelle identische Nachrichten über eine Reise von General Syrový nach Moskau im deutschen Auftrag erhalten. Diese und andere Informationen veranlaßten Henderson, am 18. Mai dem ständigen Staatssekretär im Foreign Office, Sir Alexander Cadogan, die dringende Mitteilung zu machen, er habe »keinen Zweifel, daß die Deutschen alles tun werden, um sich die definitive Neutralität der Sowjetunion zu sichern«.[308]

III. DIE ANBAHNUNG DES NICHTANGRIFFSPAKTES 11. MAI BIS 20. AUGUST 1939

Am 11. Mai 1939 veröffentlichten die *Iswestija* (»Nachrichten«) einen Leitartikel »Zur internationalen Lage«[1], der die durch die Reichstagsrede Hitlers vom 28. April – vor allem die Kündigung des deutsch-polnischen Nichtangriffspaktes und deutsch-englischen Flottenabkommens – und den Abschluß des deutsch-italienischen Militärbündnisses, des sogenannten Stahlpakts (7. Mai 1939)[2], geschaffene Situation charakterisierte. Er warnte vor einer Verharmlosung dieser Ereignisse, wie sie die Politiker der Westmächte angeblich zum Zwecke der Täuschung der öffentlichen Meinung ihrer Länder betrieben. Die Zeitung vertrat die Ansicht, daß »diese zwei Ereignisse in Wahrheit in der politischen Gesamtkonstellation eine Wendung zum schlechteren geschaffen« hätten. Die Schlüsse, die sie aus dieser Lage zog, konnten überraschen: Die Sowjetmenschen hätten wiederholt »festgestellt, daß der Anti-Komintern-Pakt zwischen Deutschland, Italien und Japan eine Maske ist, hinter der sich ein Block aggressiver Staaten gegen England und Frankreich verbirgt«. Man hätte den Sowjetmenschen nicht geglaubt und sie belacht. Jetzt sei »für alle klar, daß die Verwandlung des Anti-Komintern-Paktes zwischen Deutschland und Italien in einen militärisch-politischen Bund dieser Staaten gegen England und Frankreich eine unbezweifelbare Tatsache ist«. Eine ernste Verschlechterung der Lage in Europa sei zu erwarten. Sie betreffe in erster Linie die Westmächte.

Der Leitartikel wandte sich dann dem Verhalten der Westmächte zu. Zu Unrecht, so hob er hervor, setzten die westlichen Politiker verleumderische Gerüchte über die Verhandlungsposition der Sowjetunion in Umlauf[3], die ihr das Streben nach einem Militärbündnis, ja nach der baldigen Eröffnung kriegerischer Handlungen gegen die Aggressoren unterstellten: Die UdSSR vermisse aber in den westlichen Vorschlägen den Grundsatz der Gegenseitigkeit und Gleichheit der Verpflichtungen. Eine wirksame Barriere gegen die Aggression könne nur dann errichtet werden, wenn die drei Verhandlungspartner, möglichst unter Einbeziehung Polens, einen umfassenden Beistandspakt auf der Basis der Gegenseitigkeit eingingen. Nach den letzten britischen Vorschlägen sollte die Sowjetunion dieselben Lasten tragen wie die Westmächte, ohne von ihnen denselben Beistand zu erfahren. England und Frankreich wollten den Zeitpunkt bestimmen, zu dem der bewaffnete Widerstand gegen die Aggressoren wirksam werden solle, während die Sowjetunion aufgrund ihrer geographischen Lage die Hauptlast des Widerstandes zu tragen hätte.

Man sagt uns, so fuhren die *Iswestija* fort, daß England und Frankreich mit der Verteidigung Polens und Rumäniens ja faktisch auch die Westgrenze der UdSSR verteidigen würden. »Das ist nicht wahr. Erstens ist die Westgrenze der UdSSR nicht auf Polen und Rumänien beschränkt« – eine Anspielung auf die Gefährdung der baltischen Staaten; »Zweitens ... würden Großbritannien und Frankreich in Polen und Rumänien nur sich selbst ... verteidigen, denn sie haben einen gegenseitigen Beistandspakt mit Polen, das seinerseits verpflichtet ist, Großbritannien und Frankreich gegen Angriffe zu verteidigen« – ein Hinweis darauf, daß die Sowjetunion nicht wünschte, über Polen in einen Krieg mit Deutschland verwickelt zu werden. Die Lage der UdSSR unterscheide sich grundlegend von der ihrer Verhandlungspartner: Da sie weder mit den Westmächten noch mit Polen einen Pakt auf gegenseitige Hilfe besitze, müßte sie diesen Staaten Hilfe leisten (und damit in den europäischen Krieg verwickelt werden), ohne ihrerseits Beistand von ihnen erwarten zu können. Sie würde im Falle einer direkten Aggression gegen die UdSSR gezwungen sein, »sich allein auf ihre eigenen Kräfte zu stützen«.

Der Leitartikel war in erster Linie die Antwort auf den Gegenvorschlag, den die Westmächte nach dreiwöchigem Zögern am 8. Mai auf den sowjetischen Paktvorschlag vom 16. April folgen ließen. Es war dies – aus Sicht der Sowjetregierung – der »neu verpackte, alte britische Vorschlag«[4] vom 14. April 1939, den sie mit einer Reihe von Argumenten als unannehmbar verworfen hatte. Dieser neue Vorschlag führe die Verhandlungen nicht nur in eine »Sackgasse« (Majskij), sondern sei geeignet, die Sowjetunion automatisch in den Krieg zu treiben (Suriz), und stelle eine direkte Einladung an Deutschland dar, über das Baltikum gegen Rußland zu marschieren. »The deadlock appeared to be almost complete.«[5]

In zweiter Linie spiegelte der Leitartikel die neue sowjetische Einschätzung der Pläne der Achsenmächte wider. Informationen des Nachrichtendienstes[6] hatten präzisiert, daß Hitler eine Kriegsführung in drei Stufen plante: Einem Blitzkrieg gegen Polen sollte der Westfeldzug folgen, an den sich später die endgültige Auseinandersetzung mit der UdSSR anschließen sollte. Der Krieg gegen Polen würde in der zweiten Sommerhälfte 1939 stattfinden. Polen würde in einem ein- bis zweiwöchigen Feldzug, dessen militärische Planung in allen Details feststand, niedergerungen. Von den baltischen Staaten erwarte Deutschland in diesem Stadium »Neutralität«. Hitler nehme an, daß der Konflikt mit Polen lokalisierbar wäre, sofern England und Frankreich sich nicht für Polen schlügen. Sollten sie es wider Erwarten tun, sei Hitler auch bereit, Polen und die Westmächte gleichzeitig zu schlagen. Der einzige Faktor, der ihn in seiner Planung beunruhige, sei »die mögliche Reaktion der Sowjetunion«. Dieser Faktor hemme die endgültige Planung des Polen-Feldzugs, ja »nach Meinung einflußreicher Berliner Kreise sei die Frage nach der Haltung der Sowjetunion gegenwärtig überhaupt die wichtigste«.[7] Der Polen-Feldzug diene zunächt lediglich als vorbereitende Stufe für den Westfeldzug: Nach der Niederwerfung Polens wolle Deutschland mit freiem Rücken und einer ausreichenden Ernährungsbasis im Osten die Westmächte angreifen. Die Zerschlagung Englands und Frankreichs sehe Hitler als problemlos an, und die USA würden zu spät in den Krieg eintreten. Nach der Brechung des Widerstandes der westlichen Demokratien würde später die große Auseinandersetzung mit Rußland erfolgen, die Deutschland den notwendigen Lebensraum im Osten verschaffen solle.

Ohne – aufgrund der unvollständigen sowjetischen Aktenkenntnis – den Wert dieser Informationen im Gesamtvolumen der Nachrichtenbasis der Sowjetregierung ermessen zu können, dürfte sie doch zu diesem Zeitpunkt den Eindruck gewonnen haben, daß die vorrangigen deutschen Pläne ihre Interessen nur mittelbar tangierten und Hitler die Haltung der Sowjetunion als wichtigen, ja möglicherweise entscheidenden Faktor in seine kurzfristige militärische Planung einbezog.

Eine Bestätigung für die deutschen Angriffspläne im Westen sah die Sowjetregierung im deutsch-italienischen Militärbündnis. Der Leitartikel der *Iswestija* hielt sie warnend – und mit einem Anflug von Erleichterung – den Westmächten vor. Im gleichen Geiste veröffentlichte die TASS am 15. Mai die Nachricht, daß Hitler an diesem Tage zu einer großen Inspektionsreise des Westwalls aufbrach[8]. Die zu diesem Zeitpunkt erschienene Nr. 9 der Zeitschrift des ZK der KPdSU, *Partijnoe Stroitel'stwo* (Parteiaufbau) stellte darüber hinaus einen Zusammenhang zwischen der Planung des deutschen Westfeldzugs und den deutschen Annäherungsbestrebungen an die Sowjetregierung her[9]. Sie berichtete, daß Berlin seit einiger Zeit Interesse an einer Annäherung an die UdSSR zeige: »In der deutschen Presse werden Andeutungen gemacht, daß Deutschland, wenn England keine weiteren Konzessionen macht, sich mit der Sowjetunion verständigen würde.« Derartige Anspielungen enthüllten – nach diesem Artikel – »die Träume des deutschen Faschismus über die Führung eines Schlages in westliche Richtung«. Die Zeitschrift warnte die Westmächte vor dieser Entwicklung und erinnerte an Stalins Wort von dem Fiasko, dem sie bei Fortsetzung ihres gefährlichen Spiels mit der deutschen Aggression erliegen könnten. Die Sowjetunion, so hob die Zeitschrift hervor, werde sich notwendigenfalls aus eigenen Kräften gegen die Angriffe jeder Koalition verteidigen können und rechne im übrigen auf den gesunden Menschenverstand der Staaten, die – wie sie – nicht an einer Verletzung des Friedens interessiert seien.

Dies war ein Hinweis auf das Verständnis, das die Sowjetregierung zu diesem Zeitpunkt von seiten ihrer Randstaaten erwartete. Denn kurzfristig beruhigende Nachrichten hatte soeben der stellvertretende Außenkommissar Potemkin auf seiner zweiwöchigen Informationsreise durch die Länder der sogenannten Kleinen Entente und die Türkei erhalten[10]; die Bemühungen der Sowjetregierung, diese Länder nun aus eigenen Kräften zu einem ihre Westgrenze umgebenden Sicherheitsgürtel gegen einen Angriff der Achsenländer zusammenzuschweißen, verliefen allem Anschein nach erfolgversprechend. Potemkin fand bei den betroffenen Regierungen ein gewisses Verständnis. In Bukarest sprach er dabei im Gespräch mit Gafencu – nicht anders als Astachow in Berlin – seine Überzeugung aus, daß »die deutsche Annäherung an Moskau nur ein Scheinmanöver Hitlers« sei[11]. Nach seiner Rückkehr äußerte Potemkin im Gespräch mit dem italienischen Botschafter Rosso im allgemeinen Zufriedenheit mit den Ergebnissen seiner Reise.[12]

Die Gespräche, die er auf dem Rückweg auf Einladung Becks in Warschau (9. und 10. Mai) führte, hatten ihm allerdings – in mancherlei freundliche Versicherung der polnischen Loyalität gegenüber der UdSSR verpackt – eine »bittere Pille« verabreicht: Die polnische Regierung war nicht bereit, mit der Sowjetregierung bindende Vereinbarungen für den Fall eines deutschen Angriffs zu treffen. Sie wollte weder irgendein politisches oder Militärabkommen mit der UdSSR eingehen, noch wollte sie eine einseitige sowjetische oder öffentliche gemeinsame Garantieerklärung hinnehmen. Damit war definitiv die sowjetische Hoffnung hinfällig, mit Polen selbst einen Beistandspakt abzuschließen.[13] Um jeden eventuellen Zweifel der Sowjetregierung zu beseitigen, suchte am 11. Mai auch in Moskau der polnische Botschafter Grzybowski noch einmal Molotow auf, um die eindeutige Mitteilung zu machen, Polen werde keinerlei sowjetische Garantieerklärung akzeptieren und betrachte die Frage einer eventuellen sowjetischen Hilfe im Falle eines deutschen Angriffs als »verfrüht«. Es halte auch die Eröffnung bilateraler Verhandlungen über einen Pakt zur gegenseitigen Hilfe solange für »verfrüht«, wie die sowjetisch-westlichen Verhandlungen noch nicht zum Abschluß gekommen waren[14]. Hinter dieser abwartenden Haltung verbarg sich, wie die Sowjetregierung wußte, eine tiefe Aversion gegen jede sowjetisch-polnische Annäherung, die das Maß streng korrekter Beziehungen überschritten hätte.[15] Infolgedessen mußte die Sowjetregierung zur Absicherung ihres polnischen Vorfelds ausschließlich den Weg über die Westmächte suchen.

Die relative Sicherheit, die aus dem Leitartikel der *Iswestija* vom 11. Mai gesprochen hatte, wurde noch am selben Tage durch ein weiteres Ereignis untergraben, das die Lage der UdSSR im Osten dramatisch verschlechterte: An der mongolisch-mandschurischen Grenze setzten massierte japanische Kampfhandlungen ein – der russisch-japanische Grenzkrieg begann[16]. Vor der Sowjetregierung eröffnete sich in einer äußerst komplizierten Lage, zu der die polnische Absage an der Westflanke ihren Teil beitrug, das Schreckbild eines Zweifrontenkrieges. Als unmittelbare Folge zeichnete sich ein erhöhtes Sicherheitsbedürfnis ab. Dieses kam bereits in dem Memorandum an die britische Regierung zum Ausdruck, das Molotow dem britischen Botschafter in Moskau am 14. Mai überreichte. In ihm wurden die englischen Gegenvorschläge dezidiert zurückgewiesen und neue Bedingungen formuliert. Im Rahmen des Abschlusses eines »wirksamen« Dreimächtepaktes über »gegenseitigen« Beistand gegen die Aggression erwartete die Sowjetregierung jetzt auch Garantien der drei Großmächte für die Staaten Mittel- und Osteuropas, die von der Aggression bedroht würden, »einschließlich Lettlands, Estlands und Finnlands«. Daneben berief sich die Sowjetregierung jetzt auf »die mit der Tschechoslowakei gemachten Erfahrungen« und forderte den »Abschluß eines konkreten Abkommens« der drei Großmächte über Formen und Ausmaß der Hilfe, die sie einander und den von ihnen garantierten Staaten gewähren wollten, da ohne ein solches Abkommen die Beistandspakte »in der Luft hängen können«; sie forderte ein bindendes (Militär-)Abkommen.[17]

Am Tage nach der Überreichung des Memorandums zog sich die Sowjetregierung zu mehrtägigen Beratungen über die neu entstandene Lage zurück, in denen auch der stellvertretende Außenminister Potemkin seinen Bericht über die Ergebnisse seiner Reise verlas. Ein Hauptbestandteil des Berichts und der anschließenden Debatte dürfte die durch die ablehnende Haltung Polens und die Kampfhandlungen im Osten[18] entstandene Lage gewesen sein. Weitere Fragen betrafen die Sicherheit im Ostseeraum[19] und das Verhalten Englands und Deutschlands. Die Beratungen waren schwierig und langwierig – die vorgesehene Reise Potemkins zum Genfer Völkerbund, dessen Sitzungen er leiten sollte, wurde nach längerer Verschiebung (15.–22. Mai) ganz abgesagt.[20]

Das Hauptproblem lag wohl weiterhin in der Frage, wie die UdSSR England noch rechtzeitig für das angestrebte Bündnis gewinnen könnte. England hatte – um in Ermangelung der Kenntnis dieser Beratungen eine spätere, rückblickende sowjetische Interpretation heranzuziehen – eine »überhebliche Einstellung« gegenüber dem Sowjetstaat und dessen Interessen sowie seinen Unwillen bewiesen, »die Gleichberechtigung der Partner sowie die Gegenseitigkeit als Grundlage der Beziehungen zwischen den Verbündeten anzuerkennen«. Sein Verhalten wurde auf sowjetischer Seite durch den Wunsch erklärt, »einen tatsächlich wirksamen Widerstand gegen die Aggression durch die Schaffung einer Situation zu ersetzen, die einen bewaffneten Zusammenstoß zwischen Deutschland und der UdSSR unmittelbar provoziert, einen Zusammenstoß, in dem die Sowjetunion praktisch allein, Auge in Auge, dem Nazismus gegenüberstehen würde«. Im Hinblick auf Deutschland war die Lage »paradox: Bei der Vorbereitung zum Angriff auf Polen beabsichtigte das faschistische Deutschland ganz unmißverständlich, sich das Hinterland für den Krieg im Westen zu sichern, und verschob den ›Rußlandfeldzug‹ auf die nächste Etappe seiner Aggression. Die unmittelbare, direkte Gefahr drohte im Westen. Die Gefahr für die UdSSR trug vorerst indirekten, potentiellen Charakter. Nach der Niederwerfung und Besetzung Polens (die sowjetischen Militärfachleute zweifelten nicht daran, daß ein solches Unternehmen recht schnell verlaufen würde ...) und aller Wahrscheinlichkeit nach auch des Baltikums würde die deutsche Wehrmacht in die unmittelbare Nähe von Minsk, Witebsk und Leningrad vorrücken« können.[21] Doch dazu wünschte – hierfür besaß die Sowjetregierung mittlerweile ausreichende Beweise – Deutschland aus taktischen Gründen das Stillhalten der UdSSR und suchte ihre Zustimmung.

Dritte deutsche Fühlungnahme: Erstes Gespräch Schulenburg–Molotow

In dieser schwierigen Phase außenpolitischer Orientierung ging der Sowjetregierung am 17. Mai die Bitte des noch zu Besprechungen in Berlin weilenden deutschen Botschafters um Empfang durch den Außenkommissar und seinen Stellvertreter zum frühestmöglichen Zeitpunkt zu. Beide Unterredungen wurden ihm für Sonnabend, den 20. Mai, ab 16.00 Uhr gewährt. Die Umstände der Herbeiführung dieser Unterredungen ließen erwarten, daß sie die formelle Eröffnung der deutsch-sowjetischen Verhandlungen bedeuten sollten.[22]

Der Botschafter ging mit gemischten Gefühlen in diese Gespräche. Einerseits hatte er in Berlin »vorausgesagt«[23], daß es sehr schwierig sein würde, die Sowjetregierung an den Verhandlungstisch zu bringen – und dies ungeachtet der Tatsache, daß man ihn hatte glauben machen wollen, die Sowjetvertretung in Berlin, und speziell der Geschäftsträger, hätten vor Angehörigen des Auswärtigen Amts erklärt, die sowjetische Außenpolitik stehe jetzt auf einer neuen Grundlage.[24] Andererseits hatte ihm Ribbentrop »äußerste Vorsicht anbefohlen«[25]: Weder sollte Moskau durch ein allzu klares Angebot in seiner Verhandlungsposition gestärkt werden, noch sollte Tokio Wind von der deutschen Fühlungnahme bekommen. Infolgedessen lief der Auftrag des Botschafters doch nur auf eine halbherzige Sondierung hinaus.

Schließlich wußte Schulenburg aus seinen Berliner Gesprächen, daß ein, wenn nicht *das* Hauptziel seiner Intervention in Moskau darin bestand, die englisch/französisch-sowjetischen Verhandlungen zum Scheitern zu bringen. Hierin bestand das taktische Interesse, das Außenminister und Staatssekretär bei dieser Sondierung vordergründig teilten und das auch den noch immer schwankenden Hitler veranlaßt hatte, seine Zustimmung zu geben. Auch Mussolini verfolgte bei seiner Zustimmung zu einem *petit jeu* in erster Linie das Ziel, den Dreimächtepakt zu verhindern.[26] Ribbentrop hatte es vermieden, den Botschafter in Moskau über diese Art der Planung in Kenntnis zu setzen. Doch dieser hatte sich durch seine Fragen hinreichende Klarheit darüber verschafft, – das Leugnen des Ministers[27] hatte ihn in der Richtigkeit seiner Annahme bestärkt, daß hier überwiegend taktische Ziele verfolgt würden.

Die Rolle, die dem Botschafter in diesem Spiele zugedacht war, widersprach ebensosehr seinem politischen Interesse am Zustandekommen eines festen vertraglichen Systems, das Hitler im Osten die Hände band, wie seinen Grundauffassungen von den Aufgaben der Diplomatie. Der Konflikt, der zwischen dienstlichem Auftrag und eigener Mission bestand, zwang ihn zu erhöhter Wachsamkeit, die unter anderem in größerer verbaler Zurückhaltung und einer peinlich genauen Wahl seiner Worte zum Ausdruck kam; selten hat sich Schulenburg – wie Schorske zu Recht bemerkte – so »bearish«[28] gegeben wie in diesem ersten Gespräch mit Außenkommissar Molotow.

Der großen Vorsicht, die er in der Gesprächsführung und Abfassung seiner Berichte walten ließ, steht die Fülle an detaillierten Informationen gegenüber, die er von diesem Zeitpunkt an in ausländische Hände gelangen ließ; sie zeugt davon, wie problematisch er die Erledigung dieses Auftrags empfand, wie komplex er seine Folgen einschätzte und wie sehr er die Verantwortung, die ihm in seiner Mission zufiel, zu teilen wünschte. Seine Berichterstattung zeichnet sich durch einen scharfen Kontrast zwischen dem persönlichen Rahmen der Begegnung (Molotows Verhalten dem Botschafter gegenüber war »freundschaftlich« und am Ende »freundlich«) und den schroffen Entgegnungen Molotows auf den deutschen Vorschlag aus. Schulenburg begann das Gespräch[29] weisungsgemäß mit der Eröffnung, daß Deutschland zur Wiederaufnahme der Wirtschaftsverhandlungen bereit sei, da seine früheren Lieferschwierigkeiten behoben und darüber hinaus atmosphärische Verbesserungen eingetreten seien. Er schlug die Reise Schnurres nach Moskau »in allernächster Zeit« vor und deutete an, daß »Berlin ... – wenn ich recht verstanden hätte – der Meinung ... [sei], daß ein erfolgreicher Abschluß der Wirtschaftsverhandlungen der politischen Atmosphäre dienlich sein würde«. Er deckte damit die Absicht der Reichsregierung auf, die Wirtschaftsverhandlungen als Auftakt zu politischen Verhandlungen zu benutzen.

Molotow erwiderte mit Schärfe und Ironie, wenn er – nach der Aufzeichnung Schulenburgs – den gesamten Verlauf der vorausgegangenen Wirtschaftsgespräche als einen Beweis dafür bezeichnete, »daß es der deutschen Seite mit der Sache überhaupt nicht ernst gewesen sei und daß wir aus politischen Gründen mit den Verhandlungen nur gespielt hätten«. Auch die deutschen »Wiederverhandlungen« seien nur »ein politisches Spiel und nicht ernst gemeint«. Dies war keine Übertreibung des Standpunktes Molotows, der – nach seiner eigenen Aufzeichnung – vorbrachte, man hätte in Moskau schon des öfteren von solchen Wünschen gehört: »Ich sagte weiter, bei uns entstehe der Eindruck, daß die deutsche Regierung anstelle geschäftsmäßiger Wirtschaftsverhandlungen ein gewisses Spiel treibt: daß sie sich als Partner für ein solches Spiel ein anderes Land aussuchen müßte ... Die Regierung der UdSSR beabsichtigt nicht, sich an einem solchen Spiel zu beteiligen.«

»Verdacht« und »altes sowjetisches Mißtrauen« gegenüber den deutschen Taktiken und Zielen waren die Worte, die der Botschafter zur Charakterisierung der Reaktion Molotows auf das deutsche Angebot verwendete. Schulenburg suchte des längeren davon zu überzeugen, daß die Reichsregierung – nach der Aufzeichnung Molotows – diesmal tatsächlich »bestimmte Wünsche nach Regulierung der Wirtschaftsbeziehungen zur UdSSR habe ... Darauf antwortete ich, daß wir zu dem Schluß gelangt sind, daß zum Erfolg von Wirtschaftsverhandlungen eine entsprechende politische Basis geschaffen werden muß. Ohne eine solche politische Basis können, wie die Erfahrung der Gespräche mit Deutschland gezeigt hat, die Wirtschaftsfragen nicht gelöst werden.«[30]

Schulenburg hat diese Äußerung primär als Klage über die Unberechenbarkeit der deutschen Politik verstanden und – laut Molotow – »wieder und wieder mit der Wiederholung geantwortet, daß Deutschland sich diesen Gesprächen gegenüber ernsthaft verhält, daß sich die politische Atmosphäre zwischen Deutschland und der UdSSR im letzten Jahr bedeutend gebessert hat, daß Deutschland nicht den Wunsch hat, die UdSSR anzugreifen, daß der sowjetisch-deutsche Vertrag in Kraft ist und es in Deutschland niemanden gibt, der ihn zu kündigen wünscht«. Erst danach stellte Schulenburg die Frage, was man unter dem Ausdruck »politische Basis« verstehen solle. Molotow antwortete ausweichend, darüber müsse eben auf sowjetischer und auf deutscher Seite nachgedacht werden. Dies veranlaßte den Botschafter, wiederholt mit wachsender Intensität um Konkretisierung dieser Äußerung zu bitten. Molotow hat dies abgelehnt.

Schulenburg hat den Hinweis auf die fehlende *politische Basis* mit »großer Überraschung« (Molotow) aufgegriffen und mit erheblichem Interesse weitergegeben – er erkannte in ihm einen Anhaltspunkt, um ein politisches Gespräch in Gang zu setzen, das auch den sowjetischen Interessen Rechnung trüge.

Demgegenüber neigten deutsche Interpreten dazu, das Bemühen Schulenburgs als »erste konkrete deutsche Reaktion auf die sowjetischen Offerten«[31] und die Erwähnung einer »politischen Basis« durch Molotow als erste offizielle Bekanntgabe des sowjetischen Wunsches nach Annäherung an das nationalsozialistische Deutschland zu deuten[32] – als die Einladung Stalins an Hitler zu jenem Bündnis, wie es später im Hitler-Stalin-Pakt Realität wurde.

Wichtige Anhaltspunkte sprechen aber dafür, daß der Wunsch nach einer »politischen Basis« in erster Linie dem grundlegenden sowjetischen Bedürfnis nach Festigkeit der Beziehungen entsprach: Wechselhaftigkeiten eines abrupten deutschen Zick-Zack-Kurses, wie sie die Sowjetregierung in der Vergangenheit brüskiert und dem Gelächter der ausländischen Presse ausgesetzt hatten, wollte sie angesichts der neuen Lage nicht mehr hinnehmen. Der Waren- und Technologieaustausch, den sie in der Tat jetzt mehr denn je zur Förderung ihrer Rüstungsindustrie benötigte, sollte nicht länger »in der Luft hängen«, sondern auf eine geregelte und verläßliche Grundlage gestellt werden.[33] In zweiter Linie mochte hinter ihm die Absicht stehen, durch Aufrechterhaltung der Gesprächsbeziehung selbst eine gewisse Stabilisierung in die Verhältnisse zu tragen, um neuerlichen unerwarteten Erschütterungen zuvorzukommen. Schließlich kam hierin, stärker als in den vorausgegangenen Äußerungen Astachows, eine gewisse Bereitschaft zum Eingehen neuer politischer Beziehungen zum Ausdruck, die – neben der Absicht, Hitler in seinem Handlungsspielraum einzuengen – auch einen Anflug von politischer Beschwichtigung offenbaren.

In Berlin wurde dieser Ausdruck nicht zu Unrecht im minimalen Sinne des Zweifels daran interpretiert, »ob eine politische Basis für die Wiederaufnahme von Wirtschaftsbesprechungen vorhanden sei«.[34] Hingegen verwendete Schulenburg die Formulierung der »politischen Basis« fortan als Instrument, um beide Seiten zur Konkretisierung ihrer Absichten zu bewegen. Seinem Minister teilte er mit, er »habe den Eindruck, daß Molotow Zeit gewinnen, sich im Augenblick mit uns nicht engagieren und uns bei etwaigen politischen Vorschlägen Vortritt überlassen möchte«. Dies war eine neue Aufforderung zu einem vollgültigen Vorschlag; denn schon in Berlin hatte Schulenburg Ribbentrop zu überzeugen versucht, daß ihn nur eine klare und direkte Hinwendung an die Sowjetregierung weiterbringen könnte.[35] Dem Staatssekretär schrieb Schulenburg: »Wollen wir hier etwas erreichen, so wird es ... unvermeidlich sein, daß wir früher oder später etwas tun.« Gleichzeitig warnte er Weizsäcker vor unbedachten, übereilten deutschen Angeboten politischer Art, wie sie in Anbetracht der hektischen Berliner Atmosphäre zu erwarten waren: Moskau könnte sie benutzen, um England und Frankreich zu erpressen. Ihre Handlungsfreiheit allerdings – dies betonte der Botschafter unter Berufung auf die Ansicht seines italienischen Kollegen – würde die Sowjetregierung wohl erst dann aufgeben, wenn England und Frankreich ihr einen »vollgültigen Bündnisvertrag« böten.

Wie stark der Botschafter darüber hinaus bemüht war, die Interessen der Sowjetregierung in Erfahrung zu bringen, geht aus den Berichten des US-Geschäftsträgers und des italienischen Botschafters hervor. Nach Rosso hatte Schulenburg »darauf bestanden, daß der Kommissar den Wunsch und die Intentionen der Sowjetregierung genauer präzisiere. Zu diesem Zwecke hat er ihm bedeutet, daß er [Schulenburg] als Botschafter und insofern als ausführendes Organ von Weisungen nicht in der Lage sei, auf eigene Initiative Vorschläge oder Empfehlungen vorzubringen, die von seiner Regierung noch nicht verabschiedet worden seien, während Molotow doch in seiner zweifachen Eigenschaft als Außenkommissar und Ministerratsvorsitzender (und insofern als Haupt der Regierung) den Gedanken der Regierung der UdSSR direkt aussprechen könnte. Er [Molotow] könnte ihm, in welcher Form auch immer, und sei es rein persönlich, gewisse Anhaltspunkte liefern, um den sowjetischen Wunsch korrekt zu interpretieren.«[36]

Nach beiden Berichten hatte Schulenburg den Eindruck geäußert, daß Molotow die Möglichkeiten einer Verbesserung der deutsch-sowjetischen Beziehungen mit großer Reserve betrachtete und nur konkrete, definitive deutsche Angebote überhaupt ernsthaft zur Kenntnis genommen hätte. Die Annahme seines italienischen Kollegen, daß die Sowjetregierung zunächst »manövriere«, um zu erfahren, welche politischen Garantien ihr Deutschland bieten wolle, schloß er nicht ganz aus, schien aber viel mehr mit der Frage beschäftigt, was Hitler Moskau denn angesichts seines Offensivkurses überhaupt noch anbieten könnte: Bei Hitlers ostentativen Bemühungen um einen Militärpakt mit Japan und Italien schien für eine Bereinigung der Beziehungen zur UdSSR weder Wille noch Spielraum vorhanden zu sein. Und dies um so mehr, als »das Minimum, das sich die UdSSR erbitten könnte, ein förmlicher Nichtangriffspakt sein«[37] könnte, der sie vor einer kriegerischen Verwicklung mit Deutschland schützen würde.

Drei Entwicklungen waren durch diese Gespräche eingeleitet: Einerseits suchte der deutsche Botschafter die Wünsche der Sowjetregierung geltend zu machen und konnte sich zu diesem Zwecke nun der Formulierung Molotows von der notwendigen »politischen Basis« bedienen. Andererseits hatten seine Beziehungen zu Rosso – »relazioni cordialissime«[38] – einen Punkt erreicht, in dem die Botschafter die Notwendigkeit eines Nichtangriffspaktes der UdSSR mit den Achsenmächten erkannten und in koordinierter Aktion auf dieses Ziel zugingen. Schließlich wurden die Westmächte über diese Versuche der Anbahnung besserer Beziehungen in Kenntnis gesetzt und konnten rechtzeitig die geeigneten Gegenmaßnahmen ergreifen.[39]

Die Hauptschwierigkeit bestand darin, eine »politische Basis« zu schaffen, die der Sowjetregierung keinen weiteren Anlaß zu Mißtrauen gab: Es mußte eine feste und verläßliche, nicht eine taktische Regelung der beiderseitigen Beziehungen erreicht werden. In dieser Hinsicht war die Erwartung des Botschafters zu diesem Zeitpunkt negativ. So klagte er am Sonntag, dem 21. Mai, in einem Privatbrief über die »unsinnige Menge Arbeit«, die in Moskau vor ihm lag. Und er schätzte ihre Erledigung eher pessimistisch ein: »Am Sonnabend habe ich Molotow und Potemkin gesprochen. Wie ich vorausgesagt habe, sind unsere Dinge ganz außerordentlich schwierig. Ich werde noch viel zu tun haben, und es bleibt zweifelhaft, ob überhaupt noch etwas zu erreichen sein wird.«[40]

In Berlin fielen die Anregungen des Botschafters, doch erst einmal über eine »politische Basis« der Beziehungen zur Sowjetunion »nachzudenken«, bevor man mit weiteren, konkreten Angeboten an sie heranträte, auf keinen fruchtbaren Boden. In der hektischen, überaus gereizten, unter sachlicher und moralischer Überbelastung sowie immensem Zeitdruck leidenden Atmosphäre der Wilhelmstraße war kein Raum zum nüchternen Abwägen dieser Formulierung. Zu diesem Zeitpunkt erschien Ribbentrop der »Wettlauf um Stalins Gunst«[41] ohnedies weniger dringend, denn die Nachrichten, die er – gleichzeitig mit dem Bericht Schulenburgs – aus dem Ausland erhielt, klangen ihm günstig: In England war Premierminister Chamberlain genau an diesem 20. Mai zu der Entscheidung gelangt, er wolle »resign rather than sign alliance with Soviet«[42], und bekannte Botschafter Majskij in *The Times*, daß »seine Regierung keine Hoffnung für ein Abkommen auf der Linie der letzten britischen Bemerkungen« habe[43]. In Paris versprach ein Treffen zwischen Halifax und Bonnet/Daladier am selben Tage keine unmittelbare Einigung, obgleich die französische Seite – unter Hinweis auf die Gefahr eines sowjetischen *volte-face* – auf Abschluß des Dreimächtebündnisses drängte[44]. Aus Japan berichtete an diesem Tage Botschafter Ott, daß ihm Kriegsminister Itagaki jetzt, neun Tage nach Eröffnung der japanischen Feindseligkeiten an der mongolischen Grenze, doch überraschend Mitteilung von dem japanischen Beschluß des Beitritts zum geplanten Militärpakt habe machen lassen[45] – eine Nachricht, die sich acht Tage später als unzutreffend erwies. Daneben gaben die Gespräche, die Ribbentrop und Hitler am Rande der Unterzeichnung der Wirtschaftsverträge mit Litauen[46] mit dem litauischen Außenminister und Gesandten führten, einige Gewähr dafür, daß die baltischen Staaten den deutschen Interessen botmäßig folgen würden. Die Isolierung Polens von Litauen her schien gewährleistet. Schließlich suggerierte die bevorstehende groß aufgezogene Unterzeichnung des »Stahlpakts« Ribbentrop das trügerische Bewußtsein vermehrter Stärke, das durch die pompöse japanische Gratulation »zu diesem welthistorischen Ereignis« noch gesteigert wurde.[47]

Aus seiner Position scheinbarer Stärke maß Ribbentrop der reservierten Haltung der Sowjetregierung, die aus dem Bericht Schulenburgs sprach, wenig Bedeutung zu; er nahm sich ganz einfach vor, den »verknöcherten«, prinzipientreuen und an Worten klebenden alten Botschafter in Moskau bei erstbester Gelegenheit auszuschalten und private Industrielle als Mittelsmänner zur Sowjetregierung zu benutzen[48]. Daß er früher oder später einen geeigneten Draht zur Sowjetregierung brauchen würde, wurde ihm zu dieser Zeit klar. Wie Coulondre am 22. Mai dem französischen Außenminister berichtete[49], hielt Ribbentrop eine Annäherung zwischen Deutschland und Rußland nun auf lange Sicht für »unentbehrlich und unausweichlich. Sie entspräche dem Wesen der Dinge und den in Deutschland noch sehr lebendigen Traditionen. Sie allein würde eine langfristige Regelung des deutsch-polnischen Streitfalls erlauben, nämlich die Liquidierung Polens durch das bereits auf die Tschechoslowakei angewandte Rezept.« Ribbentrop vertrete die Ansicht, daß der polnische Staat nicht auf Dauer existieren könne – »er sei früher oder später zum Verschwinden verurteilt, [würde] aufs neue zwischen Deutschland und Rußland aufgeteilt«. Für ihn sei daher »die Idee einer solchen Teilung … aufs engste mit der einer deutsch-russischen Annäherung verbunden«. Das wichtigste Ziel dieser Annäherung bestehe darin, »die britische Macht niederzuschlagen«. Dies sei Ribbentrops »fixe Idee, deren Verwirklichung er von nun an unermüdlich mit dem obstinaten Eigensinn eines Fanatikers verfolgt«. Dabei hege er die Hoffnung, »daß ein deutsch-sowjetisches Zusammengehen das Reich eines Tages in den Stand setzt, der Weltmacht des britischen Empire den Todesstoß zu versetzen«.

Nach Kenntnis des französischen Botschafters stieß Ribbentrop mit seiner Idee einer Annäherung an Rußland zunächst noch auf den Widerstand Hitlers. Dieser halte es aufgrund ideologischer Erwägungen für schwierig, die deutsche Politik auf Moskau umzustellen. Allerdings hätte Ribbentrop für seine Idee bereits die Unterstützung zahlreicher Persönlichkeiten der Wehrmachtsführung und der Großindustrie. Und selbst Hitler habe dieser Tendenz bereits in der Mäßigung seiner antibolschewistischen Stellungnahmen Tribut gezollt.

Zu diesem Zeitpunkt aber trat zu den ideologischen Skrupeln Hitlers noch die Angst vor der russischen Ablehnung. Hitler, der den Bericht Schulenburgs offenbar für ernster hielt als sein Außenminister, »fürchtete einen Rückschlag und eine Absage aus Moskau, begleitet von tatarischem Gelächter«[50]. Angesichts dieser Umstände – Ribbentrop beabsichtigte die weitere Fühlungnahme unter Umgehung Schulenburgs[51] und Hitler verhielt sich, nicht zuletzt aus Angst vor einem zweiten *Refus*, wieder zögernd[52] – wurde Staatssekretär von Weizsäcker angewiesen, die Fortsetzung der Fühlungnahme kurzerhand abzublasen. So mußte er Schulenburg am 21. Mai telegraphisch mitteilen: »... nach bisherigem Ergebnis Ihrer Fühlungnahme mit Molotow ist es nötig, unsererseits nunmehr ganz stillzuhalten und abzuwarten, ob Sowjetrussen mit der Sprache weiter herauskommen.« An den Botschafter erging die Aufforderung, sich »bis auf anderweitige Weisung ... entsprechend zu verhalten«.[53]

Einige Tage später faßte Weizsäcker in einem erklärenden persönlichen Brief an Schulenburg die Gründe für diesen Abbruch seiner Fühlungnahme zusammen: Die deutsche Führung sei »der Ansicht, daß die englisch-russische Kombination doch nicht einfach zu vermeiden sein wird. Immerhin mag auch heute noch ein ziemlich breiter Verhandlungs-Spielraum vorliegen, in welchen wir uns durch eine deutlichere Sprache vielleicht bremsend und störend hätten einschalten können. Die Erfolgswahrscheinlichkeit wurde freilich hier [d.i. von Hitler, I.F.] immer recht bescheiden eintaxiert, so daß man abwägen mußte, ob eine sehr offene Aussprache in Moskau statt zu nützen eher schaden und sogar vielleicht ein Tatarengelächter hervorrufen könnte. In der Abwägung dieser Gesichtspunkte hat dann auch eine Rolle gespielt, daß ein Glied in der ganzen Kette, nämlich ein schrittweiser Ausgleich zwischen Moskau und Tokio, von den Japanern doch als äußerst problematisch bezeichnet wurde. Auch Rom war recht zurückhaltend, so daß schließlich die Nachteile des gedachten weitgehenden Schrittes für ausschlaggebend angesehen wurden.«[54]

Weizsäcker bedauerte, daß der abrupte Sinneswandel seiner Chefs die kaum begonnene Fühlungnahme unterbrochen hatte. Die Enttäuschung lastete noch auf ihm, als ihn Botschafter a.D. von Hassell zwei Tage später, am 23. Mai, im Amt aufsuchte[55]. Weizsäcker wirkte »alt und angegriffen. Im Vordergrund steht für ihn die Tendenz, einen Krieg zu vermeiden.« Allerdings war er »in dieser Hinsicht ... jetzt optimistischer ... W[eizsäcker] schien an ein Zustandekommen des englisch-französischen Bündnisses mit Sowjetrußland noch nicht recht zu glauben«.

Schwerer wurde die Botschaft Moskau von der Weisung vom 21. Mai getroffen, entbehrte sie doch nicht einer flagranten Verkennung der Möglichkeiten, die sich der deutschen Seite – wohl verstanden – mit einer Klärung der »politischen Basis« öffneten. Der Botschafter hat diese Weisung in der Praxis ignoriert. Er suchte umgehend eine Gelegenheit, um – wie er Weizsäcker später mitteilte[56] – »noch einmal mit Herrn Potemkin über die deutsch-sowjetischen Beziehungen zu sprechen. Ich habe ihm gesagt, ich hätte mir den Kopf zerbrochen darüber, was an positiven Dingen gemacht werden könne, um die Anregungen des Herrn Molotow zu verwirklichen. Zwischen Deutschland und der Sowjetunion gäbe es keine ... Streitpunkte ... keine *différence* auszugleichen ... Ich habe Herrn Potemkin, mit dem ich unter vier Augen viel freier sprechen kann, gefragt, ob er mir jetzt etwas über die Gedankengänge des Herrn Molotow sagen könnte. Herr Potemkin hat das verneint ...« Der Botschafter ließ sich auch von dieser Auskunft nicht entmutigen. Angesichts der verworrenen Lage in Berlin erwog er, in die Reichshauptstadt zu fahren, um dort persönlich auf eine Klärung zu drängen. So schrieb er am 29. Mai, in klarer Erkenntnis seiner Lage, privat nach Berlin: »Unsere großen Dinge hier sind außerordentlich schwierig, was aber keinesfalls unsere Schuld ist. Die Haupthindernisse liegen in Berlin, oder wenn man so will, in der Gesamtlage der Weltpolitik. Wir müssen abwarten, wie sich alles weiterentwickelt. Vorläufig kann ich noch nicht sagen, wann ich wieder nach Berlin kommen werde. Es kann sehr schnell und plötzlich geschehen.«[57]

Vierte deutsche Fühlungnahme: Weizsäcker–Astachow

Schon zwei Tage nach der Weisung »stillzuhalten und abzuwarten, ob Sowjetrussen mit der Sprache weiter herauskommen«, sah sich die Wilhelmstraße gezwungen, umgehend wieder den Weg der Verständigung einzuschlagen. Erneut löste Hitlers galoppierende Kriegsplanung tiefe Krisenstimmung aus.

Die Malaise, die sich führender deutscher Militärs bemächtigte, veranlaßte Hitler nach Ausklang der wenig gelungenen Stahlpakt-Feierlichkeiten, am 23. Mai die Oberbefehlshaber der Wehrmachtsteile und ihre Generalstabschefs überraschend zu einer mehrstündigen Besprechung in die Reichskanzlei zu rufen[58]. Angesichts der allseitigen Besorgnis, die Hitler in diesen Tagen unschwer wahrnehmen konnte – der Stahlpakt signalisierte vielen das Scheitern seiner Bemühungen um ein militärisches Dreierbündnis[59] – war er bemüht, seinen Militärs in einer *tour d'horizon* »Mut« zum Losschlagen zu machen. Er appellierte diesmal an ihren Gemeinsinn: Um die Schaffung der wirtschaftlichen Sicherheit für »die 80-Millionen-Masse« komme »kein Deutscher herum«. »Ohne Einbruch in fremde Staaten oder Angreifen fremden Eigentums ist dies nicht möglich.« Zur Sicherung des notwendigen Lebensraumes könnten »weitere Erfolge ... [nicht mehr] ohne Blutvergießen ... errungen werden. Die Grenzsicherung ist von militärischer Wichtigkeit.« Als erstes Land müßte der grundsätzliche Feind Deutschlands, Polen, verschwinden, dann die »Lösung des Baltikum-Problems« folgen. Das »Problem ›Polen‹« – es gehe ja gar nicht um Danzig! – sei »von der Auseinandersetzung mit dem Westen nicht zu trennen. Polens innere Festigkeit gegen den Bolschewismus ist zweifelhaft. Daher auch Polen eine zweifelhafte Barriere gegen Rußland ... Einem Druck durch Rußland hält das poln[ische]. Regime nicht stand. Polen sieht in einem Siege Deutschlands über den Westen eine Gefahr und wird uns den Sieg zu nehmen versuchen. Es entfällt also die Frage, Polen zu schonen, und bleibt der Entschluß, bei erster passender Gelegenheit Polen anzugreifen. An eine Wiederholung der Tschechei ist nicht zu glauben. Es wird zum Kampf kommen. Aufgabe ist es, Polen zu isolieren. Das Gelingen der Isolierung ist entscheidend.

Daher muß sich der Führer endgültigen Befehl zum Losschlagen vorbehalten ... Es ist Sache geschickter Politik, Polen zu isolieren.«

Diese Feststellung leitete Hitler unmittelbar zu Rußland über. Hier floß bereits das Wissen um die Äußerungen Molotows gegenüber Schulenburg ein: »Zu Rußland sind wirtschaftliche Beziehungen nur möglich, wenn politische Beziehungen sich gebessert haben. In Presse-Erörterungen tritt vorsichtige Haltung in Erscheinung. Es ist nicht ausgeschlossen, daß Rußland sich an der Zertrümmerung Polens desinteressiert zeigt. Wenn Rußland weiter gegen uns treibt, kann das Verhältnis mit Japan enger werden. Ein Bündnis Frankreich-England-Rußland gegen Deutschland-Italien-Japan würde mich veranlassen, mit einigen vernichtenden Schlägen England und Frankreich anzugreifen.« Auf die Frage: »Kurzer oder langer Krieg?« antwortete Hitler, daß es notwendig sei, sich auf einen »Krieg von 10- bis 15jähriger Dauer einzurichten«.

Schließlich warnte er vor »Verrat« und forderte strengste »Geheimhaltung ... Auch Italien und Japan gegenüber ...«

Zum ersten Mal hatte Hitler Rußland nicht mehr in den Kreis der Feinde einbezogen. Ein Grund dafür konnte in einer Rücksichtnahme auf die Stimmung der Militärs bestehen. Er wußte, daß die Männer der Reichswehr-Tradition dazu neigten, in Rußland das Haupthindernis für einen deutschen Sieg zu sehen, und wollte ihre Einwände vorwegnehmen und entkräften. Analog dazu war er in diesem mehrstündigen Monolog auch bemüht, den Anschein zu erwecken, als erkenne er die Gefahren eines Zweifrontenkrieges an.

Gleichwohl scheint er in diesen Tagen in seinem Urteil über die geringe sowjetische Militärkapazität geschwankt zu haben. Er forderte etwa eine Woche nach dieser Ansprache von Brauchitsch und Keitel eine Ausarbeitung zu der Frage, »ob ein allgemeiner Konflikt unter den gegebenen Umständen zum Vorteil Deutschlands ausgehen würde«[60]. Beide machten die Beantwortung der Frage davon abhängig, ob Rußland aus diesem Konflikt herausbleiben würde oder nicht. Im ersten Falle hatte Keitel mit einem klaren »Ja« und Brauchitsch mit »Wahrscheinlich« geantwortet. Demgegenüber hatten beide einhellig erklärt, daß Deutschland den Krieg für den Fall, daß es auch gegen Rußland kämpfen müßte, mit großer Wahrscheinlichkeit verlieren würde.

Ähnliche Urteile gingen Hitler auch von anderen Militärs zu. So sollte – nach Mitteilungen an den britischen Militärattaché in Berlin, Mason-MacFarlane, in diesen Tagen[61] – der frühere Chef der Heeresleitung,

Generaloberst a.D. Werner Freiherr von Fritsch, etwa zwei Wochen zuvor (also um den 10. Mai) einen besorgten Brief an einen der »größten Männer der Nazi-Hierarchie« gerichtet haben. In ihm habe er darauf hingewiesen, daß es angesichts der schwierigen Lage, in die Hitler Deutschland manövriert habe, nur noch eine Lösung gäbe: die Annäherung an Rußland. Und der Leiter der deutschen militärischen Abwehr im Ersten Weltkrieg, Oberst Nicolai, dem in militärischen Fragen noch ein gewisser Einfluß auf Hitler nachgesagt wurde, sollte »alles in seinen Kräften Stehende getan haben, um zu einer Annäherung an Rußland zu raten«.

In der Wilhelmstraße herrschte zu diesem Zeitpunkt – nach den Beobachtungen des französischen Botschafters[62] – die Meinung vor, daß Hitler den Krieg gegen Polen vom Zaun brechen werde, wenn er dabei kein Risiko liefe, gegen Rußland Krieg führen zu müssen, daß er aber im gegenteiligen Falle vor der Gefahr des Krieges zurückschrecken könnte. Für Coulondre stand außer Zweifel, daß Ribbentrop Hitler zu einer Vereinbarung mit Stalin drängte. Coulondre erkannte nicht, daß Ribbentrop dabei selbst unter dem massiven Druck der Diplomaten des »alten« Auswärtigen Amts stand.

Die Berichte, die dem Foreign Office aus Berlin und aus Moskau (via Washington) zugingen, führten nun auch hier zu größerer Wachsamkeit. Am Morgen des 24. Mai – einen Tag nach dem martialischen Monolog Hitlers vor den höchsten Militärs – warnte Lord Halifax das britische Kabinett vor den Gefahren eines deutsch-sowjetischen *rapprochement*. Er suchte die Mitglieder zu überzeugen, daß ein Dreimächtepakt stärker geeignet wäre, Hitler abzuschrecken, als ihn zum Krieg herauszufordern. Zum ersten Mal seit Beginn der Verhandlungen zeichnete sich im Kabinett ein Konsensus für das Dreierbündnis mit dem Sowjetstaat ab. Chamberlain konnte seine Zustimmung nicht länger verweigern. Noch am selben Tage gab er im britischen Unterhaus die weltweit erwartete Erklärung ab, daß jetzt die begründete Hoffnung bestehe »to reach full agreement at an early date«.[63]

Bis zu diesem Zeitpunkt hatte Hitler in seinem Urteil geschwankt, ob der Versuch einer Annäherung an Rußland noch Zweck habe. Als aber »Chamberlain am 24. Mai ankündigte, daß in großen Zügen Einigkeit über wichtige Punkte mit der Sowjetunion erzielt worden sei[,] ... entschloß [er] sich ..., doch noch einen ... Schritt zu tun«.[64] Am selben Tage wurde Weizsäcker angewiesen, die Botschaft Moskau telegraphisch um Feststellung zu bitten, wann Botschafter Merekalow nach Berlin zurückkehren würde. Der Sinn der Anfrage war klar: Es sollte schnellstens auf hoher Ebene in Berlin – unter Umgehung der Deutschen Botschaft Moskau – ein neuer Versuch der Störung (Weizsäcker) bzw. Verhinderung (Ribbentrop) der Dreierverhandlungen auf dem Wege einer (taktischen) Annäherung an die Sowjetregierung unternommen werden. Schulenburg erwiderte am 25. Mai, daß Merekalow als Abgeordneter an der Sitzung des Obersten Sowjet teilnähme, die an diesem Tage beginne und voraussichtlich zehn Tage dauern werde[65]. Dies war eine (wissentliche?) Übertreibung: Die Dritte Tagung des Obersten Sowjet war für die Zeit vom 25.–31. Mai anberaumt. Ein Ende des Aufenthalts von Merekalow in Moskau war nicht angezeigt.

Nach Eingang dieses Telegramms von Schulenburg legte Weizsäcker am selben Tage (25. Mai) in einer für Ribbentrop bestimmten (und damit eventuell zu Hitler gelangenden) Aufzeichnung seine Vorstellungen von einer weiteren Annäherung an Rußland dar.[66] Am Anfang stand die Befürchtung: »Die englisch-russischen Verhandlungen deuten jetzt auf einen Abschluß hin.« Ziel müßte es sein »zu verhindern, daß die russisch-englisch-französischen Beziehungen einen noch bindenderen Charakter« annähmen. Weizsäcker wies auf den im deutsch-russischen Verhältnis noch immer bestehenden »Aktionsraum« hin und schlug die folgenden Aktionen vor: Unter der Annahme, daß eine deutsche Aktion in Moskau nur dann Wert hätte, wenn »sie von den Russen ernstgenommen werde«, solle nicht der Botschafter, sondern Gustav »Hilger im Russischen Auswärtigen Ministerium« vorstellig werden, um unter Hinweis auf seine wirtschaftlichen Vorarbeiten »in ganz lockerer Form von sich aus« zu erwähnen, »er wolle nicht auf Politik kommen, glaube jedoch, daß zwischen Deutschland und Rußland *alle* Möglichkeiten offen stünden« – eine äußerst unprotokollarische Form der Fühlungnahme. Zweitens solle der italienische Botschafter in Moskau, Rosso, ersucht werden, »in geeigneter Weise die deutsche Bereitschaft zu einem deutsch-russischen Kontakt zu verdeutlichen«. Drittens solle Ribbentrop, sobald Botschafter Merekalow aus Moskau zurückkäme, mit diesem ein Gespräch führen. (Das Antworttelegramm Schulenburgs machte diesen dritten Vorschlag hinfällig.)

Ribbentrop war mit diesen Vorschlägen unzufrieden – sie erforderten zuviel Zeit. Statt dessen ließ er den Staatssekretär in Begleitung des Völkerrechtsexperten und Leiters der Rechtsabteilung des Auswärtigen Amts, Dr. Friedrich Gaus, noch an diesem 25. Mai zu sich auf seinen

Sommersitz, das Gut Sonnenburg bei Freienwalde an der Oder, kommen, auf welches er sich zum Mißfallen seines Staatssekretärs ausgerechnet in diesem hektischen Vorkriegssommer oft »wochenlang« zurückzog. Die Einbeziehung von Gaus, der bei Ribbentrop eine Vertrauensstellung besaß und mit ihm noch oft allein sprach, als der Minister »nützliche Aussprachen«[67] mit anderen hochgestellten Beamten längst mied, zeigte, daß Ribbentrop die Absicht hatte, einen endgültigen Text von weitreichender internationaler Bedeutung zu formulieren – alle schwierigen, völkerrechtlich bedeutsamen Texte arbeitete Gaus für Ribbentrop aus[68].

Ribbentrop eröffnete den beiden hochrangigen Beamten nun, daß »Adolf Hitler seit einiger Zeit erwäge, den Versuch zu machen, ein verträglicheres Verhältnis zwischen Deutschland und der Sowjetunion herzustellen. Aus diesem Grunde sei ... seit einiger Zeit die außerordentlich scharfe Polemik der deutschen Presse gegen die Sowjetunion abgebaut worden. Es solle nun zunächst versucht werden, eine unverfängliche akute Frage in der gewöhnlichen diplomatischen Weise bei der Sowjetregierung anzuschneiden, um festzustellen, ob diese darauf einginge, ein sachliches Gespräch mit der Reichsregierung zu führen. Gegebenenfalls könnten sich dann an ein solches Gespräch weitergehende politische Unterhaltungen anknüpfen, um zu sehen, ob sich ein modus vivendi zwischen beiden Ländern herbeiführen lasse ... Herr von Ribbentrop gab mir den Auftrag, eine entsprechende Instruktion an den deutschen Botschafter in Moskau zu entwerfen, wofür er noch eine Reihe detaillierter Anweisungen gab. Der Staatssekretär und ich diktierten daraufhin sofort in Sonnenburg einen entsprechenden Entwurf, den dann Herr von Ribbentrop noch in verschiedenen Punkten änderte und den er Hitler zur Genehmigung vorlegen wollte.«[69]

Weizsäcker ließ diesen Text am Abend des 25. oder Morgen des 26. Mai im Auswärtigen Amt als Telegramm Ribbentrops an Schulenburg schreiben[70]. Es begann mit den Worten: »Da die letzten Nachrichten darauf hindeuten, daß die englisch-russischen Paktverhandlungen ... in nächster Zeit zu einem positiven Ergebnis führen könnten, so erscheint es angebracht, daß wir in der Fortführung der Unterhaltung mit den Russen stärker aus der Reserve heraustreten, als das bisher in Aussicht genommen war.« Der Botschafter wurde angewiesen, »sobald als möglich Molotow aufzusuchen und ein Gespräch mit ihm wie folgt zu führen«. Es folgte eine äußerst umfangreiche, in elf Punkte gegliederte Erklärung über die deutsche Bereitschaft zu einer Verbesserung der Beziehungen zur UdSSR. Sie nahm im wesentlichen die unmittelbar zum Pakt führenden deutschen Erklärungen vom August 1939 vorweg. Sie unterschied die von entgegengesetzten Prämissen geleitete Innenpolitik beider Länder von der »Gestaltung der außenpolitischen Beziehungen« und übernahm damit nach außen hin den Standpunkt der Sowjetregierung. Sie stellte fest, daß ein realer außenpolitischer Interessengegensatz nicht bestehe und hielt daher die »Normalisierung« der deutsch-sowjetischen Beziehungen für angezeigt. Für den Fall, daß Moskau in diesen Bestrebungen Deutschlands »eine bloß vorübergehende Taktik« sehen sollte – ein Hinweis auf die wiederholten sowjetischen Entgegnungen –, erinnerte sie an die Überlassung der Karpatho-Ukraine an Ungarn, die beweise, daß Deutschland keine expansiven Absichten habe. Die Instruktion beteuerte, daß die deutsche Bündnispolitik nicht gegen die UdSSR, sondern ausschließlich gegen England gerichtet sei, betonte gleichwohl – mit drohendem Unterton – die »Pflege der deutsch-japanischen Beziehungen«. Allerdings – ein Angebot, das die UdSSR angesichts der Ausweitung ihres Grenzkrieges mit Japan verlocken sollte – glaube Deutschland jederzeit in der Lage zu sein, den japanisch-russischen Gegensätzen entgegenzuwirken.

Im Zentrum der Instruktion stand die Frage Polens. Die bestehenden »Differenzen ... [seien] bekannt«. Die Probleme Danzigs und des Korridors müßten »einmal gelöst« werden. Es sei nicht vorgesehen, »diese Lösung mit kriegerischen Mitteln zu erzwingen. Sollte es aber gegen unseren Wunsch zu kriegerischen Verwicklungen mit Polen kommen, so braucht auch das nach unserer festen Überzeugung in keiner Weise zu einem Interessengegensatz mit Sowjetrußland zu führen. Wir können schon heute so viel sagen, daß wir bei einer Bereinigung der deutsch-polnischen Frage – mag sie in dieser oder jener Weise erfolgen – den russischen Interessen nach Möglichkeit Rechnung tragen würden. Rein militärisch gesehen stellt Polen für uns überhaupt kein Problem dar. Die militärische Entscheidung könnte von uns nach dem heutigen Stand der Dinge in so kurzer Frist erzwungen werden, daß eine englisch-französische Hilfe illusorisch wäre.«

Die zweite Hälfte der Instruktion zielte darauf ab, der Sowjetregierung zu beweisen, wie wenig Gewinn ihr ein Bündnis mit den Westmächten brächte und wie vorteilhaft demgegenüber die Annäherung an das wehrhafte Deutschland sei. Sie suggerierte, daß England die Sowjetunion mit seiner »traditionellen Politik ..., andere Mächte für sich die Kastanien aus dem Feuer holen zu lassen«, nur für seine imperialistischen Ziele benutze – ein plumpes Spiel mit den sowjetischen Ängsten und Unterlegenheitsgefühlen, wie überhaupt die Instruktion ein eklatantes Elaborat von moralischer Verstellung und politischer Scheinheiligkeit war. In ihm wechselte die Sprache scheinbaren patronisierenden Beschützens mit der derben Drohens, gaben sich die Attitüde eines traditionellen deutschen Paternalismus gegenüber dem zurückgebliebenen Rußland und plumpe Kumpanei die Hand.

Am Ende der Instruktion stand die Aufforderung an den Botschafter, das Gespräch, falls seine »schnelle Herbeiführung« mit Molotow nicht gelänge, auch mit Potemkin zu führen oder es aber »noch besser ... auf dem Wege über Hilger und Mikojan in Gang zu bringen«. Den Ausschlag für diese ungewöhnliche Anregung mag die Überlegung gegeben haben, daß im Gespräch mit Potemkin (französisch) und Mikojan (russisch) die Sprachbarriere fiel und eine eindringlichere, zwingendere Sprache der Überredung gewählt werden konnte. Die Instruktion schloß mit der Weisung, diese Gespräche »nur mündlich zu führen« und »nichts Schriftliches aus der Hand« zu geben – ein Ausdruck des Bewußtseins der Unwahrhaftigkeit dieser Erklärung und des Wunsches, sich in diesem »Liebesspiel« (Weizsäcker) nicht bindend festzulegen.

Die Frage, weshalb sich Weizsäcker und Gaus zu diesem großangelegten, durchsichtigen Täuschungsmanöver hergaben, kann heute nur noch annäherungsweise beantwortet werden. Im Falle von Gaus hat zweifellos die Tatsache eine entscheidende Rolle gespielt, daß seine Frau Jüdin war und er alle Mühe hatte, sie unbehelligt durch die dunkle Zeit der Rassenvernichtung zu geleiten; dies gelang ihm nicht zuletzt, indem er sich den Anschein völliger Willfährigkeit gab.

Im Falle Weizsäckers wäre eine Antwort komplizierter. Sein beweglicher Geist sondierte zudem verschiedene Terrains. Zu diesem Zeitpunkt stand für ihn offenbar eine taktische Überlegung im Vordergrund, die sich an Konfigurationen traditioneller deutscher Außenpolitik orientierte: »Die Sowjetunion war ... stark umworben. Am Horizont zeichneten sich seit April oder Mai 1939 die Umrisse einer neuen Triple-Allianz, ähnlich der vor dem ersten Weltkrieg ab, wie sie Bismarck kunstvoll verhindert hatte ... Schaltete sich Hitler hier erfolgreich und störend ein, so konnte das auf polnische Heißsporne abkühlend wirken. Ohne Deckung im Rücken blieb für Warschau die Hilfe Englands und Frankreichs von zweifelhaftem Wert.« Wenn Weizsäcker betonte, daß er »in Hitlers krampfhafter Absicht, seinen Streit mit Stalin zu begraben«[71], nicht eine Parallele zum deutsch-russischen Rückversicherungsvertrag von 1887 entdecken oder gar Hitler mit Bismarck in einem Atemzug nennen wolle, so ist dem nur zuzustimmen. Die Voraussetzungen waren anderer Natur, und die Ziele der beiden Verträge schienen nur kurzfristig ähnlich, langfristig waren sie einander entgegengesetzt. Dennoch blieben für Weizsäcker – gerade mit Blick auf Polen – Ansätze Bismarckschen Reichsdenkens dominant, und dies in einer durch Angst vor dem großen Kriege und Anreizung durch Revisionswünsche angeheizten Konstellation.

Diese große Instruktion wurde Hitler am 26. Mai vorgelegt. Ihr expliziter Charakter brachte ihn sofort erneut zum Schwanken. Ihm scheinen Zweifel gekommen zu sein, ob die Zeit zu diesem definitiven Angebot an die Sowjetregierung »reif« sei. Angesichts des Zögerns Hitlers suchte Ribbentrop Rückendeckung bei den Verbündeten. Er bat am selben Tage den japanischen Botschafter zu sich nach Sonnenburg und hielt während dieses Gesprächs mehrfach erregt telephonische Rücksprache mit dem italienischen Botschafter in Berlin. Im Vordergrund dieser simultanen Gespräche stand die »Besorgnis Ribbentrops über die Fortschritte der Verhandlungen zum englisch-französisch-russischen Bündnis«[72]. Der Außenminister suchte die Verbündeten dafür zu gewinnen, »den Werken der Feinde der Achse nicht mit den Händen im Schoße zuzusehen, sondern Aktion mit Aktion, Pression mit Pression zu kontern. Warum«, so argumentierte Ribbentrop, »schenkt Sowjetrußland England und Frankreich Gehör? Weil es Angst vor Deutschland und Japan hat. In diesem Falle wird es genügen, Rußland wissen zu lassen, daß es keinen Grund hat, die eine oder andere Seite zu fürchten, ... [wenn es sich davor] hütet, sich mit England und Frankreich einzulassen.«

Ribbentrop regte zunächst eine gemeinsame japanisch-deutsche Aktion in Moskau an. Dieses Anerbieten war angesichts des japanisch-sowjetischen Krieges im Osten so ungewöhnlich, daß es umgehend auf klare Ablehnung stieß. Oshima machte geltend, daß jede Avance dieser Art in Moskau angesichts des tiefen russischen Mißtrauens die entgegengesetzte Wirkung haben und in Tokio, auch auf seiten der Militärs, die Sympathie für die Achse und damit die Möglichkeit eines Dreimächtepaktes zunichte machen würde.

Der italienische Botschafter schloß sich den japanischen Argumenten an und betonte, daß »jede Avance, jedes Antreiben *(spinta)* von unserer Seite« den Kreml dazu bewegen würde, seine Ware in London und Paris teurer anzubieten. Attolico empfahl Ribbentrop statt dessen, die Situation zu nutzen, um nicht auf Rußland, sondern auf Japan Druck auszuüben und in Tokio begreiflich zu machen, daß der Moment einer Verständigung mit der Achse »jetzt oder nie« sei. Das Ende der Gespräche blieb offen: Ribbentrop sagte Attolico zu, sich in der Frage der Annäherungsversuche an Rußland »vorbehaltlich eines etwaigen Umdenkens« den Wünschen der Verbündeten zu beugen und zunächst *(per ora)* nicht weiter zu insistieren; er versprach ferner umgehende Einflußnahme auf Japan. Attolico hatte den Eindruck, »daß es Ribbentrop, mindestens für den Augenblick, aufgegeben hatte, weiter auf direkten Annäherungsversuchen an Rußland zu bestehen«[73]. Allerdings gab ihm der von Ribbentrop gemachte »Vorbehalt« zu denken.

Die ablehnende Haltung der beiden verbündeten Mächte mag Hitler in seinem Schwanken bestärkt haben. Er hat der Instruktion – entgegen früheren Vermutungen[74] – noch am selben Tage seine Zustimmung verweigert: Nach Kenntnis von Gaus ist die »Instruktion *nicht* abgegangen... weil Hitler sie doch ›zu deutlich‹ gefunden«[75] hätte. Weizsäcker drahtete dem Botschafter noch am Abend dieses 26. Mai, trotz zwischenzeitlich anderer Überlegungen bleibe es bei der früher »angeordneten völligen Zurückhaltung«[76]. Hierbei berief er sich auf den Meinungsaustausch mit dem japanischen und italienischen Botschafter, nicht aber auf die zweifellos ausschlaggebende Meinung Hitlers. Am nächsten Morgen nahm er diese erste Instruktion an den Botschafter mit dem Vermerk »Cessat« zu den Akten[77].

Schon an diesem Tage, dem 27. Mai, lösten neue Nachrichten vom Fortschritt der englisch/französisch-sowjetischen Verhandlungen ein weiteres »Umdenken« Ribbentrops aus. An diesem Tage überreichten in Moskau der britische Botschafter, Sir William Seeds, und der französische Geschäftsträger, Jean Payart, Außenkommissar Molotow neue Paktvorschläge, zum ersten Mal in Form eines gemeinsamen Entwurfes, der bei all seiner Bedingtheit – wie etwa der Einbeziehung des Völkerbundes – zumindest die Bereitschaft erkennen ließ, in Erörterungen über einen Dreimächtepakt auf gegenseitigen Beistand im Falle der direkten Aggression einzuwilligen.[78]

Am Pfingstsonntag, dem 28. Mai, suchte sich Ribbentrop in der neuen Lage zu orientieren. Am Morgen des Pfingstmontag setzte er sich erneut telephonisch mit Attolico in Verbindung[79]. Er suchte jetzt seine Zustimmung zu einer »Direktintervention« Italiens in Moskau zugunsten Deutschlands. Er dächte sich das so, daß zum Beispiel der italienische Botschafter in Moskau von Außenminister Ciano ermächtigt würde, sich zu Potemkin zu begeben und – etwa unter dem Vorwand einer allgemeinen Bitte um Information über den Verlauf der Verhandlungen mit England – einige Worte fallen zu lassen, um begreiflich zu machen, daß es doch schade wäre, wenn sich Rußland definitiv an England binden würde, wo doch in Berlin gerade unzweifelhafte Zeichen einer natürlichen Entwicklung der Situation sichtbar würden ... Als sich Attolico wenig geneigt zeigte, auf diese Anregung einzugehen, hat – mit den Worten von Attolico – »Ribbentrop darauf bestanden, daß ich mich zu ihm begebe, um die Sache endgültig mit ihm zu besprechen, ohne mich aber mit Rom in Verbindung zu setzen«.

Ribbentrop versäumte es nicht, auch seine Helfer in Sachen Annäherung an Rußland – Weizsäcker, Gaus und Schnurre – nach Sonnenburg zu befehligen: Unter der Wirkung ihrer Argumente hoffte er zumindest die italienische Beteiligung an einer konkreten Fühlungnahme mit Moskau zu erringen – die Ablehnung Japans war ihm sicher. Aus diesem Grunde vermied es Ribbentrop von nun an, die japanische Seite über den Fortlauf dieser Annäherung in Kenntnis zu setzen. »Von unseren Freunden«, so rekapitulierte Weizsäcker nach Kriegsbeginn die in diesem turbulenten Sommerhalbjahr begangenen Fehler, »nahmen wir keinen Ratschlag mehr an. Die warme Freundschaft Ribbentrop/Oshima erkaltete in dem Grade, als [sic] wir mit den Russen spielten. Wir wechselten auf das russische Pferd und verstanden es, ... uns die Japaner schnell zu entfremden.«[80]

Das Pfingstmontags-Treffen in Sonnenburg wurde zum Ausgangspunkt einer neuen deutschen Fühlungnahme.[81] Dieses Planungsgespräch stand unter der Frage des »weiteren Vorgehens« (Weizsäcker, Schnurre) gegenüber der Sowjetunion. Die Möglichkeit, daß die UdSSR auf den deutschen Versuch einer politischen Verständigung eingehen würde, wurde pessimistisch (Schnurre) eingeschätzt. Der italienische Botschafter war wenig geneigt, die ihm zugedachte Rolle zu übernehmen, und wich – nach seinem Bericht zu urteilen – ostentativ in die höhere Warte eines unbeteiligten Ratgebers aus. Seine Frage nach dem Ergebnis der Fühlungnahme Schulenburgs zu Molotow wurde von Ribbentrop, Weizsäcker und Gaus einhellig dahingehend beantwortet, daß sie die Antwort Molotows »nach aufmerksamer Überprüfung« als »ziemlich rätselhaft« *(abbastanza sibillina)* betrachteten und zu der Ansicht neigten, er habe sich »hinter dem Einwand verschanzt, daß zu einer Wiederaufnahme der Verhandlungen ›die notwendigen politischen Prämissen‹ fehlten« – ein ungeachtet der Entstellung der Perspektive nicht unzutreffender Eindruck. Demgegenüber machte Attolico darauf aufmerksam, daß man diese Antwort zweifellos auch im umgekehrten Sinne interpretieren könnte, nämlich als »eine Einladung an Deutschland, Vorschläge politischen Charakters vorzubringen« – eine Möglichkeit, die Ribbentrop und Weizsäcker mit einem »absoluten Nein« ausschlossen.

Attolico warf ein, er sähe nicht, wie eine unter dem Druck der politischen Umstände und Zielsetzung zwangsläufig nur bescheidene, direkte oder indirekte, deutsche Fühlungnahme in der Kürze der Zeit bessere Resultate erbringen könnte. Dies lief – in Unkenntnis des zunehmenden Zeitdrucks – auf eine Ermunterung der deutschen Seite hinaus, wenn überhaupt, so auf diesem Weg fortzufahren. In diesem Sinne wurde abschließend vereinbart, daß Weizsäcker am nächsten Tage das Gespräch mit dem sowjetischen Geschäftsträger in Berlin suchen sollte. Dabei sollte die offene Frage eines weiteren Bestehens der sowjetischen Handelsvertretung in Prag zum Anlaß genommen werden, um zu versichern, daß die deutsche Regierung ihrerseits gern bereit zu einem freundschaftlichen Entgegenkommen sei, daß sie allerdings nicht verstehen könne, wie eine solche Regelung sich mit der Ablehnung der Wiederaufnahme von Wirtschaftsverhandlungen vertrage, die Molotow praktisch Botschafter Schulenburg erteilt hätte ... Weizsäcker sollte dann auf die vorausgegangenen Gespräche mit sowjetischen Regierungsvertretern über eine »Normalisierung« der Beziehungen anspielen und betonen, daß auf deutscher Seite, zumal nach dem Weggang von Litwinow, keine unübersteigbaren Hindernisse beständen, daß man aber in Deutschland, bevor man sich entscheiden könne, wissen müsse, welche Intentionen Rußland effektiv habe ...

Soweit die – nach den Worten Attolicos – »Instruktionen von Ribbentrop«. Sie sahen mehr vor, als – wie Weizsäcker später schrieb[82] – »bei dem Sowjet-Geschäftsträger in Berlin lose zu sondieren«. Einerseits wurde dem Sowjetvertreter bei dieser Fühlungnahme zum ersten Mal angedeutet, daß Hitler diese selbst autorisiert hatte[83]. Andererseits war sie in Form und Inhalt darauf angelegt, die sowjetische Seite unter Anwendung von Lockung, Drohung und Warnung zum Reden zu bringen. Dies geht nicht zuletzt aus zwei Aufzeichnungen hervor, die am selben Tag, vermutlich noch in Sonnenburg, entstanden und das Vorgehen Weizsäckers bei seinem Treffen am nächsten Tage festlegten. Eine dieser Aufzeichnungen[84] stammte vermutlich von Gaus, die andere[85] dürfte von Weizsäcker selbst als Gedächtnisstütze angefertigt worden sein. Sie ist mit Randbemerkungen von der Hand Weizsäckers versehen, die Anweisungen zu seinem Verhalten in konkreten Situationen dieses Gesprächs enthielten: So sollte er nach seinem Hinweis darauf, daß nach deutscher Ansicht »das aggressive Vorwärtstreiben der weltrevolutionären Idee nicht mehr Bestandteil der aktuellen sowjetischen Außenpolitik« sei, den Vorschlag einfließen lassen, daß beide Seiten ja »gegenseitig in Innenpolitik keinerlei Einfluß nehmen« müßten; bei seinen Ausführungen über die Möglichkeiten »einer fortschreitenden Normalisierung der deutsch-sowjetischen Beziehungen« sollte er ein Wort über die »Ukraine« – den Verzicht Hitlers auf die Karpatho-Ukraine als Beweis für seine Friedfertigkeit – fallenlassen; und die Drohung, »es sei ja Sache der Sowjetregierung zu beurteilen, ob sie bei dem Stand der englisch-sowjetischen Verhandlungen noch Raum für solche Unterhaltung mit Deutschland« sähe, sollte er »eiskalt« einwerfen.

Diese Marginalien dürften auf Wunsch oder unter dem direkten Einfluß Hitlers geschrieben worden sein. Denn am 18. Juni 1939 hielt Weizsäcker in seinem Tagebuch fest: »Das Spiel der letzten Tage ist das Verhältnis zu Rußland u. Japan. Rußland ist heute noch sehr schwach, aber an der internationalen Börse hoch gehandelt. Wir machen Avancen. Ich selbst hatte vor 14 Tagen dem Geschäftsträger nach einer persönlichen Instruktion des Führers zu sagen: Ihr könnt unsere Freunde oder unsere Feinde sein, ganz wie ihr wollt. Die Russen sind aber noch stark mißtrauisch.«[86]

Weizsäcker betonte nach dem Kriege, er hätte das Gespräch »gern geführt«, denn es sei ihm »in der ganzen nationalsozialistischen Ära unklar geblieben, weshalb wir unseren zahlreichen Gegnern als Ausgangspolitik die unabänderliche Gewißheit der deutschen Feindschaft gegen Rußland an die Hand gegeben hatten. Die Hoffnung also, in unserer jetzt bedrängten Lage diesen Fehler zu korrigieren, war verlockend.« Er war sich dabei der Doppelbödigkeit dieser Form der Annäherung voll bewußt. Denn einerseits sah er – in Anlehnung an die Argumente der Deutschen Botschaft Moskau – in dem Versuch einer »Entspannung mit Rußland ... wirkliche Außenpolitik«, die von innenpolitischen Doktrinen gründlich absah und der Erhaltung des Friedens nützen konnte. Eine schnelle Annäherung, die »über ein normales deutsch-russisches Verhältnis« hinausgegangen wäre, hätte er weder erwartet noch für wünschenswert gehalten. Für ihn stand, wie er es später sah, die (defensive) Absicht, ein gegen Deutschland gerichtetes Dreierbündnis zu verhindern, im Vordergrund seines Interesses an Rußland. Andererseits mußte er wissen, daß die Absichten Hitlers von diesem grundsätzlich verschieden waren: »Wenn Hitler die Hand Stalins zu ergreifen suchte, nachdem er ihn bisher nicht genug hatte beschimpfen können«, so lief dies auf einen »offensiven Plan« hinaus. »Mit einem handfesten deutsch-sowjetrussischen Abkommen in der Tasche konnte er ... sehr wohl glauben, der Weg nach Warschau sei nunmehr frei, Polen sei ihm verfallen. Bei Hitlers Mentalität lag also ... ein Risiko für den Frieden darin, wenn er seine Rußland-Feindschaft opferte.« Aus der Sicht Weizsäckers ergab sich nicht mit der Normalisierung der Beziehungen an sich, wohl aber mit einer wirklichen, weitergehenden Annäherung ein Dilemma: »War die Annäherung an Rußland einmal eingeleitet, dann konnten Hitlers lüsterne Augen sich nicht mehr auf sowjetrussisches Territorium richten. Andererseits konnte Hitlers Appetit nicht auf polnisches Gebiet übergehen, solange er der Haltung Moskaus nicht ganz sicher war.« Um diesem Dilemma zu entgehen, sah der Staatssekretär als das »für den Frieden ... sicherste eine Schwebelage, in der Moskau weder mit den Westmächten noch auch mit Hitler zum Abschluß käme. Eine solche Schwebelage konnte uns über den Sommer hinwegbringen. Zeit war gewonnen. Im Winterhalbjahr konnte ja selbst Hitler keinen Krieg eröffnen. Und dann konnte man weitersehen.«[87]

Am Vormittag des Pfingstdienstag (30. Mai) kam Astachow auf Wunsch Weizsäckers in die Wilhelmstraße. Astachow war auf einen deutlichen Schritt der Annäherung gefaßt. Drei Tage vorher hatte er Molotow in einem ausführlichen Bericht über die derzeit in Berlin erörterten Fragen in Kenntnis gesetzt[88]: An letzter Stelle stand nach (1.) dem Geheimabkommen zum Stahlpakt, (2.) den Perspektiven des deutsch-polnischen Konflikts und, in Verbindung damit, (3.) dem Datum des Beginns des Kriegs oder aber des bevorstehenden internationalen Konflikts, (4.) die Möglichkeit der Verbesserung der deutsch-sowjetischen Beziehungen. Die Wahrscheinlichkeit der gehörten Ansichten veranschlagte Astachow gering: Wenig Präzises werde bekannt, und auch dieses erweise sich leicht als schlichte Erfindung oder »direkte Desinformation, in der die Deutschen solche Meister« seien. Während der Angriff auf Polen nach weitverbreiteter Meinung für Anfang September geplant sei, und die Polen selbst das englische Nachgeben und eine »Münchner Lösung der Frage« mehr als den Krieg zu fürchten schienen, vermehrten sich die Gerüchte über eine deutsch-sowjetische Annäherung. »Die Deutschen sparen nicht mit der Fabrizierung von Gerüchten von sensationellstem Charakter«, unter ihnen Erzählungen von der angeblichen Reise des tschechoslowakischen Generals, Jan Syrový, nach Moskau, die »leichtgläubige Diplomaten erzittern« ließen. Astachow schrieb: »Ich weiß nicht, ob Schulenburg in Moskau irgendwelche Avancen gemacht hat, aber hier bleibt die einzige, Aufmerksamkeit verdienende Tatsache die Änderung des Tons der deutschen Presse.« Diese gebe nun England die Hauptschuld für die »Einkreisung« Deutschlands, bekunde neuerdings »Respekt« vor dem sowjetischen Territorium und bezeichne die sowjetische diplomatische Aktion hinsichtlich der Ålandinseln als Absicherung des Ostseeraumes gegen die englischen Intrigen. Zusammenfassend hob Astachow hervor, daß »diese Taktik des spielerischen Einsatzes der Presse selbst die Deutschen natürlich zu nichts verpflichtet; sie können sie jederzeit verändern; und sie kann nicht als Beweis einer ernsthaften Änderung ihrer Politik uns gegenüber dienen, wenn sie sie nicht durch irgendwelche konkreteren Demarchen untermauern. Tun sie das?« Astachow schloß mit der Vermutung, daß »die Verschlechterung der internationalen Lage [die Deutschen] in diese Richtung stößt.«

Die unerwartete Einladung zum Staatssekretär am Pfingstfest bestätigte diese Vermutung. Nach den Aufzeichnungen Weizsäckers zu urteilen, unterschied sich das Gespräch – von dem nunmehr zur Routine der deutschen Annäherungsgespräche gewordenen Vorwand, den sowjetischen Wirtschaftsinteressen in Prag, abgesehen – inhaltlich kaum von der ursprünglich geplanten großen Instruktion an den Botschafter. Der Unterschied lag in der Form: Was dort als fester Entschluß der Reichsregierung ausgegeben werden sollte, wurde hier »zwanglos« und »im reinen Konversationston« in den Raum gestellt, wobei es – aus der Aufzeichnung Weizsäckers für Ribbentrop zu schließen[89] – nicht an signifikanten rhetorischen Stimmschwankungen mangelte. Wichtig war in erster Linie, daß sich diese Sondierung, in weiten Passagen der geschickte Monolog eines erfahrenen Diplomaten, zum ersten Male auf den »Führer« berief: Diesem sei die Angelegenheit der Duldung der sowjetischen Handelsvertretung in Prag – des *quid pro quo* dieser Fühlungnahmen –

von Ribbentrop gesondert vorgetragen worden. Die Aufzeichnung Astachows bestätigt diesen Hinweis auf Hitler[90]. Sie zeigt auch, daß Weizsäkker Nachfragen Astachows über die Prager Wirtschaftsvertretung bald mit dem Bemerken abschnitt, daß dieser Komplex die deutsche Seite »nicht an sich selbst, sondern als Anlaß zu weiteren Gesprächen« interessierte: Weizsäcker erkundigte sich eindringlich, aber ohne Ergebnis, nach den Hintergründen der Mitteilungen Molotows an Schulenburg.

Danach legte er – laut Aufzeichnung Astachows – Bleistift und Notizbuch zur Seite und »hob hervor, daß das Gespräch jetzt auf inoffizielle Geleise übergehe«. Er entwickelte in einer Astachow verwirrenden Form voll umständlicher sprachlicher Wendungen und unter ständiger Wiederholung des Ausdrucks »meiner persönlichen Meinung zufolge« gewisse Vorstellungen über die künftigen deutsch-sowjetischen Beziehungen. In ihrem Zentrum stand die Eröffnung Weizsäckers, daß im deutschen »politischen Kaufladen« für den sowjetischen Kunden viele Waren zur Auswahl ständen (Astachow verwendete in seiner Aufzeichnung das russische Wort *lavka* und betonte, daß dieser Vergleich früher schon von Hitler verwendet worden sei) – von der unnachgiebigen Gegnerschaft über die Normalisierung der beiderseitigen Beziehungen bis zu ihrer wirklichen Verbesserung. Die Sowjetregierung habe zu wählen. Damit machte ein hochplazierter deutscher Regierungsvertreter die Sowjetregierung zum ersten Mal explizit auf die Bereitschaft Deutschlands zu *jedem* Arrangement mit Rußland aufmerksam. Auf sowjetischer Seite wurden die Ausführungen Weizsäckers als offizielle deutsche »Avance« verstanden[91].

Die Reaktion der sowjetischen Seite war erneut Zurückhaltung. Der Geschäftsträger ließ sich nicht zu näheren Auskünften verleiten. Auf die lockende Wendung Weizsäckers, Molotow habe Botschafter Schulenburg ja wohl »eine wenig ermutigende Auskunft« erteilt, entgegnete – laut Aufzeichnung Weizsäckers – Astachow, nach seinem Verständnis dieses Gesprächs hätte Molotow zwar mit dem nach allem Vorausgegangenen nur allzu verständlichen »Mißtrauen, aber nicht in der Absicht gesprochen ..., vor weitere deutsch-russische Erörterungen einen Riegel zu schieben«. (Nach seiner eigenen Aufzeichnung hatte Astachow lediglich gesagt, er habe keinen Grund zu der Annahme, daß Molotow die Reise Schnurres und Aufnahme von Handelsgesprächen bedingungslos abgelehnt hätte). Die ebenfalls bereits rituellen Hinweise des Staatssekretärs auf die veränderte Stimmung in Deutschland – in Presse und offiziellen Reden – gegenüber der UdSSR beantwortete Astachow wie zuvor damit, daß dies »verschieden auslegbar« sei. (Angebliche deutsche Absichten auf die Ukraine bezeichnete Weizsäcker – nach der Aufzeichnung Astachows – mit dem Hinweis als eine polnische Erfindung, daß »Beck ein kümmerlich schwaches Gedächtnis« habe.) Auf das Anerbieten, die deutsche Regierung sei »nicht engherzig, ... aber auch nicht aufdringlich« und wolle sich nun – angesichts andersartiger außenpolitischer Alternativen der Sowjetregierung – nicht nachsagen lassen, sie hätte »eine undurchdringliche Schweigemauer« errichtet, gab Astachow die Antwort, »daß die ideologische Scheidewand zwischen Moskau und Berlin« doch von der Hitler-Regierung aufgerichtet worden sei. Die Nationalsozialisten hätten – laut Aufzeichnung Weizsäckers – vor ihrem 1934 eingegangenen »Vertrag mit Polen ... ein russisches Bündnisangebot zurückgewiesen, und noch bis in die letzte Zeit hätte man hier wenig Verständnis für die russische These gehabt, daß Außen- und Innenpolitik sich nicht zu stören brauchten. Er glaube, seine Regierung habe unbeirrt diesen Standpunkt beibehalten und sei ihm heute noch treu.«[92]

Weizsäcker verlangte Astachow abschließend das Versprechen ab, seine Regierung in allen Einzelheiten über dieses Gespräch zu informieren, und bat um Mitteilung darüber, ob er »Erklärungen Molotows als keinesfalls zurückweisende richtig interpretiert habe«. Eine Beantwortung der letzten Frage ist der deutschen Seite niemals zugegangen[93]. »Soweit es die Akten zeigen, hat dieser Versuch eines Angebots keine sichtbare Wirkung gehabt.«[94]

Der Staatssekretär nannte den Verlauf des Gesprächs später »zufriedenstellend«[95]. Er fand die sowjetische Reaktion »noch stark mißtrauisch«[96] und glaubte, durch sein Gespräch zur Erhaltung der »Schwebelage« beigetragen zu haben. Er war überzeugt, daß man sich »auf ihr [der ›Russen‹, I.F.] halborientalisches Verhandlungstempo«[97] verlassen könne – eine Sichtweise, für die ihm vermutlich Schulenburg die Augen geöffnet hatte – und insofern für den Sommer 1939 keine bindende Vereinbarung zwischen Hitler und dem stalinistischen Rußland zustande kommen würde.

Schulenburg nahm »mit allergrößtem Interesse«[98] von der Unterredung Weizsäcker-Astachow Kenntnis. Sie bestätigte seine Erwartungen. Er informierte seinen italienischen Kollegen über diesen neuen Versuch der »Normalisierung« der Beziehungen und brachte offen »seine Zweifel über den Erfolg eines solchen Versuchs« zum Ausdruck. Er konnte sich nicht vorstellen, daß die sowjetische Seite auf die Forderung nach einer gesicherten »politischen Basis« für weitere Gespräche verzichten würde[99]. Im Brief an Weizsäcker wies er auf das noch immer unausgeräumte sowjetische Mißtrauen hin: »Die Sowjetrussen sind uns gegenüber mit tiefem Mißtrauen erfüllt, aber auch den demokratischen Mächten trauen sie nicht über den Weg.« Dem folgte eine indirekte Rüge des verantwortungslosen Berliner »Spiels mit Rußland«: »Mißtrauen ist hier außerordentlich leicht erweckt und kann nur schwer wieder beseitigt werden.«

Der Botschafter war im nachhinein bestürzt über die negativen Schlüsse, die aus seinem Gespräch mit Molotow gezogen worden waren, und betonte, er könnte auch bei nochmaliger Durchsicht seiner Berichte »nicht entdecken, was diese Auffassung in Berlin hervorgerufen hat« – eine Erklärung, die Ribbentrop nach seiner Lektüre dieses Schreibens zunächst mit zwei Fragezeichen, dann aber mit dem Vermerk »er[ledigt]« versah. Im Gegenteil hätte – so schrieb der Botschafter nun in Verstärkung seiner ursprünglichen Deutung – Molotow Berlin doch »geradezu zu politischen Gesprächen aufgefordert«. Er (Schulenburg) habe den Eindruck, »daß keine Tür zugeschlagen worden und der Weg für weitere Verhandlungen offen« sei.

Am Tage nach der Fühlungnahme Weizsäckers in Berlin, dem 31. Mai, hielt Außenkommissar Molotow in Moskau vor den Delegierten des Obersten Sowjet der UdSSR seine weltweit mit Aufmerksamkeit erwartete erste außenpolitische Rede[100]. Er gab die düstere Einschätzung der internationalen Lage wieder, die in der Sowjetregierung herrschte: Die »ernsthaften Wandlungen« in der internationalen Situation der letzten Zeit hätten die Lage vom »Standpunkt der friedliebenden Staaten aus ... wesentlich verschlechtert«.

Drei Fünftel der Rede waren der (Verhandlungs-)Position der Westmächte, ein reichliches Fünftel den Berührungen mit den »aggressiven Staaten«, vor allem dem Grenzkonflikt mit Japan, und der Rest den Beziehungen zu den übrigen Staaten gewidmet. Der Politik des Sich-Brüstens und der Prahlerei der aggressiven Staaten stellte Molotow die »Politik der Widerstandslosigkeit gegenüber der Aggression« gegenüber, durch die die Westmächte der Aggression Vorschub geleistet hätten. Die Haltung der Sowjetunion unterscheide sich von der einen wie von der anderen Position. Man könne sie, wie jedem verständlich sei, »in keinem Fall der Sympathie mit den Aggressoren verdächtigen«, allerdings sei ihr auch »jedes Vertuschen der wirklich schlechter gewordenen internationalen Lage fremd«.

Der Außenkommissar zeichnete dann die Entwicklung der internationalen Lage seit dem Münchner Abkommen nach, wobei er dem englisch-französischen Zurückweichen vor der militärischen Expansion der Angreiferstaaten Deutschland und Italien mit krassen Worten deren wachsend »aggressiven Charakter« entgegenstellte. Er betonte, daß das »Bestreben der nichtaggressiven europäischen Mächte ..., die UdSSR an der Organisation des Widerstandes gegen die Aggression zu beteiligen«, stärker geworden sei, hielt gleichwohl fest, daß noch immer gewisse Kräfte daran interessiert seien, die Aggression in eine »akzeptable« Richtung, d.h. gegen die UdSSR, zu lenken. Er erinnerte an die Warnung Stalins vor dem Treiben der Kriegsprovokateure und stellte fest, daß weiter Wachsamkeit und Vorsicht geboten seien.

Molotow gab dann umfassend Auskunft über den Stand der englisch/französisch-sowjetischen Verhandlungen: Dieser bezeichne wohl einen »Schritt vorwärts«, insofern die britisch-französischen Vorschläge bereits das Prinzip der gegenseitigen Hilfe anerkannten; doch könnte sich dieser Schritt – wie gewisse Vorbehalte hinsichtlich der Völkerbundsatzung erkennen ließen – als ein fiktiver Schritt vorwärts erweisen. Im Hinblick auf die sowjetischerseits gewünschte Garantie für die Länder Mittel- und Osteuropas lasse sich »kein Fortschritt feststellen«: Die britisch-französischen Vorschläge sähen im Falle der Aggression keine Hilfe für die drei an der nordwestlichen Grenze der UdSSR gelegenen Staaten vor (ein Hinweis auf Lettland, Estland und Finnland). Die Sowjetregierung könne und wolle keine Verpflichtungen gegenüber den von den Westmächten garantierten Ländern übernehmen, ohne eine Garantie für diese drei Länder zu erhalten. So sei es »um die Verhandlungen mit Großbritannien und Frankreich bestellt«.

Molotow fuhr dann fort: »Wenn wir mit Großbritannien und Frankreich [politische] Gespräche führen, so halten wir es durchaus nicht für nötig, auf Geschäftsbeziehungen zu Ländern wie Deutschland und Italien zu verzichten. Bereits Anfang des vorigen Jahres wurden auf Anregung der deutschen Regierung Verhandlungen über ein Kreditabkommen und neue Kredite aufgenommen. Damals hat uns Deutschland das Angebot über die Aufnahme eines neuen Kredits in Höhe von 200 Millionen Mark gemacht. Da wir uns aber über die Bedingungen dieses neuen Wirtschaftsabkommens nicht einigten, wurde die Angelegenheit fallengelassen. Ende 1938 warf die deutsche Regierung erneut die Frage nach Wirtschaftsverhandlungen ... auf. Dabei äußerte die deutsche Seite ihre Bereitschaft, eine Reihe von Zugeständnissen zu machen. Anfang 1939 wurde das Volkskommissariat für Außenhandel verständigt, daß der deutsche Sondervertreter Herr Schnurre zu diesen Verhandlungen nach Moskau abreist. Statt Herrn Schnurre wurden aber diese Verhandlungen dann dem deutschen Botschafter in Moskau, Herrn Schulenburg, überantwortet; sie scheiterten angesichts von Meinungsverschiedenheiten. Gewissen Anzeichen zufolge ist es nicht ausgeschlossen, daß die Verhandlungen wieder aufgenommen werden könnten.« Mit Italien sei bereits für das laufende Jahr ein für beide Länder vorteilhaftes Handelsabkommen abgeschlossen worden.

Dies war eine korrekte Rekapitulierung des Verlaufs der deutschen Vorschläge zu Wirtschaftsverhandlungen. Interessierte Partner auf beiden Seiten stellten sich die Frage, weshalb Molotow so offen über sie Auskunft gab: Während der frühere US-Botschafter in Moskau, Davies, in der Rede Molotows eine Art »Ultimatum« an die Westmächte und in seiner Erwähnung der deutschen Wirtschaftsangebote eine »gleichsam ins Ohr« geflüsterte, »ziemlich ominöse Andeutung« sah, gab Schulenburg im Brief an Weizsäcker zu bedenken, Molotow hätte »unser Angebot zur Aufnahme der Wirtschaftsverhandlungen sofort taktisch verwendet«[101] und damit Druck auf die Westmächte ausgeübt.

In Wahrheit mußte sich die Sowjetregierung – wie amerikanische, britische und italienische Berichte bewiesen – darüber im klaren sein, daß die beteiligten Mächte längst über den Verlauf der Wirtschaftsverhandlungen mit Deutschland informiert waren und zu einer Überbewertung dieser Vorgänge neigten. Ihr bis zur Pedanterie peinliches Bemühen um internationale Glaubwürdigkeit und Anerkennung als eine gleichwertige Großmacht mag sie veranlaßt haben, zur Vorbeugung falscher Schlüsse die wahren Karten auf den Tisch zu legen. Damit gab sie – wahrheitsgemäß – zu, daß die deutsche Seite wiederholt, aber zögernd, mit Angeboten an sie herangetreten war. Die Warnung lag im Sachverhalt selbst und weniger in der Einstellung der Sowjetregierung. Denn diese trat nach wie vor für den Abschluß mit den Westmächten ein. Sie war sich dabei allerdings ihres wachsenden Gewichts bewußt. So stand am Ende der Rede Molotows der Hinweis, daß »die UdSSR nicht mehr das ist, was sie vor fünf oder zehn Jahren war, daß die Kräfte der UdSSR jetzt stärker sind. Die Außenpolitik der Sowjetunion muß den Veränderungen in der internationalen Situation und der wichtigeren Rolle der UdSSR als eines mächtigen Friedensfaktors Rechnung tragen ... [Der Sowjetunion] gehört ... in der einheitlichen Front der friedliebenden Staaten, die der Aggression tatsächlich widerstehen, ein Platz in der vordersten Reihe.«

Die Botschafter der beiden Achsenmächte, Schulenburg und Rosso, die dieser Rede beigewohnt hatten – die Botschafter der Westmächte waren ihr ferngeblieben –, ersahen aus ihr, »daß Sowjetunion auch weiterhin trotz starken Mißtrauens bereit ist, Vertrag mit England und Frankreich abzuschließen, jedoch nur unter Voraussetzung, daß ihre sämtlichen Forderungen angenommen werden«[102].

In Berlin löste die Rede Molotows betretenes Schweigen aus. Randvermerke Ribbentrops auf Berichten der Deutschen Botschaft Moskau lassen erkennen, daß er ein sowjetisches Entgegenkommen auf der von deutscher Seite vorgeschlagenen Grundlage für ausgeschlossen hielt[103]. Der Nuntius in Berlin erfuhr aus zuverlässiger Quelle, daß die Hoffnung auf eine Verständigung mit Rußland zwar noch nicht gänzlich aufgegeben, aber doch sehr stark in den Hintergrund der politisch-militärischen Planung getreten sei. Es würde die Ansicht verbreitet, daß sich Deutschland im Osten zuerst festungsgemäß absichern müsse. In Wirklichkeit, so berichtete Orsegino nach Rom, würden an der polnischen Grenze gigantische militärische Vorarbeiten abgeschlossen. Sie ließen darauf schließen, daß sich die deutsche Regierung auf alle Eventualitäten einstelle. Wie dem Nuntius von einflußreicher Seite vertraulich mitgeteilt worden war, war das Verbot der Erwähnung des russischen Bolschewismus um den 1. Juni 1939 vom Propagandaminister plötzlich wieder aufgehoben worden, »was den Journalisten zu verstehen gibt, daß die Annäherung zwischen Deutschland und Rußland von nun an als unwahrscheinlich zu betrachten ist«[104].

Fünfte deutsche Fühlungnahme: Hilger–Mikojan

Der Fühlungnahme Weizsäckers bei Astachow waren im Büro des Staatssekretärs stundenlange Erörterungen der möglicherweise erzielten Resultate gefolgt. Es herrschte Übereinstimmung darüber, daß sie keinen entscheidenden Durchbruch gebracht hatte. Es wurde nach neuen Wegen einer Annäherung gesucht. Die Wahl fiel nun auf die beiden engsten

Mitarbeiter Schulenburgs, Köstring und Hilger, beide in Rußland geborene Deutsche mit perfekter Kenntnis der russischen Sprache und Denkweise und Persönlichkeiten, denen die Sowjetregierung beträchtliches Vertrauen entgegenbrachte.

Köstring wurde »*ad audiendum* und mit der Absicht nach Berlin gerufen festzustellen, ob durch ihn nicht einige diskrete Annäherungsversuche bei Marschall Woroschilow gemacht werden könnten«[105]. Daneben gab der Staatssekretär noch am Abend des 30. Mai (23.10 Uhr) der Deutschen Botschaft Moskau die telegraphische Weisung, nach dem Verlauf des heutigen Gesprächs bestünden »hier keine Bedenken, wenn Hilger von sich aus, und ohne sich auf einen Auftrag zu berufen, Verbindung mit Mikojan aufnimmt«[106]. Das Ziel der Sondierung Hilgers sollte darin bestehen, angesichts der geringen Hoffnungen auf die Möglichkeit einer schnellen Anknüpfung des politischen Gesprächs zumindest die Aufnahme von Wirtschaftsverhandlungen zu fördern. Er sollte dabei insbesondere die »Zweifel an der Ernsthaftigkeit unserer seinerzeitigen und jetzigen Absichten ... zerstreuen«. Falls politische Fragen aufgeworfen würden, sollte Hilger auf den Staatssekretär verweisen und eine eventuelle sowjetische »Bereitschaft ... sofort« nach Berlin melden.

Die Einbeziehung von Gustav Hilger in dieses Spiel entbehrte nicht eines zynischen Moments: Dieser durch und durch lautere, überaus gebildete Sohn eines Moskauer Fabrikanten, der mit einer Moskauer Französin verheiratet war und ein bescheidenes, überwiegend geistigen Interessen verbundenes Leben führte, war seit 1923 als Ortskraft mit dem Charakter eines Legationsrats an der Botschaft Moskau tätig – ihr wechselnder Bestand an Karrierediplomaten konnte nicht auf seine außergewöhnlichen Kenntnisse und Beziehungen verzichten. Hilger war nicht nur das Bindeglied der Botschaft zur russisch-sowjetischen geistigen und politischen Elite, sondern galt auch in der sowjetischen Gesellschaft, nicht zuletzt aufgrund seiner großen sprachlichen Feinheit, weitgehend als einer der ihren. Selbst sein späterer Untergebener (1939–41) in der Wirtschaftsabteilung der Botschaft Moskau (Angehöriger der »Roten Kapelle« und Informant sowjetischer Dienststellen), Gerhard Kegel, stellte Hilger ein Zeugnis aus, nach dem er in jeder Hinsicht durch Maß und Sachkenntnis bestach, eine Gegnerschaft zum Sowjetstaat sei bei ihm wenig ausgeprägt gewesen. Und der sowjetische Diplomat in Berlin, Valentin M. Bereshkow, der später (im November 1940) zusammen mit Hilger in den Gesprächen zwischen Ribbentrop/

Hitler und Molotow als Dolmetscher fungierte, charakterisierte Hilger als einen »Kulturrussen«: »Er hatte viele Jahre in der Sowjetunion gelebt, konnte Russisch nicht schlechter als seine Muttersprache und er sah sogar wie ein Russe aus. Wenn er sonntags in Russenhemd und Strohhut, mit dem Kneifer auf der Nase, in der Umgebung von Moskau, irgendwo an der Kljasma, angelte, wurde er für einen typisch russischen Intellektuellen gehalten, wie ihn Anton Tschechow so plastisch geschildert hat.«[107]

Darüber hinaus hatte Hilger, der die Spitzen der sowjetischen Führungsschicht seit den Anfängen des Sowjetstaats persönlich kannte, gerade zu Mikojan ein besonders gutes Verhältnis. Er hatte Mikojan kennengelernt, als der Einunddreißigjährige 1926 als jüngster Volkskommissar und Kandidat des Politbüros in der Residenz des Botschafters Graf Brockdorff-Rantzau verkehrte, und traf ihn jetzt nach Jahren der Bekanntschaft als Volkskommissar und Vollmitglied des Politbüros wieder. Für Hilger war Mikojan »intelligent, in wirtschaftlichen Dingen sehr beschlagen« und »einer der angenehmsten Partner ..., mit denen ich in der Sowjetunion zu tun gehabt habe«. Allerdings hatten die Erlebnisse der vorausgegangenen Zeit der Säuberung selbst der Initiative und Verantwortungsfreudigkeit des Armeniers Mikojan Beschränkungen auferlegt. Auch er konnte nun ohne Genehmigung Stalins oder des Politbüros keine Entscheidungen treffen. Und Hilger fand es »bezeichnend, daß er mich nie ohne Zeugen empfing«.[108]

Nicht allein Mikojan war aufgrund der Erfahrungen der Säuberungen vorsichtig geworden, auch Hilger hatten seine Kenntnisse des nationalsozialistischen Deutschland zu größter Wachsamkeit veranlaßt. Zuletzt hatte er im Anschluß an den Vortrag vor Hitler zwei Wochen (11.–26. Mai 1939) in der Wilhelmstraße verbracht, wo er mit Schnurre die deutschen Wirtschaftsangebote an die UdSSR ausgearbeitet hatte. Dort dürfte er sich einerseits sein Urteil vom Charakter dieser deutschen Fühlungnahme gebildet, andererseits in Kenntnis des in Berchtesgaden und Berlin beobachteten triumphalen Chauvinismus der nationalsozialistischen Führungsschicht klar erkannt haben, wie notwendig eine feste Bindung Deutschlands im Osten war.

Das Gespräch bei Mikojan wurde Hilger für Donnerstag, den 2. Juni, gewährt. An diesem Tage hatte die Sowjetregierung nach eingehenden Beratungen den sowjetischen Gegenvorschlag in Antwort auf die westlichen Vorschläge vom 27. Mai in Form eines fertigen Vertragsentwurfs verabschiedet. Dieser Entwurf[109], der inhaltlich der Rede Molotows vom 31. Mai entsprach und Botschafter Seeds und Geschäftsträger Payart am 2. Juni von Molotow überreicht wurde[110], schien »vom sowjetischen Standpunkt her gesehen logisch«[111]: Er sah die gegenseitige, unverzügliche, allseitige und wirksame Hilfe der drei vertragschließenden Mächte im Falle der Aggression gegen eine dieser Mächte oder die Randstaaten vor; zu diesen traten neben die von britischer Seite vorgeschlagenen Länder (Belgien, Griechenland, Türkei, Rumänien und Polen) die drei Ostseeländer Lettland, Estland und Finnland.

Dieser Vertragsentwurf der Sowjetregierung, der auf definitive Garantien für den Fall einer deutschen Aggression gegen das Baltikum oder über das Baltikum gegen die UdSSR hinauslief, stellte die Regierungen Englands und Frankreichs vor ein schwieriges Problem: Die baltischen Länder verwahrten sich gegen nicht erbetene Garantien dieser Art und machten in London geltend, daß eine indirekte Einbeziehung in ein gegen Deutschland gerichtetes Paktsystem nicht in ihrem Interesse liege; am 7. Juni gingen die Vertreter Estlands (K. Selter) und Lettlands (V. Munters) in Berlin Nichtangriffspakte mit für Deutschland vorteilhaften Neutralitäts- und Konsultationsversprechen ein.[112] So drang Hitler – mit den Worten Churchills – »mit Leichtigkeit in die letzten Verteidigungslinien des verspäteten, unentschlossenen Bündnisses gegen ihn ein«[113].

Unter dem Eindruck der manifesten deutschen Einflußnahme im Ostseegebiet befand es die britische Regierung für notwendig, den sowjetischen Vertragsentwurf nicht an der Nichteinbeziehung der Ostseeländer scheitern zu lassen. Sie beschloß, einen jüngeren Beamten des Foreign Office, William Strang, mit Sonderauftrag nach Moskau zu entsenden, um hier zu einer schrittweisen Klärung der strittigen Fragen zu gelangen. Strang traf am 9. Juni in Moskau ein. Seine Weisungen waren ebenso begrenzt wie seine Verhandlungsfähigkeit, so daß von diesem Tage an eine hinhaltende und in den entscheidenden Sachfragen faktisch gebundene britische Verhandlungsführung das bestehende sowjetische Mißtrauen noch weiter vertiefte.

Vor diesem Hintergrund vollzog sich die Sondierung Hilgers beim Volkskommissar für Außenhandel der UdSSR. Hilger hat diese zentrale offizielle Begegnung mit Mikojan in seinen Memoiren nicht zufällig übergangen – die Erinnerung an diesen Auftrag war ihm peinlich. Dabei bewegte er sich – wie die Aufzeichnungen über dieses Gespräch erkennen lassen[114] – trotz seiner anderslautenden Weisung mit äußerster

Gradlinigkeit auf jener Grenze der Wahrhaftigkeit, die er sich selbst und seinem Gegenüber schuldig war. Nach den deutschen Berichten erklärte er Mikojan, auf deutscher Seite bestehe der Eindruck, daß »die Sowjetregierung Zweifel an der Ernsthaftigkeit« der deutschen Absichten hätte; er sei gekommen, »um etwaige Mißverständnisse zu zerstreuen«. Aufgrund seiner Arbeiten in Berlin könnte er mit Gewißheit sagen, daß sich die deutschen Ausfuhrmöglichkeiten jetzt gebessert hätten.

Nach der Aufzeichnung Mikojans sprach Hilger lange, verwirrend und angeblich »sehr offen« über die »wahre Lage« in Berlin: Dort prüfe man die sowjetischen Wünsche nun endlich durchaus positiv, obgleich die sowjetischen Bedingungen nicht leicht zu erfüllen seien. Man warte nur noch auf ein Zeichen aus Moskau …

Mikojan erklärte Hilger, daß er selbst aufgrund der zögernden und abrupt wechselhaften deutschen Verhandlungsführung »in eine sehr unangenehme Lage gegenüber seiner Regierung gebracht worden sei« und infolgedessen die »Lust an diesen Verhandlungen verloren« habe (Hilger). Nach seiner eigenen Aufzeichnung hob Mikojan hervor, daß seit zwei Jahren ohne Erfolg verhandelt worden sei und die Gespräche mittlerweile einen unseriösen Charakter angenommen hätten – »die Form eines politischen Spiels«. Er fragte Hilger, ob dieser vom positiven Ausgang neuer Kreditverhandlungen überzeugt sei. Hilger gab »zuerst keine Antwort auf die ihm gestellte Frage, sondern sagte, daß er und Herr Schulenburg ihn in keiner Weise in eine solche Lage bringen wollten … Was die gestellte Frage anbelange, so sei es immer so, daß die Fragen von Herrn Mikojan immer sehr schwer [zu beantworten] seien. Er, Herr Hilger, könne nicht überzeugt vom positiven Ausgang der Kreditverhandlungen sein, da dieser nicht nur von ihm selbst, sondern auch von anderen abhänge; aber er hoffe es und habe Gründe, auf einen positiven Ausgang zu hoffen. Danach unterstrich Herr Hilger noch einmal, daß sie jetzt eine Antwort von uns erwarten.«

Während Mikojan nach der sowjetischen Aufzeichnung andeutete, daß gegenwärtig England und Amerika den Platz des ehemals bevorzugten Handelspartners Deutschland einnehmen könnten, stellte er nach den deutschen Berichten beiläufig die Frage, welchen *modus procedendi* man sich denn auf deutscher Seite vorstelle. Er versprach Hilger, über dessen Anregung nachzudenken, und behielt sich eine Antwort vor.

Die Deutsche Botschaft beurteilte die Resultate dieses Gesprächs –

nach dem Bericht Rossos an Ciano vom 4. Juni – als »eher günstig, insofern Mikojan den Vorschlag der Wiederaufnahme von Verhandlungen zu einem Handelsabkommen nicht abgelehnt habe und insofern die Tür zu weiteren Gesprächen offen bleibe«. Rosso selbst fand die Frage Mikojans, ob Hilger den positiven Ausgang eventueller neuer Verhandlungen garantieren könnte, »signifikativ«: Er habe sich mit dieser Frage aller Wahrscheinlichkeit nach »einfach zu versichern gesucht, daß die deutsche Initiative zur Wiedereröffnung der Verhandlungen nicht ein schlichtes politisches Manöver ist, sondern Berlin tatsächlich wünsche und beabsichtige, einen Handelsvertrag einzugehen«[115].

Die Prüfung des Vorschlags der Wiederaufnahme der Wirtschaftsverhandlungen mußte die Sowjetregierung – selbst abgesehen von der politischen Brisanz solcher Verhandlungen und dem ihnen zugrundeliegenden politischen Kalkül der Reichsregierung – vor schwierige Fragen stellen. Sie wollte einerseits in den Genuß des angebotenen günstigen Kredits kommen und benötigte Technologie für Aufbau und Erweiterung ihrer Rüstungsindustrie, doch war sie andererseits nicht daran interessiert, die deutsche Rüstungsindustrie mit kriegswichtigen Rohstoffen zu füttern. Da diese im Vordergrund des deutschen Interesses standen, war die sowjetische Verhandlungsbereitschaft begrenzt: Die deutschen Kriegspläne in West *und* Ost geboten äußerste Zurückhaltung.

Auf deutscher Seite war bekannt, daß »Rußland für seine eigene Militär- und Industrieentwicklung die meisten der Rohstoffe, einschließlich Petroleumprodukte und Mangan, benötigt, die Deutschland von dort importieren will, und daß Rußland darüber hinaus in den letzten zwei Jahren nicht bereit gewesen war, größere Mengen von Stoffen zu liefern, die direkt oder indirekt zur militärischen Stärke Deutschlands beigetragen hatten ... Die deutsche Seite war gleichermaßen abgeneigt, Rußland Kriegsmaterial oder aber Werkzeugmaschinen und andere Erzeugnisse zu liefern, die bestimmt waren, Rußlands Munitionsindustrie aufzubauen.«[116]

So überraschte es nicht, wenn sich der sowjetische Geschäftsträger in Berlin, am 6. Juni über die Bedeutung der Erklärung Molotows über die mögliche Wiederaufnahme der Wirtschaftsverhandlungen befragt, in keiner Weise festlegen wollte[117]. Er gab lediglich zu erkennen, daß die Sowjetregierung schon deshalb nicht gegen die Erörterung der Verbesserung ihres bilateralen Handels mit Deutschland sei, weil sie in größerem Umfang Maschinen zu kaufen beabsichtigte. Er schloß die Möglichkeit einer Reise Schnurres nach Moskau nicht aus, betonte aber, daß von einer Handelsdelegation Berlin-Moskau keine Rede sein könnte.

Am selben Tag, dem 6. Juni, nahm in Paris der französische Ministerrat den sowjetischen Vertragsentwurf vom 2. Juni an und faßte einstimmig den Beschluß, daß es von äußerster Wichtigkeit sei, schnellstens zum Ziele zu gelangen[118]. Am 7. Juni zeichnete Chamberlain vor dem britischen Unterhaus ein optimistisches Bild der Verhandlungen: Er verkündete den Beschluß der Regierung Seiner Majestät, zur »Beschleunigung der Verhandlungen« einen Sonderbeauftragten nach Moskau zu entsenden, und gab seiner Hoffnung Ausdruck, daß es nun möglich sein würde, »more rapidely to complete the discussion«[119]. Am selben Tage bestätigte Churchill in der *New York Herald Tribune*, der russische Anspruch, Finnland und die Baltenstaaten in die Dreiergarantie einzubeziehen, sei »well founded«. Er entkräftete die Stimmen, die diesen Ländern keine Garantie wider Willen auferlegen wollten, und bezeichnete es als sicher, daß mit einer Invasion oder inneren Subversion Litauens, Lettlands und Estlands durch das nationalsozialistische Deutschland ganz Europa in einen Krieg gezogen würde. »Warum«, so fuhr Churchill fort, »sollte man dann nicht zur rechten Zeit, öffentlich und mit Mut gemeinsam Maßnahmen ergreifen, die einen solchen Kampf unnötig machen würden?«[120]

Unter dem Eindruck dieser Verlautbarungen schaltete sich an diesem 7. Juni Karl Schnurre in Berlin in den schleppenden Prozeß der Sondierung des sowjetischen Standpunkts ein. Als Leiter des für Osteuropa – Polen, Danzig, Sowjetunion und die baltischen Staaten – zuständigen Referats W IV der Wirtschaftspolitischen Abteilung des Auswärtigen Amts unterbreitete er seinem stellvertretenden Abteilungsleiter, Dr. Clodius, mit der Bitte um Vorlage bei Weizsäcker und Ribbentrop eine Aufzeichnung[121]. In ihr nahm er Anstoß an der Art der Gesprächsführung Hilgers: Mikojan hätte die Frage nach dem *modus procedendi* angesprochen und Hilger lediglich erwidert, er hätte »keinerlei Vorschläge zu machen«; nach einem solchen Verlauf der Unterredung sei mit einer baldigen Antwort Mikojans natürlich kaum zu rechnen. Mehr noch: »In Anbetrachtung der wenig positiven Haltung, die L.R. Hilger bei dieser Unterredung eingenommen hat, erscheint es auch durchaus zweifelhaft, wie diese Antwort Mikojans sein wird.« Nun liege der deutschen Seite aber gerade »im gegenwärtigen Stadium der sowjetisch-englischen Verhandlungen besonders daran, die Möglichkeit einer Einschaltung in Moskau auszunutzen. Schon die Tatsache unmittelbarer deutsch-sowjetischer Besprechungen in Moskau würde geeignet sein, einen weiteren Keil in die sowjetisch-englischen Verhandlungen zu treiben.« Schnurre stellte fest, daß die Wirtschaftsverhandlungen durch die Unterredung Mikojan-Hilger auf »dem toten Geleis« angelangt seien, von dem er sie mit den folgenden Vorschlägen »herunter zu bringen« hoffte: Er selbst wollte den sowjetischen Geschäftsträger Astachow auf fragliche Formulierungen der Rede Molotows und Ausführungen Mikojans ansprechen und darauf hinweisen, daß eine Unterredung Mikojans mit ihm (Schnurre) nützlich wäre. Er würde sich bereit erklären, sofort nach Moskau zu reisen und Astachow bitten festzustellen, ob Mikojan ihn (Schnurre) in der nächsten Woche empfangen könnte. »Sollte diese mehr informatorische Unterredung zwischen Mikojan und mir positiv verlaufen, so hätte ich Vollmachten, auch über den ins Auge gefaßten Wirtschaftsvertrag selber zu verhandeln.« Schnurre bat Ribbentrop um Weisung.

Doch schon am nächsten Tag, dem 8. Juni, suchte Hilger erneut Mikojan auf[122]. Er erlangte nun die Zusagen der grundsätzlichen Bereitschaft zur Wiederaufnahme und zur Reise Schnurres nach Moskau. Sie waren an die Bedingung geknüpft, daß die deutsche Seite die alten sowjetischen Konditionen annahm, die eine stark reduzierte Ausfuhr kriegswichtiger Rohstoffe vorsahen. Trotz gewisser Zweifel Hilgers, ob die deutsche Seite darauf eingehen würde, bestand Mikojan auf dieser Bedingung. Hilger wollte nun nach Berlin fahren, um in diesem Sinne auf die maßgeblichen Stellen Einfluß zu nehmen. Er hoffte dabei zu erreichen, daß anstelle der kriegswichtigen Rohstoffe, wie Mangan und Petroleum, die Deutschland von der UdSSR verlangte, andere Liefermöglichkeiten erschlossen würden. Weitere Fortschritte wurden in diesem zweiten Gespräch nicht erzielt[123]. Doch noch einmal kam Mikojan auf »die politischen Voraussetzungen« für die Aufnahme der Wirtschaftsverhandlungen zu sprechen. Dies gab auch dem Botschafter den letzten Impuls zu einer Dienstreise nach Berlin. Er plante, sie gemeinsam mit Hilger zu unternehmen.

Unmittelbar vor der geplanten Reise Schulenburgs und Hilgers nach Berlin stattete der italienische Botschafter dem neuen Außenkommissar am 10. Juni seinen ersten Besuch ab. Er wies dabei aus italienischer Sicht auf die veränderte Einstellung Deutschlands zur Sowjetunion und auf die Möglichkeiten einer Annäherung hin[124]. Molotow ging nicht auf diese Anregung ein – der erste italienische Versuch einer Vermittlung erwies sich als unfruchtbar[125].

Indes hatten sich auch in Berlin neue, dieses Mal ressortinterne Hindernisse erhoben. Am Morgen des 9. Juni machte Hilger Schnurre telephonisch Andeutungen über den ihn betreffenden Teil seines Gesprächs mit Mikojan und schlug vor, selbst zur Berichterstattung nach Berlin zu kommen. Schnurre hielt das Verhalten Hilgers für ungeeignet und nahm Anstoß an dessen Offenheit. Er machte dem Staatssekretär Mitteilung. Dieser telegraphierte dem Botschafter noch am Nachmittag des 9. Juni »Telephongespräche wie dasjenige Hilgers« vom Vormittag seien »unerwünscht. Hilger soll sich Ihrer Dienstreise nach Berlin nicht anschließen.«[126] Am Abend des 9. Juni telegraphierte Schulenburg an das Auswärtige Amt, das Einverständnis der Sowjetregierung zur Aufnahme der Verhandlungen unter den früheren Bedingungen bedürfe einer »sorgfältigen Prüfung. Ich halte für erforderlich, daß Hilger zwecks mündlicher Berichterstattung morgen mit mir nach Berlin reist.«[127] Die ablehnende Haltung des Staatssekretärs zwang den Botschafter, zunächst allein zu reisen. Er verließ Moskau am 10. Juni. In Berlin setzte er sich umgehend mit seinem früheren Legationsrat in Teheran, Dr. Eduard Brücklmeier, in Verbindung, der jetzt dem Ministerbüro Ribbentrops zugeteilt war. Brücklmeier telegraphierte bereits am späten Vormittag des 11. Juni nach Moskau, Hilger solle »zwecks mündlicher Berichterstattung umgehend nach Berlin reisen«[128]. Am 12. Juni verließ Hilger Moskau.

Sechste deutsche Fühlungnahme: Schulenburg–Astachow in Berlin

Die gleichzeitige Anwesenheit von Schulenburg, Hilger und Köstring in Berlin ermöglichte ein koordiniertes Vorgehen in verschiedenen Richtungen. Der Botschafter hatte diese Reise sorgfältig vorbereitet. Er führte eine Ausarbeitung bei sich, die – unter Berufung auf die sowjetischen Zweifel an der Ernsthaftigkeit der deutschen Absichten und Wünsche nach einer festen »politischen Basis« – eine präzise Verhandlungsgrundlage entwickelte. Dabei verfolgte er das Ziel, der Sowjetregierung »auch auf politischer Ebene ... Genugtuung zu verschaffen. Er hatte sich einige Ideen vorgenommen, die er von Ribbentrop vorzulegen beabsichtigt ...

so unter anderem formale Garantien der Art, daß Deutschland keine aggressiven Absichten gegen die UdSSR hat ..., eine öffentliche Erklärung, die die volle Kraft und den freundschaftlichen Geist des Vertrags von Berlin bestätigt, ... ein deutsch-sowjetischer Flottenvertrag für die Ostsee und schließlich eine gewisse Übereinkunft, die eine Garantie der beiden Länder sowohl für Polen ... als auch für Rumänien enthält«[129]. Eine Wiederbelebung des Berliner Vertrags stand im Zentrum dieser Konzeption[130], feste Garantien hinsichtlich der bedrohten Randstaaten und eine bindende Vereinbarung über die Sicherheit im Ostseeraum rundeten sie ab. Der Botschafter war sich des fraglichen Ausgangs seines Versuchs bewußt; er hatte berechtigte Zweifel, ob er Berlin für die Idee einer wirklichen Bereinigung des deutsch-sowjetischen Verhältnisses gewinnen konnte. Er hielt es indes für höchste Zeit, um – nach den Worten Rossos – »eine klare Entscheidung in dieser ... Frage zu provozieren«.

Dem entsprach der Charakter der Maßnahmen, die der Botschafter zur »Schaffung einer ›politischen Basis‹«[131] der Beziehungen Deutschlands zur UdSSR vorschlug. Die Bedingung dazu war in der Einleitung fest umrissen: »... falls der Wunsch besteht, zu einer Normalisierung der Beziehungen zwischen Deutschland und der Sowjetunion zu gelangen, ... werden unsererseits erhebliche Anstrengungen notwendig sein«. Im einzelnen wurden als »Maßnahmen auf dem Gebiete der Innenpolitik« die »reinliche Scheidung von Nationalsozialismus und Kommunismus nach dem Grundsatz der gegenseitigen Nichteinmischung«, die Einstellung von »hetzerische[n] Ausfälle[n] und ... Verunglimpfungen in Reden, ... Presse und ... Rundfunk« und die »gegenseitige Beteiligung an internationalen Kongressen und sonstigen Veranstaltungen« unter Vermeidung der Diskriminierung der »Teilnehmer und Leistungen« beider Seiten sowie der »Austausch von Künstlern und Gelehrten« vorgeschlagen.

Die »Maßnahmen auf dem Gebiete der Außenpolitik« sahen vor, in erster Linie den aufgrund der neuen Bündnisse, die Deutschland eingegangen war, »obsolet gewordenen Neutralitätsvertrag zwischen Deutschland und der Sowjetunion vom 24. April 1926 (Berliner Vertrag) wieder aufleben zu lassen«; das Kernstück des Vertrags (Artikel II) sah vor, daß beide Parteien Neutralität bewahrten, wenn die andere »trotz friedlichen Verhaltens« von einer dritten Macht angegriffen würde. Schulenburg erinnerte daran, daß dieser Vertrag seinerzeit im Reichstag mit *allen* Stimmen angenommen und am 5. Mai 1933 von der Hitler-Regierung auf unbegrenzte Zeit verlängert worden sei. Er machte ferner darauf aufmerksam, daß die Sowjetregierung (spätestens) während der sogenannten Sudetenkrise den guten Glauben an das »friedliche Verhalten« Deutschlands verloren hätte – für sie sei Deutschland zum Angreifer geworden. Wenn Schulenburg dann forderte, »sozusagen die ›bona fides‹ wieder herzustellen, die gegebenenfalls die Zubilligung ›friedlichen Verhaltens‹ bei der Bestimmung des Angreifers zugunsten Deutschlands bedingen würde«, so begab er sich in seinem Bemühen, seine Vorschläge für die deutsche Seite annehmbar zu machen, auf eine abschüssige Bahn. Im Vordergrund stand freilich das Ringen um grundlegende deutsche Zustimmung; das Aushandeln der genauen Bedingungen würde ohnedies der Sowjetregierung zufallen, und diese war für ihr hartes Ringen um konveniente Bedingungen bekannt.

Der Wiederherstellung der »bona fides« auf sowjetischer Seite sollten die folgenden Schritte dienen: die Feststellung, daß zwischen Deutschland und der Sowjetunion in lebenswichtigen Fragen keine Streitpunkte bestehen; eine »Erklärung über die deutschen Absichten in bezug auf Polen« und eine »formelle Bestätigung, daß sich der deutsch-sowjetische Neutralitätsvertrag vom 24. April 1926 unverändert in Kraft befindet«. Ferner sollte die deutsche Seite glaubhaft machen, daß die Nichtangriffspakte zwischen Deutschland und den baltischen Staaten der UdSSR »zusätzliche Sicherheit« gäben. Darüber hinaus sollte – besonders im Hinblick auf die Möglichkeit eines deutsch-polnischen Konflikts – an ein Übereinkommen zwischen der deutschen und der sowjetischen Ostseeflotte zur Sicherung der Handelswege in der Ostsee gedacht werden. In diesem Zusammenhang erfolgte der taktische Hinweis, daß Deutschland in diesem Falle seine in der Ostsee liegenden Kriegsschiffe auf die Nordsee verlagern könnte![132]

Mit seinem Vorschlag einer Erklärung über die deutschen Absichten in Polen beabsichtigte der Botschafter zweifellos eine deutsche Selbstbeschränkung, etwa im Sinne einer definitiven deutschen Absichtserklärung in bezug auf Danzig und den Korridor. Hinsichtlich der baltischen Staaten konnte er sicher sein, daß die Sowjetregierung ihrerseits in etwaigen Verhandlungen die Beiderseitigkeit der Garantien verlangen würde. Für den Fall einer tatsächlichen Normalisierung empfahl der Botschafter schließlich, umgehend die Fragen der menschlichen Erleichterungen zu stellen und die Begnadigung und Befreiung der reichsdeutschen Verhafteten, die Freigabe ihrer Frauen und Kinder und eine »beschleunigte Ausreiseaktion« zu erreichen.

Die Atmosphäre, die die Männer der Moskauer Botschaft in der Umgebung Ribbentrops vorfanden, war enttäuschend unsachlich. Nach den Erinnerungen von Köstring empfing sie Ribbentrop »zu einem Frühstück in seinen Privaträumen des Hotels Kaiserhof und erschien dazu in der Begleitung prominenter Vertreter seines Außenamtes. Der sofort von Ribbentrop während des Lunches eingeschlagene leichte Ton entsprach auch mehr einem geselligen Beisammensein als der Würde einer ernsten politischen Berichterstattung ... Ribbentrop eröffnete die Unterhaltung mit der an mich gerichteten Frage: ›Sie sollen ja Woroschilow gut kennen? Dann können Sie ja mal ein Schnäpschen mit ihm trinken und ihm dabei sagen, daß wir gar nicht so böse Leute sind!‹ Ich antwortete, daß ich zwar Woroschilow schon lange Jahre sehr gut kenne und er immer sehr freundlich zu mir gewesen sei, daß aber der Marschall Rußlands nicht mit einem Attaché so ohne weiteres ein ›Schnäpschen‹ trinken ginge. Daß außerdem das, was ich nach Ribbentrops Wunsch dabei zudem Woroschilow sagen sollte, nach allem Vorangegangenen einen starken politischen Akzent besäße und daher Sache des Botschafters wäre. Ribbentrop wandte sich dann wirklich an den ... Botschafter Graf Schulenburg und begann Ausführungen zu machen, die weder dem Stand der bisherigen Verhandlungen entsprachen, noch irgendwelche Anweisungen für uns enthielten. Nach der Zusammenkunft mit Ribbentrop sagte ich dem Botschafter, ich hätte nicht verstanden, was der Außenminister mit seinen Ausführungen bezweckte. Schulenburg antwortete lächelnd: ›Ich auch nicht. Er ist immer so zerfahren.‹«[133]

Zu den allgemeinen Besonderheiten des Verhaltens von Ribbentrop trat gerade in diesen Tagen eine geradezu neurotische Fixierung auf die Verhandlungen der UdSSR mit den Westmächten. Am 15. Juni schrieb der französische Botschafter in Berlin dem Quai d'Orsay: »Der mühsame Verlauf der englisch-sowjetischen Gespräche wird weiter mit Gefühlen verfolgt, die von Hoffnung zu Resignation gehen. Es wird nichts vernachlässigt, was die Schwierigkeiten, auf die die Verhandlungen noch immer stoßen, vergrößern könnte.«[134]

In Anbetracht dieser Stimmung war es nicht verwunderlich, wenn Schulenburg bei seinen Berliner Gesprächspartnern auf geringes Verständnis für den prinzipiellen, bindenden und langfristigen Charakter seiner Vorschläge stieß; sie wurden fast ausnahmslos mit großer Skepsis aufgenommen[135]. Nach wiederholten Versuchen, Ribbentrop von der dringenden Notwendigkeit eines entscheidenden Schritts in dieser Richtung zu überzeugen, muß der Botschafter zu der Einsicht gelangt sein, daß es sehr schwer sein würde, eine Weisung zu erlangen, die ihn zu mehr als einem taktischen Geplänkel ermächtigte. Es gelang ihm offenbar nicht, den Minister zu einer Präzisierung seines Auftrags zu veranlassen. Dieser lief darauf hinaus, Molotow mündlich zu erklären, daß Deutschland nicht beabsichtige, die Sowjetunion anzugreifen, und ihm gleichzeitig zu verstehen zu geben, daß der Abschluß des Paktes mit England und Frankreich die wünschenswerte Verbesserung der Beziehungen zwischen der UdSSR und dem Reich erschweren würde[136]. Ob es ihm nach langem Drängen und Warten auf eine präzisere Weisung gestattet wurde, sich – wie sowjetische Angaben nahelegen – auf eine Autorisierung durch Hitler selbst zu berufen, sei dahingestellt.

Diese Tatsache hinderte Ribbentrop nicht, den Japanern, die sich noch immer nicht zu dem erhofften Militärpakt entschließen konnten, am 16. Juni mit der unerwarteten Eröffnung einen Denkzettel zu erteilen, »Deutschland werde nunmehr, da Japan unsere [Deutschlands] Vorschläge nicht eingegangen sei, einen Nichtangriffspakt mit Rußland abschließen«[137].

Interesse konnte der Botschafter allerdings für die Wiederaufnahme der Wirtschaftsverhandlungen wecken: Einerseits gab das starke Bedürfnis nach den russischen Rohstoffen einen fruchtbaren Boden für seine Argumente ab; andererseits suchten die national-konservativen Kräfte der »alten« Wilhelmstraße in diesen Tagen verzweifelt nach einem Ausweg aus jener Sackgasse, in die Hitler Deutschland mit seiner Polenpolitik steuerte[138]. »Um sie zu verlassen«, schrieb Coulondre am 15. Juni unter Berufung auf einen hohen Beamten der Wilhelmstraße[139], »denkt niemand ernsthaft daran, das Risiko eines allgemeinen Krieges einzugehen, in dem das Reich einerseits England und Frankeich und andererseits Polen, Rußland und die Türkei gegen sich hätte. In den Augen verständiger Leute wäre das nationaler Selbstmord … Man ist beunruhigt und sprachlos. Man fragt sich, auf welcher Seite sich eine Ausgangstür öffnen wird. Man liegt auf der Lauer. Man arbeitet fieberhaft und sondiert in allen Richtungen. So erklärt sich die Hektik, die in der Wilhelmstraße herrscht. So beunruhigend und besorgniserregend das Problem Danzigs bleibt, sind doch viele, selbst unter den deutschen Patrioten, im Grunde froh über die Wiederherstellung eines gewissen Kräftegleichgewichts in Europa, in dem sie die beste Sicherheit gegen eine Politik der Abenteuer und den Hauptfaktor für den Frieden sehen.«

Schon am zweiten Tage der Gespräche mit Botschafter Schulenburg, am 12. Juni, wies der Staatssekretär den Geschäftsträger in Moskau telegraphisch an, Volkskommissar Mikojan persönlich zu erklären, daß die deutsche Regierung nun bereit sei, die sowjetischen Forderungen vom Februar des Jahres als Verhandlungsgrundlage anzunehmen; sie beabsichtige, Schnurre in der nächsten Woche mit allen Verhandlungsvollmachten nach Moskau zu entsenden: »Aus Tatsache Entsendung bevollmächtigten deutschen Unterhändlers bitten wir Sowjetregierung zu entnehmen, daß Deutsche Regierung mit positivem Abschluß auf verbreiterter Grundlage rechnet und diesen wünscht.« Zum ersten Male durfte diese Weisung »als schriftlicher Notiz bei Mikojan hinterlassen werden« – der Einfluß Schulenburgs zumindest auf die Verfahrensweise war unverkennbar.

Eine Aufzeichnung Schnurres vom 15. Juni[140] wies auf das dringende Rohstoffbedürfnis von Wirtschaft und Kriegsindustrie hin und bezeichnete es als vorrangiges Ziel der Wiederaufnahme der Verhandlungen, »das letzte sowjetische Rohstoffangebot zu erhöhen«. Schnurre warnte vor einem nochmaligen Scheitern der Verhandlungen; ein solches würde den Schlußstrich unter die deutschen Bemühungen setzen, die Wirtschaftsbeziehungen mit Rußland auf eine breitere Grundlage zu stellen. »Auch politisch würde ein Scheitern der Verhandlungen einen erheblichen Rückschlag bedeuten. Wir werden infolgedessen im Falle meiner Entsendung nach Moskau aus wirtschaftlichen und politischen Gründen ... abschließen müssen.«[141]

Gleichzeitig wurde die Botschaft in Moskau angewiesen, umgehend für Hilger einen Besuchstermin bei Mikojan zu erbitten. Noch am selben Tage wurde Hilger mit dem Auftrag nach Moskau zurückgeschickt, sich auf schnellstem Wege ins Volkskommissariat zu begeben, um Mikojan eine schriftliche Bereitschaftserklärung der deutschen Regierung zu überbringen und dem deutschen Vorschlag den erforderlichen Nachdruck zu verleihen. Auch diese dritte diesbezügliche Unterredung Hilgers mit Mikojan (17. Juni) verlief ergebnislos[142]. Eine vierte Unterredung (25. Juni) brachte diese deutsche Initiative zum Stillstand[143].

Desungeachtet hofften die interessierten Kreise in Berlin stark auf das Zustandekommen des Handelsvertrags. Vor allem Göring war von seinen Perspektiven im hohen Maße angetan[144]. Er sah in der Möglichkeit eines deutsch-russischen Handelsabkommens enorme Chancen für die Expansion Deutschlands im russischen Raum. Im Gespräch mit dem italienischen Generalkonsul, Renzetti, bezeichnete er ein Abkommen dieser Art als lebensnotwendig für Deutschland. Auch für Stalin bedeute es – nach Ansicht Görings – die Rettung: Stalin fürchte den Krieg, da er im Falle des Siegs die Macht an seine Militärs abtreten müsse, während im Falle der Niederlage das bolschewistische System zusammenbrechen werde. Wenn also die Verhandlungen nur geschickt geführt würden, bliebe eine geeignete deutsch-russische Verständigung nicht aus. Renzetti betrachtete diese Ansichten trotz des schwindenden Einflusses von Göring als symptomatisch für den weiteren Gang der Dinge. Er hielt in diesem Zusammenhang fest, daß auch Graf Schulenburg gerade wieder in Berlin sei; er suche persönlich festzustellen, »wohin die Dinge effektiv laufen«!

Im Rahmen seiner Bemühungen in Berlin suchte der Botschafter am 17. Juni den sowjetischen Geschäftsträger auf[145]. Wenn der Botschafter in seiner Aufzeichnung über dieses Gespräch schrieb, er habe Astachow lediglich »den üblichen Besuch« abgestattet, so stand dieser Besuch diesmal zumindest unter außergewöhnlichen Vorzeichen. Einerseits war die politische Leitung der Wilhelmstraße – von Ribbentrop über Weizsäcker zu Woermann –, zumal unter dem Eindruck der angeblichen Mitteilungen Astachows an den bulgarischen Gesandten Draganoff[146], stark an einer nochmaligen Sondierung des Standpunkts Astachows interessiert; zu diesem Zwecke hatte Ribbentrop Schulenburg Weisungen zu diesem Gespräch erteilt. Andererseits hatten die Botschafter Frankreichs und Englands Molotow am 15. Juni einen weiteren britischen Vertragsentwurf unterbreitet, der aus Berliner Sicht eine Annäherung der Standpunkte erwarten ließ[147]. Eine Intervention war Ribbentrop erwünscht. Der Botschafter selbst wollte in Erfahrung bringen, ob die Mitteilungen von Weizsäcker, Woermann und Schnurre über angeblich vorausgegangene günstige Äußerungen Astachows zutreffend waren. Schließlich dürfte er wieder – wie auch schon im Vorjahr – die Gelegenheit gesucht haben, um Astachow seine persönlichen Überlegungen nahezubringen.

Der Verlauf des Gesprächs mit Astachow überzeugte den Botschafter, daß »bis zum gegenwärtigen Zeitpunkt in dieser Richtung kein Erfolg erzielt worden war«. Damit bestätigte sich seine Vermutung, daß einige deutsche Gesprächspartner Astachows ihren Wunsch für die Realität genommen und Ribbentrop (sowie Hitler) ein anderes Bild gezeichnet hatten, als sie es selbst vorfanden. Astachow sprach auch Schulenburg gegenüber »wiederholt von dem großen Mißtrauen, was natürlich nach wie vor in Moskau herrsche«, hätte aber auch ihm erklärt, daß stabilere Beziehungen zwischen beiden Ländern grundsätzlich wünchenswert wären. Schulenburg hat Astachow dann auf Sinn und Absicht der Sondierung Weizsäckers vom 30. Mai aufmerksam gemacht, die darin bestanden hätten, daß die deutsche Seite »zu einer Normalisierung und Besserung der Beziehungen bereit wäre ... Rußland habe zu wählen«. Diese Erklärungen seien von Astachow verstanden worden, doch habe er sie als vage und unverbindlich empfunden. Auf seine Frage, wann eine sowjetische Antwort auf die Fragen Weizsäckers eingehen würde, hätte Astachow erklärt, die Sowjetregierung beabsichtige, Schulenburg die Antwort in Moskau zu erteilen.

Die Weisungen Schulenburgs sahen auch vor, daß er »weitergehende Probleme (Japan, Polen, deutsch-sowjetische Verträge)« aufwerfen sollte – der volle Themenkatalog der nicht abgeschickten großen Instruktion an den Botschafter! Schulenburg wollte sie aber nicht zur Sprache bringen, so daß es – wie er schrieb – zu diesem weiterführenden »Gespräch nicht gekommen« ist. Nach der Aufzeichnung Astachows[148] ging Schulenburg nach einleitenden Bemerkungen über die vermehrten deutschen Rohstoffwünsche sofort zur Frage der politischen Beziehungen über: »Schulenburg sagte, daß alle im Auswärtigen Amt, unter ihnen Ribbentrop, auf eine Antwort auf die Frage warten, die Weizsäcker im Gespräch mit mir berührt hat, und damit rechnen, daß ich ihnen eine Antwort mitteile. Schulenburg versicherte, daß man das Gespräch Weizsäckers mit mir als den ersten Versuch der deutschen Regierung zu einem Gedankenaustausch über die Verbesserung der Beziehungen verstehen muß. Die deutsche Regierung entschließt sich vorerst nicht, in dieser Richtung weiterzugehen, da sie fürchtet, auf eine negative Einstellung von unserer Seite zu stoßen. Vertraulich nahm Schulenburg Bezug auf sein Gespräch mit Ribbentrop und versicherte, daß die Atmosphäre für eine Verbesserung der Beziehungen reif ist. Er stimmt zu, daß wir Gründe zu Reserven und das Recht haben, im wesentlichen Initiativen von der deutschen Regierung zu erwarten, aber diese befürchtet, mit unserer ablehnenden Haltung konfrontiert zu werden. Schulenburg unterstrich beharrlich, daß das Außenministerium auf unsere Antwort wartet, bevor es neue Schritte unternehmen wird. Schulenburg selbst hält sich einige Zeit in Deutschland auf und hofft auf einen Empfang bei Hitler.« Seine Hoffnung ging nicht auf.

Wie gewöhnlich hatte Schulenburg Astachow mehr gesagt, als er seiner Aufzeichnung anvertraute. Er hatte, wie er nach seiner Rückkehr nach Moskau auch seinen Mitarbeitern und seinem italienischen Kollegen mitteilte, ein Gespräch mit einem überwiegend »persönlichen Charakter« geführt und »die Sowjetregierung, auf indirektem Wege, mehr wissen lassen, als er offiziell zu erklären ermächtigt war«[149]. Er hatte sehr offen über die deutsch-sowjetischen Beziehungen gesprochen und einige Mitteilungen auf eigene Initiative gemacht. Er hatte mitgeteilt, daß Berlin bereit sei, in den Grenzen des Möglichen mit der UdSSR zusammenzuarbeiten, und erkennen lassen, daß »er persönlich die Forderung der ›politischen Grundlagen‹ durch den Volkskommissar begrüße, daß die UdSSR aber ihre Mißtrauenshaltung aufgeben und sich entschließen müßte, ihre Forderungen anzumelden«. In diesem Zusammenhang bestätigte er seinem italienischen Kollegen, daß er in Berlin vor allem die Möglichkeit erörtert hatte, das »Neutralitätsabkommen« (den Berliner Vertrag) in einen »Nichtangriffspakt« zu verwandeln. Bei der Abreise Schulenburgs nach Moskau erschien Astachow auf dem Bahnhof. Schliep leitete diese Nachricht mit markanten Worten über Hewel an Ribbentrop und Hitler[150].

Schulenburg hat die Frage eines deutsch-sowjetischen Vertrags in Berlin mit kompetenten Sachkennern erörtert. Er suchte in diesem Zusammenhang auch die Meinung seines Vorgängers in Moskau, Rudolf Nadolny. Im Zentrum der Unterredung zwischen Schulenburg und Nadolny stand diesmal die Frage der Geltung und möglichen Erweiterung des Berliner Vertrags. Nadolny bejahte die Absichten Schulenburgs, die deutsch-sowjetischen Beziehungen auf eine festere vertragliche Grundlage zu stellen. Er sah seit der Garantie Englands an Polen die Gefahr des Zweiten Weltkriegs am Horizont: »Im Falle eines deutschen Angriffs würde sich Polen nicht beugen und den Korridor nicht herausgeben. Hitler würde einmarschieren, nach der Niederwerfung Polens weiter nach Rußland marschieren und sich in den russischen Weiten verlieren. Der Bolschewismus würde vielleicht aufhören zu existieren, aber es würde schließlich zu einem Frieden kommen.« Und England würde ihn »vermitteln oder diktieren können«.[151]

Unter diesen Voraussetzungen überprüfte Nadolny auf Anregung Schulenburgs die im Berliner Vertrag enthaltenen Möglichkeiten und besprach die Frage auch im Auswärtigen Amt[152]. Er kam zu dem Schluß, daß die formelle Gültigkeit trotz der politischen Entfremdung der beiden

Teile weiterbestand. Die Anerkennung hing vom Willen der Parteien ab. Es fragte sich dann, ob der Vertrag eine englisch-russische Beistandsvereinbarung wirkungslos machen könnte. Artikel 2, der die Neutralität beider Länder im Konfliktfall festlegte, erschien Nadolny hierfür ungeeignet, da er die Neutralität vom Urteil der anderen Seite über Friedlichkeit und Angriff abhängig machte. Er schlug seine Abänderung im folgenden Sinne vor: »Bei Konflikten eines der vertragsschließenden Teile mit einer dritten Macht wird der andere Teil Neutralität beobachten. Sollten seiner Ansicht nach durch den Konflikt auch seine Interessen berührt werden, so wird er sich gemäß Art. 1 mit dem anderen Teil in Verbindung setzen.« Artikel 1 des Berliner Vertrags sah nämlich die freundschaftliche Fühlungnahme zum Zwecke der Verständigung über alle die beiden Länder berührenden Fragen vor. Hier lag, nach Ansicht Nadolnys, die »Frage einer Durchkreuzung der englischen Bemühungen« günstiger.

Nadolny erörterte dann die Meinung Schulenburgs, »man solle auch mit den Russen einen Nichtangriffspakt schließen«. Doch war er der Ansicht, Artikel 1 des Berliner Vertrags genüge, »um alle Konfliktfälle zu erfassen«, und es sei »taktisch vielleicht sogar besser, sich auf die bereits bestehende Abmachung zu stützen, als eine neue zu wünschen und damit zuzugeben, daß keine Bindung besteht«. So wäre es denkbar, in der Präambel eines etwaigen Wirtschaftsvertrags unter Bezugnahme auf Artikel 1 auf alle gemeinsam berührenden Fragen hinzuweisen. Unter dieser Voraussetzung sah Nadolny keinen Anlaß, das Zustandekommen eines englisch-sowjetischen Abkommens zu fürchten und zu stören: »Ist der Berliner Vertrag noch rechtswirksam, so kann die Sowjetregierung zwar Bündnisse schließen, soviel sie will. Gegen uns marschieren kann sie aber nicht; sie muß vielmehr ... mit uns wegen freundschaftlicher Verständigung in Verbindung treten ... Hierauf, nicht auf das Zustandekommen einer Vereinbarung mit den Engländern an sich, wäre also das Hauptaugenmerk zu richten.«

Im Hinblick auf Polen wünschten – nach Ansicht Nadolnys – »die Russen ... für sich – mindestens in Europa – Ruhe und Sicherheit. Und sie fürchten sich am meisten vor uns. Ihr Eingehen auf die englische Koalition, wenn es dazu kommt, gründet sich vor allem hierauf, nicht auf den Wunsch nach einem Kriege mit uns oder auf das Interesse an einem geschmälerten Bestande Polens ... Eine sie gegen alle Eventualitäten sichernde Koalition mit England und andererseits eine Handhabe, aus ihr keine militärischen Konsequenzen ziehen zu müssen, wäre ihnen darum vielleicht sogar am liebsten. Nun, die Handhabe wäre im Art. 1 des Berliner Vertrags gegeben. Es kommt nur darauf an, ihre Anwendung zu wollen ... Im übrigen können die Sowjetleute ruhig auf die englischen Paktwünsche eingehen.« Nadolny ermutigte Schulenburg, diesen Weg zu verfolgen: »Bis zu diesem Ergebnis sich vorzutasten, das, mein lieber Schulenburg, scheint mir Ihre Aufgabe zu sein. Sie ist schwer, vielleicht sogar unausführbar. Aber sie ist des Schweißes der Edlen wert.«

Diese Auslegung des Berliner Vertrags deckte sich in Grenzen mit den Wünschen Schulenburgs. Der Art seiner Berichterstattung ist zu entnehmen, daß ihm daran gelegen war, die englisch/französisch-sowjetischen Verhandlungen nicht zu stören, sondern zu einem sicheren Abschluß gelangen zu lassen, sie aber simultan durch einen deutsch-sowjetischen Pakt zu ergänzen, den Hitler – gerade wegen der westlichen Beistandspflichten gegenüber der UdSSR – würde respektieren müssen. So bestand die Hoffnung, daß die UdSSR aufgrund ihrer vertraglichen Doppelbindung in der Lage wäre, Hitler bei seinem Vorgehen gegen Polen Zügel anzulegen.

Während des gemeinsamen Aufenthalts in Berlin hatte der Militärattaché der Deutschen Botschaft Moskau den Chef des Oberkommandos der Wehrmacht, Keitel, über die Lage in Moskau unterrichtet. Auch die Frage einer Verständigung mit Rußland dürfte Gegenstand dieser Erörterungen gewesen sein[153]. Köstring sah in der Möglichkeit, daß Deutschland sich Rußland zu einem militärischen Gegner machte, lebensgefährlichen Leichtsinn. Die Hoffnung, daß die Japaner in den menschenleeren und wegelosen Gebieten der russischen Ostfront der deutschen Wehrmacht eine wirksame Entlastung bringen und erfolgreich gegen die Rote Armee vorgehen könnten, wies er zurück.

Keitel hielt seine Mitteilungen für so wichtig, daß er sofort ein Gespräch Köstrings mit Hitler vermittelte. Köstring sollte sich in Begleitung des Oberbefehlshabers des Heeres, Brauchitsch, unverzüglich auf den Berghof begeben und bei Hitler melden; er hatte damit Gelegenheit, seine Abwesenheit beim Vortrag vom 10. Mai auszugleichen. Köstring verzeichnete eine »sehr entgegenkommende Aufnahme durch Hitler und Einladung zum Frühstück. Nach diesem ein etwa fast zweistündiger Vortrag bei Hitler, bei dem er mich ruhig reden ließ, aber seinerseits auch keinerlei Anspielung auf seine Absichten in bezug auf Rußland machte. Meine sehr eingehende Darstellung über die inzwischen erfolgte Konsolidierung der inneren russischen Zustände nach der Säuberung, die Entwicklung der Wirtschaft, hörte er eine Zeitlang ohne jede Gegenfrage an und ersuchte mich dann plötzlich, ihm von der Roten Armee zu berichten.«[154]

Im Zuge dieser Ausführungen erwähnte Köstring einen Filmstreifen, der die Militärparaden auf dem Roten Platz über einige Jahre hinweg festhielt. Er enthielt Anschauungsmaterial über die imposante sowjetische Militärentwicklung in diesem Zeitraum. Dieser Film wurde Hitler später vorgeführt und hat nicht wenig zu der bekannten Bewunderung Hitlers für Stalin beigetragen (»Ich wußte gar nicht, daß Stalin eine solch sympathische und kraftvolle Persönlichkeit ist!«). In den Augen Köstrings begann damit der »liebevolle« Teil der Annäherung dieser beiden Diktatoren[155].

Tatsächlich hat sich Hitler zu dieser Zeit intensiv mit seiner »russischen Option« auseinandergesetzt[156]. Am 19. Juni machte Peter Kleist einem Informanten des sowjetischen Nachrichtendienstes die Mitteilung, Hitler habe sich »im Laufe der letzten Wochen eingehend mit der Sowjetunion [befaßt] und ... gegenüber Ribbentrop [erklärt], nach der Lösung der polnischen Frage müßte in den deutsch-russischen Beziehungen eine neue Rapallo-Etappe inszeniert und eine gewisse Zeitlang gegenüber Moskau eine Politik des Gleichgewichts und der wirtschaftlichen Zusammenarbeit durchgeführt werden«[157]. Die Sowjetregierung erfuhr dabei auch, daß Hitler noch zwischen einer friedlichen und einer kriegerischen Lösung des polnischen Problems hin- und herschwanke, für den letzten Fall aber die militärische Aktion Deutschlands gegen Polen für Ende August – Anfang September angesetzt habe; die Vorbereitungen seien im Abschluß begriffen. Sie erhielt präzise Details der Planung, unter ihnen die Absicht Hitlers, Polen in kürzester Frist derart vernichtende Schläge zu versetzen, daß sein Widerstand in kürzester Zeit gebrochen und der Konflikt auf einen lokalen Krieg beschränkt würde, bevor die Westmächte eingreifen könnten. Kleist gab auch die geplante deutsch-polnische Grenze an seine sowjetische Kontaktperson weiter: Sie sollte den sogenannten Korridor und Danzig, ferner das Suwalki-Gebiet, das polnische Oberschlesien einschließlich des gesamten oberschlesischen Industriekomplexes sowie die Gebiete Teschen und Bielitz an das Reich angliedern. Die neue Grenze sollte von der Stadt Torun (Thorn) in Richtung Posen und Lemberg [? – so laut Aufzeichnung – I.F.] laufen, die allerdings beide außerhalb der neuen Reichsgrenzen bleiben sollten. Kleist kommentierte dies mit den vielsagenden Worten: »Ob wir uns nach Lösung der polnischen Frage an diese Grenze halten werden, ist eine andere Frage.«

Warnungen ähnlichen Inhalts erreichten die Sowjetregierung in diesen Tagen auch aus den USA. Der ehemalige US-Botschafter in Moskau, Davies, wußte aus Informationen, die ihm in Brüssel zugingen, »daß der Krieg durch eine Angriffshandlung Hitlers unmittelbar bevorstehe und entweder vor Hindenburgs Geburtstag im August oder vor dem Nürnberger Parteitag im September eintreten würde«[158]. Präsident Roosevelt bat Davies am 18. Juni zum Lunch und erkundigte sich nach dem Stand der sowjetischen Verhandlungen mit England und Frankreich. Davies, der die britische Regierung wiederholt gewarnt hatte, antwortete »offenherzig«, daß er sehr beunruhigt sei: »Im Diplomatischen Korps in Brüssel sei es Tagesgespräch, daß Hitler nichts unversucht lasse, um Stalin den Westmächten zu entfremden. Ich wüßte von einer sehr hohen Persönlichkeit in Europa, daß Hitler und Ribbentrop zuversichtlich glaubten, sie könnten Stalin von England und Frankreich abwendig machen. Der Präsident antwortete mir darauf, er habe dem Botschafter Umanskij[159], als dieser nach Moskau abreiste, aufgetragen, Stalin zu sagen, wenn seine Regierung sich mit Hitler zusammentäte, so sei es so sicher wie Tag und Nacht, daß Hitler, sobald er Frankreich niedergeworfen habe, sich gegen Rußland wenden würde, und dann kämen die Sowjets an die Reihe.« Der Präsident bat auch Davies, diese Botschaft »an Stalin und Molotow gelangen zu lassen«.

In den letzten Tagen seines Aufenthalts in Berlin mußte Schulenburg eine veränderte Atmosphäre wahrnehmen. Das Selbstvertrauen der führenden Kreise schnellte wieder in die Höhe, der Wechsel in der Tonart war frappierend. Die radikalen Elemente gaben den Ton an. Der französische Botschafter in Berlin hatte den Eindruck, »daß die nationalsozialistische Diplomatie unter ihrem Einfluß, zutiefst und an zwei Fronten, zu einer gewaltigen Gegenoffensive angetreten ist; von dieser erhofft man sich in Berlin, daß sie die Polen demoralisieren, die Engländer einschüchtern und endgültig die Versuche der angeblichen Einkreisungspolitik brechen wird ... Das Interesse der führenden Kreise und der [öffentlichen] Meinung bleibt auf die Entwicklung der Verhandlungen [der Westmächte, I.F.] in Moskau gerichtet. Nach Ansicht offizieller deutscher Kreise stellen diese Verhandlungen die Probe aufs Exempel dar. Die halbamtliche deutsche Presse ist im übrigen bemüht, ihren Lesern den

Eindruck zu vermitteln, als kenne sie die Hintergründe der russischen Karten: die Meinungsverschiedenheiten im Politbüro seien tief, und das Spiel sei letztlich noch nicht gewonnen.«[160]

Der italienische »Flankenschutz«

Im Zuge dieser »diplomatischen Gegenoffensive« sollte nun auch die italienische Seite definitiv für die deutschen Ziele im Osten eingespannt werden. Dabei erwiesen sich die gute Gesprächsbeziehung zwischen Schulenburg und Rosso und der von dieser ausgehende Informationsfluß von großem Wert für das italienische Außenministerium. Auch über die Schritte Schulenburgs in Berlin wurde Ciano in Einzelheiten informiert[161]. Während Schulenburg nach seiner Rückkehr (25. Juni) am Montag, dem 26. Juni, wieder seine Geschäfte aufnahm, empfing Ciano in Castell Fusano den sowjetischen Geschäftsträger, Lew Parvus-Helfhand, zu einem längeren Gespräch[162].

Ciano war in versöhnlicher Stimmung, nahm die Klagen Helfhands über italienische Falschmeldungen bezüglich der Vorgänge an der mongolischen Front mit Bedauern zur Kenntnis und versprach, umgehend Abhilfe zu schaffen. Er ließ durchblicken, daß die italienische Seite sich längst für die Einstellung der japanischen Kampfhandlungen gegen die UdSSR eingesetzt habe, und fügte hinzu: »Darüber hinaus haben wir in Berlin erklärt, daß wir den Plan Schulenburgs in jeder Hinsicht unterstützen.« Auf die Frage Helfhands, um was für einen »Plan« es sich dabei handele, erklärte Ciano, daß Schulenburg während seines Aufenthaltes in Berlin vorgeschlagen habe, »den Weg einer entschiedenen Verbesserung der deutsch-sowjetischen Beziehungen einzuschlagen«. Zu diesem Zwecke müsse Deutschland

»1. ... zu einer Regelung der japanisch-sowjetischen Beziehungen und Liquidierung der Grenzkonflikte beitragen.

2. Die Möglichkeit erörtern, uns [der Sowjetregierung, I.F.] einen Nichtangriffspakt vorzuschlagen bzw. ihn mit uns abzuschließen oder vielleicht gemeinsam die Unabhängigkeit der baltischen Länder garantieren.

3. Ein weitreichendes Handelsabkommen abschließen.«

Ciano fügte hinzu, daß ihm noch keine Mitteilungen über die Einstellung Hitlers zu diesem Plan vorlägen. Bei nächster Gelegenheit wolle er sich telephonisch bei Ribbentrop danach erkundigen und Helfhand ins

Bild setzen. Diese Auskünfte aus dem Munde des italienischen Außenministers haben die Sowjetregierung – wie Molotow Schulenburg am 15. August mitteilte[163] – zu großen Hoffnungen berechtigt. Sie haben sich nach längerem Zögern auch fördernd auf ihre Gesprächsbereitschaft ausgewirkt.

Gleichzeitig mit seinen Mitteilungen an den Sowjetvertreter in Rom erteilte Ciano seinem Botschafter in Moskau die Weisung, die deutschen Bestrebungen vor Ort in einer Weise zu unterstützen, die geeignet wäre, den Abschluß eines Dreimächtepaktes zu verhindern. Dieses destruktive Ziel der Aufnahme eines politischen Gesprächs mit der Sowjetregierung lag Rosso ebenso fern wie Schulenburg. Seine Antwort an Ciano war deshalb von erstaunlicher Zurückhaltung: Wenn in diesem Moment irgendeine Möglichkeit bestehe, in dieser Richtung tätig zu werden, so könnte sie einzig und allein in einer direkten »deutschen Intervention« in zwei Formen bestehen:

»1) Versicherung und Garantien, daß die Politik (der Achsenmächte) die sowjetische Politik nicht bedroht;

2) Erklärung, daß ein eventueller Abschluß zwischen Moskau und London/Paris als Beteiligung an der Politik der Einkreisung und insofern als feindlicher Akt betrachtet würde.«

Rosso fügte hinzu, er interpretiere die Weisung Cianos in dem Sinne, daß seine »Aktion derjenigen meines deutschen Kollegen Flankenschutz bieten solle«; er wolle deshalb zunächst die Ankunft Schulenburgs abwarten, von dem er annehme, daß er mit genauen Instruktionen seiner Regierung zurückkehren werde.

In einem Gespräch mit Tippelskirch, das am 25. Juni in gesellschaftlichem Rahmen stattfand, sprach Rosso – nicht ohne Befremden – von seinem Auftrag: Die italienische Regierung halte den Zeitpunkt für gekommen, »um die in Moskau im Gange befindlichen englisch-französisch-sowjetischen Verhandlungen zum Scheitern zu bringen«. Er selbst sei sich »nicht darüber klar ..., wie er diesen Auftrag ausführen solle«, und sehe daher mit Spannung dem Eintreffen des Botschafters entgegen.

In ihrem ersten Gespräch nach der Rückkehr Schulenburgs unterzogen die beiden Botschafter diese Frage einer eingehenden Eröterung. Sie kamen zu einem negativen Ergebnis – sie waren nicht am Scheitern der Dreierverhandlungen, wohl aber an der Herstellung einer krisenbeständigen deutsch-sowjetischen Beziehung interessiert. Charakteristisch war insofern auch die abschließende Antwort von Rosso an Ciano, nach der

Schulenburg eine indirekte Einmischung dieser Art zurückgewiesen und betont habe, daß von italienischer Seite bestenfalls eine positive Aktion wünschenswert wäre, dergestalt, daß der Botschafter etwa die Aufrichtigkeit des deutschen Wunsches zur Verbesserung der Beziehungen zur UdSSR unterstreichen würde.

Siebte deutsche Fühlungnahme: Zweites Gespräch Schulenburg–Molotow

Die Rückkehr des Botschafters in die Sowjetunion am letzten Wochenende (24./25.) des Juni 1939 – seine letzte Grenzüberschreitung im Vorkriegseuropa – gab ihm ein Vorgefühl kommender Ereignisse; er war »der einzige Reisende gewesen, der in Bigossowo die Sowjet-Grenze überschritten« hatte, und so konstatierte er: »Die chinesische Mauer um die Sowjet-Union wird immer wirksamer!«[164] Der Grenzverkehr war auf ein Minimum beschränkt, grenzüberschreitender Autoverkehr gar nicht mehr zulässig. In den Augen Schulenburgs ein neues Beispiel für das gestiegene sowjetische Bedürfnis nach überhöhter Sicherheit.[165] Er hatte dafür Verständnis, denn die weitere politische Entwicklung schien auch ihm angesichts der in Berlin gewonnenen Einsichten ungewiß: »Was politisch weiter werden wird, läßt sich annoch nicht übersehen.«[166]

Auch in Moskau hatte sich das Bewußtsein der bevorstehenden Gefahren weiter verschärft. Der Krieg an der mandschurisch-mongolischen Grenze, der am 11. Mai mit einem – wie es schien geringfügigen – Eindringen der mandschurischen Kräfte in eine mongolische Grenzbefestigung und nachfolgenden Bodenkämpfen begonnen hatte, war inzwischen – zwecks Erprobung der militärischen Möglichkeiten für den erwarteten Ernstfall, ähnlich wie vorher der Spanische Bürgerkrieg – auf andere Waffengattungen ausgedehnt worden; er war zu einem flächendeckenden Gefechtskrieg und dem bis dahin schwersten Luftkrieg in der Geschichte geworden. In diesem erprobte besonders die japanische Luftwaffe ihre Offensivkapazität und schien damit unter Beweis zu stellen, daß Japan sich im kommenden Kriege in den Besitz erheblicher russisch-asiatischer Gebiete bringen wollte.[167] Der Volkskommissar für Verteidigung, Marschall Woroschilow, hatte am 1. Juni mit der Entsendung des Generals G.K. Shukow an die japanisch-mongolische Grenze bewiesen, daß er sich über den Ernst dieser Eskalation im klaren war.[168]

Während die Rote Armee verspätet und unter größten Anstrengungen lernen mußte, die gewaltigen Probleme des Transports und Nachschubs in den Fernen Osten zu lösen und sich unter relativ hohen Opfern an Menschen und modernem Kriegsmaterial auf neuartige Kampfmethoden einzustellen, offenbarten auch die zeitweise täglich erscheinenden TASS-Kommuniqués über diese Vorgänge[169] einen Mangel an effektiver Vorbereitung und Bereitschaft zu militärischen Konflikten dieser Art.

Angesichts der immer tieferen militärischen Verwicklung im Osten wog die Tatsache um so schwerer, daß die Verhandlungen mit England und Frankreich Ende Juni erneut in eine Sackgasse geraten waren. Die Hoffnungen, die die Entsendung des englischen Sonderbeauftragten Strang geweckt hatte[170], waren durch die – wie es aus sowjetischer Sicht schien – unentschlossene und hinhaltende Art der englischen Gesprächsführung, besonders aber durch den am 21. Juni vorgelegten englisch-französischen Vertragsentwurf[171], schnell zerstreut worden; schon am nächsten Tag, dem 22. Juni, wies Molotow sie namens der Sowjetregierung als unannehmbare »Wiederholung der alten Vorschläge Englands und Frankreichs« zurück[172]. Noch am selben Tage reiste der englische Sondergesandte zu Konsultationen nach London ab.

Die Forderung nach beiderseitiger Garantierung der Ostseestaaten Estland, Lettland und Finnland, die Außenkommissar Molotow in seiner Rede vom 31. Mai öffentlich erhoben, die Sowjetpresse in der Zwischenzeit bekräftigt[173] und die Sowjetregierung den Botschaftern Seeds und Naggiar in einem Aide-Mémorie vom 16. Juni[174] noch einmal detailliert unterbreitet hatte, blieb weiter in der Schwebe. Wie dringend sie aus sowjetischer Sicht nach einer Lösung verlangte, bewies nicht zuletzt der Besuch des Chefs des deutschen Generalstabs, General Franz Halder, in Estland und Finnland (26.–29. Juni)[175].

Es lag vermutlich eine spezielle Weisung vor, die Schulenburg veranlaßte, sich erst drei Tage nach seiner Rückkehr, am 28. Juni, beim Außenkommissar zu einer Unterredung anzumelden – bis dahin sollte die Sowjetregierung ihre Schlüsse aus der Inspektionsreise Halders ziehen. Die diplomatische Offerte sollte unter sichtbar verstärktem militärischem Druck auf den Ostseeraum erfolgen. Molotow empfing den Botschafter drei Stunden nach seiner Anmeldung. Nach der Aufzeichnung Molotows[176] knüpfte Schulenburg eingangs an die vorausgegangenen Gespräche mit Molotow und Astachow an, erinnerte an die Formulierung der Schaffung einer »politischen Basis« und entwickelte dann auf

Bitte Molotows seine Gedanken über den Wunsch der »deutschen Regierung nicht nur nach einer Normalisierung, sondern auch nach einer Verbesserung ihrer Beziehungen zur UdSSR. Er fügte weiter hinzu, daß diese Erklärung, die er im Auftrage Ribbentrops mache, die Billigung Hitlers erhalten habe.« Aus den deutschen Akten ist eine Legitimation durch Hitler nicht ersichtlich; die beiden Aufzeichnungen Schulenburgs über dieses Gespräch enthalten keinen Hinweis dieser Art[177]. Auch die Berichte des italienischen Botschafters und Geschäftsträgers der USA liefern keine Anhaltspunkte.[178]

Als Beweis für die veränderte deutsche Einstellung zur Sowjetunion führte Schulenburg die Nichtangriffspakte mit Estland und Lettland an. Er gab zu verstehen, daß er den »delikaten Charakter« und das Interesse, das die Sowjetregierung an der Frage der baltischen Länder habe, anerkenne, zugleich aber der Ansicht sei, daß der Abschluß dieser Verträge keinen »für die UdSSR unangenehmen Schritt« darstelle. In diesem Zusammenhang versicherte er Molotow, »daß niemand in Deutschland gewissermaßen napoleonische Pläne im Hinblick auf die UdSSR« habe. Molotow enthielt sich – nach seinen Worten – jeder Polemik, drückte aber Zweifel an der Beständigkeit der deutschen Absichten aus und erinnerte an die Kündigung des deutsch-polnischen Nichtangriffspakts. Hinsichtlich der deutschen Absichten bezüglich der UdSSR bemerkte er, »daß man niemandem verbieten könne zu träumen und es vielleicht auch in Deutschland Leute gibt, die zu Träumereien neigen«.

Deutlicher als in den vorausgegangenen Unterredungen warf Schulenburg dann – nach seiner Aufzeichnung – die Frage auf, was Molotow mit dem Ausdruck »Schaffung einer politischen Basis für die Wiederaufnahme der Wirtschaftsverhandlungen« habe sagen wollen. Hierauf antwortete Molotow – nach beiden Aufzeichnungen – mit der klassischen sowjetischen Formulierung des Wunsches nach guten Beziehungen zu allen Staaten und daher – unter der Voraussetzung der Gegenseitigkeit – auch nach einer Normalisierung der Beziehungen zu Deutschland. Wenn Schulenburg mit Billigung Hitlers sprach, so kam die weitere Antwort Molotows einem Affront gleich: »Es sei nicht Schuld der Sowjetregierung, wenn diese Beziehungen schlecht geworden seien.«

Im selben prinzipiellen Tone fragte Molotow – nach der Aufzeichnung Schulenburgs – dann, »was sich in der letzten Zeit in den Beziehungen zwischen Deutschland und der Sowjetunion« denn tatsächlich »geändert hätte« und wie sich der Botschafter »die weitere Entwicklung« vorstelle. Nach der Aufzeichnung Molotows antwortete Schulenburg ausweichend, daß man jede Gelegenheit nutzen müsse, um Schwierigkeiten auf dem Wege der Verbesserung der Beziehungen auszuräumen. Dies war eine unbefriedigende Antwort, die den begrenzten Stand seiner Weisungen wiedergab. Molotow antwortete mit einer Mischung aus Sarkasmus und Enttäuschung: »Wenn der Botschafter auch jetzt, nach seiner Reise nach Berlin, nichts anderes vorschlägt, so meint er ... offenbar, daß in den sowjetisch-deutschen Beziehungen alles zum Besten steht – der Botschafter ist ein großer Optimist!« Der offizielle Annäherungsversuch war festgefahren.

In dieser Situation ergriff Schulenburg die Initiative – »... ein geschickt eingeworfener Hinweis darauf, daß der russisch-deutsche Vertrag von 1926 ›noch in Kraft‹ sei, weckte Molotows Interesse«[179]. Nach Molotow »erinnerte Schulenburg daran, daß die UdSSR und Deutschland durch den Berliner Neutralitätsvertrag von 1926 gebunden sind, der 1933 von Hitler verlängert wurde. Ich bemerkte ironisch: Wie gut, daß Schulenburg an die Existenz dieses Vertrags erinnert; und ich stellte die Frage: Findet der Botschafter denn nicht, daß sich die von Deutschland in den letzten Jahren abgeschlossenen Verträge, z. B. der Anti-Komintern-Pakt und der militärpolitische Bund mit Italien, im Widerspruch zum deutsch-sowjetischen Vertrag von 1926 befinden? Schulenburg begann zu versichern, daß man nicht zur Vergangenheit zurückkehren soll.«

In diesen Aussagen bestand, neben der Billigung dieser Fühlungnahme durch Hitler, für die Sowjetregierung ihr wichtigstes Ergebnis.[180] Die Erklärung Schulenburgs vom 28. Juni entsprach – wie Majskij später betonte[181] – »den sowjetischen Wünschen und bedeutete einen für uns günstigen Umschwung in der deutschen Politik«. Dennoch blieben diese Erklärungen Schulenburgs vermutlich hinter den sowjetischen Erwartungen zurück: Aus einer Reihe von Gründen dürfte die Sowjetregierung zu diesem Zeitpunkt mit dem Angebot eines Nichtangriffspakts mit Garantien für die baltischen Staaten gerechnet haben, wie es Schulenburg vorschwebte.[182]

Der Bericht des US-Geschäftsträgers, der auf Mitteilungen Herwarths beruhte, enthielt darüber hinaus die charakteristische Wendung: »Bevor er ging, fragte der Botschafter, ob er richtig orientiert sei, wenn er annehme, daß die Sowjetunion normale Beziehungen zu allen Ländern wünsche, die nicht die sowjetischen Interessen verletzten, und ob dies gleichermaßen für Deutschland gelte. Molotow antwortete bejahend« – ein paradigmatischer Hinweis auf die Praxis des interessierten Diplomaten, für seine Berichterstattung mit dem Ziele weiterer Annäherung verwendbare Aussagen zu gewinnen!

Der Botschafter äußerte sich »befriedigt« über den weitgehend »akademischen Charakter« der Diskussion, die »nicht zu irgendeinem positiven Schluß geführt hatte«. Der »herzliche Ton« und die »geradezu freundschaftliche Einstellung Molotows« ihm gegenüber fand in seinen Aufzeichnungen Erwähnung. Im Gespräch mit Rosso vertrat er die Ansicht, daß man von nun an »vorsichtig und ohne jede Gewaltanstrengung« weitergehen müsse.[183]

Demgegenüber war Hitler konsterniert über den Ausgang des Gesprächs. Seine überaus heftige Reaktion bestätigt indirekt die Behauptung Molotows, daß sich Schulenburg hier zum ersten Male auf Hitlers Billigung berief. Nach Kenntnis der ersten Aufzeichnung Schulenburgs ordnete Hitler an: »Man soll den Russen mitteilen, daß ... wir an einer Wiederaufnahme der Wirtschaftsbesprechungen mit Rußland z.Zt. nicht interessiert« sind.[184] Am nächsten Tage ließ Weizsäcker den Botschafter im Auftrage des nicht weniger erregten Außenministers wissen, Ribbentrop sei »der Ansicht, daß auf politischem Gebiet nunmehr ... genügend gesagt sei und daß im Augenblick das Gespräch von uns aus nicht wieder aufzunehmen wäre«.[185] Danach, so schreibt Sipols, »wagten die Deutschen [einen ganzen Monat lang] in diesem Zusammenhang keine Anfragen mehr an die Sowjetregierung«[186].

Die Frage der »indirekten Aggression«

Westliche Beobachter und Historiker haben immer wieder die Vermutung geäußert, Stalin hätte in den Sommermonaten 1939 ein »Doppelspiel« getrieben: Die Sowjetregierung hätte das deutsche Entgegenkommen als Druckmittel gegen die Westmächte benutzt und den russischen »Preis« für das Eingehen des von den Westmächten gewünschten Dreimächteabkommens in dem Maße erhöht, in welchem das deutsche Drängen zugenommen habe. Diese Haltung Stalins sei spätestens mit der sowjetischen Forderung nach Einbeziehung der baltischen Staaten in den Kreis der Länder evident geworden, zu deren Schutz gegen die Aggression – das heißt Garantie ihrer Neutralität bzw. territorialen Unverletzlichkeit – sich die drei Mächte verpflichten sollten. Demgegenüber wurde von sowjetischer Seite immer wieder das Interesse an der Sicherheit der baltischen Staaten hervorgehoben.

Während sich die erste Annahme – in Ermangelung dokumentarischer Nachweise – noch immer zwangsläufig im Bereich der politischen Spekulation bewegt, kann die zweite Behauptung eine Reihe ernstzunehmender Gründe für sich geltend machen. Fragwürdig, und daher Gegenstand weiterer Untersuchungen, muß das »extensive« Sicherheitskonzept der damaligen Sowjetführung bleiben, das unter anderem in ihrer – von defensiven Erwägungen geleiteten – Vorwärtsstrategie zum Ausdruck kam. Es ist mithin eine offene Frage, weshalb die Sowjetregierung die eigenen Staatsgrenzen durch eine mehrseitige Garantierung der Neutralität der (und wenn möglich militärische Stützpunktnahme in den) ihr vorgelagerten baltischen Staaten abzusichern suchte und es das Bewußtsein ihrer wachsenden militärischen Stärke nicht erlaubte, sich auf eine »intensive« Sicherung ihrer eigenen Grenzen zu beschränken. Ungelöst bleiben in diesem Zusammenhang weiterhin auch Fragen, die sich auf diesbezügliche Entscheidungsgänge im Kreml richten, unter ihnen so bedeutende Teilfragen wie die, ob und inwieweit Stalin Nachrichten, Analysen und aus diesen abgeleitete Schlüsse des sowjetischen Nachrichtendienstes, des Außenkommissariats und Generalstabs überhaupt zur Kenntnis nahm und wie er sie gegebenenfalls in die politisch-militärische Planung umsetzen ließ. Wichtige, in letzter Zeit bekanntgewordene Details – wie Stalins notorische Verachtung für die Nachrichtentätigkeit von Richard Sorge und für andere erstrangige Nachrichtenquellen[187] sowie die Zerschlagung des sowjetischen militärischen Abschirmdienstes durch Berija[188] – mehren die Zweifel an einem professionellen Zugang zu den Empfehlungen dieser Institution. Damit gewinnt die Vermutung an Gewicht, daß Stalin sich – ähnlich wie Hitler – in zentralen Entscheidungen über die ihm zugehenden sachlichen Vorarbeiten hinweggesetzt und von der ihm eigenen »Intuition« hat leiten lassen. Unter diesen Umständen konnte in der baltischen Frage – gespeist durch traditionelle Denkmodelle – ein geopolitisch weitschweifiges, »raumsicherndes« strategisches Denken, in dem Stalin dem deutschen Diktator ebenfalls nicht unähnlich war, möglicherweise unterlegt von triumphalistischen und expansionistischen Untertönen, die Oberhand über wirkungsvollere flächensichernde Verteidigungsstrategien auf der Basis der bestehenden, engeren Grenzen gewinnen.[189]

Für die Untersuchung der diplomatischen Initiative zum deutsch-sowjetischen Nichtangriffspakt ist von Bedeutung, daß die Deutsche Botschaft Moskau die sowjetischen Voraussetzungen – die »bekannte unnachgiebige Auffassung betr. Schutz der drei baltischen Staaten« und die »Aufrechterhaltung [der] Neutralität dieser Staaten [als] lebenswichtiges Interesse für Sicherheit Sowjetunion«[190] – als gegebene Tatsachen betrachtete, die bei dem weiteren diplomatischen Vorgehen, sollte es Erfolg versprechen, in gebührender Weise Berücksichtigung finden mußte. In dieser Hinsicht stellten die Versuche des Botschafters, Molotow auf eine eventuelle deutsche Offenheit in der baltischen Frage aufmerksam zu machen, bedenkenswerte Anregungen dar. Sie zielten auf eine Verringerung der sowjetischen Besorgnis ab, Deutschland halte sich für seinen geplanten Vernichtungsschlag gegen Polen den Weg ins Baltikum offen, um sich zunächst »im Baltikum, in unmittelbarer Nähe Leningrads, festzusetzen«[191]. Vom Baltikum aus lag diese zweite Hauptstadt des Sowjetstaats verführerisch nah: Keine Armee der Welt – besonders nicht die noch immer geschwächte und auf größere Konfrontationen an zwei Fronten unvorbereitete Rote Armee – würde dem militärischen Druck der durch den Marsch durch Polen und die baltischen Staaten in ihrer Siegessicherheit gestärkten deutschen Wehrmacht in diesem schmalen, durch keine wirksamen natürlichen Hindernisse geschützten Landstreifen erfolgreich entgegentreten können!

Aus Sicht der in Moskau akkreditierten Journalisten schien es damals evident, daß sich »die Sowjets [auf jeden Fall] ... auf einen Angriff der Deutschen gegen Polen vorzubereiten [hatten] und auch auf die keineswegs von der Hand zu weisende Möglichkeit, daß eine solche Offensive die baltischen Staaten und möglicherweise Rumänien miteinschließen würde, was bedeuten mußte, daß eine Front von der Ostsee bis zum Schwarzen Meer entstand«.[192]

Die erste offenkundige Abwehrmaßnahme, die das Volkskommissariat für Verteidigung ergriff, war die Anberaumung der großen Herbstmanöver der Roten Armee, die im Vorjahr (in den Wochen der Sudetenkrise) in den weißrussischen und ukrainischen Wehrbezirken entlang der polnisch-sowjetischen Grenze abgehalten worden waren, für den Monat September im Leningrader Militärbezirk[193]: Der Polenfeldzug – dies ließen die unterschiedlichen (geheimdienstlichen) Berichte und Warnungen an die Sowjetregierung mit Gewißheit erkennen – würde Ende August/Anfang September beginnen und die Wehrmacht diesen »Blitzkrieg« binnen weniger Wochen siegreich beenden. Die Frage blieb offen, ob sie dann tatsächlich auf einer gedachten Linie stehenbleiben oder nicht vielmehr – wie dies die Informationen von Peter Kleist und die Erstfassung von »Fall Weiß« als eine operative Möglichkeit in Aussicht stellten – die Kampfzone auf die benachbarten baltischen Gebiete ausweiten würde. Die auf den Leningrader Wehrbezirk konzentrierte, gefechtsbereite Rote Armee sollte ihr in diesem Falle Einhalt gebieten.

Die Bekanntgabe dieser Herbstmanöver am 29. Juni löste in diplomatischen Kreisen Moskaus Überraschung aus. Der italienische Botschafter erkannte in dieser Anordnung die Absicht, »das besondere Interesse der UdSSR an der eigenen Sicherheit entlang der Grenze mit den baltischen Ländern zu zeigen und vielleicht auch die Regierungen dieser Länder einzuschüchtern«. Schulenburg gab die Nachricht kommentarlos nach Berlin weiter. Der deutschen Seite bot sie noch eine andere Lesart: Mit der Verlegung der Manöver von der sowjetisch-polnischen an die sowjetische Grenze mit Lettland und Estland manifestierte die Sowjetregierung zugleich Passivität gegenüber Polen. Die Regierung Stalin sah es offenbar als ein Fa(k)tum an, daß der deutsche Angriff auf Polen und die (partielle) Besetzung des Landes kaum zu verhindern wären. Sie richtete ihr Interesse vorwiegend darauf, daß eine Eskalation des Konflikts sich nicht auf die baltischen Staaten und von hier gegebenenfalls auf sowjetisches Territorium ausdehnen würde.

Mit Aufmerksamkeit verfolgten die Auslandsvertreter der Sowjetunion daher in den Frühsommerwochen 1939 die zunehmende politische und militärische Einflußnahme der Angreifer-Staaten auf diese Länder. Das Auftauchen eines deutschen Kreuzers und deutscher Offiziere im Hafen und in der Stadt Reval (Tallinn) Mitte Juli konnte im Zusammenhang mit der vorausgegangenen Reise des Generalstabschefs des deutschen Heeres, Halder, in Estland und Finnland stehen.[194] Die Inspektionsreisen japanischer Militärs durch die baltischen Hafenbefestigungen[195] mußten zu dem Zeitpunkt, in dem die Sowjetregierung Gewißheit darüber zu besitzen glaubte, daß die Eskalation der »japanischen Provokation«[196] in der Mongolei als Demonstration der militärischen Stärke Japans »auf Drängen Deutschlands und Italiens« erfolgte[197], die Bedrohung des Sowjetstaats an seinen zwei Fronten besonders akut erscheinen lassen. Es hatte den Anschein, als suchten Deutschland und Italien die UdSSR – nach mehr als acht gemeinsam unternommenen diplomatischen Annäherungsversuchen – jetzt einem militärischen Druck auf beide Flanken auszusetzen, der geeignet war, Stalin im Hinblick auf die bevorstehende deutsche Aktion gegen Polen gefügig zu machen.

Die Sowjetregierung hielt auch in dieser Lage – zweifellos im Rahmen ihrer noch immer gültigen früheren militärischen und politischen Sicherheitserwägungen – an der Idee des Bündnisses mit den Westmächten fest. Allerdings sah sie von der zweiten Juni-Hälfte an die Gefahr eines »zweiten München, diesmal auf Kosten Polens«[198], am Horizont. Ihr Bestreben war es nun forciert, die gewünschte Sicherheit für die baltischen Staaten im Rahmen der vertraglichen Vereinbarungen mit den Westmächten zu erhalten. Als die Vertreter der beiden Westmächte, Seeds, Strang und der neuernannte französische Botschafter Naggiar, Molotow am 15. Juni den neuen westlichen Paktvorschlag überreichten, trafen sie auf große sowjetische Erwartungen: »The two Ambassadors were surprised to find Molotov so genial in manner«.[199]

Wenig später, am 29. Juni, als die skeptische Zurückhaltung der britischen Regierung weiter anhielt, machte die Sowjetregierung die westlichen Regierungen durch die Veröffentlichung eines aufsehenerregenden Artikels des Leningrader Parteisekretärs und Deputierten im Obersten Sowjet, Andrej A. Shdanow, darauf aufmerksam, daß in den eigenen Reihen durchaus unterschiedliche Auffassungen über die westliche Bereitschaft zu einem wirksamen Bündnis beständen und ein Konsensus zugunsten der Fortführung dieser mühseligen Verhandlungen nicht automatisch gesichert sei.[200] Es war kein Zufall, wenn gerade Shdanow im Moment der Gefährdung der baltischen Staaten in dieser Weise Stellung zu den Verhandlungen nahm: Das Sicherheitsinteresse des Leningrader Gebiets schien unmittelbar tangiert. Tatsächlich war und blieb der Werdegang des Leningrader Parteivorsitzenden eng mit den Geschicken der baltischen Länder verbunden.[201] Wie die spätere Entwicklung zeigen sollte, war die vorrangige Sorge des Leningraders um die Lage seiner Stadt nicht unbegründet, als er in seinem *Prawda*-Artikel zu einer Entscheidung in der Frage der Weiterführung der Verhandlungen drängte: Er hielt die Verhandlungsposition der Westmächte für unaufrichtig und warf ihnen unzulässige Verschleppung der Verhandlungen vor. Und er wies vor allem auf die ungelösten Fragen im Ostseeraum hin: So sei die Frage der Garantie der Ostseeländer von westlicher Seite zu einem kunstvoll erdachten Stein des Anstoßes gemacht worden, der die Verhandlungen, die darüber bereits in eine Sackgasse geraten seien, zum Scheitern bringen könnte. Nach Shdanow wünschten Engländer und

Franzosen einen Vertrag, der »die UdSSR in die Rolle eines Tagelöhners [brächte], der auf seinen Schultern die ganze Last der Verpflichtungen trüge«. Ein Land mit Selbstachtung könne sich aber nicht zum »Spielzeug in der Hand von Leuten [hergeben], die gern die Glut mit fremden Händen entfernten« – der von Stalin in seiner Rede vor dem XVIII. Parteitag verwendete Ausdruck – »um so weniger ... die UdSSR, deren Kraft, Macht und Würde der ganzen Welt bekannt« seien. Der Artikel schloß mit der Vermutung, daß sich die Westmächte durch diese hinhaltende Verhandlungsführung eine Hintertür zu einem Handel mit dem Angreifer offenlassen wollten.

Zweifellos war der Artikel Shdanows von Stalin autorisiert. Dennoch besteht Grund zu der Annahme, daß Stalin in diesen Wochen verstärkt das Für und Wider der Dreimächteverhandlungen abwägte und in der Sowjetregierung tatsächlich Meinungsunterschiede laut wurden, wobei offen bleibt, welches Gewicht angesichts der sich in diesem Zeitraum verengenden politischen und militärischen Optionen den Stimmen der Militärs zukam. Der diplomatische Sektor schien, wie dies Botschafter Umanskij dem amerikanischen Präsidenten am 30. Juni versicherte, im Gegensatz zu Shdanow für die Fortführung der Gespräche einzutreten[202].

Unter den westlichen Diplomaten gingen die Meinungen auseinander. Schulenburg äußerte sich gegenüber Rosso »ungewiß, ob der bekannte Artikel von Shdanow ein schlichtes Manöver sei oder einen künftigen Bruch der Verhandlungen mit London und Paris anzeige«. In beiden Fällen sah er ernste Gefahren: »Auch im ersten Falle hält er jedoch fest, daß die sowjetische Regierung die deutsche Einstellung in die Waagschale werfen kann, die ihr hinlänglich bekannt ist.«[203]

Schulenburg sah offenbar die Gefahr, daß die Sowjetregierung durch die laufenden deutschen Anträge so weit in ihrem Selbstbewußtsein gestärkt würde, daß sie die Verhandlungen mit den Westmächten – gegebenenfalls bis zum Bruch – komplizieren könnte. In seinem Bericht an das Auswärtige Amt aber hob er lediglich hervor, »daß sowjetische Haltung in Garantiefragen Baltenstaaten sich versteift hat« und die Betonung des persönlichen Charakters der Ansichten des Autors die Absicht der Sowjetregierung erkennen lasse, sich eine »Hintertür zur Fortführung der Verhandlungen offen [zu lassen], auch wenn England nicht hundertprozentig nachgeben sollte«. Er unterstrich damit die Wichtigkeit der Garantien für die Ostseeländer und den Willen der Sowjetregierung, selbst unter Zugeständnissen zu einer Vereinbarung mit den Westmächten zu kommen.

Dem Sicherheitsinteresse der Sowjetregierung im Ostseeraum diente ein politisches Konzept, das sie – aufbauend auf den Erfahrungen der unterschiedlichen Methoden der bisherigen nationalsozialistischen Expansion und unter Berücksichtigung der ihr bekannten prodeutschen Dispositionen innerhalb der baltischen Regierungen sowie im gedanklichen und terminologischen Rückgriff auf die ältere »Definition des Angreifers« (1933) – Anfang Juli unter dem Begriff der »indirekten Aggression« in ihre Vertragsentwürfe integrierte.[204] »Diese Frage der indirekten Aggression wurde nun zum zentralen Gegenstand der Verhandlungen.«[205] Die Frage überschattete die Gespräche für mehr als drei Wochen und führte die politischen Verhandlungen am 23. Juli in die Sackgasse.

Dabei unterzog die sowjetische Seite diesen Begriff im Laufe der Verhandlungen einer – mit Herannahen der militärischen Gefahren – zunehmend starken terminologischen Einschränkung, ein Vorgehen, das die Westmächte immer mehr in ihrem Verdacht bestärkte, die Sowjetregierung habe unausgesprochene eigene Ziele im Baltikum und wolle sich mit diesem Begriff ein von westlicher Seite anerkanntes Instrument zur Aneignung der baltischen Staaten schmieden. Der relativ entgegenkommende Vertragsentwurf, den die Botschafter Englands und Frankreichs Molotow unter dem Eindruck des Shdanow-Artikels am 1. Juli überreichten, sprach allgemein von einer »Aggression«, die geeignet wäre, die »Neutralität oder Unabhängigkeit« der in einem – laut Vorschlag von Botschafter Naggiar – geheimen Zusatzprotokoll zu erwähnenden Randstaaten, unter ihnen an erster Stelle Estland, Finnland und Lettland, zu gefährden. Es war dies im Gesamtverlauf der Paktverhandlungen der Sowjetregierung im Sommerhalbjahr 1939 der erste integrale Vorschlag der Aufnahme eines geheimen Zusatzprotokolls in das Vertragswerk. Er ging von französischer Seite aus.

In den an die Übergabe des Entwurfs anschließenden Gesprächen machte Molotow einerseits Bedenken der Sowjetregierung gegen geheime Vereinbarungen dieser Art geltend: Er hob hervor, die Sowjetregierung könne sich mit dem westlichen Argument, »daß die geheime anstelle der offenen Liste nur eine Formsache sei«, nicht einverstanden erklären, und bezeichnete die »Annahme einer Geheimliste« ausdrücklich als ein »Zugeständnis von seiten der Sowjetregierung«[207]. Der Grund war prinzipieller Natur: Im ersten außenpolitischen Akt nach der Revolution, dem *Dekret über den Frieden* (28. Oktober/8. November 1917), hatte Lenin für die Räteregierung jede Geheimdiplomatie abgeschafft und den ganzen Inhalt aller von der Regierung des Zaren geschlossenen »Geheimverträge, soweit er, wie es zumeist der Fall war, den Zweck hatte, den russischen Gutsbesitzern und Kapitalisten Vorteile und Privilegien zu verschaffen, *die Annexionen der Großrussen aufrechtzuerhalten oder zu erweitern*, ... bedingungslos und sofort für ungültig erklärt«[208]. Dieses Verdikt der Geheimdiplomatie, mithin das Verbot, völkerrechtliche Vereinbarungen über bzw. für dritte Staaten zu treffen, hatte bis dahin einen mehr oder minder verbindlichen Wert für die sowjetische Außenpolitik behalten (die geheime militärische Zusammenarbeit der Roten Armee mit der Reichswehr stand bei genauer Betrachtung auf einem anderen Blatt). Insofern konnte sich damals in der Tat die Frage erheben, die L. Besymenskij kürzlich mit hohem Anspruch gestellt hat: »Hatte die Sowjetregierung das moralische Recht, die Methoden ihrer kapitalistischen Nachbarn zu übernehmen?«[209] Die Frage löste sich in der gegebenen Situation auf praktische Weise: Die Pufferstaaten weigerten sich, öffentlich erwähnt zu werden, weil sie befürchteten, dann erst recht bevorzugte Opfer einer deutschen Angriffshandlung zu werden. So blieb nur die geheime Nennung.

Molotow machte andererseits sofort darauf aufmerksam, daß dieser Entwurf offenbar nur den Fall einer direkten Aggression vorsähe. Demgegenüber sei gerade im Hinblick auf die in einem solchen Zusatzprotokoll genannten Randstaaten der Fall der indirekten Aggression nicht auszuschließen. Molotow meinte damit – wie Botschafter Seeds Außenminister Halifax mitteilte[210] – »Fälle wie beispielsweise das Nachgeben des Präsidenten Hácha im März ... Molotow stellte fest, die Frage könne damit entschieden werden, daß man nach dem erwähnten Wort ›Aggression‹ in unserem neuen Entwurf von Artikel 1 die Worte ›direkte und indirekte‹ einfügt.«

Die Sowjetregierung wartete nicht auf eine Abänderung des Artikels 1 des westlichen Entwurfs, sondern ließ den Botschaftern statt dessen am 3. Juli von Molotow einen neuen sowjetischen Vertragsentwurf vorlegen, der das Eintreten der in Artikel 1 erwähnten »Aggression« in dem – nicht der Veröffentlichung unterliegenden – Zusatzprotokoll in der Weise definierte, daß es sowohl im Falle einer direkten als auch im Falle einer indirekten Aggression gegeben sei: Unter dem Begriff der »indirekten Aggression« verstand die Sowjetregierung – laut Vertragsentwurf vom

3. Juli – einen »inneren Umsturz *[perevorot]* oder eine Wende *[povorot]* in der Politik zugunsten des Aggressors«[211]. Der Begriff sollte – laut Entwurf vom 8. Juli – auch auf solche Handlungen ausgedehnt werden, »zu denen der entsprechende Staat seine Zustimmung unter Androhung der Gewaltanwendung seitens einer anderen Macht gegeben hat und die mit dem Verzicht dieses Staates auf seine Unabhängigkeit bzw. seine Neutralität verbunden sind«[212].

Noch bevor die westlichen Botschafter ihre Regierungen konsultieren konnten, legte ihnen Molotow am 9. Juli einen neuen Entwurf des – wie er es nannte – »zusätzlichen Schreibens« zu dem Vertragstext vor. Nach diesem sollte der Fall der »indirekten Aggression« in einer Angriffshandlung gegeben sein, »der einer von den oben genannten [Rand-, I.F.] Staaten unter Androhung von Gewalt seitens einer anderen Macht oder ohne eine solche Androhung zustimmt und die eine [Aus-]Nutzung von Territorium und Kräften[213] dieses Staates zur Aggression gegen ihn oder gegen eine der vertragschließenden Seiten und folglich den Verlust der Unabhängigkeit dieses Staates bzw. die Verletzung seiner Neutralität nach sich zieht«[214].

Als Stein des Anstoßes erwies sich in diesem Entwurf die Formulierung »ohne eine solche Androhung«. Die britische Regierung war lediglich bereit, im Vertrag den Fall zu berücksichtigen, in dem »eine Regierung unter Androhung von Gewaltanwendung durch den Aggressor gegen ihren eigenen Willen« zum Verlust ihrer Unabhängigkeit oder Verlassen der Neutralität gezwungen würde – eine Formel, die Molotow in seinem Gespräch mit den Botschaftern am 17. Juli als »nicht akzeptabel« bezeichnete[215]. Sein Argument, Präsident Hácha hätte auf Anfrage zweifellos geleugnet, daß er sein Land unter der Androhung einer Gewalt an Hitler ausgeliefert hätte, war ebensowenig von der Hand zu weisen wie der westliche Einwand, daß diese Formel den drei Signatarmächten die Möglichkeit geben würde, die Randstaaten gegen ihren Willen in Kriegshandlungen hineinzuziehen. Im Hintergrund stand die anhaltende englische Befürchtung, die Sowjetregierung suche eine vertragliche Handhabe zur Verletzung der Unabhängigkeit der baltischen Staaten – eine Vermutung, die der Parlamentarische Unterstaatssekretär für Äußeres, R.A. Butler – sehr zum Verdruß der Sowjetregierung –, am 31. Juli sogar vor dem Unterhaus aussprach.

Die Sowjetregierung sah nach diesen Gesprächen ein, daß eine Einigung in dieser politischen Frage in der durch die deutsche Militärplanung gebotenen Eile nicht zu erreichen war. Sie verlagerte jetzt das Schwergewicht der Verhandlungen auf den Militärsektor. Bereits der sowjetische Entwurf vom 8./9. Juli enthielt ein Junktim zwischen der Unterzeichnung eines politischen und eines militärischen Abkommens. Artikel 6 legte fest, daß die Wirksamkeit des politischen Abkommens nur durch die unverzügliche Unterzeichnung des Militärabkommens über Methoden, Formen und Ausmaß der gegenseitigen Hilfe zu gewährleisten sei. In den Erörterungen dieses Artikels bezeichnete Molotow ein politisches Abkommen ohne militärisches Abkommen als eine »hohle Deklaration«. Dem lag die Einschätzung der westlichen Verhandlungsstrategie zugrunde, zu der die Sowjetregierung zu diesem Zeitpunkt gelangt war: Sie hatte – wie Stalin im August 1942 unter veränderten Voraussetzungen Winston Churchill mitteilte – den Eindruck gewonnen, »daß die englische und französische Regierung nicht entschlossen waren, Krieg zu führen, wenn Polen angegriffen würde, sondern vielmehr hofften, die diplomatische Verbindung von England, Frankreich und Rußland würde Hitler abschrecken. Wir waren sicher, sie würde ihn nicht abschrecken.« Churchill empfand diesen sowjetischen Standpunkt als »solide (solid ground), aber nicht günstig für Herrn Strang und das Foreign Office«![216] Die von Halifax praktizierte »Keep Hitler guessing«-Politik[217] hat weder Stalin noch Churchill überzeugt.

Wie William Strang später berichtete, hat das Foreign Office das sowjetische Junktim zwischen politischem und militärischem Abkommen damals als »abnormal« betrachtet, für einen »Ausdruck ungerechtfertigten Mißtrauens unserer Aufrichtigkeit« gehalten und den Eindruck gewonnen, »daß die Sowjetregierung hoffte, uns gegen unser besseres Urteil zur Annahme militärischer Bedingungen zu zwingen«. Strang, der sich im Laufe mehrwöchiger Verhandlungen mit Molotow unter dem Einfluß der Moskauer Diplomaten, unter ihnen auch Schulenburg, in die sowjetische Lage und Denkweise zu versetzen begann, versuchte diese Konfrontation reziproken Mißtrauens zu entschärfen, indem er dem Foreign Office am 20. Juli schrieb: »Wenn wir zu verstehen wünschen, wie sie [die Sowjets, I.F.] die Frage der baltischen Staaten empfinden, brauchen wir uns nur vorzustellen, welche Haltung wir im Falle der deutschen Einflußnahme auf Holland und Belgien einnehmen würden.« Er hielt die letzte sowjetische Formulierung der »indirekten Aggression« angesichts der »neuen Technik« der Achsenmächte für verständlich und wies darauf hin, daß die Westmächte auch im Falle ihrer Nichtunterzeichnung des von sowjetischer Seite gewünschten Militärabkommens zum militärischen Beistand der UdSSR gezwungen wären, »wenn diese in Verteidigung ... der baltischen Staaten in Feindseligkeiten hineingezogen würde«.

Strang betonte, daß die Westmächte besser zu einem früheren Zeitpunkt auf die günstigeren Bedingungen der UdSSR hätten eingehen sollen, und sprach sich dringend für den Abschluß beider Abkommen aus, bevor »die internationale Lage sich noch weiter verschlechtert«. Er machte das Foreign Office darauf aufmerksam, daß die britische Regierung das Abkommen benötigte, während Rußland in letzter Instanz *zwei* Alternativen hätte: »die Politik der Isolation und die Politik einer Beilegung [der Konfrontation] mit Deutschland!« Ein Bruch der Verhandlungen nach monatelangen Gesprächen würde nicht nur »schlechte Gefühle« hervorrufen: »Er würde die Deutschen zum Handeln ermutigen. Er würde die Sowjetunion in Isolation oder aber in ein Zusammengehen mit Deutschland treiben.« Die Botschafter Seeds und Naggiar teilten diese Ansicht. Dank ihrer Einflußnahme auf ihre Regierungen konnten sie Molotow am 23. Juli deren Bereitschaft erklären, das politische Abkommen gleichzeitig mit einem Militärabkommen in Kraft treten zu lassen. Molotow nahm diese Erklärung »to his keen satisfaction« entgegen und betonte, »eine Definition der indirekten Aggression würde sich finden lassen. Das Wichtigste bestand darin, Form und Ausmaß des Militärabkommens festzulegen. Die Militärverhandlungen sollten deshalb umgehend aufgenommen werden.«[218]

Ausgelöst wurde dieses letzte Nachgeben der Westmächte durch ein TASS-Kommuniqué des Außenhandelskommissariats über die beabsichtigte Wiederaufnahme deutsch-sowjetischer Handelsgespräche vom 22. Juli. Die Wilhelmstraße hatte den politischen Verhandlungen der Westmächte mit der Sowjetregierung nicht untätig zugesehen.

Ein neuer »Floh ins Ohr« Stalins

Die Deutsche Botschaft Moskau sah in diesen Wochen ihre Hauptaufgabe darin, den kaum begonnenen deutsch-sowjetischen Gedankenaustausch trotz der drastischen Drosselung ihrer Gesprächsmöglichkeiten durch die Weisungen Hitlers vom 29. und 30. Juni aufrechtzuerhalten. Dies war nicht leicht. Besonders die Lage des Botschafters war in diesen

Juni-Wochen prekär. Die mangelnden Erfolge, die er in seinen vorsichtigen Aufzeichnungen meldete – Aufzeichnungen, deren Stil und Sprache in einem immer krasseren Gegensatz zu der in Berlin obligaten, euphorischen Siegesstimmung standen –, scheinen die Einstellung Hitlers und Ribbentrops stark gegen ihn gewendet zu haben. Einige diplomatische Dokumente vermitteln den Eindruck, daß Schulenburg in den ersten Juli-Wochen damit rechnen mußte, bald abberufen zu werden[219]. Er schickte den Gesandten von Tippelskirch auf längere Dienstreise nach Berlin, um eine Veränderung im Personalbestand der Botschaft in dieser wichtigen Zeit zu verhindern.

Tippelskirch hatte – wie der Botschafter privat nach Berlin schrieb – Moskau am 3. Juli verlassen, obgleich er »gar keine Lust dazu [hatte]!!!«[220]. In der Wilhelmstraße erklärte der Gesandte – laut Privatbrief Tippelskirchs an Schulenburg – dem über die an der Botschaft herrschende Einstellung aufgebrachten Sachbearbeiter Ribbentrops in Wirtschaftsfragen, »die Botschaft und insbesondere Sie selbst hätten alles Mögliche getan, aber wir könnten auch nicht Molotow und Mikojan durch das Brandenburger Tor heranschleppen!« In der Personalabteilung hatte Tippelskirch alle nur erreichbaren verantwortlichen Beamten aufgesucht und sich dabei »im Sinne Ihrer [des Botschafters, I.F.] Anweisungen dagegen ausgesprochen, daß einer von uns wegversetzt würde«[221].

Währenddessen mußte der Botschafter in der Botschaft – wie er sich ausdrückte – »zur Stelle sein« und hatte nicht einmal das Recht, eine mehrtägige Inlandsreise zu unternehmen. Anflüge von Resignation mischten sich in diesen Tagen in die privaten Mitteilungen des für gewöhnlich ebenso beherrschten wie gleichmütigen Mannes; sie wechselten mit Zweifeln und Ironie: »... ich finde manchmal das Leben gar nicht mehr schön! Aber man darf sich wohl nicht niederdrücken lassen, sondern muß den Kopf oben behalten.« Und wiederum: »Die politischen Dinge sind noch immer unverändert. Die britisch-französisch-sowjetischen Verhandlungen sind noch nicht beendigt. In der Welt-Lage wird die Spannung andauern ... Aber ich bleibe Optimist und glaube nicht, daß wegen Danzigs[222] ein großer Konflikt entstehen wird. Meine eigenen Angelegenheiten hier stehen nicht schlecht und nicht gut. Es ist eben sehr ›spät!‹ Du mußt weiter die Daumen halten.« Und weiter: »Die ›politischen‹ Nachrichten, die Du erhalten hast, haben mich zum Lachen gebracht.[223] Noch sind wir nicht soweit, daß der Führer und Stalin über eine Teilung Polens verhandeln!! Hier war eben die Nachricht verbreitet –

und nicht nur hier!! – daß Herr v. Papen in Sondermission nach Moskau komme... ›Beinahe!! Nicht Herr v. Papen kommt, sondern der Papst!‹«[224]

Die Bemühungen Tippelskirchs in Berlin unterstützte der Botschafter durch ein persönliches Schreiben an den Staatssekretär. Ihm teilte er mit, daß er es für »richtig... halte, auf dem Wege der Normalisierung unserer Beziehungen zur Sowjetunion vorläufig nichts weiter bei Herrn Molotow zu unternehmen. Ich bin der Meinung, daß jede Überstürzung nur schaden... würde... Trotzdem müssen und können wir einiges tun.«[225] Da die »großen Dinge« aufgrund der Widerstände von der einen und anderen Seite zur Zeit nicht möglich seien, müsse man sich vorläufig auf die »kleinen« beschränken. Erfahrungsgemäß schüfen ja nicht Verträge und Abkommen im internationalen Verkehr eine gute oder schlechte Atmosphäre, sondern vielmehr die Art der Abwicklung der Dinge des täglichen Lebens. Hier – so schrieb Schulenburg – biete sich »für unseren Fall ein weites Feld der Betätigung, allerdings weniger hier in Moskau,... als bei Ihnen dort in Berlin«. Der Botschafter schlug vor, den Sowjetvertretern in Berlin endlich durch einen geänderten Ton, eine etwas freundlichere Behandlung, Beweise des guten Willens zu liefern. Dem Leiter des Osteuropa-Referats, Schliep, empfahl er, »den Russen in den kleinen Dingen des täglichen Lebens den Beweis zu liefern, daß wir eine Besserung unserer Beziehungen wünschen«. Er fügte hinzu: »Ich würde Ihnen dankbar sein, wenn Sie sich auf diesem Gebiete aktiv betätigen wollten.«[226]

In Moskau nahm sein italienischer Kollege Kontakt zum Außenkommissariat auf. Schulenburg empfahl ihm, sich auf eine Bestätigung des deutschen Willens zur Verbesserung der Beziehungen zu beschränken. In einem Gespräch mit Potemkin am 4. Juli spielte Rosso auf die letzte Unterredung Schulenburgs mit Molotow und den deutschen Wunsch nach Normalisierung der Beziehungen an. Nach dem Bericht Rossos an Ciano zeigte Potemkin eiserne Zurückhaltung: »Gute Beziehungen zwischen beiden Ländern würden zweifellos eine der beruhigenden Garantien für die Erhaltung des Friedens bilden«, sei seine ebenso monotone wie vielsagende Antwort gewesen. Die Frage Rossos nach dem Stand der sowjetischen Verhandlungen mit den Westmächten beantwortete Potemkin mit dem Hinweis auf noch vorhandene offene Punkte; er unterstrich unter Hinweis auf die Rede Molotows vor dem Obersten Sowjet, daß die Sowjetregierung erst dann unterzeichnen würde, wenn *alle* von ihm formulierten Bedingungen erfüllt wären[227].

Schulenburg war mit dem Ergebnis dieses »Flankenschutzes« zufrieden und betonte, daß dies für den Moment genug sei[228]. In seinem Bericht an das Auswärtige Amt kommentierte er dieses Gespräch in einem extrem positiven Sinne, der sein Ringen um die Fortführung der begonnenen Gespräche verriet: Danach hätte der italienische Botschafter den »Eindruck, daß Potemkin Verhandlungen optimistischer betrachtet« als zuvor; auch hätte Potemkin im Hinblick auf Deutschland erklärt, »daß eine Einigung der Sowjetunion mit Deutschland die wirksamste Garantie des Friedens sein würde«[229]. Mit dem gleichen Ziel vor Augen bezeichnete er bescheidenste sowjetische Gesten der Gegenseitigkeit, um die das Auswärtige Amt seit Wochen gekämpft hatte, wie etwa den Austausch von Gefangenen, als »seit geraumer Zeit erstes Zeichen nennenswerten Entgegenkommens«[230].

In Berlin fand der Gesandte von Tippelskirch für den Standpunkt der Deutschen Botschaft Moskau nur begrenzt Gehör. Ribbentrop wünschte ihn »nicht zu sehen«. Der Völkerrechtsexperte und Leiter der Rechtsabteilung, Dr. Gaus, den er vermutlich in der Frage des Nichtangriffspakts konsultieren sollte, war abwesend. Staatssekretär von Weizsäcker suchte sich in erster Linie über den Verlauf der Dreimächtepaktverhandlungen zu informieren. Im Hinblick auf die Unterredung Schulenburgs mit Molotow bemerkte er, daß »seiner Ansicht nach ... politisch für den Augenblick« von deutscher Seite »genug geschehen« sei, »wirtschaftlich könne man wohl versuchen weiterzukommen, aber langsam und schrittweise«. Im Gegensatz zu Schulenburg schien Weizsäcker »eine Vertiefung des Themas: ›Berliner Vertrag‹ nicht wünschenswert«[231]. Die Gründe dafür dürften unter anderem in der Furcht Weizsäckers vor einem effektiven deutsch-sowjetischen Abkommen gelegen haben. Während er die negativen Auswirkungen eines Paktes der UdSSR mit den Westmächten für Deutschland überschätzte, sah er doch für den Fall »katastrophale Folgen« voraus, daß »Hitler anstelle der Westmächte Stalins Partner würde«[232].

Auch Unterstaatssekretär Woermann machte im Gespräch mit Tippelskirch »eine interessante Bemerkung über den Berliner Vertrag, die es ratsam erscheinen läßt, ohne Instruktion das Thema nicht weiter zu berühren. Näheres mündlich!«[233] Allgemein schien »das Problem Sowjet-Union« nach den Eindrücken, die Tippelskirch in Berlin gewann, »nach wie vor höchst interessant. Die Meinungen sind aber schwankend und unentschieden. Eine politische Willensbildung hat sich noch nicht durchgesetzt.«

Am entschiedensten trat auch zu diesem Zeitpunkt die Wirtschaftspolitische Abteilung der Wilhelmstraße für Verhandlungen mit Rußland ein. Karl Schnurre zeigte sich Tippelskirch »in nicht sehr guter Stimmung. Er betonte wiederholt, daß ohne eine *positive* Reaktion seitens Molotow es schwer möglich wäre, weiterzukommen.« Demgegenüber war es der Botschaft seit dem Gespräch Schulenburgs mit Astachow bekannt, daß die allzu positiv klingenden Berichte Schnurres zweckorientiert waren. So teilte Tippelskirch dem Botschafter mit, Woermann hätte es im Gespräch mit ihm »für bedeutungsvoll [gehalten], daß die Sowjets durch Astachow die Initiative für die Annäherung ergriffen hätten«. Er fügte hinzu: »Ich habe dem nicht widersprochen, aber auf die im *Temps* veröffentlichte Fournier-Meldung über die negative Verlautbarung der hiesigen Botschaft hingewiesen, die ihm entgangen war.«[234]

Unter dem Drängen seiner Berater in Wirtschaftsfragen schlug Ribbentrop Hitler Anfang Juli vor, die Frage der Wirtschaftsverhandlungen neu ins Auge zu fassen. Für den 7. Juli wurde eine Besprechung in der Reichskanzlei anberaumt. Hier wollte Hitler entscheiden, ob die Verhandlungen unter den von sowjetischer Seite geforderten Bedingungen aufgenommen werden sollten. In Vorbereitung auf diese Besprechung leitete Schnurre dem Ministerbüro die einschlägigen Vorgänge zu; er bat den Chef des Ministerbüros, Erich Kordt, dafür Sorge zu tragen, daß die Weisung Hitlers vom 30. Juni aufgehoben und ein Entwurf des Staatssekretärs vom 28. Juni über die deutsche Bereitwilligkeit, die Wirtschaftsverhandlungen unter den sowjetischen Bedingungen aufzunehmen, verabschiedet und an die Deutsche Botschaft Moskau gesandt würde[235]. Kordt erreichte, daß »die Weisung ... vom RAM dem Führer vorgetragen«[236] wurde und Hitler diesem Entwurf Weizsäckers zustimmte. »Auf Hitlers Weisung« wurde damit »die von Mikojan vorgeschlagene Grundlage ..., obwohl sie wenig befriedigend erschien, angenommen. Jede Einzelheit wurde jetzt zwischen den Sachbearbeitern und Ribbentrop, der sich seinerseits bei Hitler Instruktionen holte, eingehend besprochen. In der Erwartung, daß Astachow und Babarin jede Äußerung von deutscher Seite sogleich nach Moskau berichten würde, erhielten die Sachbearbeiter Auftrag, gewisse anerkennende Äußerungen Hitlers über Stalin einfließen zu lassen.«[237]

Am 6. Juli erteilte Ribbentrop Weizsäcker die Weisung, die Deutsche Botschaft Moskau in diesem Sinne zu instruieren. Am Abend gab Ribbentrop ein Abendessen für den bulgarischen Ministerpräsidenten

Georgij Kiossejwanow, zu dem er als einzigen ausländischen Gast den italienischen Botschafter in Berlin einlud. Strahlend und siegesgewiß teilte Ribbentrop Attolico mit, daß er sich am nächsten Tage in die Sommerferien begebe – ein Hinweis darauf, daß er den Eindruck eines krisenreichen Sommers zerstreuen wollte. Attolico nutzte die Gelegenheit, um dem Minister einige Fragen zu stellen. Seine Frage nach einem deutschen »Putsch« in Danzig (am 17./18. Juni hatte Goebbels in Danzig aufpeitschende Reden gehalten, die die italienische Regierung stark beunruhigt hatten) wies Ribbentrop als »reine Erfindung«[238] zurück – sie sei Teil eines »Nervenkriegs«, aus dem Deutschland, wie aus jedem anderen Krieg, »siegreich« hervorgehen werde. Wenn aber Polen Danzig angreifen sollte, so fügte Ribbentrop hinzu, würde Deutschland Polen »binnen 48 Stunden zur Strecke bringen und die Frage Danzigs eben auf diese Weise gelöst werden ...« Von Frankreich und England hätte Polen keine Hilfe zu erwarten: Frankreich wäre in kürzester Zeit »vernichtet«, Paris »in Staub aufgelöst« und England würde, wenn es wagte, sich zu regen, der »Zerstörung des gesamten Empire entgegengehen«. Auf die Frage Attolicos nach dem Faktor Rußland entgegnete Ribbentrop mit Geringschätzung: »Was könnte denn Rußland tun? Nichts. Rußland will gar nichts tun. Selbst wenn es einen Pakt abschließt, wird es nicht marschieren. Im übrigen« – so flüsterte Ribbentrop Attolico vertraulich zu – »habe ich heute selbst neue Instruktionen an Schulenburg geschickt ..., die ausreichen werden, um Stalin einen neuen Floh ins Ohr zu setzen.«[239]

Am 7. Juli[240] wies Weizsäcker die Deutsche Botschaft Moskau an, die »Frage Mikojans nach noch offenen Punkten« im sowjetischen Sinne zu beantworten. Dabei sollte – laut Urtext des Erlasses – der Eindruck der Eile vermieden und die Ausführung des Erlasses »bis nach nächster Besprechung mit Molotow [verschoben werden], wenn hierdurch herbeigeführte Verzögerung nicht länger als einige Tage«. Eine längere Verzögerung hingegen hielte man in Berlin »nicht für ratsam«. (Vor Absendung des Telegramms wurden diese Passagen gestrichen.) Ferner sollte der deutsche Wunsch, nach dem »Schnurre als Sonderbevollmächtigter in Moskau« erschiene, vorerst aufrechterhalten werden. Schließlich hielt eine »Sprachregelung« fest, das Gespräch mit Mikojan »nicht so zu führen ..., daß es den Charakter einer deutschen Pression annimmt. Vielmehr ist unser Standpunkt sachlich und nüchtern darzulegen und das Weitere den Russen zu überlassen. Wir dürfen uns keinesfalls in die Lage eines Petenten begeben.« Ribbentrop segnete das Telegramm vor seinem Abgang persönlich ab.

Damit kamen »die deutsch-sowjetischen Wirtschaftsbesprechungen, wenn auch schleppend, in Gang«[241]. Am 10. Juli trug Hilger Mikojan die deutsche Entscheidung vor[242]. Am 16. Juli setzte Mikojan Hilger darüber in Kenntnis, daß zusätzliche Punkte nach einer Klärung verlangten und er den stellvertretenden Leiter der Sowjetischen Handelsvertretung in Berlin, Babarin, beauftragt habe, diese in Berlin im Gespräch mit Schnurre zu klären[243]. Als Schnurre Babarin am 18. Juli endlich empfangen konnte, händigte ihm dieser eine schriftliche Erklärung aus, die – laut Aufzeichnung Schnurres – »sachlich dem Verhandlungsstand nicht entspricht und die Mitteilungen Hilgers an Mikojan zugunsten des Sowjetstandpunkts interpretiert«[244].

Widerstrebend mußte Schnurre nun auch seine Zustimmung zur Fortführung der Verhandlungen in Berlin geben. In politischer Hinsicht, so hob er bedauernd hervor, käme damit der von deutscher Seite beabsichtigte, »mit den Verhandlungen in Moskau verbundene politische Effekt... in Fortfall, da die Verhandlungen in Berlin der breiteren Öffentlichkeit vermutlich nicht bekannt« würden. Immerhin sei dies der einzige Weg, um vorerst »jedenfalls auf wirtschaftlichem Gebiet eine engere Zusammenarbeit zwischen Deutschland und der Sowjet-Union anzubahnen, eine Tatsache, die in Polen und England jedenfalls ihre Wirkung nicht verfehlen würde«.

Hitler schien dem Ausgang dieser Gespräche mit Skepsis entgegenzusehen. Am 10. Juli machte er seine in Wilhelmshaven (1. April 1939) angekündigte Absicht wahr und ließ für die Zeit vom 2. bis 11. September 1939 den »Reichsparteitag des Friedens« ankündigen[245]. Er tarnte damit einerseits seine wahren Pläne des Angriffs auf Polen, wie er sich andererseits für den Fall, daß er bei Stalin kein Gehör finden und dieser einen wirkungsvollen Militärpakt mit den Westmächten abschließen sollte, zunächst eine Hintertür zum Abblasen des Polenfeldzugs offenließ. Gleichzeitig suchte er – ähnlich wie im Januar dieses Jahres – nach einer Gelegenheit, den höchstrangigen Vertreter Stalins in Deutschland persönlich durch sein Auftreten zu beeindrucken. Auf Einladung des Staatssekretärs reiste Geschäftsträger Astachow in diesem Jahr zum ersten Mal zum »Tag der Deutschen Kunst« in München. Dieser wurde am 14. Juli durch einen festlichen Empfang Hitlers im »Führerbau« eröffnet und als »wahres Friedensfest« begangen. Hitler nützte diese Gelegenheit, um den Vertreter Stalins in Deutschland, der dort ohnedies »mit besonderer Aufmerksamkeit behandelt«[246] wurde, auch persönlich betont freundlich zu begrüßen[247].

Astachow durchschaute diese Geste und beschrieb Hitler in seinem Bericht an den Narkomindel als einen krankhaft angegriffenen, wirren, unordentlich gekleideten und geistig wie körperlich vernachlässigten Mann. Sein betont höfliches Verhalten stand für ihn im Zusammenhang mit der außerordentlichen Korrektheit, ostentativen Rücksichtnahme, dem vollständigen Fehlen der bisher üblichen Ausfälle und sogar der Vermeidung des Wortes »Bolschewismus«, das die Berliner Sowjetvertretung in diesen Wochen wahrnahm. Obgleich die Deutschen – so schrieb Astachow – nach den Sondierungen Weizsäckers und Schulenburgs keine offiziellen Demarchen mehr unternommen hätten, um die Sowjetvertreter auf ihre Seite zu ziehen, ließen sie doch keine Gelegenheit aus, um indirekt verstehen zu geben, »daß sie bereit sind, uns gegenüber die Politik zu ändern – die Sache liege nur an uns«. Zahlreiche anonyme Briefe erteilten der Sowjetvertretung täglich den »guten Rat«, Freundschaft mit Deutschland zu schließen, »auf die Teilung Polens einzugehen usw.« Den Hauptgrund für diese Entwicklung sah Astachow in der übergroßen Sorge der deutschen Führung über den Ausgang der Dreimächtegespräche. Zugleich nähme der militärische Druck Deutschlands auf die Ostseeländer spürbar zu; die gegenwärtige »Ruhe vor dem Sturm« verheiße nichts Gutes.[248]

Die Begegnung Hitlers mit Astachow erfolgte in dem Moment vor den Augen des italienischen Botschafters, in dem Mussolini in der polnischen Frage zum Einlenken riet und den Vorschlag einer internationalen Konferenz zur Beilegung der polnischen Krise – unter Ausschluß der UdSSR – machte. In seinem Bericht an Ciano sprach Attolico die Vermutung aus, daß Hitler sich noch nicht in einem bestimmten Sinne festgelegt hätte. »Er mißt eine nahezu entscheidende Bedeutung der Haltung bei, die die UdSSR definitiv einnehmen wird. Darüber hinaus käme er nicht auf den Gedanken, einen Schlag auf Danzig und den Korridor zu versuchen, wenn er nicht die Gewißheit hätte, daß er Polen ›isolieren‹ kann.«[249]

Der Eindruck, daß Hitler seine Polenpläne nicht ohne Berücksichtigung der Haltung der Großmächte durchsetzen wollte, gab auch der Rußland-Diplomatie eine kurze Atempause. Am 17. Juli schrieb Schulenburg privat nach Berlin, die Welt sei voller Kriegsgeschrei. Überall werde »behauptet, daß im August der Krieg Aller gegen Alle ausbrechen wird. Ich bin und bleibe Optimist.« Engländer und Franzosen, so schrieb er weiter, »schwitzen noch immer ohne Ergebnis in ihren Verhandlungen mit den Sowjets. Auch wir haben allerlei kleineren Ärger, wie das hier unvermeidlich ist.« So habe er »heute den ganzen Morgen auf dem Außenkommissariate verbringen müssen«[250].

Am 21. Juli klagte Weizsäcker über diesen anhaltend »gewitterhaften Sommer«. In seinem Tagebuch hielt er fest, im Mittelpunkt der Überlegungen stehe »immer noch die Frage, ob es ›wegen Danzig‹ demnächst einen europäischen Krieg geben wird. Wir und die Engländer – das ist eigentlich das Problem. Da auch der Führer jetzt mit den Westmächten nicht anbinden will, jedoch z. Zt. kein sicheres Gefühl hat – so wird versichert –, ob ein Krieg mit Polen zu lokalisieren wäre, glaube ich nach wie vor an eine friedliche Generallinie bei uns. Bei den Engländern liegt es aus anderen Gründen ähnlich. Das eventuelle Russenbündnis schätzen sie militärisch nicht hoch ein, die Russen lassen sich sehr bitten ... Kommen wir über die Sommerhysterie ... hinweg ..., so wird ... eine Lage entstehen, in der Berlin und London einem neuen Ausgleichsversuch zuneigen. Generell also kann man Optimist sein.«[251] Ein »zweites München« schien in Sicht.

Achte deutsche Fühlungnahme: Schnurre-Astachow/Babarin

Aus der Sicht der sowjetischen Diplomatie war dies »der unglückselige Juli, in dessen Verlauf die Engländer und Franzosen die Einheit von Pakt und Militärkonvention hartnäckig sabotierten«[252]. Gegen Ende des Monats war in Moskau abzusehen, daß die politischen Verhandlungen unter den gegebenen Umständen nicht zum Abschluß kommen würden. In dieser Situation wurde das wachsende sowjetische Mißtrauen gegenüber den Motiven der englischen Verhandlungsstrategie durch zwei Ereignisse vertieft:

– In England fanden in der Zeit vom 17. bis 20. Juli deutsch-englische Wirtschaftsgespräche zwischen dem britischen Überseehandelsminister R. Hudson und dem Ministerialdirektor zur besonderen Verwendung im Amt des Beauftragten für den Vierjahresplan, H. Wohlthat, statt, die weitreichende politische Implikationen bargen und auf eine deutsch-englische Einigung zuungunsten der UdSSR hinauslaufen konnten[253].

Das entscheidende Gespräch zwischen Hudson und Wohlthat wurde am Nachmittag des 20. Juli geführt. Vom 22. Juli an beschäftigte es die Weltpresse[254].

– In Tokio wurde am 22. Juli vom japanischen Außenminister Hachiro Arita, und dem britischen Botschafter in Japan, R. Craigie, ein Abkommen unterzeichnet, das die Position Japans in China begünstigte und seine Kriegsführung gegen die UdSSR erleichterte; das Arita-Craigie-Abkommen bedeutete ein Zurückweichen des Empire vor dem japanischen Militärdruck – aus sowjetischer Sicht »das fernöstliche München«[255]. Durch dieses wurde China in eine Opferrolle verwiesen, die der der Tschechoslowakei nicht unähnlich war. All dies vollzog sich vor dem Hintergrund der erbitterten sowjetisch-japanischen Gefechte am Chalchin-Gol.[256] Die Gefahrensignale der »kapitalistischen Einkreisung« leuchteten auf[257].

Nach der »Geschichte der KPdSU« von 1970[258] sah sich die Sowjetregierung vor eine Situation gestellt, in der sie durch eine kapitalistische Einheitsfront Deutschlands, Englands und Japans in die internationale Isolation getrieben werden sollte. Die Sowjetregierung – so heißt es dort – habe sich in dieser lebensgefährlichen Situation an die Regel Lenins erinnert, nach der sie durch Aufnahme von Handelsgesprächen die zwischen den imperialistischen Mächten bestehenden Meinungsverschiedenheiten ausnützen müsse, um einen Keil zwischen sie zu treiben, der ihre Vereinigung zu antisowjetischen Zielen erschweren würde[259]. Unter solchen Erwägungen habe sie sich entschlossen, auf die wiederholten deutschen Angebote einzugehen.

Bereits am 21. Juli, drei Tage nach der offiziellen deutschen Annahme der sowjetischen Bedingungen durch Schnurre, faßte sie den Beschluß zur Wiederaufnahme der Wirtschaftsverhandlungen. Noch am selben Abend gab Radio Moskau diese Tatsache bekannt.[260] Am 22. Juli veröffentlichten die großen sowjetischen Tageszeitungen unter der Überschrift »Im Volkskommissariat für Außenhandel« die Meldung: »In diesen Tagen werden die Handels- und Kreditverhandlungen zwischen der deutschen und der sowjetischen Seite wiederaufgenommen. Von seiten des Volkskommissariats für Außenhandel führt diese Verhandlungen der Stellvertretende Handelsvertreter in Berlin, Genosse Babarin, von deutscher Seite – Herr Schnurre.«[261]

Das TASS-Kommuniqué vom 22. Juli enthielt die lakonische, aber inhaltlich korrekte Bekanntgabe der tatsächlichen Vorgänge. Die Beweggründe für diese Meldung bleiben verborgen. Während die ältere deutsche Forschung in ihr zuvorderst ein Druckmanöver sah, mit dem Stalin von den Westmächten weitere Zugeständnisse erpressen wollte, bieten sich – hat man die Linie der Kontinuität seines außenpolitischen Verhaltens in diesem Krisensommer vor Augen – auch andere Erklärungen an: So wollte er sich mit diesem Kommuniqué auch den Vorwurf einer doppelten Verhandlungsführung ersparen und Überbewertungen dieser Handelsgespräche in Form politischer Gerüchtebildung entgegentreten. Ob er damit zugleich – in dem von der »Geschichte der KPdSU« angezeigten Geiste Lenins – einen Keil zwischen Deutschland und Großbritannien treiben wollte, sei mangels entsprechender Beweise dahingestellt. Auffällig war an dieser relativ unerwarteten Art der Verlautbarung die Tatsache, daß die Sowjetregierung, die früher darauf bestanden hatte, die Verhandlungen in Moskau zu führen, nun ohne Erklärung der Aufnahme der Verhandlungen in Berlin zustimmte. Schulenburg erklärte diese Wendung mit der Absicht der Sowjetregierung, die reinliche Trennung der politischen Verhandlungen (in Moskau) von den Wirtschaftsverhandlungen (in Berlin) zu dokumentieren und zu verhindern, daß letztere als politische Verhandlungen und Druckmittel gegen die Westmächte interpretiert werden könnten. Schulenburg wies in diesem Zusammenhang darauf hin, daß weder Molotow noch Mikojan in den letzten Gesprächen auf die früher erwähnten »politischen Grundlagen« hingewiesen hätten – ein weiterer Beweis für diese reinliche Trennung[262].

Gerade dies aber hatte Ribbentrop nicht gewünscht. So herrschte in seiner Umgebung zunächst Verstimmung; der Plan, die Verhandlungen in Moskau mit allen erwünschten politischen Nebenwirkungen – als Mittel zur Vereitelung der Dreimächteverhandlungen – zu führen, war hinfällig. Schnurre ließ dies Astachow noch spüren, als er ihn am 24. Juli zur Eröffnung der Gespräche zu sich bat. Sein Mißfallen über die einseitige sowjetische Erklärung war offenkundig. In Zukunft, so teilte er Astachow mit, dürften derartige Verlautbarungen nur mit beiderseitiger Zustimmung erfolgen. Er bat, »dies nach Moskau weiterzugeben«. Astachow versprach dies, hob aber hervor, daß ihm zwar die genauen Motive für diese TASS-Erklärung unbekannt seien, diese aber schon insofern zweckmäßig gewesen sei, als sie »eine Masse unsinniger Gerüchte, die in Berlin nicht durch sowjetische Schuld verbreitet würden und ihren Niederschlag in der Weltpresse fänden, den Boden entzogen« hätte[263].

Auf Hitler hingegen wirkte das Kommuniqué – fünf Tage nach seiner freundlichen Begrüßung Astachows – wie ein Fanal. Noch am selben Tage wurde Weizsäcker angewiesen, die politische Fühlungnahme weiterzutreiben. Dieser setzte die Botschaft Moskau in den Nachtstunden des 22. Juli über die Aufnahme der Verhandlungen in Kenntnis und bemerkte, daß Schnurre »im Sinne ausgesprochenen Entgegenkommens« vorgehen werde, »da auch Abschluß und zwar zu möglichst frühem Zeitpunkt aus allgemeinen Gründen erwünscht«[264]. Zugleich teilte er Schulenburg mit, daß die ihm mit Weisung vom 30. Juni »vorgeschriebene Wartezeit als abgelaufen« zu betrachten und die rein politischen »Gespräche mit den Russen« wiederaufzunehmen seien. »Sie sind daher ermächtigt, ohne irgendwie zu drängen, den Faden dort wieder weiterzuspinnen und hierfür u.a. Unterhaltungen in laufenden Angelegenheiten auszunutzen.«[265]

In der Umgebung Hitlers wurde ein kräftiger Stimmungsaufschwung verzeichnet. Die Zweifel, die ihn vor knapp zwei Wochen zur Einberufung des »Parteitags des Friedens« veranlaßt hatten, schienen von ihm abzufallen. Noch am 22. Juli teilte Attolico Ciano in Anknüpfung an seinen früheren Bericht mit, es habe sich jetzt »bestätigt, daß an hoher Stelle das eventuelle Scheitern der englisch-französisch-sowjetischen Verhandlungen als Anzeichen für die Möglichkeit betrachtet würde, Polen von seinen Verbündeten zu ›isolieren‹, und es könnte somit als ein Signal zur Auslösung eines neuen deutschen Coup benutzt werden«[266]. Offenbar sah Hitler mit der Tatsache, daß er »die Russen« jetzt am Verhandlungstisch hatte, die Möglichkeit gewährleistet, Polen im Osten zu isolieren. Die unmittelbare Folge scheint die Festlegung des Angriffstermins auf dem 26. August gewesen zu sein.[267]

Als in den folgenden Tagen aus Moskau die Nachricht durchsickerte, daß die politischen Verhandlungen mit den Westmächten durch Paraphierung des Vertragsentwurfs am 24. Juli[268] formell einen ersten Abschluß gefunden hätten (in der Praxis waren sie bis zum Zusammentreten der Militärverhandlungen vertagt) und die Westmächte nun bereit seien, in Moskau die Verhandlungen über eine Militärkonvention aufzunehmen, entschloß sich Hitler definitiv, »die Initiative gegenüber der Sowjetunion zu ergreifen«[269]. Aus der Sicht des Augenzeugen Kleist begann jetzt das eigentliche »Wettrennen«. Umgehend beauftragte Hitler seinen Außenminister, endgültig die Weichen für die Annäherung an Stalin zu stellen. Die Eröffnung versetzte Ribbentrop momentan in erheblichen »Schwung«: So hektisch, aber wankelmütig man – wiederum aus der Perspektive Kleists – »vorher das Terrain abgetastet hatte, so hemmungslos stürmt man jetzt vorwärts. Mit Ungeduld schickt Ribbentrop seine bis dahin scharf gezügelten Pferde jetzt ins Rennen.«[270] Die »dramatische Wende«[271] wurde eingeleitet.

Erneut dachte Ribbentrop dem gewinnenden, redegewandten und mit stürmischer Überredungskraft für die Annäherung plädierenden Juristen Schnurre die Rolle des Eisbrechers zu. Als Vertreter des Wirtschaftssektors im Auswärtigen Amt war er für die geplanten geheimen politischen Sondierungen besonders gut geeignet. Denn es herrschte – wie sich sein damaliger persönlicher Referent und Legationssekretär in der Wirtschaftspolitischen Abteilung, Dr. Walter Schmid, erinnert – »über alles, was sich zwischen uns und der Sowjetunion zutrug, ... absolute und strikteste Vertraulichkeit. In Berlin wurden außer dem Minister, Staatssekretär von Weizsäcker und Schnurre als dem unmittelbar Handelnden nur wenige Personen eingeweiht. Die Geheimhaltung war perfekt. Zur Tarnung wurden auch die politischen Gespräche, die Schnurre führte, registraturmäßig unter Aktenzeichen der Wirtschaftsabteilung behandelt, und der politische Referent, Geheimrat Schliep, erfuhr manches nur dadurch, daß Schnurre ihn ab und zu unter der Hand unterrichtete. Nach außen wurde, falls überhaupt etwas durchsickerte, der Eindruck erweckt, als ob es bei Schnurres Gesprächen ausschließlich um Wirtschaftsfragen ginge.«[272]

Wie stark in der Tat die Verquickung der wirtschaftlichen mit den politischen Fragen war, geht aus einer Denkschrift des Reichsamtes für Wirtschaftsausbau vom August 1939 über die »Möglichkeiten einer Großraumwehrwirtschaft unter deutscher Führung« hervor[273]. In ihr wurden die Leitlinien einer wirtschaftlichen Neuordnung Europas für den Kriegsfall entwickelt, die die »Blockadesicherheit für eine unter deutscher Führung stehende europäische Mächtegruppe« gewähren würde. Die Untersuchung, die ebenso Finnland und die baltischen Staaten wie Polen und die Ukraine der deutschen Wehrwirtschaft dienstbar machte, gelangte zu dem Gesamtergebnis, daß die wehrwirtschaftliche Blockadesicherheit »*ohne wirtschaftlichen Anschluß an Rußland* ... nur in begrenztem Umfang« erreicht werden könne. »Völlige *Blockade-Sicherheit des Großwirtschaftsraumes ist nur durch engen wirtschaftlichen Zusammenschluß mit Rußland zu erzielen* ... Restlose Sicherung ist *nur mit den Rohstoffen Rußlands* (uns freundlich) möglich.«

Eine wechselseitige Verbindung der wirtschaftlichen mit den politischen Interessen war insofern in der deutschen Verhandlungsführung immer präsent. In seinem Gespräch mit Astachow vom 24. Juli ließ Schnurre durchblicken, daß sich die deutsche Regierung von den Handelsgesprächen mehr als ein Wirtschaftsabkommen erhoffe. Nach der Aufzeichnung Astachows hob er hervor, daß er sich für berechtigt halte, neben den Wirtschaftsfragen auch den politischen Komplex zu berühren, »da er … Ribbentrop nahesteht und seinen Gesichtspunkt kennt«. Schnurre legte dann unter Berufung auf den Gedanken seiner Regierung einen Plan der deutsch-sowjetischen Annäherung in drei Etappen dar: Der erfolgreiche Abschluß der Handels- und Kreditverhandlungen sollte die erste Etappe der Normalisierung abschließen. Die zweite Etappe sollte in der Normalisierung der Beziehungen auf dem Gebiet der Presse und des Kulturaustauschs, der Hebung der gegenseitigen Achtung usw. erfolgen. »Danach wird man zur dritten Etappe übergehen und die Frage der politischen Annäherung stellen können.« Schnurre bedauerte, daß die »vielmaligen Versuche der deutschen Seite, über dieses Thema zu sprechen, ohne Antwort geblieben sind. Auch Molotow hat Schulenburg nichts Bestimmtes zu diesem Thema gesagt. Wo doch alle Tatsachen für eine solche Annäherung vorhanden sind…« Astachow schloß in seiner Aufzeichnung die Bemerkung an: »Schnurre versteht natürlich, daß ein solcher Wechsel der Politik Zeit erfordert, aber man müsse etwas tun. Wenn die sowjetische Seite kein Vertrauen in die Ernsthaftigkeit der deutschen Absichten habe, so möge sie doch sagen, welche Beweise sie braucht. Es gebe keine Gegensätze zwischen der UdSSR und Deutschland. Im Baltikum und in Rumänien beabsichtige Deutschland nicht, etwas zu tun, was die sowjetischen Interessen berühren (verletzen) würde.«

Im Verlauf dieses Gesprächs spielte Schnurre wiederholt darauf an, daß gerade die Fragen, auf die Berlin vergebens eine Antwort erwarte, den »Führer« besonders interessierten. Doch das Gespräch ging erneut ergebnislos aus. »Auch auf diese und die folgenden in diesem Sinne gemachten Andeutungen von deutscher Seite reagierte die Sowjetregierung nicht.«[274]

Dies veranlaßte Schnurre zu einem unkonventionellen Schritt. Er lud die beiden ranghöchsten Sowjetvertreter in Berlin, Astachow und den Stellvertretenden Leiter der Handelsvertretung Babarin, für den Abend des 26. Juli zu einem Essen im separaten Hinterraum des eleganten Berliner Weinlokals Ewest ein[275]. Seine Weisung war weitreichend, umfaßte alle in der nicht abgesandten großen Instruktion vom 29. Mai enthaltenen Fragen in der bis dahin explizitesten Form eines offenen Angebots und enthielt auch verlockende Hinweise auf die an die UdSSR angrenzenden Länder. Allerdings war die Angst Hitlers vor einem neuerlichen *refus* vermutlich noch immer groß: Schnurre durfte diese Vorschläge nur im Sinne eigener Überlegungen machen und lediglich hinzufügen, daß – laut sowjetischer Aufzeichnung – »Ribbentrop, der die Gedanken des Führers genauestens kennt, derselben Ansicht« sei wie er (Schnurre).

Schnurre ließ sich von seinem persönlichen Referenten begleiten, um – nach der Erinnerung Schmids – »auf jeden Fall für das zu erwartende bedeutsame und heikle Gespräch einen deutschen Zeugen dabei [zu] haben«. Seine Aufgabe bestand darin, sich in der ersten Phase des Abends, einem etwa anderthalbstündigen Abendessen, an der gesellschaftlichen Unterhaltung zu beteiligen, um sich in der zweiten Phase, den politischen Gesprächen, still zu verhalten und das Gespräch genauestens zu verfolgen, um es anschließend zu protokollieren. Er hat festgehalten, daß die beiden sowjetischen Gäste den Ausführungen Schnurres »mit größter und angespannter Aufmerksamkeit« folgten, sich während des ganzen Abends »weitgehend«, wenn nicht »völlig rezeptiv« verhielten und das deutsche Angebot »mit allergrößtem Erstaunen« zur Kenntnis nahmen, während Schnurre die Gesprächsführung vollkommen in der Hand behielt und in überlegener Form seine Vorschläge entwickelte[276].

Er begann seine politischen Ausführungen – nach der Aufzeichnung Astachows – mit der Eröffnung: »Die Führer der deutschen Politik ... sind von der ernstesten Absicht erfüllt, die Beziehungen zu normalisieren und verbessern.« Er berief sich dann auf den »Satz Weizsäckers von dem ›Kaufladen, in dem es viele Waren gibt‹«, und erklärte ihn in dem Sinne, »daß Deutschland bereit [ist], der UdSSR alles nur Erdenkliche zur Auswahl anzubieten – von der politischen Annäherung und Freundschaft bis zur offenen Feindschaft ... Aber leider reagiert die UdSSR darauf nicht.« Sie habe weder auf die Angebote Weizsäckers noch Schulenburgs geantwortet, der doch ganz konkrete Fragen gestellt habe, »zum Beispiel die Verlängerung oder Erneuerung eines deutsch-sowjetischen politischen Vertrags, der ... große Möglichkeiten für eine Annäherung darstellt«.

Hier stellte Astachow die Frage, ob dies eine persönliche Ansicht oder die Meinung der deutschen Regierung sei. Schnurre berief sich auf die ihm bekannten Ansichten Ribbentrops und Hitlers und ging zu den deutschen Absichten in Ostmitteleuropa über: Im Baltikum und Rumänien – so betonte er laut russischer Aufzeichnung – verletze die deutsche

»Aktivität ... eure Interessen nicht. Wenn es im übrigen zu ernsthaften Gesprächen käme, so versichere ich, daß wir der UdSSR in diesen Fragen voll und ganz entgegenkämen. Die Ostsee muß, nach unserer Auffassung, gemeinsam[er Besitz, I.F.] sein. Was konkret die baltischen Länder betrifft, so sind wir bereit, uns in bezug auf sie zu verhalten wie in bezug auf die Ukraine. Wir haben jegliche aggressiven Absichten auf die Ukraine ... aufgegeben ... Noch leichter wäre es, sich im Hinblick auf Polen zu einigen.«

Astachow, der »fühlte, daß das Gespräch zu weit zu gehen begann«, versprach, diese Mitteilungen nach Moskau weiterzuleiten, gab aber – nach der russischen Aufzeichnung – zu bedenken, daß die von Schnurre entwickelten Gedanken so neu und ungewöhnlich im Munde eines deutschen Beamten seien, daß er nicht »mit Sicherheit sagen [könne], daß man sie in Moskau völlig ernst nehmen« werde. Im weiteren Verlauf »wiederholte Schnurre in verschiedenen Variationen seine früheren Beweise« und drängte die sowjetische Seite mit dem Hinweis an den Verhandlungstisch, daß der Moment gekommen, die Lage überaus günstig sei und eine verpaßte Gelegenheit sich nicht wiederholen würde.

Angesichts dieser Formulierungen erweist sich die Aufzeichnung, die Schnurre am Morgen des 27. Juli für Ribbentrop (und Hitler) anfertigte, als Paradebeispiel für zweckorientierte Berichterstattung, die vor einer Reihe wesentlicher Unstimmigkeiten und Widersprüche nicht halt machte.[277] Sie weist Astachow über weite Strecken eine aktive, lebhaft interessierte Rolle zu, um am Ende eingestehen zu müssen, daß »die rezeptive Haltung der Russen« wohl daher rühre, »daß man in Moskau noch keine Entscheidungen getroffen hat, was man letzten Endes tun will«; zu wichtigen Fragen, wie dem Stand der Moskauer Paktverhandlungen, »schwiegen sich die Russen aus«.

Im einzelnen hob Schnurre – unter partieller Inversion der Rollen – hervor, er habe eingangs »an Bemerkungen Astachows über ... die außenpolitische Interessengemeinschaft zwischen Deutschland und Rußland« angeknüpft – in Wahrheit lediglich ein methodischer Rückverweis auf seine früheren Aufzeichnungen über angebliche Behauptungen Astachows, für die er seinen Vorgesetzten nach wie vor Beweise schuldete und Rechenschaft ablegen wollte. Daran anschließend hätte er Astachow zugestimmt, daß auch ihm eine solche Zusammenarbeit jetzt möglich erscheine. In Wahrheit schoß er ungestüm auf sein Ziel los[278]: Er breitete in allen Einzelheiten den Plan einer Annäherung in drei Etappen

vor den Sowjetvertretern aus, den er, nach Angaben Astachows, schon am 24. Juli im Kern entwickelt hatte:
1. Die erste Etappe – Wiederherstellung der wirtschaftlichen Zusammenarbeit – sollte mit dem baldigen Abschluß des Kredit- und Wirtschaftsvertrags zu Ende gehen.
2. Die zweite Etappe sollte die Normalisierung und Besserung der Beziehungen auf protokollarischer, kultureller und wissenschaftlicher Ebene bringen (wobei Schnurre vielsagend an die Astachow erwiesene Aufmerksamkeit beim Tag der Deutschen Kunst in München erinnerte).
3. Die dritte Etappe sollte die »Wiederherstellung guter politischer Beziehungen sein«, und zwar
3.1. »entweder in Anlehnung an das, was früher gewesen wäre (Berliner Vertrag)« – ein Eingehen auf die impliziten Wünsche der Sowjetregierung –, oder als
3.2. »eine Neuordnung unter Berücksichtigung der beiderseitigen lebenswichtigen politischen Interessen« – die Planung Hitlers.

Daß die Etappe 3.1. – Neubelebung des Berliner Vertrags, etwa durch Erweiterung zu einem wirksamen Nichtangriffspakt, wie er Schulenburg vorschwebte und auf sowjetischer Seite größtes Interesse fand – in Berlin (schon) nicht (mehr) ernsthaft erwogen wurde, sondern alles Interesse auf ein verführerisches Territorialschema im Rahmen von 3.2. gerichtet war, geht aus der gesamten Gesprächsführung Schnurres im weiteren Verlaufe des Abends hervor. Im Zentrum seiner Argumentation stand die Einladung, daß sich Berlin eine »Ordnung zwischen den beiden Ländern« denke, in der »auf der ganzen Linie von der Ostsee bis zum Schwarzen Meer und dem Fernen Osten« Einvernehmen und »ein weitgehender Ausgleich der beiderseitigen Interessen« erzielt würden.

Diese Eröffnung war Teil der »Sprachregelung« und wurde von einer Handbewegung begleitet – einer weit ausholenden, ruhigen Bewegung von oben links nach unten rechts, die bedeutete, daß von Finnland bis zum Pontus alle Probleme einvernehmlich zu lösen wären –, die hier Schnurre und wenige Tage später Ribbentrop ausführte. Im einzelnen hob Schnurre hervor, daß das geplante Vorgehen Deutschlands gegen Polen »alles andere als einen Interessengegensatz zwischen Deutschland und der Sowjet-Union« mit sich bringen müßte, Deutschland »die Integrität der baltischen Staaten und Finnlands respektieren« sowie die »lebenswichtigen russischen Fragen« berücksichtigen würde, wobei die gutfundierten deutsch-japanischen Beziehungen sich von Rußland weg

»gegen England gerichtet« hätten. Als Lohn für ihre Zustimmung wurde der Sowjetunion die Nicht-Beteiligung im kommenden Krieg in Aussicht gestellt: England, ein für Rußland unnatürlicher Bündnispartner, könnte Rußland nur die »Beteiligung an einem europäischen Krieg und die Feindschaft Deutschlands« bieten, Deutschland biete dagegen: »Neutralität und Herausbleiben aus einem etwaigen europäischen Konflikt und, wenn Moskau wolle, eine deutsch-russische Verständigung über die beiderseitigen Interessen ... zum Nutzen für beide Länder.«

Astachow machte eine Reihe von substantiellen Einwänden geltend. Das Geschick Schnurres bestand darin, diese in seiner in indirekter Rede verfaßten Aufzeichnung im Perfekt wiederzugeben und damit den Eindruck zu erwecken, als hätten *früher* auf sowjetischer Seite solche Zweifel bestanden, seien aber nun hinfällig geworden oder zumindest im Begriffe, gegenstandslos zu werden. In Wahrheit hatte Astachow die aktuellen Einwände und gebotenen Zweifel an der Aufrichtigkeit dieses Angebots ausgesprochen – nicht zufällig mußte Schnurre selbst am Ende seiner Aufzeichnung das »übergroße Mißtrauen« konstatieren, das »uns gegenüber« immer noch bestehe.

Die von Astachow vorgebrachten Zweifel der Sowjetregierung bewegten sich im allgemeinen Umkreis der »nationalsozialistischen Außenpolitik«, von der sie sich »auf das schwerste bedroht« fühle: Seit dem Anti-Komintern-Pakt und dem Münchner Abkommen sehe die Sowjetunion eine kapitalistische »Einkreisung« am Werke – Deutschland habe dort »freie Hand in Osteuropa« errungen, »deren politische Auswirkung sich gegen die Sowjet-Union ... richten müsse«. Deutschland betrachte offensichtlich »die baltischen Staaten und Finnland sowie Rumänien« als seine »Interessengebiete, was für die Sowjet-Regierung das Gefühl der Bedrohung vervollständigt hätte. An eine Schwenkung der deutschen Politik gegenüber der Sowjet-Union« könne man in Moskau nicht glauben. Dort frage man nach den wahren deutschen Absichten im Baltikum, in Rumänien, in Polen; man frage sich, ob Hitler nach Polen nicht auf die »ehemals zu Österreich gehörigen Gebiete ..., insbesondere die galizischen und ukrainischen Gebiete« Anspruch erheben werde.

Schnurre suchte diese Einwände durch eine Wende in der »deutschen Ostpolitik« zu entkräften, die darauf zurückzuführen sei, daß der Bolschewismus inzwischen profunde Wandlungen zu einem nationalen Staatspatriotismus durchlaufen und »Stalin die Weltrevolution *ad calen-*

das graecas vertagt habe«. Es gelang ihm nicht zu überzeugen. Die Sowjetvertreter verhielten sich »äußerst vorsichtig« und »gingen in ihren Äußerungen nicht über den Rahmen des durchaus berechtigten Wunsches nach besseren Beziehungen« hinaus, der in Anbetracht der gegebenen Lage allerdings ein sehr langsames Tempo vorschriebe[279]. So sah sich Schnurre in seiner Aufzeichnung gezwungen, es abschließend »schon als beträchtliche[n] Erfolg zu werten, wenn Moskau heute noch ... in ... Unsicherheit verharrt, was es letzten Endes tun soll ...«

Astachow schien nicht nur erstaunt über den globalen Charakter des deutschen Angebots – er mißtraute neben dem dargelegten Standpunkt auch dem Überbringer und dieser unverbindlichen Form scheinbarer Privatdiplomatie. Deshalb stellte er Schnurre am Ende die Frage, ob denn auch eine hochgestellte deutsche Persönlichkeit derartige Ausführungen vor einer entsprechenden sowjetischen Instanz machen würde[280] – eine Frage, die Schnurre nicht in seine Aufzeichnung aufnahm.

Astachow selbst schien dieses präzedenzlose deutsche Angebot so bemerkenswert, daß er seinen Aufzeichnungen über die Gespräche mit Schnurre vom 24. und 26. Juli einen zusammenfassenden Brief an Potemkin folgen ließ[281]: Schnurre versuche mit allen Mitteln, die sowjetische Seite zu einem Meinungsaustausch über eine künftige Annäherung zu bewegen und beziehe sich »auf Ribbentrop als Initiator einer solchen Fragestellung, die offenbar auch Hitler teilt«. Er spräche das offen aus, was in zurückhaltender und vorsichtiger Form auch Weizsäcker und Schulenburg ausgesprochen hätten. Astachow fuhr fort: »Die Motive für eine derartige Taktik der Deutschen sind klar, und ich brauche mich schwerlich länger bei ihnen aufzuhalten. Auch enthalte ich mich irgendeiner eigenen Meinung zu dieser Frage, da ich dazu die Details und Perspektiven unserer Verhandlungen mit England und Frankreich kennen müßte (die mir nur aus den Zeitungen bekannt sind). In jedem Falle könnte ich bemerken, daß das Streben der Deutschen zur Verbesserung der Beziehungen zu uns einen recht beharrlichen Charakter trägt und durch die vollständige Einstellung der Presse- und anderen Kampagnen gegen uns bestätigt wird. Ich habe keinen Zweifel, daß wir die Deutschen, falls wir es wollten, in weitgehende Verhandlungen ziehen könnten, nachdem wir von ihnen eine Reihe von Versicherungen zu den uns interessierenden Fragen erhalten hätten. Was der Preis dieser Versicherungen wäre und auf welche Frist sie ihre Kraft behalten würden, ist selbstverständlich eine andere Frage. In jedem Falle muß man diese Bereitschaft der Deutschen zum Gespräch über die Verbesserung der Beziehungen berücksichtigen, und vielleicht sollte man sie ein wenig anheizen, um einen Trumpf in der Hand zu behalten, den man notwendigenfalls verwenden könnte. Unter diesem Gesichtspunkt wäre es vielleicht nicht überflüssig, ihnen irgend etwas zu sagen, ihnen eine Reihe von Fragen zu stellen, um den Faden nicht zu verlieren, den sie uns in die Hände geben und der uns, bei vorsichtiger Benutzung, kaum schaden kann.«

Die Überlegungen, die der Karrierediplomat Astachow seinem unmittelbaren Vorgesetzten und Diplomaten der älteren Schule, Potemkin, unterbreitete, fanden bei Molotow zunächst keine günstige Aufnahme. Seine telegraphische Antwort vom 28. Juli ließ kein Vorgehen der vorgeschlagenen Art zu: »Indem Sie sich auf das Anhören der Erklärungen Schnurres und das Versprechen beschränkt haben, daß Sie sie nach Moskau weitergeben werden, haben Sie richtig gehandelt.«[282] Es war dies »die erste Weisung des Außenkommissars an den Geschäftsträger in Berlin im Sommer 1939 zu politischen Fragen«[283].

Am nächsten Tag, dem 29. Juli, nach Konsultationen mit Stalin, richtete Molotow ein zweites Telegramm an Astachow. Es lautete: »Zwischen der UdSSR und Deutschland können sich natürlich, bei einer Verbesserung der Wirtschaftsbeziehungen, auch die politischen Beziehungen verbessern. In diesem Sinne hat Schnurre, allgemein gesprochen, Recht. Aber nur die Deutschen können sagen, worin die Besserung der Beziehungen konkret zum Ausdruck kommen soll. Bis vor kurzer Zeit haben sich die Deutschen nicht nur damit beschäftigt, die UdSSR zu beschimpfen – sie wollten auch keinerlei Verbesserung der politischen Beziehungen zu uns und haben ihre Teilnahme an den Konferenzen abgesagt, auf denen die UdSSR vertreten war. Wenn die Deutschen jetzt aufrichtig einen Wendepunkt setzen und wirklich die politischen Beziehungen mit der UdSSR verbessern wollen, so sind sie verpflichtet, uns zu sagen, wie sie sich eine Verbesserung konkret vorstellen.« Molotow fügte hinzu: »Bei mir war kürzlich Schulenburg und sprach auch über die wünschenswerte Verbesserung der politischen Beziehungen, wollte aber nichts Konkretes oder Deutliches vorschlagen. Jede Verbesserung der politischen Beziehungen zwischen zwei Ländern würden wir natürlich begrüßen. Die Sache hängt hier ganz von den Deutschen ab.«[284] In dieser Weisung deutete sich zum ersten Male eine vorsichtige Einstellung auf eine weitergehende Gesprächsbeziehung an. Sie blieb formal im Rahmen der traditionellen sowjetischen Politik und setzte eine wirkliche Veränderung und verläßliche Festlegung der deutschen Politik gegenüber der UdSSR voraus.

Insofern wurde das Gespräch Schnurres mit Astachow/Babarin von deutscher Seite nicht ganz zu Unrecht für ein »historisches Ereignis«[285] gehalten. Einen wirklichen »Durchbruch« zur deutsch-sowjetischen Annäherung bezeichnete es indes nur im innerdeutschen Entscheidungsprozeß. Die sowjetische Seite hielt ihre abwartende Reserve aufrecht. Erst das nachfolgende Gespräch mit dem Minister selbst trug dazu bei, die langanhaltende sowjetische Spannung zu lösen. Aus seiner Kenntnis der Hintergründe heraus fragte sich Köstring später »rückblickend ..., ob dieser deutsche Coup [der Hitler-Stalin-Pakt, I.F.] nicht nur dadurch gelang, daß Ribbentrop ... Botschaftsrat Astachow zu sich bat und ihm in einer ungewöhnlich langen Aussprache hierüber keinen Zweifel daran ließ, daß Hitler in Kürze in Polen einfallen würde«[286].

Tatsächlich griff wenige Tage später der Minister selbst, der »jetzt ein unerhörtes Tempo anschlug«[287], in das Geschehen ein und bekräftigte im Gespräch mit Astachow die diesem von Schnurre unterbreiteten Vorschläge.

Neunte deutsche Fühlungnahme: Ribbentrop-Astachow

In der Umgebung Ribbentrops hatte zunächst große Unsicherheit über den Ausgang der Fühlungnahme Schnurres zu Astachow/Babarin geherrscht. Drei Tage nach dem Gespräch, am Mittag des 29. Juli, wartete man noch immer auf eine sowjetische Antwort und bat auch Botschafter Schulenburg, eine weitere Information und »Regelung der Sprache abzuwarten«[288]. Im Laufe der zweiten Tageshälfte dieses 29. Juli schwand die Hoffnung, daß sich Astachow mit einer Antwort aus Moskau melden würde. Damit verfestigte sich die Vermutung, daß Stalin mit den Westmächten abzuschließen gedachte. Um dies zu verhindern und die Zeitplanung des Polenfeldzugs nicht in Frage zu stellen, fiel in der Nacht vom 29. auf den 30. Juli der Entschluß, alle Rücksichten fallenzulassen und den Sowjets von nun an reinen Wein einzuschenken.

Damit trat – nach Erich Kordt – »Ende Juli ... der »Wettlauf ... Hitler[s] um die Gunst der Sowjetunion in ein dramatisches Stadium«. Am nächsten Tage, dem 30. Juli, entschloß sich »Hitler ..., einen Sonderkurier an den deutschen Botschafter in Moskau mit geheimen Instruktionen zu senden. Schulenburg wurde beauftragt, Molotow zu erklären, Deutschland sehe keine Schwierigkeiten, alle etwaigen Meinungsverschiedenheiten auf freundschaftliche Weise zu regeln.«[289] Der Sonderkurier führte offenbar das Schreiben bei sich, das der Staatssekretär am Abend des 29. Juli, nach Ausgang der Beratungen zwischen Ribbentrop und Hitler, in deren Auftrag aufgesetzt hatte[290]. In ihm klärte Weizsäcker den Botschafter – durch Beilage der Aufzeichnung Schnurres – über die Einzelheiten dieses Gesprächs auf und wies ihn an herauszufinden, »ob die Astachow und Babarin gegenüber gemachten Ausführungen eine Resonanz in Moskau gefunden« hätten. Schulenburg sollte in einer »erneuten Besprechung mit Molotow ... in diesem Sinne ... sondieren und hierbei gegebenenfalls die Gedankengänge der Aufzeichnung« Schnurres auch seinerseits verwenden. Falls Molotow aus der »bisher von ihm eingehaltenen Reserve« hervorträte, könnte der Botschafter noch einen Schritt weitergehen und »das etwas mehr konkretisieren, was in der Aufzeichnung allgemein ausgedrückt« sei; dies beträfe »insbesondere die polnische Frage«! So sollte Schulenburg erklären: »Wir wären bereit, bei jeder Entwicklung der polnischen Frage ... alle sowjetischen Interessen zu wahren und uns mit der dortigen Regierung darüber zu verständigen. Auch in der baltischen Frage könnte bei einem positiven Verlauf des Gesprächs der Gedanke vertieft werden, daß wir unsere Haltung gegenüber dem Baltikum so einrichten, daß lebenswichtige sowjetische Ostseeinteressen respektiert werden.«

Da das Gespräch Schulenburgs mit Molotow über einige Tage nicht zustandekam und diese Tatsache eher einen negativen Ausgang dieser Demarche voraussehen ließ, waren die Stimmungen und Erwartungen Hitlers stündlich wechselnden Schwankungen unterworfen. Mit ihm befand sich die politische Leitung der Wilhelmstraße in einer »Phase der Verlegenheit, des Zögerns, der Suche nach Zeitgewinn und sogar nach Beschwichtigung«[291].

Im Berliner diplomatischen Korps kursierten Gerüchte des Inhalts, daß Hitler in der polnischen Frage noch keine endgültige Entscheidung getroffen habe: Er schwanke zwischen der Ansicht Ribbentrops, daß Deutschland seine Forderungen an Polen erfüllen könne, ohne das Risiko eines allgemeinen Krieges zu laufen, und Warnungen Görings, daß jeder weitere deutsche Schritt in dieser Richtung Deutschland zwangsläufig mit den Westmächten in Konflikt bringe[292]

Am 30. Juli hielt Staatssekretär von Weizsäcker in seinem Tagebuch fest: »Die Entscheidung dieses Sommers über Krieg und Frieden will man bei uns davon abhängig machen, ob die schwebenden Verhandlungen in Moskau zum Beitritt Rußlands in den Kreis der Westmächte führen. Wo nicht, wäre die Depression dort so groß, daß wir uns gegen Polen alles erlauben könnten. Ich glaube nicht, daß die Gespräche in Moskau mit Null ausgehen, vor allem aber nicht, daß wir – wie jetzt angestrebt – das in den nächsten 14 Tagen erzwingen können.«

Die brennende Ungewißheit über den Ausgang der Moskauer Verhandlungen veranlaßte Ribbentrop, den Bogen der Gebietsangebote, durch die die Sowjetregierung für eine Abmachung mit Deutschland gewonnen und für ihr Stillhalten in der Polenfrage entschädigt werden sollte, immer weiter zu spannen. So wurde – nach den Aufzeichnungen Weizsäckers – in den letzten Juli-Tagen neben der Frage der Aufteilung Polens auch schon die der baltischen Länder im Detail erörtert. Den Stand der Überlegungen am 30. Juli hielt Weizsäcker mit den folgenden Worten fest: »Ich rate dazu, wegen einer Teilung Polens in Moskau deutlicher zu werden, rate jedoch ab, wie Ribbentrop es will, über die Teilung der Randstaaten mit Moskau zu reden, nämlich nördlich Rigas Breitengrad soll Rußlands Lebensraum sein, Riga u[nd]. südlich davon der unsrige!«[293] Dies ist – nach den allgemeineren Formulierungen Schnurres im Gespräch mit Astachow und Babarin – die erste aktenkundige Erwähnung der später im Geheimen Zusatzprotokoll zum Hitler-Stalin-Pakt vorgenommenen Gebietsaufteilung zwischen Deutschland und der UdSSR. Das ominöse Wort »Lebensraum« verdeutlicht, daß dabei von deutscher Seite von Anfang an an eine Neuaufteilung im Sinne praktischer Inbesitznahme gedacht wurde.

Am Abend des 31. Juli ließ Ribbentrop im Gespräch mit Attolico durchblicken, daß jetzt ein baldiger Krieg (una guerra *immediata*) ins Auge gefaßt werde. »Ribbentrop sprach mit der größten Gleichgültigkeit von einem Krieg von zehn Jahren.« Deutschland habe – wie Attolico Ciano berichtete – im Hinblick auf Polen nun jede Möglichkeit eines Kompromisses *a priori* ausgeschlossen und alle Brücken hinter sich abgebrochen. Dabei hätte Ribbentrop den schwankenden Willen Hitlers in dem Glauben bestärkt, daß »ein Konflikt mit Polen isoliert bleiben könne«. Denn im Bewußtsein Hitlers hätte – wie Ribbentrop auch Attolico mitteilte – »die englisch-russische Situation ... ein immer größeres Gewicht angenommen. Wenn die Verhandlungen von Moskau scheitern würden, so denke man hier, Polen ungestraft, ohne daß sich die anderen zu seiner Hilfe rühren, anfallen zu können.«[294]

Das Zögern Hitlers hielt – nach den Beobachtungen Weizsäckers – allerdings noch in den ersten Augustwochen an. Der französische Außenminister Bonnet glaubte Beweise dafür zu besitzen, daß Hitler sich bis zum 11. August 1939 fest mit der Notwendigkeit auseinandergesetzt habe, im Falle des Angriffs auf Polen auch gegen Rußland kämpfen zu müssen.[295] In dieser Zeit erklärte er – nach Auskunft von Weizsäcker – aber auch wiederholt, »er binde mit den Polen nicht an, wenn er sich der Russen nicht sicher sei«. Der Kommentar Weizsäckers: »Wir verschärften daher unser Tempo im Werben um die Russen.«[296]

In diesem verschärften Werben trat die Position des Botschafters in Moskau wieder stärker ins Zentrum des Interesses Hitlers. Schulenburg selbst mußte spätestens bei der Lektüre der Aufzeichnung Schnurres verstanden haben, daß seine »Vorstellungen über den deutsch-sowjetischen Ausgleich in völligem Gegensatz zu denen Hitlers standen. Schulenburgs Ziel war die Wiederherstellung der früheren guten Beziehungen zur Sowjetunion, während Hitler sich durch einen Vertrag mit der Sowjetunion nur Stalins Einverständnis zu seinem Angriff auf Polen erkaufen wollte. Die unterschiedliche Zielsetzung war Schulenburg durchaus bewußt und beunruhigte ihn«[297].

Eine Reaktion des Botschafters bestand darin, das forcierte Tempo, das Berlin jetzt anschlug, von nun an stark zu bremsen; eine zweite darin, das sowjetische Mißtrauen noch stärker als bisher ins Zentrum seiner Berichterstattung zu stellen, um dadurch die Gespräche in eine langsame, gesicherte Bahn zu lenken. So zeigte der Botschafter keine Eile, den gewünschten Termin bei Molotow zu erhalten. Am 31. Juli, fünf Tage nach dem Gespräch Schnurres mit Astachow und einen Tag nach Abgang des Sonderkuriers Hitlers zu Schulenburg, sah sich der Staatssekretär genötigt, den Botschafter durch erneute Weisung »im Interesse der Beschleunigung«[298] an seine Sondierung bei Molotow zu erinnern; Weizsäcker betonte: »An einem schnellen Zustandekommen der Besprechungen ist uns ... gelegen.«[299] Gelassen antwortete der Botschafter am 1. August, die Anwesenheit Molotows auf der Landwirtschaftsausstellung in Moskau verhindere vorerst das Zustandekommen einer Besprechung[300].

Am 1. August gab die britische Regierung die Aufstellung und Zusammensetzung der britischen Militärmission bekannt, die wenige Tage darauf zu den Militärverhandlungen nach Moskau reisen sollte[301]. Aus der Sicht Ribbentrops war nun äußerste Eile geboten. Er beschloß, die Begegnung Schulenburgs mit Molotow nicht länger abzuwarten, sondern das Gewicht seiner eigenen Autorität in die Waagschale zu werfen. Der Minister ließ den sowjetischen Geschäftsträger für den 2. August in die Wilhelmstraße bitten. Auf dem Wege konnte Astachow »mit bloßem Auge in Berlin und Umgebung die Anwesenheit aller möglichen militärischen Verbände sehen, die nicht Teil der örtlichen Garnison sind«. Von seinen französischen und englischen Kollegen wußte er, daß »starke deutsche Truppenverschiebungen in Richtung Ostgrenze, besonders nach Schlesien«, im Gange waren und weitere 15 500 Soldaten in Kürze unter dem Vorwand der Teilnahme an den Feierlichkeiten der Schlacht von Tannenberg nach Ostpreußen geworfen würden[302]. Der Angriff auf Polen stand kurz bevor.

Weizsäcker empfing Astachow mit der Bemerkung, daß Ribbentrop persönlich mit ihm zu sprechen wünsche, und führte ihn umgehend in dessen Arbeitszimmer. Die Bedeutung des folgenden Gesprächs war Astachow klar: »Die Tatsache, daß der Außenminister selbst einen Geschäftsträger empfing, bedeutete nach diplomatischen Begriffen äußerste Dringlichkeit und Wichtigkeit dieser Demarche.« Nicht zu Unrecht erwartete er »eine sehr bedeutsame Erklärung«[303].

In der mehr als eine Stunde währenden Begegnung[304] bestätigte Ribbentrop explizit die Vorschläge Schnurres und erläuterte den »deutschen Wunsch« (Aufzeichnung Ribbentrops) nach einer grundlegenden Neugestaltung der Beziehungen. Er betonte, daß er diese unter zwei Bedingungen für möglich halte: Gegenseitige Nichteinmischung in die inneren Angelegenheiten des anderen Staates und »Verzicht auf eine gegen unsere Lebensinteressen gerichtete Politik«. Die zweite Forderung zielte – auf für Astachow nicht verständliche Weise – auf den sowjetischen Verzicht auf einen Dreimächtepakt ab. Unter diesen Voraussetzungen gebe »es kein Problem von der Ostsee bis zum Schwarzen Meer, was zwischen uns nicht zu lösen sei«[305].

Im einzelnen betonte Ribbentrop, »daß an der Ostsee für uns beide Platz sei und daß russische Interessen hier mit unseren in keiner Weise zu kollidieren brauchten«. Im Hinblick auf Polen – so Ribbentrop – verfolge die deutsche Regierung die Entwicklung »eiskalt«. Sie sei bereit, die »Abrechnung mit Polen in Wochenfrist« zu erledigen; auch für diesen Fall bestehe ihre Bereitschaft, »uns über das Schicksal Polens mit Rußland zu verständigen«. Schließlich schilderte Ribbentrop die deutsch-japanischen Beziehungen als gut, freundlich und dauerhaft, versprach aber, zwischen Japan und der UdSSR einen geeigneten »*modus vivendi* ... auf lange Frist« herzustellen.

Nach der Aufzeichnung Astachows kündigte Ribbentrop an, daß der Konflikt um Danzig, das zu Deutschland gehöre, bald entschieden werde. »Militärischer Widerstand Polens sei reiner Bluff – um Polen ›wegzurasieren‹, brauche die deutsche Wehrmacht 7–10 Tage. Ribbentrop warf einige verächtliche Bemerkungen an die Adresse der ›westeuropäischen Demokratien‹ ein und sagte, daß er, obgleich er die UdSSR nicht kenne, den Eindruck habe, daß es für die Deutschen – ungeachtet des ganzen Unterschieds der Ideologien – leichter wäre, mit den Russen zu sprechen als mit Engländern und Franzosen.« Ob dies – wie auf russischer Seite verstanden – ein Hinweis auf die geheimen Ausgleichsverhandlungen mit England und damit ein Druckmanöver oder eine Art Solidarisierung mit der zunehmend harten sowjetischen Gangart in den Dreierverhandlungen war, deren Engpässe Ribbentrop kannte, sei dahingestellt. Wichtig war der Ton eines vertraulichen Näherrückens und die Offenheit, mit der Ribbentrop die deutschen Ziele beschrieb: Er hatte Astachow in Kenntnis gesetzt, daß Hitler in Kürze gegen Polen vorzugehen beabsichtige[306]. Und seine wiederholten Bitten, seine Ausführungen unmittelbar nach Moskau weiterzugeben und möglichst bald mitzuteilen, ob die Sowjetregierung unter den gegebenen Voraussetzungen zur Aufnahme eines konkreten Gedankenaustausches bereit sei, hatten einen präzisen Sinn. Ribbentrop bot der UdSSR angesichts des geplanten Vorgehens gegen Polen als Gegenleistung für ihre Passivität (in Polen und in der Bündnisfrage) eine Regelung der drei für sie zu diesem Zeitpunkt vitalsten Fragen an:
– der Frage der deutschen Aktionen in Polen, die aufgrund des sowjetisch-polnischen Nichtangriffsvertrags zu Verwicklungen Deutschlands mit der UdSSR führen konnten;
– der Frage des Baltikums, die zu diesem Zeitpunkt im Vordergrund des sowjetischen Sicherheitsinteresses stand und
– der Frage des japanischen Verhaltens in Ostasien.
Er verpflichtete sich, sollte die UdSSR in Verhandlungen auf dieser Basis einwilligen, einseitig zu strenger Geheimhaltung.

Das Gespräch wurde – aus der Darstellung Ribbentrops zu schließen – im saloppen Ton süffisanter Selbstüberschätzung geführt. Astachow unterbrach – nach seiner Aufzeichnung – »das Gespräch, das den Charakter eines Monologs trug, nur selten«. Eine Zwischenfrage Astachows ersuchte Ribbentrop um Konkretisierung der deutschen Vorstellungen. Er ging nicht auf sie ein, sondern empfahl dem Diplomaten, seine Regierung genau zu informieren. Von ihr erwarte er zunächst die Auskunft, ob sie eine Konkretisierung dieses Themas im angezeigten Sinne für wünschenswert halte.

Als die Sowjetregierung im Verlaufe des nächsten Tages keine Antwort gab, wurde der Plan erwogen, zumindest im Zusammenhang mit den mehr Erfolg versprechenden Wirtschaftsverhandlungen eine Form schriftlicher Festlegung zu finden, die der Sowjetregierung für den Fall die Hände binden würde, daß bis zum Angriffstermin keine politische Vereinbarung erreicht werden sollte.

Gegen Mittag dieses 3. August bat Schnurre auf Weisung Ribbentrops Astachow zu sich, um – laut Telegramm Astachows[307] – die Äußerungen Ribbentrops vom Vortag »zu präzisieren und ergänzen«. Die deutsche Regierung, so sagte Schnurre hiernach, wünschte die Ansicht Moskaus zu folgenden Punkten zu wissen:
»1) Halten wir einen Meinungsaustausch zur Frage der Verbesserung der Beziehungen für erwünscht, und wenn ja:
2) Kann die Sowjetregierung konkret den Kreis von Fragen umreißen, der wünschenswerterweise berührt werden sollte. In diesem Falle ist die deutsche Regierung bereit, ihre Auffassungen in dieser Sache darzulegen.
3) Es sei wünschenswert, die Gespräche in Berlin zu führen, da Ribbentrop und Hitler unmittelbar an ihnen interessiert seien …
4) Da Ribbentrop in zwei, drei Tagen in seine Sommerresidenz bei Berchtesgaden reisen wird, wünschte er, vor der Abreise eine Antwort zumindest auf den ersten Punkt zu erhalten. Darüber hinaus bat Schnurre, nicht die geringste Nachricht darüber in die Öffentlichkeit dringen zu lassen.« Astachow bat Moskau um baldige Weisung.

Darüber hinaus hat Schnurre – nach seiner eigenen Aufzeichnung[308] – »in unverbindlicher Form« vorgeschlagen, in der Präambel oder aber »in einem geheimen Schlußprotokoll« des geplanten Wirtschaftsvertrages einen »politischen Gedanken« aufzunehmen – dies ist im Rahmen der deutschen Anbahnungsgespräche die erste Erwähnung eines geheimen Protokolls als integralen Teils eines gemeinsamen Abkommens; der Vorschlag erfolgte von deutscher Seite[309]! Astachow entgegnete – nach der Aufzeichnung Schnurres –, daß Molotow bisher »noch keine Konkretisierung der deutschen Haltung kenne, auch der Botschafter Graf Schulenburg habe eine solche bisher nicht gegeben«. In Anbetracht dessen erscheine diese Anregung verfrüht. Demgegenüber beharrte Schnurre mit Zähigkeit auf der erforderlichen Konkretisierung der »sowjetische[n] Interessenlage« in den »nächsten Tagen«. Man zöge vor, daß dies in Berlin geschähe.

Die Weisung Molotows vom 7. August bezeichnete es als »unpassend, in der Einleitung zu einem Vertrag von reinem Kredit- und Handelscharakter davon zu sprechen, daß der Handels- und Kreditvertrag mit dem Ziel der Verbesserung der politischen Beziehungen abgeschlossen wird. Das ist unlogisch und würde darüber hinaus ein unangebrachtes und unverständliches (unstetes) Vorauseilen bedeuten ... Wir halten bei der Unterzeichnung des Handelsabkommens den Vorschlag eines geheimen Protokolls für ungeeignet.«[310]

Zehnte deutsche Fühlungnahme: Drittes Gespräch Schulenburg-Molotow

Das Ausbleiben einer positiven sowjetischen Reaktion löste bei Ribbentrop und Hitler erneut Schwanken und Ungewißheit aus. Ihre Erwartungen richteten sich nun vollends auf Botschafter Schulenburg und seine über lange Jahre hinweg schwer errungene Vertrauensstellung bei der Sowjetregierung. Wie weit Schulenburg zu diesem Zeitpunkt bereits ahnte, daß er von ihnen – wie es der spätere Angehörige der Botschaft und Konfident des sowjetischen Nachrichtendienstes, Gerhard Kegel, formulierte – »hier zu einem skrupellos angelegten Betrugsmanöver mißbraucht wurde, mit dem Hitler sich vor allem die Möglichkeit verschaffen wollte, die Sowjetunion zeitweilig zu neutralisieren«[311], ist nicht bekannt. Er konnte solche Überlegungen zu jener Zeit kaum schriftlich niederlegen und seine Absicht, zu einem späteren Zeitpunkt seine Erinnerungen abzufassen, nicht mehr realisieren. Unbekannt ist bisher auch, ob und inwieweit sich die Sowjetregierung der Zweigleisigkeit seiner Bemühungen bewußt war und auf seine spezifische Vermittlertätigkeit baute. Auskünfte hierüber könnten in den geheimdienstlichen Beständen der sowjetischen Akten enthalten sein, die vielleicht einen zentralen Aussagewert für die Erschließung der Aktivitäten der deutschen Diplomatie im Widerstand gegen die Kriegspolitik besitzen. Fest steht, daß der Botschafter in den nun folgenden Wochen unter scharfen Druck der Wilhelmstraße und Hitlers persönlich geriet und seine (berufliche) Existenz erneut gefährdet sah.

Am 2. August wandte sich Schnurre direkt an den Botschafter. Er suchte die auf seiten Schulenburgs bestehenden Vorbehalte zu entkräften, indem er ihm unter »Geheim!« mitteilte, daß »politisch ... das Problem Rußland mit einer außerordentlichen Dringlichkeit hier behandelt [wird]. Ich habe in den letzten zehn Tagen täglich mindestens eine mündliche oder telephonische Besprechung mit dem Herrn R.A.M. gehabt und weiß, daß er auch mit dem Führer in einem ständigen Meinungsaustausch hierüber steht. Es kommt dem Herrn R.A.M. darauf an, die Frage Rußlands nicht nur nach der negativen Seite hin (Störung der englischen Verhandlungen), sondern auch nach der positiven Seite hin (Verständigung mit uns), möglichst rasch zu irgendeinem Ergebnis zu bringen. Daher auch die Eile ... Sie werden sich vorstellen, wie sehr man Ihre Besprechungen mit Molotow hier erwartet.«[312]

Indessen war die Sowjetregierung stark mit den Verhandlungen zum Dreimächtepakt beschäftigt – Schulenburg mag Hoffnung auf sie gesetzt und sich nicht ungebührlich um Vorlaß bei Molotow bemüht haben. Er war seit Jahren mit Strang gut bekannt, traf ihn – wie auch die Botschafter Seeds und Naggiar – in diesen Wochen wiederholt und war sich über die Bedeutung der laufenden Gespräche für die Verhinderung des Krieges im klaren.

Nach der Ankündigung der westlichen Militärdelegationen am 1. August beriet das Politbüro des Zentralkomitees der KPdSU am 2. August über die Verhandlungsführung und beschloß die Zusammensetzung der sowjetischen Militärdelegation[313]. Mit dem Volkskommissar für Verteidigung, Woroschilow, an der Spitze und dem Volkskommissar für die Kriegsmarine, Admiral N.G. Kusnezow, dem Chef der Luftstreitkräfte, General A.D. Loktionow, dem Chef des Generalstabs der Roten Armee, B.M. Schaposchnikow, und dem stellvertretenden Generalstabschef I.V. Smorodinow hatte die Delegation das denkbar stärkste Gewicht.

Daneben hatte der Narkomindel am 1. und 2. August in mühevoller juristischer Kleinarbeit die Definition der »indirekten Aggression« weiter in Richtung auf eine für die britische Seite annehmbare Form entwickelt. Unmittelbarer Anlaß dazu waren die Erklärungen des britischen Premierministers und vor allem des Unterstaatssekretärs Butler in der Unterhausdebatte vom 31. Juli. Die britische Regierung war wegen des offenkundigen Scheiterns der politischen Verhandlungen mit der UdSSR unter scharfen Druck der Öffentlichkeit und Opposition geraten. Als Grund für die Verzögerung dieser Verhandlungen nannten Chamberlain und Butler nun Definitionsprobleme, die sich um den Begriff der »indirekten Aggression« Deutschlands gegen die baltischen Staaten rankten. Der von sowjetischer Seite vorgeschlagene Begriff, so ließen sie verstehen, könnte auf eine »Verletzung« *(encroachment)* der Neutralität der baltischen Staaten hinauslaufen, der die britische Regierung ihre Zustimmung verweigern müsse, ja, er sähe es, wie Butler andeutete, offenbar geradezu auf eine solche Verletzung der Unabhängigkeit ab.

Die Sowjetregierung war von diesen Indiskretionen peinlich berührt und fühlte sich gröblichst mißverstanden: Am 2. August veröffentlichten die *Iswestija* ein TASS-Kommuniqué, in dem sich die Sowjetregierung von den mißverständlichen Äußerungen des britischen Unterstaatssekretärs distanzierte[314]. Schulenburg sandte diese Meldung umgehend in Übersetzung nach Berlin[315] und interpretierte sie dahingehend, »daß die Sowjetregierung, auch nachdem England und Frankreich durch die Entsendung von Militärmissionen ein weiteres Zugeständnis gemacht haben, nicht geneigt ist, ihren Standpunkt in der Frage der Garantie der Baltischen Staaten gegen einen indirekten Angriff abzuändern und in dieser Frage Konzessionen zu machen«. Die Verhandlungsposition der Sowjetregierung erstarkte.

Am Nachmittag des 2. August empfing Molotow die Botschafter Frankreichs und Großbritanniens, um ihnen persönlich die Entrüstung der Sowjetregierung über diese Bekanntgabe ihres Standpunktes in entstellter Form auszusprechen. Seine erste und wichtigste Frage richtete sich bei dieser Begegnung allerdings darauf, ob die britische Militärmission mit »Vollmachten zur Durchführung der Verhandlungen« anreisen werde – die Sowjetregierung wollte angesichts der sich täglich verschlechternden Lage so schnell wie möglich zum Abschluß eines Militärbündnisses kommen. (Es darf angenommen werden, daß sie bereits Kenntnis von den mangelnden Vollmachten der britischen Delegation besaß.) Seeds antwortete ausweichend, er könne die Frage nicht beantworten – eine Auskunft, die einer Verneinung nahekam. Dies bedeutete aus sowjetischer Sicht, daß Großbritannien, nachdem es die politischen Verhandlungen hinausgezögert und schließlich hatte im Sande verlaufen lassen, nun auch die Militärverhandlungen von vornherein zu unverbindlichen Gesprächen entwertete. Darüber hinaus bestand bereits zu diesem Zeitpunkt Grund zu der Annahme, daß die schwache personelle Zusammensetzung der britischen Delegation einen effektiven Dialog unmöglich machen würde – ein Verdacht, der sich mit der Bekanntgabe der Delegationsmitglieder am nächsten Tage bestätigen und die sowjetische Bewertung des britischen Vorgehens aufs schwerste belasten sollte. Eine dramatische Wende zum Schlechten zeichnete sich ab. Molotow entließ die Botschafter – nach dem Eindruck von Seeds – »anders als bei unserer vorhergegangenen Zusammenkunft, und ich fühlte, daß unsere Verhandlungen einen ernsten Schaden genommen hatten«[316].

Das sowjetische Mißtrauen der britischen Verhandlungsführung gegenüber erhielt am 3. August neuen Auftrieb, als der deutsche Botschafter in London, Herbert von Dirksen, durch Vermittlung desselben Unterstaatssekretärs Butler und in Fortführung der von Hudson und Wohlthat begonnenen Gespräche, mit dem wirtschaftlichen Hauptberater der britischen Regierung, Sir Horace Wilson, weitreichende Verhandlungen über einen deutsch-englischen Interessenausgleich einleitete. Diese Gespräche, von deren Inhalt »jeder erfahrene Beobachter der politischen Szene damals wußte«[317], liefen nach sowjetischer Auffassung auf eine »Neuaufteilung der Welt«[318] unter den kapitalistischen Mächten hinaus und verliefen erfolgversprechend[319].

Am Abend dieses 3. August beschloß die Sowjetregierung, den seit mehreren Tagen auf einen Gesprächstermin wartenden deutschen Botschafter anzuhören. Molotow empfing ihn spät abends zum Gespräch. Es dauerte ein und eine viertel (Schulenburg) bzw. anderthalb (Pawlow) Stunde(n)[320]. In ihm trat der Außenkommissar – nach dem Bericht Schulenburgs – zum ersten Mal »aus seiner sonstigen Reserve heraus und zeigte sich ungewöhnlich aufgeschlossen«.

Die Bedeutung dieser Unterredung ist nicht von der besonderen Weisung zu trennen, die dem Botschafter durch Sonderkurier von Hitler zugegangen war. Schulenburg erklärte – laut sowjetischer Aufzeichnung – zu Eingang des Gesprächs, daß er die Persönlichkeit sei, die »im Auftrag der deutschen Regierung« die Astachow »von Schnurre entwickelten Gedankengänge ausdrücklich zu bestätigen« habe. Er referierte dann den mittlerweile angeschwollenen Katalog der »Sprachregelungen«, die zum Beweis des guten deutschen Willens angeführt wurden, und schloß den Zeitablauf im Sinne der drei Etappen ein. Das Ziel sei die Verbesserung der »politischen Beziehungen ... mittels der Auffrischung der bestehenden oder der Schaffung neuer politischer Vereinbarungen«. Namens seiner Regierung könne er »erklären, daß, nach ihrer Ansicht, zwischen der UdSSR und Deutschland keine politischen Gegensätze beständen«, und dies weder im Osten, wo Deutschland keinen Anteil an japanischen Angriffsplänen gegen die UdSSR habe, noch im Westen der UdSSR: »... hier gebe es keine Punkte, die im ganzen Raum zwischen der Ostsee und dem Schwarzen Meer Meinungsverschiedenheiten zwischen Deutschen und der UdSSR hervorrufen könnten«. »Was Polen betrifft«, so hielt die sowjetische Aufzeichnung fest, »so widersprechen die Forderungen Deutschlands denen der UdSSR auch nicht. Diese Forderungen hat Hitler in seiner Rede dargelegt. Mit Rumänien ist Deutschland bestrebt, gute Beziehungen zu entwickeln; es hat dabei nicht die Absicht, die Interessen der UdSSR zu verletzen. Der Botschafter schließt, daß, bei all dem, alle Möglichkeiten für eine Aussöhnung bestehen.«

Nach der Aufzeichnung Schulenburgs[321] hatte er die »Hauptpunkte« seiner Weisung – die »Erklärungen über das Baltikum«, »zur polnischen Frage« und zur Bereitschaft Deutschlands, der japanischen Aggression gegen die UdSSR Einhalt zu gebieten – in folgender Weise vorgetragen: Im Hinblick auf das Baltikum, einschließlich Litauen, habe er die »deutsche Bereitschaft« unterstrichen, »unsere Haltung ... so einzurichten, daß lebenswichtige Sowjet-Ostsee-Interessen gesichert blieben«; in bezug auf Polen die Bereitschaft, »alle sowjetischen Interessen zu wahren und uns hierüber mit der Sowjetregierung zu verständigen«.

Die Antworten Molotows, die Schulenburg nach Berlin weiterleitete, legten zum ersten Male den Grund für mögliche weitere Verhandlungen – einen spröden Grund, auf dem die Sowjetregierung in den Worten Molotows fest auf ihrem moralisch-politischen Anspruch bestand, »rein defensive Ziele« zur »Festigung einer Abwehrfront gegen die Aggression« zu verfolgen, während sie dem aggressiven Deutschland, in erster Linie im Hinblick auf Polen, die Schuld für alle weiteren Konflikte zusprach – »was auch immer geschehen möge«. Seine ostentative Zurückhaltung verriet, daß sich die Sowjetregierung auch weiter des taktischen Charakters der deutschen Angebote bewußt war.

Im einzelnen hob Molotow hervor, daß die Sowjetregierung, nicht aber die deutsche Regierung, stets für den Abschluß eines günstigen Wirtschaftsvertrags eingetreten sei. Er wies die Klagen Schulenburgs über die Verschlechterung des Tons der sowjetischen Medien gegenüber Deutschland als »unbegründet« zurück und bezeichnete eine allmähliche Verbesserung der Kulturbeziehungen als notwendig für eine langsame Entspannung des Klimas. Denn, wie Molotow nun erklärte, wünschte auch seine Regierung eine »Normalisierung und Besserung der beiderseitigen Beziehungen«, sah aber die »Schuld« für die Verschlechterung der Beziehungen ausschließlich auf deutscher Seite. Er erwähnte vor allem drei Gründe:

1. den Anti-Komintern-Pakt sowie den Stahlpakt als Offensivbündnisse;
2. die Unterstützung Japans durch Deutschland;
3. den Ausschluß der UdSSR von internationalen Konferenzen durch Deutschland (insbesondere von der Münchner Konferenz); mit diesem letzten Punkt bewies Molotow, daß die Sowjetregierung es für angezeigt hielt, aus ihrer Isolation herauszutreten und bei künftigen internationalen Entscheidungen, wie etwa der von italienischer Seite geplanten Konferenz zur Beilegung des deutsch-polnischen Konflikts, ihre Interessen einbringen zu können.[322]

Nach der sowjetischen Aufzeichnung gab Schulenburg zur Antwort, »daß er nicht die Absicht hat, die frühere deutsche Politik zu rechtfertigen«, sondern »Wege für die Verbesserung der gegenseitigen Beziehungen in der Zukunft zu finden wünscht«.

Nach der Aufzeichnung Schulenburgs entgegnete Molotow, daß »für eine veränderte Einstellung Deutscher Regierung ... die Beweise [fehlten]«. Namens der Sowjetregierung erklärte er sich lediglich »bereit ..., sich an Suche nach solchen Wegen zu beteiligen«. Darauf gab Schulenburg weisungsgemäß zu bedenken, daß – laut russischer Aufzeichnung – »der Eintritt der UdSSR in eine neue Mächtekombination in Europa ... Erschwernisse für die Verbesserung der Beziehungen Deutschlands und der UdSSR schaffen kann«. Molotows Antwort war prinzipieller Natur: Während Deutschland eine Reihe von Angriffsbündnissen geschlossen habe, bleibe »die UdSSR ihrer konsequenten Friedenspolitik treu und geht nur rein defensive Abkommen gegen die Aggression ein. Ein solches Abkommen wird nur im Falle des Angriffs des Aggressors auf die UdSSR oder auf Länder wirksam, deren Schicksal gegenüber sich die UdSSR nicht indifferent verhalten kann.«

Wie Schulenburg abschließend dem Auswärtigen Amt mitteilte, zeigte die Haltung Molotows »zwar größere Bereitschaft zu Verbesserung deutsch-sowjetischer Beziehungen«, ließ »jedoch altes Mißtrauen gegen Deutschland weiter« erkennen. Der Gesamteindruck des Botschafters ging dahin, »daß Sowjetregierung gegenwärtig entschlossen ist, mit England, Frankreich abzuschließen«. Er glaubte, daß seine Mitteilungen Molotow »beeindruckt« hätten; trotzdem werde »es erhebliche[r] Anstrengungen unsererseits bedürfen, um Umschwung bei Sowjetregierung herbeizuführen«.

Ungeachtet seiner kühlen Berichterstattung stand für Schulenburg nach diesem Gespräch fest, daß er »mit Molotow einig werden würde«[323]. Seinem italienischen Kollegen sprach er seine Befriedigung über das Gespräch aus, wobei er sowohl die noch immer starke Zurückhaltung als auch die Offenheit und Freiheit der Sprache Molotows und besonders seinen persönlich herzlichen Ton hervorhob. Auch in einem Brief an Schliep hob der Botschafter die Liebenswürdigkeit Molotows, daneben aber »das sehr große Mißtrauen uns gegenüber« hervor. Er schrieb: »Ich glaube, daß wir den Sowjets doch ein paar tüchtige Flöhe ins Ohr gesetzt haben«, warnte aber gleichzeitig vor übereilten Schlüssen: »Bei jedem Wort und bei jedem Schritt merkt man das sehr große Mißtrauen uns gegenüber. Daß dem so ist, wußten wir ja seit langem. Das Unglück ist nur, daß das Mißtrauen solcher Leute sehr leicht entflammt und nur schwer und langsam wieder beseitigt werden kann.«[324] Der Botschafter hatte – wie auf sowjetischer Seite verstanden wurde[325] – das Dilemma erkannt, vor dem die Sowjetregierung stand.

Privat schrieb er nach Berlin, Moskau sei in diesen heißen Sommertagen »der Angelpunkt der Weltpolitik. Wir werden überschüttet mit seitenlangen Telegrammen; unsere Chiffreure sind bereits ganz erschlagen. Ende der Woche kommen die Militärkommissionen der Briten und Franzosen hierher. Ihre Verhandlungen werden sehr schwierig werden. Ich beneide sie nicht darum! ... Ich hoffe, daß ein Krieg doch noch verhindert werden kann. Aber heute ist alles so verworren, daß niemand mit Sicherheit voraussagen kann, was der nächste Tag bringt. Man muß eben den Daumen halten!!! Meinen Humor suche ich mir zu erhalten, wenn es auch manchmal schwerfällt. Es gibt so vieles, das einen manchmal zur Verzweiflung bringen kann. Das hilft nun nichts! Man muß die Dinge so nehmen, wie sie sind, und nicht so, wie man sie gerne haben möchte.«[326]

Hitler hatte der Sowjetregierung durch den Botschafter *carte blanche*[327] überreichen lassen. Die Botschaft wurde sich der drohenden Kriegsgefahr immer stärker bewußt. Noch traute Schulenburg »dem politischen Geschick Hitlers keinen Angriffskrieg ... zu, wenn Deutschland durch Verständigung mit Moskau selbst unangreifbar geworden wäre«[328]. Mit seiner vorsichtig abwägenden Berichterstattung versuchte er, Hitler keinen Trumpf in die Hand zu spielen und maximalen Zeitgewinn für die Entwicklung einer wirklich soliden Gesprächsgrundlage zu erzielen. Er gab damit den Empfängern seines Berichtes Rätsel auf[329]. In der Umgebung Ribbentrops entstand der Eindruck, daß Molotow sich dem Angebot (Hitlers) geöffnet habe, während Schulenburg seine Bereitschaft nicht nachhaltig genug gefördert hätte. Die Unzufriedenheit Ribbentrops und Hitlers über die Haltung Schulenburgs war so groß, daß ausgerechnet in den Tagen nach diesem ersten erfolgverheißenden Gespräch mit Molotow beschlossen wurde, die Gespräche definitiv nach Berlin zu ziehen und, als die sowjetische Seite dem widersprach, Schulenburg in Moskau durch einen anderen Gesprächspartner zu ersetzen. Die Wahl Ribbentrops fiel auf den Reichsminister ohne Geschäftsbereich und Leiter des Reichsrechtsamtes der NSDAP, Dr. Hans Frank; er sollte in Begleitung Schnurres nach Moskau fahren, um den Botschafter zu ersetzen.[330] Der immense Zeitdruck, unter dem Ribbentrop um die sowjetische Zustimmung rang, verhinderte diese Ersetzung.

Indessen hatte Schulenburg die Sowjetregierung mit den Ausführungen vom 3. August in ihren Entscheidungen ein erhebliches Stück vorangebracht. Am 4. August gab Molotow Astachow die Weisung[331], die Fragen Schnurres folgendermaßen zu beantworten:
»1. Zum ersten Punkte halten wir die Fortsetzung des Meinungsaustauschs über die Verbesserung der Beziehungen für wünschenswert, was ich auch Schulenburg am 3. August erklärt habe [dieser zweite Teil fehlte in Schnurres Aufzeichnung des Gesprächs[332], I.F.];
2. Was die anderen Punkte betrifft, so wird vieles vom Ausgang der in Berlin geführten Handels- und Kreditverhandlungen abhängen.«

Astachow führte diese Weisung am 5. August im Gespräch mit Schnurre »dem Geiste nach«[333] aus und fügte hinzu, er stehe jederzeit zur Entgegennahme der deutschen Stellungnahme zur Verfügung. Schnurre erschien diese Antwort ungenügend. Er gab nun zu bedenken, daß die Kreditverhandlungen doch noch anderthalb bis zwei Wochen dauern könnten und »ihretwegen der Meinungsaustausch nicht aufgehalten werden müßte«. Wie sich Dr. Schnurre heute erinnert, war es zwar zum ersten Male Astachow, der ihn rufen ließ. Er hatte eine formlose Instruktion von Molotow erhalten: »Auf sowjetischer Seite sei man bereit zu Gesprächen! [Doch Astachow sagte das]... ohne jede Präzisierung. Von Polen kein Wort!!«[334] Die enttäuschte Frage Schnurres, ob Astachow denn für ein solches Gespräch nicht »noch andere Ermächtigungen habe«, hat er verneint. Doch hätte er die zwischen Deutschland und der UdSSR zu besprechenden Fragen als »dringend und ernst« bezeichnet. Schnurre gewann den Eindruck, daß Stalin sich mit dem Abschluß des Kredit- und Handelsvertrags, den er zur ersten Bedingung für eine weitere Annäherung machte, einen »Bremsklotz« schuf, mit dem er die Beschleunigung der Gespräche durch die deutsche Seite aufhalten und beliebig Zeit gewinnen konnte, um die Verhandlungen mit den Westmächten zu Ende zu führen.

Tatsächlich setzte Astachow Molotow schon am 8. August darüber in Kenntnis, daß »die Unterzeichnung des Handels- und Kreditabkommens nicht hinter den Bergen liegt (wenn ... nicht irgendwelche Überraschungen eintreten, auf die sich die Deutschen so meisterhaft verstehen)«[335]. Dennoch wurde das Abkommen erst in den Morgenstunden des 20. August unterzeichnet. Stalin zögerte zwölf Tage, den »Bremsklotz« zu lösen. Erst zu diesem Zeitpunkt begann er, die Entscheidungen über sein weiteres Vorgehen zu fällen, die Astachow in seinem Brief am 8. August mit großer Klarheit umrissen hatte. Dieser unterschied die Fülle der offenen und verdeckten Angebote, die ihm in der letzten Zeit von inoffizieller und offizieller deutscher Seite und selbsternannten Vermittlern (unter ihnen Draganoff) unterbreitet worden waren, nach ihren Zielen: Eine Gruppe von Angeboten mit »relativ harmlosen Zielen« sei auf eine »Auffrischung« des Vertrags von Rapallo oder anderer politischer Verträge in Form ihrer Ersetzung durch einen neuen Vertrag oder in Form einer Rückerinnerung an sie »in dem einen oder anderen Protokoll« gerichtet; sie schließe eine Art gegenseitiger »Nichtangriffs«-Vereinbarung der Presse der beiden Länder ein (Astachow erinnerte in diesem Zusammenhang daran, daß die deutsche Presse in den letzten drei bis vier Monaten eine gewisse Zurückhaltung geübt habe) würde Formen des Kulturaustausches befürworten und im gegebenen Moment zweifellos die Frage nach der Freigabe aller in der UdSSR inhaftierten Deutschen und Wiedereröffnung der deutschen Konsulate aufwerfen. Dieser Katalog (er deckte sich partiell mit den Empfehlungen Schulenburgs) würde von deutscher Seite gern und auch dann weiter erörtert werden, wenn die UdSSR die Dreimächteverhandlungen zum Abschluß brächte.

Eigentlich seien es aber gar nicht diese Fragen, die die deutsche Regierung interessierten; sie benütze sie nur als eine Art Prüfstein, um die Diskretion und Gesprächsbereitschaft der Sowjetregierung zu erproben, suche sie in Wahrheit aber in sehr viel weitergehende Gespräche zu verwickeln. Das vielzitierte Wort vom Fehlen der Gegensätze zwischen Deutschland und Rußland »im gesamten Raum zwischen Ostsee und Schwarzem Meer« ziele auf einen Gedankenaustausch über »alle territorial-politischen Fragen [ab], die zwischen uns entstehen können, ... und kann als der Wunsch verstanden werden, sich mit uns über alle Fragen zu einigen, die mit den in dieser Zone befindlichen Ländern verbunden sind. Die Deutschen versuchen bei uns den Eindruck zu schaffen, daß sie bereit wären, ihr (zumindest politisches) Desinteresse gegenüber dem Schicksal der Balten (mit Ausnahme von Litauen), Bessarabiens, des russischen [Teils von] Polen (mit Veränderungen zugunsten der Deutschen) zu erklären und jedem Anspruch auf die Ukraine zu entsagen. Dafür wünschten sie gern von uns eine Erklärung unseres Desinteresses an Danzig, dem früheren Deutsch-Polen (vielleicht unter Hinzufügung der Gebiete bis zur Warta- [Warthe-] oder sogar Weichsel-Linie) und (als Gegenstand weiterer Erörterungen) Galizien zu erhalten. Gespräche dieser Art sind, nach den Vorstellungen der Deutschen, offenbar nur auf der Basis unseres Nichteingehens der englisch-französisch-sowjetischen militärischen und politischen Abkommen denkbar.«

Astachow schloß diese Zusammenfassung zweier unterschiedlicher deutscher Standpunkte – des Standpunkts der traditionellen deutschen Rußland-Diplomatie und des Kalküls Hitlers zur zeitweiligen Neutralisierung Rußlands – mit der Bemerkung: »Wenn ich diese Eindrücke darlege, die sich aus den Gesprächen mit den Deutschen und anderen Tatsachen ergeben, so will ich damit nicht im geringsten behaupten, daß die Deutschen, wenn sie derartige Bemerkungen hinwerfen, bereit wären, entsprechende eventuelle Verpflichtungen ernsthaft und auf lange Zeit einzuhalten. Ich meine nur, daß sie es für den allernächsten Zeitabschnitt für denkbar halten, eine gewisse vertragliche Festlegung im Geiste des Obengesagten zu treffen, um uns im Falle ihres Krieges mit Polen um diesen Preis zu neutralisieren. Was das Weitere betrifft, so würde die Sache natürlich nicht von diesen Verpflichtungen, sondern von der neuen Lage abhängen, die als Resultat dieser Veränderungen geschaffen würde und die ich jetzt nicht vorauszuahnen vermag.«

Astachow erwies sich trotz der inhaltlichen Trennung der möglichen Verhandlungsthemen bereits partiell als Opfer des taktischen Verwirrspiels der Ribbentropschen Diplomatie, wenn er die beiden, in ihrem Wesen unterschiedlichen Themenkataloge nicht noch grundsätzlicher voneinander schied. Die Antwort, die nach einigen Tagen der Überlegung am 11. August – dem Tag des Eintreffens der englischen und französischen Militärmissionen in Moskau – per Telegramm an ihn erging, zeigte nicht, daß Molotow schärfere Konturen der Abgrenzung gezogen hätte. Allerdings ließ die Ortswahl die wachsende Gewißheit Stalins über den weitreichenden Charakter der deutschen Vorschläge und zunehmende Unruhe über die in ihnen enthaltenen Gefahrenmomente erkennen: »Die Liste der Gegenstände, die in Ihrem Brief vom 8. August angezeigt sind, interessiert uns. Gespräche über sie erfordern Vorbereitung und einige Übergangsstufen vom Handels- und Kredit-Abkommen zu anderen Fragen. Wir ziehen vor, Gespräche über diese Fragen in Moskau zu führen.«[336] Stalin wollte ohne jeden Zeitverlust den Gang der Verhandlungen mit den Vertretern der Westmächte und Gespräche mit der deutschen Seite verfolgen, um im geeigneten Moment eingreifen und die richtige Entscheidung treffen zu können.

Das »Telegramm aus Moskau«

Bis in diese zweite Augustwoche hinein war Hitler nicht nur mit der Gesprächsführung des Botschafters in Moskau unzufrieden, auch die »nicht unfreundliche Haltung [der Sowjets] genügte ihm nicht«[337]. Er hatte sich – nachdem er die dritte und letzte Welle der Teilmobilisierung der Truppen für den Polenfeldzug angeordnet und diesen definitiv auf den 26. August festgelegt hatte – nach Berchtesgaden zurückgezogen. Mit ihm hatte sich Ribbentrop auf einen seiner Landsitze, Schloß Fuschl, begeben, um permanent in der Nähe und zur Verfügung Hitlers zu sein. Die Stimmung glich einem Wechselbad: »An oberster Stelle sehr übler Gemütszustand und Schwanken ... Daher Ordre und Gegenordre ... Ribbentrop benimmt sich wie ein größenwahnsinniger Verrückter, unerträglich im Amt.«[338]

Einer der Hauptgründe für das anhaltende Schwanken Hitlers lag in der noch immer bestehenden Unberechenbarkeit des Faktors Rußland. Dabei hatten ihm die Nachrichten vom Ausgang des Gesprächs Schulenburgs mit Molotow offenbar mehr Sicherheit gegeben.[339] Es tauchten Zweifel anderer Art auf. So stellte Hitler Neurath bei einer Begegnung in Bayreuth (3. August)[340] unerwartet die Frage, was er (Neurath) davon hielte, wenn man sich mit Rußland verständige[341]. Auf die Antwort

Neuraths, er habe dies ja schon seit Jahren geraten, soll Hitler unter Kopfschütteln Zweifel darüber geäußert haben, wie die Partei eine solche Entscheidung hinnehmen würde. Dennoch war es in diesen Tagen im Auswärtigen Amt und in Kreisen der deutschen Opposition ein offenes Geheimnis, daß Hitler jetzt »die Verständigung wünsche«, und mit den Sowjets nur deshalb »nichts Ernsthaftes [schwebe]«, weil Molotow sich sehr zurückhaltend verhalte.[342]

Offiziell – etwa zur Information des italienischen Verbündeten – wurde die umgekehrte Version vertreten. So ließ Weizsäcker am 5. August den italienischen Botschafter wissen, daß »die Handelsgespräche recht gut verliefen und die politischen Kontaktnahmen von russischer Seite permanent anhielten«, wobei die Sowjets die Frage stellten »Warum nicht?« und mit großem Interesse nach den deutschen Wünschen fragten ...[343]

In seinem Tagebuch hingegen notierte Weizsäcker am folgenden Tage, alle Entscheidungen seien »wieder verschoben, mit Rücksicht auf Fortschritte, die wir in Moskau [erzielen könnten] und Rückschläge, die England dort erzielen könnte. Wir werden in Moskau dringlicher. Die dortige slavische Bauernschläue will unsere Offerten steigern. Moskau verhandelt nun mit zwei Seiten und behält sich das letzte Wort sicher noch einige Zeit vor, jedenfalls länger als es unseren Terminen und unserer Ungeduld paßt ... Unterirdische Ausgleichsfühler von Chamberlain (via Horace Wilson) beweisen, daß mit England ein Gespräch einzuleiten wäre, wenn man will.«[344]

Erneut wurde Botschafter Schulenburg zu weiteren Schritten gedrängt. Am 7. August suchte er den stellvertretenden Außenkommissar Potemkin auf. Er erfuhr von ihm lediglich, daß Astachow Weisung habe, »Gespräche« fortzuführen, und jetzt erweiterte Instruktionen erhalten würde[345]. Die Sowjetregierung lege keinen Wert darauf, in Moskau den Eindruck von Verhandlungen in zwei Richtungen zu erwecken, so profitabel sich ein solcher unter den gegebenen Umständen auch erwiesen hätte!

Diese Auskunft veranlaßte Ribbentrop, Schnurre zu sich nach Fuschl zu rufen, um umgehend das weitere Vorgehen in Berlin zu erörtern. Neben Schnurre wurde General Köstring zur Teilnahme an diesen Gesprächen beordert – bei der Planung der weiteren diplomatischen Schritte sollte der militärische Faktor berücksichtigt werden. »Ribbentrop befand sich bereits in einem Zustand fieberhafter Aufregung, wie ein Jagdhund, der ungeduldig darauf wartet, von seinem Herrn auf die Beute losgelassen zu werden. Er erging sich in verkrampft übertriebenen Angriffen gegen England, Frankreich und Polen, verstieg sich zu grotesken Erklärungen über die deutsche Macht und war völlig untraitabel.«[346] In dieser Stimmung legte er am 8. und 9. August in schwierigen vielstündigen Unterredungen, die immer wieder durch hektische rückversichernde Telephongespräche mit Hitler unterbrochen wurden, die Gesprächsführung Schnurres in den nächsten Begegnungen mit Astachow fest[347]. In den Fragen, zu denen Köstring hier gehört werden sollte, wurde sich dieser des völligen Kenntnisdefizits des Außenministers bewußt: »Soweit Rußland, dieser bedeutendste Nachbar Deutschlands, in Frage kam, hatte er nicht einen Schimmer von der Wirklichkeit dieses Landes und Volkes«[348].

Es steht außer Zweifel, daß Köstring in diesem Gespräch aus militärischer Sicht vor dem Krieg gegen Polen gewarnt und das Bedenkliche dieses Unternehmens in den Vordergrund gestellt hat. Wie auch sein Botschafter, so hat er selbst »zu keiner Zeit gegenüber unseren vorgesetzten Dienststellen geschwiegen«. In bezug auf den bevorstehenden Krieg hat er mit dem »alten Kern der deutschen Armee«, insbesondere dem von ihm hochgeschätzten Beck, »niemals zum Kriege getrieben, dagegen stets vor ihm gewarnt«. So dürfte er auch diese Gelegenheit benutzt haben, um – im Sinne der Bemühungen des Botschafters – eine möglichst geschlossene Abwehrfront der Westmächte und der UdSSR aufzuzeigen. Die Hauptschwierigkeit seiner Argumentation ergab sich aus den Unberechenbarkeiten der Natur der beiden »Führer«: Einerseits dem profunden Mißtrauen Stalins gegen die Westmächte und seinem häufig demonstrierten Willen, sich nach Möglichkeit aus einem Kriege unter den imperialistischen Mächten herauszuhalten, und andererseits der Hoffnung, daß Hitler auf eine militärische Zerschlagung Polens verzichten würde, wenn ihm Stalin eine politische Lösung gestatten würde; wie oben erwähnt, traute auch Köstring »Hitler keinen Angriffskrieg zu, wenn er durch eine Verständigung mit Stalin unangreifbar geworden wäre«. Auf die harte Verhandlungsführung Stalins glaubte sich Köstring dabei verlassen zu können.

Falls Köstring von Ribbentrop vor die vollendete Tatsache des auf Ende August festgesetzten Polenfeldzugs gestellt wurde, blieb ihm nur die Hoffnung auf eine umgehende Verständigung in diesem Sinne. Seine Empfehlungen liefen darauf hinaus, die Sowjetregierung nicht länger mit

Andeutungen hinzuhalten, sondern Stalin umgehend im Klartext über die deutschen Polen-Pläne in Kenntnis zu setzen. So blieb es Stalin überlassen, die Schlüsse aus dieser Lage zu ziehen und Hitler die Bedingungen zur (konfliktlosen) Bereinigung der polnischen Frage zu diktieren. Köstring baute dabei auf den zwischen der UdSSR und Polen bestehenden Nichtangriffspakt[349].

Unter dem Einfluß der Argumente Köstrings erteilte Ribbentrop Schnurre den Auftrag, Astachow unmißverständlich über die deutschen Angriffsabsichten in Kenntnis zu setzen und die Sowjetregierung um sofortigen Meinungsaustausch und gegebenenfalls Nennung der sowjetischen Konditionen zu ersuchen. Ribbentrop fügte hinzu, daß Schnurre der Sowjetregierung für den Fall ihrer Bereitschaft *jede* Sicherheit gewähren könne[350].

Noch aus Fuschl ließ Schnurre Astachow telephonisch zum nächsten Tag in sein Büro in der Wilhelmstraße bitten. Das Gespräch, das am späten Vormittag des 10. August stattfand, begann mit einer wenig ermutigenden Eröffnung: Im Namen seiner Regierung lehnte Astachow das deutsche Angebot eines geheimen Schlußprotokolls bzw. einer politischen Präambel zum geplanten Wirtschaftsvertrag als ein »Vorgreifen auf die Zukunft« ab und bezeichnete es als seine ausschließliche Weisung zu betonen, daß die Sowjetregierung die Verbesserung der Beziehungen zu Deutschland wünsche. Im weiteren Gespräch bedauerte Schnurre, daß Molotow der deutschen Seite bisher keinerlei Mitteilungen über »seine grundsätzliche Auffassung über die sowjetische Interessenlage« gemacht hatte; dies, so hob er hervor, sei besonders im Hinblick auf die Aktualität der polnischen Frage bedauerlich. Schnurre ließ durchblikken, daß Deutschland definitiv die kriegerische Lösung der polnischen Frage ins Auge gefaßt hatte, und bot der Sowjetregierung die Aufteilung Polens an, wenn sie unter diesen Umständen bereit sei, Neutralität zu üben: »Wenn wir uns, wie wir dies nunmehr verschiedentlich getan hätten, Moskau gegenüber zu einem großzügigen Interessenausgleich bereit erklärt hätten, so sei es für uns wichtig, wie sich die Sowjetregierung zu der Frage Polen stelle«, wobei im Kriegsfall »die deutschen Interessen in Polen durchaus begrenzt seien«.

Dabei unterließ er es – im Zuge der ihm von Ribbentrop auferlegten »Sprachregelungen« – nicht, durch Anspielungen auf die gemeinsamen Aversionen gegen Polen (»polnischer Größenwahn«) einen scheinbaren deutsch-russischen Konsens vorwegzunehmen und auch die »klare« antibritische »Interessenlage« der UdSSR zu einer Grundvoraussetzung des Einvernehmens zu erklären. Er ersuchte die Sowjetregierung, der deutschen Regierung umgehend ihre Interessen mitzuteilen, und versprach ihr »jede gewünschte Sicherheit«.

Astachow besaß nicht nur – wie Schnurre in seiner Aufzeichnung hervorhob – »natürlich keine Instruktionen aus Moskau, über das Thema Polen … zu sprechen«, er wies das Drängen Schnurres sogar mit den Worten zurück, »daß es ihm zweifelhaft schiene, ob er über dieses massive Problem eine konkrete Antwort aus Moskau bekommen würde«. Astachow versuchte in Erfahrung zu bringen, »ob in den nächsten Tagen mit deutschen Entscheidungen in der polnischen Frage zu rechnen sei und welches die deutschen Ziele gegenüber Polen wären« – kurz zuvor hatte er das Außenkommissariat über die deutsche Mobilmachung informiert, und am nächsten Tag berichtete er von Gerüchten über die binnen kurzem bevorstehende deutsche »Abrechnung« mit Polen[351]. Schnurre wich der Beantwortung dieser Fragen aus.

Aufgrund sonstiger Informationen und Beobachtungen war Astachow aber – wie er Molotow am 12. August mitteilte – bekannt, daß »der Konflikt mit Polen in beschleunigtem Tempo heranreift und sich die entscheidenden Ereignisse in allerkürzester Zeit entladen können (wenn natürlich nicht andere Weltereignisse eintreten, die die Lage verändern können)«. Der Zeitpunkt der Entladung des Konflikts schien Astachow schon insofern schwer vorauszusehen, weil er seines Erachtens allein Hitler genau bekannt war. Ausländische Beobachter erwarteten sie gegen Ende August, hielten aber auch die Verschiebung für die Tage nach dem »Parteitag des Friedens« für denkbar. Astachow war der Ansicht, daß »ein letzter kategorischer Auftritt des Führers und zwei bis drei Tage zur soliden Truppenkonzentration« zur Vorbereitung ausreichten – »ob das nun Ende August oder Mitte September sein wird, ist bisher nicht zu bestimmen«. Die deutschen Ziele erstreckten sich nach Meinung Astachows nicht nur auf Danzig, sondern auf das ganze ehemals deutsche Polen. Es gehe hier im wesentlichen um »die Vorkriegsgrenze (wenn nicht mehr)«. Deshalb müsse erwartet werden, daß die deutsche Seite im Falle des polnischen Nachgebens in der Frage Danzigs und des Korridors umgehend die Forderung nach Posen, Schlesien und dem Gebiet von Teschen stellen würde. Bei aller Entschlossenheit zum Kriege rechneten die Deutschen aber nicht mit einem *Weltkrieg*. »Sie hofften immer noch, daß es entweder gelingen wird, Polen einzuschüchtern, oder aber in einem so schnellen Handstreich einzunehmen, daß England gar nicht dazu kommt, sich einzuschalten, und sich dann mit den ›realen Tatsachen‹ abfindet.« Bemerkenswert sei auch, daß »die Brücke zu einer ›friedlichen‹ Lösung der Frage« immer noch offengehalten werde. Die Position der UdSSR werde dabei in der deutschen Presse als neutral hingestellt, die Sowjetunion »überaus korrekt«, ja neuerdings mit Anflügen von Bewunderung, dargestellt. In der Bevölkerung kursierten bereits Gerüchte über eine neue Ära der deutsch-sowjetischen Freundschaft: Die UdSSR würde sich nicht nur aus einem deutsch-polnischen Konflikt heraushalten; sie würde Deutschland aufgrund des Handels- und Kreditabkommens so viele Rohstoffe liefern, daß Rohstoff- und Nahrungsmittelkarten der Vergangenheit angehörten. »Diese Überzeugung von der Wiederherstellung der deutsch-sowjetischen Freundschaft können wir auf Schritt und Tritt fühlen... Die Antipathie, die die Bevölkerung für die Polen empfunden hat, und die verborgenen Sympathien, die selbst die wildesten Zügellosigkeiten der antisowjetischen Kampagne überdauert haben, tragen jetzt ihre Früchte und werden von der Regierung mit dem Ziele ausgenützt, die Bevölkerung an den angesteuerten Kurs der Außenpolitik heranzuführen.«[352]

Am selben Tage (Sonnabend, 12. August) ging Astachow das Telegramm Molotows vom Vortag zu; die Sowjetregierung war zu vorbereiteten Gesprächen in Moskau bereit. Er suchte Schnurre auf, um ihm damit die Antwort Molotows auf seine Anfrage zu übermitteln. Schnurre verstand – nach seiner Mitteilung an Schulenburg –, daß die sowjetische Seite an einer »Reihe konkreter Gegenstände (Kulturbeziehungen, Presse, ›Auffrischung‹ des Vertrages, Polen)« interessiert sei, daß es aus ihrer Sicht aber »wünschenswert sei, über sie in Moskau und im übrigen ›in Stufen‹ zu sprechen, wobei man nicht mit den schwierigsten beginnen sollte«. Die Sowjetregierung schlug Moskau vor, »da es für ... [sie] dort wesentlich leichter sei, Gespräche fortzuführen«. Die Einschränkung, daß »eine solche Erörterung ... aber nur stufenweise vorgenommen werden« könne, gelte insbesondere für die Erörterung der polnischen Frage.[353] Der Bericht Astachows an Molotow enthielt den Zusatz: »Schnurre suchte sofort zu präzisieren, ob dies meine Mitteilung in Beantwortung seiner Bitte um Äußerung hinsichtlich Polens vom 10. VIII. ist. Ich antwortete, daß es mir schwer fiele, dies mit Bestimmtheit zu sagen, da ich nur Ihren [d.i. Molotows, I.F.] sozusagen summarischen Bezug zu dem verschiedentlich von deutscher Seite vorgebrachten Fragenkomplex kenne, aber nicht behaupten kann, daß er sich auf jede einzelne dieser Fragen beziehe. Schnurre versank in den Zustand einer gewissen Nachdenklichkeit und sagte dann, daß er alles Gehörte nach oben weitergebe.«

Im Gespräch mit Schnurre hat Astachow den Eindruck gewonnen, daß die Deutschen »sichtlich beunruhigt über unsere Verhandlungen mit den englisch-französischen Militärmissionen [seien] und ... [deshalb] nicht mit Argumenten und Versprechungen weitester Art [sparen], um ein eventuelles Militärabkommen zu verhindern. Zu diesem Zwecke sind sie, meiner Meinung nach, jetzt zu derartigen Deklarationen und Gesten bereit, wie sie noch vor einem halben Jahr als völlig ausgeschlossen erscheinen konnten. Der Verzicht auf das Baltikum, Bessarabien, Ostpreußen (von der Ukraine schon gar nicht zu sprechen) – das ist *im gegebenen Moment* das Minimum, zu dem die Deutschen ohne lange Gespräche bereit wären, wenn sie dafür nur von uns das Versprechen der Nichteinmischung in den Konflikt mit Polen erhielten.«

Es entsprach der Spannung und den großen Hoffnungen, die in der Umgebung Ribbentrops auf dieses Treffen gesetzt wurden, daß sein langerwartetes Ergebnis – die sowjetische Gesprächsbereitschaft – sofort eine gewisse Überbewertung erfuhr: Dem Leiter des Ministerbüros wurde ohne die gebotenen Einschränkungen mitgeteilt, »die Sowjetunion sei zu umfassenden Besprechungen über die politische Lage bereit«[354]. Der Dringlichkeit wegen wurde die »Meldung« Schnurres über den Ausgang seines Gesprächs mit Astachow zu einer »Mitteilung« (E. Kordt) zusammengefaßt, die in unbekannter Diktion und Form – entweder fernmündlich oder, was wahrscheinlicher ist, als »Fernschreiben des Auswärtigen Amts«[355] – zu Ribbentrop und Hitler auf den Obersalzberg geleitet wurde. Sie traf dort gegen 17.30 Uhr ein.

Zu diesem Zeitpunkt konferierten Hitler und Ribbentrop seit etwa drei Stunden in dem großen Besprechungszimmer des Berghofs in Gewitterschwüle und zunehmend peinlicher Atmosphäre mit dem italienischen Außenminister, Graf Ciano. Die »Meldung« Schnurres wurde Hitler während dieser Unterredung zusammen mit einem Telegramm aus Tokio unter der unzutreffenden Verallgemeinerung überreicht, es seien »ein Telegramm aus Moskau und ein Telegramm aus Tokio« eingegangen[356]. Hitler nutzte diesen Vorfall umgehend zu taktischen Zwecken, indem er Ciano nach einer kurzen Bedenkpause – laut deutscher Aufzeichnung – als angeblichen »Inhalt des Moskauer Telegramms« (Schmidt) mitteilte: »Die Russen seien mit der Entsendung eines deutschen politischen Unterhändlers nach Moskau einverstanden.«[357] Die Aufzeichnung Cianos enthielt signifikante Unterschiede: Sie hielt die Mitteilung Hitlers dahingehend fest, daß »die russisch-deutschen Kontakte sehr günstig verlaufen, und genau in diesen Tagen eine russische Anfrage eingegangen ist, die einen deutschen Bevollmächtigten nach Moskau einlädt, der einen Freundschaftspakt aushandeln soll«[358].

Mit seiner Mitteilung nahm Hitler dem italienischen Außenminister die *raison d'être* seines Aufenthalts auf dem Obersalzberg und brach die Unterredung kurzerhand ab[359]. Er stellte seinen Bündnispartner vor eine folgenschwere Entscheidung. Denn Ciano war am 11. August im Auftrage Mussolinis nach Berchtesgaden gereist, um zunächst Ribbentrop und am 12. und 13. August Hitler mit großem Ernst vor dem Angriff auf Polen zu warnen, der nach italienischer Auffassung mit Sicherheit den europäischen Krieg auslösen würde. An der Stelle seines Vorschlags zur Einberufung einer internationalen Konferenz zur friedlichen Lösung der Polenfrage, den Mussolini Hitler Ende Juli ohne Erfolg hatte unterbreiten lassen[360], suchte er nun seine Zustimmung zu einem gemeinsamen Kommuniqué, das den Friedenswillen der Achsenmächte unterstrich. Er plädierte erneut für die Verschiebung des allgemeinen Konflikts und führte eine Reihe schwerwiegender Gründe ins Feld. Hitler ging nicht auf diesen Vorschlag ein, sondern erläuterte an Hand von Landkarten seine militärischen Pläne. Ohne seinen Bündnispartner einer Erklärung für sein Abweichen von der gemeinsamen Strategie zu würdigen, konfrontierte er Ciano mit seinem Entschluß, die »Regelung« der polnischen Frage »in jedem Augenblick«, spätestens aber »bis Ende August so oder so« durchzusetzen.

Ciano ging Hitler an diesem ersten Tage der Begegnung »sehr energisch zu Leibe« (Schmidt). Die Weisungen Mussolinis geboten maximalen Nachdruck, um Hitler den ganzen »Wahnsinn« (Ciano) dieses kriegerischen Unternehmens vor Augen zu halten. Seine Sprache ließ – so Schmidt – »an Deutlichkeit nichts zu wünschen übrig«. Angesichts der Kraft immer neuer Argumente, die Ciano gegen die Eröffnung dieses Krieges ins Feld führte, verfiel Hitler schließlich in den »Kehrreim« (Schmidt) von der Schwäche und Passivität der Demokratien sowie der militärischen Unschlagbarkeit seines Reiches.

Am Tiefpunkt dieser äußerst mühsamen Auseinandersetzung kam Hitler der Überbringer der genannten Nachrichten zu Hilfe. Die Unterredung wurde für kurze Zeit unterbrochen. Aus dem Inhalt des Telegramms aus Tokio[361] ersah Hitler jetzt, daß Aussichten auf eine japanische Zustimmung zum deutschen Vorschlag eines deutsch-italienischen japanischen Militärbündnisses kaum mehr vorhanden waren: Der japanische Kriegsminister drohte – als letztes Druckmittel gegen den Widerstand der Kreise des Hofes, der Marine, der Finanz und des Außenministeriums gegen ein solches Bündnis – mit seinem Rücktritt, dem zwangsläufig auch der Rücktritt der japanischen Botschafter in Rom und Berlin, der Befürworter des Bündnisses, folgen mußte.

Hitler unterließ es, seinen italienischen Partner über diese Hiobsbotschaft in Kenntnis zu setzen. Statt dessen glich er diesen schweren Schlag umgehend taktisch aus, indem er – das angebliche »Telegramm aus Moskau« in den Händen haltend und scheinbar zitierend – dem italienischen Außenminister das Bild eines weitestgehenden deutsch-russischen Einvernehmens vorgaukelte: Er erweckte den Eindruck, die Sowjets erwarteten nur noch einen deutschen Bevollmächtigten, um die im Gang befindlichen Verhandlungen durch Vertragsunterzeichnung abzuschließen.[362] Damit neutralisierte er das Widerstreben seines italienischen Bundesgenossen, für seine Ziele zu marschieren: Tolerierte Stalin das deutsche Vorgehen gegen Polen, so verringerte sich die Gefahr eines effektiven Eingreifens der Westmächte und damit eines allgemeinen Kriegs. Die italienischen Widerstände wurden gegenstandslos.

Diese Wendung war zu auffällig, als daß sie Ciano nach allem Vorausgegangenen nicht hellhörig gemacht hätte: Ging die künftige Entsendung eines politischen Unterhändlers auf deutsche Initiative zurück, so war die deutsche Regierung weit über das zwischen Ciano und Ribbentrop vereinbarte »petit jeu« eines taktischen *rapprochement* zum Zwecke der Störung der Moskauer Paktverhandlungen hinausgegangen. Im Gespräch mit Ribbentrop am Vortage hatte Ciano diesen noch auf die Unvereinbarkeit einer weiterreichenden deutschen Demarche in Moskau mit den deutsch-italienischen Absprachen aufmerksam gemacht[363].

Ging die Initiative aber von sowjetischer Seite aus, so war damit ein neuer, unerwarteter Faktor eingetreten, der die gemeinsame Planung hinfällig machte; man konnte Hitler kaum verübeln, daß er ihn für seine Pläne nutzte. Allerdings stand die Mitteilung Hitlers in einem krassen Gegensatz zu dem Bilde der deutschen Annäherungsversuche an die Sowjetregierung, das Ciano sich aus den Berichten seines Botschafters in Moskau hatte machen müssen. Dieses mußte die Eröffnung Hitlers als zweifelhaft erscheinen lassen. Und dies um so mehr, wenn Hitler – wie in der Aufzeichnung Cianos zu lesen ist – als Ziel dieser angeblichen Einladung eines deutschen Verhandlungsbevollmächtigten nach Moskau tatsächlich die Unterzeichnung eines »Freundschaftspaktes« bezeichnet hätte. Desungeachtet sind Einwände Cianos gegen diese Mitteilung nicht verzeichnet.

Ciano mag die Mitteilung Hitlers tatsächlich – wie Erich Kordt zu bedenken gab – für »Bluff« gehalten haben[364]. Im streng geheimen Gespräch mit seinem Schwager, dem italienischen Gesandten in Berlin, Magistrati, und Botschafter Attolico, die ihn nach Berchtesgaden begleitet hatten, sprach er die Vermutung aus, daß diese Mitteilung Hitlers »nach allen vorausgegangenen Beweisen seiner Unaufrichtigkeit« ein neuer Trick sei, um Italien in eine Haltung der Zustimmung zu seinen Polenplänen zu manövrieren[365]. Doch war er sich seines Eindrucks nicht sicher – ein »Telegramm aus Moskau« hat Ciano später nicht erwähnt.

Tatsächlich waren weitere Mitteilungen, die sich an die Bekanntgabe des angeblichen Inhalts des »Telegramms« anschlossen, geeignet, die Frage seiner Authentizität als unerheblich erscheinen zu lassen. Denn zur Bestätigung der Darstellung Hitlers fügte Ribbentrop »hinzu, daß die Russen über die Absichten Deutschlands gegen Polen absolut unterrichtet seien. Er selbst habe im Auftrage des Führers den russischen Geschäftsträger informiert. Der Führer bemerkte hierzu, daß Rußland seiner Ansicht nach nicht bereit sein werde, für die Westmächte die Kastanien aus dem Feuer zu holen. Stalins Stellung sei durch eine siegreiche Armee ebenso gefährdet wie durch ein geschlagenes russisches Heer[366]. Rußland habe höchstens das Interesse, seinen Zugang zur Ostsee etwas zu erweitern. Deutschland habe nichts dagegen einzuwenden. Im übrigen würde wohl Rußland nie für Polen, das es von ganzem Herzen hasse, eintreten. Die Entsendung der englisch-französischen Militärmission nach Moskau habe nur den einen Zweck, den katastrophalen Stand der politischen Verhandlungen zu verschleiern.«

Ob Bluff oder Realität – Ciano war diesem Spiele nicht gewachsen und die Kraft der italienischen Gegenargumentation definitiv gebrochen. Ciano wurde von Hitler umgehend verabschiedet und zog sich in größtem Unmut mit dem Gefühl der Erniedrigung über die Art seiner Behandlung zurück. Hitler hingegen jubilierte. Er ließ Schnurre anweisen, der Führung der Gespräche in Moskau zuzustimmen und sich zugleich für größtmögliche Beschleunigung einzusetzen. Führen würde diese Gespräche »einer seiner nächsten Vertrauten«[367]. Der scheinbar erzielte Erfolg sowie seine Auffassung von der Meldung Schnurres veranlaßten Hitler, noch am selben Tage den Befehl zum Aufmarsch der Wehrmacht gegen Polen zu geben und den Angriffstermin endgültig festzusetzen[368].

In der zweiten Besprechung mit Ciano, die am 13. August stattfand, war Hitler äußerst kurz: Er erklärte, er sei »felsenfest davon überzeugt, daß weder England noch Frankreich in einen allgemeinen Krieg eintreten werden«. An diesem Tage war der am Vortage so streitbare Ciano – für Dolmetscher Schmidt – »unerklärlicherweise zusammen[geklappt] wie ein Taschenmesser«[369]. Er konnte nur einwenden, in Italien sei man zwar völlig gegenteiliger Meinung, aber vielleicht werde ja auch diesmal Hitler Recht behalten ... Wenige Stunden später schrieb er im Flugzeug auf dem Wege zurück nach Rom in sein Tagebuch: »Ich kehre nach Rom zurück, angeekelt von Deutschland, von seinen Führern, von ihrer Handlungsweise. Sie haben uns belogen und betrogen. Und jetzt reißen sie uns in Abenteuer hinein, die wir nicht wollen und die das Regime und das ganze Land kompromittieren können.« Später, 1943 in seiner Veroneser Haft, gab Ciano diesem Treffen mit Hitler rückblickend die Bedeutung einer Wegscheide: Von dem Salzburger Treffen an sei »die Politik Berlins uns gegenüber nichts anderes als ein Netz von Lügen, Intrigen und Betrug« gewesen.[370]

Nach seiner Abreise bestellte Hitler »im Vollgefühl seines neuen Triumphes«[371] die Oberbefehlshaber zu sich, um ihnen in Form einer großen Rede zu erklären: »Rußland denkt nicht daran, Kastanien aus dem Feuer zu holen ... England und Frankreich allein müssen die Last auf sich nehmen ... Kein Zwang zum Krieg. Die Köpfe von München werden das Risiko nicht auf sich nehmen ... Führer hat Sorge, daß England ihm den endgültigen Abschluß im letzten Augenblick durch Angebote erschwert. Es wird geprüft, ob wir eine Persönlichkeit nach Moskau schikken; in Prüfung, ob prominente Persönlichkeiten oder nicht.«[372]

Vorübergehend erwog Hitler sogar, selbst nach Moskau zu fahren[373]. Er setzte jetzt überwiegend auf die Karte der Verständigung mit Rußland und griff dabei der Realität in grandioser Selbstüberschätzung voraus[374]. Nach den Informationen, die Ulrich von Hassell zugingen, tat er jetzt alles, um noch »stärker aufzutrumpfen. Er will noch in letzter Minute in die Vorhand kommen. Das gefährlichste Spiel hat begonnen, das sich denken läßt. Der Krieg mit Polen steht mit hoher Wahrscheinlichkeit bevor, ich kann mir nicht denken (was Hitler vorgibt zu tun), daß die Westmächte neutral bleiben ... Ich halte das Ganze für ein unverantwortliches Risiko, mag man die Sache vom nationalsozialistischen Standpunkte oder vom entgegengesetzten ansehen. Alle klardenkenden Menschen sollten alles tun, um den Krieg zu vermeiden. Man fragt sich nur, was man tun kann.«[375]

Hitlers Adjutant Below, der in diesen Tagen bei ihm war, betonte später, daß es Ribbentrop zum Zeitpunkt des Ciano-Besuches, also einen Tag nach dem längeren Besuch Schnurres und Köstrings in Fuschl, gelungen sei, Hitler davon zu überzeugen, »daß der Abschluß eines Nichtangriffspaktes mit den Russen die letzte Chance sei, [um] Englands Eingreifen im Falle eines deutsch-polnischen Konfliktes zu verhindern«[376].

Die Moskauer Militärberatungen

Diese Erwähnung des Nichtangriffspaktes erfolgte – sofern die Erinnerung von Hitlers Adjutanten zutrifft – nicht zufällig: Seit über zwei Monaten hatte die Rußland-Diplomatie in diesem Sinne ohne sichtbaren Erfolg Einfluß auf Ribbentrop genommen. Erst die neue Phase, in die die Moskauer Paktverhandlungen traten, und der wachsende Druck, unter den Berlin damit geriet, ließen ein Näherrücken möglich erscheinen. So schrieb Botschafter Schulenburg am selben Tage, an dem Hitler die Skrupel seiner Militärs durch die angeblich bereits erfolgte Isolierung Polens zu beheben suchte, privat nach Berlin, in der großen Politik sei »alles in der Schwebe«: Die britisch-französische Militärmission verhandele zur Zeit im Kreml, und alle Welt verfolge mit Spannung, ob sie mehr erreichen werde als die Diplomaten. »Der Kreml ist gegenwärtig das Zünglein an der Waage und wird sich von seiner privilegierten Stellung ungerne trennen wollen ... Ich bleibe Optimist!!«[377]

Der Optimismus des Botschafters leitete sich nicht zuletzt aus der abwartenden Haltung der Sowjetregierung her: Seit seiner Aufforderung an Molotow am 3. August hatte die Sowjetregierung keine unmittelbare Gesprächsbereitschaft zum Thema Polen erkennen lassen. Der Botschafter war bemüht, das immer hektischere deutsche Drängen zu dämpfen. Den Staatssekretär setzte er am 14. August noch einmal eindringlich darüber ins Bild, daß er »noch immer der Meinung [sei], daß jedes stürmische Vorgehen in der Angelegenheit unserer Beziehungen zur Sowjetunion vermieden werden sollte; es wird fast immer schädlich wirken«[378]. Um zu verhindern, daß die Moskauer Paktverhandlungen Hitler noch stärker im Tempo seiner Annäherung antrieben, schilderte die Botschaft den Gang dieser Verhandlungen wohlweislich als langsam, schleppend und von geringer Bedeutung[379].

Die Botschaft war sich zu einem guten Teil des Entscheidungsdilemmas bewußt, in dem sich die Sowjetregierung befand. So wußte der Botschafter von dem ihm persönlich gut bekannten finnischen Gesandten in Moskau, N.R. Idman, daß Molotow äußerst beunruhigt über die Haltung Finnlands war und befürchtete, Deutschland könne die Ålandinseln bei einem deutschen Blitzangriff auf Leningrad strategisch nutzen[380]. Auch die wachende Sorge Molotows um die Neutralität der baltischen Staaten Estland und Lettland im Konfliktfall war Schulenburg bekannt: Der Außenkommissar hatte wiederholt erklärt, daß er das Hinneigen dieser Länder zu Deutschland und ihre zunehmend feste Einbeziehung in die deutsche politische Interessensphäre fürchte[381].

»Aus zuverlässiger Quelle«[382] wußte der Botschafter, wie stark Molotow in den politischen Verhandlungen mit den Westmächten um die Möglichkeit der militärischen Intervention in die Ostseeländer gerungen hatte. Er gab Berlin warnend zu bedenken, die Engländer hätten »jetzt den Sowjets das Recht zugestanden ..., im Falle eines direkten Angriffs auf einen der Baltenstaaten auch ohne dessen Unterstützungsverlangen auf Grund der Garantie einzumarschieren«[383]; die Frage der Garantie der Baltenstaaten gegen einen indirekten Angriff sei zur Zeit noch ungelöst. Der Botschafter verstand, daß die Abreise Strangs aus Moskau – offiziell zu Konsultationen mit seiner Regierung – am 7. August das Ende der politischen Verhandlungen bedeutete[384]. Er kannte die kategorische Ablehnung, auf die die Frage des Durchzuges jeglicher russischen Truppen, einschließlich der Luftwaffe, und der Annahme russischen Beistands bei der polnischen Regierung stieß[385]. Und er verfolgte aufmerksam die Bemühungen der Sowjetregierung um eine bessere Verständigung mit der Regierung der Vereinigten Staaten von Amerika[386], hinter denen sich unschwer auch ihre wachsende Sorge über die Eskalation des japanisch-sowjetischen Krieges erkennen ließ[387].

Wie der Botschaft bekannt war, hatten die Kämpfe am Bör-See an der mandschurisch-mongolischen Grenze ein Ausmaß erreicht, das die Sowjetregierung veranlaßte, auch ihre in West- und Ostsibirien stationierten Einheiten zur Truppenverstärkung in Ostasien abzuziehen. Sie beeilte sich, in ihrem Bericht nach Berlin darauf hinzuweisen, daß dies keinesfalls ein Anzeichen dafür sein müsse, »daß die Sowjetregierung zunächst nicht mit militärischen Verwicklungen an Westfront rechnet«[388].

Unbekannt blieben dem deutschen Botschafter vermutlich selbst in diesen Tagen die relativ präzisen Voraussagen über den Beginn des Krieges gegen Polen, die der Sowjetregierung zugingen[389]. Bekannt war ihm die englische Prognose des Kriegsverlaufs, die der britische Militärattaché in Moskau, Firebrace, im Zusammenhang mit der Eröffnung der Militärverhandlungen am 11. August verbreitete. Er teilte sie dem Auswärtigen Amt an diesem Tage zur Information und in der Hoffnung mit, aus der Entgegnung Schlüsse auf die tatsächliche deutsche Planung ziehen zu können. Im kommenden Kriege – so lautete die englische Voraussage – würde »Deutschland im Westen defensiv bleiben, Polen mit überlegenen Kräften angreifen und voraussichtlich im Laufe von ein bis zwei Monaten überrennen. Deutsche Truppen würden dann kurz nach Kriegsausbruch an sowjetischer Grenze stehen. Es sei nicht ausgeschlossen, daß Deutschland Westmächten dann Sonderfrieden anbiete unter der Bedingung, daß es freie Hand zum Vorgehen im Osten erhalte. Wenn Sowjetregierung jetzt nicht Pakt mit England und Frankreich zum Schutz gegen deutschen Angriff schließe, werde sie im Kriegsfalle Gefahr laufen, isoliert zu sein«[390].

In seiner Antwort vom 14. August leitete der Staatssekretär der Botschaft die Weisung Ribbentrops zu, Botschafter und Militärattaché sollten dieser Darstellung gegenüber den Vertretern der sowjetischen Regierung energisch entgegentreten und den skizzierten Kriegsverlauf gerade als Beweis für den »eindeutig[en] Wert und Bedeutung sowjetischer Verständigung mit Deutschland« verwenden. Denn – so sollten sie argumentieren – »Wie soll England nach Überrennung Polens effektiv zugunsten Rußlands eingreifen?« Dem sollte unter Drohungen das Angebot folgen, welches – laut Telegramm Weizsäckers – auch »in hiesigen Gesprächen mit Astachow mehrfach ausführlich behandelt worden« sei: »Wählt Rußland englische Seite, so steht es in der Tat wie 1914 isoliert Deutschland gegenüber. Wählt Sowjetunion Verständigung mit uns, so erreicht sie die von ihr gewünschte Sicherheit, für die wir alle Garantien zu geben bereit sind.«[391]

So durchsichtig die Hintergründe dieser Argumentation waren – sie traf ins Zentrum des Entscheidungsdilemmas, vor dem die Sowjetregierung an diesem dritten Tage der Militärberatungen stand. Sie war wenig befriedigt über den Verlauf dieser Verhandlungen[392]. Die gemächliche

Anreise der englisch-französischen Militärmission, ihr – in Mißachtung der sowjetischen Vorstellungen – an Gewicht und Kompetenz äußerst schwacher Personalbestand, die mangelnden Vollmachten der britischen Delegation, ihre halbherzigen Instruktionen[393], »die vage in den wesentlichen Fragen und entsetzlich negativ in den zentralen Punkten waren«[394], die auf hinhaltende Gesprächsführung, Zurückhaltung wichtiger militärischer Daten, mangelnde Festlegung in den dringendsten konkreten Fragen einer gemeinsamen Militärplanung sowie Ausspionieren der sowjetischen Militärplanung[395] hinausliefen – diese hinlänglich bekannten sowie zweifellos eine Reihe unbekannter, geheimdienstlicher Anhaltspunkte führten Stalin vermutlich schon vor Eintreffen der Mission in Moskau zu der Überzeugung, daß die britische Regierung nur schwer zu einer definitiven Festlegung zu bewegen sein würde. In Fortsetzung ihrer Strategie in den politischen Verhandlungen schien sie auch mit den Militärverhandlungen überwiegend das Ziel der psychologischen Abschreckung Hitlers, nicht des Aufbaus einer effektiven Militärfront gegen die Ausweitung der Aggression, zu verfolgen[396].

Der in den Instruktionen wiederholt anklingende Verdacht, der Sowjetregierung dürfte schon deshalb kein Einblick in die militärischen Planungen gewährt werden, weil diese von hier in deutsche Hände geraten würden, war dabei in besonderer Weise geeignet, das Ehrgefühl der russischen Militärs zu verletzen und Stalin auf geradezu perverse Art auf die unausweichliche Logik eines deutsch-russischen Brückenschlags aufmerksam zu machen[397].

Dies tat auch die Kenntnis der simultan zur Aufnahme der Militärverhandlungen fortlaufenden geheimen Verhandlungen zwischen London und Berlin, die selbst in den Augen westlicher Beobachter den Charakter eines »britischen Doppelspiels« annahmen. Sie verdichteten sich höchst unzeitgemäß ausgerechnet in jenen Tagen – ein Anzeichen des verzweifelten Ringens der britischen Regierung um andere Formen der Bindung – in dem Maße, daß die Sowjetregierung aufgrund ihrer Dispositionen von Mißtrauen und Minderwertigkeitsgefühlen kaum einen anderen Schluß ziehen konnte als den, es müsse sich im Hintergrund der hinhaltenden britischen Verhandlungsführung in Wahrheit ein »zweites München« für Polen vorbereiten[398].

Daneben bestand – wie die wiederholten, eindringlichen Fragen des Leiters der sowjetischen Delegation, Marschall Woroschilow, bewiesen – auch der bereits während der politischen Verhandlungen manifestierte

Verdacht fort, die westlichen Regierungen suchten die deutsche Aggression nach Osten zu lenken, indem sie eine Situation schüfen, in der die UdSSR durch ihren Beistand gegenüber Polen oder Rumänien allein in den bewaffneten Konflikt mit Deutschland getrieben würde. Allein das aus britischer Sicht erstrebenswerte Ziel der Verhandlungen – ein unverbindliches »statement of policy« – lief in der Substanz auf jene Vorschläge einer gemeinsamen Erklärung hinaus, die die Sowjetregierung zu Beginn der politischen Verhandlungen genau aus diesem Grunde zurückgewiesen hatte. Wie zwingend diese Befürchtungen aus sowjetischer Sicht in Wahrheit waren, kann nur ein ausgewogener Vergleich zwischen den nur zu einem geringen Teil bekannten, offiziellen Dokumenten und den noch immer unbekannten geheimdienstlichen Informationen ergeben, die der Sowjetregierung bei ihrem Entscheidungsprozeß vorlagen[399].

Ungeachtet dieser offenen Frage wäre es verfehlt, die sowjetische Verhandlungsweise auf »eine reine Verschleppungstaktik«[400] und die Absicht zurückzuführen, »die Schuld am Scheitern der Verhandlungen den Westmächten zuzuschieben« und sich selbst »ein Alibi für den ... Vertragsabschluß mit Deutschland«[401] zu schaffen. Diese Sichtweise hätte aus der damaligen Perspektive der Deutschen Botschaft Moskau die Umkehrung der wahren Kausalität bedeutet. Spätere Augenzeugenberichte haben dies bestätigt[402], wobei unter anderen die Darstellung von General Beaufre den Blick dafür geöffnet hat, wie weit die westlichen Ausführungen über die militärische Bereitschaft Englands und Frankreichs den Charakter einer »Komödie« mit dem Ziele trugen, die sowjetische Militärdelegation zu »düpieren«. Wenn die sowjetische Delegation durch ihre Darstellung der militärischen Bereitschaft der Roten Armee zweifellos zu beeindrucken suchte, so wohl aus einem zweifachen Grunde: Einerseits wußte sie, wie stark die britischen Planungskomitees aus einer Mischung von ideologischen und politischen Gründen zu einer chronischen Unterbewertung der sowjetischen Militärstärke neigten, und andererseits befürchtete sie, daß sich unter den Vorzeichen eines »zweiten München« in Kürze gemeinsame deutsch-englische Militärpläne gegen sie richten könnten. Es war die Verbindung von forcierter Selbstaufwertung und präventiver Abschreckung, die einer durch langjährige Isolation und Unterschätzung geprägten Mentalität entsprang.

Ein Blick auf die Protokolle der beiden Delegationen belehrt darüber, daß die sowjetischen Militärs – im Gegensatz zum »leichtsinnigen«[403]

westlichen Zugang zu den Militärgesprächen – mit großem Ernst verhandelten. Sie ließen keinen Zweifel darüber bestehen, daß ihre Regierung von ihnen den Abschluß eines vollgültigen Militärabkommens erwartete, und sparten nicht mit Beweisen evidenten sowjetischen Interesses: Auch die Sowjetregierung ließ es – ungeachtet ihrer nicht unbegründeten pessimistischen Einschätzung der britischen Bereitschaft – zu Beginn der Verhandlungen nicht an unzweifelhaften Ausdrücken ihrer positiven Erwartungen fehlen: Sie beeindruckte die westlichen Missionen nicht nur durch das Aufgebot ihrer ranghöchsten Militärs – sie empfing sie auch mit großem Aufwand und militärischen Ehren und überraschte sie durch die Atmosphäre warmer Herzlichkeit – »das glückliche Vorspiel der Beratungen«[404].

Die Vollmacht der sowjetischen Delegation war umfassend[405]. Mündliche Weisungen an die Delegationsmitglieder lauteten – nach sowjetischen Auskünften – auf »größte Beachtung« und »größte Aufmerksamkeit« gegenüber den Beratungen, Gesprächen und westlichen Delegierten[406]. Nach Beendigung der jeweiligen Sitzungen erstattete die sowjetische Delegation an jedem Tag Stalin persönlich im Beisein anderer führender Mitglieder der Regierung (als »Hausherr« der Villa des Außenkommissariats an der Spiridonowka, der heutigen Aleksej-Tolstoj-Straße, in der die Beratungen stattfanden, war Molotow vermutlich permanent anwesend) Bericht, wobei diese Aufgabe je nach Wichtigkeit der Referate an einigen Tagen dem Delegationsleiter Woroschilow allein und an anderen Tagen Woroschilow, Schaposchnikow und Kusnezow gemeinsam zufiel[407].

Die Deutsche Botschaft äußerte keinen Zweifel daran, daß Stalin die Verhandlungen mit größter Aufmerksamkeit und wirklichem Interesse verfolgte – eine wirksame gemeinsame Militärfront mit den Westmächten, die auch die mittelost- und mittelwesteuropäischen Pufferstaaten einschloß, bot ihm ungleich größere Sicherheiten als ein auf unsicheren Fundamenten beruhendes bilaterales Zweckbündnis mit dem Zerstörer des europäischen *Status quo*. So war es kein Zufall, wenn Außenkommissar Molotow noch in seinem Gespräch mit dem US-Botschafter Steinhardt am 16. August das Interesse des amerikanischen Präsidenten Roosevelt am baldigen Zustandekommen der Militärkonvention würdigte und hervorhob, seine Regierung betrachte die Lage in Europa als äußerst ernst und messe den laufenden Verhandlungen große Bedeutung zu. Auf die Frage Steinhardts nach dem Stand der Verhandlungen antwortete Molotow an diesem fünften Tage der Militärberatungen allerdings schon mit dem ausweichenden Stereotyp, seine Regierung bewerte alle vorausgegangenen und laufenden Verhandlungen mit England und Frankreich hoch, insofern sie zu einem Abkommen über gegenseitige Verteidigungsbeihilfe gegen direkte und indirekte Aggression führen können. Nach seiner persönlichen Meinung befragt, hob er hervor: »Wir haben viel Zeit auf die Verhandlungen verwendet – schon das zeigt, daß wir den Erfolg der Verhandlungen erwarten. Die Verzögerungen sind nicht (allein) von uns verursacht worden ... Der Ausgang der Verhandlungen hängt genauso sehr von den anderen wie von uns ab. Viel ist schon in Richtung auf Erfolg getan worden und, wie Sie wissen, werden die Verhandlungen fortgesetzt.«[408]

Der deutsche Militärattaché, Ernst Köstring, zweifelte nicht am Ernst der sowjetischen Bemühungen um einen Paktabschluß mit den Westmächten. Als er einige Wochen später mit Woroschilow und Schaposchnikow am selben Verhandlungstische saß, fragte er den Volkskommissar für Verteidigung nach dem Verlauf der vorausgegangenen Militärverhandlungen. Woroschilow »antwortete mit einem Seufzer: ›Ja, das war schrecklich. Wenn die Franzosen und Engländer andere Unterhändler geschickt hätten, säßen jetzt Sie vielleicht nicht auf ihrem Platz!‹« Köstring, der Woroschilow seit vielen Jahren persönlich gut kannte, erschien diese Antwort plausibel: »Bei dem damals den Russen anhaftenden Minderwertigkeitsgefühl«, so schrieb er später, hätte für sie »das beste Pferd aus dem Stall geholt werden« müssen. Köstring erkannte in dieser Bemerkung Woroschilows, »der sich noch weitere und dazu charakteristische Aussagen über diese Vorgänge anschlossen ..., nicht nur das in der Sache liegende Handikap demokratisch regierter Staaten gegenüber autokratischen, sondern auch, speziell nur in diesem Fall, ein absolutes Verkennen der damaligen russischen Position durch die britischen und französischen Gesprächspartner Moskaus«[409].

Diese Bemerkungen Woroschilows gegenüber Köstring vom September 1939 stehen durchaus im Einklang mit seinem Verhalten in den Militärgesprächen. Schon in der ersten Sitzung erkannten die westlichen Militärmissionen, »daß die sowjetischen militärischen Verhandlungspartner tatsächlich zum Abschluß kommen wollten«[410]. Sie verhandelten gradlinig, zielstrebig und mit großem Ernst; sie bedienten sich im Gegensatz zu ihren westlichen Gesprächspartnern «keiner Ausflüchte, keiner diplomatischen Rückzugsmanöver«[411], wobei der Eindruck ihrer

»rauhen«[412], aus britischer Sicht geradezu »brutalen«[413] Verhandlungsweise nicht zuletzt den Druck wiedergab, der auf ihnen lastete. Neben anderen Faktoren war für sie die äußerste Brisanz des Zeitfaktors ausschlaggebend: Die Kenntnis des auf wenige Tage später festgesetzten deutschen Angriffstermins erzwang eine klare Entscheidung. Diese Faktoren waren während der Beratungen so stark präsent, daß damals kein Zweifel an der Aufrichtigkeit der sowjetischen Delegationsleitung bestand[414].

Der Delegationsleiter, Marschall Woroschilow, legte das Hauptgewicht von Anfang an auf zwei Fragen, auf welche er die Erörterungen immer wieder mit äußerster Beharrlichkeit zurückführte: Die westlichen »Pläne«[415] für die Operationen der Sowjetarmee an der deutschen Ostfront im Kriegsfalle und – in Verbindung damit die Frage nach dem Durchmarschrecht für sowjetische Truppen durch Polen und Rumänien zum Zwecke der Feindberührung[416]. In der Wiedergabe Köstrings war Woroschilow »aus der ganzen Kriegsgeschichte kein Fall bekannt, daß man einen Bundesgenossen gegen einen eventuellen Feind suche, diesem Partner aber nicht das Recht einräumen will, an den präsumptiven Feind heranzukommen«[417] – eine Formulierung, die Köstring angesichts der sowjetischen Kenntnis vom bevorstehenden deutschen Angriff auf Polen gerechtfertigt erschien.

Zu Beginn der Beratung des 14. August präzisierte Woroschilow seine Fragen, mußte aber den Antworten entnehmen, daß auf englischer und französischer Seite weder überzeugende militärische Pläne für diesen Fall noch die Bereitschaft bestanden, die Frage des Durchmarschrechts gemeinsam zu lösen. Das veranlaßte den sowjetischen Delegationsleiter, die Frage des Durchmarsches durch polnisches und rumänisches Territorium noch in den Beratungen des 14. August als »Kardinalfrage« der weiteren sowjetischen Beteiligung überhaupt zu stellen: »Unsere Vorbedingung besteht darin, daß unsere Truppen polnisches Territorium durch den Korridor von Wilna und Galizien sowie rumänisches Territorium passieren«, daß, mit anderen Worten, »die Frage des Durchmarsches sowjetischer Truppen durch polnisches Territorium (im Norden und Süden) und durch rumänisches Territorium im voraus gelöst wird.«[418] Damit trat, nach dem Empfinden der französischen Mission, eine dramatische Situation ein – der »Donnerschlag« war gefallen[419].

Nach der Sitzungspause – in diesen Pausen konsultierte die sowjetische Militärmission, nach den Beobachtungen ihrer westlichen Gesprächspartner, Stalin – präzisierte Woroschilow die Fragen weiter: »Werden sowjetische Streitkräfte das Territorium Polens im Raum von Wilna, durch den sogenannten Korridor von Wilna, passieren können? Die erste Frage. Werden sowjetische Streitkräfte die Möglichkeit haben, polnisches Territorium durch Galizien zu passieren…? Die zweite Frage. Wird den Streitkräften der Sowjetunion die Möglichkeit gewährt, falls nötig das Territorium Rumäniens zu nutzen … Die dritte Frage. … Die Antworten auf diese … Fragen sind für die sowjetische Mission von entscheidender Bedeutung.«

Die Antwort, die General Heywood Woroschilow nach kurzer gemeinsamer Konsultation im Namen der beiden Missionsleiter gab, bezeichnete Polen und Rumänien als selbständige Staaten, die ihre Erlaubnis zum Durchmarsch sowjetischer Truppen selbst erteilen müßten. Sie verwies die Sowjetregierung an die beiden genannten Regierungen und bezeichnete die Frage als eine politische, nicht militärische. Diese Antwort veranlaßte Woroschilow, nach einer weiteren Verhandlungspause (und entsprechenden Gesprächen mit Stalin) eine Erklärung abzugeben, in der er die weiteren Verhandlungen – unter Anerkennung der zugrunde liegenden schwierigen politischen Fragen – ohne eine positive Beantwortung der sowjetischen »Kardinalfrage« als »im voraus zum Scheitern verurteilt« bezeichnete[420].

Nach Ansicht von Beaufre war »die sowjetische Antwort … außerordentlich klar und von einer für uns leider unwiderlegbaren Logik. Es war mehr als phantastisch gewesen, mit der UdSSR verhandeln zu wollen, ohne – zumindest auf strategischer Ebene – die Frage der russisch-polnischen Zusammenarbeit zu lösen.«[421] Diese Frage, über deren Bedeutung sich die Militärs im vorhinein vollauf bewußt gewesen waren[422], war von ihren Regierungen aus dem Katalog der zur Eröterung freigegebenen Fragen ausgeklammert worden[423]. Die Delegationen leiteten sie nun weisungsgemäß zur Entscheidung an ihre Regierungen weiter. »Damit war das Los über sie gefallen.«[424]

In Erwartung der Antwort der westlichen Regierungen auf die sowjetische »Kardinalfrage« ließ Woroschilow in den Beratungen vom 15. August durch den Generalstabschef der Roten Armee, Schaposchnikow, die sowjetischen Operationspläne entwickeln. Sie sahen drei Varianten vor[425]:

1. Im Falle eines gemeinsamen deutsch-italienischen Angriffs auf Großbritannien versprach die UdSSR, siebzig Prozent der Streitkräfte – rund

zwei Millionen Mann – an der Ostfront zu stellen, die England und Frankreich im Westen gegen den Hauptangreifer, Deutschland, einsetzen würde. In diesem Falle sollte Polen seine Streitkräfte im Westen und gegen Ostpreußen konzentrieren, und »die Regierungen Großbritanniens und Frankreichs ... von Polen die Verpflichtung zum Durchmarsch und zu Handlungen der Streitkräfte der UdSSR, sowohl der Land- als auch der Luftstreitkräfte, durch den Korridor von Wilna und womöglich durch Litauen – in Richtung der Grenzen Ostpreußens – sowie, wenn es die Umstände verlangen, auch durch Galizien erhalten«. Im Rahmen gemeinsamer Flottenoperationen sollten Frankreich und England ferner »von den Ostseeländern die Zustimmung zur vorübergehenden Besetzung der Ålandinseln, des Moonsu-Archipels mit den Inseln Ösel, Dagoe, Worms sowie die Häfen Hangö, Pernau, Hapsal, Hainasch und Libau durch die britisch-französische Flotte erlangen, um die Neutralität und die Unabhängigkeit dieser Länder gegen einen Überfall seitens Deutschlands zu schützen«. Im Falle der Zustimmung dieser Länder sollte auch die sowjetische Ostseeflotte »gemeinsam mit der vereinten Flotte Großbritanniens und Frankreichs in Hangö, auf den Ålandinseln und dem Moonsu-Archipel, in Hapsal, Pernau, Hainasch und Libau zwecks Schutzes der unabhängigen Ostseeländer stationiert« werden. Unter diesen Umständen könne sie gemeinsame Kreuzoperationen und Aktionen der U-Boote entfalten, Minen an der Küste Ostpreußens und Pommerns legen und die Zufuhr der für die Kriegsindustrie wichtigen Rohstoffe aus Schweden nach Deutschland verhindern.

2. Im Falle des deutschen Angriffs auf Polen und Rumänien sollten diese beiden Länder ihre Streitkräfte an die Front werfen und Frankeich und Großbritannien dem Angreifer sofort den Krieg erklären. Die Beteiligung der UdSSR am Kriege sei »erst dann möglich, wenn Frankreich und Großbritannien mit Polen und nach Möglichkeit mit Litauen sowie mit Rumänien eine Vereinbarung über den Durchmarsch unserer Truppen und deren Aktionen – durch den Korridor von Wilna, durch Galizien und Rumänien – treffen« würden. In diesem Falle würde die UdSSR gegen die deutsche Ostfront hundert Prozent der Streitkräfte einsetzen, die Frankreich und England gegen die deutsche Westfront in Marsch setzen würden. Die Aufgaben der englischen Nordmeer- und der sowjetischen Ostseeflotte blieben die gleichen wie im Fall 1; im Süden würde darüber hinaus die sowjetische Schwarzmeerflotte die Donau-Mündung sperren und den Bosporus gegen feindliche Kriegsschiffe blockieren.

3. Falls Deutschland Finnland, Estland oder Lettland als Aufmarschgebiet benutzen und die UdSSR angreifen sollte, so sollten Frankreich und England ebenfalls in den Krieg eintreten. Polen müßte aufgrund seiner Bündnisverträge mit den Westmächten gegen Deutschland marschieren und »entsprechend der Vereinbarung der Regierungen Großbritanniens und Frankreichs mit der polnischen Regierung unsere Truppen den Korridor von Wilna und Galizien passieren lassen«. Großbritannien und Frankreich müßten im Westen siebzig Prozent der Streitkräfte einsetzen, die die UdSSR an die deutsche Ostfront werfen würde, Polen mindestens 45 Divisionen.

Wie der französische Delegationsleiter Doumenc später schrieb (die erhaltenen Protokolle geben darüber keine Auskunft), hatte er Woroschilow seine Zustimmung erklärt und betont, »daß Pläne, wie er sie soeben aufgezeigt hätte, selbstverständlich die beste Art waren, um die Aggression zurückzustoßen, und daß es von Vorteil wäre, ohne weiteres Warten Wege zu ihrer Realisierung ausfindig zu machen ... Was meine persönliche Meinung anginge, so hätten die Missionen (selbst) bereits ihr Interesse daran bekundet.«[426] Und das Delegationsmitglied Hauptmann Beaufre betonte: »Es wäre schwer, konkreter und klarer zu sein.« Gleichwohl sah man zwischen der »etwas primären« sowjetischen Konzeption einerseits und den »konfusen Abstraktionen« des englisch-französischen Entwurfs andererseits »den Abgrund, der die beiden Konzeptionen und die beiden Zivilisationen voneinander trennte«[427].

Der britische Delegationsleiter, Admiral Drax, dankte Woroschilow und Schaposchnikow »für diese deutliche und präzise Darlegung des Plans«[428], um im Bericht an seinen Vorgesetzten »die ganze Idee [als] natürlich kindisch«[429] abzutun. In der Sitzung vom 16. August schlug Woroschilow die Unterbrechung der Beratungen bis zum Eintreffen der Antwort auf die »Kardinalfrage« vor. In der Sitzung vom 17. August schließlich brach er – unter Hinweis auf den »fast unstreitbar« nahe bevorstehenden »großen europäischen Krieg« – die Beratungen bis zum Eintreffen der Vollmacht für die britische Delegation und der Antwort auf die »Kardinalfrage« aus London und Paris ab[430]. Es wurde die Wiederaufnahme der Beratungen am 21. August beschlossen.

Der entscheidende deutsche Vorstoß: Das Angebot des Nichtangriffspaktes (17. August)

Die deutsche Regierung wurde durch geheime Mitteilungen aus Londoner Regierungskreisen über die Deutsche Botschaft London in Einzelheiten über diese Verhandlungen informiert[431]. Vom Obersalzberg aus verfolgten Hitler und Ribbentrop das Geschehen mit größter Wachsamkeit. Um dabei nicht selbst Objekt fremder Geheimdienste zu werden, ließen sie sich wichtige Informationen unmittelbar durch Sonderkurier überbringen[432]. Sie erfuhren, daß – neben der Deutschen Botschaft Moskau – auch andere gutunterrichtete deutsche Auslandsmissionen die Erfolgsaussichten für die westlichen Militärmissionen in Moskau zunächst günstig beurteilten[433]. Während Botschafter Dirksen aus London im Auswärtigen Amt vergeblich drängte, zur Berichterstattung bei Ribbentrop vorgelassen zu werden, teilte der Geschäftsträger der Botschaft, Theo Kordt, dem Auswärtigen Amt am Abend des 14. August mit, daß der Bericht von William Strang über die Moskauer Verhandlungen »optimistisch lautet: Sowjetregierung habe soviel Zeichen für ihren Willen zum Abschluß des Vertrags gegeben, daß an endgültigem Zustandekommen nicht mehr gezweifelt werden könne«. Die Vorwegnahme des militärischen Teils der Besprechungen sei auf gemeinsamen Wunsch »mit größter Beschleunigung« erfolgt – die einzig und allein ausstehende politische Formel für die »indirekte Aggression« werde sich nun, nach der gemeinsamen Prüfung der entsprechenden strategischen Möglichkeiten, »verhältnismäßig leicht« finden lassen[434].

Als diese Nachricht am 14. August kurz vor Mitternacht in Berlin einging – (fern-)mündliche Informationen ähnlichen Inhalts mögen ihr vorausgegangen sein –, war gerade ein Telegramm des Außenministers an Schulenburg abgesandt worden: Es enthielt umfangreiche Weisungen, die der nicht abgesandten großen Instruktion vom Ende Mai 1939 ähnlich waren, in den territorialen Zugeständnissen aber wesentlich weiter gingen. Zum zweiten Male war Friedrich Gaus überraschend, diesmal aus seinem Erholungsurlaub, zu Ribbentrop gerufen worden. In Fuschl mußte er einen bereits vorliegenden Text überarbeiten, der »auf den Vorschlag des Eintritts in politische Vertragsverhandlungen hinauslief«[435]. Nach seiner Bearbeitung ging der Text zur Übermittlung an die Botschaft Moskau ab.

Dort hatte Hilger vom Abend des 14. August an, nach zweimaliger

Vorankündigung dieser in Vorbereitung befindlichen Instruktion durch Weizsäcker vom selben Tage[436], um einen Gesprächstermin des Botschafters beim Außenkommissar angesucht. Die Botschaft zeigte »keine geringe Beharrlichkeit, um für den 15. August den Empfang Schulenburgs durch Molotow zu erreichen«[437]. Er wurde ihm schließlich für 20.00 Uhr gewährt. Nach sowjetischer Auffassung ergriff »die deutsche Regierung ... also abermals die Initiative und unternahm ganz offiziell den entscheidenden Schritt«[438].

Als Molotow den deutschen Botschafter am Abend des 15. August empfing, zeigte er sich – nach Aufzeichnung Schulenburgs – »aufgeschlossener als je«[439]. Schulenburg entschuldigte sich für seine Aufdringlichkeit und eröffnete das Gespräch mit der Feststellung, die Sowjetregierung habe in ihren letzten Mitteilungen offenbar Interesse an der Fortsetzung politischer Gespräche in Moskau bekundet. Nach der Aufzeichnung Schulenburgs bejahte Molotow dies. Daraufhin verlas Schulenburg die Instruktion Ribbentrops, wobei er es nicht versäumte, unzutreffende, das sowjetische Selbstverständnis verletzende Ausdrükke durch geeignete Wendungen zu ersetzen[440]. Nach der sowjetischen Aufzeichnung betonte Schulenburg, daß er die aus Berlin erhaltene Instruktion nur verlesen dürfe, Ribbentrop aber wünsche, daß sie Stalin mitgeteilt werde. Daraufhin wurden Anstalten getroffen, die jeweils verlesenen Sätze zu übersetzen und schriftlich niederzulegen. Diese Prozedur nahm, wie die russische Aufzeichnung festhielt, allein vierzig Minuten in Anspruch (die russische Übersetzung der Instruktion liegt der sowjetischen Aufzeichnung bei).

In seiner Instruktion bot Ribbentrop der Sowjetregierung – unter vollständiger Angleichung an die sowjetische Doktrin von der friedlichen Koexistenz ideologisch unterschiedlicher Staatssysteme – die Beendigung der Periode der außenpolitischen Gegnerschaft für immer an. Er stellte jede aggressive Absicht Deutschlands gegen die UdSSR in Abrede und wiederholte die Formel von der restlosen einvernehmlichen Regelung aller Fragen zwischen Ostsee und Schwarzem Meer, »wie: Ostsee, Baltikum, Polen, Südost-Fragen usw.«[441]. Ribbentrop sprach von dem geschichtlichen Wendepunkt zwischen den beiden Völkern auf Generationen und scheute sich nicht, die Aussprüche Bismarcks zu paraphrasieren, die den Befürwortern der Idee von Rapallo in Rußland heilig waren: »Beiden Ländern ist es früher immer gut gegangen, wenn sie Freunde waren, und schlecht, wenn sie Feinde waren.« Er forderte dazu auf, den Schutt des gegenseitigen Mißtrauens abzubauen, und schürte zugleich das sowjetische Mißtrauen gegen die »kapitalistischen westlichen Demokratien« als »unversöhnliche Feinde sowohl des nationalsozialistischen Deutschlands wie auch Sowjetrußlands«: Diese würden heute erneut versuchen, Rußland durch den Abschluß eines Militärbündnisses gegen Deutschland in den Krieg zu hetzen – eine Politik, die Rußland 1914 an den Rand des Verderbens geführt hätte. Daher sei es »das zwingende Interesse beider Länder, daß ein Zerfleischen Deutschlands und Rußlands im Interesse der westlichen Demokratien für alle Zukunft vermieden wird«.

Im besonderen riefe die »englische Kriegstreiberei« in Polen nach einer »baldige[n] Klärung« der territorialen Fragen Osteuropas, da sonst verhängnisvolle Folgen entstehen könnten. Zu diesem Zwecke erklärte Ribbentrop seine Bereitschaft, »zu einem kurzen Besuch nach Moskau zu kommen, um namens [des] Führers Herrn Stalin die Auffassung des Führers auseinanderzusetzen«, da eine »Klärung durch den üblichen diplomatischen Kanal« zuviel Zeit erfordern würde. Persönlich wollte er in Moskau »das Fundament für eine endgültige Bereinigung der deutsch-russischen Beziehungen legen«. Weisungsgemäß ersuchte Schulenburg Molotow schließlich um eine entsprechende Audienz bei Stalin.

Molotow begrüßte den Inhalt der Erklärung, betonte aber – nach der Aufzeichnung Schulenburgs – daß die »Verwirklichung einer Reise des Herrn Reichsaußenministers nach Moskau ... eine eingehende Vorbereitung [erforderte], damit der beabsichtigte Meinungsaustausch ein Ergebnis zeitige«. Nach der Aufzeichnung Molotows hatte er betont, »daß es notwendig sei, die Vorbereitung bestimmter Fragen durchzuführen, damit man Entscheidungen treffen kann und nicht einfach Verhandlungen geführt würden«. Nach Schulenburg gab Molotow zu, daß »Eile geboten« sei, da auch die Sowjetregierung nicht »durch die Ereignisse vor vollendete Tatsachen gestellt« werden wolle, forderte aber »eine vorherige Klärung und Vorbereitung gewisser Fragen«.

Der eigentliche Gesprächsteil dieser Begegnung kreiste um die Pläne der Reichsregierung. Molotow überraschte Schulenburg mit der Eröffnung, daß der Sowjetregierung schon Ende Juni von Außenminister Ciano in Rom Mitteilungen über die Existenz eines »Planes Schulenburg« in Berlin gemacht worden seien, der die Verbesserung der deutsch-sowjetischen Beziehungen auf der Basis eines Nichtangriffspaktes, unter deutscher Einwirkung auf Japan, gemeinsamer Garantierung der baltischen

Staaten und Abschluß eines breiten Handelsabkommens zum Inhalt habe. Molotow fragte Schulenburg, inwieweit die Mitteilungen aus Rom der Wirklichkeit entsprächen[442]. »Schulenburg errötete anfangs stark« (sowjetische Aufzeichnung). Diese Frage brachte ihn momentan in große Verlegenheit. Er wußte, daß sein Plan in Berlin nur begrenzt Gehör gefunden und sich Ciano vermutlich überwiegend auf die Mitteilungen Rossos über die gemeinsamen (halbkonspirativen) Gespräche gestützt hatte. Vorsichtig deutete er an, es hätte sich hier vermutlich um »Kombinationen Rossos« (Aufzeichnung Schulenburg) gehandelt. Die Frage Molotows, »ob sich Rosso seine Angaben aus den Fingern gesaugt habe«, ließ er als »nur bedingt richtig« gelten und erinnerte daran, daß die deutsche Seite ja »tatsächlich eine Verbesserung der deutsch-sowjetischen Beziehungen« wünschte – sie verfolgte, wie Schulenburg mittlerweile ahnte, dabei aber seinem Plan diametral entgegengesetzte Ziele! In letzter Minute wurde ihm aus sowjetischem Munde die gefährliche Frage nach der Duplizität der diplomatischen Initiative gestellt. Rücksichtsvollerweise und vielleicht mit guten Gründen ließ Molotow dann aber rhetorisch »die Frage, ob Rosso seine Regierung richtig informiert habe«, fallen. In der Praxis des Gesprächs blieb der Außenkommissar bei dieser Frage und betonte, »es komme der Sowjetregierung im gegenwärtigen Zeitpunkt vor allem darauf an zu wissen, ob Pläne, wie sie in dem Berichte Rossos enthalten seien, oder etwas ähnliches tatsächlich existiert hätten und ob sich die Deutsche Regierung noch mit solchen Gedankengängen befasse. Er, Molotow, habe nach Kenntnisnahme des Berichts aus Rom nichts Unwahrscheinliches darin gefunden... Er habe den Eindruck, daß daran schon viel Wahres sein müsse, da sich diese Gedanken in der gleichen Linie bewegten, die sich schon seit Monaten auf deutscher Seite herausgebildet hätte« (Aufzeichnung Schulenburgs).

Nach der sowjetischen Aufzeichnung betonte Molotow im Zusammenhang mit seiner Erwähnung des »Plans Schulenburg«, daß es wichtig sei, »die Meinung der deutschen Regierung zur Frage des Nichtangriffspakts zu klären.« Schulenburg habe geantwortet, »daß alles das, worüber er zu Rosso über die Teile der Ostsee, der möglichen Verbesserung der Beziehungen der UdSSR zu Japan, gesprochen habe, seinen Ausdruck in der heute von ihm verlesenen Instruktion gefunden hat. Schulenburg fügte hinzu, daß deren letzte Vorschläge noch konkreter gewesen seien.« Molotow hob hervor, daß »Deutschland bis in die letzte Zeit nicht bestrebt gewesen sei, die gegenseitigen Beziehungen zu verbessern, daß aber die heutigen Erklärungen des Botschafters, sofern der ›Plan Schulenburg‹ auf der gleichen Linie läge[!], von ihm begrüßt würden. Schulenburg fragte ausdrücklich, ob die Sowjetregierung die Punkte dieses [seines] ›Plans‹ als Grundlage weiterer Gespräche annehmen würde. Molotow bejahte dies und wünschte ihre weitere Konkretisierung. Zugleich fragte er Schulenburg erneut, ob denn die deutsche Regierung sich eine bestimmte Meinung zur Frage des Nichtangriffspakts gebildet habe.« Schulenburg antwortete, »daß diese Frage mit Ribbentrop bisher noch nicht erörtert worden ist. Die deutsche Regierung nimmt in dieser Frage weder eine positive noch eine negative Position ein. Gen. Molotow erklärt, daß im Zusammenhang damit, daß sowohl Ribbentrop als auch Schulenburg von einer ›Auffrischung‹ oder Ergänzung der bestehenden deutsch-sowjetischen Abkommen sprachen, wichtig ist, die Meinung der deutschen Regierung zur Frage eines Nichtangriffspaktes oder von etwas ihm Vergleichbaren zu klären.«

Darauf stellte Schulenburg die Frage, ob die von Molotow erwähnten Punkte als Voraussetzung für die Reise Ribbentrops zu betrachten seien. Molotow konnte sie nicht allein beantworten und versprach, Schulenburg gesondert kommen zu lassen, um ihm die Antwort zu geben. In jedem Falle müßten, nach seiner Meinung, bestimmte Fragen vor der Anreise des Ministers vorbereitend geklärt sein. »Schulenburg teilte mit, daß er den Inhalt des heutigen Gesprächs nach Berlin telegraphieren und das besondere Interesse der Sowjetregierung an den von Molotow erwähnten Punkten unterstreichen wird.« Er bat Molotow um beschleunigte Antwort auf die Instruktion Ribbentrops.

In Schulenburgs Aufzeichnung für das Auswärtige Amt, in der ein »Plan Schulenburg« keine Erwähnung findet, bezieht Schulenburg die Worte Molotows stärker auf Rosso: »Molotow wiederholte, daß ihn vor allem die Antwort auf die Frage interessiere, ob auf deutscher Seite der Wunsch bestehe, die im Bericht Rossos aufgeführten Punkte zu konkretisieren? So z.B. wolle die Sowjetregierung wissen, ob Deutschland reale Möglichkeiten sehe, auf Japan ... einzuwirken. ›Wie steht es ferner mit der Idee des Abschlusses eines Nichtangriffspaktes? ...‹ fügte Molotow wörtlich hinzu.« Molotow schloß das Gespräch mit der Feststellung, wenn die deutsche Regierung unter diesen Bedingungen den Wunsch nach Abschluß eines Nichtangriffspaktes teile, »so müsse über diese Frage zunächst konkret verhandelt werden«. Nur unter diesen Bedingungen könne ein Besuch Ribbentrops ins Auge gefaßt werden.

Die entscheidende Wendung dieses Gesprächs lag einerseits darin, daß die Sowjetregierung zum ersten Male ihre *desiderata* nannte. Sie waren begrenzt und präzis und bestanden in
- einem Nichtangriffspakt mit Deutschland,
- einer gemeinsamen Garantie für die Neutralität der baltischen Staaten,
- dem deutschen Verzicht auf Schürung der japanischen Aggression, statt dessen einer Einflußnahme auf Japan mit dem Ziel seiner Einstellung des Grenzkriegs, und
- dem Abschluß eines Wirtschaftsabkommens auf breiter Grundlage[443].

Die Wendung lag andererseits in der (nur durch die Aufzeichnung Schulenburgs überlieferten) Feststellung Molotows, daß die Sowjetregierung nun die Überzeugung gewonnen habe, daß »es die Deutsche Regierung mit ihren Absichten, eine Änderung des Verhältnisses zur Sowjetunion herbeizuführen, wirklich ernst sei«, wobei er die Erklärung Schulenburgs an diesem Tage »als entscheidend« betrachtete[444].

Am 16. August drückte Botschafter Schulenburg dem Staatssekretär in einem von Herwarth nach Berlin beförderten Brief seine Zufriedenheit über den Verlauf des Gesprächs aus[445]. Die Tatsache, daß der Außenminister selbst seinen Besuch anbiete, schiene der Sowjetregierung, die sich vergebens um hochrangige britische Verhandlungspartner bemüht hatte, zu schmeicheln. Bemerkenswert erschien dem Botschafter »in den gestrigen Ausführungen des Herrn Molotow seine erstaunliche Mäßigung in seinen Forderungen gegen uns«. Als bedeutsam bezeichnete er den sowjetischen Wunsch, mit Deutschland einen Nichtangriffspakt abzuschließen. Hinsichtlich Japans habe sich Molotow mit dem Wunsch begnügt, daß die deutsche Regierung einen sowjetisch-japanischen Ausgleich herbeiführen möge. Keine Präzisierung der sowjetischen Wünsche sei hingegen in der Frage des Baltikums erfolgt. Im Augenblick – so schloß der Botschafter – sähe es wirklich so aus, »als ob wir in den hiesigen Verhandlungen den gewünschten Erfolg erzielen würden«.

In Berchtesgaden warteten Hitler und sein Außenminister »on pins and needles»[446] auf das Ergebnis dieser Unterredung. Der Bericht Schulenburgs vom frühen Morgen des 16. August wurde so gedeutet, daß die Sowjetregierung »den Gedanken, die deutsch-russischen Beziehungen auf eine neue, politische Grundlage zu stellen, nicht grundsätzlich ablehnte, aber doch zum Ausdruck brachte, daß es vor der Aufnahme direkter Verhandlungen einer längeren Prüfung und diplomatischen Vorbereitung bedürfen werde«[447]. Diese Haltung der Sowjetregierung empfand Hitler als unbefriedigend. Umgehend, am 16. August, 14.30 Uhr, verfügte er die Übersendung einer weiteren deutschen Botschaft an Molotow, »in der der dringende deutsche Wunsch nach sofortiger Aufnahme von Verhandlungen ausgesprochen wurde«[448]. Bereits am Nachmittag des 16. August jagte die neue Instruktion vom Obersalzberg zum Büro Staatssekretär in der Wilhelmstraße und von dort in die Botschaft Moskau[449]. Schulenburg ließ am 17. August gegen 10 Uhr durch Hilger erneut und mit dem Bemerken um einen Termin bei Molotow bitten, er hätte ihm zu der Botschaft des Reichsaußenministers »eine soeben aus Berlin eingegangene ergänzende Instruktion mitzuteilen, die sich auf die von Molotow gestellten Fragen bezöge«[450].

Als der Anruf Hilgers in der Villa an der Spiridonowka einging, versammelten sich hier gerade die drei Militärmissionen zu ihrer sechsten und vorerst abschließenden Sitzung – die auf 10.00 Uhr angesetzte Sitzung konnte erst 10.07 Uhr beginnen. In diesen sieben Minuten dürfte Molotow Stalin, der sich im Kreml befand, telephonisch den Inhalt der Meldung des deutschen Legationsrats Hilger mitgeteilt haben. Stalin erwog ihre Bedeutung, die er angesichts der Umstände dieser Meldung hoch einschätzen mußte, und gab zwei Anordnungen:

– Er wies Woroschilow an, die westlichen Militärmissionen im Verlauf der ersten Sitzung dieses Tages vor die endgültige Entscheidung zu stellen. Die Sowjetregierung hatte bis zu diesem Zeitpunkt die Möglichkeit einer grundlegenden Wende dieser Verhandlungen noch nicht gänzlich ausgeschlossen, ihre Erwartungen nun aber auf ein Minimum reduziert.

– Er wies Molotow an, am späteren Teil des Tages zu hören, was ihm der deutsche Botschafter zu sagen hätte. Unter diesen Umständen wurde Schulenburg für 20 Uhr die Unterredung mit Molotow gewährt.

Konsequenterweise machte Woroschilow an diesem Tage die weiteren Beratungen vom Eingehen der britischen Vollmacht und der Antwort auf die sowjetische »Kardinalfrage« abhängig. Dies hatte keine durchschlagende Wirkung auf die westlichen Delegationen. Aus sowjetischer Sicht mußte die sowjetische Delegation in den Beratungen dieses Tages »wirklich große Geduld aufbringen«, um sich weiterhin mit den von westlicher Seite aufgeworfenen unwesentlichen Teilfragen zu beschäftigen. »Die Frage Woroschilows blieb unbeantwortet ... Nun konnte den sowjetischen Delegierten niemand mehr einreden, daß eine bejahende Antwort Englands und Frankreichs zu erwarten sei.«[451] Gegen 13.43 Uhr brach Woroschilow die Beratungen ab. Sie sollten am 21. August wieder aufgenommen werden.

Dies hatte zur Folge, daß der britische Botschafter in Warschau, Sir H. Kennard, endlich an diesem 17. August von der britischen Regierung beauftragt wurde, die Bemühungen seines französischen Kollegen Noël um Zustimmung der polnischen Regierung zum Durchmarschrecht für sowjetische Truppen zu unterstützen. Er wurde dabei »für den Fall auf die Gefahren einer deutsch-sowjetischen Vereinbarung auf Kosten Polens und Rumäniens aufmerksam gemacht, daß die derzeitigen gegenwärtigen Verhandlungen in Moskau scheitern sollten«[452]. In diesen Warnungen war nicht zuletzt der Einfluß jener Mitteilungen zu erkennen, die den westlichen Botschaftern in Moskau aus der Deutschen Botschaft zugegangen waren. Die britische Diplomatie geriet in Bewegung.

In Moskau begab sich die Führung der sowjetischen Delegation nach der Vertagung der Sitzung zu Stalin. »N.G. Kusnezow erzählte, als sie Stalin Bericht erstatteten, habe dieser gesagt, daß seines Erachtens die Engländer keine ernsten Absichten hätten.« Bis zum 16. August – so berichtete Kusnezow Besymenskij – hätte »die Sowjetregierung immer noch das Für und Wider« erwogen[453]. In der Erörterung mit Stalin und Molotow, die sich an die Militärberatungen des 17. August anschloß, scheint das »Wider« definitiv die Oberhand gewonnen zu haben: In den Nachmittagsstunden dieses 17. August, nach Anhörung des Berichts seiner Militärs, traf Stalin die Entscheidung, die in den Militärverhandlungen eingetretene Unterbrechung zu nutzen, um die deutschen Angebote auf ihren Realitätsgehalt zu prüfen. Nach Verabschiedung der Militärs diktierte Stalin, der der Deutschen Botschaft als Meister der schnellen und präzisen Formulierung bekannt war[454], eine Regierungserklärung, die Molotow – sollte die deutsche Regierung erwartungsgemäß in der neuen Instruktion des Botschafters auf die am 15. August von ihm aufgeworfenen Fragen eingehen – dem deutschen Botschafter verlesen und aushändigen sollte. Ihr Inhalt stellte eine außerordentlich kühle und nur bedingt zustimmende Antwort auf das überschwengliche deutsche Entgegenkommen dar. Stalin leitete, nachdem er – nach Darstellung von Majskij – »durch Chamberlain und Daladier gezwungen worden war, den außenpolitischen Kurs zu ändern, diese unvermeidliche Wende ruhig, nüchtern, kaltblütig und ohne Überstürzung« ein[455].

In seiner Instruktion vom 16. August, die Schulenburg wiederum nur verlesen, nicht übergeben durfte, kam Ribbentrop den im »Plan Schulenburg« zusammengefaßten Wünschen der Sowjetregierung auf der ganzen Linie entgegen. Er beteuerte, daß sich »die von Herrn Molotow vorgebrachten Punkte ... mit den deutschen Wünschen [decken]« (bei der Verlesung der Instruktion hob Schulenburg dies noch gesondert hervor) und er die folgenden Versprechen geben könne[456]:

– Deutschland sei bereit, einen Nichtangriffspakt unkündbar und auf die (für solche Verträge damals ungewöhnliche) Dauer von 25 Jahren einzugehen;

– es sei bereit, »die baltischen Staaten gemeinsam mit der Sowjetunion zu garantieren« (hier ließ Schulenburg – laut sowjetischer Aufzeichnung – die Bemerkung einfließen, daß »der Punkt der gemeinsamen Garantien der baltischen Staaten deshalb in diese Antwort aufgenommen wurde, weil die Sowjetregierung dies nach dem Eindruck der deutschen Regierung wünsche«);

– und es sei bereit, »seinen Einfluß für eine Besserung und Konsolidierung der russisch-japanischen Beziehungen einzusetzen«. (Hier unterbrach Schulenburg – laut sowjetischer Aufzeichnung – die Verlesung der Instruktion und bemerkte: «Wir haben ... nicht ganz verstanden, ob Molotow in dem Gespräch vom 15. August den von Rosso dargelegten Plan wiederholt hat oder ob er damit den Wunsch der Sowjetregierung selbst zum Ausdruck brachte. Die deutsche Regierung dachte, als sie dies eingefügt hat, daß die den Wünschen der Sowjetregierung entgegenkommt ... Molotow erklärte, daß dieser Punkt der Präzisierung bedarf«.)

Der zweite Teil der Instruktion enthielt die unmißverständliche Wendung: »Der Führer ist der Auffassung, daß in Anbetracht der gegenwärtigen Lage und der Möglichkeit des jederzeitigen Eintretens ernster Ereignisse (bitte hierzu Herrn Molotow zu erklären, daß Deutschland nicht gewillt ist, die polnischen Provokationen auf Dauer hinzunehmen) eine grundsätzliche und schnelle Klärung des deutsch-russischen Verhältnisses und der beiderseitigen Einstellung zu den aktuellen Fragen erwünscht ist. Aus diesem Grunde erkläre ich mich bereit, von Freitag, den 18. 8., jederzeit im Flugzeug nach Moskau zu kommen mit der Vollmacht des Führers, über den Gesamtkomplex der deutsch-russischen Fragen zu verhandeln und gegebenenfalls entsprechende Verträge zu unterzeichnen.« In Ergänzung der verlesenen Instruktion ersuchte Schulenburg Molotow – laut sowjetischer Aufzeichnung – »entsprechend einer auf privatem Wege erhaltenen Weisung, ... die Gespräche mit Ribbentrop in dieser oder der folgenden Woche zu beginnen. Schulenburg bittet, die Antwort zu beschleunigen.«

Danach erklärte Molotow, ohne auf den Inhalt der verlesenen Instruktion einzugehen, daß er die Antwort der Sowjetregierung auf die deutschen Vorschläge vom 15. August habe und sie Schulenburg in schriftlicher Form aushändigen könne. Er fügte hinzu, daß Stalin die Besprechungen (nach der Aufzeichnung Schulenburgs: »mit großem Interesse«) verfolge und sich in (nach Schulenburg: »völliger«) Übereinstimmung mit der Antwort Molotows befinde.

Die Sowjetregierung, so lautete die Antwort, habe von der Erklärung der deutschen Regierung vom 15. August über ihren Wunsch nach Verbesserung der Beziehungen Kenntnis genommen. Angesichts der offiziellen Erklärungen einzelner Vertreter der deutschen Regierung, die bis in die letzte Zeit nicht selten einen unfreundlichen und sogar feindlichen Charakter in bezug auf die Sowjetregierung gehabt hätten, sei die Sowjetregierung bis zuletzt davon ausgegangen, daß – nach der deutschen Übersetzung der Note – »die Deutsche Regierung einen Anlaß zu Zusammenstößen mit der Sowjetunion sucht, sich auf diese Zusammenstöße vorbereitet und … die Notwendigkeit … [der] steigenden Aufrüstung mit der Unvermeidlichkeit solcher Zusammenstöße begründet. Nicht zu reden davon, daß die Deutsche Regierung unter Ausnutzung des sogenannten Anti-Komintern-Paktes die Einheitsfront einer Reihe von Staaten gegen die Sowjetunion zu schaffen bestrebt war und geschaffen hat, wobei sie mit besonderer Hartnäckigkeit Japan heranzog.« Diese Politik habe die Sowjetregierung verständlicherweise gezwungen, »ernste Maßnahmen zur Vorbereitung einer Abwehr gegen eine mögliche Aggression auf die Sowjetunion von seiten Deutschlands zu ergreifen und somit an der Organisierung der Abwehr-Front einer Reihe von Staaten gegen eine [derartige] Aggression teilzunehmen«. Dem folgte die charakteristische konditionelle Wendung [Hervorhebungen hier und im folgenden von uns, I.F.]: »*Wenn* jedoch die Deutsche Regierung *jetzt* eine Schwenkung von der alten Politik in Richtung auf eine *ernsthafte* Verbesserung der politischen Beziehungen zur Sowjetunion unternimmt, so kann die Sowjetregierung eine derartige Schwenkung nur begrüßen und ist ihrerseits bereit, ihre Politik im Geiste einer *ernsthaften* Verbesserung in bezug auf Deutschland umzustellen.«

Es folgte die Wiederholung des Grundsatzes der friedlichen Koexistenz und die Betonung, daß »für die Wiederherstellung neuer verbesserter politischer Beziehungen ... schon jetzt ernsthafte praktische Schritte in dieser Richtung« möglich seien: Der erste Schritt könnte der Abschluß eines Handels- und Kreditabkommens, der »zweite Schritt *nach kurzer Zeit* der Abschluß eines Nichtangriffspaktes oder die Bestätigung des Neutralitätsvertrags von 1926 ... bei gleichzeitiger Vereinbarung eines speziellen Protokolls [sein], das die Interessen der vertragschließenden Teile an diesen oder jenen Fragen der auswärtigen Politik regelt und das einen integrierenden Bestandteil des Paktes bildet«[457]. Dies war die erste Erwähnung eines »speziellen Protokolls« von sowjetischer Seite. Was hatte sie dabei im Auge?

Der anschließende Meinungsaustausch gibt eine gewisse Klärung. Zunächst rang Molotow – nach der sowjetischen Aufzeichnung – erneut um Zeitgewinn, wenn er die sowjetische Antwort dahingehend interpretierte, »daß, *bevor* Gespräche über eine Verbesserung der gegenseitigen politischen Beziehungen begonnen werden, die Gespräche über das Kredit- und Handelsabkommen zum Abschluß gebracht werden müssen. [Nach der Aufzeichnung Schulenburgs fügte er hinzu: »Was man angefangen hat, müsse man auch zu Ende führen.«] Das wird der erste Schritt sein ... Ein zweiter Schritt wird entweder eine Bestätigung des Vertrages von 1926 sein, was offenbar Schulenburg im Auge hatte ... oder der Abschluß eines Nichtangriffsvertrags plus Protokoll zu [den] Fragen der Außenpolitik, an denen die beiden vertragschließenden Seiten interessiert sind.« Danach fragte Molotow Schulenburg, »wie er die Perspektiven des ersten und der letzten Schritte bewertet. Was die Kredit- und Handelsverhandlungen angeht, antwortete Schulenburg, so hat er den Eindruck, daß das Abkommen nicht heute oder morgen zustandekommt. Über den zweiten Schritt telegraphiert Schulenburg nach Berlin und erbittet einen Vertragsentwurf. Aber Schulenburg sieht (erwartet) Schwierigkeiten im zusätzlichen Protokoll.«

Molotow erklärte darauf, »daß man den Entwurf des Nichtangriffspaktes oder die Bestätigung des alten Neutralitätsvertrags haben muß. Es ist notwendig, das eine oder andere nach der Wahl der deutschen Regierung zu tun. Es wäre gut, das Schema eines Paktes zu erhalten, um dann zum Protokoll übergehen zu können.«

Schulenburg erwiderte, »daß – ob nun der Abschluß eines neuen Nichtangriffspakts oder die Bestätigung des alten Neutralitätsvertrags [zustande kommt] – nur von einem Paragraph die Rede sein kann«. (Er dachte hierbei an die auf deutscher Seite erhoffte unbedingte Gewaltverzichtserklärung der UdSSR.) »Das Zentrum des Schwergewichts wird, nach seiner Meinung, im Protokoll liegen, und deshalb sei es wünschenswert, von der Sowjetregierung zumindest einen Abriß des Protokolls zu erhalten. Das Protokoll wird große Bedeutung besitzen, unterstreicht Schulenburg, weil in seine Zusammenstellung so wichtige Fragen einfließen, wie die Frage der Garantien für die baltischen Länder usw. Molotow sagt, daß er bisher nicht über eine Antwort der deutschen Regierung zum Nichtangriffspakt verfügte, den die deutsche Regierung überhaupt nicht in ihre Fragen eingeschlossen hatte. Man muß [nun erst einmal] die heutige Antwort prüfen. Die Frage des Protokolls ist ja bisher noch nicht detailliert behandelt worden. Bei seiner Zusammenstellung werden sowohl von deutscher, wie auch von sowjetischer Seite unter anderem [die] Fragen geprüft werden, die in der deutschen Erklärung vom 15. August berührt wurden. Die Initiative beim Zusammenstellen des Protokolls muß nicht nur von sowjetischer, sondern auch von deutscher Seite ausgehen. Natürlich können die in der deutschen Erklärung vom 15. August berührten Fragen nicht in den Vertrag eingehen, sie müssen in [das/ein] Protokoll eingehen. Der deutschen Regierung kommt es zu, darüber nachzudenken. Man muß davon ausgehen, daß der Vertrag vier bis fünf Punkte, und nicht einen Punkt enthält, wie dies Schulenburg denkt. Schulenburg erklärt, daß er keinen Zweifel hat, daß die deutsche Regierung bereit ist, einen Paktentwurf zu [über]geben. Der Leiter der Rechtsabteilung des Auswärtigen Amts wird eine solche Aufgabe, wie die Erstellung des Vertragsentwurfs, glänzend erledigen. Aber er wird offenbar bei der Zusammenstellung des Protokolls auf Schwierigkeiten stoßen, und daher ist es zur Erleichterung der Arbeit wünschenswert, einen Vorentwurf dessen zu haben, was es enthalten soll. Zum Beispiel bleibt die Frage der Garantien für die baltischen Länder offen. Vielleicht soll im Protokoll die Erklärung vom 15. August Niederschlag finden, in der gesagt ist, daß Deutschland die Interessen der UdSSR in der Ostsee berücksichtigen wird?«

Molotow antwortete, »daß der Inhalt des Protokolls Gegenstand der Erörterung sein muß. Das Handelsabkommen befindet sich im Stadium der Vollendung, man muß den Entwurf des Nichtangriffspaktes oder der Bestätigung des Vertrags von 1926 vorbereiten, und im Prozesse seiner Prüfung wird es möglich sein, an konkretere Fragen und den Inhalt des Protokolls heranzutreten. Schulenburg versprach, in Berlin den Vertragsentwurf zu erbitten. Was das Protokoll anbelangt, so wird er um seine Zusammenstellung auf der Grundlage der deutschen Erklärung vom 15. August unter Einbeziehung der allgemeinen Formulierung über die Berücksichtigung der Interessen im Ostseegebiet durch Deutschland bitten.«

Nach seiner Aufzeichnung hatte Schulenburg in Aussicht gestellt, Ribbentrop könnte in Moskau ein solches »Protokoll abschließen, in das sowohl die schon erwähnten Fragen als auch neue Fragen eingingen, die [noch] entstehen könnten«. Darauf brachen – nach der sowjetischen Aufzeichnung – die sowjetischen Bedenken gegen das Protokoll durch: »Die Frage des Protokolls, das ein untrennbarer Teil des Paktes sein soll«, hob Molotow mit großer Zurückhaltung hervor, »ist eine *ernste* Frage. Die deutsche Regierung muß darüber nachdenken, welche Fragen in das Protokoll eingehen sollen. Wir denken auch darüber nach. Die sowjetische Regierung berücksichtigt die Meinung der deutschen Regierung, daß die Fragen, die wir erörtern, nicht lange aufgeschoben werden dürfen. Aber vor der Ankunft Ribbentrops muß Gewißheit darüber erzielt werden, daß die Verhandlungen das Erreichen bestimmter Beschlüsse sichern werden.«

Wie Schulenburg nach Berlin berichtete, scheute die Sowjetregierung »das Aufsehen, das eine solche Reise hervorrufen würde«, und zog es vor, »ohne viel Aufhebens praktische Arbeit zu leisten«. Eine solche Reise bedürfe »einer gründlichen Vorbereitung«. Wiederholte Einwendungen Schulenburgs wies Molotow zurück. Er schlug vor, daß die deutsche Seite die Ausarbeitung der »Entwürfe für den Nichtangriffspakt bzw. für die Auffrischung des Neutralitätsvertrags sowie für das Protokoll …« unverzüglich in Angriff nehme; »das gleiche werde von Sowjetseite geschehen«.

Erneut wurde die Antwort Schulenburgs auf dem Obersalzberg mit Ungeduld erwartet. Sein Bericht vom Morgen des 18. August brachte eine weitere Enttäuschung: Die Unterredungen mit Molotow »nahmen nicht den erhofften Verlauf«[458]. Umgehend wurde eine neue Weisung in den Äther geschickt. Schon am Abend des 18. August ging dem Botschafter die Aufforderung Weizsäckers zu, »sich zu morgen, Sonnabend früh, Audienz bei Molotow zu sichern und alles dran zu setzen, daß Sie in den Vormittagsstunden empfangen werden«[459]. Die Instruktion, die Schulenburg daraufhin in den frühen Morgenstunden des 19. August erhielt, forderte ihn auf, »eine sofortige Unterhaltung mit Herrn Molotow herbeizuführen und alle gegebenen Mittel auszunutzen, daß diese Unterhaltung ohne jede Verzögerung stattfindet« – hierin bestand auch ein Verweis an den Botschafter, den Ribbentrop verdächtigte, die Ausführung seiner Weisungen zu verzögern.

Der Außenkommissar empfing den Botschafter am Sonnabend, dem 19. August, um 14 Uhr[460]. Nach erneuten Entschuldigungen über die Beharrlichkeit, mit der er das Gespräch herbeigeführt hatte, setzte Schulenburg die Sowjetregierung über die bis zum äußersten verschärfte Lage und die Möglichkeit eines nahen Konflikts in Kenntnis. Ribbentrop hoffe, die Beziehungen zwischen der UdSSR und Deutschland – laut sowjetischer Aufzeichnung – noch vor seinem Ausbruch zu klären, »da dies während des Konfliktes schwer zu machen ist«. In Deutschland betrachte man den ersten Schritt im wesentlichen als abgeschlossen. »In die Fragen der beiderseitigen Garantierung der baltischen Länder, des Nichtangriffspaktes, der Einflußnahme auf Japan ist auch Klarheit getragen worden. Und deshalb mißt Ribbentrop seiner Reise große Bedeutung bei und hält es für nötig, in aller Schnelle an die zweite Etappe heranzutreten. Ribbentrop würde unbegrenzte Vollmachten Hitlers haben, um *jedes* Abkommen abzuschließen, welches die Sowjetregierung wünschen würde.« (Nach seiner Weisung sprach Schulenburg von »sofortige[r] Reise« Ribbentrops, der ermächtigt sei, »mit Generalvollmacht des Führers ... den Gesamtfragenkomplex erschöpfend und abschließend zu regeln«.) Im weiteren Verlauf des Gesprächs, in dem Molotow zunächst seine Zustimmung zu einer baldigen Reise versagte, betonte Schulenburg, der immer wieder »auf der Reise Ribbentrops bestand« (Pawlow), daß »auch Hitler [der Reise] eine gewaltige Bedeutung beimißt. Ribbentrop könnte ein Protokoll abschließen, in das sowohl die bereits erwähnten Fragen als auch neue Fragen eingehen würden, die entstehen könnten. Die Zeit läuft davon«, fügte Schulenburg hinzu.

Dieses Drängen beherrschte seine gesamte Gesprächsführung: Der Nichtangriffspakt bedürfe »keiner langen Vorbereitungen« (Schulenburg), die Frage dieses Pakts stelle sich »klar und einfach« dar (sowjetische Aufzeichnung Pawlows). Die deutsche Regierung denke dabei »an folgende drei Punkte« (Aufzeichnung von Schulenburg, der zu Recht hervorhob[461], daß es sich ja nur um zwei Punkte handele; nach der Aufzeichnung Pawlows hatte er betont, der deutsche Entwurf bestehe nur aus »zwei Punkten«):

»Artikel 1. Das Deutsche Reich und die UdSSR werden in keinem Falle zum Kriege oder zu einer Art von Gewaltanwendung gegeneinander schreiten.

Artikel 2. Dieser Vertrag tritt sofort mit der Unterzeichnung in Kraft und gilt von da an unkündbar für die Dauer von 25 Jahren.«

Dies war technisch das Rudiment eines Nichtangriffspaktes[462] und inhaltlich eine in hektischster Eile zusammengezimmerte Gewaltverzichtserklärung, die eine Herausforderung an das Selbstgefühl jeder gesitteten Macht darstellen mußte. Die Unverfrorenheit des Anerbietens wurde noch dadurch unterstrichen, daß Ribbentrop »bei mündlichen Besprechungen in Moskau Details zu regeln und gegebenenfalls russischen Wünschen Rechnung zu tragen« versprach. Auch wäre er in der Lage, »ein *spezielles Protokoll* zu unterzeichnen, das Interessen beider Teile ... regelt, z.B. Regelung *Interessensphäre* in Ostsee-Gebiet, Frage Baltenstaaten usw.« – die erste Erwähnung des Begriffs der »Interessensphären« in den deutschen Bemühungen um die Neutralität der UdSSR. Dieser Begriff war in den britisch-deutschen Ausgleichsverhandlungen dieser Wochen in einem relativ präzisen Sinne von englischer Seite verwendet worden und wurde hier von deutscher Seite unpräzisiert übernommen.

Es war nicht verwunderlich, wenn Molotow – laut Aufzeichnung Pawlows – die Frage stellte, ob denn »der ganze Vertrag wirklich nur aus zwei Punkten bestehen soll«. Er warf ein, daß es doch »typische Verträge« dieser Art gebe, die sich auch in diesem Falle empfehlen würden. »Schulenburg antwortet, daß er nichts gegen die Verwendung [dieser Form] der Pakte hätte. Hitler ist bereit, *alles* zu berücksichtigen, was die UdSSR wünscht.« Schulenburg sprach weiter seine Überzeugung aus, daß auch »bei der Zusammenstellung des Protokolls ... keine Schwierigkeiten entstehen dürften«, da die Reichsregierung bereit sei, »*allen* Wünschen der Sowjetregierung entgegenzukommen«.

Tatsächlich sollte der Botschafter bei seiner Übermittlung dieser Instruktion »mit allem Nachdruck auf schnelles Zustandekommen« der Reise hinwirken »und etwaigen erneuten russischen Einwendungen entsprechend entgegenwirken«. Dem Botschafter galt der unmißverständliche Nachsatz: »Sie müssen sich dabei die entscheidende Tatsache vor Augen halten, daß baldiger Ausbruch offenen deutsch-polnischen Konflikts wahrscheinlich ist und daß wir deshalb das größte Interesse daran haben, daß mein Besuch in Moskau sofort zustandekommt.« Wie Schulenburg am späten Abend dieses 19. August nach Berlin berichtete, hatte er die Instruktion tatsächlich in diesem Sinne ausgeführt. Die sowjetischen Dokumente bestätigen dies[463]: Er versuchte immer wieder, Molotow zu überzeugen, daß die Reise Ribbentrops das einzige Mittel sei, um – nach seinen Worten – »die wegen der politischen Lage dringend gebotene Beschleunigung zu erzielen«. Doch es kam, wie in Berlin mit Bestürzung wahrgenommen wurde, auch in diesem Gespräch »trotz aller Bemühungen nicht zu einer Einigung«[464].

Die vorsichtigen Fragen Molotows mehrten sich mit dem immer stärker werdenden Drängen Schulenburgs. Nach der Aufzeichnung Schulenburgs gab Molotow zu, daß die Sowjetregierung die in der Reise Ribbentrops »liegende Absicht verstehe«; sie »bleibe jedoch dabei, daß es vorläufig nicht möglich sei, auch nur annähernd den Zeitpunkt der Reise zu bestimmen, da sie einer gründlichen Vorbereitung bedürfe. Dies beziehe sich sowohl auf den Nichtangriffspakt als auch auf den Inhalt des gleichzeitig zu schließenden Protokolls.« Den deutschen Entwurf des Nichtangriffspakts bezeichnete Molotow euphemistisch als »keineswegs erschöpfend«. Die Sowjetregierung wünsche vielmehr, »daß dem Nichtangriffspakt mit Deutschland einer der vielen Nichtangriffspakte, die die Sowjetregierung mit anderen Ländern (z.B. mit Polen, Lettland, Estland usw.) geschlossen habe, als Muster zugrunde gelegt werde. Er überlasse es der Deutschen Regierung, hieraus den ihr als geeignet erscheinenden auszuwählen.« Molotow ging dann des längeren auf die Frage des Protokolls ein. Er bezeichnete seinen Inhalt als eine »sehr ernste Frage« und betonte, daß in erster Linie die deutsche Regierung über die konkreten Punkte nachdenken müsse. Die Sowjetregierung erwarte von deutscher Seite präzise Angaben. Molotow hob den aus sowjetischer Sicht grundsätzlichen Charakter dieser Entscheidungen hervor, der zu dem taktischen deutschen Drängen auf Abschluß in schärfstem Kontrast stand: »Die Einstellung der Sowjetregierung zu Verträgen, die sie schließe, sei sehr ernst, sie halte Verpflichtungen, die sie übernehme, und erwarte das gleiche von ihren Vertragspartnern.« Nach der sowjetischen Aufzeichnung »unterstrich [Molotow] die Ernsthaftigkeit, mit der wir uns in diesen Fragen verhalten; er erklärte, was wir sagen, das tun wir auch. Wir halten unser Wort und wünschten, daß die deutsche Seite dieselbe Linie einhielte.« Molotow wollte ferner wissen, »ob man den Wunsch der deutschen Regierung nach Beschleunigung dieser Gespräche durch das Interesse erklären kann, das die deutsche Regierung an den deutsch-polnischen Beziehungen und speziell Danzig nimmt. Schulenburg antwortete bestätigend und fügte hinzu, daß gerade diese Fragen der Ausgangspunkt für den Wunsch der deutschen Regierung nach Berücksichtigung der Interessen der UdSSR vor dem Eintreten der Ereignisse sind. Schulenburg ist der Ansicht, daß die Vorbereitung, über die Molotow sprach, schon abgeschlossen ist, und hebt hervor, daß sie bereit sind, allen Wünschen der Sowjetregierung entgegenzukommen.«

Doch alle Argumente Schulenburgs ließen »Molotow scheinbar unberührt« (Aufzeichnung Schulenburgs). Er betonte, daß ja noch nicht einmal der erste Schritt, der Abschluß des Wirtschaftsvertrags, vollendet sei. Das Wirtschaftsabkommen müsse zunächst unterzeichnet »und veröffentlicht werden und sich nach außen auswirken. Dann kämen der Nichtangriffspakt und das Protokoll dran.« Er entließ den Botschafter mit der Bemerkung, er hätte die Auffassung der Sowjetregierung mitgeteilt und »nichts mehr hinzuzufügen«. Nach dem Eindruck des als Dolmetscher anwesenden Botschaftsrats Hilger »verschanzte sich« Molotow – trotz der unbegrenzten Konzessionsbereitschaft der deutschen Regierung – hinter der Notwendigkeit, Instruktionen von seiner Regierung (Stalin) einzuholen und präzisere Mitteilungen über die Punkte zu erhalten, die Aufnahme ins Protokoll finden sollten[465].

Schulenburg und Hilger verließen Molotow nach etwa einstündiger Unterredung gegen 15 Uhr »ergebnislos«[466]. Gegen 15.30 Uhr wurde der Botschafter telephonisch gebeten, um 16.30 Uhr noch einmal im Außenkommissariat zu erscheinen. Molotow teilte ihm mit, daß er die Sowjetregierung (d.h. Stalin) über den Inhalt des heutigen Gesprächs in Kenntnis gesetzt habe. Zur Erleichterung der Arbeit übergebe er Schulenburg den sowjetischen Vertragsentwurf. Nach Verlesung des Texts teilte Molotow mit, daß Ribbentrop nach der Unterzeichnung des Handels- und Kreditabkommens am 26. bis 27. August anreisen könnte[467]. Molotow schloß die Unterredung mit der Bemerkung: »Das ist doch ein konkreter Schritt!«[468]

Dieser Wandel in der Haltung Molotows innerhalb weniger als einer Stunde wurde auf deutscher Seite[469] durch ein plötzliches Eingreifen Stalins erklärt. Dem ist entgegenzuhalten, daß Stalin angesichts der außerordentlich brisanten Lage selbstverständlich tagtäglich unmittelbar nach der jeweiligen Unterredung den Bericht Molotows hörte. Es erhebt sich also die Frage, warum er am Nachmittag dieses 19. August und nicht früher seine grundsätzliche Zustimmung zur Reise Ribbentrops gab, einen möglicherweise schon vorher bereitliegenden Vertragsentwurf überreichen ließ und die Sowjetische Handelsvertretung in Berlin autorisierte, das Wirtschaftsabkommen zu unterzeichnen.

Die Antwort auf diese Frage liegt – neben dem äußerst expliziten und immer dringlicheren Charakter der deutschen Angebote von diesem Tage – einerseits im Wissen Stalins um die erfolglosen englisch-französischen Bemühungen um das sowjetische Durchmarschrecht durch Polen und andererseits in den fernöstlichen Verwicklungen der Sowjetunion. Am 19. August war absehbar, daß die mittlerweile vereinten Versuche der englischen und französischen Diplomatie in Warschau, die polnische Regierung und Generalität in der Frage eines eventuellen sowjetischen Truppendurchmarsches zum Einlenken zu bewegen, fehlschlagen würden. Am Abend des 19. August teilte der polnische Außenminister Beck dem französischen Botschafter Noël definitiv die ablehnende Haltung seiner Regierung mit und bezeichnete es als ein »unwandelbares Prinzip der Politik Polens ... das Verbot für beliebige ausländische Truppen«[470], sein Hoheitsgebiet zum Durchmarsch zu benutzen. Trotz intensivierter Bemühungen von französischer Seite war eine polnische Willensänderung nicht mehr zu erwarten.

Bis dahin hatte Stalin – nach dem Eindruck von Schnurre – »gezögert«, das bereits paraphierte Wirtschafts- und Kreditabkommen, den ersten Schritt auf dem Wege einer weiteren deutsch-sowjetischen Annäherung, unterzeichnen zu lassen; »er ließ das Wirtschaftsabkommen als Bremse, um zu sehen, ob er nicht doch mit den Engländern und Franzosen abschließen könnte. Am 19. August erfolgte die Absage der Polen. Erst danach räumte Stalin die Barriere zur Seite. In der Nacht vom 19. zum 20. gab er die Weisung zu unterzeichnen.«[471]

Im Westen hatte Stalin der Roten Armee durch diese Unterzeichnung eine gewisse Ruhe verschafft. Denn an der sowjetischen Ostgrenze, der japanisch-mongolischen Front, traf der Generalstab genau in diesem Moment die letzten Vorbereitungen auf die große Gegenoffensive der Roten Armee. Sie sollte im Morgengrauen des 20. August beginnen. Zum Zeitpunkt der Unterzeichnung des Wirtschafts- und Kreditabkommens in Berlin lief die sowjetische Luftwaffe zu ihrer bis dahin umfangreichsten Operation an die mongolische Grenze aus. Der sowjetische Großangriff begann. Das Unternehmen war aufwendig und risikoreich. Eine militärische Entlastung der Roten Armee im Westen war ebenso wichtig, wie eine diplomatische Entlastung – im Sinne des Einwirkens Deutschlands auf Japan – willkommen gewesen wäre.

Symptomatisch für Stalins beherrschende Sorge über die fernöstliche Eskalation war auch die Tatsache, daß er sich ausgerechnet in diesen beiden hektischen und spannungsreichen Tagen noch der Mühe unterzog, ein TASS-Dementi zu verabschieden. Vordergründig räumte er damit einen weiteren Ballaststoff aus dem Wege, der sich störend in die unterbrochenen Militärpaktverhandlungen eingeschlichen hatte. Am 19. August veröffentlichte die *Prawda*[472] und am 20. August wiederholten die *Iswestija*[473] ein TASS-Kommuniqué, in dem die Sowjetregierung Meldungen führender polnischer Zeitungen zurückwies; nach diesen seien in den Moskauer Militärverhandlungen zwischen den westlichen Delegationen und der sowjetischen Mission Meinungsverschiedenheiten über der angeblichen sowjetischen Forderung entstanden, für den Fall eines Krieges im Fernen Osten westliche Militärhilfe zu erhalten. TASS dementierte diese Meldung als »glatte Erfindung«, unterließ es aber dabei nicht zu erwähnen, daß die »tatsächlich bestehenden Meinungsverschiedenheiten eine ganz andere Frage« beträfen. Damit gab es zu, daß Meinungsunterschiede bestanden, und brach die getroffene Geheimhalteabsprache – nach dem erneuten Zusammentreten der Militärmissionen am 21. August wurde die sowjetische Mission von westlicher Seite korrekterweise zur Verantwortung gezogen[474]. Stalin muß schwerwiegende Gründe für die Veröffentlichung des TASS-Dementis gehabt haben, die sich nicht primär auf Deutschland bezogen – der bereits bestehende Gesprächskontakt hätte in diesem Falle andere Möglichkeiten eines Fingerzeigs geboten. Im weiteren Sinne war das TASS-Dementi ein Zeichen an die japanische Adresse, wo – wie sowjetischerseits vermutet werden mußte – die Reichsregierung zu diesem Zeitpunkt die Konditionen einer Beilegung von deren Konflikt mit der UdSSR sondierte.

Die Hoffnung auf Eindämmung der japanischen Aggression stand mit im Zentrum des sowjetischen Vertragsentwurfs für den Nichtangriffspakt[475]. Der Entwurf war eng an frühere sowjetische Nichtangriffspakte angelehnt und bestand aus fünf Artikeln nebst einem auf ein »besonderes Protokoll« hinweisenden Postscriptum, welches jenes zum »integrierenden Bestand des Paktes« erklärte.

Artikel 1 enthielt den gegenseitigen Gewaltverzicht im Sinne eines (primären) Gewaltaktes, einer aggressiven Handlung oder eines Angriffes aufeinander, und dies einzeln oder gemeinsam mit anderen Mächten. Eine defensive militärische Aktion zur Eindämmung einer deutschen aggressiven Handlung allein oder zusammen mit anderen Mächten (etwa im Sinne der begonnenen Militärpaktberatungen, deren rein defensiven Charakter die Sowjetregierung immer hervorgehoben hatte) behielt sich die Sowjetregierung damit vor.

Artikel 2 untersagte jedem Vertragspartner jede wie immer geartete Form der Unterstützung einer dritten Macht, die den anderen vertragschließenden Teil zum »Gegenstand eines Gewaltaktes oder Angriffs« machte. Er lief auf die Ablösung des Anti-Komintern-Paktes hinaus, insofern Deutschland von jeglicher »Unterstützung« Japans Abstand nehmen mußte. Dabei plante die Sowjetregierung zweifellos, diesen Punkt im »besonderen Protokoll« zu einer aktiven Einflußnahme Deutschlands auf Japan im positiven Sinne auszuweiten. Angriffe irgendwelcher »dritter Mächte« auf Deutschland waren ohnedies nicht zu erwarten. Und sowjetischer Beistand für eine dritte Macht, die Gegenstand eines deutschen Gewaltaktes würde, war hiermit nicht ausgeschlossen.

Artikel 3 enthielt die Konsultationsklausel im Falle von Streitigkeiten und Konflikten, wobei gegebenenfalls Schlichtungskommissionen eingesetzt werden sollten.

In Artikel 4 wurde die Wirksamkeit des Vertrags auf die Dauer von fünf Jahren mit automatischer Verlängerung um weitere fünf Jahre begrenzt.

Artikel 5 schlug das Inkrafttreten des Paktes erst nach seiner Ratifizierung vor, wobei diese innerhalb einer möglichst kurzen Frist erfolgen sollte.

Dies waren – wie auf deutscher Seite wohl mit einer gewissen Enttäuschung zur Kenntnis genommen wurde – weitgehend »die gewöhnlichen Bedingungen«[476] der Nichtangriffspakte der Kellog-Briand-Ära. In einem wesentlichen Punkte aber wich dieser Entwurf von der klassischen Form ab, indem er dem aggressiven Hitler-Staat eine Konzession machte: Artikel 2 unterschied sich in signifikanter Weise vom Berliner Vertrag von 1926. Dort war das Neutralitätsversprechen an »das friedliche Verhalten« des Vertragspartners gebunden – hier verzichtete der sowjetische Entwurf auf diese Bedingungen. Allerdings deutete die Formulierung, daß der Vertragspartner »Objekt« einer fremden Aggression sein mußte, wenn das Versprechen wirksam werden sollte, an, daß der »Gewaltakt« oder »Angriff« nicht von ihm ausgehen durfte. Angesichts des evident kriegerischen Verhaltens der deutschen Regierung hielt es die Sowjetregierung offenbar für überflüssig, an der Bedingung des »friedlichen Verhaltens« festzuhalten. Damit öffnete sie freilich jedem durch einen angeblichen Gewaltakt einer dritten Macht »provozierten« deutschen Angriff Tür und Tor[477].

Es ist fraglich, ob und inwieweit die Deutsche Botschaft diese Eventualität voraussah. Der italienische Botschafter, den Schulenburg nach seiner Rückkehr aus dem Außenkommissariat aufsuchte, um ihn umgehend zu informieren, meldete nach Rom, daß der Vertragstext »dem üblichen Modell« entspräche; lediglich im Hinblick auf »ein Protokoll (unklar ist noch, ob es geheim oder nicht geheim sein wird)« sei das »Feld noch offen für die Diskussion«. Die Sowjetregierung wünsche in dieses Protokoll die Garantie der baltischen Staaten und der Einflußnahme auf Japan aufzunehmen[478].

Als Botschafter Schulenburg diesen sowjetischen Vertragsentwurf in der Nacht vom 20. zum 21. August nach Berlin übermittelt hatte, mußte er den Eindruck haben, daß sich die Mühen seiner fünf schweren Moskauer Jahre gelohnt hatten. Er war dabei von der Hoffnung geleitet, »daß sich ein Nichtangriffspakt mit der Sowjetunion als ein Instrument des Friedens erweisen könnte. So unglaublich das auch heute klingen mag« – schrieb nach dem Kriege sein langjähriger Mitarbeiter Gustav Hilger – »wir waren im Sommer 1939 tatsächlich der Meinung, daß, sobald Deutschland sich eine russische Rückendeckung verschafft haben würde, England und Frankreich Polen zu Mäßigung und Nachgiebigkeit zwingen würden. Als Folge davon erwarteten wir eine deutsch-polnische Verständigung auf der Basis einer Rückgabe Danzigs und eines ›Korridors durch den Korridor‹. Aus der Moskauer Entfernung waren wir geneigt, Hitlers Versicherungen zu glauben, daß er dann ›keine weiteren territorialen Forderungen in Europa mehr stellen‹ würde. Eine derartige Lösung des polnischen Problems betrachteten wir als die einzige Möglichkeit, einen zweiten Weltkrieg zu verhindern. Als wir uns im weiteren Verlauf der Verhandlungen der Tatsache bewußt wurden, daß Hitler überhaupt keine Verständigung mit Polen wollte und auf einen Krieg gegen Polen lossteuerte, um es zu vernichten, versuchten wir uns mit dem Gedanken zu trösten, daß ein deutsch-polnischer Zusammenstoß immer noch besser sei als ein zweiter Weltkrieg.«[479] Wie Hilger betonte, standen diese Erwägungen des August 1939 bereits im Zeichen tiefer Besorgnisse und skeptischer Überlegungen.

Mit Besorgnis verbrachte Schulenburg auch die Nachtstunden vom 20. auf den 21. August. Ein Telegramm des Staatssekretärs hatte ihn gegen 21 Uhr aufgefordert, sich sofort, »und zwar noch für heute«, Sonntag, den 20. August, beim Außenkommissariat anzumelden, »um wichtige Botschaft Führers an Stalin zu übergeben. Erwähnte Botschaft folgt drahtlich.«[480]

Schulenburg antwortete, daß es nicht mehr gelungen sei, »verantwortlichen Beamten Außenkommissariats zu erreichen«, und er den Auftrag erst am Montag, dem 21. August, ausführen könne[481]. Er wartete in der Botschaft auf den Eingang des angekündigten »Staatstelegramms«.

Währenddessen schrieb er privat nach Berlin: »Wir stehen hier noch immer im Mittelpunkt der Weltpolitik. Augenblicklich verhandeln hier die britischen und französischen Militärs, bisher ohne sichtbaren Erfolg. Aber wir haben gewaltige Arbeit; wir werden überschüttet mit Telegrammen usw. ... Gestern Nacht ist der deutsch-sowjetische Wirtschaftsvertrag in Berlin gezeichnet worden, was bei der heutigen politischen Lage mehr bedeutet, als es den Anschein hat. Aber Du mußt noch weiter den Daumen halten, ... mindestens noch 10 Tage. Es ist noch nicht sicher, ob ich nach Nürnberg gehen werde, aber ich denke ja, wenn vielleicht auch mit einer kleinen Verspätung ... Es ist jetzt der *21.* August [doppelte Unterstreichung im Text, I.F.], morgens 2 Uhr. Eben telephoniert man mir aus der Kanzlei, daß ein ›höchst-eiliges‹ und endloses Telegramm aus Berlin eingegangen ist. In 1 ½ Stunden wird es mir entziffert zugesandt werden; solange muß ich wachbleiben. Trotzdem schließe ich den Brief für heute; ich will und muß in meinem Stuhle noch ein wenig ›nicken‹, denn viel werde ich diese Nacht nicht schlafen können. Morgen füge ich diesem Brief noch etwas bei, falls sich etwas Bemerkenswertes ergeben hat ...

21.8.39. 18 Uhr. Ich komme eben aus dem Kreml. Wenn Du diesen Brief erhältst, wirst Du bereits aus den Zeitungen wissen, daß der große Schlag gelungen ist. Es ist ein diplomatisches Wunder. Die Folgen sind nicht abzusehen. Meine Chiffreure haben seit vielen Nächten nicht mehr geschlafen; auch ich bin ein wenig mitgenommen. Und noch stehen uns einige Tage höchster Anstrengung bevor. Aber das macht jetzt nichts, nachdem die Entscheidung so gefallen ist, wie wir wollten und wünschten. Hoffentlich verderben nicht die Umstände die Dinge, die jetzt im rechten Lote sind. Jedenfalls haben wir unsere Aufgabe erfüllt. Wir haben in drei Wochen geschafft, was Engländer u[nd]. Franzosen in vielen Monaten nicht haben erreichen können! Möge sich alles dies zu etwas Glücklichem auswachsen!«[482]

Der Hitler-Stalin-Pakt wird geschmiedet
21. bis 23. August 1939

Die Unruhe des Botschafters in der Nacht vom 20. zum 21. August hatte gute Gründe: Mit der Übermittlung des sowjetischen Entwurfs für den Nichtangriffspakt hatte er unter denkbar ungünstigen Umständen eine Wiederbelebung der Politik von Rapallo ermöglicht. Er hatte damit die von seinem Vorgänger übernommene sowie sich selbst gestellte Aufgabe erfüllt. Die diplomatische Initiative hatte ihr Ziel erreicht. Das weitere Vorgehen von deutscher Seite brauchte nunmehr nur noch im technischen Abschluß des Vertrags zu bestehen: Hierfür waren zunächst die Völkerrechtsexperten und schließlich der Außenminister selbst verantwortlich. Tatsächlich war – wie Ribbentrop einschränkend hervorhob – »das Ziel, das diplomatisch vorbereitet war, … der Abschluß eines Nichtangriffspaktes zwischen den beiden Ländern«[1]. Dieses Ziel war für die ungehinderte Durchführung der Pläne Hitlers ungenügend. Zu einer wirksamen Isolierung Polens war das Stillhalten Stalins erforderlich. Deshalb griff Hitler zu später Stunde persönlich in das Geschehen ein: Er setzte sich über die geleistete diplomatische Vorarbeit hinweg und spielte seinen höchsten Trumpf aus.

Die telegraphische Mitteilung des Staatssekretärs, nach der in kürzester Zeit eine »wichtige Botschaft des Führers an Stalin zu übergeben« sei, kündigte einen ebenso unkonventionellen wie – aus der Sicht der deutschen Diplomatie – unnötigen und gefährlichen Schritt der deutschen Seite an, der die vollendete diplomatische Vorarbeit gefährden konnte: »eine Parforce-Jagd in Konkurrenz mit den Engländern um die russische Gunst!«[2]

Der Botschafter, der die Fäden zum Abschluß des Nichtangriffspaktes über viele schwere Monate hinweg kunstvoll geknüpft hatte, befürchtete nun nicht zu Unrecht, daß die Umstände, die durch das persönliche Eingreifen Hitlers geschaffen würden, in letzter Minute die Dinge verderben würden, die doch endlich im richtigen Lot waren: »In diesem dramatischen Moment der Weltgeschichte, da das Schicksal der Menschheit eine neue Richtung wies« – so schrieb später der Militärattaché, Ernst

Köstring –, »trat ein Ereignis ein, das alles entschied: die persönliche Botschaft Hitlers an Stalin. Diese Botschaft erschien mir damals wie der Hieb Alexanders durch den gordischen Knoten. Allerdings wurde... mit diesem Schwerthieb der Knoten nicht gelöst, sondern nur gewalttätig zerhauen«[3].

Das Telegramm Hitlers an Stalin

Das Telegramm, das Hitler am Sonntag, dem 20. August an Stalin richtete, war das Produkt eines geradezu fieberhaften Aufspürens der letzten Möglichkeiten zur Isolierung Polens. Als Hitler das Telegramm am frühen Sonntagnachmittag auf den Weg schickte, stand der Angriff auf Polen in weniger als sechs Tagen bevor. Wie abrupt die Idee dieses Telegramms Gestalt annahm, ist schon aus der Tatsache ersichtlich, daß Ribbentrop Botschafter Schulenburg noch vier Stunden zuvor (12.35 Uhr) telegraphisch um Auskunft nach näheren Details seiner letzten Unterredung mit Molotow und gegebenenfalls Andeutungen der russischen Absichten gebeten hatte[4].

Der Weg des persönlichen Telegramms Hitlers an Stalin, das den Berghof um 16.35 Uhr verließ, war von einer Reihe retardierender Momente gesäumt, in denen der Psychologe unschwer Symptome der unbewußten oder bewußten Verzögerung dieser das Schicksal Deutschlands besiegelnden Botschaft erkennen würde: Aus Berlin ging das Telegramm offenbar erst über zwei Stunden später (18.45 Uhr) ab – dem Staatssekretär selbst fiel es am nächsten Tage zu, diese Zeitabfolge einer Überprüfung zu unterziehen![5] In Moskau wiederum war schon die Vorankündigung des Telegramms am Sonntag, gegen 20.50 Uhr, zu einem Zeitpunkt eingegangen, in dem es dem Botschafter – nach dessen Mitteilung[6] – nicht mehr gelang, sich für den nächsten Morgen im Außenkommissariat anmelden zu lassen.

Diese Tatsache überrascht. In Anbetracht der nahen Kriegsgefahr und der laufenden Verhandlungen ist es kaum denkbar, daß das Volkskommissariat für Äußeres an diesem Tage – dem Vorabend der letzten Friedenswoche – so schwach besetzt bzw. nicht in der Lage gewesen sein sollte, den Außenkommissar oder einen seiner Vertreter zu verständigen. Wahrscheinlicher ist daher die Annahme, daß das Außenkommissariat diesen entscheidenden Empfang des deutschen Botschafters willentlich hinauszögerte: Denn am Montag, dem 21. August, traten die drei Militärdelegationen erneut zusammen, um über die Wiederaufnahme der Beratungen über eine Militärkonvention zu entscheiden.

Kein Zufall war es daher auch, wenn das Außenkommissariat die am Morgen dieses 21. August von der Deutschen Botschaft übermittelte Bitte um unverzüglichen Empfang des Botschafters zwecks Übergabe einer Botschaft des Reichskanzlers allem Anschein nach dilatorisch behandelte und dem Botschafter erst um die späte Mittagszeit einen Termin für 15.00 Uhr gab[7]: Zu diesem Zeitpunkt liefen die Militärberatungen, deren Beginn für 11.00 Uhr anberaumt war, schon einige Stunden. Die Sowjetregierung mußte bereits Klarheit über Erfolg oder Mißerfolg dieser Wiederaufnahme der Militärberatungen besitzen. Entsprechend ihrem Ausgang konnte sich Stalin auf das deutsche Angebot einstellen.

Die Sowjetregierung gab den Delegierten Frankreichs und Englands an diesem Morgen eine Warnung mit auf den Weg: Die *Prawda* und *Iswestija* vom 21. August veröffentlichten die TASS-Meldung über den Abschluß des deutsch-sowjetischen Kredit- und Handelsabkommens vom 19. August. Beide Tageszeitungen hoben in ihren Leitartikeln die Bedeutung dieses Abkommens hervor und betonten, daß es in einer äußerst gespannten politischen Atmosphäre zustande gekommen, aber geeignet sei, zu einer Entspannung der Beziehungen zwischen den beiden Ländern beizutragen. Es könnte sich als wichtiger Schritt für die weitere Entwicklung nicht nur der wirtschaftlichen, sondern auch der politischen Beziehungen erweisen[8]. In dieser detaillierten Bekanntgabe wurde verstärkt das Bestreben der sowjetischen Regierung deutlich, sich den Vorwurf geheimer Verhandlungen mit dem Aggressor zu ersparen. Sie ging hier einen Schritt weiter, als in der TASS-Erklärung vom 22. Juli, und wies ihre westlichen Partner auch auf die politischen Perspektiven einer weiteren deutsch-sowjetischen Annäherung hin.

Ungeachtet dieser Warnung erfolgte die Wiederaufnahme der Militärberatungen unter wenig veränderten Umständen. Am Vortag, dem 20. August, war ein weiterer französischer Versuch gescheitert, Warschau zu dem Zugeständnis des Durchmarschrechts an die UdSSR zu bewegen. Mit verschärfter Weisung von Bonnet hatte Botschafter Noël zugleich Beck und den Generalinspekteur der polnischen Streitkräfte, Marschall E. Rydz-Smigly, mit der französischen Sicht der Erfordernisse dieser Stunde konfrontiert. Der Marschall entließ ihn – im zunehmend tragischen Bewußtsein der vielseitig gefährdeten Lage, in der Polen diesem Krieg entgegensah – mit den Worten: »Mit den Deutschen riskieren wir, unsere Freiheit zu verlieren, mit den Russen verlieren wir unsere Seele.«[9] Von allen in den Konflikt verwickelten Ländern und Völkern widerstand das relativ kleine, ungeschützte Polen als einziges Land der Versuchung einer Beschwichtigung. Ob der Preis, den es dafür zu zahlen hatte, den Einsatz aufwog, ist eine Frage an das polnische nationale Bewußtsein, deren Beantwortung den Rahmen der engeren historischen Verknüpfung übersteigt.

Zur Unterstützung der Demarche des französischen Botschafters in Warschau hatte der Leiter der französischen Militärmission bei den Moskauer Verhandlungen, General J. Doumenc, ein Mitglied seiner Delegation, den damaligen Hauptmann André Beaufre, nach Warschau entsandt. Beaufre kehrte am 21. August unverrichteter Dinge und mit äußerst ungünstigen Prognosen aus Warschau nach Moskau zurück. In Riga hatte er eine Mitteilung aus italienischer Quelle erhalten, nach der bald »eine wichtige Umkehrung der Politik in Europa im Gange« sein würde[10]. Desungeachtet wiederholte die polnische Regierung an diesem 21. August ihre kategorische Weigerung. Ihr Einlenken in der Frage des Durchmarsches der Roten Armee durch polnisches Territorium war nicht mehr zu erwarten[11]. Auch die Bemühungen des französischen Botschafters in Warschau, in letzter Minute ein Programm zu einer begrenzten und von den drei Mächten überwachten Militärkooperation in Polen zu entwickeln, fruchteten nicht mehr[12].

Hinsichtlich der Haltung der britischen Regierung war die Sowjetregierung – nach sowjetischer Auskunft – zu diesem Zeitpunkt zwar noch nicht über »alle Einzelheiten, ... aber über die ausschlaggebende Tatsache im Bilde, daß London auf die Kardinalfrage der militärischen Besprechungen nicht antworten wollte. Das war von großer Bedeutung«[13].

Der außergewöhnliche Entscheidungshintergrund, vor dem Stalin an diesem 21. August die totale Wende der russischen Außenpolitik einleitete, tritt klar in Erscheinung, wenn die Synchronität der Ereignisse berücksichtigt wird: Die Militärberatungen dieses Tages dauerten von 11.03 bis 17.25 Uhr und waren von drei Pausen unterbrochen, von denen die erste vermutlich vor (bis) 12 Uhr, die zweite von ca. 13 bis 16 Uhr und die dritte vor (bis) 17 Uhr stattgefunden haben dürfte. In diesen Pausen ließ sich Stalin über die jeweiligen Ergebnisse berichten, um aus ihnen umgehend die geeigneten Schlüsse für sein Verhalten gegenüber der deutschen Seite zu ziehen. Dieses schrittweise Vorgehen läßt seine geradezu pedantische Sorge erkennen, die Möglichkeiten, die in den Beratungen steckten, bis zum letzten Jota auszuloten und eine verfrühte Festlegung auf die deutschen Angebote zu vermeiden.

Bereits der erste Teil der Beratungen dieses Tages, die unter dem Vorsitz des Leiters der britischen Mission, Admiral Drax, standen, bestätigte, was der Sowjetregierung aus Beobachtungen und Geheimdienstberichten im Detail bekannt gewesen sein dürfte: Die beiden Missionen waren (noch) nicht im Besitz der polnischen Zustimmung zum Durchmarsch der sowjetischen Truppen, versuchten die sowjetische Delegation aber in der Hoffnung am Verhandlungstisch zu halten, daß sich in letzter Minute eine praktikable Kompromißformel finden ließe. Drax eröffnete die Sitzung, die »sofort einen rein formellen Charakter angenommen hat«[14], mit dem Hinweis, daß diese eigentlich drei bis vier Tage zu früh stattfinde. Woroschilow nahm diese Eröffnung zum Anlaß, um den westlichen Missionen umgehend den Vorschlag zu unterbreiten, die Beratungen bis zum Eingehen positiver Antworten auf die sowjetische »Kardinalfrage« zu unterbrechen. Sollten die Antworten der westlichen Delegationen negativ ausfallen, so sähe die sowjetische Delegation keinen Grund zu weiteren Beratungen. Er motivierte diesen Vorschlag einer Vertagung *sine die* mit dem Hinweis auf die notwendige Abreise einiger sowjetischer Delegationsmitglieder zu den Herbstmanövern. Tatsächlich waren in diesem Moment an der sowjetischen Ostgrenze die sowjetisch-mongolische Großoffensive gegen die japanisch-mandschurischen Streitkräfte im vollen Gange und an der Westgrenze die Herbstmanöver in Vorbereitung – der deutsche Angriff auf Polen sollte nach sowjetischer Kenntnis in der zweiten Hälfte dieser Woche erfolgen.

Nach diesen Erklärungen legten die Missionen eine Konsultationspause ein – Woroschilow unterrichtete Stalin über den negativen Beginn der Gespräche dieses Tages. Danach (oder aber während der zweiten Verhandlungspause) verfügte Stalin die Benachrichtigung der Deutschen Botschaft und die Gewährung eines Gesprächstermins für Botschafter Schulenburg für 15 Uhr.

Nach dieser ersten Beratungspause sprach der englische Delegationsleiter das Bedauern der beiden westlichen Missionen über den sowjetischen Vorschlag der unbegrenzten Vertagung der Beratungen aus. Er hob hervor, daß die beiden Missionen »jeden Augenblick«[15] die Antwort ihrer Regierungen erhalten könnten, und erklärte ihre Bereitschaft, die Beratungen ohne Aufschub fortzusetzen. Danach wurde eine Pause bis

16 Uhr angesagt: Sie räumte den westlichen Delegationsleitern die Möglichkeit ein, Rücksprache mit ihren Botschaftern zu nehmen[16] und eventuell eingegangene Nachrichten zu empfangen. Sie war zugleich ausreichend lang, um eine maximal einstündige Unterredung Molotows mit Schulenburg zu umfassen.

Um 15 Uhr wurde Schulenburg von Molotow empfangen. »Unter starker Betonung der außergewöhnlichen Wichtigkeit und außerordentlichen Eilbedürftigkeit«[17] übergab der Botschafter dem Außenkommissar auf einem Bogen ohne Kopf den Text des Telegramms Hitlers an Stalin nebst seiner Übersetzung. »Molotow las das Schriftstück durch und war offensichtlich stark beeindruckt.« Das Telegramm trug die Anrede »Herrn Stalin Moskau«[18]. In ihm nahm Hitler eingangs Bezug auf die Unterzeichnung des Handelsabkommens und begrüßte dieses ausdrücklich »als ersten Schritt zur Neugestaltung des deutsch-sowjetischen Verhältnisses«.

In Absatz 2 gab Hitler vor: »Der Abschluß eines Nichtangriffspaktes mit der Sowjetunion bedeutet für mich eine Festlegung der deutschen Politik auf lange Sicht. Deutschland nimmt damit wieder eine politische Linie auf, die in Jahrhunderten der Vergangenheit für beide Staaten nutzbringend war. Die Reichsregierung ist daher in einem solchen Falle entschlossen, alle Konsequenzen aus einer so eingreifenden Umstellung zu ziehen.«

In Absatz 3 akzeptierte Hitler verbaliter den sowjetischen Entwurf des Nichtangriffspaktes, bezeichnete es aber als »dringend notwendig, die mit ihm noch zusammenhängenden Fragen auf schnellstem Wege zu klären«. Hitler ging also auch hier nicht auf die wiederholte Bitte Molotows nach Präzisierung der deutschen Vorstellungen hinsichtlich eines Protokolls ein.

Statt dessen betonte er in Absatz 4: »Das von der Regierung der Sowjetunion gewünschte Zusatz-Protokoll kann nach meiner Überzeugung in kürzester Zeit substantiell geklärt werden, wenn ein verantwortlicher deutscher Staatsmann in Moskau hierüber selbst verhandeln kann. Sonst ist sich die Reichsregierung nicht darüber im klaren, wie das Zusatzprotokoll in kurzer Zeit geklärt und festgelegt werden könnte.« Absatz 4 enthielt somit die erste Erwähnung des Protokolls unter der Bezeichnung »Zusatz-Protokoll«.

In Absatz 5 betonte die Botschaft Hitlers, daß die Spannung zwischen Deutschland und Polen »*unerträglich* geworden« und das »polnische Verhalten einer Großmacht gegenüber ... so [sei], daß jeden Tag eine Krise ausbrechen kann. Deutschland ist jedenfalls entschlossen, diesen Zumutungen gegenüber von jetzt an die Interessen des Reiches *mit allen Mitteln* wahrzunehmen.«

Im sechsten und letzten Absatz vertrat Hitler die »Auffassung, daß es bei der Absicht der beiden Reiche [sic] in ein neues Verhältnis zueinander zu treten, zweckmäßig ... [sei], keine Zeit zu verlieren«. Er schlug Stalin deshalb »noch einmal vor«, seinen Außenminister »am Dienstag, den 22. August, spätestens am Mittwoch, den 23. August zu empfangen. Der Reichsaußenminister hat *umfassendste Generalvollmacht* zur Abfassung und Unterzeichnung des Nichtangriffspaktes sowie des Protokolls.« Das Telegramm schloß mit der Erklärung, daß ein längerer Aufenthalt als »ein bis höchstens zwei Tage mit Rücksicht auf die internationale Situation unmöglich« sei. Dem folgten die Worte: »Ich würde mich freuen, Ihre baldige Antwort zu erhalten. Adolf Hitler.«

Nachdem Molotow das Schriftstück gelesen hatte, versprach er, die Botschaft weiterzuleiten und den Botschafter zu »verständigen, sobald eine Entscheidung getroffen sei«. Darauf versuchte Schulenburg, Molotow – laut Aufzeichnung des Botschafters – »unter Aufgebot aller mir zur Verfügung stehenden Mittel ... klarzumachen, daß sofortige Reise des Herrn Reichsaußenministers im Interesse beider Länder unbedingt notwendig sei«. Der Botschafter schloß das Gespräch mit der Bitte, ihm unter allen Umständen noch am selben Tage eine Antwort zu geben.

Schulenburg dürfte das Außenkommissariat gegen 15.30 Uhr verlassen haben. Zu diesem Zeitpunkt setzte sich Molotow mit Stalin in Verbindung, um ihm den Text der persönlichen Botschaft Hitlers zu verlesen. Angesichts des präzedenzlosen Entgegenkommens dieser persönlichen Botschaft des deutschen Staatschefs entschloß sich Stalin jetzt, umgehend zu handeln[19]: Er ordnete an, die Militärberatungen *sine die* zu unterbrechen.

Ab 16 Uhr verlas Woroschilow in Beantwortung der Erklärung der beiden westlichen Militärmissionen eine Erklärung der sowjetischen Mission, die den westlichen Delegationsleitern noch am selben Tage in schriftlicher Form übergeben wurde[20]; sie rekapitulierte die kritischen Fragen der Beratungen und drückte Zweifel an der Ernsthaftigkeit des Strebens Frankreichs und Englands nach effektiver militärischer Zusammenarbeit mit der UdSSR aus. Das Kernstück dieser Erklärung lautete: »Die Absicht der Sowjetregierung war und *bleibt*, sich mit der britischen und französischen Militärmission über die praktische Organisierung der militärischen Zusammenarbeit der Streitkräfte der drei vertragschließenden Länder zu verständigen. Die sowjetische Mission ist der Ansicht, daß die UdSSR, die keine gemeinsame Grenze mit Deutschland hat, Frankreich, Großbritannien, Polen und Rumänien nur unter der Bedingung helfen kann, daß ihre Truppen polnisches und rumänisches Territorium passieren, denn es gibt keine anderen Wege, um mit den Truppen des Aggressors in Berührung zu kommen. Ebenso wie die britischen und amerikanischen Truppen im vergangenen Weltkrieg nicht an der militärischen Zusammenarbeit mit den Streitkräften Frankreichs hätten teilnehmen können, wenn sie nicht die Möglichkeit gehabt hätten, auf französischem Landesgebiet zu operieren, so können auch die sowjetischen Streitkräfte nicht an der militärischen Zusammenarbeit mit den Streitkräften Frankreichs und Englands teilnehmen, wenn man sie das Landesgebiet Polens und Rumäniens nicht passieren läßt. Das ist ein militärisches Axiom. So lautet die feste Überzeugung der sowjetischen Militärmission.«

Woroschilow schloß diese Erklärung, indem er die französische und britische Seite für die Verzögerung der militärischen Verhandlungen und für ihre nunmehr eintretende Unterbrechung verantwortlich machte. Die beiden westlichen Delegationsleiter baten um eine kurze Pause.

Während Woroschilow die sowjetische Erklärung verlas, formulierte Stalin seine Antwort auf das Telegramm Hitlers. Es ist denkbar, daß Woroschilow Stalin in der im Anschluß an die Verlesung seiner Erklärung anberaumten Beratungspause noch über die Reaktion der westlichen Delegationsmitglieder unterrichtete. In jedem Falle erfolgte etwa im Zeitraum dieser Beratungsunterbrechung der alles weitere entscheidende Schritt Stalins: Er ordnete an, den deutschen Botschafter erneut kommen zu lassen, um ihm seine Antwort an Hitler zu übergeben. Schulenburg hatte nach Rückkehr von seinem ersten Gespräch mit Molotow in der Botschaft gerade die Zeit gefunden, einen kurzen Bericht niederzulegen, als er telephonisch für 17 Uhr erneut zum Außenkommissar gebeten wurde[21]. Molotow überreichte ihm nun die schriftliche Antwort Stalins auf die Botschaft Hitlers.

Diese Antwort Stalins kann schwerlich – wie es Schulenburg aus verständlichen Gründen unmittelbar nach diesem Treffen in einem Telegramm an das Auswärtige Amt tat[22] – als eine »in sehr konzilianter Form gehaltene Antwort« bezeichnet werden. In seinem Schreiben »An den

Reichskanzler Deutschlands Herrn A. Hitler« beschränkte sich Stalin auf knappe Mitteilungen, die erkennen ließen, daß er sich der Situationsbedingtheit dieser Wendung Hitlers bewußt war. Stalin dankte dem Reichskanzler lakonisch »für den Brief« und betonte, er »*hoffe*, daß deutsch-sowjetischer Nichtangriffspakt eine Wendung zur *ernsthaften* Besserung der politischen Beziehungen zwischen unseren Ländern schaffen *wird*«. Er hob hervor, daß die Völker der beiden Länder »friedlicher Beziehungen zueinander« bedürften, und betonte den hypothetischen Charakter dieser Annäherung: »Das Einverständnis der Deutschen Regierung mit dem Abschluß eines Nichtangriffspaktes schafft die *Grundlage* für die Liquidierung der politischen Spannung und für die Aufrichtung des Friedens und die Zusammenarbeit zwischen unseren Ländern.« Es schloß mit der Zustimmung der Sowjetregierung »mit dem Eintreffen des Herrn von Ribbentrop in Moskau am 23. August. gez. J. Stalin«.

Mündlich fügte Molotow hinzu, daß die Sowjetregierung die Bekanntgabe dieser Entwicklung wünsche und spätestens am Morgen des 22. August ein kurzes sachliches Kommuniqué über den beabsichtigten Abschluß des Nichtangriffspaktes sowie die bevorstehende Ankunft des Reichsaußenministers in Moskau veröffentlichen wollte. Molotow erbat hierzu bis Mitternacht das deutsche Einverständnis.

Schulenburg fügte dieser Botschaft Stalins an Hitler in seinem Bericht an das Auswärtige Amt einen Satz bei, aus dem hervorgeht, wie unglaubhaft ihm vor dem Hintergrund der bisherigen Zurückhaltung der Sowjetregierung diese Wendung der Dinge erschien und wie stark er fürchtete, daß in Berlin oder Moskau ein neuer Sinneswandel erfolgen könnte: »Empfehle zuzustimmen, da sich Sowjetregierung durch Veröffentlichung festlegt«[23]!

Der außergewöhnlichen Eile der beabsichtigten Veröffentlichung wegen mußte sich Schulenburg in der Nacht vom 21. zum 22. August fernmündlich mit Friedrich Gaus über den Wortlaut eines entsprechenden Kommuniqués in den Morgenausgaben der deutschen Zeitungen verständigen, nachdem ihm Molotow noch am frühen Abend des 21. August den sowjetischen Vorschlag für den Wortlaut hatte zugehen lassen[24]. Der sowjetische Text wurde von Schulenburg als eine »durchaus angemessene ... Form«[25] der Bekanntgabe betrachtet. Im Unterschied zu diesem Text, mit dem sich die Sowjetregierung bemühte, eine Erklärung für diese Wende zu geben, konstatierte der deutsche Text lediglich die nackten Tatsachen: Hier hieß es, die beiden Regierungen seien übereingekommen, einen Nichtangriffspakt abzuschließen, und der Reichsaußenminister werde am 23. August in Moskau eintreffen, um die Verhandlungen zum Abschluß zu bringen. Diese Meldung, die den Eindruck erwecken sollte, als hätten bereits seit langem politische Verhandlungen stattgefunden, war darauf angelegt, eine Schockwirkung zu erzielen.

Während Molotow dem deutschen Botschafter die Antwort Stalins aushändigte, schloß Marschall Woroschilow die Militärverhandlungen. Er hielt es »angesichts der Ungewißheit der Lage in bezug auf den Erhalt der Antwort« auf die sowjetische »Kardinalfrage« nun für sinnvoll, die Frage des nächsten Sitzungstags nicht im voraus zu entscheiden. Er räumte gleichwohl noch immer die Möglichkeit der Wiederaufnahme der Beratungen ein: »Wenn die britische und französische Mission die einschlägigen positiven Antworten ... erhalten, wird die sowjetische Militärmission selbstverständlich bereit sein, zur Erörterung der Fragen zusammenzutreten, die wir nur umrissen haben und die noch einer ausführlichen Erörterung bedürfen.« Woroschilow ließ keinen Zweifel darüber bestehen, daß die Beratung ihre Arbeit nach der sowjetischen Einschätzung der Lage »auf eine mehr oder minder längere Zeit« einstellte, und überließ es Generalstabschef Schaposchnikow, sich namens der sowjetischen Militärmission das Recht vorzubehalten, »bei einer Fortsetzung der Arbeit der Beratung eine Reihe von Fragen zu stellen, die sie für nötig hält«[26].

Damit ließ die Sowjetregierung – für den Fall, daß der Besuch Ribbentrops keine ihrem Sicherheitsinteresse genügenden Resultate erbringen sollte – noch immer die Möglichkeit einer Wiederaufnahme der Verhandlungen in absehbarer Zeit offen. In Erwartung eines offenen Ausgangs jenes Besuchs war die Sowjetregierung nicht bereit, das mit den Westmächten erörterte Konzept ersatzlos fallenzulassen. Der – der Deutschen Botschaft Moskau – »bekannte russische Drang nach 300%iger Sicherheit«[27] prägte auch in diesem kurzen und äußerst folgenreichen Zeitabschnitt ihre Entscheidungen. Zugleich deutete der – in den Worten Woroschilows – sehr weit gefaßte Zeitraum darauf hin, daß sie daneben bereits einen späteren Zeitpunkt möglicher gemeinsamer Aktionen ins Auge faßte: Sie erwartete von den westlichen Regierungen positive Antworten, wenn sie unter der Last des Krieges zu diesen gezwungen würden. Die Protokolle der Sitzung vom 21. August vermitteln den Eindruck, daß die Sowjetregierung in relativ präziser Voraussicht des militärischen Ablaufs der kriegerischen deutschen Expansion die Tür zu einer späteren Aufnahme der Verhandlungen mit den Westmächten bewußt offenließ. Sie war in diesem Moment – aus Gründen der Unabwägbarkeit des Ausgangs der Mission Ribbentrops in Moskau und ihrer mangelnden Gewißheit über den Charakter der deutschen Polen-Pläne – noch im Ungewissen über den Zeitpunkt. Daß er erst zwei Jahre später, im Juli 1941, eintrat und dann zur Errichtung jenes großen Bündnisses führte, das die Sowjetregierung seit Mitte der dreißiger Jahre mit Vehemenz propagiert hatte, hatte sie nicht allein zu verantworten.

Bis zu der Ankunft Ribbentrops in Moskau und dem Eintritt in die deutsch-sowjetischen Gespräche ließen die Vertreter des militärischen wie auch des außenpolitischen und diplomatischen Sektors der Sowjetregierung klar erkennen, daß noch ein Verhandlungsspielraum vorhanden und eine Festlegung ihrer Regierung nicht erfolgt war. Allein, selbst unter den durch die TASS-Meldung vom 22. August deutlich bekanntgemachten, tragischen Vorzeichen der nahenden Visite des Reichsaußenministers wurde dieser Spielraum von westlicher Seite nicht zu einer durchschlagenden Verhandlungsoffensive genutzt.

Dabei ließ es die Sowjetregierung selbst in diesen hektischen Stunden nicht an Beweisen ihrer Gesprächsbereitschaft mangeln. Charakteristisch war hierfür das Verhalten Woroschilows, der den französischen Delegationsleiter, General Doumenc, auf dessen Wunsch am Abend des 22. August empfing.

Doumenc war von seiner Regierung, die unter starkem Druck ihrer Botschafter in Moskau, Naggiar, und Berlin, Coulondre[28], stand, am 21. August (16 Uhr) telegraphisch von Bonnet autorisiert worden, »vorbehaltlich der Zustimmung der polnischen Regierung« die Bereitschaft der französischen Regierung zum Durchmarsch der sowjetischen Truppen durch Polen zu erklären, eine entsprechende Konvention auszuhandeln und abzuschließen[29], bevor noch dem Außenminister in Paris um 22.32 Uhr der Text der Erklärung Woroschilows zugegangen war (mit Telegramm vom 21. August, 21.15 Uhr, nach London, empfahl Daladier der britischen Regierung, eine analoge Weisung an Drax zu richten).

General Doumenc hatte Woroschilow am 22. August durch schriftliche Benachrichtigung die Zustimmung seiner Regierung zur Kenntnis gebracht und wurde am 22. August in der Zeit von 19 bis 19.50 Uhr von Woroschilow empfangen[30]; den Nachmittag hatten Woroschilow und

Molotow im Kreml verbracht, wo vermutlich die sowjetische Verhandlungsposition für die Gespräche mit Ribbentrop festgelegt wurde. Eine Festlegung auf die deutsche Option ist auf dieser Sitzung im Kreml nicht erfolgt. Die Beziehungen zu den westlichen Gesprächspartnern blieben weiter auf der Tagesordnung. Dies geht aus den beharrlichen, intensiven Fragen hervor, mit denen Woroschilow den französischen Delegationsleiter an diesem Abend konfrontierte. Sie blieben ohne überzeugende Antwort: Weder konnte Doumenc eine schriftliche Legitimation vorlegen, noch traf die angekündigte analoge (mündliche) Autorisierung der britischen Militärmission ein und war das Einverständnis Polens und Rumäniens vorhanden. Dennoch war der Tenor dieses Gesprächs in Anbetracht der Umstände – Ribbentrop machte auf dem Wege nach Moskau bereits in Königsberg Station – äußerst konziliant. Den französischen Vorschlag der sofortigen Wiederaufnahme der Militärverhandlungen wies Woroschilow mit Verständnis, aber dem Hinweis zurück, die Verhandlungen könnten erst dann wieder aufgenommen werden, wenn die sowjetischerseits gewünschten Zustimmungen vorlägen. Andernfalls würde die Fortsetzung der Beratungen »zu nutzlosen Gesprächen führen, die unter politischem Gesichtspunkt mehr Schaden als Nutzen bringen würden«.

Woroschilow bat Doumenc zu warten, »bis alles geklärt« sei. Auf einen Einwurf Doumencs über den bevorstehenden Besuch Ribbentrops ließ er das gleiche Mißvergnügen erkennen wie Doumenc, wies aber die Verantwortung dafür England und Frankreich zu: »Die Frage der militärischen Zusammenarbeit mit Frankreich ist seit einigen Jahren im Gespräche, aber niemals gelöst worden. Als im letzten Jahr die Tschechoslowakei unterging, haben wir auf ein Zeichen aus Frankreich gewartet. Unsere Truppen standen bereit, aber das Zeichen kam nicht ... Wenn die englische und französische Mission mit all ihren Vorschlägen in einer konkreten und klaren Form angereist wäre, so bin ich überzeugt, daß wir unsere Arbeit in fünf bis sechs Tagen beendet und die Militärkonvention unterzeichnet hätten.«

Marschall Woroschilow schloß die Fortsetzung der Beratungen nicht aus: »Bitte erlauben Sie mir zu warten, bis die Lage klar ist ... Dann werden wir uns wiedertreffen ... Wenn die Hauptfrage gelöst ist, können alle anderen – wenn kein politisches Ereignis eintritt – ohne Schwierigkeit gelöst werden. Dann werden wir schnell ein Einvernehmen herstellen. Aber ich befürchte eines: Die französische und englische Seite haben erlaubt, daß sich die politischen und militärischen Gespräche zu lange hingezogen haben. Deshalb können wir jetzt, in dieser Zeit, die Möglichkeit gewisser politischer Ereignisse nicht mehr ausschließen. Lassen Sie uns warten. Je eher wir die Antwort haben, desto schneller werden wir in der Lage sein zu entscheiden, wie wir definitiv in der Zukunft handeln werden.« Nach weiterem Drängen von Doumenc schlug die Enttäuschung über das Verhalten der Westmächte in den Worten Woroschilows durch: »Wir haben ja die elementarsten Bedingungen gestellt. Was wir zu klären baten, gibt uns nichts als schwere Verantwortung (Verpflichtungen) auf – unsere Truppen zu sammeln und gegen den gemeinsamen Feind zu kämpfen. Müssen wir nun wirklich um das Recht bitten, uns mit unserem gemeinsamen Feind zu schlagen?«

Der Zwiespalt, in dem sich Woroschilow befand, kam zwei Tage später, bei der Verabschiedung der westlichen Militärmissionen, noch einmal in aller Deutlichkeit zum Ausdruck. Er begann das Gespräch mit der Bemerkung, daß es »in Anbetracht der veränderten politischen Situation, zu seinem Bedauern, keinen Sinn hatte, die Gespräche fortzusetzen«. Als Admiral Drax die Erwartung aussprach, daß die Sowjetunion auch unter den neuen politischen Umständen weiter für die Sache des Friedens arbeiten würde, entgegnete Woroschilow, daß die Sowjetunion an dieser ihrer traditionellen Politik keine Abstriche machen werde. Bei der nachfolgenden Verabschiedung wurde der Marschall für einen Moment von seinen Gefühlen übermannt: In der ganzen Zeit der Gespräche hätten die Polen darauf bestanden, daß sie von den Sowjets keine Hilfe wollten. »Hätten wir Polen denn erobern sollen, um ihm unsere Hilfe anzubieten, oder hätten wir sie auf Knien darum bitten müssen, ihnen Hilfe anzubieten? Die Lage ist für uns unmöglich gewesen.«

Der britische Militârattaché in Moskau, R. Firebrace, und Admiral Drax betrachteten diesen Gefühlsausbruch Woroschilows als »genuin«[31], und Beaufre empfand diese Überlegung als »vollkommen legitim«; er bezeichnete es – bei aller Vorsicht – als »logisch, daß Woroschilow einen gewissen Gram davontrug: Denn soweit man dem intuitiven Eindruck vertrauen kann, scheint es, daß er von Anfang an das aufrichtige Verlangen hatte, sein Ziel zu erreichen und die Verhandlungen zum Erfolg zu führen.«[32]

Die wiederholten Hinweise Woroschilows auf die Möglichkeit der Wiederaufnahme der Beratungen – »wenn unter politischem Gesichtspunkte zwischen jetzt und dann nichts geschieht ..., kein politisches Er-

eignis eintritt« – verdeutlichen das Spektrum der Optionen, mit dem die Sowjetregierung dem Besuche Ribbentrops entgegensah:
– Für den Fall einer unbefriedigenden Regelung der Frage des Nichtangriffspaktes mit Deutschland und einer nicht lokalisierbaren bzw. lokalisierten deutschen Angriffshandlung in Polen (die den polnischen Widerstand gegen den sowjetischen Truppendurchmarsch möglicherweise in Wegfall bringen würde), strebte sie weiter die Errichtung einer gemeinsamen Verteidigungsfront zur Eindämmung der Aggression an;
– für den Fall einer befriedigenden Regelung der Paktfrage mit Deutschland und Lösung der polnischen Frage (auf diplomatischem oder vertraglichem Wege oder vielleicht durch eine lokalisierte deutsche Angriffshandlung) sah sie die »politischen Ereignisse« eintreten, die die Fortsetzung der Militärverhandlungen (zunächst) überflüssig machten.

Dieselbe Konzeption sprach aus den Worten des Außenkommissars, der an diesem Abend gegen 20 Uhr den Protest des französischen Botschafters über die angekündigte Reise Ribbentrops entgegennahm[33]. Molotow hob hervor, daß die sowjetische Regierung den deutschen Vorschlag erst angenommen hatte, nachdem sie sich davon überzeugen mußte, daß in der Frage des Durchmarschrechts »nichts Positives zu erwarten ist«. Er bedauerte, daß die französische Zustimmung zum Abschluß einer Militärkonvention, die vorbehaltlich der polnischen Stellungnahme das Recht auf Durchmarsch der sowjetischen Truppen einschlösse, erst eingetroffen sei, »nachdem der Besuch des Herrn von Ribbentrop bereits akzeptiert worden war«. Doch gab auch er zu bedenken, daß die Engländer den Franzosen darin ja nicht gefolgt und auch eine Zustimmung Polens nicht erfolgt seien. Mit Nachdruck hob Molotow hervor, »daß sich die grundlegende Politik der UdSSR nicht geändert hat, daß seine Regierung der Aufrechterhaltung des Friedens und des Widerstands gegen die Aggression fest verbunden bleibe. Die sowjetische Regierung hätte schon mehrere Nichtangriffspakte unterzeichnet, einen davon gerade mit Polen [!]. Wenn sie nun akzeptiere, mit Deutschland einen weiteren Pakt auszuhandeln, so meine sie, sich dabei in nichts von ihrer allgemeinen Friedenslinie zu entfernen.«

Dem britischen Botschafter hielt der Außenkommissar »mit beträchtlicher Bitterkeit«[34] die Versäumnisse der westlichen Militärmissionen vor. Auf die Frage von Seeds, ob der geplante deutsch-sowjetische Nichtangriffspakt die für frühere sowjetische Pakte dieser Art charakteristische Klausel – die automatische Auflösung des Pakts im Moment einer

Aggression des anderen Teils – enthalte, antwortete Molotow, offenbar »in größter Verlegenheit«: Man müsse abwarten und sehen, was geschehe. Die Vorwürfe von Seeds, ob die Sowjetregierung denn ihre Politik des Schutzes von Opfern der Aggression aufzugeben und Polen dem Ansturm der deutschen Truppen auszuliefern gedächte, nahm Molotow mit »Mißfallen« hin: Die Engländer – dies war seine hinhaltende Antwort – müßten jetzt warten und sehen, wie die Dinge sich gestalten würden. Die abschließende Frage Seeds, ob die Sowjetregierung denn alles preiszugeben gedenke, was auf dem gemeinsamen Wege der Errichtung einer Abwehrfront gegen die Aggression erreicht worden sei, beantwortete Molotow mit der Eröffnung, »daß alles von den deutschen Verhandlungen abhängt und man vielleicht nach etwa einer Woche weitersehen könne«.

Seeds gewann in diesem Gespräch den Eindruck, daß der Besuch Ribbentrops eher ein *coup de théatre* (»largely theatrical«) als der Beginn ernsthafter Verhandlungen sei. Obgleich er im Gespräch mit Molotow keine Versicherung über die Fortsetzung der Beratungen erhalten hatte, ging er doch – noch am Abend des 23. August im Gespräch mit US-Botschafter Steinhardt – davon aus, »daß ein deutsch-sowjetisches Abkommen auf einen Nichtangriffspakt beschränkt bleiben würde, der nicht unvereinbar mit einem englisch-französisch-sowjetischen Bündnis gegen die Aggression wäre«[35].

Der Pressesprecher des Außenkommissariats gab noch am späten 22. August auf Fragen amerikanischer Journalisten über die Bedeutung des bevorstehenden deutsch-sowjetischen Nichtangriffspaktes zu bedenken, daß »solche Pakte für gewöhnlich eine Klausel enthalten, nach der sie in dem Falle hinfällig werden, wenn eine der vertragschließenden Parteien eine Angriffshandlung gegen eine dritte Macht begehe«. Diese Erklärung, die offenbar auf höhere Weisung zurückging, bestärkte den italienischen Botschafter in der Annahme, daß sich die Sowjetunion im bevorstehenden Nichtangriffspakt nicht vollständig festzulegen beabsichtigte, sondern vielmehr die Absicht hätte, im Falle eines eventuellen europäischen Konflikts Handlungsfreiheit zu bewahren[36].

Sowjetische Auslandsvertreter führten dieselbe Sprache. In Berlin nannte ein Mitglied der Sowjetvertretung – Astachow war nach Moskau befohlen – dem US-Geschäftsträger am 22. August die folgenden Gründe für den Nichtangriffspakt mit Deutschland: »Die Weigerung der britischen und französischen Militärbehörden, volle Information über ihre Armeen zu geben; die britische und französische Ablehnung, für den Kriegsfall mehr als nur eine Konsultationsgrundlage zu gewähren; die britischen Konzessionen an die Japaner im Fernen Osten und das Mißtrauen gegenüber dem Charakter der gegenwärtigen britischen Regierung, von der befürchtet würde, daß sie im Hinblick auf Polen zu einem ›zweiten München‹ bereit wäre«[37]. Aufgrund dieser Erwägungen sei die Sowjetregierung jetzt der Ansicht, daß es »zu ihrer eigenen Verteidigung notwendig« sei, einen Pakt mit Deutschland zu schließen. Der sowjetische Diplomat vermittelte den Eindruck, daß nicht die Absicht bestand, die Möglichkeit weiterer englisch-französisch-sowjetischer Verhandlungen auszuschließen – »selbst nach Abschluß des Paktes könnte sich Rußland, im Falle einer flagranten deutschen Angriffshandlung gegen Polen, [mit den Westmächten] gegen Deutschland zusammenschließen«.

Im Gespräch mit Botschafter Coulondre betonte der zeitweilige sowjetische Geschäftsträger in Berlin, N.V. Iwanow, am selben Tage, daß »noch nichts Definitives abgemacht« sei und der Abschluß des Nichtangriffspaktes nicht notwendigerweise den Abbruch der Dreimächteverhandlungen nach sich ziehe. Die Reise Ribbentrops – so ließ der Geschäftsträger Coulondre wissen – »ist eine deutsche Initiative. Aber die Partie ist noch nicht gewonnen.«[38]

Diese von sowjetischen Regierungsvertretern vorgebrachte Ansicht, nach der der Abschluß eines Nichtangriffspakts mit Deutschland eine Fortsetzung der Dreimächteverhandlungen nicht grundsätzlich ausschließe, gelangte am 22. August durch eine *Havas*-Meldung in die Weltpresse. Die Presseabteilung des Auswärtigen Amts wurde am folgenden Tag auf sie aufmerksam[39]. Gegen Mittag des 23. August teilte Braun von Stumm Ribbentrop nach Moskau mit, die höchsten zuständigen sowjetischen Kreise schienen der Überzeugung zu sein, daß die Ankunft Ribbentrops zum Zwecke des Abschlusses eines Nichtangriffspaktes nicht unvereinbar mit der Fortsetzung der Militärberatungen zur Organisierung des Widerstandes gegen den Angriff sei: Jede der beiden Aktionen bedeute einen »Beitrag zum Friedenswerk. Der englisch-französisch-sowjetrussische Pakt, vervollständigt durch militärische Abmachungen, wäre dazu da, Deutschland zu zügeln, wenn es in seinen aggressiven Absichten fortfahre.« Wenn Deutschland aber einen Nichtangriffspakt wünsche, so sei es »opportun und im Interesse aller nützlich, diese Geste zu machen, die dazu beitragen werde, die gegenwärtig zwischen beiden

Ländern herrschende gespannte Atmosphäre zu erleichtern«. Die Frage Danzigs und anderer polnischer Gebiete habe mit dem Abschluß des Nichtangriffspaktes »nichts zu tun« – es handele sich keinesfalls darum, »einen Pakt zur Unterstützung des Angreifers abzuschließen«.

Als Ribbentrop dieses Telegramm Braun von Stumms am frühen Abend des 23. Augusts nach seiner Rückkehr von der ersten Begegnung mit Stalin und Molotow in der Botschaft vorgelegt wurde, ordnete er an, Botschafter Schulenburg möge bei Molotow vorstellig werden und ihn veranlassen, gegen derartige »Falschmeldungen« Stellung zu nehmen und die Abreise der Militärmissionen zu verfügen[40]. Vor den Augen der Angehörigen der Deutschen Botschaft Moskau begannen nun definitiv die »Umstände die Dinge zu verderben«, die vor zwei Tagen endlich »im rechten Lote« gewesen waren.

Die Reise Ribbentrops

Wenn die Sowjetregierung dem Besuch Ribbentrops mit Ungewißheit entgegensah, so galt dies *a fortiori* für die deutsche Führung. Hitler hatte die Zeit zwischen dem Abgang seines Telegramms an Stalin am Sonntagnachmittag (20. August) bis zum Erhalt der Antwort am Montag abend in »äußerst gespanntem Gemütszustand«[41] verbracht – der Angriff auf Polen sollte am Sonnabend derselben Woche erfolgen! »Fast den ganzen 21. August wartete Hitler auf dem Obersalzberg angestrengt auf Nachricht aus Moskau«[42]. Mit der langen Wartezeit wuchs seine Spannung bis zu dem Grade, daß er Göring wecken ließ, um ihm Vorhaltungen darüber zu machen, daß er ihm überhaupt geraten hatte, mit den Russen anzubändeln. Es würde äußerst unangenehm sein, stieß Hitler hervor, wenn Stalin ihn jetzt zurückwies!

Wenig später, um 22.30 Uhr[43], wurde der gegen 21.35 Uhr im Auswärtigen Amt eingegangene und danach dechiffrierte Text des Telegramms Schulenburgs, das den Wortlaut der Antwort Stalins enthielt, telephonisch zum Berghof durchgegeben. Jetzt weckte ein »jubilierender Hitler« Göring erneut, um ihm mitzuteilen, daß Stalins Zustimmung soeben eingegangen sei. Hitler hatte »wieder Oberwasser«[44].

An diesem Abend des 21. August besprach Hitler mit Ribbentrop, offenbar in Anwesenheit von Friedrich Gaus[45], das weitere deutsche Vorgehen. Die Verhandlungsführung wurde in allen Einzelheiten erörtert und die deutsche Position festgelegt. Hitler erteilte seinem Außenminister die Instruktionen für die Verhandlungen[46]. Von diesem äußerst wichtigen Gespräch existiert weder Protokoll noch Aufzeichnung. Nur wenige Aussagen, etwa von Gaus und Ribbentrop vor dem Nürnberger Gerichtshof, und noch weniger Quellen erlauben präzise Rückschlüsse auf den Gang und die inhaltlichen Schwerpunkte dieses Gesprächs.

Die Hauptpunkte der gemeinsamen Überlegungen betrafen einerseits den Nichtangriffspakt als solchen und andererseits das in Verbindung mit dem Vertrag zu unterzeichnende Protokoll. Während die Abmachungen des eigentlichen Nichtangriffspaktes in Anbetracht der Vorlage des in weiten Stücken untadeligen sowjetischen Vertragsentwurfs kaum weitere Ausarbeitungen erforderten, müssen die Überlegungen zum Inhalt des von sowjetischer Seite gewünschten »Protokolls«, das von Hitler als »Zusatz-Protokoll« zum Vertrag bezeichnet worden war, den Hauptteil des Gesprächs ausgemacht haben. Anders als von sowjetischer Seite angedeutet, legten Hitler und Ribbentrop sowie ihre Gehilfen das Hauptgewicht auf die Territorialfragen. Die politischen Vorschläge der Sowjetregierung für das »Protokoll«, nämlich die Garantienfrage (im weitesten Sinne) der baltischen Staaten und die Frage der deutschen Einwirkung auf Japan, blieben, sofern dies die endgültigen Abmachungen erkennen ließen, unberücksichtigt. Die erste erübrigte sich aufgrund des deutschen Angebots zum Territorial-»Ausgleich« weitgehend, die zweite war aus einer Reihe von Gründen, die sich aus den Besonderheiten dieses Paktes ergaben, zu einer *quantité négligeable* geworden.

Die Leitlinie der Überlegungen zum »Zusatz-Protokoll« präzisierte das in den Anbahnungsgesprächen wiederholt gemachte deutsche Versprechen, nach dem »zwischen Ostsee und Schwarzem Meer jede Frage einvernehmlich zu lösen sei«. Die erste Innovation dieses Abends bestand in der Einführung des Begriffs der »Abgrenzung der Interessensphären« in die deutsch-sowjetische Vertragsterminologie. Der Begriff war – wie oben gezeigt – wenige Wochen zuvor von englischer Seite in den britisch-deutschen Geheimgesprächen in Vorschlag gebracht worden und wurde hier von Hitler und Ribbentrop aufgegriffen und zum Zentralbegriff – dem Instrument der Teilung Ostmitteleuropas und der Ostseeländer – gemacht[47].

Die an diesem Abend vorgenommene Abgrenzung der Interessensphären sah vor, daß sich Deutschland an beträchtlichen Ländermassen Ostmitteleuropas (vorübergehend) politisch desinteressiert erklären und einen großen Teil der Gebiete, die das Russische Reich bei Ausgang des Ersten Weltkrieges eingebüßt hatte, dem Interessenbereich der UdSSR zusprechen sollte: Es waren dies die östlichen Gebiete der Republik Polen bis in die zentralpolnische Woiwodschaft Warschau hinein, die unabhängigen Staaten Finnland und Estland, die östlich der Düna gelegenen Teile Lettlands, einschließlich ihrer Hauptstadt Riga, und die östliche (bessarabische) Provinz Rumäniens. Innerhalb der baltischen Staaten sollte die Abgrenzung nach Möglichkeit entlang der Dünalinie[48] erfolgen. Damit sollte etwa die östliche Hälfte des Baltikums (Estland und der östlich der Düna gelegene Teil Lettlands, d.i. das historische Livland) an die UdSSR und die westliche Hälfte (der westlich der Düna gelegene Teil Lettlands, d.i. das historische Kurland, sowie Litauen) an Deutschland fallen. Dies entsprach nicht – wie Ribbentrop nach dem Kriege behauptete – einer Teilung nach streng historischen Gesichtspunkten, die den Verlierern des Ersten Weltkrieges ihre verlorenen Gebiete zurückgegeben hätte: Das Russische Reich war neben Finnland und Bessarabien im Besitze des gesamten Baltikums sowie Polens bis zur Weichsellinie gewesen.

Zweifellos waren sich Hitler und seine Ratgeber dieser Tatsache bewußt. Sie waren sich aber auch darüber im klaren, daß schon die von ihnen angebotenen Ländermassen eine aus psychologisch-historischen Gründen ausreichend verlockende Beute darstellen mußten, der jeder russischer Staatsmann nur schwer würde widerstehen können. Hinter dem blendenden Schein der großzügigen Geste einer endgültigen Regelung – der Bereinigung des Diktats von Versailles in eigener Regie durch die beiden Verliererstaaten – stand die machiavellistische Verführung: Stalin sollte mit diesen Gebieten geködert und auf unwiderstehliche Weise in Komplizenschaft mit dem expansiven »Dritten Reich« verstrickt werden.

In seinem Bemühen um die Zustimmung Stalins und das Zustandekommen des Paktes ging Hitler noch einen wichtigen Schritt über die bis dahin konkretisierten deutschen Angebote hinaus und erteilte Ribbentrop die Vollmacht zur politischen Abtretung – neben den genannten Ländern und Gebieten – des gesamten »Süd-Ost-Europas, und zwar gegebenenfalls bis Konstantinopel und [zu] den Meerengen«[49]. Hierin bestand – sollte Stalin dem ersten Angebot widerstehen – der letzte und höchste Anreiz, mit dem Hitler seine Zustimmung zu erheischen suchte – der Balkan, die Meerengen und Konstantinopel, auf die sich der imperiale russische Expansionsdrang bis zum Ersten Weltkrieg unaufhörlich gerichtet hatte.

Als zweites Novum der Paktgespräche dürfte an diesem Abend der geheime Charakter dieses Protokolls festgelegt worden sein. Der hervorstechende Präzedenzfall hierfür war das Geheimabkommen zum deutsch-japanischen Anti-Komintern-Pakt von 1936, an dem Ribbentrop zusammen mit dem damaligen Militärattaché Oshima in langwierigen geheimen Gesprächen gefeilt hatte. Er hatte sich damals – in Umgehung aller diplomatischen und rechtlichen Instanzen – ein praktisches Wissen erworben, das ihm hier zustatten kam. Zur Begründung des geheimen Charakters des deutsch-sowjetischen Abkommens schrieb er später aus dieser Kenntnis heraus: »Abkommen, die andere Länder berühren, werden selbstverständlich nicht in Verträgen festgelegt, die für die Öffentlichkeit bestimmt sind, sondern man verwendet dafür Geheimverträge ... aus [diesem] ... Grunde wurde das Abkommen als Geheimvertrag abgeschlossen«[50]. Die Geheimhaltung empfahl sich nicht nur aus Gründen des völkerrechtswidrigen Charakters dieses Vorgehens; sie ergab sich aus der Sicht Hitlers zwangsläufig aus der Logik des Kernstücks des Protokolls – des Bündnisses zur Teilung Polens, des »Bündnisses zum Kriege«. Die geringste Publizität mußte vermieden werden.

Eine dritte Instruktion Hitlers an Ribbentrop betraf eine weitere »Sprachregelung«: Ribbentrop sollte seine Sprache so regeln, als ob »ein Entschluß des Führers, etwa Polen anzugreifen ... in keiner Weise damals bestand«[51]. Ribbentrop ist dieser »Sprachregelung« – wie Gaus nach dem Kriege bestätigte[52] – während seiner Moskauer Gespräche gefolgt und hat damit eine bewußte Verschleierung der wahren deutschen Absichten betrieben.

Am Vormittag des folgenden Tages, des Dienstags, 22. August, erteilte Hitler Ribbentrop die »Vollmacht«[53] für die Verhandlungen mit der Sowjetregierung – eine »Generalvollmacht, im Namen des Deutschen Reiches ... über einen Nichtangriffsvertrag sowie ... alle damit zusammenhängenden Fragen zu verhandeln und sowohl den Nichtangriffsvertrag als auch andere sich aus den Verhandlungen ergebende Vereinbarungen zu unterzeichnen, und zwar gegebenenfalls mit der Maßgabe, daß dieser Vertrag und diese Vereinbarungen sofort mit der Unterzeichnung in Kraft treten.« Nach gemeinsamer Unterzeichnung der Vollmacht reiste Ribbentrop ab.

Um 12 Uhr an diesem 22. August hielt Hitler in der großen Halle des Berghofs eine fast zweistündige Rede vor den deutschen Oberbefehlshabern, die er in aller Eile nach Berchtesgaden zitiert hatte[54]. Noch zwingender als in seiner Ansprache vom 13. August war jetzt sein Wille, ihre Zweifel zu zerstreuen und Skrupel abzutöten, noch »bedeutend anmaßender«[55] waren seine Worte. Die Botschaft Stalins hatte ihm den Rücken gestärkt. Er nutzte ihre bloße Existenz, um jeden Widerspruch von seiten der Militärs zu beseitigen.

Nicht zufällig hob er in dieser Rede hervor, daß die »Gründung Großdeutschlands militärisch ... bedenklich« gewesen und nur »durch einen *Bluff* der politischen Leitung [erreicht]« worden sei – er charakterisierte damit genau sein Vorgehen in dieser Minute. Denn diese Einstimmung seiner Militärs auf den Polenfeldzug erfolgte unter Zuhilfenahme eines nicht minder großen politischen Bluffs: Hitler erniedrigte seine Gegner zu »kleine[n] Würmchen. Ich sah sie in München«, und gab vor, immer überzeugt gewesen zu sein, »daß Stalin nie auf das englische Angebot eingehen würde«. Während sein reisender Vertreter eine Generalvollmacht zum Erkaufen der Einwilligung Stalins in seinem Gepäck trug und seine Satrapen noch auf dem Wege nach Moskau in Ängsten schwebten, wie dieses »Abenteuer«, »ein gewagtes politisches Husarenstück«[56], ausgehen würde, erweckte er den Anschein, als hätte er die Zustimmung der Russen zur Niederwerfung Polens bereits in der Tasche. Rußland, so betonte er, »wird nie so wahnsinnig sein, für Frankreich und England zu kämpfen«[57]. Es habe »kein Interesse an der Erhaltung Polens, und dann weiß Stalin, daß es mit seinem Regime zu Ende ist, einerlei, ob seine Soldaten siegreich oder geschlagen aus dem Krieg hervorgehen. Litwinows Ablösung war ausschlaggebend. *Ich* habe die Umstellung Rußland gegenüber allmählich durchgeführt. In Zusammenhang mit dem Handelsvertrag sind wir in das politische Gespräch gekommen. Vorschlag eines Nichtangriffspakts. Dann kam ein universaler Vorschlag von Rußland« – die Umkehrung der wirklichen Vorgänge. »Vor vier Tagen habe ich einen besonderen Schritt getan, der dazu führte, daß Rußland gestern antwortete, es sei zum Abschluß bereit. Die persönliche Verbindung mit Stalin ist hergestellt. Von Ribbentrop wird übermorgen den Vertrag schließen. Nun ist Polen in der Lage, in der ich es haben wollte.«

Dem folgte die Nutzanwendung jener Vorarbeiten, die die Leitung der Wirtschaftspolitischen Abteilung des Auswärtigen Amts seit Monaten gegen zahlreiche Widerstände geleistet hatte – eine Usurpation ihrer Planungen, die ihm das Bündnis mit Rußland nun zum wirtschaftlichen Garanten der Unterwerfung Westeuropas machte: »Wir brauchen keine Angst vor Blockade zu haben. Der Osten liefert uns Getreide, Vieh, Kohle, Blei, Zink. Es ist ein großes Ziel, das vielen Einsatz fordert. Ich habe nur Angst, daß mir noch im letzten Moment irgendein Schweinehund einen Vermittlungsplan vorlegt ... Die heutige Veröffentlichung des Nichtangriffspakts mit Rußland hat eingeschlagen wie eine Granate. Auswirkungen sind nicht zu übersehen. Auch Stalin hat gesagt, daß dieser Kurs beiden Ländern zugute kommen wird. Die Einwirkung auf Polen wird ungeheuer sein.«

Diese Erklärungen Hitlers lösten in der Generalität wohl kaum noch »größte Überraschung und Erstaunen« aus[58] – die Nachrichten von der Reise Ribbentrops und der bevorstehenden Unterzeichnung des Pakts waren seit Mitternacht über den deutschen Rundfunk ausgestrahlt und in den Morgenzeitungen bekanntgegeben worden. Wohl aber muß diese Rede eine gewisse Ratlosigkeit hervorgerufen haben. Die Äußerungen, die Hitler während des anschließenden Mittagessens zu Ohren kamen, bewiesen, daß in diesem Kreise weder die politische Isolierung Polens noch die Möglichkeit der Lokalisierung des Krieges gegen Polen als gegeben betrachtet wurden.

Die skeptischen Prognosen der Militärs veranlaßten Hitler, diesem Essen gleich eine zweite Rede folgen zu lassen. Er begann sie mit dem Eingeständnis, daß »es ... bezügl[ich]. England und Frankreich« tatsächlich »auch anders kommen« könnte. »Es läßt sich nicht mit Bestimmtheit prophezeien.« In jedem Fall empfahl er – in dieser härtesten seiner vor Kriegsbeginn gehaltenen Reden[59] – »eisernste Entschlossenheit bei uns. Vor nichts zurückweichen. Jeder muß die Ansicht vertreten, daß wir von vornherein auch zum Kampf gegen die Westmächte entschlossen waren. Kampf auf Leben und Tod ... Überwindung vergangener Zeiten durch Gewöhnen an schwerste Belastung ... Vernichtung Polens im Vordergrund. Ziel ist die Beseitigung der lebendigen Kräfte, nicht die Erreichung einer bestimmten Linie ... Ich werde propagandistischen Anlaß zur Auslösung des Krieges geben, gleichgültig, ob glaubhaft ... Herz verschließen gegen Mitleid. Brutales Vorgehen. 80 Millionen Menschen müssen ihr Recht bekommen ... Der Stärkere hat das Recht. Größte Härte ... Auslösung wird noch befohlen, wahrscheinlich Samstag morgen.«[60]

Auch diese in der deutschen Militärgeschichte präzedenzlose Aufreizung zur Kriegswut war nicht geeignet, die Beklommenheit der Militärs zu lösen. Wohl aber mag Hitler – wie Below sich erinnerte[61] – durch seine Rede vom »Bündnis mit Rußland einige Skeptiker mundtot gemacht« haben. Andere, wie etwa Schmundt, zeigten »anschließend ein sorgenvolles Gesicht«. Sogar Hitlers Adjutant »konnte Schmundts Verzweiflung verstehen, denn ... wir standen vor der Tatsache, daß sich Deutschland in wenigen Tagen in einem Krieg befinden würde, den Hitler ... führen wollte, ohne Vertrauen zu den Generalen zu haben, und den die Generale für ein Unglück hielten, ohne etwas gegen Hitler zu unternehmen«.

In diesen Nachmittagsstunden des 22. August gab Ribbentrop dem Auswärtigen Amt während eines Zwischenaufenthalts in Berlin letzte Weisungen. Über Staatssekretär von Weizsäcker erließ er zur Information der deutschen Auslandsmissionen (mit Ausnahme der Deutschen Botschaft Tokio) eine »Sprachregelung«[62] über die deutsch-sowjetische Annäherung. Diese Weisung kam den Sachverhalten erstaunlich nahe, was möglicherweise auf gewisse Widerstände Weizsäckers gegen die »Verdummung« der Missionschefs zurückzuführen ist. So stellte sie den Pakt in unmittelbaren Zusammenhang mit der Zuspitzung der Lage um Polen und betonte das deutsche »Interesse, eine Festlegung Sowjetunion an Seite Englands zu verhindern«. Ferner gab sie den taktischen Charakter dieser Annäherung zu: »Es galt, bei der Sowjetregierung Gefühl der Bedrohung im Falle eines deutsch-polnischen Konflikts zu beseitigen. Das geeignete Mittel hierzu war, das Gespräch über einen Nichtangriffspakt bis zu dem jetzigen Punkte zu konkretisieren. Damit wurde gleichzeitig auch der von uns von Anfang an verfolgte Zweck erfüllt, die englisch-französischen Einkreisungsverhandlungen in Moskau zu stören ... Die weltpolitische Auswirkung dieses Vertrags wird in der nächsten Zeit sichtbar zum Ausdruck kommen. Jedenfalls ist schon jetzt erkennbar, daß Polen damit einen schweren Schock erlitten hat.«

Danach setzte Ribbentrop die Vertreter der beiden verbündeten Mächte in knappen Zügen über die neue Entwicklung in Kenntnis. Wenig präzis war seine Information an den italienischen Geschäftsträger (Botschafter Attolico war zu Konsultationen nach Rom gerufen worden)[63]; Ribbentrop hatte Außenminister Ciano bereits am Vorabend telephonisch mit der knappen Mitteilung verblüfft, daß es zu dem geplanten Treffen am Brenner nicht komme, weil er »nach Moskau reise«.

Schwieriger erwies sich sein Gespräch mit dem japanischen Botschafter Oshima[64]. »Die Mitteilung, daß Ribbentrop zum Paktabschluß nach Moskau fliege, kam ihm völlig überraschend. Sie war für ihn ein harter Schlag... Sein Gesicht versteinerte sich und wurde grau.«[65] »Sehr deprimiert«[66] machte der Botschafter Ribbentrop darauf aufmerksam, daß dies seine Demission bedeute. Als Ausrede verwendete Ribbentrop – nach Auskunft des anwesenden Staatssekretärs – das Argument, daß sich Japan »wegen des geplanten Dreierpaktes fast ein halbes Jahr lang ausgeschwiegen habe und nun begreifen müsse, wenn Deutschland sich anderweitig sichere. Das Possenspiel ging übrigens dann weiter...«[67] Anderthalb Jahre später, während der Vorbereitung des »Unternehmens Barbarossa«, dessen Planung dem japanischen Bündnispartner wiederum vorenthalten wurde, korrigierte sich Ribbentrop. Der Krieg, so teilte er Oshima am 23. Februar 1941 mit, sei damals »*unvermeidlich* [gewesen]. Als es dann zum Kriege kam, entschloß sich der Führer zum *Ausgleich mit Rußland* – einer Notwendigkeit *zur Vermeidung eines Zweifrontenkrieges.* Vielleicht war dieser Augenblick für Japan schwierig. Der Ausgleich lag aber auch im japanischen Interesse, denn das imperiale Japan war an einem möglichst raschen Sieg Deutschlands interessiert, der durch den Ausgleich mit Rußland gesichert wurde.«[68]

In Moskau wollte Ribbentrop durch großes Gefolge beeindrucken, seine siebenunddreißigköpfige Delegation umfaßte Männer des Auswärtigen Amts (wie Gaus, Schnurre, Hewel, Chefdolmetscher Schmidt und den sogenannten Presse-Schmidt), der Dienststelle Ribbentrop (Peter Kleist u.a.), Photographen sowie als »technisches Personal« firmierende Gestapomänner. Sie gingen, wie der Botschafter in Moskau in einem Anflug von Ironie in märkischer Trockenheit bemerkte, »nicht in *eine* Ju«[69].

Die Delegation verließ Berlin am späteren Abend des 22. August in zwei Condormaschinen in Richtung Königsberg. Am Morgen des 23. August hoben die Maschinen um 7 Uhr in Königsberg ab, um nach vierstündigem Flug um 13 Uhr Moskauer Ortszeit in der sowjetischen Metropole zu landen. Während der Reise war die Stimmung der – in Herkunft, Bildung und politischen Sympathien sehr unterschiedlichen – Delegationsmitglieder von so großen Unsicherheiten und Nervositäten geprägt, daß es zu persönlichen Auseinandersetzungen kam: Über allen hing »die ungeheure Spannung des Abenteuers, in das wir hineinfuhren«[70].

Die Ribbentrop nahestehenden Männer fragten sich besorgt, ob »uns die Sowjets in Moskau nicht mit einem perfekten englisch-französischen Abkommen überraschten; ... ob Ribbentrop nicht zu langen, zermürbenden Verhandlungen gezwungen werden würde«. Einige befürchteten eine schnelle, »unrühmliche Heimreise«. Unter den überzeugten Nationalsozialisten dominierte noch immer »das Gefühl der Zwiespältigkeit« (Kleist) gegenüber dem erbitterten bolschewistischen Feind von gestern. Männer, die dem Nationalsozialismus ferner standen, waren beunruhigt über die Perspektiven dieses Bündnisses; so kannte etwa der Dolmetscher Schmidt seine ›Kundschaft‹ zu gut, um zu wissen, daß »eine Rükkendeckung durch Stalin Hitler in seiner Außenpolitik noch tollkühner und bedenkenloser machen würde«. Sie begingen in der Nacht im Königsberger Parkhotel mit Wehmut den »Abschied vom Frieden«.

Ribbentrop selbst machte die Reise – nach späteren eigenen Aussagen – mit »gemischten Gefühlen«. Die jahrelange Feindschaft und weltanschauliche Gegnerschaft zu Rußland ließ sich nicht verleugnen. Nun beklagte sich der Reichsaußenminister, der »Diplomatenberichte ... aus Moskau« selten und dann »sehr skeptisch«[71] las, darüber, daß »niemand bei uns ... zuverlässig über die Sowjetunion und ihre führenden Männer unterrichtet« worden sei. »Die diplomatischen Berichte aus Moskau [seien] ... farblos«, Stalin »eine Art mystische Persönlichkeit« gewesen. Das Bewußtsein »der besonderen Verantwortung dieser Mission«, an das er sich später zu erinnern glaubte, bewegte sich überwiegend im Rahmen des destruktiven Teils seiner Aufgabe: Stalin in dem Moment, in dem doch »... immer noch die englischen und französischen Militärmissionen in Moskau« verhandelten, zu einem Handel mit Deutschland zu verleiten und einen Dreimächtepakt zu verhindern. Im Flugzeug habe er beschlossen: »Was an mir lag, das sollte geschehen!«[72]

Während des Fluges begann Gaus an der Seite Ribbentrops, auf der Basis der Instruktionen Hitlers vom Vorabend das Geheime Zusatzprotokoll zu skizzieren[73]. Dies und die deutsche Endredaktion des Vertragstextes für den Nichtangriffspakt selbst wurden in der Nacht im Hotel in Königsberg fortgesetzt. Dabei entstanden die aus deutscher Sicht unterschriftsreifen Vorlagen:

1. Die Vorlage für das Geheime Zusatzprotokoll bestand aus einem oder aus mehreren Entwürfen. Keiner ist erhalten geblieben. Existierte nur ein Entwurf, so ist davon auszugehen, daß sein Text weitestgehend identisch mit dem des unterzeichneten Protokolls war. Wenn aber, wie dies ein

Telegramm Ribbentrops an die Deutsche Botschaft vom 25. August anzeigt[74], mehrere Entwürfe für das Geheime Zusatzprotokoll erstellt worden sind, so dürfte es sich dabei um Vorlagen für Minimal- bzw. Maximalabmachungen gehandelt haben. Sie sollten der sowjetischen Seite in Abhängigkeit vom Ausmaß ihrer Forderungen vorgelegt werden. Trifft diese Annahme zu, so dürfte es sich bei dem unterzeichneten Protokoll um eine Minimalvorlage gehandelt haben: Die Gebiete des »Süd-Osten Europas« waren nur punktuell (Bessarabien) und am Rande, die Meerengen und Konstantinopel gar nicht erwähnt.
2. Beim Text für den Nichtangriffsvertrag handelte es sich um eine leichte deutsche Überarbeitung des sowjetischen Vertragsentwurfs, den Molotow Botschafter Schulenburg am 20. August überreicht hatte. Diese nicht erhaltene und in ihrem Wortlaut unbekannte Überarbeitung hat sich, wie dies die Endfassung des Vertrags nahelegt, in weiten Strecken auf den sowjetischen Entwurf gestützt, stellte diesem aber eine pompöse Präambel voran und änderte ihn in wenigen, aber signifikanten Passagen ab.

Auch diese Vorarbeiten verliefen in hektischer Spannung. Ribbentrop bereitete – wie Dolmetscher Schmidt beobachtete – »die ganze Nacht hindurch seine Besprechungen ... vor, füllte viele Blätter mit Notizen ..., telephonierte mit Berlin und Berchtesgaden, verlangte nach den ausgefallensten Akten und hielt so seine ganze Delegation im Atem«. Aus Königsberg reiste er am nächsten Morgen mit den fertigen Vorlagen des Nichtangriffspaktes und des Geheimen Zusatzprotokolls nach Moskau ab. Wie Ribbentrop später erklärte, hatte »Botschafter Gaus ... mit mir zusammen die Verträge entworfen«[75]. Und zur Verteidigung Ribbentrops hob Rechtsanwalt Dr. Seidl in Nürnberg hervor: »... der Entwurf des Geheimvertrags [des Geheimen Zusatzprotokolls, I.F.] stammt [von Botschafter Gaus]. Der Geheimvertrag wurde *so unterschrieben*, und zwar von Außenkommissar Molotow und durch Herrn von Ribbentrop, *wie er* von Botschafter Gaus *entworfen worden ist*.«[76] Dies trifft – mit Ausnahme geringfügiger Details – zu. Das Geheime Zusatzprotokoll war – anders als bisher vermutet[77] – deutscher Herkunft[78].

Der Empfang, der der Delegation Ribbentrops auf dem Moskauer Flugplatz bereitet wurde, verriet die Unsicherheit der Sowjetregierung über die deutschen Ziele und den Ausgang dieses Besuchs. Der Erste stellvertretende Außenkommissar, Potemkin – sein »Name [war] ein Symbol für die Unwirklichkeit der ganzen Szene« (Schmidt) –, erwartete

Ribbentrop in Anwesenheit des Protokollchefs Barkow, einiger hoher russischer Beamter und der Botschafter Schulenburg und Rosso. Die Sowjetregierung hatte – wie die Mitglieder der Delegation mit Enttäuschung registrierten – »nur einen ›kleinen Bahnhof‹ vorgesehen« (Kleist). Der Empfang wurde als »nicht überwältigend« (Kleist) empfunden. Auch die in Fragen des Moskauer Protokolls erfahrenen Angehörigen der Botschaft bemerkten, daß der deutsche Außenminister »unter Ausschluß der Öffentlichkeit« (Herwarth) begrüßt wurde. Das Ministerbüro des Auswärtigen Amts erfuhr, daß Ribbentrop in »förmlicher und zurückhaltender Atmosphäre«[79] aufgenommen worden sei. Dieser Eindruck wurde auch durch die Hakenkreuzfahne nicht gemildert, die – hastig und dabei seitenverkehrt genäht – über dem Rollfeld wehte.

Nach der Begrüßung durch die sowjetischen Regierungsvertreter wurde die Delegation der Obhut des deutschen Botschafters überlassen. Nur Ribbentrop wurde aus Sicherheitsgründen im Spezialauto Stalins zur Deutschen Botschaft gefahren. Der Delegation wurde von sowjetischer Seite keine Unterkunft zur Verfügung gestellt. Botschafter Schulenburg brachte sie mit Mühen im Gebäude der ehemaligen Österreichischen Botschaft unter, das seit dem »Anschluß« als Annex der Deutschen Botschaft diente. Hier befand sich die notdürftig untergebrachte deutsche Delegation auf Sichtweite von dem großzügigen Gästehaus entfernt, das die Sowjetregierung den westlichen Militärmissionen für die Dauer ihres Aufenthaltes in Moskau zur Verfügung gestellt hatte.

Auch eine Verpflegung der Delegation sah das Protokoll nicht vor. So mußte zunächst in den Räumlichkeiten der Deutschen Botschaft ein improvisiertes Frühstück »im kleinsten Kreise« (Köstring) eingenommen werden. Hier entwickelte Ribbentrop in wachsender Unsicherheit über die Ausführbarkeit seiner »Mission« eine in Moskau unübliche »deutliche Unruhe«. Den neben ihm sitzenden Militärattaché fragte der Minister sogar besorgt: »Wie wird es werden?« Köstring suchte seinen Einfluß dahingehend geltend zu machen, daß es nach seiner »Kenntnis der östlichen Mentalität ... hier darauf ankomme, viel zu fordern und sich dann von dem Partner etwas abhandeln zu lassen«. Er hatte »wenig Erfolg ... Ribbentrop blieb unruhig und schien weiter erregt.«[80] Seine »Mission« bestand – was Köstring noch nicht wußte – nicht darin, durch hartes, aber faires Verhandeln einen für beide Seiten vorteilhaften Ausgleich herbeizuführen. Vielmehr wollte er durch Auslieferung fremder Völker und Länder an ein mehr als ungewisses Schicksal die höhere politische

Vernunft Stalins ausschalten, um die vorbereiteten Verträge »möglichst schnell unter Dach und Fach zu bringen und dann sofort abzureisen«[81]. Der Blitz-Charakter dieser Visite und ein gewisser Blend-Effekt des Emporkömmlings waren einige der zweifellos im vorhinein einkalkulierten Elemente der Erfolgsstrategie.

Nach kurzem Imbiß bat der Außenminister Schulenburg und Hilger – nach der Darstellung von Kleist – »um Bericht über die neueste Entwicklung der Lage in Moskau sowie über die hier geltenden Gewohnheiten bei solchen Staatsbesuchen«. In Wahrheit äußerte Ribbentrop sich offenbar mit beträchtlichem Unmut über das sowjetische Protokoll, das keinesfalls dem des erwarteten Staatsbesuches entsprach. Er ordnete an, die Botschaft möge feststellen lassen, ob die Sowjetregierung nicht wenigstens für den weiteren Verlauf seines Besuchs noch Steigerungen einplane. Trotz erheblicher Mühen war es – zur Mißbilligung Ribbentrops – »nicht in Erfahrung zu bringen, wer mit mir verhandeln würde, ob Molotow oder Stalin selbst. Merkwürdige Moskauer Gebräuche«[82].

Danach unterrichteten ihn Schulenburg und Hilger über »ihr Programm für die Veranstaltung der nächsten Tage. Sich Zeit lassen und keine Übereilung zeigen, ist ihr Ratschlag... Aber da gerät Ribbentrop in Eifer. Er schneidet beiden Herren mit einer sehr ungeduldigen Handbewegung das Wort ab. Ohne weitere Erklärung fordert er Schulenburg auf, dem Kreml mitzuteilen, daß er spätestens in vierundzwanzig Stunden wieder in Deutschland sein müsse. Der Befehl wird ausgeführt, und schon eine Stunde später begibt sich Ribbentrop in Begleitung von Schulenburg und Hilger auf den Weg zum Kreml« (Kleist). Beim Verlassen der Botschaft ereignete sich ein charakteristischer Zwischenfall: Botschaftsrat Hilger, der dem Paktabschluß nun mit tiefer Besorgnis entgegensah, wurde von Ribbentrop nach den Gründen seiner Verstimmung gefragt[83]. Er brachte die Befürchtungen der Botschaft zum Ausdruck, wenn er betonte, die geplante Annäherung könnte doch wohl nur so lange gutgehen, wie Deutschland stark sei. Damit wollte er andeuten, daß man im Falle eines deutschen Angriffs auf Polen den Krieg mit den Westmächten für gegeben ansah und Deutschland diesem nicht auf lange Zeit gewachsen wäre. Ribbentrop wies die Berechtigung seiner Besorgnis »mit der ihm eigenen Überheblichkeit« und den Worten zurück: »Wenn das alles ist, kann ich Ihnen sagen, daß Deutschland mit jeder Situation fertig wird.«

Zu diesem ersten Treffen ging Ribbentrop – in Begleitung von Botschafter und Dolmetscher – allein. Der Völkerrechtsexperte, Botschafter Gaus, wurde erst zur zweiten Begegnung hinzugezogen. Dies deutet darauf hin, daß sich Ribbentrop zunächst ein Bild von Stimmung und Bereitschaft der Sowjetregierung machen und speziell die Fragen des Zusatzprotokolls sondieren wollte, um sich nicht einem Refus auszusetzen. Hatte er mehrere Entwürfe des Geheimen Zusatzprotokolls vorbereiten lassen, so wußte er nach der ersten Besprechung, worin die sowjetischen Forderungen bestanden und welche der Fassungen er zum zweiten Treffen mitbringen konnte. Die Gespräche erfolgten in zwei Sitzungen, von denen sich die zweite bis in die Morgenstunden des 24. August hineinzog. Der Gang dieser Gespräche und Verhandlungen soll im folgenden zum ersten Male rekonstruiert werden[84].

Erste Besprechung im Kreml: Die Vorgespräche

Im Kreml wurden die drei deutschen Vertreter in ein längliches Arbeitszimmer geführt, an dessen anderem Ende sie von Stalin und Molotow erwartet wurden[85]. Zu diesen trat später der von Stalin bevorzugte junge russische Dolmetscher V. Pawlow. Der Empfang des Außenministers zu dem geplanten Vertragsakt in einem der Arbeitszimmer Stalins war ein weiterer Beweis für den betont geringen protokollarischen Stellenwert, der seinem Erscheinen beigemessen wurde. Die persönliche Anwesenheit Stalins, die die deutsche Seite überraschte[86], widersprach dem nicht: Es war dies – nach der Beobachtung Hilgers – »ein von Stalin im voraus berechneter Effekt und gleichzeitig eine deutliche Warnung an Ribbentrop, daß der Vertrag entweder auf der Stelle oder nie geschlossen werden würde«[87].

Die Behauptung Ribbentrops vor dem Internationalen Militärgerichtshof, daß der ihm »dort von Stalin und Molotow gewordene Empfang … sehr freundlich«[88] gewesen sei, war eine von zahlreichen Übertreibungen und Entstellungen auf dem Wege seines Versuchs, die Sowjetregierung zu seiner eigenen Rettung der Komplizenschaft zu bezichtigen[89]. Denn in Wahrheit floß (nach den Worten Hilgers) Ribbentrop selbst – »nach einer kurzen, förmlichen Begrüßung« durch Stalin[90] – »über von Beteuerungen guten deutschen Willens, die Stalin trocken, sachlich und kurz entgegennahm«[91]. Im Gegensatz zu Ribbentrop benahm sich Stalin im weiteren Verlauf der Gespräche »sehr natürlich und unprätentios«[92].

Die erste Besprechung dauerte von 15.30 bis 18.30 Uhr Moskauer Ortszeit. Ribbentrop eröffnete das Gespräch, indem er des längeren über »den Wunsch Deutschlands [sprach]..., das deutsch-sowjetische Verhältnis auf eine neue Grundlage zu stellen und einen Ausgleich der Interessen *auf allen Gebieten* [Hervorhebung von uns, I.F.] herbeizuführen«. Er unterstrich das Interesse seiner Regierung, »uns mit Rußland auf *längste* Sicht [zu] verständigen«, und verwies – seinen eigenen Angaben zufolge – »dabei auf die Rede Stalins im Frühjahr, in der er nach unserer Meinung ähnliche Gedanken zum Ausdruck gebracht habe« – dies war an diesem Tage der erste Hinweis auf die Rede Stalins vor dem XVIII. Parteitag der KPdSU vom 10. März 1939. Er erfolgte – als eine Art Legitimation des deutschen Vorgehens – an exponierter Stelle aus deutschem Munde.

Nach den späteren Angaben Ribbentrops (Hilger berichtet derartiges nicht) sprach dann »Stalin – kurz, prägnant, ohne viele Worte zu machen, aber was er sagte, war klar und unmißverständlich und zeigte, *wie mir schien, auch* den Wunsch nach Ausgleich und Verständigung mit Deutschland«. Nach dieser »ersten grundsätzlichen Aussprache« sei »die beiderseitige Bereitschaft zum Abschluß eines Nichtangriffspaktes festgestellt« worden. Dabei sei Ribbentrop »die Antwort Stalins ... so positiv [erschienen, daß er, Ribbentrop, für sich entschied, I.F.] daß wir ... sofort auf die materielle Seite der Abgrenzung der gegenseitigen Interessen und auf die deutsch-polnische Krise im besonderen eingehen konnten«[93].

Damit ging Ribbentrop sehr schnell von dem positiv verlaufenden Gespräch über den Abschluß des Nichtangriffspakts als solchem zu den Kernfragen des späteren »Geheimen Zusatzprotokolls« über. Hierbei stützte er sich auf die von Hitler erteilte »Sprachregelung«. Ribbentrop berichtete später: »Ich habe den Wunsch Adolf Hitlers geschildert, daß die beiden Länder zu einer endgültigen Einigung kommen möchten, und ich habe auch natürlich von der krisenhaften Lage in Europa gesprochen. Ich habe den russischen Herren gesagt, daß *Deutschland alles tun* würde, um die Lage mit Polen und die Schwierigkeiten *friedlich* zu regeln und zu einer *freundschaftlichen Vereinbarung* trotz allem noch zu kommen«[94]. Diese Feststellung konnte weder die sowjetischen Gesprächspartner noch die beiden anwesenden deutschen Diplomaten überraschen. Sie war die Fortsetzung der Linie jener »Sprachregelung«, die Ribbentrop seinen

Beamten im Auftrage Hitlers auch für die vorausgegangenen Kontaktgespräche mit Sowjetvertretern auferlegt hatte.

Dabei lag freilich ein Unterschied vor. Wenn zur Zeit früherer Annäherungsgespräche die Möglichkeit einer friedlichen Beilegung noch nicht ausgeschlossen war, so stand Hitlers Entschluß zum Kriege jetzt doch mehr oder minder fest, der Angriffstermin bereits auf dem Papier. Die Sowjetregierung jetzt in diesem vorgerückten Stadium der Planung über den Zweck dieser ihr aufgedrängten Visite täuschen und die Pläne Hitlers verschleiern zu wollen, war ein naives Possenspiel sondergleichen. Es zeigte zugleich, wie gering der Glaube Hitlers an die Komplizenschaft Stalins selbst zu diesem Zeitpunkt war. Und es verdeutlicht, daß Ribbentrop sich bei diesem Besuch im Kreml keinesfalls wie unter Gleichgesinnten fühlen konnte[95].

Denn, wie Gaus später unter Eid aussagte, hat sich Ribbentrop während der gesamten Moskauer Unterredungen strikt an diese Weisung gehalten: »Sowohl bei … Unterhaltungen [am Rande der Verhandlungen, I.F.] als auch bei den sachlichen Verhandlungen [regelte] der Reichsaußenminister seine Sprache so …, daß er einen kriegerischen Konflikt Deutschlands mit Polen nicht als eine schon endgültig beschlossene Sache, sondern nur als eine naheliegende Möglichkeit erscheinen ließ. Von den sowjetischen Staatsmännern wurden zu diesem Punkte keine Äußerungen gemacht, die eine Billigung eines solchen Konflikts oder eine Ermunterung dazu in sich geschlossen hätten. Vielmehr beschränkten sich in dieser Beziehung die sowjetischen Vertreter darauf, von den Ausführungen des deutschen Vertreters einfach Kenntnis zu nehmen.«[96]

Ribbentrop hat diesen Sachverhalt vor Gericht ausdrücklich bestätigt. Auf die Frage: »Ist es richtig, daß diese [die territorialen, I.F.] Verhandlungen ausdrücklich nur für den Fall geführt wurden, daß es auf Grund des Nichtangriffspakts und der politischen Bereinigung zwischen Rußland und Deutschland nicht gelingen sollte, den polnischen Konflikt zu bereinigen?« antwortete er: »Jawohl, das stimmt. Ich habe damals zum Ausdruck gebracht, daß deutscherseits *natürlich alles* versucht werden würde, um die Dinge in einer diplomatisch friedlichen Form zu lösen.« Auch die nachfolgende Frage: »Hat Ihnen Rußland bei *dieser* Lösung diplomatische Hilfe beziehungsweise wohlwollende Neutralität zugesichert?« bejahte Ribbentrop, wenn er betonte: »Das ergab sich ja an sich aus dem Nichtangriffspakt und aus den ganzen Besprechungen in Moskau«[97]. (Die Tatsache, daß diese Fiktion der deutschen Bemühungen um einen friedlichen

Ausgang des Konflikts im Verlauf dieser Gespräche konsequent aufrechterhalten wurde, erklärt unter anderem eine gewisse, auf den Photographien erkennbare Erleichterung und Zufriedenheit des deutschen Botschafters, der zunächst tatsächlich glaubte, der Erhaltung des Friedens gedient zu haben.)

Zur Rechtfertigung dieser Verschleierung der Kriegspläne Hitlers hat Ribbentrop später die Behauptung aufgestellt, daß ja zum Zeitpunkt seiner Reise nach Moskau »ein endgültiger Beschluß« Hitlers zum Angriff auf Polen überhaupt noch nicht bestanden[98] oder zumindest er selbst »nichts von einem angeblichen Entschluß des Führers, Polen anzugreifen«[99], gewußt habe. Nicht leugnen konnte Ribbentrop in Anwesenheit von Gaus, daß es »in der Aussprache in Moskau ... klar war, daß die Möglichkeit eines solchen Konfliktes ... gegeben war, wenn die letzte Verhandlung erschöpft« wäre[100]. Diese Formulierung läßt darauf schließen, daß Ribbentrop die ihm auferlegte »Sprachregelung« in einem sehr weiten Sinne gebrauchte, und zwar in dem Sinne, daß er es »klar« machte, daß »die Möglichkeit eines solchen Konfliktes« erst dann »jederzeit gegeben« wäre, »wenn die *letzte* [Möglichkeit einer] Verhandlung erschöpft« sein sollte. Ribbentrop hatte – wie er später auch in seinen Erinnerungen hervorhob – »hierbei Stalin gegenüber darauf hingewiesen, daß deutscherseits *alles* versucht würde, die Dinge in diplomatisch-*friedlicher* Form zu lösen«[101].

Es ist unbekannt, ob und gegebenenfalls welche Bedeutung Stalin und Molotow diesen wiederholten Beteuerungen Ribbentrops beimaßen, Deutschland strebe unter Einsatz *aller* diplomatischen Mittel die *friedliche* Beilegung seines Konflikts mit Polen an. Nicht zu klären ist auch die Frage, ob das neuerliche Schwanken Hitlers genau in diesen Tagen – seine Gedankensprünge von einer generellen zu einer lokalisierten Kriegführung und schließlich zu einer »etappenweisen Lösung« seines Konflikts mit Polen[102] – etwa ein Resultat der Einwirkung der Moskauer Gespräche auf sein militärisch-politisches Kalkül waren.

Tatsächlich ist, nicht zuletzt aufgrund bekannter nachfolgender Entwicklungen, die Annahme nicht von der Hand zu weisen, daß die sowjetische Seite im Gespräch mit Ribbentrop in der einen oder anderen Weise (verbaliter oder durch ihre Haltung) Interesse an einer friedlichen Bereinigung der Weltkrise im allgemeinen und einer diplomatischen Beilegung des Konflikts mit Polen im besonderen bekundete, den Gedanken an eine Internationale Konferenz ins Gespräch brachte und Ribbentrop das Versprechen abverlangte, daß die UdSSR (diesmal) an einer solchen Konferenz beteiligt würde[103]. Eine solche Interessenbekundung stände nicht nur in Übereinstimmung mit ihren Ängsten, daß in letzter Minute hinter ihrem Rücken ein »zweites München« über Polen zustande kommen könnte – sie wäre auch eine neuerliche Äußerung der Wünsche, die Molotow wiederholt vor Schulenburg ausgesprochen hatte. Sie entspräche ferner ebensosehr den Grundsätzen der sogenannten sowjetischen »Friedenspolitik«, wie eine solcherart angestrebte Lösung geeignet erschien, der Sowjetregierung unerwünschte Verwicklungen in einen Polen-Konflikt zu ersparen, die leicht mit dem bestehenden sowjetisch-polnischen Nichtangriffspakt kollidieren und die Sowjetunion in Konflikte zu den Garantiemächten Polens – Frankreich und England – versetzen konnten. Schließlich hätte sie die Sowjetregierung vor einer näher an ihr Staatsgebiet heranrückenden deutsch-polnischen Frontlinie bewahrt, mit der in jedem Falle früher oder später ein noch größeres Sicherheitsrisiko auf sie zukam. Die Möglichkeit einer diplomatisch-friedlichen Lösung der Krise mußte Stalin bei einigem Weitblick als der einzige sichere Ausgang aus seinem politisch-militärischen Dilemma erscheinen. Und es spräche vieles dafür, daß er sie – wenn Ribbentrop sie in der erwähnten Weise ins Gespräch gebracht hat – befürwortet hätte. (Die Aussage von Gaus, nach der sich Stalin und Molotow in dieser Frage passiv verhielten, ging ausschließlich auf seine Beobachtungen in der zweiten Gesprächsrunde zurück.)

Nach Darstellung Ribbentrops wurden erst an zweiter Stelle jene Maßnahmen erörtert, die im Kriegsfalle zu ergreifen wären. Er betonte: »Wir haben dann gesprochen darüber, was im Falle eines kriegerischen Konflikts deutscherseits und russischerseits zu geschehen habe.«[104] Für den Fall des Ausbruchs eines deutsch-polnischen Konfliktes, der bei der bestehenden Lage nicht ausgeschlossen werden könnte, »wurde eine ›Demarkationslinie‹ vereinbart«[105]. »Die Demarkationslinie wurde« – entsprechend den Weisungen Hitlers zur Abgrenzung der »Interessensphären« – von Ribbentrop »auf einer Karte in großen Zügen eingezeichnet. Sie verlief entlang der Flüsse Rysia [richtig: Pissa, I.F.], Bug [Weichsel, I.F.], Narew, San ... Das war die Demarkationslinie, die eingehalten werden sollte, im Falle es zum kriegerischen Konflikt mit Polen kam.«[106]

Die Betonung Ribbentrops, es habe sich bei der abgegrenzten Linie um eine »Demarkationslinie« gehandelt, ist von Bedeutung: In diesem Stadium der Verhandlungen war die Rede davon, daß Deutschland alle

Mittel einer friedlichen Lösung des Konflikts nutzen würde; sollte darüber »der Fall unerträglicher polnischer Provokationen«[107] eintreten und Deutschland in einen kriegerischen Konflikt verwickelt und veranlaßt werden, in Polen einzumarschieren, so verpflichtete es sich zu einer Beschränkung seiner eventuellen militärischen Aktionen auf die Gebiete bis zur eingezeichneten Abgrenzungslinie. Ribbentrop garantierte der UdSSR damit, daß die deutsche Wehrmacht nicht in die an die UdSSR angrenzenden Teile Polens einmarschieren werde. Deutschland verzichtete damit ausdrücklich auf die (militärische Eroberung der) polnischen Territorien, die der sowjetische Generalstab als für die defensiven Interessen der UdSSR bedeutende, im Rahmen der Konzeption der Vorwärtsverteidigung strategisch wichtige Gebiete betrachtete. Um einen Teil dieser Gebiete zum Zwecke des Durchmarsches und der zeitweiligen militärischen Nutzung hatte Verteidigungskommissar Woroschilow vergebens in den Militärpaktberatungen gerungen. Sie wurden der Sowjetregierung jetzt ohne ihr Zutun und vermutlich weitgehend unerwartet garantiert.

Diese Verzichtserklärung kam den Interessen Stalins im höchsten Maße entgegen und bedeutete eine momentane Entlastung seiner angespannten militärischen Lage. Sie versprach ferner, sollte Stalin zu dieser Zeit einen zukünftigen Konflikt mit Deutschland für unvermeidlich gehalten haben, das Sicherheitsglacis, das er zur Dislozierung seiner Divisionen in vorgerückten Verteidigungsstellungen wünschte. Es besteht der Verdacht, daß dieses deutsche Entgegenkommen die Wachsamkeit Stalins zu entschärfen begann. Die nachfolgenden Gebietsüberlassungen waren weiter geeignet, um ihm Schritt für Schritt das Gefühl zu geben, daß nicht Hitler, sondern er selbst in diesem präzedenzlosen Verfügen über Ländermassen der Gewinner sei. Denn als nächstes bot Ribbentrop der Sowjetunion »Finnland, das Baltikum und Bessarabien« zur »Bereinigung der Interessen« der beiden Mächte an[108]. In der Frage Finnlands und Bessarabiens sei man sich »schnell einig geworden«[109].

Anders verhielt es sich im Fall der von Ribbentrop vorgeschlagenen Demarkationslinie im Baltikum. Die Dünalinie, die vorzuschlagen er von Hitler autorisiert war, mußte auf sowjetischer Seite in Erinnerung an die Baltikum-Kämpfe der deutschen Freikorps Unbehagen wecken. Zudem gab diese Trennlinie den sowjetischen Befürchtungen Nahrung, daß die deutsche Wehrmacht im Vollzuge von »Fall Weiß« auch auf die baltischen Gebiete überzugreifen plante. Stalin und Molotow müssen im hohen Maße alarmiert gewesen sein. Sie zeigten in der Diskussion der baltischen Frage offenbar eine gewisse »Härte«[110], erhoben aber scheinbar keinen prinzipiellen Einwand gegen die Dünalinie. Die einzige sinnvolle Erklärung dafür liegt in der Vermutung, daß sie sich des virtuell unbegrenzten Ausmaßes des Hitlerschen Angebots in diesem Moment überhaupt noch nicht bewußt waren. Dieses Bewußtsein stellte sich erst im nachhinein ein: Resultate dieser verspäteten Erkenntnis waren – mit Blick auf das Baltikum – die nachträgliche Forderung nach Litauen, der Hitler im Grenz- und Freundschaftsvertrag vom 28. September 1939[111] durch Abtretung Litauens an die UdSSR nachkam, und – mit Blick auf den Südosten – die verspätete Forderung nach den Meerengen, die Molotow während seines Besuches in Berlin (November 1940) erhob. Doch zu diesem Zeitpunkt war die Gebefreudigkeit Hitlers geschwunden – das Stillhalteabkommen mit der UdSSR hatte ihm die begehrten Früchte bereits in den Schoß gelegt.

In den Gesprächen des 23. August aber bemühte sich Stalin noch um den Erwerb von Teilen, wo ihm auch das Ganze widerspruchslos überlassen worden wäre: Er machte geltend, daß seine Ostseeflotte auf die an der lettischen Westküste gelegenen Häfen Libau und Windau nicht verzichten könne, und ließ dabei möglicherweise anklingen, daß selbst die westlichen Militärmissionen für diese Notwendigkeit Verständnis gezeigt hätten[112]. Diese Häfen gehören nicht nur – wie die Delegation Ribbentrops verstand[113] – zu den wenigen eisfreien Häfen der östlichen Ostseeküste. Sie waren in erster Linie von strategischer Bedeutung. In den Militärberatungen hatte Woroschilow die zeitweilige Besetzung von Libau, des bedeutenderen, südwestlich gelegenen der beiden Häfen, als eines wichtigen Stützpfeilers des Widerstandes gegen die Aggression der Variante 1 (Westfeldzug) und der Variante 2 (Polenfeldzug) gefordert. Die Benutzung dieser Häfen sollte der sowjetischen Ostseeflotte im Kriegsfalle Kreuzeroperationen und U-Boot-Aktionen, die Verminung der Küste Ostpreußens und Pommerns und die Sperrung der Erzzufuhr aus Schweden nach Deutschland erlauben.

Die Tatsache, daß Stalin nun im Rahmen der deutsch-sowjetischen Abmachung darauf bestand, die Häfen Libau und Windau zu erhalten, legt die Vermutung nahe, daß unverzichtbare Teile des Sicherheitskonzepts, das hinter den sowjetischen Forderungen in den Militärberatungen gestanden hatte, auch in dem veränderten Rahmen Gültigkeit behielten. Und dies erlaubt den Schluß, daß Stalin ungeachtet der deutschen Bereitschaft zum Pakt weiter mit einer kriegerischen Expansion Deutschlands nach Osten rechnete. Ribbentrop versprach Entgegenkommen, hielt es aber für notwendig[114], die Zustimmung Hitlers einzuholen. Die Unterbrechung der Gespräche gab ihm hierzu Gelegenheit.

Von dieser ersten Besprechung kehrte Ribbentrop »sehr befriedigt« in die Botschaft »zurück und äußerte sich in dem Sinne, daß es so gut wie sicher zum Abschluß der von deutscher Seite erstrebten Abmachungen kommen werde«[115]. Während die Botschaft sein Telegramm an Hitler durchgab und Ribbentrop im kleinen Kreise der Botschaft ein improvisiertes Abendessen einnahm, »quoll [er] förmlich über vor Begeisterung über Molotow und Stalin ... ›Es geht mit den Russen ganz ausgezeichnet‹, rief der deutsche Außenminister ... mehrfach aus. ›Wir werden bestimmt noch heute abend einig werden.‹«[116] In seinem Telegramm teilte er Hitler mit, daß die erste Besprechung »durchaus positiv *in unserem Sinne*« verlaufen sei, aber »die Russen ... die Häfen Libau und Windau als ihre Interessensphären von uns anerkannt zu sehen« wünschten. Er bat um Bestätigung des Einverständnisses Hitlers. Hinsichtlich des zweiten Teils der Gespräche teilte er mit: »Vorgesehen ist Unterzeichnung eines geheimen Protokolls über Abgrenzung der beiderseitigen Interessensphären im gesamten Ostgebiet, wozu ich mich grundsätzlich bereit erklärte.«[117]

Hitler hatte diesen Tag in großer Erregung verbracht. »Seine Stimmung war wechselnd ... Zum Abend hin steigerte sich die Spannung. Hitler war mit seinen Gedanken bei Ribbentrop in Moskau und wurde von Stunde zu Stunde unruhiger. Gegen 20 Uhr ließ er bei der Botschaft in Moskau anfragen und erhielt nur die lakonische Antwort, daß noch nichts über die Verhandlungen verlautet sei.« Er erwartete, daß die Welt bei Bekanntwerden des deutsch-russischen Nichtangriffspaktes den Atem anhalten würde. Seinem Adjutanten teilte er mit, »er sehe den Vertrag als eine Vernunftehe an. Stalin gegenüber müsse man natürlich immer auf der Hut sein, aber im Augenblick sehe er in dem Pakt mit Stalin eine Chance, England aus dem Konflikt mit Polen herauszuhalten.« Auf den Einwand, daß aus dem Konflikt mit Polen ein blutiger Krieg werden könnte, antwortete er: »... wenn es schon sein müsse, dann so schnell wie möglich. Je mehr Zeit verginge, um so blutiger würde er.« Während dieses Gesprächs wurde er zum Telephon gerufen. Er erfuhr vom positiven Verlauf der Verhandlungen und wurde um Entscheidung in der Frage der lettischen Häfen gebeten. »Hitler warf einen Blick auf eine schnell herbeigebrachte Karte und ermächtigte Ribbentrop, den sowjetischen Standpunkt zu akzeptieren.«[118]

Die Mitteilung wurde aus Berlin, von wo eine direkte Telephonverbindung mit Moskau eingerichtet worden war, telephonisch zur Deutschen Botschaft durchgegeben. Die Antwort, die – bereits nach dem Weggang Ribbentrops zum Kreml – auch als Telegramm einging, lautete schlicht: »Ja, einverstanden.« In der Botschaft fand man es nicht zufällig »erstaunlich, wie rasch Hitler seine Zustimmung gab«[119]. Diese Abtretung eines strategisch besonders wichtigen Teils von Lettland an die UdSSR hat aufmerksame Beobachter zu dem Schluß geführt, Hitler müsse die baldige kriegerische Wiedereinnahme dieser gesamten Gebiete planen[120]. Der Außenminister hat die Wirkung dieses Zugeständnisses nicht abgeschätzt. »In bester Stimmung«[121] »stürzte Ribbentrop mit Schulenburg [sowie Hilger, I.F.] und dem Leiter der Rechtsabteilung, Dr. Gaus, wieder in den Kreml zurück«[122].

Zweite Besprechung im Kreml: Das Vertragswerk

Die zweite Besprechung begann um 22 Uhr. Auf sowjetischer Seite waren erneut Stalin, Molotow und als Dolmetscher Pawlow anwesend. Zu Eingang der nun einsetzenden Verhandlungen überbrachte Ribbentrop die Zustimmung Hitlers zur Einbeziehung der lettischen Häfen in die Interessensphäre der UdSSR. Die »Atmosphäre, die bis dahin förmlich und zurückhaltend gewesen war, [wurde] zusehends freundlicher«[123]. Diese Beobachtung läßt auch darauf schließen, daß Stalin und Molotow bei der Zwischenbilanz, die sie in der Pause zwischen den beiden Besprechungen gezogen haben dürften, zu dem Schluß gelangt waren, daß die deutschen Angebote vorteilhaft und die in ihnen ruhenden Gefahrenmomente zu meistern seien. Stalin hatte sich – wie von Hitler beabsichtigt – vom verlockenden Glanz der Angebote blenden lassen und stand im Begriff, einen Kardinalfehler zu begehen.

In diesem zweiten Teil der Besprechungen breitete Ribbentrop, mit Hilfe von Gaus und unter Vorlage des mitgebrachten, ungenauen Kartenmaterials für die Teilung Polens, vor Stalin und Molotow die deutschen Vertragsentwürfe aus. Sie wurden in der Reihenfolge der beiden geplanten Bestandteile des Paktes, des Nichtangriffsvertrags und des Zusatzprotokolls, diskutiert.

1. In bezug auf den *Nichtangriffspakt* als solchen bereitete die gemeinsame Endredaktion »des Wortlauts des Paktes ... keine Schwierigkeit, da Hitler den sowjetischen Entwurf im Prinzip bereits angenommen hatte«[124]. In einigen Punkten wichen die Standpunkte allerdings in signifikanter Weise voneinander ab[125]: Zunächst hatte Ribbentrop in die Präambel des von Gaus überarbeiteten sowjetischen Vertragsentwurfs »eine ziemlich weitreichende Wendung, betreffend freundschaftlicher Gestaltung der deutsch-russischen Beziehungen, eingefügt«[126], die »die neuentstandene deutsch-russische Freundschaft in überschwenglichen und schwülstigen Redensarten rühmte«[127]. Stalin beanstandete diese Formulierungen und lehnte sie mit dem Bemerken ab: »Glauben Sie nicht, daß wir auf die öffentliche Meinung in unseren Ländern mehr Rücksicht nehmen müßten? Wir haben einander jahrelang kübelweise Unrat über die Köpfe gegossen ... [in anderen deutschen Übersetzungen hieß es hier: »mit Kübeln von Jauche« überschüttet, I.F.]. Und nun soll plötzlich alles vergeben und vergessen sein? Solche Dinge gehen nicht so schnell. Wir, und ich glaube, dies gilt auch für die deutsche Regierung, müssen unsere Völker mit mehr Umsicht über die Änderung unterrichten, die sich in den Beziehungen zwischen unseren beiden Ländern vollzogen hat.«[128]

Ribbentrop verzichtete auf den blumigen Teil der Präambel, und man einigte sich mit einer charakteristischen Abweichung auf den ursprünglichen Text des sowjetischen Entwurfs. An die Stelle der Formulierung: Die Regierungen der beiden Länder, »geleitet von dem Wunsch nach Festigung der Sache des Friedens zwischen *den Völkern* ...«, trat: »... die Sache des Friedens zwischen Deutschland und der UdSSR zu festigen« – das Versprechen der Festigung des »Friedens zwischen den Völkern« überschritt in dem beabsichtigten Bund mit Rußland zum Kriege gegen Polen und die Westmächte die Möglichkeiten der ideologischen Mimikry Ribbentrops. Auf sowjetischer Seite mußte an einer Aufrechterhaltung der Urfassung kein zwingendes Interesse mehr bestehen: Der Vertragsentwurf war unter der Voraussetzung zustande gekommen, daß ein bilateraler Nichtangriffspakt mit Deutschland neben einem (militärischen) Dreierpaktsystem zum gemeinsamen Schutze gegen die Aggression, auch die Aggression gegen die kleinen Völker, bestehen könnte. Die Verhandlungen hatten Stalin gezeigt, daß Deutschland einerseits seine ausschließliche Bindung wünschte, andererseits aber tatsächlich bereit schien, der Sowjetunion in *allen* wesentlichen, die Grenzen extensiv sichernden Fragen entgegenzukommen, ja weit mehr zu offerieren, als er je für möglich gehalten hatte. Nicht ausgeschlossen erscheint, daß die scheinbaren Wohltaten eines Zweierbündnisses mit dem gebefreudigen Aggressor allmählich die Träume vom rechtzeitigen gemeinsamen Widerstand der friedliebenden Völker gegen den Angreifer zu verdrängen begannen.

Der zweite Teil der Präambel, die explizite Anlehnung an die – laut sowjetischem Vertragsentwurf – »grundlegenden Bestimmungen des Neutralitätsvertrages, der im April 1926 zwischen der Union der Sozialistischen Sowjetrepubliken und Deutschland geschlossen wurde«, brachte eine unwesentliche, wenn auch nicht untypische Veränderung: Deutschland trat an die erste, die UdSSR an die zweite Stelle.

Artikel I (Gewaltverzichtserklärung) des deutsch-sowjetischen Nichtangriffsvertrages beinhaltete die Verpflichtung, »sich jeden Gewaltakts, jeder aggressiven Handlung und jedes Angriffs gegeneinander, und zwar sowohl einzeln als auch gemeinsam mit anderen Mächten zu enthalten«. Er stimmte inhaltlich mit Artikel 1 des sowjetischen Entwurfs überein. In den Artikel II (Neutralität) wurde eine vom sowjetischen Vertragsentwurf abweichende Formulierung aufgenommen: Setzte die Einhaltung der Neutralität im sowjetischen Entwurf voraus, daß der andere Teil »Gegenstand eines Gewaltaktes oder Angriffs einer dritten Macht« sein mußte, so enthielt der endgültige Vertragstext lediglich die Bedingung, daß er »Gegenstand kriegerischer Handlungen seitens einer dritten Macht« sein mußte. Die deutsche Seite hat sich hier mit einer Formulierung durchgesetzt, die einerseits davon absah, wer der Urheber dieser »kriegerischen Handlungen« war, wie sie andererseits die Qualifizierung beliebiger »Handlungen« anderer Staaten als »kriegerisch« ihrer objektiven Grundlage (Gewaltakt, Angriff) beraubte und somit ins Ermessen der interessierten Partei stellte. In dieser Formulierung kam der Charakter dieses »Stillhalteabkommens« – ungeachtet der Art des Krieges – besonders klar zum Ausdruck.

Artikel 3 des sowjetischen Vertragsentwurfes (Konsultationsfrage) wurde – auf deutschen Wunsch[129] – in zwei Artikel, Artikel III und V, aufgespalten; von ihnen war der erste stärker auf den Kriegs- und der zweite stärker auf den Friedensfall bezogen: Artikel III legte fest, daß »die Regierungen der vertragschließenden Teile … künftig *fortlaufend* zwecks Konsultationen in Fühlung miteinander bleiben, um sich gegenseitig über Fragen zu informieren, die ihre gemeinsamen Interessen berühren«. Die Konsultation beschränkte sich hier nicht, wie im sowjetischen Entwurf vorgeschlagen, auf Fälle von »Streitigkeiten oder Konflikten«. Sie sollte permanent sein und der Verhinderung gegenseitiger Interessenverletzungen im Moment kriegerischer Expansion dienen.

Der Artikel trug auch und vor allem der Sorge Hitlers Rechnung, daß die Sowjetunion unter keinen Umständen – etwa aufgrund ihrer älteren vertraglichen Verpflichtungen gegenüber Polen oder Frankreich – in der einen oder anderen Weise in den bevorstehenden Konflikt verwickelt würde. Er wünschte ein Instrument zur permanenten Einflußnahme und gegebenenfalls Gängelung seines neuen Bundesgenossen, dessen botmäßiger Treue er sich noch nicht sicher war. (Das heftige deutsche Drängen auf Entsendung einer sowjetischen Militärmission nach Berlin und auf Akkreditierung des neuen sowjetischen Botschafters in Berlin, Schkwarzew, in den letzten Tagen vor dem Angriff auf Polen waren Ausdruck dieses Interesses Hitlers. Während des Polenfeldzugs zeitigte diese Möglichkeit der permanenten Konsultation für Hitler ihre vorteilhaftesten Früchte: Die reibungslose, freundschaftliche Frontberührung von Verbänden der Wehrmacht und der Roten Armee im Herzen Polens war eines der Resultate. Im Zuge der weiteren deutschen Expansion, insbesondere auf dem Balkan, wurde die Konsultationspflicht – wie dies die Deutsche Botschaft Moskau nicht müde wurde aufzuzeigen – immer häufiger verletzt und zuletzt ignoriert.)

Die Einsetzung von Schlichtungskommissionen, die der sowjetische Nichtangriffspakt-Entwurf zur Behebung von Streitigkeiten oder Konflikten vorgesehen hatte, erschien für den Fall, auf den es Hitler bei Eingehen dieses Paktes allein ankam, nämlich den *casus belli*, zu umständlich und zeitaufwendig. Dieser Vorschlag wurde deshalb unter Artikel V, offenbar für die Lösung solcher »Streitfälle und Konflikte« vorgesehen, die sich im Rahmen der laufenden Konsultationen nicht lösen ließen, den gewünschten Gang der (kriegerischen) Ereignisse aber nicht unmittelbar gefährdeten. Er kam in der Realität nicht zum Tragen. Daneben ersetzte ein »freundschaftlicher Meinungsaustausch« den sowjetischen Vorschlag der Regelung von Meinungsverschiedenheiten auf »friedlichem Wege«.

Neu war Artikel IV. In ihm gipfelten die deutschen Bemühungen um die Neutralisierung der UdSSR[130]. Dieser Artikel legte fest, daß keiner der beiden vertragschließenden Teile »sich an irgend einer Mächtegruppierung beteiligen [wird], die sich mittelbar oder unmittelbar gegen den anderen Teil richtet«. Formaliter stellte dieser Artikel eine Doppelung der

Gewaltverzichtserklärung von Artikel I dar. Das Interesse nach »200%iger Sicherheit«, das insofern aus diesem Artikel sprach, lag diesmal auf der deutschen Seite: Die Ungewißheit Hitlers und Ribbentrops darüber, ob die Sowjetregierung diesen Vertrag, wie wiederholt hervorgehoben, nicht doch nur als *einen* Baustein – ein bilaterales Defensivbündnis – einer globalen Sicherheitsstrategie betrachtete, in die auch andere, kollektive Konzepte als multilaterale Defensivbündnisse eingehen würden, stand hinter diesem Wunsche nach einseitiger sowjetischer Festlegung. Hitler glaubte, mit der Unterschrift Molotows unter diesem Artikel jeden potentiellen Ring der »Einkreisung« Deutschlands, an dem auch die Sowjetunion mittelbar oder unmittelbar beteiligt wäre, aufgebrochen zu haben.

In zwei Aspekten brachte dieser Artikel Hitler keinen Gewinn: Einerseits erlegte diese Festlegung Deutschland nun definitiv gegenüber seinem japanischen Partner und Instrument zur Einkreisung der UdSSR vom Osten her Schranken auf. Der Anti-Komintern-Pakt, als eine unmittelbar gegen die UdSSR gerichtete Mächtegruppierung, verlor seine Kraft und schmolz – wie Stalin während des anschließenden Umtrunks mit entspannter Heiterkeit bemerkte – auf eine Schurigelei der Londoner City zusammen. Andererseits konnte die sowjetische Interpretation vom rein defensiven Charakter potentieller Anti-Hitler-Bündnisse dem Vorwurf der mittelbaren oder unmittelbaren Frontstellung gegen Deutschland – trotz der außerordentlich weiten Formulierung dieses Artikels – im Zweifelsfalle standhalten. Allerdings hat die Sowjetregierung – mit Rücksicht auf die besonderen psychologischen und politisch-militärischen Dispositionen ihres gefährlichen deutschen Partners – während des Bestehens dieses Paktes von dieser Interpretation bewußt keinen Gebrauch gemacht. (So war etwa der sowjetisch-jugoslawische Freundschaftspakt vom April 1941 – wie der deutsche Botschafter in Moskau gegenüber Hitler hervorhob[131] – nicht die Schaffung einer gegen Deutschland gerichteten Gruppierung, sondern eine Anmeldung der sowjetischen Interessen auf dem Balkan unter Einhaltung der im Nichtangriffsvertrag vorgesehenen Konsultationspflicht.)

In Anbetracht dieser Lücken im Vertragswerk ist davon auszugehen, daß Ribbentrop Stalin das Versprechen des Verzichts auf den Abschluß eines Dreimächtebündnisses in diesen Gesprächen auch mündlich abverlangte. Wie es die »Sprachregelung« in den vorausgegangenen Annäherungsgesprächen wollte, hat Ribbentrop Stalin gegenüber zweifellos auch hier darauf hingewiesen, daß eine weitere, anderweitige Bindung der UdSSR kategorisch ausgeschlossen sei. Daß es Ribbentrop gelang, die Zustimmung Stalins zu erhalten, deutet unter anderem die Tatsache an, daß in Artikel IV des Nichtangriffsvertrages die in anderen Verträgen dieser Art (etwa Art. 4 des polnisch-sowjetischen Nichtangriffspakts von 1932) übliche Klausel fehlt, nach der Verpflichtungen, die aus früheren Verträgen herrühren, in Kraft blieben.

Davon, wie diese mündlichen Absprachen zustande kamen, geben die Erinnerungen Ribbentrops nur ein verzerrtes Bild. Nach seiner Darstellung hatte er selbst Stalin im Zuge dieser Besprechungen nach dem weiteren Verbleib der westlichen Militärmissionen gefragt; Stalin »erwiderte: man werde sie mit höflichen Worten verabschieden«[132]. In Wahrheit hatte Ribbentrop vermutlich die Rolle übernommen, die er bei Kenntnisnahme des Telegramms von Braun von Stumm in der Deutschen Botschaft dem Botschafter zugedacht hatte: Er hatte es Stalin im Laufe der Unterredung zur Auflage gemacht, die westlichen Militärmissionen zu entlassen. Stalin hat dazu möglicherweise nur zögernd seine grundsätzliche Einwilligung gegeben. Denn angeblich gewann Ribbentrop den Eindruck, daß Stalin nicht beabsichtige, sein Versprechen zu halten[133].

Daneben richtete Ribbentrop – wiederum nach eigener Darstellung – an Stalin die Frage, »wie unser Pakt mit dem russisch-französischen Vertrag von 1936 [richtig: 1935, I.F.] in Übereinstimmung gebracht werden könne«. Stalin habe geantwortet, daß das russische Interesse allem anderen vorgehe[134]. Auch hier ist die Annahme wahrscheinlich, daß es integraler Teil der deutschen Vorschläge und Wünsche war, daß die UdSSR den Beistandsvertrag mit Frankreich als hinfällig betrachte. Damit sollte nicht nur der Weg Deutschlands nach Polen, sondern auch nach Frankreich frei werden.

Schließlich legte – erneut auf deutschen Wunsch – Artikel VI die Laufzeit des Vertrags auf zehn (mit – sofern er nicht ein Jahr vor Ablauf dieser Frist von einem der Vertragspartner gekündigt würde – automatischer Verlängerung um weitere fünf) Jahre und nicht, wie im sowjetischen Vertragsentwurf, auf fünf Jahre fest. Und Artikel VII verfügte das Inkrafttreten des Vertrags »sofort mit seiner Unterzeichnung«, während der sowjetische Entwurf sein Inkrafttreten erst nach der Ratifizierung vorsah. Entwurf wie Vertrag schrieben seine Ratifikation »in einer möglichst kurzen Frist« vor. Damit hatte die sowjetische Seite dem Zeitdruck der deutschen Kriegsplanung nachgegeben.

Auf das im sowjetischen Entwurf enthaltene Postskriptum – »Der gegenwärtige Pakt ist nur bei gleichzeitiger Unterzeichnung eines besonderen Protokolls ... gültig. Das Protokoll bildet einen integrierenden Bestandteil des Paktes« – hat der Nichtangriffsvertrag ersatzlos verzichtet. In dieser Frage kristallisierte sich noch einmal die ganze Unterschiedlichkeit der Ausgangshaltungen der beiden Partner: Die Sowjetregierung ging von den Erfahrungen ihrer Paktverhandlungen mit den Westmächten aus, in denen das Postskriptum unter einem Defensivbündnis die Aufmerksamkeit Hitlers auf ein unbekanntes Protokoll lenken und damit zu seiner Verunsicherung und Abschreckung beitragen sollte. Das nicht der Veröffentlichung unterliegende Protokoll, auf das das Postskriptum dort hinweisen sollte, enthielt die Liste der Länder, deren Schutz gegen die Aggression die Signatarmächte gemeinsam garantieren, und der Maßnahmen, die sie gemeinsam ergreifen wollten. Hitler hingegen ging vom Präzedenzfall des Anti-Komintern-Paktes als eines geheimen Offensivbündnisses aus und war verständlicherweise nicht daran interessiert, die Welt auf die Existenz eines Zusatzprotokolls aufmerksam zu machen, in dem die Opfer dieses »Bündnisses zum Kriege« namentlich erwähnt und die Modalitäten ihrer Unterwerfung umschrieben wurden.

Stalin und Molotow wiederum konnte jetzt, nachdem sie Kenntnis vom Charakter dieses Zusatzprotokolls genommen und ihre Einwilligung zu diesem gegeben hatten, nicht länger an diesem Postskriptum gelegen sein, stimmten sie doch mit der sowjetischen Unterzeichnung indirekt deutschen Plänen einer »politisch-territorialen Umgestaltung« zu, deren Charakter, Ausmaß und Auswirkungen ihnen noch verborgen waren. Überdies war der Schock über den Pakt in der Welt groß genug, und böse Ahnungen, besonders in den betroffenen Randstaaten, wollten schon seit Tagen von geheimen Gebietsabsprachen mit allen aus ihnen resultierenden Völkerrechtsverstößen wissen[135]. Man verzichtete darauf, ihnen weitere Nahrung zu geben. Tatsächlich zeigte der Wegfall des Postskriptums das Verlassen der Rechtsgrundlage an[136].

2. Das »*Geheime Zusatzprotokoll*« wurde als ein separater Text verabschiedet, der seinerseits in seiner Präambel zwar einen Zusammenhang, aber keinen inhaltlich-rechtlichen Bezug zum Nichtangriffsvertrag herstellte: Hier hieß es nur, daß die unterzeichnenden Bevollmächtigten der beiden Teile »aus Anlaß der Unterzeichnung des Nichtangriffsvertrages ... in

streng vertraulicher Aussprache die Frage der Abgrenzung der beiderseitigen Interessensphären in Osteuropa erörtert [haben]. Die Aussprache hat zu folgendem Ergebnis geführt ...« Mit dieser Formulierung erwies sich das Geheime Zusatzprotokoll nicht, wie es die sowjetische Seite unter anderen gedanklichen Voraussetzungen immer wieder gewünscht hatte, als »organischer« oder »integrierender Teil« des Vertrags. Es war zu einem losen Anhang des Vertragswerks geworden, zu einer Ad-hoc-Vereinbarung, die Verfügungen über Drittstaaten traf und damit einen Anschlag auf die Souveränität freier Staaten enthielt. Es trug insofern die Wurzeln seiner Ungültigkeit in sich. Nicht zu Unrecht wird es heute infolge der Besonderheiten seiner Abfassung von sowjetischer Seite »juristisch nicht als Rechtsakt« bezeichnet, »als ein Akt, der rechtsverbindlich wäre«, sondern »nach Form und Wesen ein Akt der persönlichen Macht« der Regierenden[137].

Diese Tatsache mag dazu beigetragen haben, daß Stalin, soweit heute bekannt ist, dieses Dokument weder dem Politbüro noch einzelnen Volkskommissaren oder anderen Funktionären von Partei und Staat bekanntgemacht und seine Ratifizierung nicht in Betracht gezogen hat. Das Geheime Zusatzprotokoll ist im Gegensatz zum Nichtangriffspakt weder im Obersten Sowjet, noch in der Regierung behandelt worden. Es ist niemals ratifiziert worden und schon aus diesem verfassungsrechtlichen Grunde *ex tunc* unwirksam gewesen. Seine neben der völkerrechtlichen auch im engeren Sinne juristische Bodenlosigkeit geht auch aus der Art seines Zustandekommens hervor. »Neben dem Nichtangriffspakt«, so eröffnete Friedrich Gaus vor dem Nürnberger Militärgerichtshof die Rückerinnerung an diesen verschollenen Teil des Vertrags, »wurde länger über ein besonderes geheimes Dokument verhandelt, ... dessen Inhalt auf eine Abgrenzung der beiderseitigen Interessensphären in den zwischen beiden Staaten liegenden europäischen Gebieten hinauslief«[138]. Als Verfasser des Textes war Gaus in besonderer Weise zu dieser Aussage legitimiert[139].

Wenn sich der Nichtangriffsvertrag trotz gewisser signifikanter Abweichungen noch im weiten Rahmen herkömmlicher Verträge dieser Art bewegte, so besaß das Geheime Zusatzprotokoll einen von den Rechtsnormen der Kellog-Briand-Ära eindeutig abweichenden Charakter. Wer auf deutscher Seite auch nur in partieller Kenntnis seiner Hintergründe den Text dieses Dokuments sah, mußte sich seines Charakters bewußt sein. So empfand Staatssekretär von Weizsäcker bei Kenntnisnahme des Textes, daß es sich »um ein sehr einschneidendes und sehr weitgreifendes geheimes Zusatzabkommen zu dem damals geschlossenen Nichtangriffspakt [handelte]. Die Tragweite dieses Dokuments war deswegen besonders groß, weil es eine Interessensphäreneinteilung betraf, die eine Grenze zog zwischen denjenigen Gebieten, die unter gegebenen Umständen der sowjetrussischen, und denjenigen, die in einem solchen Falle der deutschen Sphäre angehören sollten.«[140] Diese Umstände waren nach deutschem Verständnis Krieg, Unterwerfung, Zerstörung der herkömmlichen, im Versailler System begründeten politischen, territorialen und administrativen, ja sozialen und ethnischen Ordnung der nord-, ost- und südmitteleuropäischen Staaten »zwischen Ostsee und Schwarzem Meer«.

In der Präambel dieses Geheimen Zusatzprotokolls setzten sich die beiden Seiten explizit über die bestehende politische Ordnung in Mitteleuropa hinweg und meldeten durch Festlegung der geopolitischen Räume, die dem Einfluß der anderen Seite verschlossen bleiben sollten, ihr Interesse an bestimmten Ländern bzw. Gebieten an. Ihre Aussprache habe zu folgendem Ergebnis geführt:

»1. Für den Fall einer territorial-politischen Umgestaltung in den zu den baltischen Staaten (Finnland, Estland, Lettland, Litauen) gehörenden Gebieten bildet die nördliche Grenze Litauens zugleich die Grenze der Interessensphären Deutschlands von der UdSSR. Hierbei wird das Interesse Litauens am Wilnaer Gebiet beiderseitig anerkannt.«

Aus Sicht des zumindest partiell in die Hintergründe eingeweihten deutschen Beobachters wiesen »die in der damaligen politischen Situation besonders ominösen Einleitungsworte«[141] unzweifelhaft darauf hin, daß hier ein »Bündnis zum Kriege« geschlossen werden sollte und die in Aussicht genommene »territorial-politische Umgestaltung« im Zuge kriegerischer Auseinandersetzungen eintreten oder Folge der Kataklysmen von Eroberung und Gewalt sein würden. War dieser Ausdruck somit ein Euphemismus für die realen deutschen Absichten, so läßt sich ein derartiger Schluß hinsichtlich des sowjetischen Textverständnisses nicht ohne weiteres ziehen: Eine politisch-territoriale Umgestaltung konnte sich in Polen, auf das sich das vorrangige deutsche Interesse richtete, auch infolge einer unkriegerischen Schlichtung der deutschen Differenzen, etwa durch die polnische Annahme eines deutschen Ultimatums bezüglich Danzigs und des »Korridors«, ergeben. Genau hierin bestanden ja die Hoffnungen der Diplomaten der Deutschen Botschaft Moskau. Die deutschen Karten waren noch nicht ausgereizt und ließen manche Interpretationen und Eventualitäten offen – auch die britische und die italienische Regierung setzten zu diesem Zeitpunkt noch auf den friedlichen Ausgang der Krise durch Zugeständnisse an die deutsche Adresse. Welche Erwartungen Stalin und Molotow mit dem Begriff der »Umgestaltung« verbanden, ist und bleibt Gegenstand der Spekulation.

In Einlösung des in den Annäherungsgesprächen wiederholt gemachten Versprechens, nach dem »von der Ostsee bis zum Schwarzen Meer« alle Fragen zwischen Deutschland und Rußland einvernehmlich lösbar seien, begann diese Abgrenzung Mitteleuropas im Norden. Finnland, das bis zum Ausgang des Ersten Weltkriegs dem Russischen Reich angehört hatte, wurde ungefragt der sowjetischen Interessensphäre zugeschlagen. (Diesbezügliche Anfragen der finnischen Regierung wurden in Berlin ebenso negativ beschieden wie nachfolgende Hilferufe aus den baltischen Hauptstädten.) Es spricht vieles dafür, daß hinsichtlich Finnlands auf deutscher Seite eine *reservatio mentalis* bestand – Hitler war sich des Werts der finnischen Rohstoffe, besonders des Nickels von Petsamo, für die deutsche Rüstungsindustrie bewußt und hat während der Dauer der Gültigkeit dieses Pakts hinreichend Beweise für sein Interesse an einem Finnland gezeigt, das sich wirtschaftlich von Deutschland ausbeuten und militärisch, nicht zuletzt mit Blick auf die letzte und größte Auseinandersetzung, den Angriff auf die UdSSR, nutzen ließ[142].

Stalin und Molotow fiel mit dieser Überlassung Finnlands an die sowjetische Interessensphäre eine schwere Last von den Schultern: Sie hatten seit Monaten befürchtet, daß Deutschland militärisch auf den Ålandinseln Fuß fassen könnte, und, um dies zu verhindern, zunächst in Gesprächen mit den Westmächten, dann in Verhandlungen mit der finnischen Regierung um die Überlassung der Ålandinseln und Hangös an die UdSSR durch Pacht und schließlich in den Moskauer Militärverhandlungen um die zeitweilige gemeinsame Truppenstationierung auf Hangö und den Ålandinseln gerungen. Über die Ålandinseln und das strategisch exponierte Hangö hinaus fiel ihrer Interessensphäre nun das gesamte finnische Festland zu. Von einer solchen Überlassung ganz Finnlands dürfte Stalin vorher ebenso wenig geträumt haben, wie die Sowjetregierung politisch und die Rote Armee militärisch auf eine praktische Einnahme vorbereitet waren.

Der Verlauf der sowjetisch-finnischen Beziehungen in Vollzug dieses

Pakts verdeutlicht auf exemplarische Weise, wie wenig die Sowjetregierung eine wirksame Einbeziehung der ihr zuerkannten Gebiete in ihre »Interessensphäre« ins Auge gefaßt hatte: Zu einer effektiven Annexion selbst der unmittelbar benachbarten Teile Finnlands fehlten ihr – wie die am 12. Oktober 1939 in Moskau aufgenommenen finnisch-sowjetischen Verhandlungen bewiesen – weiterreichende politische Pläne. Und zu einer militärischen Einverleibung der strategisch wichtigen Positionen im südlichen Finnland, geschweige denn des ganzen Landes, reichten – wie die vielsagende militärische Schlappe der Roten Armee im Finnischen Winterkrieg (1939/40) bewies – die vorhandenen Kräfte keinesfalls aus.

So überrascht es nicht, wenn in den Versuchen einer effektiven Einbeziehung Finnlands in die sowjetische Interessensphäre, die die Sowjetregierung im ersten Jahre der Gültigkeit des Paktes unternahm, in erster Linie das Festhalten an jenem – begrenzteren – Sicherheitsinteresse dominierte, das bereits die politischen und besonders militärischen Verhandlungen der Sowjetunion mit den Westmächten geprägt hatte: Im Zentrum der sowjetischen Verhandlungsposition während der politischen Gespräche und der militärischen Erwägungen des Generalstabs im sowjetisch-finnischen Winterkrieg stand die Sicherheit Leningrads[143].

Ähnlich verhielt es sich mit den Abmachungen über die baltischen Länder. Nachdem Ribbentrop von vornherein die Gebiete bis zur Dünalinie angeboten und im nachhinein auch die westlettischen Gebiete einschließlich der die polnische und deutsche Ostsee beherrschenden Häfen Windau und Libau preisgegeben hatte, war sich Stalin für den Kriegsfall nicht nur der militärisch-politischen Neutralität und Möglichkeit der Nutzung der Inselgruppen sicher, um die Woroschilow in den Militärverhandlungen gekämpft hatte, nämlich des Moonsu-Archipels mit den Inseln Ösel, Dagö und Worms sowie der Häfen Pernau, Hapsal, Hainasch und Libau. Er hatte zugleich auch die gesamte Rigaer Bucht und lettische Westküste zugesprochen erhalten und damit die vorteilhaftesten strategischen Positionen in der Ostsee zu seiner Verfügung.

Einen Wunsch scheint Stalin in diesem Teil der Besprechungen überraschenderweise nur mit geringem Nachdruck geäußert zu haben: den nach dem sogenannten Korridor von Wilna, dem südlichen Abschnitt von Litauen, für den Woroschilow in den Militärverhandlungen ebenfalls, wenn auch mit geringerem Nachdruck als für die entsprechenden Gebiete Polens und Rumäniens, das Durchmarschrecht beansprucht hatte. Die Benutzung des »Wilnaer Korridors« verkürzte den Divisionen der Roten Armee, die im Kriegsfalle aus Zentral- oder Weißrußland in Richtung Ostpreußen marschieren sollten, den Weg beträchtlich und spielte somit eine wichtige Rolle im Verteidigungssystem des sowjetischen Nordabschnitts.

Hitler beanspruchte in den Verhandlungen über den Nichtangriffspakt ganz Litauen für die deutsche Interessensphäre und war nicht bereit, für den südlichsten Teil Zugeständnisse zu machen. Die Gründe für dieses deutsche Interesse an dem Gebiet um Wilna, dem sogenannten litauischen Zipfel, waren vermutlich ebenfalls strategischer Natur[144]. Einerseits konnte Hitler Polen von Litauen und dem Memelgebiet, welches letztere sich bereits in deutscher Hand befand, d.h. vom Osten her angreifen oder in die Zange nehmen. Andererseits hatte er wohl nicht die Möglichkeit ausgeschlossen, die Kampfhandlungen über Polen hinaus in den baltischen Raum hineinzutragen. Damit wäre Litauen das (erste) betroffene Land gewesen.

Es entspricht dem skrupellosen Charakter der deutschen Verhandlungsführung, daß dieses Gebiet von Wilna in Artikel 1 des Geheimen Zusatzprotokolls dem Interessenbereich Litauens zugeschlagen wurde. In Wahrheit wollte sich Hitler das gesamte litauische Hinterland für seinen Polenfeldzug erhalten, diese Pläne aber nicht aufdecken. Zu ihrer Tarnung stützte sich Ribbentrop auf ein »Interesse« des ungefragten Landes Litauen selbst. Hinter diesem scheinbaren Zugeständnis – der litauische Staat hatte seine historische Hauptstadt 1920 an Polen abtreten müssen – verbarg sich einerseits eine Handhabe zur Verschärfung des litauisch-polnischen Gegensatzes; andererseits fiel ja das gesamte Litauen – im Gegensatz zu den angrenzenden ostpolnischen Gebieten – zunächst der deutschen Interessensphäre zu. Und Deutschland war, wie die rücksichtslose Verhandlungsführung in der Memelfrage gezeigt hatte, wenig geneigt, die litauischen Interessen zu berücksichtigen. Einige Indizien lassen darauf schließen, daß Ribbentrop Litauen schlicht als Vollzugsgehilfen nutzen wollte: So ließ er der litauischen Regierung am 9. September unter der Hand mitteilen, »Litauen solle sofort Wilna erobern«[145]. Die bedenkenlose Art im Umgang mit den litauischen Lebensinteressen wurde wenig später in der Überlassung Litauens an die sowjetische Interessensphäre im Grenz- und Freundschaftsvertrag vom 28. September 1939 endgültig dokumentiert.

Die scheinbare Berücksichtigung der litauischen »Interessen« war geeignet, das sowjetische Verständnis des Begriffs »Interessensphäre« noch stärker zu erschweren. Sie mußte Stalin auch weiter im unklaren über die deutschen Absichten in Litauen, insbesondere seinem strategisch bedeutsamen Südzipfel, lassen. Erst nachdem der deutsche Polenfeldzug abgeschlossen war, ohne daß die deutsche Wehrmacht die Kampfhandlungen auf litauisches Gebiet hinübergetragen hatte, ließ Stalin es zu, daß die Rote Armee bei ihrem Marsch in breiter Front nach Ostpolen (ab 17. September) die strategisch wichtigen Gebiete Südlitauens vorübergehend besetzte. Er scheute sich nicht, damit zugleich die unverzichtbare praktische Bedeutung dieses Korridors für größere Truppenbewegungen in der Ost-West-Linie zu dokumentieren. Der sowjetische Generalstab bestätigte damit im nachhinein in der Praxis den militärischen Sinn der Forderungen von Marschall Woroschilow in den Moskauer Militärverhandlungen.

In den Beratungen, die im Anschluß an die Niederwerfung Polens am 28. September in Moskau geführt wurden und mit der Unterzeichnung des Grenz- und Freundschaftsvertrags endeten, warf Stalin dann auch erwartungsgemäß die Frage der Zuerkennung Litauens zur sowjetischen Interessensphäre auf; er bot Teile Zentral- und Ostpolens im Austausch an. Ribbentrop kam diesem Wunsch im Einvernehmen mit Hitler prompt entgegen[146]. Zu diesem Zeitpunkt hatte Litauen seine Aufgabe als ein Faktor zur Isolierung Polens vom Osten her erfüllt. An seiner Inbesitznahme bestand für den Moment auf deutscher Seite kein Interesse. Es konnte der UdSSR (vorübergehend) überlassen werden. Nicht inbegriffen blieb zunächst auch bei dieser Überlassung das Gebiet südlich von Wilna. Dieses erwarb die Sowjetregierung erst reichlich ein Jahr später durch Kauf. Sie erstand es – ein weiterer Beweis für ihr gesteigertes strategisches Interesse an diesem »Korridor von Wilna« – durch Unterzeichnung eines Geheimprotokolls zum deutsch-sowjetischen Vertrag vom 10. Januar 1941 in einem präzedenzlosen Länderschacher für den Preis von 31,5 Millionen Goldmark. Damit hatte sie etwa sechs Monate vor dem deutschen Angriff auf die UdSSR all jene baltischen Gebiete fest in der Hand, deren zeitweilige militärische Nutzung im Falle eines deutschen Angriffs sie in den Militärverhandlungen mit den Westmächten vergeblich beansprucht hatte[147].

Artikel 2 des Geheimen Zusatzprotokolls vom 23. August verfügte die Vierte Polnische Teilung. Er legte fest: »Für den Fall einer territorial-politischen Umgestaltung der zum polnischen Staate gehörenden Gebiete werden die Interessensphären Deutschlands und der UdSSR ungefähr durch die Linie der Flüsse Narew, Weichsel und San abgegrenzt. Die Frage, ob die beiderseitigen Interessen die Erhaltung eines unabhängigen polnischen Staates erwünscht erscheinen lassen und wie dieser Staat abzugrenzen wäre, kann endgültig erst im Laufe der weiteren politischen Entwicklung geklärt werden. In jedem Falle werden beide Regierungen diese Frage im Wege einer freundschaftlichen Verständigung lösen.« Damit schloß das Geheimabkommen »eine völlige Neuregelung des polnischen Schicksals in sich«[148].

Die Teilungslinie, die entlang der Flüsse (Pissa[149]), Narew, Weichsel und San durch Polen gezogen wurde, war weder in Anlehnung an die Curzon-Linie, die weiter östlich verlief, noch unter Berücksichtigung der Westgrenze des Russischen Reiches entstanden. Sie hatte kaum politische und historische Gründe, sondern ging wohl eher auf militärische Erwägungen zurück. Dabei war der an die Interessensphäre der UdSSR fallende Teil Polens von deutscher Seite nicht knapp bemessen worden, er umfaßte neben Ostpolen auch zentralpolnische Gebiete der Woiwodschaft Warschau. Im Falle eines Eingreifens der Westmächte zugunsten Polens vergrößerte sich damit aus der Sicht Hitlers die Chance, daß es zu Konflikten zwischen Rußland und den Westmächten käme und Stalin zwangsläufig in den Krieg hineingezogen würde[150].

Stalin hat der Roten Armee – trotz intensiven deutschen Drängens, bei dem es dem deutschen Botschafter und Militärattaché zufiel, wiederholt im Kreml vorstellig zu werden, um Stalin zu der im Geheimprotokoll vorgezeichneten »Inbesitznahme« seiner »Interessensphäre« zu bewegen[151] – erst nach mehr als zwei Wochen (am Morgen des 17. September) den Befehl zur Überschreitung der sowjetischen Westgrenze gegeben. Er tat dies erst nach dem Fall Warschaus, der Flucht der polnischen Regierung nach Rumänien und damit dem faktischen Zusammenbruch der polnischen Staatsgewalt. Sein langes Zögern und beharrliches Abwarten hat der deutschen Seite viel Geduld abverlangt. In Wahrheit sind die Gründe für seine hinhaltende Handlungsweise leichter zu entdecken als der Grund für sein nachträgliches Eingreifen – seine Furcht vor einer kriegerischen Verwicklung mit Deutschland auf der einen und mit den Westmächten auf der anderen Seite stand im Vordergrund.

Nach der Einschätzung der Deutschen Botschaft[152] bestand ein Hauptgrund für sein Verhalten in seiner Rücksichtnahme auf die Weltöffentlichkeit. An zweiter Stelle dürfte sein Bemühen gestanden haben, die Eventualität eines Konfliktes mit den Westmächten zu vermeiden und ihnen darüber hinaus einen plausiblen Grund zum Eingreifen in Polen nennen zu können[153]. An dritter und gewiß nicht letzter Stelle stand die mangelnde Bereitschaft der Roten Armee, die zu einem beträchtlichen Teil im Osten gebunden war, zu raschen, voll ausgereiften Kampfhandlungen im Westen. Dies beweist, daß für Stalin einerseits die Gefahr, aufgrund ungeregelten, vertragswidrigen deutschen Vorgehens in Polen Einbußen an dem ihm zuerkannten Gebieten hinnehmen zu müssen, in keinem Verhältnis zu dem Risiko stand, daß die Westmächte – nach ihrer Kriegserklärung an Deutschland (3. September) – wider Erwarten doch noch zu einer effektiven Unterstützung Polens auf polnischem Territorium übergehen und Anstoß an einer sowjetischen Militärpräsenz nehmen würden. Er ließ seine Armee erst in Polen einmarschieren, als dieses Risiko nicht länger bestand.

Es beweist andererseits, daß die sowjetische Regierung und Armeeführung, obgleich ihnen von deutscher Seite entsprechende Mitteilungen gemacht worden waren, offenbar doch nicht mit einem so schnellen und eklatanten Erfolg der deutschen Waffen gerechnet hatten. Sie fühlten sich – nach den Worten Molotows zu Schulenburg – »völlig überrumpelt«[154]. Die Rote Armee besaß, aus den Mitteilungen Molotows zu schließen, keine Pläne für eine (offensive) Vorwärtsstrategie auf polnisches Territorium (ja offenbar nicht einmal die Planung für eine effektive Vorwärtsverteidigung), welche es ihr erlaubt hätte, in weniger als sechzehn Tagen einzumarschieren. Erst nach zahlreichen deutschen Interventionen konnte Stalin den Vertretern Deutschlands in der Nacht vom 16. auf den 17. September die Bereitschaft der Roten Armee zum Einmarsch in Ostpolen erklären. Auf ihrem Wege besetzte die Rote Armee dann – entgegen den in Artikel 1 des Geheimen Zusatzprotokolls getroffenen Vereinbarungen – die Hauptstadt Litauens, Wilna, und den Wilnaer Korridor vorübergehend, um den südlichen Teil dieses Gebiets im Grenz- und Freundschaftsvertrag vom 28. September formal (wieder) an Deutschland abzutreten.

Im Grenz- und Freundschaftsvertrag wurde der Sowjetregierung auf ihren Wunsch eine Frontbegradigung zugestanden, die verdeutlichte, daß sie zu diesem Zeitpunkt gesicherte strategische Verteidigungspositionen über territoriale Gewinne und Expansion nach Westen stellte: Mit dem Austausch großer Teile ihrer polnischen »Interessensphäre« – Teile der Woiwodschaft Warschau sowie der gesamten Woiwodschaft Lublin

– gegen Litauen bewies sie, daß die baltischen Gebiete (die Länder erster strategischer Ordnung) in ihrem Sicherheitskonzept eine unvergleichlich größere Bedeutung besaßen als Polen (das zu den Ländern zweiter strategischer Ordnung gehörte). In Polen zog sich die Rote Armee damit faktisch an die Curzon-Linie zurück. Die Sowjetregierung bestätigte damit zugleich formal das nationale gegenüber dem territorialen Prinzip und beschränkte sich überwiegend auf die Einverleibung der slawischen »Brudervölker« – Weißrussen und Ukrainer –, die auf polnischem Gebiet als Fremdvölker gelebt hatten[155]. Im Vertrag vom 28. September wurde unter dem Euphemismus eines erfolgten »Auseinanderfallen[s] des bisherigen polnischen Staates« nun in aller Offenheit jene »territorial-politische Umgestaltung« festgeschrieben, die Artikel 2 des Geheimen Zusatzprotokolls vom 23. August vorsah[156].

Die Anerkennung Finnlands, beträchtlicher Teile des Baltikums und Ostpolens als zur sowjetischen Interessensphäre gehörend muß in den Besprechungen des 23./24. August eine tiefe psychologische Wirkung auf Stalin und seinen Außenkommissar ausgeübt haben. Nur so ist zu erklären, daß beide die sowjetischen Ansprüche in Südosteuropa ohne größeren Nachdruck anmeldeten. Im Unterschied zu den oben genannten Gebieten wurde Bessarabien nicht ausdrücklich der »Interessensphäre« der UdSSR zugerechnet. Artikel 3 des Geheimen Zusatzprotokolls formulierte statt dessen: »Hinsichtlich des Südostens Europas wird von sowjetischer Seite das Interesse an Bessarabien betont. Von deutscher Seite wird das völlige politische Desinteressement an diesen Gebieten erklärt.« Ribbentrop war im Rahmen sowohl der allgemeinen »Sprachregelung«, die Hitler für die Gespräche über Südosteuropa festgelegt hatte, als auch der besonderen Weisung, die ihm am Abend des 22. August erteilt wurde, ermächtigt worden, das deutsche Desinteresse am gesamten »Süd-Ost-Europa« – was immer man sich unter diesem Begriff vorgestellt haben mag – und darüber hinaus bis nach Konstantinopel und zu den Meerengen zu erklären. Stalin hat dies vermutlich weder für möglich gehalten noch erkannt. Wie Ribbentrop später schrieb, kam »letzteres ... aber nicht zur Sprache«[157]. So wurde lediglich »bei der Abgrenzung der beiderseitigen Interessensphären in Ost-Europa ... bei der Erwähnung des Süd-Ostens Europas von sowjetischer Seite das Interesse an Bessarabien betont«. Ribbentrop erklärte – mit seinen Worten – bei »dieser Gelegenheit ... mündlich das Désintéressement an der Bessarabischen Frage«. Die »Sprachregelung« hatte demgegenüber weiter vorgesehen, daß Deutschland sein wirtschaftliches Interesse an Rumänien anmeldete, – neben den rumänischen Agrarprodukten lockte Hitler in erster Linie das rumänische Erdöl, das er nicht zuletzt für die Eroberung des Kaukasus – auf dem Wege der deutschen Wehrmacht nach Indien – benötigte. Dementsprechend hat Ribbentrop »das wirtschaftliche Interesse Deutschlands an diesen süd-osteuropäischen Gebieten ... betont zum Ausdruck gebracht«.

Es ist unklar, was Stalin veranlaßt hat, ihm dies zu konzedieren. Ebenso unklar ist, warum er nicht darauf bestand, Bessarabien analog zu den anderen an die sowjetische Interessensphäre fallenden Gebieten explizit zu seiner »Interessensphäre« zu erklären. Mit diesem Verzicht waren unausbleibliche Konflikte vorgezeichnet, die tatsächlich beim sowjetischen Einmarsch in Bessarabien (28. Juni 1940) auch eintraten. Die sowjetische Seite beschränkte sich auf die Anmeldung ihres »Interesses an Bessarabien«, wo sie doch zu diesem Zeitpunkt mühelos seine restlose Zuerkennung hätte erreichen können. Dafür war unter anderem ein Zeitfaktor maßgebend – Ribbentrop legte in den Verhandlungen ein scharfes Tempo vor, da er sich schnellstens in den Besitz der russischen Unterschrift bringen und zurückreisen wollte. So ist es nicht zu einer ausführlichen Erörterung dieser Fragen gekommen, so daß auf deutscher Seite diesbezüglich beträchtliche Meinungsunterschiede bestehen blieben. Während Gaus aus seiner Erinnerung an die Besprechung festhielt, daß Ribbentrop »hinsichtlich der Balkanländer ... nur wirtschaftliche Interessen«[158] Deutschlands geltend gemacht habe, entstand im Ministerbüro Ribbentrops der Eindruck, daß die Sowjetunion hinsichtlich des gesamten Südosteuropas nur ihr Interesse an Bessarabien erklärt habe, »während Deutschland sein völliges Desinteresse an diesem Gebiet erklärt [hätte]«; wie der Leiter des Ministerbüros verstand, sei »im übrigen ... aus dem Gang der Verhandlungen zu schließen« gewesen, daß beide Länder erklärt hätten, »auf dem Balkan keine territorialen Absichten zu verfolgen, und sie verpflichteten sich, alle Balkanfragen nur nach vorheriger Verständigung zu behandeln«[159].

Diese Meinungsdiskrepanz verdeutlicht, daß in den Besprechungen selbst ein anderer Eindruck entstand als nachträglich aus den Erzählungen Ribbentrops in Berlin, daß – mit anderen Worten – schon im unmittelbaren zeitlichen Kontext der Vertragsunterzeichnung unterschiedliche deutsche Interpretationen existierten. Dies erklärt sich einerseits aus der Vagheit der Weisungen (und geographischen Vorstellungen) Ribbentrops und andererseits aus dem Umstand, daß die Fragen Südosteuropas in der Besprechung nicht präzis erörtert wurden. Schließlich dürfte auch in diesen Verhandlungen – wie zuvor in den meisten Anbahnungsgesprächen – die Gesprächsführung in weiten Strecken bei der deutschen Seite gelegen haben. In der Tatsache, daß die für die sowjetischen Interessen so wichtigen Balkanfragen nicht ausdiskutiert wurden, ist ein weiterer Beweis dafür zu sehen, daß Stalin und Molotow ohne klare und weiterreichende politische Vorstellungen in diese Besprechungen gegangen waren und sich erst im Laufe der Gespräche selbst allmählich des außergewöhnlichen Charakters der zu treffenden Absprachen bewußt wurden.

Ribbentrop selbst hat sich verständlicherweise gehütet, die beiden sowjetischen Staatsmänner auf die vollständige Offenheit der deutschen Verhandlungsposition in den Fragen Südosteuropas, und darüber hinaus bis hin zur Hohen Pforte und zum Pontus, aufmerksam zu machen – je weniger »die Russen« forderten, desto mehr konnte er »seinem Führer« nach Hause zurückbringen. So war er über die Unschärfe in der Anmeldung des sowjetischen Interesses an Bessarabien nur zufrieden. In der Aufzeichnung, die er später – nach dem in der »Bessarabienfrage« entstandenen Konflikt – aus der Erinnerung für Hitler schrieb, gab er folgende Erklärung: »Um aber wegen der Möglichkeit von Indiskretionen, mit denen bei dem an sich damals noch völlig ungeklärten deutsch-russischen Verhältnis gerechnet werden mußte, die Anerkennung des russischen Anspruchs auf Bessarabien nicht ausdrücklich schriftlich festzulegen, wurde von mir für das Protokoll eine Formulierung allgemeiner Art gewählt. Dies geschah in der Weise, daß bei der Erörterung süd-osteuropäischer Fragen ich ganz allgemein erklärte, daß Deutschland an ›diesen Gebieten‹, d.h. also an dem Süd-Osten Europas, politisch desinteressiert sei.«[160]

War sich Ribbentrop aufgrund des Verhaltens von Stalin und Molotow auch noch zu diesem Zeitpunkt des die beiden Seiten verbindenden, gemeinsamen Interesses an den aufgeteilten Ländern von sowjetischer Seite so wenig sicher, daß er befürchtete, von ihnen für die Auslieferung Bessarabiens an den Pranger der Weltöffentlichkeit gestellt zu werden? Es scheint so. Aus diesem Grunde hat er seinem künftigen Bündnisgenossen zum Schluß durch Artikel 4 des Geheimen Zusatzprotokolls noch das Versprechen der besonderen Geheimhaltung abverlangt: Er hob hervor, daß »das Protokoll ... von beiden Seiten streng geheim behandelt werden« müsse.

Die Sowjetregierung hat dieses Versprechen bis vor kurzem eingehalten. Was hat sie dazu veranlaßt? Versetzt man sich zurück in die Entscheidungszusammenhänge jener Tage, die auch den anwesenden Mitgliedern der Deutschen Botschaft Moskau transparent waren, so erscheint die Antwort auf diese Frage nicht schwer: Es war – neben dem (späteren) Wunsch nach Erhaltung der Unionsrepubliken, die der Sowjetunion in Wahrnehmung ihrer aus dem Geheimprotokoll resultierenden Möglichkeiten zufielen, sowie dem Verlangen nach der Aufrechterhaltung der vorteilhaften strategischen Positionen von der Ostsee bis zum Schwarzen Meer, die ihr diese Absprache beschert hatte – vor allem und zutiefst die Scham, die sie gehindert hat, ihre Teilnahme an dem Anhang des Vertrags zu bekennen. Denn war Stalin in den Tagen unmittelbar vor dem Eintreffen Ribbentrops durch den immer weiterreichenden Charakter der deutschen Angebote zu verführerischen Vorstellungen angeregt worden, so hatte er sich im Verlaufe dieser und der nachfolgenden Besprechungen immer weiter von seiner anfänglichen Nüchternheit entfernt; er unterlag in beträchtlichem Maße (wenn vermutlich auch niemals vollständig) der Illusion dieses präzendenzlosen Angebots zur Wiederherstellung imperialer Größe und Grandeur, die Ribbentrop ihm vermittelte, und ließ sich dann tiefer und tiefer in die Komplizenschaft mit dem expansiven Hitler-Reich reißen.

In drei konsekutiven Stadien hatte er sich aus der überaus reservierten sowjetischen Haltung auf die schiefe Bahn der Bereitschaft zur völkerrechtswidrigen Expansion begeben:

1. In Erwartung der Reise Ribbentrops war der Sowjetregierung an der deutschen Unterschrift unter einen Nichtangriffspakt gelegen, der ihr für den Fall eines deutschen Vorgehens gegen Polen Ruhe an ihrer Westgrenze versprach. Sie erwartete von deutscher Seite mit der Nichtangriffserklärung einen vertraglich gesicherten Verzicht auf Überschreitung einer für die sowjetischen Sicherheitsinteressen wichtigen Demarkationslinie. In einem separaten Protokoll wollte sie diese Linie – Ausdruck ihres Bedürfnisses nach 200%iger Sicherheit – durch (näher zu bestimmende Arten von) Garantieerklärungen hinsichtlich der (zumindest militärischen, wenn möglich aber auch politischen) Unverletzlichkeit der baltischen Länder ergänzen. Darüber hinaus wollte sie Deutschland das Versprechen seines Verzichts auf Unterstützung der japanischen Aggression gegen die UdSSR bzw. die mit ihr verbündete Mongolische Volksrepublik abverlangen. Die vorausgegangenen deutschen Beteue-

rungen, daß zwischen Ostsee und Schwarzem Meer jede Frage einvernehmlich zu lösen sei, verstand sie zumindest in dem Sinne, daß Deutschland ihr vermutlich – und sei es im Zuge harter Verhandlungen – jene strategischen Positionen (zur Nutzung) überlassen würde, um die sich Woroschilow in den Militärverhandlungen bemüht hatte. Stalin präzisierte diese Vorschläge nicht im vorhinein, sondern ließ der deutschen Seite klugerweise den Vortritt.

Die deutsche Offerte nun bestand in einem generellen politischen Angebot. Sie war als solches auch ohne das (in Hitlers verspätetem Telegramm gewünschte) exklusive Global-Aufteilungsversprechen klar zu erkennen. Während Stalin also von Ribbentrop eine unmißverständliche (militärische) Anerkennung der Grenze jeder möglichen Expansion nach Osten und die Einräumung günstiger Positionen im weiteren Umkreis des eigenen Verteidigungsglacis erwartete, wurden ihm politische »Interessensphären« angeboten. Daß der Begriff der Interessensphären in den Besprechungen gar nicht präzisiert, sondern von deutscher Seite gewissermaßen als ein selbstverständliches, natürliches Desiderat der beiden Verlierermächte von Versailles unterstellt wurde, geht aus den späteren diplomatischen Verhandlungen hervor: Die erste implizite Begriffserklärung enthielt die Aufforderung Ribbentrops an Molotow vom 3. September, in der er darum bat festzustellen, »ob es nicht von der Sowjetunion für geboten gehalten wird, daß russische Streitkräfte sich zur gegebenen Zeit gegen polnische Steitkräfte in russischer *Interessensphäre* in Bewegung setzen, und dieses Gebiet ihrerseits in Besitz nehmen«. Dem folgte der charakteristische Satz: »Nach unserer Auffassung würde das nicht nur Entlastung für uns [!] sein, *sondern auch im Sinne Moskauer Abmachungen* sowie im sowjetischen Interesse liegen.« Schulenburg galt dabei die Weisung, »bei dieser Gelegenheit fest[zu]stellen, ob wir diese Sache mit hier jetzt angekommenen Offizieren besprechen können und wie deren Stellung überhaupt von der Sowjetregierung gedacht ist«[161].

Die verklausulierte Sprache weist auf noch immer bestehende, erhebliche Unsicherheiten in der Frage der eventuellen sowjetischen Kollaboration hin. Die Interpretation der Moskauer Abmachungen stand also noch keinesfalls fest; sie wurde erst in der *Praxis* – Zug um Zug mit dem militärischen Vorgehen Deutschlands – von deutscher Seite vorgegeben und von sowjetischer Seite weitestgehend übernommen. Charakteristisch für dieses langsame russische Begreifen des von deutscher Seite intendierten Begriffsumfangs der »Interessensphäre« und aller aus diesem resultierenden politischen und militärischen Konsequenzen ist die Antwort, die Molotow dem deutschen Botschafter auf dessen Drängen zum sowjetischen Kriegseintritt in Form einer schriftlichen Erklärung der Sowjetregierung (5. September) aushändigte. Niemals zuvor hat man Stalin und seinen engsten Beraterkreis im Zustand solch ratloser Beklommenheit gesehen wie in diesem Moment: »Wir stimmen darin überein«, so lautete die Erklärung, »daß wir in einem geeigneten Zeitpunkt unbedingt genötigt sein werden, konkrete Handlungen zu beginnen. Wir sind aber der Ansicht, daß dieser Zeitpunkt noch nicht herangereift ist. Es ist möglich, daß wir uns irren, es scheint uns aber, daß durch Übereilung der Sache geschadet und der Zusammenschluß der Gegner [?] gefördert werden könnte ...«[162].

2. Im Zuge der Erkenntnis, daß ihn die deutsche Seite aufforderte – und die Umstände geradezu zwangen –, sein strategisches Vorfeld zu bestellen, ging Stalin in einer zweiten Phase zum zügigen und konsequenten Ausbau seiner strategischen Sicherheitspositionen innerhalb der ihm zuerkannten »Interessensphäre« über. Dem dienten die politischen Verhandlungen mit Finnland (ab 12. Oktober), welche scheiterten, und die Beistandspakte mit Estland (28. September), Lettland (5. Oktober) und Litauen (10. Oktober) mit ihren militärischen Verpflichtungen der Truppenstationierung in den – bereits in den Militärverhandlungen beanspruchten – strategisch wichtigen Gebieten des Ostseebeckens.

3. Erst in einer dritten Phase, psychologisch einerseits bis zu einem gewissen Grade im Schlepptau der deutschen Expansion und andererseits unter dem Alpdruck eines in Frankreich siegreichen, immens gestärkten und sein Interesse nach Osten wendenden Hitler stehend, holte Stalin zur vollen militärischen Expansion aus. Nur eine eingehende Untersuchung wird nachweisen können, ob sein von den deutschen Erfolgen angestecktes Bemühen, Gleichschritt mit der siegreichen deutschen Wehrmacht herzustellen, stärker war als sein (verfehltes) militärisches Kalkül der Vergrößerung eines Sicherheitskordons und einer militärischen Pufferzone im Vorfeld der eigenen Landesgrenzen. Während gewichtige Gründe für die zweite Annahme sprechen, bleibt die erste bisher im Raum ungesicherter Vermutungen.

Die militärische Expansion gelang ihm nicht, beziehungsweise – wie der sowjetisch-finnische Vertrag vom Frühjahr 1940 zeigte – nur in sehr begrenztem Umfang, in Finnland. Doch sie gelang in den baltischen

Staaten und in Bessarabien: Am 15. Juni 1940 marschierte die Rote Armee in Litauen und am 17. Juni 1940 in Estland und Lettland ein, wobei – im Unterschied zum deutschen Vorgehen – zumindest dem Anschein nach der Weg einer Volksabstimmung gewählt wurde, um dem Einmarsch im Angesicht der Weltöffentlichkeit ein demokratisch-sozialistisches Gewand zu geben[163]. Im Mantel eines »Befreiers« der »moldauischen, russischen und ukrainischen Brüder« marschierte General Schukow, der sich im Fernen Osten bewährt hatte, auch am 29. Juni 1940 in Bessarabien ein, um die Gebiete bis zum Laufe der Flüsse Donau und Pruth in Besitz zu nehmen, die Rußland im Versailler System eingebüßt hatte.

Daß Stalin der Roten Armee damit ungeachtet der Komplexität seiner Absichten zugleich ein weit nach vorn geschobenes Sicherheitsglacis gegen die zu erwartende deutsche Aggression schuf, ist eine Tatsache, die erneut an die Frage nach den Vor- und Nachteilen eines extensiven (raumsichernden) im Vergleich zu einem intensiven (grenzsichernden) Sicherheitskonzept rührt, die früher angeschnitten wurde, aber hier nicht beantwortet werden kann.

Die Paradoxie dieses geheimen Anhangs zum Pakt aber bestand darin, daß es Stalin in dem Maße teurer wurde, in dem es ihm erlaubte, diese von ihm gewünschten oder für erforderlich gehaltenen Positionen dank Hitlers Aufforderung in Sicherheit zu bringen. Genau in demselben Maße wurde es Hitler verdächtig und die Erinnerung daran zum Hemmnis[164]. In dem akzellerierten Rhythmus, in dem Stalin nach der partiellen »Inbesitznahme« der an seine »Interessensphäre« fallenden Gebiete bis in die zweite Juniwoche 1941 immer größere und zuletzt ganz überschwengliche Beweise seiner Beschwichtigungspolitik lieferte, nahmen in Hitler Mißtrauen, Verdruß und mit ihnen das Verlangen nach der baldigen ausschließlichen Beherrschung dieser gewaltigen »Räume« überhand. Mit der Haßliebe für ihren Beherrscher wuchs sein Verlangen nach dessen Demütigung und Ausschaltung. Die Kreuzung der Wege war in Sicht.

Die Unterzeichnung

Zum Zeitpunkt der Unterzeichnung des Vertrags hatte Hitler Stalin noch nicht völlig »um den Finger gewickelt«[165]. Dieser war und blieb – trotz der nun eintretenden Euphorie Ribbentrops, die dann nach seiner

Rückkehr in die Botschaft auch die Männer seines Gefolges ergriff[166] – nüchtern und beherrscht. Zwar war der »Kremlherr« etwas liebenswürdiger geworden. Er sah sich jetzt als Gewinner in diesem anfangs so ungleichen Spiel und strahlte – hinter der ihm zuerkannten Demarkationslinie – neuerworbene Sicherheit aus. Doch blieb der Stil dieser Begegnung auch weiterhin ostentativ weit vom Charakter eines Staatsaktes entfernt. (Beim Abschluß des Grenz- und Freundschaftsvertrags am 28. September wandelte sich das Bild.) Von Anfang an ließ Stalin klar erkennen, daß es sich hier – mit den Worten Hilgers – nicht um eine »Liebesheirat«, sondern um eine »Vernunftehe« handelte[167] – eine Deutung, die in der mit Bekanntgabe des Nichtangriffspakts in der *Prawda* vom 24. August einsetzenden Öffentlichkeitsarbeit im ganzen Lande verbreitet und während der Paktzeit aufrechterhalten wurde. Die *Prawda* ließ sie bereits im Kommuniqué vom 24. August[168] anklingen, und Molotow hat sie in seiner erklärenden Rede auf der Außerordentlichen Vierten Sitzung des Obersten Sowjet der UdSSR aus Anlaß der Ratifizierung des Vertrags (31. August), von vielen Interpreten unbemerkt, hervorgehoben[169]. Diese Deutung erlaubte es Stalin, nach dem deutschen Bruch dieses Bündnisses, in seiner dramatischen Rundfunkansprache vom 3. Juli 1941, nachträglich eine in Grenzen glaubwürdige Erklärung für den damaligen Paktabschluß abzugeben und damit zugleich die Kontinuität seines früheren außenpolitischen und Bündniskonzeptes wiederherzustellen[170].

Der reine Zweckcharakter dieser Übereinkunft kam in diesen Nacht- bzw. frühen Morgenstunden des 24. August wohl am deutlichsten darin zum Ausdruck, daß die sowjetischen Gastgeber nicht einmal die Unterzeichnung des Vertragswerkes in einem festlichen Raum im größeren Kreise begingen, sondern die Zeit der Reinschrift bis zur Unterzeichnung dadurch überbrückten, daß sie in demselben Dienstzimmer einen improvisierten Imbiß reichen ließen[171].

Während dieses Imbisses wiederholte Ribbentrop nach der Erinnerung von Gaus – unter Schmeicheleien des Inhalts, daß Hitler »Stalin ›sehr sympathisch‹ gefunden habe« – seinen Hinweis auf die Rede Stalins vor dem XVIII. Parteitag vom 10. März 1939 und betonte, diese Rede »habe einen Satz erhalten, der, obwohl Deutschland darin nicht genannt worden sei, von Hitler so aufgefaßt worden sei, als ob Herr Stalin damit hätte andeuten wollen, daß die Sowjetregierung es für möglich oder für wünschenswert halte, auch mit Deutschland zu einem besseren Verhältnis zu gelangen«. Stalin, der den ersten Hinweis Ribbentrops auf seine Rede zu Eingang dieser Besprechungen geflissentlich überhört hatte, fühlte sich nun offenbar veranlaßt, seiner Höflichkeit als Gastgeber zu genügen, und »antwortete hierauf mit einer kurzen Bemerkung, die in der Übersetzung des Dolmetschers Pawlow dahin lautete: ›Das war die Absicht!‹«[172] Die Art dieser Replik verdeutlicht, daß er nun, nach vollbrachter Tat, eine – ihm von Ribbentrop geradezu aufgedrängte – Idee für sich in Anspruch nahm, die seinerzeit kaum an der Spitze seiner außenpolitischen Prioritäten gestanden hatte.

In lakaienhaftem Übereifer griff Molotow diese Zustimmung Stalins in seinem abschließenden Toast noch einmal auf und sprach seinem »Führer« die Ehre des Erfinders zu, als er sein Glas auf ihn hob und »bemerkte, daß es Stalin gewesen sei, der durch seine Rede vom März d.J., die in Deutschland gut verstanden worden sei, den Umschwung der politischen Beziehungen eingeleitet habe«[173]. Stalin fühlte sich geschmeichelt, und am 31. August spielte Molotow in seiner Rede aus Anlaß der Ratifizierung des Vertrags nochmals auf diese Zusammenhänge an.

Gegen zwei Uhr früh unterzeichneten die beiden Außenminister im selben nüchternen Arbeitszimmer im Kreml die auf den Vortag datierten Verträge. Hierzu waren auf Wunsch Ribbentrops einige deutsche Journalisten sowie als Protokollant der nachfolgenden Unterhaltung der Vortragende Legationsrat Andor Hencke zugelassen worden, der über langjährige Rußlanderfahrung und russische Sprachkenntnisse verfügte. Bei russischem Schaumwein leitete Ribbentrop nun im »Rausch des geglückten Abenteuers«[174] eine Unterhaltung vom Charakter einer politischen *tour d'horizon* ein, die zur Klärung der gegenseitigen Absichten beitragen sollte. Stalin gab sich betont jovial, blieb jedoch nüchtern und ganz Herr seiner selbst und legte nun – von dem überschwenglich selbstsicheren Ribbentrop unbemerkt – in einigen Äußerungen eine beträchtliche, spröde Sicherheit an den Tag.

Die Frage eines mäßigenden deutschen Einflusses auf Japan, die ursprünglich nach sowjetischen Vorstellungen Teil des Protokolls sein sollte, scheint in den beiden vorausgegangenen Verhandlungsrunden nicht zur Sprache gekommen oder auf diesen informellen Teil der Gespräche verschoben worden zu sein. Der Grund war ein zweifacher: Einerseits war der Anti-Komintern-Pakt durch den Nichtangriffsvertrag entwertet und hatte die Sowjetunion durch das Geheime Zusatzprotokoll zumindest an ihrer Westgrenze Ruhe zu gewärtigen; andererseits verlief die sowjetische Gegenoffensive ab 20. August erfolgreich. Damit verlor die japanische Aggression an Bedeutung. Konsequenterweise gab Stalin in diesem Gespräch zu erkennen, daß sein Interesse an einer deutschen Vermittlung gesunken war. Die von Ribbentrop angebotenen guten Dienste bezeichnete er als nützlich, wollte aber den Eindruck vermieden wissen, daß die Initiative dazu von sowjetischer Seite ausgegangen sei. Stalin verwendete hinsichtlich Japans die klassische Formel vom sowjetischen Wunsch nach Besserung der Beziehungen, hob jedoch hervor, daß seine Geduld begrenzt sei: »Wenn Japan den Krieg wollte, könne es ihn haben. Die Sowjetunion fürchte ihn nicht und sei vorbereitet. Wünsche Japan den Frieden – um so besser!«[175] Nach einer fragwürdigen Erinnerung Hilgers ließ Stalin hier mit einer Art »sadistischer Genugtuung« einfließen, daß seine Rotarmisten »nicht weniger als zwanzigtausend Japaner niedergemetzelt hätten« und dies »die einzige Sprache [sei], die diese Asiaten verstehen«[176]. Eine solche Sprache war neu und bezweckte, vor allem Deutschland – dem Bündnispartner Japans – die militärische Stärke und Bereitschaft der UdSSR drohend vor Augen zu führen. Ribbentrop ließ es infolgedessen auch nicht an den stereotypen Beteuerungen fehlen, nach denen der Anti-Komintern-Pakt ja nicht gegen die UdSSR, sondern ausschließlich gegen die westlichen Demokratien gerichtet sei.

Über England sprach Stalin »mit offener Feindseligkeit und Geringschätzung« (Hilger), über die englische Militärmission äußerte er sich »in absprechender Weise« (Hencke). Hier bewies sich noch einmal indirekt, wie groß die Hoffnungen gewesen waren, die er auf sie gesetzt hatte, und wie tief seine Erbitterung über die englische Haltung war. Ribbentrop stimmte mit Freuden ein und hob die militärische Schwäche Englands hervor. Er vergaß nicht, in diesem Zusammenhang noch einmal das sowjetische Mißtrauen gegenüber England zu schüren, indem er die Rede Stalins vor dem XVIII. Parteitag paraphrasierte, nach der England für seinen anmaßenden Anspruch auf die Weltherrschaft »andere kämpfen lassen« wolle.

An dieser Stelle des Meinungsaustausches ereignete sich ein charakteristischer Zwischenfall, dessen Bedeutung auf deutscher Seite offenbar unbemerkt blieb: Ribbentrop machte in weinseliger Vertraulichkeit Andeutungen darüber, daß England in diesen Tagen einen neuen Fühler nach Deutschland ausgestreckt hatte – nach seinen Worten »ein englisches, dummes Manöver«. Hellhörig und mit einem Anflug von allwissender Überlegenheit bemerkte Stalin darauf, »bei dem Fühler handele es sich offenbar um den Brief Chamberlains an den Führer, den der Botschafter Henderson am 23. VIII. auf dem Obersalzberg übergeben habe«[177]. Damit gab er Ribbentrop warnend zu erkennen, daß er über die Interna der britisch-deutschen Beziehungen präziser, detaillierter und schneller informiert wurde als der deutsche Außenminister!

Der leichtfertigen Unterschätzung der militärischen Möglichkeiten der englischen und französischen Armeen durch Ribbentrop trat Stalin »sehr skeptisch«[178] entgegen: England – so gab ihn die Aufzeichnung Henckes wieder – werde »schlau und hartnäckig Krieg führen«, und Frankreich habe »immerhin eine beachtliche Armee«. Die dürftigen Zahlen, die Ribbentrop daraufhin zum Beweis der Geringfügigkeit der englischen und französischen Militärkraft anführte, ließen Stalin unbeeindruckt – sein nüchterner Realismus beriet ihn besser. Eingehend erkundigte er sich nach den Absichten Italiens auf dem Balkan und Deutschlands in der Türkei. Die Auskünfte Ribbentrops waren im ersten Falle ausweichend und im zweiten dilettantisch. Auch hier ließ Stalin durchblicken, daß er besser unterrichtet war.

Die Zustimmung Stalins fanden Äußerungen Ribbentrops, nach der das deutsche Volk die Verständigung mit der Sowjetunion begrüße. Dies glaube er gern: »Die Deutschen wünschten den Frieden und begrüßten daher freundschaftliche Beziehungen zwischen dem Reich und der Sowjetunion.« Daraufhin brachte Stalin – nach dem Protokoll von Andor Hencke – »spontan« einen Toast auf Hitler aus: »Ich weiß, wie sehr das deutsche Volk seinen Führer liebt, ich möchte deshalb auf seine Gesundheit trinken.« Dieser Trinkspruch, der auf deutscher Seite größten Eindruck machte und bis heute als Beweis dafür gilt, wie sehr sich Stalin angeblich vor Ribbentrop mit seinen Freundschaftsbekundungen kompromittiert hatte[179], war in Wahrheit – gemessen am sonstigen russischen und besonders kaukasischen Zeremoniell bei vergleichbaren Gelegenheiten – nicht nur eine bescheidene, wortkarge Geste der Anerkennung der Gegenseite, sie unterließ es sogar, auch nur den Anschein einer eigenen Wertschätzung des Partners zu erwecken. Wenn Molotow hingegen sein Glas nicht nur auf das Wohl des Reichsaußenministers, sondern auch auf das des Botschafters Graf von der Schulenburg erhob, so hatte diese Geste einen konkreten, durch gemeinsame Erfahrungen angereicherten Sinn.

In aller Deutlichkeit gab Stalin Ribbentrop schließlich am Ende dieser Begegnung seine wirkliche Einschätzung der durch diesen Pakt geschaffenen Situation mit auf den Weg, als er ihm bei der Verabschiedung wörtlich erklärte: »Die Sowjetunion nehme den neuen Pakt sehr ernst, er könne auf sein Ehrenwort versichern, daß die Sowjetunion ihren Partner nicht betrügen würde.«[180] Es war weder Zufall, noch blieb es vermutlich unbemerkt, daß Ribbentrop seinem Gastgeber eine vergleichbare Versicherung schuldig blieb.

Die feineren Töne in den Äußerungen Stalins waren dem deutschen Außenminister entgangen. Er sah in Stalin den »Mann von ungewöhnlichem Format. Seine nüchterne, fast trockene und doch so treffende Ausdrucksweise und die Härte, aber auch Großzügigkeit seiner Verhandlungsart zeigten, daß er seinen Namen nicht zu Unrecht trug.« In der Deutschen Botschaft, wo im Anschluß an die Vertragsunterzeichnung eine improvisierte Feier begangen wurde, zeigte er sich über die Maßen angetan von dem letztlich doch unerwartet großen Erfolg. Er hatte – mit seinen eigenen Worten – »wenige Stunden nach meiner Ankunft in Moskau ein Einvernehmen hergestellt, wie ich es bei meinem Abflug von Berlin nicht für denkbar gehalten hatte«[181].

Die erfolgreiche Ausführung seiner Mission teilte Ribbentrop Hitler an diesen Morgenstunden des 24. August telephonisch aus Moskau nach Berchtesgaden mit. Die Wirkung dieser Mitteilung war ein manisch-pathologischer Ausbruch von Eroberergeist. Hitler trommelte mit beiden Fäusten gegen die steinerne Wand, gebärdete sich wie ein Irrer und schrie: »Jetzt habe ich die Welt in meiner Tasche!«[182] »Jetzt gehört mir Europa. Asien können die anderen behalten!«[183] Seinem Adjutanten sagte er, das werde »wie eine Bombe einschlagen«[184].

In Berlin empfing Hitler am nächsten Abend gegen 19 Uhr in der Reichskanzlei, im Beisein von Göring und Weizsäcker, den triumphierenden Außenminister[185]. Dieser gab ihm zu verstehen, daß der Wunsch Stalins und Molotows, zu einer dauernden Verständigung mit Deutschland zu kommen, »aufrichtig« sei[186]. Hitler demonstrierte vor allen Umstehenden erneut durch wilde Gebärden seine ungestüme Freude über das Gelingen dieses Schlags. Nach der Beobachtung des Leiters des Ministerbüros glaubte er, »den größten Coup seines Lebens vollbracht zu haben, der alle früheren Erfolge auf innen- und außenpolitischem Gebiet in den Schatten stellte«[187].

Staatssekretär von Weizsäcker entzog sich nun sichtbar der obligaten Euphorie. Seine Hoffnung auf die Erhaltung des »Schwebezustandes« bis zum Herbst, in dem ein Feldzug und damit der Beginn des großen Krieges nicht mehr möglich gewesen wären, hatte sich nicht erfüllt. Er hatte auf das orientalische Verhandlungstempo und die slawische Bauernschläue gesetzt und sich dabei geirrt; er hatte »nicht erwartet, daß dieser Riegel vor dem Krieg so schnell zerbrechen würde«[188]. Einige Wochen später, nach dem Ende des Polenfeldzugs, in dem auch seine Familie den ersten Blutzoll für den verbrecherischen Leichtsinn seiner Vorgesetzten zu entrichten hatte, ging er noch einmal den Gründen für den Ausbruch des Krieges nach. »In der Russenfrage«, so erkannte er dann, habe er sich »etwas getäuscht ... Ich glaubte, wir könnten die Russen wohl gewinnen. Daß sie aber rechtzeitig, vor dem gedachten Termin des Angriffs auf Polen und sozusagen über Nacht in unsere Linie einschwenken würden, hielt ich doch für höchst unwahrscheinlich.«[189]

Sein aus dem Dienst entfernter Kollege Ulrich von Hassell sah mit dem Pakt »die äußerste Verschärfung der Lage« eingetreten. Zwar habe seine Zustandebringung in der ganzen Welt die Wirkung eines taktischen Meisterzuges gehabt. Zugleich sei mit ihm der »Beweis völliger Skrupel- und Grundsatzlosigkeit der beiden Diktatoren« geliefert worden. Entgegen dem Kalkül Hitlers habe der Pakt aber die Wirkung gehabt, England klar zu machen, »daß es ums Ganze geht und daß ein weiterer Prestigeverlust für die Westmächte geradezu eine Katastrophe wäre. Daher sofortiger Abschluß fast vorbehaltlosen Bündnisses mit Polen.« Der Kredit der deutschen Politik sei mit diesem Pakt, wenn dies überhaupt noch möglich sei, »noch weiter gesunken«[190].

Herrschte im offiziellen Berlin eitel Freude, so erwachte Moskau in tiefer Depression. Stalin scheint sich an diesem Morgen des »Dramas« seiner Entscheidungen erst voll bewußt geworden zu sein. Aus uns unbekannten Gründen (geheime Informationen aus der Deutschen Botschaft, etwa durch Abhören der Prahlereien Ribbentrops nach dem gelungenen Coup, würden sie partiell erklären) verfiel er in eine außerordentliche Unsicherheit. Er war von Zweifeln zerrissen, ob nicht Hitler diesen Vertrag in letzter Minute als Knüppel benutzen würde, um die erwünschten Zugeständnisse aus England und Frankreich herauszuschlagen[191].

Aus der Perspektive der Deutschen Botschaft Moskau war mit dem Besuch Ribbentrops »der große Schlag gefallen, der alles ... völlig umwirft«[192]. Auch hier war die »Auffassung ... skeptisch und besorgt«[193]. Der Botschafter befand sich am Morgen des 24. August entgegen seinen sonstigen Gewohnheiten schon sehr früh, gegen neun Uhr, in der Botschaft. Seine engsten Mitarbeiter nahmen an ihm eine starke innere Erregung wahr. Kurz nach seiner Ankunft bat er seinen persönlichen Referenten, Herwarth, zu sich, von dem er wußte, daß er über enge Beziehungen zu den westlichen Botschaften verfügte. Vor Herwarth sprach er in aller Offenheit die Gefühle aus, die ihn an diesem Morgen nach der Paktunterzeichnung bewegten. Seine diplomatische Initiative war mißbraucht, der Nichtangriffspakt – ein Instrument der Friedenserhaltung – durch die Unterzeichnung des von Ribbentrop mitgeführten Teilungsprotokolls gleichsam in sein Gegenteil, ein Bündnis zum Kriege, verkehrt worden. Sollte er noch während der Verhandlungen Hoffnungen gehegt haben, daß damit der Krieg abgewendet werden könnte, so dürften ihn die freimütigen Rodomontaden Ribbentrops nach verbrachter Tat eines Besseren belehrt haben.

Die Tatsache, daß Schulenburg an so prominenter Stelle an den Vorarbeiten zu diesem Pakt beteiligt gewesen war, wurde – wie sein Referent verstand – nun zu seiner »Tragödie«. Nach der Erinnerung Herwarths teilte ihm Schulenburg mit: »Ich habe mit all meiner Kraft für gute Beziehungen zwischen Deutschland und der Sowjetunion gearbeitet, und in gewisser Weise habe ich mein Ziel erreicht. Aber Sie wissen selbst, daß ich in Wirklichkeit nichts erreicht habe. Dieser Vertrag bringt uns den Zweiten Weltkrieg und stürzt Deutschland ins Verderben.« Der Botschafter teilte Herwarth seine Überzeugung mit, daß der bevorstehende Krieg ein langer Krieg werden würde.

Unmittelbar nach diesem Gespräch, noch immer an dem nach Moskauer Verhältnissen vergleichsweise frühen Morgen, rief Herwarth »niedergedrückt und traurig«[194] aus seinem Dienstzimmer in der Botschaft seinen amerikanischen Freund und Kollegen, Charles Bohlen, an und bat ihn, in Umgehung jeder Sicherheitserwägung, ihn doch sofort in der Botschaft aufzusuchen. Hier, Wand an Wand mit dem Zimmer des Botschafters, setzte Herwarth den Botschaftsrat der US-Vertretung in Einzelheiten über den Abschluß des Pakts in Kenntnis. Er teilte Bohlen mit, daß das »volle Einvernehmen« der beiden Seiten in einem »Geheimprotokoll« niedergelegt wurde, das eine Aufteilung der mitteleuropäischen Länder (Herwarth erwähnte alle betroffenen Länder mit Ausnahme von Finnland) an die »Sphäre der vitalen sowjetischen Interessen« und die »deutsche Hegemonie« vorsehe. Nach diesem Geheimprotokoll solle die Sowjetunion im Falle von territorialen Veränderungen, die Deutschland in diesem Bereich vornehmen würde, »territoriale Entschädigung« erhalten. Ferner untersage das »Grundabkommen« jeder der beiden Parteien, sich einer der anderen Seite feindlichen Mächtegruppierung anzuschließen, so daß ein sowjetischer Beitritt zur anglo-französischen Vereinigung nun ebenso unmöglich sei wie ein deutsches Bündnis mit Japan. Wie sich Charles Bohlen später erinnerte, war Herwarth »sehr niedergeschlagen. Der Pakt hat ihn deprimiert ... er sah deutlich voraus, daß dies Krieg gegen Polen bedeuten würde.«[195]

Bohlen informierte in kürzester Zeit seinen Botschafter. Dieser formulierte sofort ein Telegramm, das die Botschaft der Vereinigten Staaten gegen 12 Uhr – eine Stunde vor dem Rückflug der Delegation Ribbentrops aus Moskau – chiffriert verließ. In ihm setzte Laurence Steinhardt den US-Staatssekretär über die sowjetischen Pressemeldungen dieses Morgens vom Abschluß des Nichtangriffspaktes in Kenntnis. Er fügte hinzu: »Ich bin streng vertraulich darüber in Kenntnis gesetzt worden, daß letzte Nacht zwischen der sowjetischen und der deutschen Regierung ein volles ›Einverständns‹ über Territorialfragen in Osteuropa erzielt worden ist. Danach sind Estland, Lettland, Ostpolen und Bessarabien als vitale sowjetische Interessensphären anerkannt worden ... Mein Informant fügte hinzu, daß Artikel 4, der den beiden Vertragspartnern untersagt, einer Mächtegruppe beizutreten, die gegen den anderen [Partner] gerichtet ist, nicht nur verhindern wird, daß die Sowjetunion irgend einem englisch-französischen Bündnis angehört, – er wird darüber hinaus jede deutsch-japanische Kollaboration ausschließen ... Als Ergebnis der Diskussionen über die Territorialfragen hinsichtlich der Länder, die zwischen Deutschland und der Sowjetunion liegen, besteht – wie man mir mitteilte – ein Geheimabkommen darüber, daß die Sowjetunion, wenn sie es wünscht, Gebietsersatz [territorial compensation] für ... Gebietsveränderungen erhält, die Deutschland möglicherweise in diesen Regionen einführt.«[196]

Dieses Telegramm des US-Botschafters in Moskau erreichte Staatssekretär Cordell Hull am Vormittag desselben Tages. Am frühen Nachmittag dieses 24. August empfing Hull den von einer Kreuzfahrt zurückkehrenden Präsidenten Roosevelt persönlich am Bahnhof, um ihn zum Weißen Haus zu begleiten. Dabei konnte er Roosevelt »nur die allerdunkelsten Bilder« zeichnen: »Die Tage des Friedens konnten nun an den Fingern von zwei Händen abgezählt werden.« Nach allseitiger Erörterung der Lage konnten – wie Hull sich später erinnerte – weder der Staatssekretär noch der Präsident sich dazu entschließen, »irgendwelchen Druck auf Polen auszuüben«[197]. An eine gemeinsame politische Aktion der

USA, etwa mit Großbritannien, in einer solchen Richtung schien zu diesem Zeitpunkt noch nicht zu denken zu sein. Wie Botschafter Steinhardt am späten Nachmittag desselben Tages aus Moskau berichtete, hatte er versucht, den britischen Botschafter, Seeds, auf den Ernst der Lage aufmerksam zu machen. Er fand ihn in völliger Unkenntnis über den Grad der Übereinstimmung, der zwischen Deutschland und der UdSSR erzielt worden war. Die Hinweise Steinhardts, daß ein substantielles Einverständnis in weitreichenden politischen Fragen erreicht worden sei, nahm Seeds als einen Ausdruck der persönlichen »Meinung« des US-Botschafters mit Dank zur Kenntnis, ohne allem Anschein nach daraus die geeigneten Schlüsse zu ziehen[198].

Wenige Schritte von Steinhardt und Seeds entfernt nahm der in Deutschland über Nacht zu großer Popularität gelangte deutsche Botschafter eine Flut von Glückwunschtelegrammen entgegen. Er kommentierte sie im engeren Kreise mit skeptischem Lächeln und den Worten: »Viele Menschen beglückwünschen mich zu diesem Erfolg. Aber jetzt hat Hitler die Möglichkeit, einen Krieg vom Zaun zu brechen, und den werden wir verlieren.«[199] Und: »Man gratuliert mir zu diesem diplomatischen Erfolg. Aber in Wahrheit hat dieser Vertrag die Bremsen gelöst, die Deutschland vor der Fahrt in den Abgrund retten könnten.«[200]

Mit einer tiefgründigen Ironie, die aus der Kenntnis analoger psychologischer Besonderheiten – einer spezifischen Kombination von Minderwertigkeitsgefühlen, Geltungsbedürfnis und Gigantomanie – der beiden näherrückenden Regime resultierte, berichtete Schulenburg privat nach Berlin: »Der Besuch des Herrn v. Ribbentrop war wie ein Tornado, ein Wirbelsturm! Genau 24 Stunden ist er hier gewesen; 37 Mann hat er mitgebracht, von denen eigentlich nur 4–5 Mann etwas getan haben. Trotzdem war der ›Aufwand‹ richtig: der Außenminister des großen Deutschen Reichs konnte hierher nicht wie ein ›kleiner Beamter‹ kommen! Aber wir haben unsägliche Mühe mit der Unterbringung und Ernährung aller dieser Leute gehabt, mit denen wir nicht gerechnet hatten. Wir haben alle Lebensmittel telegraphisch in Stockholm und mit Flugzeug kommen lassen müssen ... Immerhin sind wir jetzt ziemlich alle sozusagen ›erschlagen‹. Meine Chiffreure haben seit etwa 14 Tagen kaum geschlafen, und den übrigen Beamten und Angestellten der Botschaft ist es kaum besser ergangen. Alle verstehen aber, daß eine so große Sache schon einer Anstrengung wert ist. Das ist die *eine* Seite der Sache! Leider hat sie ... eine *zweite* ... Du weißt natürlich, daß der Parteitag nicht stattfindet, daß ich unter keinen Umständen vorläufig nach Berlin kommen kann und daß der Krieg beinahe noch stärker droht als im vergangenen Jahre. Gott gebe, daß alles gut geht!... Aber alle Hoffnung für einen friedlichen Ausgang ist noch nicht verloren, allerdings muß wieder ein Wunder geschehen! Ganz ausgeschlossen ist das nicht!... Du kannst Dir nicht vorstellen, welch ungeheurer Umschwung hier binnen 48 Stunden eingetreten ist: der ›böse Feind‹ ist plötzlich zum guten Freunde geworden und merkwürdigerweise ist *alles* darüber glücklich! Die alte Vorliebe der Russen für die Deutschen ist eben nicht totzukriegen!«[201]

Wenige Tage später, bereits nach Kriegsbeginn, schrieb Graf Schulenburg privat nach Berlin: »... nun ist also doch das Schreckliche geschehen und der große Krieg ausgebrochen. Ich hätte nicht geglaubt, daß ich das zweimal erleben würde! Ich hatte so fest gehofft, daß nach dem Abschluß mit der Sowjet-Union die polnische Frage friedlich werde gelöst werden. Es scheint, daß Großbritannien nicht zum zweiten Mal ›nach München‹ gehen konnte. Man hätte Chamberlain zerrissen, wenn er es noch einmal getan hätte... Aber tragisch bleibt es doch! Ich kann mich gar nicht mehr... über den großen diplomatischen Erfolg hier in Moskau freuen. Vielleicht ist es gar kein Glück für Deutschland gewesen! Aber das liegt im Schoße des Schicksals.«[202]

Schlußbetrachtung

Nach einem fünfzigjährigen Moratorium des Vergessens hat die Regierung der Sowjetunion unter Michail Gorbatschow im Jahre 1989 die Frage nach den Verantwortlichkeiten für das Zustandekommen des Hitler-Stalin-Paktes und der Echtheit seiner Dokumente gestellt und beantwortet. Daß sie – eine Siegermacht – dies tat, verdient an sich Anerkennung und weist Kritiker in ihre Schranken. Die Freimütigkeit des Meinungsaustausches ist nicht weniger anerkennenswert. Unterschiedlichste Standpunkte sind vorgetragen worden, wobei neben maßvoller Selbstbesinnung auch nationale Passionen zum Durchbruch kamen. Zahlreiche Beiträge fördern Schätze an historischem Wissen zutage. Nicht alle Argumente leuchten dem Forscher ein, so viel Bewunderung sie dem Zeitgenossen auch abverlangen. Einer der Hauptgründe für die große Diskrepanz der Meinungen, die nun auch politische Neuorientierungen von weitreichender Bedeutung nach sich ziehen, liegt im unterschiedlichen Charakter jener Initiativen, die damals zu diesem Pakt geführt haben. Sie sollen abschließend noch einmal deutlich gegeneinander abgegrenzt werden:

1. Von der deutschen *Rußland-Diplomatie* und ihren Verbindungspersonen im Auswärtigen Amt ist die erste Initiative zu einer Annäherung ausgegangen. Sie setzte unmittelbar nach dem Münchner Abkommen ein und strebte die Herstellung einer außenpolitischen Situation an, die die Wiederholung einer Verwicklung vom Ausmaß der Sudetenkrise – mit den zu erwartenden katastrophalen Folgen – ausschließen sollte. Sie nahm die außenpolitische Isolation der Sowjetregierung zum Anlaß, um durch Abbau der konfrontativen Verhärtung in den deutsch-sowjetischen Beziehungen eine elementare Bewegungsfähigkeit herbeizuführen. Durch inoffizielle, halboffizielle und offizielle Demarchen bereitete sie den Weg von einer Reduzierung der Spannungen durch Mäßigung in der ideologischen Konfrontation über erweiterte Wirtschafts- und Handelsbeziehungen zum politischen Gespräch. Dabei nutzte sie jede Gele-

genheit, um die jeweilige Seite – unter äußerst weitgehenden, ja selbst vorauseilenden Interpretationen der Aussagen der anderen Seite – für eine Gesprächsinitiative zu gewinnen.

Als Ziel des politischen Gesprächs schwebte der deutschen Rußland-Diplomatie die Errichtung eines festen vertraglichen Rahmens für die weitere Außenpolitik des nationalsozialistischen Deutschland durch Wiederbelebung oder Neuerrichtung einer deutsch-sowjetischen Bindung vor; diese sollte

– dem kriegerischen Drang Hitlers unabwerfbare Zügel anlegen,
– die Sicherheitsinteressen der UdSSR durch verläßliche Garantien befriedigen und
– den *Status quo* in Ostmitteleuropa festigen.

Damit sollte in Osteuropa eine Situation geschaffen werden, in der die Durchsetzung weiterer deutscher Ansprüche, wenn nicht verhindert, so doch mit politischen, d.h. zwangsläufig gemeinsamen und friedlichen Mitteln gelöst werden konnte. Hiermit sollte die Gefahr der Ausweitung begrenzter Krisen, wie Hitler sie erwartungsgemäß auch weiter provozieren würde, zu bewaffneten Konflikten, mit dem Risiko der Eskalation zu einem großen Krieg, nach Möglichkeit ausgeschlossen werden. Das Ziel war die Verhinderung des Krieges an sich. Der Weg zu diesem Ziel führte über eine vermehrte Einbeziehung der UdSSR in die internationale Politik bei gleichzeitiger Aktivierung des Engagements der Westmächte in Mittel- und Mittelosteuropa.

Mit dem Bekanntwerden der Polen-Pläne Hitlers Anfang April 1939 verstärkte und vervielfachte sich die diplomatische Initiative. Während dem Auswärtigen Amt nun die Aufgabe der »Isolierung Polens« zufiel, in deren Rahmen auch der Rußland-Diplomatie vermehrt die Rolle einer Erfüllungsgehilfin der Kriegsvorbereitung Hitlers zukommen sollte, intensivierte sie unter dem wachsenden Zeitdruck zugleich ihre in- und halboffiziellen Bemühungen. Sie geriet dabei zunehmend in Kollision mit ihren offiziellen Weisungen: Zwar erweiterten diese ihr Aktionsfeld, an dessen Randbezirken eigenständige Initiativen fortgesetzt werden konnten; doch mußte sich die Rußland-Diplomatie gleichzeitig der Tatsache bewußt werden, daß sie als bloßes Instrument zu einer taktischen Annäherung des prononciert offensiven Deutschland an den durch die Säuberung geschwächten und zumindest temporär defensiven Sowjetstaat benutzt werden sollte. Sie entzog sich dieser Konfliktsituation, indem sie beide Seiten für eine wirkliche, langfristige Entspannung und

Besserung der Beziehungen mit dem Ziel der Wiederherstellung einer sicheren vertraglichen Grundlage zu gewinnen suchte.

Die deutsche Rußland-Diplomatie orientierte sich dabei, in enger Abstimmung mit der Italienischen Botschaft Moskau und unter häufiger Information der westlichen Botschaften, an den Bedingungen des Berliner Vertrags vom 24. April 1926. Die Deutsche Botschaft Moskau setzte sich für die Wiederbelebung des Geistes des bestehenden Neutralitätsabkommens ein, da sie allein unter dieser Bedingung die Herstellung der sowjetischen *bona fides* – als Grundlage des erhofften Ausbaus der deutsch-sowjetischen Beziehungen – erwartete. Sie forderte die Reichsregierung zu einer glaubwürdigen Bekräftigung des Neutralitätsvertrags oder einem Abschluß in der klassischen Form der Nichtangriffspakte der Kellog-Briand-Periode auf. Gedacht wurde dabei an ein Nichtangriffsversprechen, und zwar zuerst

– in Form einer Wiederbelebung des Berliner Neutralitätsvertrags, begleitet von der Versicherung, daß Deutschland keine gegen die UdSSR gerichteten Ziele verfolge, sowie von einer deutschen Absichtserklärung in bezug auf Polen und Verzichtserklärung hinsichtlich der baltischen Staaten (Maßnahmenkatalog Schulenburgs vom 7. Juni 1939), und später, unter zunehmend realistischer Beurteilung der kriegerischen Absichten Hitlers,

– in Form des Abschlusses eines Nichtangriffspakts zwischen Deutschland und der UdSSR, begleitet von deutscher Einflußnahme auf Japan, der gemeinsamen Garantierung der baltischen Staaten und einem Wirtschaftsabkommen auf breiter Basis (»Plan Schulenburg« von Ende Juni 1939).

Gleichzeitig haben Angehörige der Deutschen Botschaft Moskau diplomatische Vertreter der Westmächte über diese Absichten sowie die in Gang befindlichen deutschen Annäherungsbemühungen an die Sowjetregierung in Kenntnis gesetzt; Ziel ihrer Initiative war es, England und Frankreich zum Abschluß eines politischen und später militärischen Defensivbündnisses mit der UdSSR zu drängen, das das durch einen deutsch-sowjetischen Nichtangriffspakt entstehende Sicherheitssystem in Ostmittel- und Osteuropa multilateral komplettieren und auf diese Weise das »friedliche Verhalten« Hitlers erzwingen würde.

Während die Vorstellungen der Rußland-Diplomatie bei Ribbentrop und Hitler wenig Gegenliebe fanden, konnte die Sowjetregierung trotz anhaltenden beträchtlichen Mißtrauens gegenüber den wahren, verborgenen deutschen Absichten mit einer gewissen Phasenverschiebung für sie interessiert werden. Hierbei hat Schulenburg vermutlich besonders in seinen Gesprächen mit Astachow (17. Juni) und Molotow (28. Juni 1939) durch Hinweise auf das noch in Kraft befindliche Neutralitätsabkommen, die er am Rande seines offiziellen Auftrags machte, das sowjetische Interesse geweckt. Diese Hinweise sowie die Kenntnis seiner Bemühungen bei der Reichsregierung, die der Sowjetregierung in den letzten Junitagen vom italienischen Außenminister hinterbracht wurde, haben sich fördernd auf die sowjetische Verhandlungsbereitschaft ausgewirkt.

Am 15. August griff Molotow explizit den »Plan Schulenburg« auf und erkundigte sich nach der Einstellung der deutschen Regierung zur Frage des Abschlusses eines Nichtangriffspaktes. Er sprach unter der Bedingung die Bereitschaft seiner Regierung zur Aufnahme konkreter Verhandlungen aus, daß auch die Reichsregierung diesem (von Schulenburg entwickelten) Plan zustimmte. Hitler tat dies umgehend – mit Begierde griff er diese erste und konkrete sowjetische Willensbekundung auf[1]. Als Schulenburg Molotow am 17. August die Bereitschaft seiner Regierung verlesen konnte, einen Nichtangriffspakt auf die Dauer von 25 Jahren zu schließen, die Neutralität der baltischen Staaten zu garantieren und ihren Einfluß zur Besserung der sowjetisch-japanischen Beziehungen zu nutzen, schien der Erfolg seiner Bemühungen in Berlin und Moskau in Sicht. Der Übermittlung eines unzureichenden deutschen Entwurfs für den Nichtangriffspakt an Molotow am Nachmittag des 19. August folgte am späteren Nachmittag desselben Tages die Übergabe des sowjetischen Entwurfs an Schulenburg sowie, am späten Abend, die Weisung Stalins zur Unterzeichnung des deutsch-sowjetischen Wirtschaftsabkommens – der ersten Stufe auf dem Wege der vertraglichen Neuregelung der Beziehungen.

Damit hatte die diplomatische Initiative an sich ihr Ziel erreicht, doch dies unter beiderseitig problematischen Vorzeichen: Hitler mißbrauchte sie als Mittel zu einem anderen Zweck, und die Sowjetregierung mißtraute ihren Absichten oder war sich zumindest der Ambivalenz ihres Tuns bewußt. Diese Bedingungen – die rücksichtslose Ausnutzung zum Zwecke der Kriegsplanung durch Hitler und die Verkennung ihrer schwierigen, partiell unabhängigen Rolle durch die Sowjetregierung – verliehen ihr eine tragische Dimension von weltgeschichtlichem Ausmaß. Die Tragik der Gratwanderung Schulenburgs und seiner engsten Mitarbeiter bestand darin, daß sie sich ihrer objektiv verhängnisvollen

Rolle in den Wochen und immer hektischer werdenden Tagen bis hin zum Paktabschluß zunehmend bewußt wurden, zugleich aber aufgrund der eigenen Voraussetzungen keinen anderen Ausweg sahen, als das einmal angestrebte Ziel immer intensiver zu verfolgen.

Eine Art Momentaufnahme dieser verzweifelten Bemühungen hat – vermutlich für den 17. oder 19. August – Nikita S. Chruschtschow in seinen Erinnerungen hinterlassen: »Ich erinnere mich, daß ... Molotow zu Stalin kam und erzählte, er habe Schulenburg kommen lassen ... Schulenburg war, wie die Geschichte bewies, ein großer Anhänger friedlicher Beziehungen ... zwischen Deutschland und der Sowjetunion. Er war ein entschiedener Gegner des Krieges Deutschlands gegen die Sowjetunion ... Und so ließ also Molotow Schulenburg kurz vor dem 23. August kommen und regelte mit ihm gewisse Fragen, die sich schon aus dem Vertrag ergaben. Und Schulenburg flehte buchstäblich aus tiefstem Herzen, daß man den Vertrag schließen möge, damit es nicht zum Kriege komme, eben diesen Nichtangriffs- und Freundschaftspakt. Und ... Schulenburg sagte so etwa: Gott selbst möge uns helfen ... Um die Wahrheit zu sagen, unsere Einstellung dazu war damals die, daß das ein Spiel war. Aber danach hat die Geschichte bewiesen, daß es tatsächlich aufrichtige Stimmungen waren und Schulenburg die Notwendigkeit begriffen hatte, die Beziehungen Deutschlands zur Sowjetunion auf eine friedliche Grundlage zu stellen, nicht auf die kriegerische ...«[2]

Wenige Tage später erwies sich diese diplomatische Initiative auf dramatische Weise als verfehlt: Die Initiative Hitlers hatte sie seit geraumer Zeit überlagert und gewann, nachdem sie ihre Möglichkeiten bis ins letzte ausgeschöpft hatte, im entscheidenden Moment die Oberhand.

2. Die Initiative *Hitlers* war für die Entstehung des Paktes in seiner endgültigen Form ausschlaggebend. Adolf Hitler hatte seit seinen frühen außenpolitischen Überlegungen die Möglichkeit eines Bündnisses mit Rußland ins Auge gefaßt. Dabei hatte für ihn von vornherein der rein taktische Charakter eines solchen Bündnisses festgestanden: Bündnisse schlösse man nur zum Kriege, und ein Bündnis mit Rußland speziell zum Kriege gegen die Westmächte. Nach der »Erledigung« der Westmächte stünde Deutschland die letzte und endgültige Auseinandersetzung bevor, und zwar mit dem, was er als »Moskowitertum« bezeichnete – eine Mischung aus Slawentum, Judentum und russischem Staatszentralismus. Dabei sollte das Russentum unter dem Stalinismus hinter den Ural

abgedrängt, andere slawische Völker dezimiert, das russische Judentum vernichtet und das europäische Rußland als »Lebensraum« der germanischen Rasse besiedelt werden. Die deutsche Nationalsozialismus-Forschung hat die aus dieser Sicht resultierenden Ost-Pläne Hitlers und Himmlers bis ins Detail erforscht und keinen Zweifel an der Entschlossenheit dieser Männer gelassen, sie früher oder später in die Tat umzusetzen.

Hitler selbst hat auch in seinen öffentlichen Bekundungen aus seinen endgültigen Zielen kein Hehl gemacht. Im verborgenen sann er langfristig auf Mittel zur Schwächung der Sowjetunion, um sie im geeigneten Moment niederringen zu können. Der erste erfolgreiche Coup zu diesem Zwecke gelang ihm schon im Jahre 1937 mit der Einfädelung der Tuchatschewskij-Affäre: Mit einem Schlage schwächte er den Sowjetstaat militärisch bis zur temporären Wehrlosigkeit, entfremdete ihm seine Bündnispartner Paris und Prag und beeinträchtigte seine internationale Reputation nachhaltig. Dies war der erste vorbereitende Schritt auf dem Wege zum Rußlandfeldzug. Ihre ersten Früchte trug diese Aktion Hitlers im Versanden der sowjetischen Beistandsleistungen für die Tschechoslowakei in der Sudetenkrise.

Als zweiter Coup dieser Art erwies sich der Ausschluß der UdSSR aus der Gruppe der in München verhandelnden Mächte und ihre damit zustande gebrachte außenpolitische Isolierung. Hatte Hitler die UdSSR durch das Geheime Zusatzabkommen zum Anti-Komintern-Pakt (1936/37) bereits zwischen den Hammer der antibolschewistischen Kampfstellung Deutschlands und den Amboß des militärischen Drucks Japans genommen, so hatte er sie mit dem Münchner Abkommen, wo er sie nur wünschen konnte– in einer Lage weitgehender Bündnisunfähigkeit und Isolation sowie begrenzter Verteidigungsbereitschaft.

Der dritte Coup sollte ihre Einspannung in ein Kampfbündnis mit Hitler und die Herstellung einer zeitweiligen »Rapallo-artigen Phase« bringen. Diese sollte mit dem deutsch-sowjetischen »Bündnis zum Kriege« eröffnet werden, das der deutschen Wehrmacht erlaubte, sich der Gegner im Westen zu entledigen, bevor sie sich mit freiem Rücken und gesicherter Rohstoffbasis der Sowjetunion selbst zuwandte.

Das Nachgeben der westlichen Regierungschefs in München hatte Hitler, aus seinen Worten vor den Militärs zu schließen, in seiner Ansicht bestärkt, daß es ihm ein leichtes sein würde, die Westmächte niederzuringen. Die deutsche Wirtschaft, die er ruiniert hatte und nur durch außergewöhnliche Kriegsgewinne vor dem Zusammenbruch bewahren konnte, gab den Hintergrund zu dem nun einsetzenden politisch-militärischen Vabanquespiel ab. Hitler wollte einerseits die deutsche Rohstoffbasis durch Zugewinn im Osten – wirtschaftliche Nutzung Rumäniens und Einverleibung der Ukraine oder aber Polens – erweitern und sich andererseits die vertragliche Neutralität der UdSSR sichern. Hierin bestand für ihn, der bereit war, Polen und die Westmächte auch gleichzeitig anzufallen, nicht zuletzt eine Rücksichtnahme auf die Generalität: Die deutschen Militärs gingen nur unwillig in einen Krieg mit der Aussicht auf einen Zweifrontenkrieg.

Um diese Ziele zu erreichen, nutzte Hitler in den zehn Monaten nach dem Münchner Abkommen jede sich bietende Gelegenheit zu einer Gegner und Verbündete verwirrenden taktischen *volte-face* – für ihn war der Krieg das Ziel an sich. Mit diesem Ziel vor Augen tolerierte er in den ersten drei Monaten die – unter andersartigen, teilweise gegenläufigen Überlegungen eingeleiteten – Bemühungen der Deutschen Botschaft Moskau und der Wirtschaftspolitischen Abteilung des Auswärtigen Amts um Neubelebung und Erweiterung der sowjetisch-deutschen Wirtschaftsbeziehungen. In diesem Zeitraum war sein vorrangiges Interesse darauf gerichtet, die Mittäterschaft Polens bei der Aneignung der Sowjetukraine zu erlangen.

Um die Jahreswende 1938/39 zeichnete sich ein neues Bild ab: Polen war kaum zu einer antisowjetischen Allianz zu bewegen, während die Bemühungen der Rußland-orientierten Kräfte um Belebung des deutsch-sowjetischen Handels erste Früchte trugen – das wachsende Sicherheitsbedürfnis der UdSSR förderte Formen wirtschaftlicher Beschwichtigungspolitik, wie sie das Auswärtige Amt in Verbindung mit anderen Ressorts (vor allem Görings) mit unterschiedlichen Zielen herbeizuführen suchte. Hitler nutzte diese Lage umgehend taktisch, als er auf dem Empfang des Diplomatischen Korps im neuen Gebäude der Reichskanzlei (12. Januar 1939) die erste spektakuläre Geste einer Annäherung an die Sowjetregierung machte. Diese Geste mußte – ungeachtet des trivialen Wortlauts der Mitteilungen Hitlers – auf sowjetischer Seite als erste manifeste Initiative Hitlers zur Beilegung des schwelenden deutsch-sowjetischen Konflikts gewertet werden – eine Wertung, die angesichts der gefährlichen außenpolitischen Isolation und eingeschränkten politischen und militärischen Handlungsfähigkeit der UdSSR zwangsläufig Anlaß zu ernsten Überlegungen geben mußte.

Dieses Verwirrspiel wurde fortgesetzt, als Hitler in seiner Reichstagsrede vom 30. Januar 1939 zum ersten Male in seiner Amtszeit als Reichskanzler auf Ausfälle gegen die Sowjetunion verzichtete und damit den beim Neujahrsempfang eingeschlagenen Kurs einer gewissen ostentativen Freundlichkeit gegenüber der Sowjetregierung fortsetzte. Sein Ziel war in erster Linie die Einschüchterung Polens und Verunsicherung der Westmächte sowie die Verhinderung einer polnisch-sowjetischen und sowjetisch-westlichen Annäherung, in zweiter Linie die Vorbereitung des Bodens für ein späteres Arrangement mit Rußland. Die Rückberufung Schnurres bewies gleichzeitig der Weltöffentlichkeit, daß dieser Linie keinerlei längerfristige, strategische Absicht zugrunde lag – sie wäre geeignet gewesen, die Sowjetregierung nachhaltig zu warnen.

Nach der Besetzung Prags (15. März 1939) stellte sich für Hitler die Bündnisfrage mit Rußland in einem neuen Licht. Während sich Polen endgültig als Partner gegen Rußland verweigerte und Hitler seine Liquidierung beschloß, nahm Großbritannien mit seiner Politik der Garantieerklärungen eine Festlegung vor, die die Sowjetregierung zum Zünglein an der Waage machte. Damit wurde der Faktor Moskau in der Kriegsplanung Hitlers gegen Polen unumgänglich. Die eigentliche politische Initiative ergriff Hitler konsequenterweise am 1. April 1939 vor dem Hintergrund der Ausarbeitung seines Plans zur Niederwerfung Polens. Seine Rede aus Anlaß des Stapellaufs der »Tirpitz« wies im Kern das gesamte, für die nachfolgenden deutschen Annäherungsbemühungen charakteristische Arsenal von Drohung und Lockung, Spaltung und Verführung auf. Sie war die erste Einladung an die UdSSR zur Absage an die Westmächte und Anlehnung an Deutschland unter verbaler Anerkennung der sowjetischen außenpolitischen Doktrin der friedlichen Koexistenz.

Die Weisung Hitlers für den »Fall Weiß« (3. April 1939), die die Ausdehnung der Kampfhandlungen von Polen auf baltisches Gebiet bis zur Grenze des alten Kurland sowie die Eingliederung dieser Randstaaten ins »Reich« einschloß, sah die politische »Isolierung Polens« vor. Der Weg dazu führte über London oder Moskau. Während der moralisch-politische Wert der Garantieerklärung Englands an Polen zunächst außer Zweifel stand, blieb ihre militärische Wirksamkeit zumindest ungewiß. Demgegenüber unterhielt Polen mit der UdSSR zwar einen Nichtangriffspakt (1932), der durch das Kommuniqué vom 26. November 1938 bekräftigt worden war, aber keinen militärischen Beistandspakt; es war, wie die ablehnende Haltung Becks gegenüber Potemkin (10. Mai 1939) zeigte, auch nicht willens, einen solchen einzugehen. Damit war der deutschen Außenpolitik, die »Polen isolieren« wollte, zuerst der Weg nach Moskau gewiesen.

Es folgten (vermutlich) auf den Tag genau mit dem 11. April 1939 einsetzend – dem Tag der »Weisung des Obersten Befehlshabers der Wehrmacht« zu (I.) der »Sicherung der Grenzen des Deutschen Reiches und Schutz gegen überraschende Luftangriffe« und (II.) »Fall Weiß« –, eine lange Kette deutscher Sondierungen (April bis Mitte August 1939) und Anstöße zu Verhandlungen mit Vertretern der Sowjetregierung. Sie gingen zuerst von der Dienststelle Ribbentrop aus, dann wiederholt vom Staatssekretär des Auswärtigen Amts, Ernst von Weizsäcker, weiter von der Wirtschaftspolitischen Abteilung des Auswärtigen Amts, vom deutschen Botschafter in Moskau in offizieller Mission und schließlich vom Reichsaußenminister persönlich, wobei sich spätestens ab 30. Mai 1939 eine explizite Berufung auf Hitler nachweisen läßt. Ziel dieser deutschen Verhandlungsangebote war primär die Verhinderung eines Dreimächteabkommens zwischen der UdSSR und England/Frankreich, das Polen eine wirksame Sicherheit gebracht hätte, sekundär das sowjetische Stillhalten im Moment des deutschen Polenfeldzugs.

Dem ersten Ziel dienten die jeweiligen deutschen Störmanöver gegenüber den Dreimächteverhandlungen in ihren kritischen Phasen; diese Interventionen deutscher Dienststellen in den Gang der Verhandlungen waren aus Gründen der weitgehenden nachrichtendienstlichen Transparenz des Dreiecks Berlin-London-Moskau möglich. Wie Hitler den Oberbefehlshabern am 22. August – laut Aufzeichnung Boehms – mitteilte, wußte er, daß die Westmächte gegenüber der UdSSR »keine positiven Verpflichtungen eingehen [wollten] und jedesmal, wenn bei den Verhandlungen die konkrete Frage danach auftauchte, kamen die Verhandlungen zum Stocken, da keine positive Antwort erfolgte«. Hitler nutzte diese Tatsache, um sein zweites Ziel zu erreichen. Durch eine stufenweise Erweiterung der geschickt dosierten Lockangebote – Angebote, in denen die sowjetischen Wünsche an die Westmächte aufgegriffen und um ein Vielfaches überboten wurden – sollte das sowjetische Interesse für einen Partnerwechsel geweckt werden:

– So folgte dem ersten sowjetischen Paktvorschlag an die Westmächte (16. April 1939), der den gegenseitigen Beistand und die unverzügliche Hilfe für jedes Opfer eines deutschen Angriffs zwischen Ostsee und

Schwarzem Meer vorsah, umgehend (17. April) das Angebot Weizsäckers an Botschafter Merekalow, die deutschen Ziele in Polen in Abstimmung mit Moskau friedlich durchzusetzen oder zumindest zu begrenzen und dem Export von Rüstungsgütern in die UdSSR keinen Riegel vorzuschieben, sofern die Sowjetregierung auf den Dreimächtepakt verzichtete.

– Nach dem sowjetischen Warnsignal an die Westmächte, der Demission Litwinows (3. Mai 1939), die auf Hitler »als Zeichen einer Umstellung der sowjetischen Haltung gegenüber den Westmächten« wirkte, nahm er seine Chance wahr.

– Zunächst plante er, den sowjetischen Vorschlag an die Westmächte zur Aufnahme der drei Ostseestaaten Estland, Lettland und Finnland in die gemeinsam zu garantierenden Randstaaten (14. Mai) durch die deutsche Verzichtserklärung auf Ausdehnung der Kampfhandlungen auf das Baltikum und Respektierung der sowjetischen Interessen in Polen zu »beantworten«. Diese vorerst als »zu deutlich« verworfene Erklärung wurde wenige Tage später (30. Mai) ersetzt durch die Erklärung der Bereitschaft der Reichsregierung zu jeder Verbesserung der Beziehungen und zu großzügigem freundschaftlichem Entgegenkommen.

– Die Übergabe des ersten gemeinsamen Vertragsentwurfs durch die Sowjetregierung an die Westmächte (2. Juni) wurde am selben Tage durch die Einleitung einer Wirtschaftsinitiative Hilgers bei Mikojan gekontert.

– Der Entsendung Strangs (9. Juni) und Übergabe eines weitgehenden britischen Paktentwurfs (15. Juni) folgten Schulenburgs Erklärungen an Astachow (17. Juni) über die Bereitschaft seiner Regierung zu größtem Entgegenkommen auf der ganzen Linie, in denen er die Weisung Ribbentrops zum Aufwerfen weitergehender Fragen, nämlich »Japan, Polen, deutsch-sowjetische Verträge«, wohlweislich umging, sowie seine nachfühlende Sondierung bei Molotow (29. Juni).

– Nachdem Hitler in der ersten Julihälfte zeitweilig die Hoffnung, in Moskau Gehör zu finden, verloren hatte, erfolgte auf die Nachrichten über die Aufnahme der Militärverhandlungen in Moskau hin sein Durchbruch zu einer unverblümt offenen Gesprächsinitiative, für die die sowjetische Bereitschaft zur Aufnahme von Wirtschaftsverhandlungen einen geeigneten Rahmen bot[3]. Am 24. und 26. Juli wurde der Sowjetregierung das Angebot der Annäherung in drei Etappen zum Zwecke der Herstellung einer »außenpolitischen Interessengemeinschaft« unterbreitet. Es beinhaltete die Abstimmung der beiderseitigen Interessen in Polen und Rumänien, den deutschen Verzicht auf Finnland und einen Teil des Baltikums sowie den weitgehenden Ausgleich der beiderseitigen Interessen »auf der ganzen Linie von der Ostsee zum Schwarzen Meer und dem fernen Osten«.

– Angesichts der bevorstehenden Abreise der westlichen Militärmissionen nach Moskau erwog Ribbentrop am 30. Juli, in Moskau offen den Vorschlag der »Teilung Polens ... und der Randstaaten« zu machen, wobei nördlich des Breitengrads von Riga der russische »Lebensraum«, südlich davon der deutsche liegen sollte.

– Mit Bekanntwerden der Zusammensetzung der westlichen Militärmissionen (1. August) setzte die Reichsregierung die Sowjetregierung offiziell auf hoher Ebene (Ribbentrop am 2. August, Schulenburg am 3. August) indirekt über die Polen-Pläne Hitlers in Kenntnis und versprach, die sowjetischen Interessen in Polen, im gesamten Ostseeraum, einschließlich Litauen, und im Fernen Osten zu berücksichtigen. Mit Blick auf den nahenden Polenfeldzug unterbreitete der deutsche Wirtschaftsunterhändler der Berliner Sowjetvertretung daneben den Vorschlag eines politischen »geheimen Schlußprotokolls« zum geplanten Wirtschaftsabkommen (3. August) – der erste Vorschlag zur Aufnahme eines Geheimprotokolls in die deutsch-sowjetischen Verträge.

– Am Tage der Ankunft der westlichen Militärmissionen in der UdSSR (10. August) konkretisierte er die deutschen Vorstellungen und bot als Gegenleistung für den sowjetischen Verzicht auf das Dreimächteabkommen explizit die Aufteilung Polens zwischen Deutschland und der UdSSR an.

– Am Tage der Aufnahme der Militärberatungen in Moskau (11. August) ließ Ribbentrop der Sowjetregierung das Versprechen aller Garantien für die von ihr gewünschte Sicherheit zugehen.

– Auf die sowjetische Forderung an die Westmächte nach der zeitweiligen gemeinsamen Besetzung strategisch wichtiger Häfen und (Halb-)Inseln an der finnischen, estnischen und lettischen Ostseeküste, dem Durchmarschrecht für sowjetische Truppen durch Litauen, Ostpolen, Galizien und Rumänien und der gemeinsamen Sperrung der Donaumündung und Blockade des Bosporus (14. August) »antwortete« Ribbentrop umgehend (15. August) mit einer weitreichenden Erklärung an die Sowjetregierung: Er versicherte sie der friedlichen deutschen Absichten und versprach die baldige einvernehmliche Lösung aller etwa strittigen

Fragen zwischen Ostsee und Schwarzem Meer. Er bot seinen Besuch in Moskau an, um an diesem »geschichtlichen Wendepunkt der Beziehungen der beiden Länder« das »Fundament für eine endgültige Bereinigung der deutsch-sowjetischen Beziehungen zu legen«.

– Während die Moskauer Militärberatungen in Erwartung der Antwort der westlichen Regierungen auf die sowjetischen Fragen unterbrochen wurden, bot Ribbentrop Außenkommissar Molotow einen Nichtangriffspakt, unkündbar auf die Dauer von 25 Jahren, gemeinsame Garantien für die baltischen Staaten und die deutsche Einflußnahme auf Japan an. Dieser Erklärung folgte am 19. August der deutsche Entwurf eines Nichtangriffspakts sowie die weitere Erklärung Ribbentrops, er wolle in Moskau mit Generalvollmacht Hitlers den »Gesamtfragenkomplex erschöpfend und abschließend« regeln, wobei die »Interessensphäre« der beiden Teile in einem »speziellen Protokoll« zum Nichtangriffspakt geregelt werden sollte – damit hatte die deutsche Seite den Vorschlag der Aufnahme von Territorialfragen in dem gewünschten politischen Protokoll gemacht.

– Am 20. August – einen Tag vor der endgültigen Wiederaufnahme der Militärberatungen – griff Hitler selbst in die schleppenden Gespräche ein: Sein persönliches Telegramm an »Herrn Stalin Moskau« traf die Sowjetregierung inmitten der erfolglosen Neuverhandlungen mit den westlichen Militärdelegationen. Mit dieser Direktinitiative setzte sich der Reichskanzler über die von der Rußland-Diplomatie einerseits und dem Auswärtigen Amt andererseits geleisteten Vorarbeiten hinweg und versprach Stalin die »Festlegung der deutschen Politik auf lange Sicht«. Seine persönliche Verpflichtung, »alle Konsequenzen« aus dieser angeblich vollständigen Wende der deutschen Politik zu ziehen, war geeignet, die letzten Widerstände Stalins auszuräumen. Er verschloß sich nicht länger dem Anerbieten Hitlers, seinen Außenminister am 22. oder 23. August zur »Abfassung und Unterzeichnung des Nichtangriffspaktes sowie des Protokolls« zu empfangen. Diese Initiative Hitlers war für die Entstehung des Vertragswerks in seiner endgültigen Form entscheidend.

– Entgegen den wiederholten Wünschen der Sowjetregierung nach vorheriger Vorlage eines Entwurfs des deutscherseits ins Auge gefaßten Zusatzprotokolls, traf Ribbentrop in Moskau mit unterschriftsreifen Entwürfen ein (23. August). Hierbei folgte der Protokollentwurf der besonderen Kriegsplanung Hitlers: »Die neue Kriegsführung entspricht der neuen Grenzziehung. Ein Wall von Reval, Lublin, Kaschau nach der Donaumündung. Den Rest kriegen die Russen.«[4]

Die Initiative, die Ribbentrop auf Weisung Hitlers in den beiden Verhandlungsrunden des Nachmittags und Abends dieses Tages entwikkelte, war darauf angelegt, unter allen Umständen definitiv die Chancen jedes Dreierbündnisses zunichte zu machen und die sowjetische Passivität gegenüber Polen durch Unterschrift zu sichern. Hitler hatte Ribbentrop »angewiesen, jedes Angebot zu machen und jede Forderung anzunehmen«. Die Angebote reichten territorial vom Eismeer bis in die Meerengen und das Herz der Türkei und schlossen politisch – neben umfassenden deutschen Nichtangriffserklärungen gegenüber der UdSSR und Gewaltverzichtserklärungen im Hinblick auf die an sie angrenzenden Randstaaten und -gebiete – die faktische Annullierung des Anti-Komintern-Paktes ein. Damit kam Hitler nicht nur den (in den Dreimächteverhandlungen formulierten) sowjetischen Wünschen und Interessen auf der ganzen Linie entgegen, er überbot sie in allen Teilen und schloß (unausgesprochene) Vorstellungen der Sowjetregierung, die sich aus ihrem bekannten gesteigerten Sicherheitsbedürfnis und dem ihr unterstellten Revisions- und Expansionsdrang ergaben, mit in den Angebotskatalog ein.

In der Reise Ribbentrops kumulierte die taktisch angelegte Initiative Hitlers. Integrale Teile der Initiative in dieser Phase waren:
1. eine besondere Blend- und Überwältigungstaktik (Art des Aufdrängens der Reise, Größe der Delegation, Art des Auftretens Ribbentrops, Einsatz des psychologischen Mittels einer unter immensem Zeitdruck geschürten Hektik),
2. die Abgabe falscher Versprechen (möglichst friedliche Lösung der Polenfrage),
3. die Vortäuschung falscher Tatsachen (der Polenfeldzug sei nicht beschlossene Sache),
4. die Verwendung ungeklärter Begriffe an zentraler Stelle (»Interessensphäre«) und
5. die mangelnde Klärung der eigentlichen Ziele.

Damit entstand eine Verbrämung der deutschen Nahziele und Verschleierung der ferneren deutschen Absichten für beide Teile, die darauf angelegt war, die Sowjetregierung bei mangelndem Konsens hinters Licht zu führen und etwaige stärkere Widerstände zumindest durch Ausflüchte zu überwinden.

Mit Sicherstellung der sowjetischen Zustimmung zum deutschen Schema durch Unterzeichnung des Nichtangriffspakts (Gewaltverzichtserklärung, Bündnisverzichtsversprechen und Einhaltung der Konsultationspflicht) nebst Geheimem Zusatzprotokoll (Abgrenzung der beiderseitigen »Interessensphären« durch beiderseitige Anerkennung einer Demarkationslinie) hatte die Initiative Hitlers ihr Ziel erreicht. Er hatte damit »den Westmächten dieses Instrument [die Hilfe Rußlands] aus der Hand geschlagen« und sah nun die Möglichkeit vor sich, »einen Stoß ins Herz Polens zu führen«[5].

Das erreichte Ziel – das erklärte Desinteresse der UdSSR an der westlichen Hälfte Polens, an Litauen und Rumänien (mit Ausnahme von Bessarabien) – war nur *ein* denkbarer Weg in der Offensivplanung Hitlers gewesen. Auch Großbritannien kam noch zu später Stunde als Verhandlungspartner in Frage, um die politische Isolierung Polens durchzusetzen. Die geheimen Verhandlungen dazu verliefen – wie Botschafter Dirksen Mitte August berichtete – nicht ungünstig. Das britische Engagement für Polen insgesamt war geschwächt, ein Engagement für Danzig und den sogenannten Korridor nicht vorhanden. Bis zuletzt erwog Hitler – nach seinen Ausführungen vor den Oberbefehlshabern am 22. August – sich »vorübergehend statt mit Rußland mit England« zu verbünden; die Auskunft der Militärs, daß der Polenfeldzug so und so in wenigen Wochen abgeschlossen sei, habe dies unnötig gemacht. Nicht zufällig liefen die Sondierungen in Großbritannien auf hohen Touren weiter und erhielt die Sowjetregierung im Moment des Abflugs Ribbentrops nach Moskau Kenntnis darüber, daß auf demselben Berliner Flugplatz eine startklare britische Maschine auf den Befehl Görings zum Abflug nach England wartete![6]

Hitler beschritt den Weg nach Moskau und gab einem Abkommen mit der UdSSR den Vorrang vor einer Interessenregelung mit Großbritannien: Neben dem größeren Gewinn versprach es ihm – nicht zuletzt dank der bekanntermaßen großen sowjetischen Vertragstreue – auch die besseren politischen und wirtschaftlichen Sicherheiten. Den Gedanken an die zu erwartende Blockade tat er vor den Oberbefehlshabern jetzt leichtfertig ab: »Dagegen haben wir unsere Autarkie und die russischen Rohstoffe.«[7] Außerdem konnte er dadurch zwei Fliegen – Polen und Frankreich – mit einer Klappe schlagen, was bei einem deutsch-britischen »Interessenausgleich« nicht möglich gewesen wäre.

Darüber hinaus kann im nachhinein kaum Zweifel darüber bestehen, daß Hitler auch ohne den »Russenpakt« und ohne einen Ausgleich mit England früher oder später auch unter Inkaufnahme eines Zweifronten- und allgemeinen Krieges, seine Polen-Pläne wahrgemacht hätte. Neben seinem manischen Eroberungsdrang prädestinierte ihn hierzu schon allein die Finanzmisere, in die er Deutschland hineinmanövriert hatte, und der aus ihr resultierende Zwang, vor seiner Gefolgschaft »Erfolge« aufzuweisen. Selbst wenn er die Entschiedenheit zu einem allgemeinen Kriege, die er am 11. August 1939 dem Hohen Kommissar des Völkerbundes für Danzig, Carl J. Burckhardt, zu erkennen gab, (auch) zur Einschüchterung der Westmächte demonstriert haben sollte[8], waren seine Ansprachen an die Oberbefehlshaber (23. Mai und 22. August 1939) in dieser Hinsicht schlüssig.

3. Es bleibt die Frage nach der Haltung *Stalins* in diesem »Spiel um die russische Gunst«. Zu ihrer Beantwortung zwei Vorbemerkungen:

– Die Außenpolitik der Sowjetregierung im Zeitraum zwischen dem Münchner Abkommen und der Unterzeichnung des Moskauer Vertrags muß vor dem Hintergrund der aggressiven Expansionspolitik des »Dritten Reiches« betrachtet werden. Sie aus diesem Erklärungszusammenhang zu lösen, hieße, ihr nicht in allen Teilen gerecht zu werden. Wenn die innersowjetische Auseinandersetzung über die Ära des Stalinismus im allgemeinen heute das Hauptgewicht auf die Verbrechen legt, die Stalin an der Sowjetgesellschaft begangen hat, so sollte selbst dabei der außenpolitische Hintergrund für bestimmte Maßnahmen und Entscheidungen transparent bleiben. Dies gilt *a fortiori* für Entscheidungen auf dem Gebiet der Außenpolitik. Die Außenpolitik Stalins in der Zeit des Nationalsozialismus kann nicht von der Tatsache des immensen Machtgewinns Hitlers in Mitteleuropa getrennt und von seinen Eroberungsplänen in Osteuropa bis hin zum Ural abgehoben werden. Muß daran erinnert werden, daß die realen Gefahren, die von diesen ausgingen, nicht nur das Sowjetsystem (stalinistischer Prägung), sondern auch den russischen Staat als solchen und die unter dem Sowjetstern lebenden Völker, einschließlich ihrer traditionellen Werte, in ihrer physischen und moralischen Existenz bedrohten? Diese Gefahr im nachhinein aus der Betrachtung auszuklammern oder zu verniedlichen, wäre ein Schritt in eine isolierte, ahistorische Betrachtungsweise, die nicht der komplexen Wirklichkeit entspricht.

Eine die besonderen Entstehungsgründe und Zusammenhänge angemessen berücksichtigende Betrachtungsweise hingegen erkennt in wesentlichen außenpolitischen Maßnahmen der Sowjetregierung unter Stalin eine reaktive Umsetzung einer erkannten Gefahr in das defensive Denken und Planen der staatlichen und persönlichen Machterhaltung. Eine vorschnelle grundsätzliche Gleichsetzung der Methoden der Innen- und Außenpolitik Stalins[9] sollte vorerst vermieden werden, so sehr bestimmte Vorgehensweisen *während* der Paktzeit auch dazu verleiten könnten: Sie würde inhaltlich die umfassende Kenntnis der innen- und außenpolitischen Entscheidungshintergründe und -mechanismen voraussetzen, die die Forschung schon aus Gründen des noch immer partiell bestehenden Verschlusses relevanter Aktengruppen kaum besitzen kann. Methodisch geht auch die westliche Forschung nicht von einer zwingenden Interdependenz von außen- und innenpolitischen Prozessen aus. Von einem Axiom der organischen Übereinstimmung der Innen- und Außenpolitik Stalins, wie es in jüngster Zeit in diesem Zusammenhang postuliert wurde[10], kann deshalb vorerst nur mit großen Vorbehalten die Rede sein. Beginnt man aber, dieser Frage systematisch nachzugehen, so sollte im Interesse der sowjetischen Geschichtsaufarbeitung zunächst auch die umgekehrte Frage gestellt werden, ob und inwieweit nicht auch die – (zumindest psychologisch) nicht unbegründete – Furcht Stalins vor einem Krieg der imperialistischen Mächte gegen den Sowjetstaat im allgemeinen (in Fortsetzung der Interventionskriege) und einem deutschen Eroberungskrieg im besonderen ein spezielles Bezugsnetz für seine Innenpolitik geschaffen und sein Repressionssystem konditioniert hat.

– Wie die Furcht Stalins vor einem Angriff angesichts der außenpolitischen Entwicklung, so war auch seine Sorge um die innenpolitische Sicherheit des Sowjetstaates nicht unbegründet: Bei einem Angriff auf die UdSSR stand mit dem Bestand der Sowjetunion und der Erhaltung der Sowjetmacht als solcher auch die persönliche Macht Stalins auf dem Spiel; darüber hinaus war die Existenz des russischen Vielvölkerstaates in seinen nach Ende des Ersten Weltkriegs noch erhaltenen Grenzen bedroht. Für den Historiker besteht angesichts dieser Situation die folgende Alternative: Billigt er einem Staatsmann generell das Recht auf die Erhaltung seines Staatswesens und die Wahl der Mittel zu, die diese Erhaltung in einer außerordentlich komplexen Lage unter möglichst geringen Opfern gewährleisten, so wird er in den außenpolitischen Schritten Stalins eine gewisse Logik finden. Ist er hingegen überzeugt, daß dieser Mann und seine Führungsgruppe kein Recht hatten, dieses Land zu regieren, und daß der Sowjetstaat in dieser Form kein Existenzrecht hat(te), so wird er dazu neigen, die moralischen Motive und den politischen Wert jeder Regierungsmaßnahme, die seinen Bestand sicherte, in Zweifel zu ziehen. Zahlreiche westliche sowie neuerdings russische, baltische, polnische usw. Interpretationen des Verhaltens der Sowjetregierung in dieser Situation gehen bewußt oder unbewußt von dieser Haltung aus – sie kritisieren das Verhalten der Sowjetregierung im Sommer 1939 und meinen dabei in Wahrheit nicht zuletzt ihr späteres Festhalten am Nachkriegsbestand.

Die westliche historische Forschung, die diesem Verfahren folgt, sollte mit größerem Ernst ihre eigenen Voraussetzungen überprüfen: Wenn sie sich schon nicht der genetischen Erklärung gewisser, zu nicht unbeträchtlichem Maße von Deutschland ausgegangener Entwicklungen zu öffnen vermag, so sollte sie zumindest der Gewinn an Macht und Prestige, den die UdSSR infolge des verfehlten Kalküls der deutschen Gewaltherrschaft verzeichnet hat, nachdenklich stimmen; findet der Wille des relativ schwachen Rußland von 1939 zum Überleben keine Resonanz, so sollte der Erfolg des starken Rußland von 1945 zum Denken, nicht aber erneut zu Bedrohungsängsten verleiten! Aus der Sicht der ostmitteleuropäischen Historiker, etwa der baltischen Völker, ist dieses Verfahren angesichts ihrer Kriegs- und Nachkriegsgeschichte verständlicher. Doch entbehrt es auch hier einer gewissen inneren Klarheit und vollständigen Rechenschaft über die eigenen Beweggründe sowie manchmal der äußeren Offenheit und letzten, wohl politischen, Aufrichtigkeit.

Wenn in den vorausgegangenen Betrachtungen die Deutsche Botschaft Moskau ins Zentrum jener Vorgänge gestellt wurde, die zum Abschluß des Hitler-Stalin-Paktes führten, so auch in dieser Hinsicht nicht ohne Grund: Ihr weitsichtiger politischer Pragmatismus hob sie aus dem damals noch schwer durchschaubaren Nexus der politischen Konfrontationen, Feindschaften und Verdächtigungen heraus. Im Gegensatz zu den Ansichten der nationalsozialistischen Führung, aber auch zu den offenen oder verborgenen Wünschen von Revisionspolitikern anderer Staaten, ging sie aus einer Reihe von Gründen, nicht zuletzt aus tiefer Achtung für die Völker der Sowjetunion, von den Realitäten des Sowjetstaats, auch unter dem Stalinschen Zentralismus, aus; deshalb konnte sie wenig Fehl an dem Verhalten der Sowjetregierung bis hin zum Paktabschluß finden. Ist auch die historische Forschung dazu bereit, so wird sie das Verhalten der Sowjetregierung in der Zeit zwischen dem Münchner Abkommen und dem Moskauer Paktabschluß, an ihren eigenen Voraussetzungen gemessen[11], in der Tat bis zu einem gewissen Grade plausibel finden.

Stalin war über die Machtergreifung Hitlers in hohem Maße alarmiert. Noch im selben Jahr brach er die militärische Zusammenarbeit ab. Ein Jahr später, nach Aufhebung des in Osteuropa bestehenden Kräftegleichgewichts durch den deutsch-polnischen Nichtangriffspakt (26. Januar 1934), suchte er zunächst Deutschland zum Verzicht, dann die Gruppe der betroffenen Staaten zu einer Festlegung im Hinblick auf das Baltikum zu bewegen. Dies mißlang. Daraus zog die sowjetische Außenpolitik »die erforderlichen Schlüsse« und stellte sich 1935 vollends auf ein Bündnissystem mit den Westmächten unter eventueller Einbeziehung der »Pufferstaaten« um.

Die deutsch-sowjetischen Beziehungen waren und blieben in tiefster Vereisung. Über die bekannten diplomatischen Demarchen des Jahres 1934 hinaus sind sowjetische Sondierungen einer deutschen Verhandlungsbereitschaft nicht nachweisbar. Stalins angebliche Vorliebe für Hitler auch auf den Höhepunkten der deutsch-sowjetischen Konfrontation (1935–39) war und bleibt ein Mythos. Besäße er einen wahren Kern (etwaige bewundernde Epithete Stalins für den »Prachtkerl« Hitler vor seinen Genossen[12] sprächen dafür), so beschränkte sich dieser auf mentale Dispositionen – in der Praxis des außenpolitischen Handelns, die in der Tat anderen Zwängen als denen einer eventuellen Haßliebe folgen mußte, fand er bis zum Paktabschluß, ja bei kritischer Betrachtung selbst in die Paktzeit hinein, keinen Niederschlag.

In den Jahren 1936–38 sah die Sowjetregierung dem Machtgewinn des nationalsozialistischen Deutschland, nicht anders als die Regierungen Frankreichs und Großbritanniens, mit wachsender Sorge zu. Der »Große Terror« ist von diesen Veränderungen nicht zu trennen. So komplex seine Entstehungsgründe auch waren, schien er im Hinblick auf erwartete außenpolitische Konflikte auch darauf angelegt, eine konfliktfreie, homogene Gesellschaft zu schaffen, die im kritischen Moment in zementierter Geschlossenheit dem Willen des einen »Führers« folgen würde. Im Unterschied zu parallelen Gleichschaltungsprozessen Hitlers, die letztlich seinen Welteroberungsplänen folgten, könnten die Maßnahmen Stalins auch unter präventiven und defensiven Gesichtspunkten erfolgt sein.

Nach der ernüchternden Erfahrung des widerstandslosen Vormarsches der deutschen Wehrmacht nach Osten (Anschluß Österreichs) und der geringen Wirkung des geschaffenen Bündnissystems (Sudetenkrise) richtete sich die vorrangige Sorge Stalins auf die Ukraine und das Baltikum. Das Verhalten Frankreichs und Englands auf der Münchner Konferenz sowie, in den nachfolgenden Monaten, in ihren bilateralen Beziehungen zu Deutschland fügte der Sowjetregierung und -diplomatie eine Kette schwerster Enttäuschungen zu, die ihre antiimperialistische Verdachtshaltung vertiefte. Gleichzeitig hatte sich ihre außenpolitische Handlungsfähigkeit extrem verringert: Unter Mißachtung ihrer Bündniszugehörigkeit aus der Gemeinschaft der verhandlungsfähigen Nationen ausgeschlossen und in internationale Isolation versetzt, stand ihr Anfang Oktober 1938 bei wachsender Kriegsgefahr nur noch ein eng geknüpftes Netz außenpolitischer Optionen zur Verfügung; es bestand in:

1. der Fortsetzung ihrer Bemühungen um Errichtung eines Gebäudes der Kollektiven Sicherheit mit den Westmächten unter Nutzung der Möglichkeiten des Völkerbundes trotz der mit beiden gemachten Erfahrungen;
2. einer Politik der Isolation und Stärkung der eigenen Machtmittel und Vorbereitung auf den Kriegsfall;
3. einer Politik der Bündnisse mit den Randstaaten;
4. einem Arrangement mit dem Feind.

Alle vier Optionen waren zu diesem Zeitpunkt für eine wirksame Verteidigungspolitik ungenügend oder partiell entwertet. Während die erste unter den Voraussetzungen der britischen Beschwichtigungspolitik momentan schwer zu verwirklichen war und insofern nur auf längere Sicht die erforderlichen Sicherheiten versprach, mußten die drei anderen Optionen aus unterschiedlichen Gründen als temporäre Lösungen erscheinen: Die zweite Option war – schon aufgrund der Doppelbelastung durch die japanischen Aktivitäten und die ständig wachsende Gefahr eines Zweifrontenkrieges unter den Vorzeichen des Anti-Komintern-Pakts – nur in Grenzen durchführbar. Die dritte stieß kurzfristig auf den Widerstand der meisten der in Frage kommenden Staaten. Die vierte schließlich erschien der Sowjetregierung nicht nur ideologisch und politisch im hohen Maße abwegig; sie war sich auch der Tatsache bewußt, daß der Feind ein solches Arrangement nur unter kurzfristigen, taktischen Erwägungen eingehen würde. Sie konnte also nur dann unter bestimmten Bedingungen eingegangen werden, wenn alle anderen ausscheiden sollten. Das Ungenügen dieser Optionen machte die UdSSR in der gegebenen Isolation im hohen Maße verletzlich – eine Tatsache, die Stalin und seine handelnden Organe im In- und Ausland zu größter Aufmerksamkeit und Flexibilität in der Einstellung auf neue Entwicklungen veranlassen mußte.

In den ersten Monaten (Oktober 1938 bis Januar 1939) verließ sich Stalin ausschließlich auf die Stärkung der eigenen Machtmittel, die eine Politik der wirtschaftlichen Beschwichtigung notwendig machte. Der schrittweise Wegfall seiner Sorgen um die Ukraine und einen deutsch-polnischen antisowjetischen Kampfbund verschaffte ihm eine erste Entlastung. Dabei signalisierte ihm Hitler (12./30. Januar 1939) zum ersten Male Rücksichtnahme. Ob dieses Signal bei Stalin tatsächlich größere Aufmerksamkeit gefunden hat, ist (bisher) nicht belegbar. Denkbar wäre dies wohl, da Stalin gehalten war, jede Öffnung von außen mit Sorgfalt zu prüfen.

Die effektive Zurückstellung der Ukraine-Pläne von den Nahzielen des »Dritten Reichs«, die später, bei der Besetzung der sogenannten Rest-Tschechei (15. März 1939), auch militärpolitisch dokumentiert wurde, gab Stalin scheinbar eine erste außenpolitische Bewegungsfreiheit, die durch die gleichzeitige Kenntnis der expansiven Nahziele Hitlers in Westeuropa abgesichert wurde. Die Selbstsicherheit, die er bei der Eröffnung des XVIII. Parteitags ausstrahlte, basierte indes zum Teil auf einem ersten Trugschluß, zu dem ihn das Verhalten Hitlers verleitet hatte: Er bestand in einer evidenten Überbewertung der Gefahren der »kriegstreiberischen« Absichten der Westmächte gegenüber denen der längerfristigen Kriegspläne Hitlers. So hat Stalin mit den sarkastischen Bemerkungen, er sei nicht länger willens, sich in die britische Kriegsplanung einspannen zu lassen, zwar psychologisch den Bann der »imperialistischen Einkreisung« gebrochen; politisch spielte er damit der deutsch-italienischen Diplomatie einen Trumpf zu, der sich später zu seinem Nachteil auswirken mußte. Ob er damit im Sinne seiner vierten Option auch eine gewisse Offenheit gegenüber einer weiteren deutschen Annäherung bekunden wollte, bleibt in Ermangelung einleuchtender Hinweise, wenn schon nicht überzeugender Beweise, eine offene Frage. Die Sicherheit, mit der Journalisten und Historiker bis heute von der »Kastanien-Rede« Stalins als einem Angebot an Deutschland schreiben, ist in jedem Falle verfehlt, die Beweislage, einschließlich der Bemerkungen Molotows und selbst Stalins in der Nacht der Unterzeichnung des Pakts, keineswegs schlüssig: Die Tatsache, daß jemand die Hinterhältigkeit treuloser Bundesgenossen entlarvt, bedeutet nicht, daß er sich dem gemeinsamen Feind an den Hals wirft. Es bedurfte der extremen Interessiertheit von deutscher Seite, um aus seinen Bemerkungen eine solche Möglichkeit herauszuhören. Die Rußland-Diplomatie hat im deutschen nationalen Interesse auf diese Möglichkeit gebaut, während Hitler sie charakteristischerweise nicht wahrnahm. Er hatte hier wohl den richtigen Instinkt. Denn selbst wenn Stalin mit den einschlägigen Passagen dieser Rede eine gewisse außenpolitische Öffnung, auch gegenüber Deutschland, demonstrierte, bliebe doch die Frage zu klären, warum er dies getan hätte: Hatte er das Ziel nicht aufgegeben, die Westmächte an den Verhandlungstisch zu bringen, so konnte es zweckmäßig erscheinen, ihnen seine Unabhängigkeit vor Augen zu führen, die auch eine gewisse Offenheit gegenüber Deutschland einschloß. Insofern war seine Rede eine deutliche Warnung an die Adresse der Westmächte. Kein Grund berechtigt zu der Annahme, daß Stalin sich zu diesem Zeitpunkt bereits für eine Umstellung seines Bündnissystems auf die Mittelmächte entschieden hätte.

Die westliche Reaktion auf die deutsche Besetzung der Tschechoslowakei, einschließlich der britischen Garantie für Polen, hat das Gewicht der UdSSR schlagartig vergrößert: Zum ersten Mal kamen die Westmächte zwangsläufig auf sie zu. Dies bedeutete an sich noch keinen Gewinn an Sicherheit; vom Verhandeln allein versprach sich Stalin – auch hierin zweifellos ein größerer Realist als seine britischen Partner – keine Abschreckungswirkung auf Hitler, zumal mit dem 3./11. April 1939 dessen Kriegsplanung feststand. Allerdings veränderte sich damit die Optionenfolge Stalins. Er faßte jetzt mit neuer Hoffnung auf Erfolg die Orientierung auf ein Bündnis mit den Westmächten ins Auge (Option 1). Dies war um so notwendiger, als eine isolierte Stärkung der eigenen Machtmittel (Option 2) mit dem (zeitweiligen) Ausfall der Rüstungsimporte aus der Tschechoslowakei sowie der Einstellung der deutschen Warenangebote einerseits und mit dem Ausbruch der japanischen Feindseligkeiten (11. Mai 1939) andererseits keine ausreichende Sicherheit versprach. Demgegenüber intensivierte die Sowjetregierung ihre Bemühungen um geeignete Bündnisse mit ihren Randstaaten (Option 3): Sie erteilte Estland und Lettland unerbetene Garantieerklärungen (28. März 1939) und schickte Potemkin auf eine Erkundungsreise durch die Länder der Kleinen Entente, die Türkei und Polen. In Warschau stieß er mit dem sowjetischen Vorschlag eines sowjetisch-polnischen Beistandspakts auf Ablehnung (10. Mai 1939). Damit war das sowjetische Sicherheitskonzept im Sinne der dritten Option am wichtigsten der betroffenen Randstaaten gescheitert. Stalin dürfte zu der Einsicht gelangt sein, daß Polen im Kriegsfalle keine wirkungsvolle Militärhilfe zu leisten wäre. Er konnte zugleich deutschen Mitteilungen (Kleist, Weizsäcker) entnehmen, daß die deutschen Ziele in Polen begrenzt waren und die an die UdSSR angrenzenden ostpolnischen Gebiete nicht tangiert würden.

Stalin konzentrierte fortan sein Hauptinteresse auf die baltischen Staaten und Finnland. Das sowjetische Sicherheitsinteresse im Ostseegebiet war durch die exponierte Lage Leningrads, der zweiten Hauptstadt der Union, bedingt und (nicht zuletzt aufgrund der räumlichen Enge) auf die Strategie der Vorwärtsverteidigung gestützt. Die Sowjetregierung hielt diese Strategie in der durch »Plan Weiß« vorgezeichneten Lage für unverzichtbar und suchte sie in den Verhandlungen zum Dreimächtepakt in der Definition der »indirekten Aggression«, in den Beratungen über eine Militärkonvention in der Forderung des Durchmarschrechts und der zeitweiligen gemeinsamen Besetzung von Stützpunkten an der Ostseeküste zu verankern. Die Westmächte erkannten die Berechtigung dieses strategischen Konzepts nicht an. So wurden die Dreimächteverhandlungen sowohl in ihrem politischen als auch in ihrem militärischen Teil von der Disproportionalität in der Einschätzung dieser Zweck-Mittel-Relation belastet und scheiterten formal an der mangelnden Annäherung der Standpunkte.

Im Jahre 1989 hat Verteidigungsminister Jasow explizit die Strategie der Vorwärtsverteidigung für überholt und ungültig erklärt. Es stellt sich heute im nachhinein die Frage, ob sie die damaligen ohnedies schwierigen Verhandlungen nicht unnötig erschwert hat. Wenn die historische Diskussion in der Sowjetunion heute der Frage nach Alternativen zum Hitler-Stalin-Pakt große Aufmerksamkeit widmet, so wäre hier wohl ein Feld für vertiefte Studien angezeigt: Hat nicht seit dem (durch Stalin mitverschuldeten) Tod von Frunse (1925) mit Woroschilow auch in dieser Hinsicht eine Eindimensionalität der militärischen Planung, wenn nicht ein gewisser Dilettantismus, an Boden und durch das Ausscheiden Tuchatschewskijs (1937) die Oberhand gewonnen, der dem primitiveren Raumdenken Stalins mehr entsprach und die sowjetische Verhandlungsposition im Sommer 1939 in die Sackgasse trieb? Und würde sich heute, nachdem – dank des nuklearen Schutzschirms – der Verzicht auf die Vorwärtsverteidigung mit konventionellen Mitteln möglich geworden ist, die Sicherheitsfrage für das Ostseegebiet nicht ganz anders stellen und beantworten lassen?

Doch dies sind nachträgliche Überlegungen. In der damaligen Situation waren sich Beobachter von Maß (Nadolny, Köstring, aber auch Lloyd George, Churchill u.a.) in der Logik des sowjetischen Standpunkts, wenn nicht sogar in seiner Berechtigung einig. Die westlichen Regierungschefs versagten ihm die Anerkennung. Die Regierungen der betroffenen Länder (Finnland, Estland, Lettland, Polen, weniger Rumänien) wichen ihm aus, indem sie anderswo Zuflucht suchten. Die Tatsache, daß sie in ihrer zunehmend verzweifelten Suche nach Sicherheit partiell nach Deutschland tendierten, war Stalin ebensogut bekannt wie allen anderen Seiten. Sie sollte auch heute billigerweise von den Historikern der betreffenden Länder anerkannt und mit intellektueller Würde auf die Beweggründe hin untersucht werden, und dies selbst um den Preis des Eingeständnisses nationaler Kurzsichtigkeit, Chauvinismen und Phobien. Nur unter dieser Bedingung kann die tragische Situation, in der das restliche Europa im Sommer 1939 dem waffenklirrenden deutschen Expansionismus entgegensah, in ihrer komplexen Vielfältigkeit erforscht und begriffen werden.

Vieles spricht dafür, daß sich unter den das sowjetische politische und strategische Denken bestimmenden Voraussetzungen um die Mitte August – elf Tage vor dem deutschen Angriffstermin auf Polen – das Netz der vier ursprünglichen außenpolitischen Optionen der Sowjetregierung auf die vierte verengt hatte: Es blieb ihr, nachdem Woroschilow vergebens die »Kardinalfrage« (14. August) gestellt hatte, die letzte Möglichkeit – den Stier bei den Hörnern zu packen.

Bis zu diesem Zeitpunkt, dem 15. August, ist kein substantielles Eingehen der sowjetischen Gesprächspartner auf die deutschen Angebote zu verzeichnen. Die Gesprächssituation war bis dahin von einer die deutsche Seite frustrierenden Einseitigkeit bestimmt. Von einer doppelten Verhandlungsführung, gar einem »Doppelspiel« der Sowjetregierung konnte aus Kenntnis der deutschen Gesprächspartner bis zu diesem Zeitpunkt keine Rede sein. Zwar hatte die Sowjetregierung auch in den Sommermonaten wiederholt ihren Unmut über die westliche Verschleppungstaktik zum Ausdruck gebracht und die westlichen Regierungen auf ihr Dilemma hingewiesen. Doch hatte sie es im Gespräch mit der deutschen Seite ausdrücklich abgelehnt, sich in ein solches Spiel einzulassen. Sie hatte es peinlich vermieden, den Eindruck eines Ausspielens des einen gegen den anderen Interessenten zu erwecken. Auch die Feststellung Molotows vom 20. Mai gegenüber Schulenburg, die Sowjetregierung sei zu dem Schluß gelangt, daß »für den Erfolg von Wirtschaftsverhandlungen eine entsprechende politische Basis geschaffen sein müßte«, muß nach ihren vorausgegangenen Erfahrungen in erster Linie als ein *statement of principle* gesehen werden. In zweiter Linie sprach aus ihr der Wunsch, in der gegebenen Situation den Weg für eine Festigung der politischen Beziehungen und damit nicht zuletzt Einengung der politisch-militärischen Optionen Hitlers in Osteuropa zu bereiten. In dritter Instanz enthielt dieses *statement* eine implizite Aufforderung zur Präzisierung der deutschen Vorschläge. Denn am 31. Mai kündigte Molotow öffentlich die Wiederaufnahme von Wirtschaftsverhandlungen mit Italien und Deutschland an, obgleich eine politische Grundlage ebensowenig bestand wie zuvor.

Immerhin geben diese Äußerungen Molotows sowie das vorausgegangene und nachfolgende interessierte Zuhören Astachows der eingangs erörterten dritten These eine gewisse Glaubwürdigkeit, nach welcher Stalin und Hitler, von tiefstem gegenseitigen Mißtrauen geprägt, zögernd und tastend aufeinander zugingen. Die zwischen ihnen bestehende Distanz resultierte hier weniger aus der von Unsicherheiten und Angst vor einem *refus* geprägten Ausgangssituation, als vielmehr aus ihren unterschiedlichen Zielvorstellungen: Stalin suchte die vertragliche Sicherheit durch Nichtangriffs-, Garantie- und gegebenenfalls Verzichtserklärungen; Hitler benötigte die bedingungslose Neutralität der UdSSR im Rahmen eines Abkommens, das er ungehindert in ein Offensivbündnis wenden konnte.

Eine neue Situation entstand im letzten Drittel des Monats Juli 1939: Die Dreimächtegespräche waren festgefahren, und England stellte sich allem Anschein nach auf Ausgleichsverhandlungen mit Deutschland ein; damit schien Option 1 erneut zu versanden. An der mongolisch-mandschurischen Front schwollen die sowjetisch-japanischen Grenzscharmützel zu einem regelrechten Krieg an; England schien ihn anzuheizen, indem es Japan im Arita-Craigie-Abkommen Unterstützung gewährte. Damit war nicht nur die 2. Option gefährdet, sondern es entstand der Verdacht einer deutsch-britisch-japanischen Interessengemeinschaft gegen die UdSSR. Darüber hinaus hatte Deutschland einige Randstaaten stärker an sich herangezogen (Nichtangriffspakte mit Estland und Lettland am 7. Juni, Besuche von Halder und Canaris in Estland und

Finnland) und lehnte England eine Einflußnahme auf andere Randstaaten (Polen und Rumänien) zum Zwecke ihres Einlenkens gegenüber eventuellen sowjetischen Wünschen oder Forderungen ab; damit drohte die 3. Option endgültig auszufallen.

In dieser Lage machte Stalin mit der Bekanntgabe der Aufnahme der Wirtschaftsverhandlungen in Berlin (22. Juli) noch einmal sein Entscheidungsdilemma publik: Sollte auf seiten Englands und der Randstaaten kein Umdenken erfolgen, so war er nun gehalten, eine weitergehende Verbesserung der Beziehungen zu Deutschland ins Auge zu fassen. Dennoch läßt sich charakteristischerweise bis zum 15. August kein Eingehen auf die Substanz der deutschen Angebote erkennen – Stalin wollte die Militärberatungen abwarten, um seine Optionen definitiv zu überprüfen. So ließ er Astachow zwar am 29. Juli – inmitten seines Ärges über die britischen Unterhauserklärungen über den sowjetischen Griff nach den baltischen Staaten und nach wiederholten deutschen Versuchen, die Wirtschaftsverhandlungen zur Schiene einer etappenweisen politischen Annäherung zu machen – (laut Aktenlage:) zum ersten Male eine positive Weisung zugehen. Doch blieb diese angesichts der gegebenen Umstände erstaunlich formal und wich nicht von den Grundsätzen der sowjetischen Politik der friedlichen Koexistenz ab: Eine etappenweise Verbesserung, so lautete sie, sei im Prinzip möglich, insofern die Sowjetregierung »jede Verbesserung der politischen Beziehungen zwischen zwei Ländern« begrüße. Hinsichtlich Deutschlands, an dessen Friedfertigkeit bisher Zweifel bestanden hätten, aber würden die Bedingungen gelten, daß es seine Einstellung nicht nur in Worten, sondern durch Taten ändern und seinerseits geeignete Vorschläge machen müßte.

Diese Bedingungen zielten – nachdem ja von deutscher Seite bereits das ganze Arsenal möglicher Angebote vorgeführt worden war – zuvörderst auf das Prinzipielle ab: Stalin wünschte eine Garantie für die deutsche Friedfertigkeit gegenüber der UdSSR im Sinne einer glaubwürdigen Erklärung des Verzichts auf jede Angriffsabsicht und erwartete politische Vorschläge von der deutschen Seite. Die Diskrepanz im politischen und strategischen Denken Stalins und Hitlers wurde hier evident: Stalin suchte Ruhe und grundlegende politische Sicherheiten und wünschte von Deutschland die Anerkennung der Unverletzlichkeit des *Status quo* und damit die unverrückbare Stabilität in Osteuropa; Hitler war von Unruhe getrieben und wünschte seine baldige gewalttätige Veränderung. Diese grundlegende Divergenz in den politischen Motiven war unter anderem Ausdruck der umgekehrten Proportionalität in der Wirtschafts- und Sozialentwicklung, die einen der bestimmenden Faktoren ihrer Willensbildung ausmachte: Die deutsche Finanz- und Wirtschaftskraft, die in einer vergleichsweise kurzen *tour de force* zu Höchstleistungen getrieben worden war, stand kurz vor ihrer totalen Erschöpfung, der Hitler durch Expansion und Erschließung neuer, gigantischer Ressourcen zu entgehen suchte. Die sowjetische Wirtschaft war in vergleichsweise langen, schwerfälligen Mühen in den Stand beginnender Leistungsfähigkeit versetzt worden und versprach auf lange Sicht Gesundung. Während Hitler – bildlich gesprochen – mit einem tickenden Zeitzähler am Ende einer Sackgasse herumirrte, stand Stalin gestärkt am Beginn einer breiten Allee – er benötigte, um Schulenburg zu paraphrasieren, für seine Pläne vor allem äußere Ruhe und im Innern Zeit.

Hitler beging den Fehler, Stalin mit seinem Maß zu messen. Er warf ihm neue Ländereien und bewegliche Grenzen hin, wo Stalin die intensivere Bewirtschaftung des eigenen Landes und die Stabilität der bestehenden Grenzen suchte. Stalin fragte nach politischer Sicherheit, Hitler bot ihm das halsbrecherische Wagnis. Wie weit sich Stalin dieser fundamentalen Diskrepanz der Voraussetzungen jeweils bewußt war, bleibt unbekannt. Daß die Angebote Hitlers bestimmt waren, ihm ein gefährliches Glacis zu eröffnen, ahnte er zweifellos. Daher seine übergroße Vorsicht und Reserviertheit, seine beharrlichen Hinweise auf die bösen deutschen Absichten und seine Bedingung, zunächst konkrete Vorschläge der deutschen Seite zur Prüfung zu erhalten. Sie allein sind in den Dokumenten beider Seiten mannigfach verbürgt.

Die Frage, ob und wann daneben in dieser Zeit in ihm als mitbestimmende Motive noch immer Restbestände eines weltrevolutionären Expansionsdrangs, dem die Sowjetregierung doch seit 1925 abgeschworen hatte, ferner eine Neigung zur Mittäterschaft und möglicherweise ein gewisses Draufgängertum, verbunden mit dem verdeckten Wunsch, die Polen und gegebenenfalls die Westmächte für ihren Unverstand und Starrsinn zu strafen, wach geworden sind, wird wohl immer Gegenstand psychologischer und literarischer Spekulationen bleiben. Das Verhalten und die außenpolitischen Maßnahmen Stalins lassen, sofern sie Niederschlag in prüfbaren Aussagen und Dokumenten gefunden haben, keinen positiven Schluß in dieser Richtung zu; in ihnen dominierte ausschließlich der kühle und beherrschte, wenig wendige Verstand sowie der kaltblütige, defensive Pragmatismus des Realpolitikers.

So sah auch die zweite positive Weisung, die Molotow Astachow am 11. August – vor dem Hintergrund eines gleichlautenden Beschlusses des Politbüros der KPdSU[12a] – im Auftrag Stalins erteilte, weniger ein substantielles als ein formales Eingehen auf die Gesprächsangebote Schnurres vor. Obgleich Astachow Schnurre aufgrund dieser Weisung am 12. August zum ersten Mal Mitteilung darüber machte, daß die sowjetische Seite bereit zu einer stufenweisen Erörterung einiger der von deutscher Seite wiederholt angesprochenen »konkreten Gegenstände« sei, bestand der Eindruck des deutschen Gesprächspartners doch erneut in ernüchternder sowjetischer Zurückhaltung gegenüber den substantiellen deutschen Angeboten. Auf dieser Basis gelangte das Propagandaministerium nun zu der skeptischen Einschätzung[12b]: »Über vage Andeutungen zwischen Berlin und Moskau ist es zu keiner Stunde hinausgekommen, obwohl manchmal Wunschbilder das nüchterne Urteil trübten. Die Möglichkeit, Rußland aus dem Einkreisungsring heraushalten zu können, ist ... so gering geworden, daß man sie nicht mehr in Rechnung stellen kann.« Erst als die »Kardinalfrage« der Sowjetregierung an die Regierungen Englands und Frankreichs (14. August) unbeantwortet blieb, ging Molotow ausdrücklich auf die deutschen Vorschläge ein (15. August). Charakteristischerweise griff er in diesem Moment ebenfalls nicht auf die weitreichenden Territorialangebote aus dem Munde Weizsäckers, Schnurres und Ribbentrops, sondern vielmehr auf die engmaschigen, konkreten Pläne Schulenburgs vom Juni 1939 zurück! Die Wiederbelebung des Berliner Vertrags mit seiner Neutralitätsbedingung des »friedlichen Verhaltens« der Gegenseite, vermehrt durch einen Anhang über den deutschen Gewaltverzicht im Baltikum und den japanischen Gewaltverzicht in Ostasien sowie ein geeigneter Wirtschaftsaustausch kamen dem sowjetischen Sicherheitsdenken unter den gegebenen Umständen noch am weitesten entgegen. Die Sowjetregierung hätte damit die ersten drei Optionen wiederbelebt, insofern durchaus ein Defensivbündnis mit den Westmächten neben einem deutsch-sowjetischen Neutralitätspakt Platz gehabt hätte, ohne doch definitiv die vierte Option zu ergreifen. Sie wäre damit faktisch unangreifbar geworden.

Somit bezeichnete das Eingehen Molotows auf den »Plan Schulenburg« den Höhepunkt der sowjetischen Sicherheitsdiplomatie unter den Ausnahmebedingungen des bevorstehenden Krieges. Er bewies darin wohlweislich eine aus deutscher Sicht »erstaunliche Mäßigung« (Schulenburg) und ließ sich nicht auf die abschüssigen Geleise der Expansion ziehen. Er folgte ausschließlich dem langfristigen Sicherheitsinteresse seines Staates: Ein Abschluß unter diesen Voraussetzungen hätte Stalin die in der gegebenen Lage maximalen Sicherheiten gebracht. Hitler war nicht bereit, ihm diese zu gewähren. Er benötigte seine Komplizenschaft. Um diese zu erzielen, bombardierte er ihn in den bis zum Angriffstermin verbleibenden Tagen mit globalen Territorialangeboten und bombastischen Deklarationen Ribbentrops sowie – als auch diese ihr Ziel verfehlten – seiner persönlichen Huldigung an »Herrn Stalin Moskau«.

Die Frage, ob und gegebenenfalls inwieweit sich Stalin von diesen Anerbieten beeindrucken und beeinflussen ließ, bleibt erneut Gegenstand der Spekulation. Die Dokumente geben auch dafür eine positive Interpretation nicht her. Und angebliche Bestätigungen, wie etwa die Mitteilungen über eine Rede Stalins vor dem Politbüro am Abend des 19. August, haben sich als Fälschungen erwiesen[13]. Allerdings läßt sich in den Tagen zwischen dem 17. und 21. August ein partielles Verlassen der Position vom 15. August und stärkeres formales Eingehen auf die deutschen Angebote feststellen, ohne daß auch hier inhaltlich substantielle Zugeständnisse gemacht worden wären: Am 17. August erklärte Molotow, daß die Sowjetregierung den »Abschluß eines Nichtangriffspakts oder die Bestätigung des Neutralitäts-Pakts von 1926« nach einer angemessenen Übergangs- und Vorbereitungszeit wünsche, und dies »bei gleichzeitiger Vereinbarung eines speziellen Protokolls, das die Interessen der vertragschließenden Teile an diesen oder jenen Fragen der auswärtigen Politik regelt und das einen integrierenden Bestandteil des Paktes bildet«. In diesem »Protokoll« sollte unter anderem »die deutsche Erklärung« vom 15. August ihren Niederschlag finden. Die Erklärung Ribbentrops vom 15. August bestand in dem deutschen Gewaltverzicht gegenüber der UdSSR, der Anerkennung der gegenseitigen »Lebensräume« und der Regelung von Territorialfragen wie »Ostsee, Baltikum, Polen, Südost-Fragen usw.« Da Molotow am selben 15. August im Gespräch mit Schulenburg großes Interesse an den zwei Punkten des politischen Anhangs zum »Plan Schulenburg« – Garantierung der baltischen Staaten und Beeinflussung Japans – manifestiert hatte, ist davon auszugehen, daß Stalin in erster Linie diese Fragen (d.i. »Ostsee, Baltikum«) der Erklärung Ribbentrops interessierten. Er blieb aber auch für andere Fragen offen – Molotow erbat von deutscher Seite die entsprechende Präzisierung als Vorbedingung der Reise Ribbentrops.

Stalin und Molotow waren sich der Tatsache bewußt, daß sie mit einem nicht der Veröffentlichung unterliegenden Protokoll als Anhang zum Vertrag den von Lenin vorgezeichneten Weg der Offenlegung völkerrechtlicher Abmachungen verließen. Die Äußerung Molotows vor Schulenburg am 17. August (»Natürlich können die Fragen, die in der deutschen Erklärung vom 15. August berührt sind, nicht in den Vertrag eingehen, sie müssen ins Protokoll eingehen.«) setzte eine längere innere Auseinandersetzung mit diesem Problem voraus und bezeichnete zugleich ein Zugeständnis an die deutsche Adresse und – wenn man so will – an den Geist der »bourgeoisen« Diplomatie. Dieses Abweichen und die in ihm enthaltene Anpassung an die Spielregeln der etablierten westlichen Staaten, Aussagen über souveräne Drittstaaten zu machen, wird ihnen heute, nicht zu Unrecht, zum Vorwurf gemacht[14]. Allerdings sollte dabei – als Beweis für das sowjetische Ringen um Legalität – nicht übersehen werden, daß das zusätzliche »besondere Protokoll« zumindest im Postskriptum des veröffentlichten Vertragstextes erwähnt und als ein organischer Teil des Vertrags bezeichnet werden sollte, in welchem bestimmte Punkte der auswärtigen Politik von gemeinsamen Interessen behandelt würden. Mit der Projektierung dieses Postskriptums im Vertragsentwurf vom 19. August forderte Molotow zugleich erneut die deutsche Vorlage zum Protokoll an. Er bezeichnete ihren Inhalt nun als »eine sehr ernste Sache« und die Einstellung der Sowjetregierung zu Verträgen, die sie schließe, als »sehr ernst« – »sie halte Verpflichtungen, die sie übernehme, und erwarte das gleiche von ihren Vertragspartnern«. Diese Worte brachten die sowjetische Besorgnis über die Unabwägbarkeiten eines geheimen Zusatzabkommens sehr deutlich zum Ausdruck. Die Bedingung der Aufnahme dieses Postskriptums in den Nichtangriffsvertrag – ein sowjetisches Entgegenkommen an die deutsche Seite auf halbem Wege – entsprach den deutschen Wünschen nicht und wurde in den Verhandlungen, vielleicht unter dem Eindruck des tatsächlichen deutschen Protokollentwurfs, fallengelassen.

Der sowjetische Entwurf des Nichtangriffsvertrags enthielt ein weiteres Entgegenkommen auf halbem Wege. Er ließ die Bedingung des »friedlichen Verhaltens« formal fallen. Indessen wäre es verfehlt, im Fehlen der traditionellen Kündigungsklausel bereits Angriffsabsichten Stalins erkennen zu wollen[15]. Während Stalin nämlich durch Molotow ausdrücklich den Wunsch überbringen ließ, daß der deutsch-sowjetische Nichtangriffspakt im Wortlaut den anderen von der UdSSR geschlossenen Nichtangriffspakten – mit ihrer Bedingung der beschränkten Neutralität – entsprechen sollte, erschien ihm die Feststellung eines »friedlichen Verhaltens« seines deutschen Partners möglicherweise als ein Akt unnötiger Hypokrisie verfehlt. Die reduzierte Kündigungsklausel des sowjetischen Entwurfs sah immerhin noch vor, daß Deutschland »Gegenstand eines Gewaltaktes oder Angriffs seitens einer dritten Macht werden«, d.h. (zuerst) angegriffen werden mußte, damit das Neutralitätsversprechen wirksam würde. Sie zog damit für den Fall einer deutschen (Erst-)Angriffshandlung Bündnisfreiheit nach sich. Das Doppelbündnis, das die Sowjetregierung nach Stalins Zusage zur Reise Ribbentrops mit Vehemenz propagierte, sollte diese Freiheit, und die aus ihr resultierende gesteigerte Sicherheit, fest verankern und die Sowjetunion aus der erdrückenden Umarmung eines deutsch-sowjetischen Exklusivbündnisses befreien.

Was Stalin in letzter Instanz doch noch veranlaßt hat, dem Drängen Ribbentrops nachzugeben und diesen Weg der gefährlichen Vereinsamung an der Seite Deutschlands zu wählen, der ihm in seinen Konsequenzen früher oder später geringere Sicherheiten bot, kann noch nicht mit Gewißheit gesagt werden. Die Überlegungen über die Hintergründe seines verfehlten Kalküls dauern an[16]. Der äußere Rahmen für diese Entscheidung ist hinlänglich geklärt: Die definitive Weigerung Polens – das Ausfallen der 3. Option – als formaler Grund, der ungenügende französische und besonders britische Einsatz (auch in ihrer Einflußnahme auf Polen und Rumänien) – die mangelnde Verwirklichung der 1. Option – als materialer Grund, daneben die gesteigerten Erfordernisse der militärischen Planung zur ersten Großoffensive an der Ostfront und damit Bedürfnisse nach Wirtschaftsgütern und Technologie (im Sinne der 2. Option) sowie nach Entlastung der westlichen Grenzen, sind von der Forschung ausgiebig untersucht worden. Darüber hinaus dürfte der Wunsch, eine deutsch-englische Einigung (»imperialistische Einkreisung«) nicht zustande kommen zu lassen und ein »zweites München« zu verhindern, Stalin zum schnellen Paktabschluß gedrängt haben[17]. Genau damit aber hatte er sich in das Kalkül Hitlers einspannen lassen.

Wie stark sich Stalin bei aller Klarheit seiner verminderten politischen und militärischen Optionen dieses undurchsichtigen Faktors der Planungen Hitlers bewußt war, verdeutlichen trotz all ihrer politischen Bedingtheit und ihres großen zeitlichen Abstandes die Erinnerungen Chruschtschows an das Verhalten Stalins nach der Paktunterzeichnung:

Stalin empfing seine Militärs und einige Politbüromitglieder am Abend des 24. August »in guter Stimmung«, um sie über die neue Lage in Kenntnis zu setzen. Sie erkannten in der Unterzeichnung des Pakts mit dem nationalsozialistischen Deutschland »einen taktischen Schritt ... Denn daß wir gewisse Verträge eingegangen wären, sagen wir, über die friedliche Koexistenz, ... dies wäre mit den Deutschen real möglich gewesen, aber mit Hitler war das unmöglich ... Hitler hatte sich nicht geändert, als er Ribbentrop nach Moskau schickte ... Nein, er war Hitler geblieben, ... ein Eroberer und Unterwerfer ... Irgendwo haben wir damals gedacht, wenn Hitler mit uns geht, anstatt über uns herzufallen, so bedeutet das, daß wir so stark sind ... Aber die Regierung hatte davon ein anderes Verständnis ... Wir wollten, daß es keinen Krieg gäbe ... [Stalin meinte:] ›Dieser Krieg wird für eine gewisse Zeit an uns vorbeigehen – es wird ein Krieg zwischen Deutschland, Frankreich und England beginnen, möglicherweise werden die USA hineingezogen. Wir werden die Möglichkeit haben, gewissermaßen neutral zu bleiben ... Insofern lag hier keinerlei Täuschung vor. Hier gab es ein diplomatisches Spiel, und dieses hat schließlich sein Ziel erreicht und Stalin verwirrt.«[18]

An jenem Tage aber hätte Stalin, nach der Erinnerung Chruschtschows, die Bedeutung dieses Vertrags richtig bewertet und verstanden, »daß es, wie er sagte, Hitler war, der uns täuschen, uns überlisten will; aber ich, so sagte er, bin der Ansicht, daß wir ihn überlistet haben. Wir haben den Vertrag unterzeichnet. Nun, natürlich sind wir dafür gewesen, auch wenn das Gefühl darüber derartig gemischt war, daß auch Stalin, so empfand ich, daß auch Stalin das verstand. Denn auch er sagte, daß hier ein Spiel im Gange sei – das Spiel, wer wen überlistet, wer wen betrügt ... Wir hatten keinen anderen Ausweg ... Und diese Wahl hatte ihre Berechtigung und ihre Logik.«[19]

Diese Schilderung verdeutlicht schlaglichtartig den Kern der Entscheidung: Das staatsmännische Interesse Stalins bei Abschluß dieses Paktes bestand in einer Politik der Beschwichtigung, der Pakt selbst war vorrangig ein Instrument der sowjetischen Beschwichtigungspolitik. Diese erfolgte primär und erklärtermaßen um einer höheren *ratio* willen – zur Vermeidung eines Krieges, in dem die Völker des sozialistischen Sowjetstaates, wie die des russischen Reiches im Ersten Weltkrieg, ihr Blut für fremde Interessen würden fließen lassen; sekundär wohl nicht zuletzt zur Vermeidung einer internationalen Verwicklung, deren Auswirkungen für den Bestand des eigenen Staates unabsehbar waren. Es war der Charakter dieser Beschwichtigungspolitik, der Stalins Militärs nach Bekanntgabe des Pakts mit dem Angreifer innerlich revoltieren und breite Massen der Bevölkerung in hilfloser Scham und Wut erröten ließ. Dieser Akt der Beschwichtigung – eine Haltung des Selbstschutzes zum Zweck der Selbsterhaltung durch partielle äußere oder zumindest äußerliche Unterwerfung – ist bis heute nicht in das sowjetische Geschichtsbewußtsein eingedrungen. Er stößt weiter – und besonders heute, nachdem endlich die Schleusen der Ströme freier Selbstbestimmung und nationaler Selbstfindung geöffnet sind – auf emotionale Ablehnung. Es ist verständlich, daß sowjetische Historiker, die über Jahrzehnte hinweg die Beschwichtigung der westlichen Demokratien als Ausdruck ihrer moralischen Schwäche und historisch-sozialen Verderbtheit gegeißelt haben, Schwierigkeiten bei der Anerkennung des Umstands haben, daß auch die Sowjetregierung dem Krieg – wenn möglich – mit Mitteln einer Politik der Beschwichtigung aus dem Wege zu gehen suchte. Auch im Westen dauert(e) es lange, bis etwa die Beschwichtigungspolitik der britischen Regierung, für die u.a. Sebastian Haffner gewisse Gründe angeführt hat, ein wachsendes Verständnis fand.

So ist auch in der gegenwärtigen sowjetischen Debatte über die der sowjetischen Einwilligung in diesen Pakt zugrunde liegenden Notwendigkeiten, Fehlschlüsse oder Verbrechen, die sonst so tiefgründige und facettenreiche Bewertungen zu Tage fördert, unseres Wissens niemals explizit darauf hingewiesen worden, daß sie ein Akt der Beschwichtigung *par excellence* war. Der Nationalstolz einer »jungen Nation« läßt eine solche Absage an die eigene Omnipotenz und Hinwendung zu einer Selbstbescheidung unter den Zwängen der Relativität des historischen Wandels wohl noch nicht zu. Es bedarf des reichen Fundus der Geschichtsverarbeitung einer alten Kulturnation, um – wie Professor D.M. Proektor[20] – in den Determinanten dieser Beschwichtigungspolitik eine universelle menschliche Tragödie zu sehen.

Dabei bleibt der Pakt selbst, einschließlich seines Geheimen Zusatzprotokolls, hinsichtlich der sowjetischen Absichten auch weiterhin interpretationsfähig. Die extreme Unklarheit der Texte und Unabgeklärtheit der jeweiligen Begriffe, besonders der zentralen Begriffe des Geheimen Zusatzprotokolls, lassen eine Vielzahl von Verständnismöglichkeiten offen. Dies betrifft in erster Linie den Zweck der territorialen Abgrenzung durch Festlegung einer Linie und den Umfang des Begriffs »Interessensphäre« (nicht zufällig wird dieser Begriff in der gegenwärtigen innersowjetischen Debatte – in der Regel durch Rückübersetzung aus dem Englischen – häufig mit »Einflußsphäre« wiedergegeben). Wenn selbst die Formulierung vom »Fall einer territorial-politischen Umgestaltung (*pereustrojstwo*)« nach dem Empfinden der gegenwärtigen Historiker nicht zwangsläufig Krieg, sondern möglicherweise die friedliche Aufteilung durch eine zweite Münchner Konferenz bedeutet[21], so darf man dies in Kenntnis der besonderen Umstände der Verhandlungen und der Unterzeichnung wohl *a fortiori* dem historisch wenig gebildeten Stalin zugestehen, zumal wenn man die Fragwürdigkeit der ihm vorgelegten, im Wortlaut zweifelhaften Übersetzungen vor Augen hat (das Wort *pereustrojstwo*, zu deutsch wörtlich: »Umbau«, genauer: »Neueinrichtung, Reorganisation« hat keine kriegerische Konnotation).

So stellt sich an zentraler Stelle immer wieder die Frage nach dem verborgenen Wissen und Willen Stalins. Sie soll das bevorrechtigte Feld der sowjetischen Forscher bleiben. Die Verfasserin dieser Studie hat sich diesen – durch sachliche Analysen der zugänglichen Quellen unbeantwortbaren – Fragen entzogen, indem sie das Verhalten Stalins weitgehend aus der privilegierten Nahperspektive der Deutschen Botschaft Moskau betrachtet hat. Dort herrschte in Kenntnis der unverantwortlichen Machtpolitik Hitlers Verständnis für die Beschwichtigungspolitik der Sowjetregierung, mehr noch, Schulenburg und seine Mitarbeiter taten nicht wenig, um die Sowjetregierung im Wissen um die andernfalls unausbleiblichen Folgen in ihrer Beschwichtigungspolitik zu bestärken.

Versetzt man sich zurück in ihre Perspektive, so erscheint selbst das Verhalten Stalins während der Paktzeit, das dem zeitgeschichtlichen Forscher wachsende Probleme bereitet, in beträchtlichem Maße plausibel[22]. Die auch in defensiver Absicht vollzogenen politischen und militärischen Bewegungen erfolgten – anders als die nackten aggressiven Akte seines Gegners – zumindest unter dem Banner des Legalismus. Man mochte, wie Carl Burckhardt in jenen Jahren in einem Brief an Marion Gräfin Dönhoff, bestürzt beobachten, wie bestimmte »Staaten sich hinter ihren völkerrechtlichen Kulissen verbergen, wie sie nie eine menschliche, nur immer eine konventionell juristische Sprache benützen, wobei dann für alles lebensgefährliche Geschehen trostlose formalistische Notenkriege vorausgehen«[23] – die Deutsche Botschaft Moskau pflegte diesen »Notenkrieg« mit Vorbedacht als ein Mittel zur Verhinderung oder zumindest Hinauszögerung des wirklichen Krieges. Die Sowjetregierung kam ihr dabei entgegen.

Anmerkungen

(Während im Text sowie durchgängig bei allen Personen- und geographischen Namen der besseren Lesbarkeit wegen die geläufige Duden-Transkription verwandt wurde, haben wir bei den Literatur- und Quellennachweisen im Anmerkungsteil zum Zweck der besseren Quellenidentifizierung die wissenschaftliche Transliteration gewählt – Der Verlag.)

Die Fragestellung: Von wem ging die Initiative aus?

1 Als erste Dokumentensammlungen erschienen in dieser Zeit: Nazi-Soviet Relations, 1939–1941. Documents from the Archives of the German Foreign Office. Edited by R.J. Sontag and J.S. Beddie. Washington: Department of State; sowie die deutsche Ausgabe: Das Nationalsozialistische Deutschland und die Sowjetunion 1939–1941. Akten aus dem Archiv des Deutschen Auswärtigen Amts, Washington (Department of State) 1948, und Dr. Alfred Seidl, Hrg., Die Beziehungen zwischen Deutschland und der Sowjetunion 1939–1941. Dokumente des Auswärtigen Amtes, Tübingen 1949. Mit der Veröffentlichung der Akten zur Deutschen Auswärtigen Politik (= ADAP) entstand ein vollständigeres Bild. Die Veröffentlichung von Karl Höffkes, Deutsch-sowjetische Geheimverbindungen. Unveröffentlichte diplomatische Depeschen zwischen Berlin und Moskau im Vorfeld des Zweiten Weltkrieges (Tübingen 1988), hält nicht, was sie verspricht: Sie reiht die bereits anderswo veröffentlichten einschlägigen Dokumente aneinander. Die 1983 in den USA und 1989 in Vilnius auf Russisch erschienene Sammlung »SSSR–Germanija 1939–1941« von J. Fel'štinskij ist – wie in der UdSSR zu Recht mit Enttäuschung wahrgenommen wurde – eine Wiederholung jener längst bekannten Dokumente mit ihrer einseitigen Brechung (vgl. S. Lavrov, Istorija bez retuši: Polupravda srodni lži, in: *Leningradskaja Prawda,* 19. Dezember 1989, S. 3).
Die sowjetische Quellenbasis war lange Zeit unzureichend. Der Durchbruch erfolgte im Jahre 1989. Mit der Freigabe der einschlägigen diplomatischen Dokumente der Jahre 1938/39 können die vorhandenen Erkenntnislücken weitgehend geschlossen werden. Der Sammelband »Al'ternativy 1939 goda« (Moskau 1989) eröffnet der Forschung in seinem Dokumentenanhang neue Perspektiven. Mit der Veröffentlichung »Das Jahr der Krise« (God krizisa) wird 1990 die grundlegende Aktenveröffentlichung vorliegen. Band XXII (1939) der Dokumente zur Außenpolitik der UdSSR (russ.) wird für 1990/91 erwartet. Auch die in Vorbereitung befindliche zehnbändige Geschichte des Großen Vaterländischen Krieges dürfte sowohl quellenkundlich als auch inhaltlich-methodisch eine neue und vielfach erweiterte Diskussionsgrundlage liefern.
Aber auch die bisherigen Aktenveröffentlichungen des sowjetischen Außenministe-

riums: Die UdSSR im Kampf um den Frieden am Vorabend des Zweiten Weltkriegs (September 1938–August 1939), Moskau 1971 (russ.), und die Dokumente und Materialien (= DM) aus der Vorgeschichte des Zweiten Weltkrieges, 1937–1939, 2 Bd., (russ. Moskau 1981, dt. Moskau 1983) enthielten wichtige Quellen aus dem Umfeld der deutsch-sowjetischen Annäherung.
Als erste sowjetische Aktenveröffentlichung der Schlüsseldokumente aus der Zeit vom 15. August bis 3. September 1939, einschließlich aller Vertragstexte: Meždunarodnaja Žizn', September 1939, S. 90–123.

2 Walter Laqueur, Deutschland und Rußland, Berlin 1965, S. 316.

3 Abdruck aller Reden in Vozroždenie. Atgimimas. Informacionnyj bjulleten' litovskogo dviženija za perestrojku, Nr. 1, 16 sentjabrja 1988 g. Eine dokumentierte Bibliographie über die Rezeption des Paktes in den baltischen Ländern hat Dietrich Loeber hektographisch zusammengestellt: The Soviet-German Secret Agreements of 1939 and 1941 in Retrospect. A Selection of Materials, Hamburg 1989.

4 Übertragung durch das Zweite Deutsche Fernsehen am 23. Juli 1989.

5 Vgl. hierzu die wertvollen Ergebnisse von: William Even Scott, Alliance against Hitler. The Origins of the Franco-Soviet Pact, Durham, North Carolina 1962; Karlheinz Niclaus, Die Sowjetunion und Hitlers Machtergreifung. Eine Studie über die deutsch-russischen Beziehungen der Jahre 1929 bis 1935 (Bonner Historische Forschungen, Bd. 29) Bonn 1966; Thomas Weingartner, Stalin und der Aufstieg Hitlers. Die Deutschlandpolitik der Sowjetunion und der Kommunistischen Internationale 1929–1934, Berlin 1970; Dietrich Geyer, Die Voraussetzungen sowjetischer Außenpolitik in der Zwischenkriegszeit, in: Osteuropa-Handbuch, Sowjetunion, Außenpolitik 1917–1955, Köln/Wien 1972, S. 1–85; Hans-Adolf Jacobsen, Primat der Sicherheit, 1928–1938, in: Osteuropa-Handbuch 1972, S. 213–269; Bianka Pietrów, Stalinismus. Sicherheit, Offensive. Das Dritte Reich in der Konzeption der sowjetischen Außenpolitik 1933 bis 1941 (Kasseler Forschungen zur Zeitgeschichte, Band 2) Melsungen 1983; aus der Sicht der beteiligten deutschen Diplomaten: Herbert von Dirksen, Moskau, Tokio, London 1919–1939, Stuttgart 1949 und Rudolf Nadolny, Mein Beitrag, Wiesbaden 1955 und Köln 1985.

6 Darüber zuletzt Richard Meyer: »Bereits im Sommer 1933 ließen die Russen wissen, daß sie die Verbindungen zur deutschen Wehrmacht lösen möchten. Ein bedeutsamer Pfeiler der deutsch-russischen Beziehungen war eingestürzt.« Richard Meyer von Achenbach, Gedanken über eine konstruktive deutsche Ostpolitik, Frankfurt a.M. 1986, S. 93. Zur Vorgeschichte aus der Sicht des Auswärtigen Amts, vgl. Andor Hencke, Die deutsch-sowjetischen Beziehungen auf militärischem Gebiet nach dem Ersten Weltkrieg, Ms., Politisches Archiv des Auswärtigen Amts (= PA AA).

7 Die sowjetischen Dokumente verdeutlichen, daß Nadolny vor seinen sowjetischen Gesprächspartnern sehr offen über die außenpolitischen »Fehler« der Regierung Hitler sprach. Doch tat er sie als das notwendige, vorübergehende Beiwerk dieses Umschwungs ab. Seine Empfehlung bestand darin abzuwarten, bis sich diese Fehler und Übertreibungen »ausgelebt« hätten (Dokumenty Vnešnej Politiki (= DVP) SSSR Bd. XVII (1934), Aufzeichnung über ein Gespräch mit Nadolny am 17. März 1934, Nr. 82, S. 191–193).

8 Vgl. Zygmunt J. Gasiorowski, The German-Polish Nonaggression Pact of 1934, in: Journal of Central European Affairs, XX, April 1954, 1, S. 4–29.

9 Weingartner, Stalin, S. 262. Die deutsche Rußland-Diplomatie, der Narkomindel und

die Führung der Roten Armee waren sich über den ultimativen Charakter dieses Vorschlags einig. Im persönlichen Gespräch zwischen Nadolny, Krestinskij, Woroschilow und anderen am Abend dieses 28. März 1934 in der deutschen Residenz erfolgte eine Art informelle Absprache: Nadolny begrüßte den Vorschlag Litwinows als sowjetischen Vertrauensbeweis an Hitler, äußerte aber zugleich Zweifel an seiner Annahme. Seine sowjetischen Gäste erklärten ihm definitiv, »daß eine negative Antwort auf unseren Vorschlag ... als Beweis dafür verstanden werden wird, daß die deutsche Regierung aggressive Pläne gegen die baltischen Staaten hegt«. Nadolny versicherte, er wisse wohl, wie eine deutsche Ablehnung in Moskau verstanden würde; deshalb werde »er persönlich vor der deutschen Regierung auf der Annahme unseres Vorschlags bestehen« (DVP SSSR, Bd. XVII, S. 215–220). Infolgedessen wurde der Rücktritt Nadolnys im Juni 1934 als Beweis für die aggressiven Absichten Hitlers in Osteuropa verstanden.

10 Vgl. Chr. Hoeltje, Die Weimarer Republik und das Ost-Locarno-Problem 1919–1934, Würzburg 1958.

11 Vgl. hierzu meinen Aufsatz: »›Unternehmen Barbarossa‹ und die Zwangsumsiedlung der Deutschen in der Sowjetunion«, in: Vierteljahrshefte für Zeitgeschichte (=VfZ), 2 (1982), S. 299–321.

12 Der sowjetisch-französische Beistandspakt war ohne ihn begleitende militärische Abmachungen von begrenzter Wirkung. Das sowjetische Bemühen, solche Abmachungen herbeizuführen, traf bei der französischen Regierung auf wenig Gegenliebe. Der sowjetisch-tschechoslowakische Beistandspakt wiederum sah in Paragraph II seines Protokolls sowjetische Militärhilfe für die Tschechoslowakei im Falle, daß diese Opfer einer fremden Angriffshandlung würde, nur bzw. erst dann vor, wenn Frankreich seine Beistandspflichten gegenüber der Tschechoslowakei erfüllte. Darüber hinaus erforderte eine effektive sowjetische Militärhilfe für die Tschechoslowakei, mit der die UdSSR keine Grenze verband, die Bereitschaft der benachbarten Staaten mit gemeinsamen Grenzen – Polen und Rumänien –, sowjetische Streitkräfte im *casus belli* durch bzw. über ihr Hoheitsgebiet passieren zu lassen. Diese Bereitschaft lag nicht vor.

13 Im Auswärtigen Amt wirkte die Nachricht vom Abschluß des französisch-sowjetischen Bündnisvertrags wie ein Schlag. Es herrschte »eine sehr gedrückte Stimmung. Die Isolierung Deutschlands schien vollständig zu sein. Als Antwort auf Hitlers außenpolitische Methoden hatte sich eine antideutsche Koalition aller Großmächte einschließlich der Sowjetunion gebildet«. (Paul Schmidt, Statist auf diplomatischer Bühne, 1923–1945. Erlebnisse eines Chefdolmetschers im Auswärtigen Amt mit den Staatsmännern Europas, Wiesbaden 1986, S. 305 f.)

14 Der Botschafter in Moskau Graf von der Schulenburg an das Auswärtige Amt, Moskau, den 6. Mai 1935, in: ADAP, Serie C: 1933–1937, Bd. IV, 1, Nr. 70, S. 127–129, hier: S. 129.

15 Die 1954 vom ehemaligen Leiter der Abteilung IV (Osteuropa) des Auswärtigen Amts (1931–1935), Ministerialdirektor Richard Meyer (von Achenbach), ausgedrückte Hoffnung, daß die Veröffentlichung der Akten des Auswärtigen Amts und die Zugänglichkeit der Aufzeichnungen der für die Rußlandpolitik maßgeblichen Männer einst zeigen werde, »mit welcher zähen Entschlossenheit diese alte Behörde von 1933 an versucht hat, die deutsche Ostpolitik in den für das Reich wesentlichen und zweckmäßigen Bahnen zu halten«, hat sich bisher leider nicht erfüllt; vgl. Meyer, Gedanken, S. 79.

16 Meyer wurde am 19. Dezember 1935 infolge der Nürnberger Gesetze 51jährig aus dem Dienst entfernt. Im August 1939 emigrierte er nach Schweden. Daß das – erst 1986 aus seinem Nachlaß veröffentlichte – Zeugnis von Richard Meyer über die Bemühungen des Auswärtigen Amts in der ersten Zeit des nationalsozialistischen Deutschland besonderes Gewicht hat, verdeutlicht nicht zuletzt ein persönlicher Brief, den der Botschafter, Graf Schulenburg, am 28. Oktober 1935 an Meyer schrieb: »Sie werden mir glauben, lieber Meyer, wie außerordentlich wir alle und besonders ich Ihren Weggang bedauern ... Gerade wir im Auslande befindlichen Beamten müssen Ihnen besonders dankbar sein für das stete und tiefe Verständnis, das Sie unseren vielfachen und buntscheckigen Wünschen und Schmerzen entgegengebracht haben ...« (Meyer, Gedanken, S. 127 f.).

17 Eine letztlich überzeugende, kritische Würdigung der Haltung und Aktivität Nadolnys in den Jahren 1933/34 steht noch aus; in Vorüberlegungen: D.C. Watt, Hitler und Nadolny, in: Contemporary Review, 1959, Nr. 196; Auswärtiges Amt, Hrg., Gedenkfeier des Auswärtigen Amts für Botschafter Rudolf Nadolny, Bonn 1973 und Günter Wollstein, Rudolf Nadolny – Außenminister ohne Verwendung, in: VfZ 1980, S. 47–93.

18 Meyer, Gedanken S. 92, 95, 96

19 Vgl. Geyer, Voraussetzungen, S. 50 ff.

20 Molotow hatte diese Formulierung zuerst im August 1933 gegenüber Herbert von Dirksen gebraucht (vgl. Telegramm Dirksens an das Auswärtige Amt vom 4. August 1933, in: ADAP, C, I, 2, Nr. 389, S. 708–10). Weingartner hat als erster darauf hingewiesen, daß mit diesem Ausdruck eine neue, geringere Qualität der Beziehungen angesprochen war; vgl. Weingartner, Stalin, S. 240.

21 Jacobsen, Primat, S. 219.

22 Die Auskünfte, die der Kronzeuge für die durchgängig »prodeutsche« Orientierung Stalins, W.G. Kriwitskij (Walter Ginsburg), nach seiner Desertion in den Westen im Sommer 1939 gab, müssen schon deshalb mit Vorsicht verwendet werden, weil Ginsburg ein vergleichsweise junger und subalterner Angehöriger der außenpolitischen Abteilung des OGPU war. (W.G. Kriwitskij, Ich war in Stalins Dienst!, Amsterdam 1940, S. 18 ff.).

23 Niclaus, Sowjetunion, S. 187; Jacobsen vermutete, »daß die Initiative von Moskau ausging« (Jacobsen, Primat, S. 239).

24 Vgl. zuletzt die Zusammenstellung von Bianca Pietrów, Stalin-Regime und Außenpolitik in den dreißiger Jahren. Eine Zwischenbilanz des Forschungsstandes, in: Jahrbücher für Geschichte Osteuropas, NF 33, 1985, S. 495–517. Als eine tendenziöse Zusammenstellung und Kommentierung der entsprechenden Aufzeichnungen im Sinne von These 1: J.W. Brügel, Hrg., Stalin und Hitler. Pakt gegen Europa, Wien 1973.

25 Das geheime Zusatzabkommen zum Anti-Komintern-Pakt vom 25. November 1936 wurde auf deutscher Seite strengstens sekretiert (vgl. DeWitt C. Poole, Light on Nazi Foreign Policy, in: Foreign Affairs, Oktober 1946, S. 130–154, hier S. 137 f.; Text in: ADAP, C, VI, 1, Nr. 58; vgl. hierzu: Gerhard L. Weinberg, Das geheime Abkommen zum Antikominternpakt, in VfZ 2 (1954), S. 193 ff.). Dennoch ist es der Sowjetregierung bekannt geworden. Neben Richard Sorge in Tokio scheint aus Westeuropa W.G. Kriwitskij die geheimen Unterlagen beschafft zu haben (Kriwitskij, Dienst, S. 32 ff.).

Außenkommissar Litwinow machte bereits in seiner Rede vor dem außerordentlichen Sowjetkongreß am 28. November 1936 unmißverständliche Andeutungen und gab später vor westlichen Diplomaten zu erkennen, daß ihm die militärische Bedeutung des Paktes bekannt war (Telegramm des Botschafters in Moskau an das Auswärtige Amt vom 3. Februar 1939, in: ADAP, D, IV, Nr. 283, S. 319). Aus sowjetischer Sicht: Istorija Diplomatii. Pod redakciej A. A. Gromyko i.a., Bd. III, Moskau 1965, S. 657 ff.

26 Gustav Hilger, Alfred G. Meyer, The Incompatible Allies. A Memoir-History of German-Soviet Relations, 1918–1941, New York 1953, S. 279; Gustav Hilger, Wir und der Kreml, Deutsch-sowjetische Beziehungen 1918–1941. Erinnerungen eines deutschen Diplomaten, Frankfurt a.M./Berlin 1959, S. 265.

27 Joseph E. Davies, Als USA-Botschafter in Moskau. Authentische und vertrauliche Berichte über die Sowjet-Union bis Oktober 1941, Zürich 1943, S. 61 (Bericht vom 19. Februar 1937) und S. 68 (Tagebuch-Eintragung vom 20. Februar 1937).

28 Robert Coulondre, De Staline à Hitler. Souvenirs de deux Ambassades, 1936–1939, Paris, 1950, S. 125.

29 Von französischer Seite: Jean-Baptiste Duroselle, La politique soviétique à l'égard de l'Allemagne du pacte anti-Komintern à mai 1939, in: Jean-Baptiste Duroselle i.a. Hrg., Les Relations Germano-Soviétiques de 1933 à 1939, S. 42–102, hier: S. 42–60; von deutscher Seite: Georg von Rauch, Der deutsch-sowjetische Nichtangriffspakt vom August 1939 und die sowjetische Geschichtsschreibung, in: Gottfried Niedhart, Hrg., Kriegsbeginn 1939. Entfesselung oder Ausbruch des Zweiten Weltkriegs? Darmstadt 1976, S. 349–366, hier: S. 353 und Pietrów, Stalin-Regime; von angelsächsischer Seite: John Erickson, The Soviet High Command, London 1962, S. 432 und 731 sowie D.(onald) C.(ameron) Watt, The initiation of the negotiations leading to the Nazi-Soviet pact: A historical problem, in: C. Abramsky, B.J. Williams, Hrg., Essays in honour of E.H. Carr, London 1974, S. 152–169.

30 Angelo Rossi, Zwei Jahre deutsch-sowjetisches Bündnis, Köln/Berlin 1954, S. 19 ff.

31 Sven Allard, Stalin und Hitler. Die sowjetrussische Außenpolitik 1930-1941, Bern/München 1974, S. 52 ff.

32 Siehe die ausführliche Diskussion unten, S. 108 ff. Auf sowjetischer Seite nähert sich das *enfant terrible* unter den *perestrojka*-Historikern, V. Daschitschew, am weitesten dem in der älteren westlichen Forschung verbreiteten Standpunkt (Vyacheslav Dashichev, Stalin in early 1939. The 18th Party Congress and the Soviet-German nonaggression pact, in: *Moscow News*, Nr. 35, 1989, S. 16 und die Diskussion dieses Beitrags: War nun Stalin mitschuldig oder nicht? in: *Moskau News*, Nr. 10, Oktober 1989, mit Beiträgen von Nina Smirnowa und Dr. Wasilij Kulisch).

33 Lord (William) Strang, Home and Abroad, London 1956, S. 195.

34 Peter Kleist, Zwischen Hitler und Stalin, 1939–1945, Bonn 1950, S. 25 ff. sowie (in diesem Teil identisch) ders., Die europäische Tragödie, Göttingen 1961, S. 50 ff.

35 Allard, Stalin, S. 113 ff.

36 Philipp W. Fabry, Der Hitler-Stalin-Pakt 1939–1941. Ein Beitrag zur Methode der sowjetischen Außenpolitik, Darmstadt 1962 und ders., Die Sowjetunion und das Dritte Reich. Eine dokumentierte Geschichte der deutsch-sowjetischen Beziehungen von 1933–1941, Stuttgart 1971; bei Fabry treten die Unsicherheit in der historischen Bewertung und der Einfluß des ideologischen Moments besonders deutlich zutage: So spricht er zwar von der »Neuorientierung der deutschen Politik gegenüber der UdSSR seit dem Herbst 1938« (Pakt, S. 9) und versteht diese weniger »bewußt« als viel-

mehr »emotional, dem Charakter des deutschen Staatschefs entsprechend«; und er führt einige Tatsachen an, die sehr wohl verdeutlichen, daß die Initiative zur Annäherung in den Wintermonaten 1938/39 von deutscher Seite ausging. Wenig später aber korrigiert er sich dahingehend, daß der Anstoß zu einer grundlegenden Änderung des Verhältnisses der beiden Großmächte »von der Sowjetunion ausging« und relativiert nun seine eigenen einleitenden Bemerkungen mit der wegwerfenden Bemerkung: »Wie immer auch das Vorgeplänkel ausgesehen haben mag« (S. 13). Derlei methodische Sprünge sind in der Argumentation zu dieser These nicht selten.

37 Walther Hofer, Die Entfesselung des Zweiten Weltkrieges. Eine Studie über die internationalen Beziehungen im Sommer 1939, Frankfurt a.M. 1964, S. 58.

38 F.A. Krummacher/Helmut Lange, Krieg und Frieden. Geschichte der deutsch-sowjetischen Beziehungen. Von Brest-Litowsk zum Unternehmen Barbarossa, München/Esslingen 1970, S. 362: »Kein Zweifel: Stalin war es, der die Initiative ergriff.«

39 Brügel, Stalin, S, S. 42 ff.: »Moskau beginnt, das Dritte Reich ernstlich zu umwerben.«

40 Andreas Hillgruber, Der Zweite Weltkrieg, 1939–1945, in: Osteuropa-Handbuch, Sowjetunion, Außenpolitik 1917–1955, Köln/Wien 1972, S. 270–342, hier S. 275 ff. sowie (weitgehend identisch) ders., Sowjetische Außenpolitik im Zweiten Weltkrieg, Königstein/Ts./Düsseldorf 1979, S. 18 ff., S. 24 ff., Andreas Hillgruber/Klaus Hildebrand, Kalkül zwischen Macht und Ideologie. Der Hitler-Stalin-Pakt: Parallelen bis heute? Zürich 1980, S. 15 ff.

41 Hillgruber/Hildebrand, Kalkül, S. 20.

42 Allard, Stalin, S. 79, Andreas Hillgruber, Zur Entstehung des Zweiten Weltkrieges. Forschungsstand und Literatur, Düsseldorf 1980, S. 54; ders., Der Zweite Weltkrieg, S. 274; Hillgruber/Hildebrand, S. 20.

43 In seiner Rede vor dem Plenum des ZK der RKP(b) vom 19. Januar 1925 (in: I.V. Stalin, Sočinenija, Moskau 1950, Bd. 7, S. 11–14) sprach Stalin seine Befürchtungen darüber aus, daß die von ihm beobachtete »Umgruppierung der Kräfte in ganz Europa« der Vorbote eines neuen Krieges sei. »Und ein neuer Krieg kann unser Land nicht unberührt lassen.« Er könnte in einigen Jahren »unvermeidlich werden« und würde dann »die innere, revolutionäre Krise, [die] sowohl im Osten als auch im Westen« bereits bestehe, »verschärfen«. Die Kommunistische Partei müsse »zu all dem bereit sein«. Zwar seien die revolutionären Bewegungen im Westen noch stark. Doch könnte man sich nicht auf sie verlassen. »Die Frage unserer Armee, ihrer Macht, ihrer Bereitschaft erhebt sich für uns bei den Komplikationen« – gemeint war hierbei von Stalin vor allem das Nichteintreten einer revolutionären Situation – »in den uns umgebenden Ländern zwangsläufig als eine Lebensfrage. Das bedeutet nicht, daß wir bei einer solchen Gelegenheit notwendigerweise gegen irgend jemanden aktiv antreten müssen. Das ist nicht wahr. Wenn irgend jemandem ein solches Tönchen entfährt, so ist das unrichtig. Unser Banner bleibt auf alte Weise das Banner des *Friedens*. Falls aber der Krieg beginnt, so wird es uns nicht gegeben sein, untätig herumzusitzen – wir werden antreten müssen, aber antreten als letzte. Aber wir werden dazu antreten, um das entscheidende *Gewicht* in die Waagschale zu werfen, das Gewicht, das den Ausschlag geben könnte.«
Hierzu ist folgendes zu sagen: Das Plenum des ZK der Allrussischen Kommunistischen Partei (Bolschewiki) vom Januar 1925, in dem Stalin bereits den Willen aller Mitglieder diktierte, hatte in erster Linie innenpolitische Ziele (in der Außenpolitik hatte Stalin in den vorausgegangenen Monaten des Jahres 1924 gerade unter für ihn

günstigen Bedingungen die völkerrechtliche Anerkennung Sowjet-Rußlands durch die beiden entscheidenden Westmächte, England und Frankreich, erlangt, eine Tatsache, die die Idee an eine kriegerische Verwicklung mit den westlichen Demokraten gerade zu diesem Zeitpunkt wenig wahrscheinlich machte): Es diente zur Ausschaltung des potentesten Gegners aus den eigenen Reihen, Lew Trotzkij. Dieser blieb zwar bis April 1925 nominell noch Kriegskommissar, war aber bereits seit Herbst 1924 *de facto* durch seinen Stellvertreter Frunse ersetzt worden, der in Stalins Auftrag schon die Reorganisation der Armee eingeleitet hatte. Damit wurde die Idee Tuchatschewskijs und der Berufsoffiziere gegen die Trotzkijs und seiner Anhänger im Revolutionären Kriegsrat durchgesetzt: Während diese in Übereinstimmung mit der Tradition der Sozialdemokratie nun, nach dem Sieg der Revolution in Rußland, zur Entlastung der geschwächten Wirtschaft lediglich eine kleine bewaffnete Volksmiliz wünschten, wollte Stalin nach den Schrecken, die ihm der Kronstadter Matrosenaufstand, Bauernaufstände und Arbeiterunruhen (1921/22) und besonders der Aufstand der Georgier im August 1924 bereitet hatten, ein jederzeit einsatzbereites, schlagkräftiges stehendes Heer.
Die Angst vor der Möglichkeit neuer Interventionen, etwa im unruhigen Kaukasus, und das Gespenst eines militärischen Bonapartismus Trotzkijs gegen seine erstarkende Alleinherrschaft bildeten den Hintergrund für diesen Wunsch nach einem starken Berufsheer, die äußere Kriegsgefahr, der der Sowjetstaat angeblich später ausgesetzt sein würde, war der Vorwand. Für diese rein innenpolitische Bedeutung der Rede Stalins spricht auch eine weitere fundamentale Revision, die er in diesem Zusammenhang vollzog: Er warf – als einen weiteren Anklagepunkt gegen Trotzkij gewendet – die Ansicht über Bord, daß der Sozialismus in Rußland nur dann endgültig siegen könnte, wenn ihm im internationalen Maßstab konzentrisch weitere nationale Revolutionen folgten. Wie er in der Rede vom 19. Januar 1925 selbst eingestand, setzte er kaum noch Hoffnungen auf die Entstehung revolutionärer Bewegungen in anderen Ländern und damit auf die Möglichkeit, sie militärisch zu »stützen«.
Unter diesem Gesichtspunkt betrachtet, könnte das Stalin-Wort, das damals nur wenig Aufmerksamkeit erregte, zu jener Kategorie von Aussprüchen gehören, die erst durch spätere Ereignisse scheinbar einen nachträglichen Sinn erhalten: Weder konnte der außenpolitisch noch unerfahrene Stalin 1925 die weltpolitische Lage von 1939 voraussehen (Deutschland war dann eben keine der hier erwähnten westlichen Demokratien!), noch ist er 1939 oder gar 1941 so selbstsicher als letzter in die Entscheidungsschlacht eingetreten – ihm wurde ein für den Bestand des von ihm errichteten Systems gefährlicher, langer Abnutzungskrieg aufgezwungen. Und Beweise für ein unausgesprochenes anderes Kalkül Stalins in jener Zeit (etwa für sowjetische Offensivkriegspläne) sind trotz neuerer Spekulationen nicht vorhanden.

44 Leonidas E. Hill, Die Weizsäcker-Papiere 1933–1950, Berlin 1974, S. 154.

45 Erich Kordt, Nicht aus den Akten…, Stuttgart 1950, S. 309 sowie ders., Wahn und Wirklichkeit, Stuttgart 1948, S. 155 ff.

46 Friedrich Gaus, Eidesstattliche Versicherung, in: Der Prozeß gegen die Hauptkriegsverbrecher vor dem Internationalen Militärgerichtshof Nürnberg (= Prozeß), Band XL, Nürnberg 1949, S. 293–298, hier S. 294.

47 Mitteilung von Dr. Karl Schnurre an Vf.

48 Siehe unten die entsprechenden Zitate aus dem Nachlaß.

49 General Ernst Köstring. Der militärische Mittler zwischen dem Deutschen Reich und

der Sowjetunion 1921–1941. Bearbeitet von Hermann Teske, Frankfurt/Main 1966, S. 138 ff.

50 Hilger, Wir, S. 282; Hilger/Meyer, Allies, S. 298.

51 Frederick L. Schuman, Night over Europe. The Diplomacy of Nemesis, 1939–1940, New York 1941, S. 279.

52 John W. Wheeler-Bennett, Twenty Years of Russo-German Relations, 1919–1939, in: Foreign Affairs, Oktober 1946, S. 23–43, hier S. 40 f.

53 L.B. Namier, Diplomatic Prelude, 1938–1939, London 1938, S. 137–142 und 189.

54 Watt, Initiation, S. 154, 159 ff. Auch die umfangreiche Arbeit der englischen Journalisten Anthony Read und David Fisher (The Deadly Embrace. Hitler, Stalin and the Nazi-Soviet Pact 1939–1941, London/New York 1987) führt – trotz reicher Verwendung des erreichbaren veröffentlichten Materials und ausgedehnter Zeugenbefragungen – in dieser Hinsicht nicht weiter, worauf mit Recht J. Haslam in seiner Rezension hingewiesen hat (Jonathan Haslam, The Pact That Shook the World, in: Book World, 18. September 1988, S. 10).

55 Max Braubach, Hitlers Weg zur Verständigung mit Rußland im Jahre 1939, Rede zum Antritt des Rektorats der Rheinischen Friedrich-Wilhelms-Universität zu Bonn am 14. November 1959, Bonn 1960, S. 9 ff., 18 ff.

56 Rauch, Nichtangriffspakt, S. 354 ff.

57 Ivan Maisky, Who helped Hitler?, London 1964, S. 188 ff. (Übersetzung von: I.M. Majskij, Kto pomogal Gitleru? Moskau 1962) sowie (hierzu fast identisch): I.M. Majskij, Vospominanija sovetskogo posla, Kniga vtoroja, Mir ili vojna? Moskau 1964, S. 516 ff. und dass. in deutscher Übersetzung: I.M. Maiski, Memoiren eines sowjetischen Botschafters, Berlin(-Ost) 1977, S. 495 ff.

58 Geschichte des Großen Vaterländischen Krieges der Sowjetunion (= GGVK), Band 1. Die Vorbereitung und Entfesselung des Zweiten Weltkrieges durch die imperialistischen Mächte, Berlin(-Ost) 1962, S. 207.

59 I.K. Kobljakow, Bor'ba Sovetskogo Sojuza protiv fašistskoj agressii, za kollektivnuju bezopasnost' nakanune vtoroj mirovoj vojny, in: Istorija SSSR 1962, Nr. 3, S. 3–25, hier S. 21.

60 In deutscher Übersetzung: Lew Besymenski, Sonderakte »Barbarossa«. Dokumente. Darstellung, Deutung, Stuttgart 1968, S. 94 ff.

61 Geschichte der sowjetischen Außenpolitik (= GSA), 1917 bis 1945, 1. Teil, Berlin (-Ost), 1969, S. 423.

62 Istorija Kommunističeskoj Partii Sovetskogo Sojuza. Bd. 5, Moskau 1970, S. 72.

63 I.Ju. Androsow, Nakanune vtoroj mirovoj vojny, in: Voprosy istorii 1972, Heft 10, S. 98–110, hier S. 98 ff.

64 V.J. Sipols, Zur Vorgeschichte des deutsch-sowjetischen Nichtangriffsvertrags, Moskau/Köln 1981, S. 264 und 295 ff.; sowie ders., Vnešnaja politika Sovetskogo Sojuza. 1936–1939 gg., Moskau 1987.

65 Igor F. Maximytschew, Der Anfang vom Ende. Deutsch-sowjetische Beziehungen 1933–1939, Köln 1985, S. 292 ff.

66 V. Sipols, Za neskol'ko mesjacev do 23 avgusta 1939 goda, in: Meždunarodnaja Žizn', 1989, Nr. 5, S. 128–141.

67 Zur Entstehung dieser Lücke im sowjetischen Geschichtsbewußtsein im Vollzuge der Nachforschungen und Vernehmungen der Nürnberger Prozesse, vgl. aus deutscher Sicht: Seidl, Beziehungen, Einleitung S. III ff. sowie später, gegen Ende dieses so-

wjetischen Gedächtnismoratoriums und vor dem zögernden Einsetzen der innersowjetischen Erörterung dieser Tatsache verfaßt, den summarischen Problemabriß von Karl Dietrich Erdmann: Fragen an die sowjetische Geschichtswissenschaft. Zum dritten deutsch-sowjetischen Historikertreffen in München, in: Geschichte in Wissenschaft und Unterricht 29 (1978), und, auf Thesen reduziert: Karl Dietrich Erdmann, Stalins Alternative im Vorfeld des Zweiten Weltkrieges: Bündnis gegen oder mit Hitler, in: *Deutsches Allgemeines Sonntagsblatt*, Nr. 34 vom 26. August 1979, S. 8.

68 Zitiert nach: Lew Besymenskij, Al'ternativy 1939 goda, II, in: Novoe Vremja, Nr. 24 (1989), S. 32–38, hier S. 32.

69 Sipols, Vorgeschichte, S. 304 f.

70 Vgl. Helmut König, Das deutsch-sowjetische Vertragswerk von 1939 und seine Geheimen Zusatzprotokolle. Eine Dokumentation, in: Osteuropa, 5/1989, S. 413–454. Russische Wiedergabe des Inhalts, nebst Reproduktion der von Stalin und Ribbentrop am 28. September 1939 signierten Landkarte Polens, in: *Literaturnaja Gazeta*, 5. Juli 1989, Nr. 27 (5249), sowie Meždunarodnaja Žizn', September 1989, Vokrug pakta o nenapadenii, S. 90 ff.

71 Wie A.A. Gromyko in seinem letzten Interview für den SPIEGEL (24. April 1989, Nr. 43) mitteilte, hatte ihm Molotow »bereits nach dem Krieg [gesagt]..., daß keine ›Dokumente‹ über seine Verhandlungen mit Ribbentrop von 1939 anerkannt werden dürfen außer jenen, die offiziell veröffentlicht sind«. Auch in der internationalen Ausgabe seiner »Erinnerungen« (Düsseldorf/Wien/New York 1989, S. 64–65) bezeichnete Gromyko dieses Protokoll infolgedessen als eine Erfindung, die bereits vom Nürnberger Gerichtshof als Fälschung abgewiesen worden sei. In der russischen Ausgabe seiner Erinnerungen (Pamjatnoe, 2 Bd., Moskau 1988) fehlt jede Erwähnung des Protokolls.

72 V. Falin, Počemu v 1939-m?, in: Novoe Vremja, 1987, Nr. 38–41.

73 *Sowjetunion heute*, 9. September 1988, Beilage.

74 *Sowjetunion heute*, 3. März 1989, S. 58.

75 Michail Semirjaga, 23 avgusta 1939 goda, in: *Literaturnaja Gazeta*, 5. Oktober 1988, Nr. 40 (5210), S. 14.

76 *Iswestija CK KPSS*, 7 (1989), S. 35 ff.

77 *Prawda*, 25. Mai 1989.

78 So am 20. Dezember 1988 in Litauen in »Tiesa« sowie die russische (Rück-?)Übersetzung in: Al'manach. Vestnik litovskogo dviženija za perestrojku »Sajudis« (1988).

79 Bezymenskij, Alternativy II, S. 35.

80 *Prawda* vom 2. Juni 1989, S. 1.

81 *Prawda* vom 3. Juni 1989. Die Kongreß-Kommission unter dem Vorsitz des Politbüro-Mitglieds und Sekretärs des ZK der KPdSU, A.N. Jakowlew, besteht aus 25 überwiegend prominenten Mitgliedern, die schwergewichtig der akademischen Intelligenz der (betroffenen) Randrepubliken angehören.

82 A.-M. K. Brazauskas, Litauen, und I. Ch. Toome, Estland, in der Abendsitzung des 31. Mai 1989 (*Prawda* vom 2. Juni, S. 3 und 5), V.V. Landsbergis, Litauen, in der Abendsitzung des 1. Juni (*Prawda* vom 4. Juni, S. 3), J.J. Peters, Lettland, in der Morgensitzung des 2. Juni (*Prawda* vom 5. Juni, S. 2) und V.I. Jarovoj, Estland, in der Morgensitzung des 6. Juni (*Prawda* vom 7. Juni, S. 5).

83 *Prawda* vom 18. August 1989 sowie deutsche Übersetzung in: Nowosti. Kommentare, Berichte, Informationen der Presseagentur Nowosti, Politik: Nr. 24, Köln, den

24.8.1989. Hier über das Geheime Zusatzprotokoll, S. 10–12.

83a *Prawda*, 28. Dezember 1989, S. 3.

84 Wjatscheslaw Daschitschew, Der Pakt der beiden Banditen, in: *Rheinischer Merkur*, 21. April 1989 sowie: Stalin hat den Krieg gewollt, in: *Rheinischer Merkur*, 18. April 1989 sowie Dashichev, Stalin.

85 Max Beloff, The Foreign Policy of Soviet Russia, 2. Bd., London/New/York/Toronto 1952, S. 250 ff.

86 William L. Langer/S. Everett Gleason, The Challenge to Isolation, 1937–1940, New York 1952, S. 106, 111 ff.

87 Gerhard L. Weinberg, Germany and the Soviet Union 1939–1941, Leiden 1971 (Nachdruck der Erstausgabe von 1954).

88 Reinhold W. Weber, Die Entstehung des Hitler-Stalin-Paktes 1939, S. 139 ff., S. 223 ff.

89 Hilger, Wir, S. 274.

90 Georg von Rauch, Geschichte des bolschewistischen Rußland, Wiesbaden 1955, S. 369 f.

91 Nicht zufällig schloß H.-A. Jacobsen seine Untersuchung der nationalsozialistischen Außenpolitik (Hans-Adolf Jacobsen, Nationalsozialistische Außenpolitik 1933–1938, Frankfurt a.M./Berlin 1968) vor dem hier behandelten Zeitraum, nämlich mit dem Jahre 1938 ab, in dem mit dem großen Revirement im Auswärtigen Amt dessen Gleichschaltung, die vollständige Unterwerfung der Außenpolitik unter die Entscheidungen des »Führers« und damit eine zunehmend diffizile auswärtige Praxis der Diplomaten des Auswärtigen Dienstes einsetzte.

92 Watt, Initiation, S. 153.

93 Hilger. Wir, S. 270 ff. und 274 ff.

94 Hans von Herwarth, Zwischen Hitler und Stalin. Erlebte Zeitgeschichte 1931–1945, Frankfurt a.M./Berlin 1982, S. 162.

95 Grégoire Gafenco, Préliminaires de la Guerre à l'Est. De l'Accord de Moscou aux Hostilités en Russie, Fribourg 1944, S. 117 f.

96 David J. Dallin, Soviet Russia's Foreign Policy, New Haven 1944, S. 22, 27 ff.

97 John W. Wheeler-Bennett, Twenty Years of Russo-German Relations, 1919–1939, in: *Foreign Affairs*, Oktober 1946, S. 23–43, hier S. 40.

98 Langer/Gleason, Challenge, S. 124 f.

99 L.B. Namier, Europe in Decay. A Study in Disintegration, 1936–1940, London 1950, S. 265 f.

100 Carl E. Schorske, Two German Ambassadors: Dirksen and Schulenburg, in: Gordon A. Craig/Felix Gilbert, The Diplomats, 1919–1939, Princeton, New Jersey 1953, S. 477–511.

101 Weinberg, Germany, S. 9; Braubach, Weg, S. 10, 12 ff., 19, 26; Rauch, Nichtangriffspakt, S. 353; Watt, Initiation, S. 159.

102 Er befand sich im Dachstuhl der Burg Falkenberg/Oberpfalz, die Botschafter Graf Schulenburg käuflich erworben, wiederaufgebaut, aber nicht mehr über längere Zeit bewohnt hat. Dieser umfangreiche Nachlaß wurde der Vf. im Oktober 1987 von der Familie des Botschafters zur Auswertung zur Verfügung gestellt.

103 Schulenburg konnte seine wichtigste private Korrespondentin in dieser Zeit, die deutsch-russische Emigrantin Alla von Duberg in Berlin, nicht schützen: Sie wurde ein halbes Jahr vor seiner eigenen Hinrichtung, im Mai 1944, auf Anweisung der Gestapo in eine Anstalt überführt und Opfer der Euthanasie.

104 Handschriftlicher Brief des Grafen Schulenburg an Alla von Duberg, in: Nachlaß Botschafter Graf Schulenburg, Ordner Duberg »Briefe des Grafen F.W.v.d. Schulenburg ab 1. Januar 1939«, Deutsche Botschaft Moskau, den 20. August 1939, mit Zusätzen vom 21. August 1939, S. 5/2–6/1.
105 Schulenburg an Duberg, 27. August 1939, in: Nachlaß, Ordner Duberg, »Briefe... ab 1. Januar 1939«, S. 1 ff.
106 Dieser wichtige Satz Köstrings ist leider nicht korrekt gesetzt worden und muß lauten: »In dem seit dem Frühsommer 1939 von Deutschland und Rußland tastend vorwärts getriebenen Versuch einer gegenseitigen Verständigung... haben es beide Seiten immer wieder verstanden, durch – ihren beiderseitigen Vertretern in den Mund gelegte – Bemerkungen von Hitler, Ribbentrop oder Stalin und Molotow, ins Hochpolitische vorzudringen und damit eine stets wärmere Atmosphäre zu schaffen.«
107 Maisky, Who, S. 512 ff; Maiskij, Vospominanija, II, S. 513 ff. und Maiski. Memoiren, S. 492 ff.
108 Namier, Europe, S. 259.
109 Kobljakow, Bor'ba, S. 21.
110 Androsow, Nakanune, S. 107.
111 Mitteilung von Dr. K. Schnurre im Gespräch mit Vf. und L. Besymenskij (20. Juni 1989).
112 A.J.P. Taylor, The Origins of the Second World War, London, 1961, S. 242.

Die deutsche Rußland-Diplomatie nach dem Münchner Abkommen

1 Mit den Worten »La deuxième guerre mondiale devait éclater le 1er october 1938« begann Grigore Gafencu seine Nachlese der: Derniers Jours de l'Europe. Un voyage diplomatique en 1939, Paris 1946, S. 21.
2 Die Hassell-Tagebücher 1938–1944. Ulrich von Hassell. Aufzeichnungen. Vom Andern Deutschland. Nach der Handschrift revidierte und erweiterte Ausgabe, Berlin 1988, S. 59 und 54.
3 Schon in der von Oberst Hoßbach protokollierten Beratung politischer und militärischer Führer Deutschlands (5. November 1937) hatte der Reichskriegsminister, Generalfeldmarschall von Blomberg, angesichts des Planes Hitlers, bei nächster Gelegenheit, den »Überfall auf die Tschechei ›blitzartig schnell‹ erfolgen« zu lassen, »nachdrücklich auf die Stärke der tschechischen Befestigungen aufmerksam [gemacht], deren Ausbau den Charakter einer Maginot-Linie angenommen hätte und unseren Angriff aufs äußerste erschwere.« Vgl. das sog. Hoßbach-Protokoll, in: International Military Tribunal (= IMT), Bd. 25, Nürnberg 1947, S. 403–413. Die neuere Forschung gibt diesen Standpunkten im nachhinein Recht und gelangt zu einer zunehmend negativen Beantwortung der Frage, ob die Tschechoslowakei im Jahre 1938 militärisch hätte bezwungen werden können.
4 Vgl. u.a. Helmut Krausnick, Ludwig Beck, in: Hermann Graml, Hrg., Widerstand im Dritten Reich. Probleme, Ereignisse, Gestalten, Frankfurt/Main 1984, S. 204–211.
5 Vgl. hierzu: Peter Hoffmann, Widerstand. Staatsstreich. Attentat. Der Kampf der Opposition gegen Hitler, München 1969, S. 94 ff.; Peter Steinbach, Der militärische Widerstand und seine Beziehungen zu den zivilen Gruppierungen des Widerstandes, in: Aufstand des Gewissens. Militärischer Widerstand gegen Hitler und das NS-

Regime, 1933–1945, Herford s.d. (1984), S. 219–262; und Helmut Krausnick, Zum militärischen Widerstand gegen Hitler 1933–38. Möglichkeiten, Ansätze, Grenzen und Kontroversen, in: Aufstand des Gewissens. Militärischer Widerstand, S. 311–364; dass., in: Vorträge zur Militärgeschichte, Bd. 5: Der militärische Widerstand gegen Hitler und das NS-Regime 1933–1945, Herford/Bonn 1984, S. 27–80; Klaus-Jürgen Müller, Zu Struktur und Eigenart der nationalkonservativen Opposition bis 1938 – Innenpolitischer Machtkampf, Kriegsverhinderungspolitik und Eventual-Staatsstreichplanung, in: Jürgen Schmädeke und Peter Steinbach, Hrg., Der Widerstand gegen den Nationalsozialismus, München/Zürich 1985, S. 329–344.

6 Hassell-Tagebücher, S. 56.

7 Romedio Graf Thun-Hohenstein, Septemberverschwörung. Der geplante Staatsstreich der Generale 1938, in: *Frankfurter Allgemeine Zeitung*, 1. Oktober 1988, Nr. 229.

8 Kordt, Wahn, S. 126.

9 Hassell-Tagebücher, S. 55, 56, 59 und 60.

10 Max Domarus. Hitler. Reden und Proklamationen, 1932–1945, kommentiert von einem deutschen Zeitgenossen, II. Band. Untergang (1939–1945), Würzburg 1963, S. 1234.

11 Beweisstück vor dem Internationalen Militärgerichtshof: IMT Nr. 798–PS sowie Domarus, Hitler, II., S. 1237.

12 Der Forschungsstand ist – trotz vorzüglicher Einzelstudien – im ganzen gesehen noch immer unbefriedigend und gerade im Hinblick auf diese Fragestellung wenig ergiebig. Jacobsens monumentale Untersuchung über die nationalsozialistische Außenpolitik 1933–1938 endet vor Beginn des hier behandelten Zeitraums. Sein Aufsatz: Zur Struktur der NS-Außenpolitik 1933–45, in: Manfred Funke, Hg., Hitler, Deutschland und die Mächte. Materialien zur Außenpolitik des Dritten Reiches (= Bonner Schriften zur Politik und Zeitgeschichte, Nr. 12), Düsseldorf 1976, S. 137–185, hat weiterer Forschung eine Richtung gewiesen.

Zur Entwicklung des Auswärtigen Dienstes unter dem Nationalsozialismus: Gordon A. Craig, The German Foreign Service from Neurath to Ribbentrop, in: Gordon A. Craig und Felix Gilbert, Hg., The Diplomats 1919–1939, Princeton, New Jersey 1953, S. 406–436, mit einer scharfen, sehr substantiellen Kritik von Donald C. Watt (The German Diplomats and the Nazi Leaders, 1933–1939, in: Journal of Central European Affairs, Bd. XV, April 1954, Nr. 1, S. 148–160); Joachim G. Leithäuser, Diplomatie auf schiefer Bahn, Berlin 1953; Paul Seabury, The Wilhelmstraße, Berkeley, California 1954 (dt. Die Wilhelmstraße. Die Geschichte der deutschen Diplomatie 1930–1945, Frankfurt/M. 1956); Hans E. Riesser, Haben die deutschen Diplomaten versagt? Eine Kritik an der Kritik von Bismarck bis heute, Bonn 1959; Hans-Adolf Jacobsen, Zur Rolle der Diplomatie im 3. Reich, in: Klaus Schwabe, Das Diplomatische Korps 1871–45 (= Deutsche Führungsschichten in der Neuzeit, Bd. 16), Boppard am Rhein 1985, S. 171–200.

Eine Geschichte des Auswärtigen Amts, mit besonderer Berücksichtigung der Periode des Nationalsozialismus, wird z.Z. im Auftrag des Auswärtigen Amts verfaßt. Über die Einflüsse der nationalsozialistischen Ideologie und Praxis auf einzelne Abteilungen des Auswärtigen Amts: Christopher Browning, The Final Solution and the German Foreign Office. A Study of Referat D III of Abteilung Deutschland 1940-1943, New York 1978; Hans-Jürgen Döscher, Das Auswärtige Amt im Dritten Reich. Diplomatie im Schatten der »Endlösung«, Berlin 1987 (mit Schwergewicht auf Büro

Staatssekretär sowie den Abteilungen D(eutschland) bzw. Inland II). Über prominente Entscheidungsträger im Auswärtigen Amt: John L. Heineman, Hitler's First Foreign Minister, Constantin Freiherr von Neurath. Diplomat and Statesman, Berkeley/Los Angeles/London 1979; Wolfgang Michalka, Ribbentrop und die deutsche Weltpolitik 1933–1940. Außenpolitische Konzeptionen und Entscheidungsprozesse im Dritten Reich, München 1980; Reinhard A. Blasius, Für Großdeutschland – gegen den großen Krieg. Staatssekretär Ernst Freiherr von Weizsäcker in den Krisen um die Tschechoslowakei und Polen 1938/39, Köln/Wien 1981; Marion Thielenhausen, Zwischen Anpassung und Widerstand. Deutsche Diplomaten 1938–1941. Die politischen Aktivitäten der Beamtengruppe um Ernst von Weizsäcker im Auswärtigen Amt, Paderborn 1984.
Über den Widerstand gegen den Nationalsozialismus im Auswärtigen Amt ist manches bekannt, aber nur wenig systematisch erforscht worden. Klemens von Klemperer hat in seinem Aufsatz: Nationale und internationale Außenpolitik des Widerstands (in: Schmädeke und Steinbach, Hrg., Widerstand, S. 639–651) auf einige Schwierigkeiten einer solchen Untersuchung aufmerksam gemacht.

13 DeWitt C. Poole, Light on Nazi Foreign Policy, in: *Foreign Affairs*, Oktober 1946, S. 130–154, hier S. 138 ff.

14 Weizsäcker über Neurath und seine Vorgänger, in: Prozeß, Bd. XIV, S. 321.

15 Vgl. vor allem: Hans Mommsen, Der Widerstand gegen Hitler und die deutsche Gesellschaft, in: Schmädeke und Steinbach, Hrg., Widerstand, S. 3–23; Klaus-Jürgen Müller, Nationalkonservative Eliten zwischen Kooperation und Widerstand, in: Ebd., S. 24–49.

16 Zu der »Gruppe der konservativ-nationalen Honoratioren« und ihren außenpolitischen Vorstellungen, vgl. Hermann Graml, Die außenpolitischen Vorstellungen des deutschen Widerstandes, in: Graml, Hrg., Widerstand, S. 92–139, hier vor allem S. 95 ff.

17 Fritz Wiedemann, Der Mann, der Feldherr werden wollte, Velbert 1964, S. 173 ff.

18 Ribbentrop, London, S. 126; er selbst, so fügte Ribbentrop hinzu, sei »ohne Vorurteil [gewesen] und habe mich jahrelang bemüht, das Auswärtige Amt dem Führer näherzubringen«.

19 Aussage der Sekretärin Ribbentrops, Blank, in: Prozeß, Bd. X, S. 214.

20 Diese und die folgenden Ausdrücke kehrten in Tischgesprächen Hitlers wieder, die H. Picker zusammengestellt hat; Dr. Henry Picker, Hitlers Tischgespräche im Führerhauptquartier, Stuttgart 1976, S. 176 ff., 308, 423. 364 u.a.a.O., Neuausgabe Berlin/Frankfurt/M. 1989.

21 Prozeß, Bd. X, S. 427, hier unmittelbar bezogen auf die Zeit der Vorbereitung von »Unternehmen Barbarossa«.

22 Eine wissenschaftliche Monographie steht aus. Unter Memoiren- und journalistischer Literatur verdienen besondere Erwähnung: Hilger, Wir; Herwarth, Hitler; Bernd Ruland, Deutsche Botschaft Moskau. 50 Jahre Schicksal zwischen Ost und West, Bayreuth 1964; W. Joost, Botschafter bei den Roten Zaren. Die deutschen Missionschefs in Moskau 1918 bis 1941, Wien 1967; sowie Gerhard Kegel, In den Stürmen unseres Jahrhunderts. Ein deutscher Kommunist über sein ungewöhnliches Leben, Berlin(-Ost) 1984, S. 154 ff.

23 Friedrich Werner Erdmann Matthias Johannes Bernhard Erich Graf von der Schulenburg, evangelisch, wurde am 20. November 1875 in Kemberg in Sachsen geboren.

1894 Abitur, 1894–97 Studium der Jurisprudenz in Lausanne, Berlin und München. 1901 Einberufung in das Auswärtige Amt zwecks Vorbereitung für die konsularische Laufbahn (die diplomatische Laufbahn war ihm aufgrund mangelnden Vermögens verschlossen). Dienstantritt im Auswärtigen Amt. 1902 Ausbildung, 1903–1905 Dienst als Vizekonsul im Kaiserlichen Generalkonsulat Barcelona. 1906 Leitung des Konsulats Lemberg, danach Prag und Neapel. 1907–11 Vizekonsul beim Generalkonsulat in Warschau. 1911–14 Konsul in Tiflis. August 1914–Mai 1915 Heeresdienst als Oberleutnant, dann Hauptmann der Reserve im 1. Garde-Artillerie-Regiment in Frankreich. August 1915–Juni 1917 als Verbindungsoffizier zur türkischen Armee mit der Verwaltung des Kaiserlichen Konsulats in Erserum beauftragt. Juni 1917–April 1918 Leitung der Kaiserlichen Konsulate in Beirut, dann Damaskus. Mai 1918–Januar 1919 als Mitglied der Deutschen Friedensdelegation für die Friedensverhandlungen mit der Transkaukasischen Republik in Tiflis; Legationsrat. Januar bis Juli 1919 englische Internierung auf Principo. August 1919–Juli 1922 Dienst in der Politischen Abteilung des Auswärtigen Amts; Vortragender Legationsrat. 1922–31 Gesandter II. Klasse in Teheran. 1931–34 Gesandter I. Klasse in Bukarest. 16. Juni 1934 Ernennung zum außerordentlichen und bevollmächtigten Botschafter in Moskau. 24. Juni 1941 Abreise aus Moskau. 20. Juli 1941 Dienst im Auswärtigen Amt (Pol XIII). August 1944 Verhaftung in Berlin. 20. Oktober 1944 aus dem Beamtenverhältnis ausgestoßen. 10. November 1944 Todesurteil des Volksgerichtshofs Berlin. Hinrichtung durch den Strang in Berlin-Plötzensee.

Eine Biographie des Botschafters mit Schwergewicht auf seiner Kriegsverhinderungsstrategie ist für 1991 in Ausarbeitung. Frühere Darstellungen seiner Tätigkeit: Albrecht Graf v.d. Schulenburg, Sein Leben für deutsch-russische Verständigung. Botschafter F.W. Graf Schulenburg vor 100 Jahren geboren, Manuskript, im Besitz des Vf.; Dr. Walter Gehlhoff, Gedenkansprache, in: Gedenkfeier des Auswärtigen Amts zum 100. Geburtstag von Botschafter Friedrich-Werner Graf von der Schulenburg, Bonn, 10. Dezember 1975; Gerhard Kegel, Ein Diplomat dreier Deutschlands: Friedrich Werner Graf von der Schulenburg, in: Horizont, 17. Jahrgang/1944, 11; Sigrid Wegner-Korfes, Graf von der Schulenburg – Mitverschwörer des 20. Juli 1944. Zur außenpolitischen Konzeption des Botschafters des faschistischen Deutschlands in Moskau, in: Zeitschrift für Geschichtswissenschaft, Heft 8/1984, S. 681–699; als erste biographische Würdigung: Erich Franz Sommer, Botschafter Graf Schulenburg. Der letzte Vertreter des Deutschen Reiches in Moskau, Asendorf 1987; Sigrid Wegner-Korfes, Friedrich Werner von der Schulenburg. Botschafter Nazideutschlands in Moskau und Mitverschwörer des 20. Juli 1944, in: Olaf Groehler, Hrg., Alternativen. Schicksale deutscher Bürger, Berlin(-Ost) 1987, S. 231–270; sowie Ingeborg Fleischhauer, Der Widerstand gegen den Rußlandfeldzug. Graf Schulenburg und die Deutsche Botschaft Moskau, in: Beiträge zum Widerstand 1933–1945, Gedenkstätte Deutscher Widerstand Berlin, Nr. 31, 1987.

24 Vgl. Nazi Membership Records. Submitted by the War Department to the Subcomittee on War Mobilization of the Committee on Military Affairs, US Senate, Washington D.C. 1946: USSR. Vgl. dazu auch: Teske, Köstring, S. 98, wo er »das Märchen über die Tätigkeit einer ›5. Kolonne‹ in der S.U.« verwirft.

25 Herwarth, Hitler, S. 97.

26 Hassell-Tagebücher, S., 56.

27 In ihrer Einstellung zum bolschewistischen Rußland und Stalinismus unterschieden

sich Botschafter Schulenburg und die ihm nahestehenden Männer der Botschaft grundlegend von den in den Kreisen der national-konservativen Opposition in Deutschland vorherrschenden Klischees. Vgl. hierzu: Hans Mommsen, Gesellschaftsbild und Verfassungspläne des deutschen Widerstandes, in: Graml, Hrg., Widerstand, S. 14–91, hier vor allem S. 28 ff.

28 Herwarth, Hitler, S. 113, 112 und 111.

29 Grégoire Gafenco, Préliminaires de la Guerre à l'Est. De l'Accord de Moscou aux Hostilités en Russie, Fribourg 1944, S. 215.

30 Schulenburg an Auswärtiges Amt, 3. Februar 1939, in: ADAP, IV, Nr. 283, S. 319.

31 Hilger, Wir, S. 312, hier *in extremis* im Gespräch mit Molotow im Moment der Kriegserklärung am Morgen des 22. Juni 1941, sowie Mitteilungen von Botschafter a.D. Hans Herwarth von Bittenfeld, VLR I. a.D., Dr. Walter Schmid, Dr. Karl Schnurre u.a. an Vf.

32 So im Gespräch mit dem stellvertretenden Außenkommissar V.P. Potemkin am 20. August 1938 im Zusammenhang mit der deutschen Bereitschaft zum Angriff auf die Tschechoslowakei und den möglichen Konsequenzen in Hinblick auf den japanisch-russischen Grenzkonflikt. In der Aufzeichnung Potemkins heißt es: »Schulenburg hat auf komische Weise die Arme ausgebreitet ...«; DVP SSSR, XXI, S. 440.

33 Politisches Archiv des Auswärtigen Amts (= PA AA), Botschaft Moskau, geheim, Politische Beziehungen Deutschlands zur Sowjetunion, Abschrift zu Pol. I 163/38 g (V), 429977–430016.

34 Nachlaß Botschafter Graf Schulenburg, Aktenordner: Mich *selbst* betreffende *Angelegenheiten*, 7. 2. 38 – Moskau, Schreiben von W. von Blomberg an Schulenburg vom 7. Dezember 1937.

35 Kordt, Wahn, S. 130.

36 Teske, Köstring, S. 97.

37 Aufzeichnung Botschafter Schulenburg, 29. September 1938, in: ADAP, D, II, Nr. 667, S. 799.

38 ADAP, D, IV, Nr. 476, S. 529.

39 Schulenburg an Duberg vom 3. Oktober 1938, in: Nachlaß Botschafter Schulenburg, Briefwechsel mit Alla Duberg, Moskau, 11. 2. 1938–18. 8. 1939, S. 2.

40 Schulenburg an seine Nichte, Ursula Gräfin v.d. Schulenburg, Berlin, aus Moskau, den 16. 10. 1938, in: Nachlaß Botschafter Schulenburg, Aktenordner: Briefwechsel mit Verwandten, Moskau, 7. 10. 1938–20. 5. 1940, S. 1.

41 Schulenburg an Duberg, Moskau, den 3. Oktober 1938, in: Nachlaß Botschafter Schulenburg, Briefe ... 1937 bis 31.12.1938, S. 5.

Die diplomatische Initiative zum Nichtangriffspakt

1 Charakteristisch für die Erwartungen der Sowjetregierung im Moment des Münchner Abkommens waren die Bemerkungen des stellvertretenden Außenkommissars Potemkin gegenüber dem deutschen Botschafter Schulenburg, der ihn am 29. September 1938 auf eigenen Wunsch aufsuchte: Der Auffassung Potemkins, daß sich Hitler mit dieser Lösung der sudetendeutschen Minderheitenfrage den Weg nach Polen und in die sowjetische Ukraine gebahnt habe, begegnete Schulenburg mit dem

Hinweis auf die letzte Rede Hitlers, in der er »auf alle weiteren Absichten auf Landerwerb in Europa verzichtet habe... Herr P[otemkin]. hat geantwortet, es sei nicht sicher, daß die nationalsozialistische Doktrin die Sowjetunion und die sowjetische Ukraine zu Europa rechne«. Aufzeichnung des Botschafters, 29. September 1938, in: ADAP, D, II, Nr. 667, S. 800.

2 Coulondre, Staline, S. 264 sowie ibd. S. 165: »Der Verzicht auf die Tschechoslowakei hatte zwei unmittelbare, gleichermaßen schwerwiegende Konsequenzen: Er verwies die UdSSR an Deutschland und eröffnete die polnische Krise.«

3 Coulondre, Staline, S. 165.

4 Augusto Rosso, Obiettivi e metodi della politica estera sovietica, in: Rivista di Studi Politici Internationali, Jg. XIII, No. 1–2 (Januar–Juni 1946), S. 3–29, hier S. 9.

5 Rosso, Obiettivi, S. 9.

6 Gafencu fügte hinzu: »Tiefes Drama des gegenseitigen Unverständnisses, das den Krieg begünstigte, den der Westen wie die Sowjetunion gleichermaßen befürchteten.« Zitiert nach Rosso, Obiettivi, S. 10.

8 V.P. Potemkin, Politika umirotvorenija aggressorov i bor'ba Sovetskogo Sojuza za mir, Moskau 1953, S. 22 ff.

9 In seiner »Geschichte der Diplomatie« (französische Ausgabe: »Histoire de la diplomatie«, Bd. 3, S. 674) hieß es: »Ein offenkundiges Einvernehmen hinsichtlich der Richtung der deutschen Offensive verband die Teilnehmer der Münchner Konferenz.«

10 *Prawda* vom 1. Oktober 1938. Dazu ausführlich Bohdan B. Budurowycz, Polish-Soviet Relations 1932–1939, New York/London 1983, S. 127 ff.

11 Namier, In the Nazi Era, zitiert (ohne Seite) in: Strang, Home, S. 153; Duroselle, Politique, S. 84; Taylor, Origins, S. 192; Watt, Initiation, S. 155 ff.

12 Beloff, Policy, S. 211.

13 J.H. Carr, From Munich to Moscow, in: Soviet Studies, 1949, Bd. I, Juni, S. 3–17, Bd. II, Oktober, S. 93–105, hier I, S. 9.

I. Die Anbahnung erweiterter Handelsbeziehungen

1 Vgl. Sipols, Vorgeschichte, S. 220 ff. Aus Sicht der neueren westlichen Forschung: Heinrich Bartel, Frankreich und die Sowjetunion 1938–1940, Wiesbaden/Stuttgart 1986, S. 52–63.

2 Siehe unten zur Bedeutung der Karpatho-Ukraine aus sowjetischer Sicht.

3 Vgl. Duroselle, Politique, S. 83.

4 DVP SSSR, XXI, Nr. 423, S. 590; DM, 1, Nr. 109, S. 297 f.

5 Am 24. Oktober 1938 schrieb Schulenburg privat nach Berlin, daß die Angehörigen der Botschaft »gegenwärtig ganz scheußliche Unannehmlichkeiten und Schwierigkeiten mit den hiesigen Behörden [hätten]. So wie man früher die Konsulate schikanierte, fängt man jetzt an, unser Diplomatisches Korps zu schikanieren ... Eine Schikane jagt die andere...!« Er fügte aber hinzu: »Bitte glaube nicht an die Tataren-Nachrichten, die über die hiesigen Dinge in den europäischen Zeitungen stehen ... Hier herrscht völlige Ruhe.« Schulenburg an Duberg, in: Nachlaß Botschafter Schulenburg, Aktenordner: Briefwechsel mit Alla Duberg, Moskau, 11.2.38–18.8.39, S. 3 f.

6 Auch Köstring betonte, der »Kleinkrieg gegen die Diplomaten« beträfe nicht allein die

Deutschen; er gab zu, daß »ja einzelne Schiebungen bei dem großen Diplomatischen Korps und seinem Anhang vorgekommen sein« mögen; »die Erledigung zeugt aber erneut von der großen Rücksichtslosigkeit gegen alle Ausländer«. Köstring an Tippelskirch (OKW), 24. 10. 1938, in: Teske, Köstring, S. 210–211.

7 Schulenburg an Duberg, 3. Oktober 1938, in: Nachlaß, a.a.O., S. 5/6.

8 Im Brief vom 24. Oktober 1938 teilte Schulenburg Frau von Duberg mit: »Mitte November geht der britische Botschafter von hier weg, und dann werde ich Doyen. Mir graust bei dem Gedanken, daß ich dann gezwungen sein werde, die Schmerzen des *gesamten* diplomatischen Korps der hiesigen Regierung gegenüber zu vertreten. Ich muß sehen, wie ich da durchkomme.« In: Nachlaß, a.a.O., S. 4.

9 Am 10. Oktober 1938 meldete er sich privatbrieflich für »Anfang November« in Berlin an: »Ich habe allerlei zu erledigen und zu regeln, nachdem die große Krise friedlich ausgegangen ist. Das A.A. wird wohl kaum etwas dagegen haben.« Schulenburg an Duberg, 10. Oktober 1938, in: Nachlaß, a.a.O., S. 2.

10 Tippelskirch an Schliep, 3. und 10. Oktober 1938, in: ADAP, D, IV, Nr. 476 und 477, S. 529–532.

11 Der damalige Leiter der Presseabteilung des Narkomindel, Jewgenij Gnedin, berichtete später (Das Labyrinth. Hafterinnerungen eines führenden Sowjetdiplomaten, Freiburg i. Br. 1987, S. 124 ff.) vom Abgang Litwinows und seinen Folgen; Gnedin hob hervor, daß knapp ein Jahr vor dem deutsch-sowjetischen Pakt »bezeichnenderweise ... sowohl Stalins politischer Stab als auch Hitlers Moskauer Diplomaten Litwinow und seinen Mitarbeitern mit Mißtrauen und Feindseligkeit begegneten ... Seit Herbst 1938 rechnete die Hitler-Botschaft in Moskau mit einer Wende in Stalins Politik zugunsten Deutschlands und erwartete M.M. Litwinows Entfernung vom Amt des Volkskommissars und die Verhaftung seiner gewissenhaftesten Mitarbeiter [unter ihnen Gnedin, I.F.] mit Ungeduld. Von solchen Erwartungen der deutschen Diplomaten zeugen auch Dokumente ... des Auswärtigen Amts ...«

Unter unserer Fragestellung ist hier weniger die Bevorzugung Molotows durch einige Angehörige des deutschen Auswärtigen Dienstes von Interesse: Der gebildete, kleinadlige Nationalrusse, der seit seiner Ernennung zu einem der vier Assistenten des Generalsekretärs (1922) unmittelbaren Zugang zu Stalin hatte und seit dem XVI. Parteitag (1930) auch Vollmitglied des Politbüros war, galt antisemitisch orientierten Kräften im Auswärtigen Amt und Dienst ab Mitte der dreißiger Jahre als der Mann, auf den die deutsche Seite setzen sollte. Obgleich Litwinow tatsächlich nie eine vergleichbare Vertrauensstellung bei Stalin besaß, hat Molotow – betrachtet man die gefühllose Korrektheit seines Verhaltens gegenüber deutschen Diplomaten – diese Bevorzugung keinesfalls »verdient«. Er hat auch nie wirklich überzeugende Beweise dafür geliefert, daß er einer »pro-deutschen Fraktion« im Kreml angehört hätte.

Von beträchtlicher Bedeutung scheint demgegenüber die Aussage Gnedins zu sein, derzufolge *auch* Dokumente des Auswärtigen Amts von den Prognosen der Deutschen Botschaft Moskau zeugen – er selbst besaß zu jener Zeit vielleicht noch andere Informationsquellen. So stellt sich etwa die Frage, ob die sowjetische Seite Schlüssel und Kombinationen zum Panzerschrank, die sie offenbar bis 1937 besessen hatte (vgl. Hilger, Wir, S. 266), und vielleicht sogar den Schlüssel zum deutschen diplomatischen Code jener Jahre besaß oder auf andere Weise (Spitzel, Agenten, Abhörgeräte etc.) Einblick in die Geheimkommunikation der Botschaft nahm. Diese Annahme würde die Kenntnis Gnedins erklären und darüber hinaus beträchtliche Rückschlüsse auf das sowjetische Verhalten in bestimmten Situationen zulassen.

12 Watt, Initiation, S. 156; Watt läßt offen, ob, wann und inwieweit sich die sowjetische Seite aufgrund ihrer geheimdienstlichen Beobachtungen bzw. ihres Abhörsystems der Botschaft und deren Kommunikationswege mit Berlin dieser Entscheidung des Botschafters bewußt war.

13 Die Tagebücher von Joseph Goebbels (= Goebbels-Tagebücher). Sämtliche Fragmente. Herausgegeben im Auftrag des Instituts für Zeitgeschichte und in Verbindung mit dem Bundesarchiv, Teil I, Aufzeichnungen 1924–1941, Band 3, München/New York/London/Paris 1987, Eintragung vom 13. Dezember 1938, S. 547.

14 Schulenburg an Duberg, 24. Oktober 1938, in: Nachlaß, a.a.O., S. 4 f.

15 Diese – wie die handschriftliche Notiz Tippelkirchs zeigt – »zwecks Besprechung im Auswärtigen Amt« geschriebene Aufzeichnung war mit mehreren Durchschlägen angefertigt worden. Auf die Empfehlung des Botschaftsrats, »Original und Durchschlag« mitzunehmen, dankte der Botschafter am 27. 10. mit dem Vermerk, er »habe bereits zwei Durchschläge«. Diese geheime Aufzeichnung ist nur in einem Exemplar erhalten geblieben, dem mit dem Vermerk »bleibt hier« versehenen Exemplar der Deutschen Botschaft Moskau. Andere Exemplare hat Schulenburg vermutlich im Auswärtigen Amt zurückgelassen. Sie bildeten den Ausgangspunkt der geplanten Annäherungsinitiative. Tgb. Nr. A/1601, Geheim. Aufzeichnung, in: PA AA Deutsche Botschaft Moskau, Aktenzeichen: Geheim-Vorgänge, Bd. 16/2, 191564-66, veröffentlicht in: ADAP D, IV, Nr. 478, S. 533.

16 Schorske, Ambassadors, S. 495 f. und 196.

17 Gespräch Ribbentrops mit dem polnischen Botschafter in Berlin, Lipski; Joachim von Ribbentrop, Zwischen London und Moskau. Leoni am Starnberger See 1953, S. 154 ff. sowie: Polnisches Weißbuch, S. 47, zitiert nach Wheeler-Bennett, Years, S. 38.

18 GSA, S. 395, GGVK, S. 185 ff.

19 Hassell-Tagebücher, Eintragung vom 4. November 1938, S. 61 f. und vom 15. bis 18. Dezember 1938, S. 68 ff.

20 Otto Meissner, Staatssekretär unter Ebert–Hindenburg–Hitler, Hamburg 1950, S. 514.

21 Emil Karl Josef Wiehl, geboren 1886 in Walldürn/Baden, stud. jur. in Heidelberg, Berlin und Freiburg. 6. 4. 1920 Dienstantritt im Auswärtigen Amt. Legationssekretär (1921) bzw. Legationsrat (1923) bei der Botschaft London. Gesandtschaftsrat II. Kl. (1925) bei der Botschaft Washington. 1927 Generalkonsul in San Francisco. 1933 Generalkonsul und 1934 Gesandter I. Klasse in Pretoria. 1937 Ministerialdirektor im Auswärtigen Amt, Leiter der Handels- (kurz darauf: »Wirtschafts-«) politischen Abteilung. Verheiratet mit Mary L. Abell, geb. Watts. Auf Erlaß Hitlers vom 19. Mai 1943 »über die Fernhaltung international gebundener Männer von maßgebenden Stellen in Staat, Partei und Wehrmacht« wurde er durch Urkunde Hitlers vom 28. September 1944 sowie durch Schreiben Ribbentrops vom 3. November 1944 (Pers. H. 9673) in den Ruhestand versetzt. PA AA, Pers. Gen. Nr. 37/43 g.

22 ADAP, D, IV, Nr. 479, S. 534.

23 Vgl. die Monographie von Alfred Kube, Pour le mérite und Hakenkreuz, Hermann Göring im Dritten Reich, München 1986.

24 Vgl. Wiedemann, Mann, S. 179.

25 Die Bedeutung der Kriegserfahrungen für den hier behandelten Willen der deut-

schen Diplomatie zu Annäherung und Ausgleich mit der UdSSR verlangt nach einer gesonderten Studie. Im Falle von Dr. Schnurre (Jahrgang 1898) scheint dieser Zusammenhang evident: Im Jahre 1915 aus der Unterprima als Kriegsfreiwilliger an die flandrische Front gekommen, mußten er und seine Kameraden ein Regiment auffüllen, das im Oktober 1914 bei Langemarck mit dem Deutschlandlied auf den Lippen zu Tausenden in das englische Trommelfeuer gelaufen und gefallen war. Ab 1916 im Nordabschnitt der russischen Front, dort 1918 verwundet, nach Wiederherstellung vor Verdun, 1919/20 im Freikorps in die heftigsten Kämpfe um Berlin und danach in Polen verwickelt, war diese »Langemarck-Generation« weitestgehend gegen die Verführung kriegerischer »Lösungen« immun. Nicht zufällig strebte deshalb der Dr. jur. (1922) in die Schiedsgerichtsabteilung des Auswärtigen Amts (1925) und an den deutsch-englischen Schiedsgerichtshof London.

26 Aufzeichnung des Vortragenden Legationsrats Schnurre (Wirtschaftspol. Abt.), in: ADAP, D, IV, Nr. 481, S. 538–539.

27 Hilger, Wir, S. 270, Hilger/Meyer, Allies, S. 284; vgl. Duroselle, Politique, S. 90 f., der das Abkommen als einen bedeutenden Schritt bezeichnete, sowie Watt, Initiation, S. 156. Etwa zu diesem Zeitpunkt wurden die ersten Vermutungen über eine deutsch-sowjetische Annäherung laut; so machte die US-Gesandtschaft in Bukarest das State Department am 30. 11., wohl aufgrund der Reise und Gespräche Schulenburgs in Berlin, auf die Möglichkeit aufmerksam, daß Deutschland der UdSSR geheim einen Nichtangriffspakt angeboten hätte, was Washington zu großer Wachsamkeit veranlaßte (vgl. The Momoirs of Cordell Hull, New York 1948, S. 655 f.).

28 Aufzeichnung des Gesandtschaftsrats Hilger, Moskau, z.Zt. Berlin, vom 23. Dezember 1938, in: ADAP, D, IV, Nr. 482, S. 539–542.

29 Telegramm des Bevollmächtigten Vertreters der UdSSR in Deutschland A.F. Merekalow an das Volkskommissariat für Auswärtige Angelegenheiten der UdSSR, 6. Juli 1938, in: DVP SSSR, XXI, Nr. 251, S. 349–350.

30 Den 9. November – Tag der reichsweit organisierten Ausschreitungen gegen das Judentum in Deutschland (»Reichskristallnacht«) – hatte er noch in Berlin erlebt. Die Botschaft hatte die Verschärfung der antisemitischen Maßnahmen im Hitler-Staat aus der Moskauer Entfernung zunächst mit verhaltenem Abscheu und später »mit Scham und ohnmächtiger Wut« (Herwarth) beobachtet.

31 Schulenburg an Duberg, 14. November 1938, in: Nachlaß, a.a.O., S. 1.

32 Vgl. Heinrich Bartel, Aleksej Fedorovič Merekalov – Fragmente zur historischen Biographie eines Sowjetdiplomaten in Berlin 1938/39, in: Jahrbücher für Geschichte Osteuropas, NF, 33 (1985), H. 4, S. 518–545.

33 Schulenburg an Duberg, 14. November 1938, in: Nachlaß, a.a.O., S. 2.

34 In wiederholten Gesprächen mit Vf.

35 DeWitt, Light, S. 141; vgl. als Quellen auch: Hilger/Meyer, Alliance, S. 288 f.; Wir, S. 274 f; Herwarth, Hitler, S. 161 f. sowie in der Sekundärliteratur: Beloff, Policy, S. 227; Duroselle, Politique, S. 90 ff.; Schorske, Ambassadors, S. 495 f. u.a. Drei Jahre, nachdem DeWitt Poole als erster über diese Absprache berichtete, hat sie E.H. Carr unter Hinweis auf die von DeWitt nicht namentlich genannten und in ihren Motiven dunklen Quellen als unglaubwürdig bezeichnet (Carr, Munich, I. S. 9 f.). Danach haben Erich Kordt, vor allem aber Gustav Hilger und Hans von Herwarth als Kronzeugen dieses Einvernehmens zwischen Botschafter und Volkskommissar ihre Erinnerungen daran niedergelegt, so daß heute an der Tatsache selbst kein Zweifel mehr be-

steht. Fraglich bleibt sowohl die genaue Datierung als auch die politische Bedeutung dieser Absprache.

36 Kordt, Wahn, S. 157, Anm. 2

37 Hilger/Meyer, Allies, S. 288 f.

38 So etwa: Rauch, Nichtangriffspakt, S. 353, unter Hinweis auf Hilger (Wir), S. 274 ff.

39 So neigt etwa Weber (Entstehungsgeschichte, S. 21) – unter Berufung auf Hilger – zur Annahme einer solchen Zwischenform der Vereinbarung, wenn er von dem »bemerkenswerten Schritt« der Vereinbarung Schulenburgs und Litwinows spricht, »eine Verunglimpfung der Staatsoberhäupter in den Medien zu unterbinden«, und fortfährt: » Hitler hielt sich an diese Übereinkunft: Seine Reden waren im Grundton kriegerisch, doch Ziel seiner Angriffe bildete nun Großbritannien. Diese neue Tendenz ... kam besonders in seiner Reichstagsrede vom 30. Januar 1939 zum Ausdruck.«

40 Am 8. Dezember 1938 schrieb Schulenburg nach Berlin: »Herwarth ist für zwei Monate an das General-Konsulat Memel kommandiert worden, ein neuer Beweis dafür, daß dort etwas ›los‹ ist oder sich entwickelt ... Hoffentlich bleibt es bei den zwei Monaten.« (Schulenburg an Duberg, 8. Dezember 1938, in: Nachlaß, a.a.O. S. 1.)

41 Herwarth, Hitler, S. 162.

42 Vgl. Aufzeichnung der Unterredung Astachows mit Woermann vom 19. November 1938, in: DVP SSSR, XXI, Nr. 457, S. 640 und Aufzeichnung der Unterredung Astachows mit Schliep vom 2. Dezember 1938, in: DVP SSSR, XXI, Nr. 477, S. 660.

43 »Gegenüber Sowjetrußland soll die Presse äußerste Zurückhaltung ... wahren.« BA (= Bundesarchiv), ZSg 102/16, S. 31; sowie: »... die angeordnete Zurückhaltung der deutschen Presse gegenüber der Sowjetunion ...« BA, ZSg 101/34, S. 235.

44 Goebbels-Tagebücher, 12. und 14. Dezember 1938, S. 546, 548. Daß dem keine grundsätzliche Stimmungsänderung zugrunde lag, geht u.a. daraus hervor, daß er die GPU wenig später »die wahre Teufelsorganisation Europas« nennt. Ebd. S. 550.

45 JMT L-3, in: ADAP, D, VII, Nr. 193, Anm. 1, S. 171 f.

46 Im Politischen Bericht an das Auswärtige Amt vom 18. November 1938 (ADAP, D, IV, Nr. 480, S. 536) hob Schulenburg hervor, daß die »innerpolitischen Maßnahmen der letzten Jahre (Generalserschießungen, Säuberungsaktion u. dergl.), die im wesentlichen auf die Sicherung der ... Machtstellung Stalins gerichtet waren«, auch weiter für notwendig befunden würden. »Daher geht die Säuberungsaktion weiter, mit der Wirkung, daß Männer wie der Marschall Blücher plötzlich spurlos verschwinden ...«

47 Zur anhaltenden Säuberung des Militärs in dieser Zeit, vgl. John Erickson, The Road to Stalingrad. Stalin's War with Germany, London, 1975, Bd. 1, S. 6 f.

48 Vgl. u.a. Teske, Köstring, S. 219 sowie Schulenburg an Duberg, 5. Dezember 1938: »Hier laufen Gerüchte, wonach der berüchtigte GPU-Chef Jeschow ›erledigt‹ sein soll. Es sieht beinahe so aus, als ob diese Gerüchte zutreffen. Niemand wird ihm eine Träne nachweinen!« (Nachlaß, a.a.O., S. 5). Und, im Brief vom 8. Dezember 1938, an dieselbe Adressatin: »Sonst gibt es nur die Neuigkeit, daß der Genosse Jeschow tatsächlich das Innen-Kommissariat an den Georgier Beria abgegeben hat ... Der Wechsel ist offiziell bekannt gegeben worden. Man muß abwarten, ob wirklich eine Milderung des Terrors eintritt.« (Ebd., S. 2).

49 Bericht Köstrings an Tippelskirch vom 10. Oktober 1938, in: Teske, Köstring, S. 297.

50 Politischer Bericht des Botschafters in Moskau an das Auswärtige Amt vom 18. November 1938, in: ADAP, D, IV, Nr. 480, S. 534–537, hier S. 536.

51 Rede des Vorsitzenden des Rats der Volkskommissare, Molotow, am 8. November

1938, vgl. den Bericht des italienischen Botschafters an das italienische Außenministerium vom 9. November 1938, in: Augusto Rosso, Rom 1979 (»Collana di Testi Diplomatici«, 7), S. 91–92, sowie Beloff, Policy, S. 219.

52 Georgij Dimitrow in *Prawda* vom 7. November 1938, vgl. Duroselle, Politique, S. 89.

53 *Bol'ševik*, 1938, Nr. 21–22, S. 51 sowie Dallin, Policy, S. 11.

54 ADAP, D, IV, Nr. 480, S. 534–537.

55 Schorske, Ambassadors, S. 496.

56 Wie sich später zeigte, arbeitete Thayer an führender Stelle im amerikanischen Auslandsnachrichtendienst; vgl. Herwarth, Hitler, S. 352 ff.

57 Schulenburg an Duberg, 20. November 1938, in: Nachlaß, a.a.O., S. 3

58 Vgl. aus der Sicht der UdSSR und DDR: Alexander S. Blank/Julius Mader, Rote Kapelle gegen Hitler, Berlin(-Ost) 1979.

59 Telegramm von »Ramsaj« (Richard Sorge) an den sowjetischen Generalstab vom 3. Oktober 1938, in: SSSR, Nr. 12, S. 31–32, unter Berufung auf den deutschen Militärattaché in Tokio, sowie Aufzeichnung des Gesprächs des Botschaftsrats an der Deutschen Botschaft Warschau (d.i. Rudolf von Scheliha) mit dem Vize-Direktor der Politischen Abteilung des Polnischen Außenministeriums vom 18. November 1938, in: SSSR, Nr. 45, S. 82–85.

60 Die wissenschaftliche Diskussion dieser Frage ist noch nicht abgeschlossen, ja nicht eigentlich richtig begonnen worden. Um sie auf gesichertem Grunde aufzunehmen, bedarf es der Gesamtkenntnis der britischen Akten einerseits und der – offiziellen (diplomatischen u.a.) und inoffiziellen (Agentenberichte etc.) – Mitteilungen aus Großbritannien nach Moskau andererseits. In Ermangelung einer abschließenden Wertung, vgl. auf sowjetischer Seite, unter vielen Hinweisen dieser Art, GGVK S. 186; Maximytschew, Anfang, S. 233; Sipols, Vorgeschichte, S. 221 ff.
Aus britischer Sicht: aus der ältesten Literatur u.a. Taylor, Origins, »Peace for six months«, S. 186 ff. und aus der neueren Forschung: Keith Middlemas, Diplomacy of Illusion. The British Government and Germany, 1937–39, London 1972, S. 410 ff. sowie – ausführlicher und in Kenntnis der einschlägigen britischen Archivdokumente – N.H. Gibbs, Grand Strategy, Bd. I: Rearmament Policy: The Alliance and Eastern Europe, London 1976, S. 689 ff. Als neuere deutsche Arbeit: Gottfried Niedhart, Großbritannien und die Sowjetunion, 1934–1939. Studien zur britischen Politik der Friedenssicherung zwischen den beiden Weltkriegen, München 1972, S. 357 ff. Für die französische Einstellung: Anthony Adamthwaite, France and the Coming of the Second World War 1936–1939, London 1977, Kap. 15: »A free hand in the East?« und Bartel, Frankreich, S. 52 ff.

61 Dieses war auch von Schulenburg in seinen Berliner Gesprächen mit Besorgnis erörtert worden; so schrieb er am 28. 11. 1938 aus Moskau an Schliep: »Wir haben bereits in Berlin darüber gesprochen, daß Polen sowohl in England wie in Frankreich eine schlechte Presse hat und in Regierungskreisen wenig beliebt ist«… und »Frankreich sich immer mehr und mehr in Osteuropa desinteressiert«. PA AA, Polit. Akten Botschafter v.d. Schulenburg, 178445.

62 Schulenburg an Schliep, 28. November 1938, in: PA AA, Polit. Akten Botschafter v.d. Schulenburg, 178446.

63 Schulenburg an Schliep, 5. Dezember 1938, in: PA AA, Polit. Akten Botschafter v.d. Schulenburg, 178454.

64 Botschaftsrat Rudolf von Scheliha übergab seiner Mitarbeiterin Ilse Stöbe regelmä-

ßig in der Annahme geheime Informationen, daß diese nach England weitergeleitet würden. Stöbe lieferte sie an Rudolf Herrnstadt nach Moskau. Herrnstadt war Mitarbeiter des Nachrichtendienstes der UdSSR. (Vgl. Blank/Mader, Kapelle, S. 136).

65 Gespräch R.v. Schelihas mit dem Stellvertretenden Leiter der Politischen Abteilung des polnischen Außenministeriums, Kobylanski, in: SSSR, Nr. 45, S. 82.

66 DBFP, Bd. 3, S. 306; GGVK, S. 186.

67 Vgl. Ribbentrop, London, S. 156 ff, sowie ADAP, D, V, Nr. 101 und Polnisches Weißbuch Nr. 45 und 46.

68 Vgl. aus der reichen Literatur zu diesen Fragen: Anna M. Cienciala, Poland and the Western Powers, 1938–39, London 1968.

69 PAT-Kommuniqué vom 26. November 1938, nachgedruckt in: General Sikorski Historical Institute. Documents on Polish-Soviet Relations 1939–1945, London/Melbourne/Toronto 1961, Bd. I, Nr. 15, S. 24 sowie TASS-Kommuniqué vom 27. November 1938, in: SSSR, S. 96 f. und DM, 1, Nr. 115, S. 308. Nachdruck des Textes des polnisch-sowjetischen Nichtangriffspakts vom 5. Mai 1934, in: Documents on Polish-Soviet Relations, ebd. Nr. 10, S. 21 f.

70 Dazu: Wheeler-Bennett, Years, S. 39; Beloff, Policy, S. 216.

71 Schreiben Köstrings an Tippelskirch vom 28. November 1938, in: Teske, Köstring, S. 211–213.

72 Schulenburg an Schliep, 28. November 1938, in: PA AA, Polit. Akten Botschafter v.d. Schulenburg, 178445 ff.

73 Schulenburg an Duberg, 28. November 1938, in: Nachlaß, a.a.O., S. 3.

74 Diese akute Kriegserwartung kam in Privatbriefen wiederholt zum Ausdruck, so etwa im Brief an Alla von Duberg vom 28. November 1938: »... Ich bin im Begriff, möglichst viel von meinem Eigentum von hier wegzuschaffen...« (Ebd., S. 2).

75 ADAP, D, IV, Nr. 108, S. 115–117.

76 Köstring an Tippelskirch, 10. 10. 1938, in: Teske, Köstring, S. 207.

77 Schulenburg an Schliep, 5. Dezember 1938, in: PA AA, Polit. Akten Botschafter v.d. Schulenburg, 178454 f.

78 Schulenburg an Duberg, 5. Dezember 1938, in: Nachlaß, a.a.O., S. 5.

79 Als Gesandter in Bukarest (1931–34) hatte Schulenburg die Einflußnahme zunächst der nationalsozialistischen Bewegung und dann der Partei und Regierung Hitlers auf die rumänische Innenpolitik bekämpft, aber nicht verhindern können. Die Versuche der Ausschaltung der »Eisernen Garde«, die in Berlin größte Ungehaltenheit auslösten, gaben ihm Hoffnung auf die innere Widerstandskraft Rumäniens gegen den deutschen Druck.

80 Am 5. Dezember 1938 schrieb er an Schliep: »... Sie werden sich entsinnen, daß ich neulich in Berlin bereits meiner Meinung Ausdruck gegeben habe, es könne hier nicht weiter so gehen wie bisher, eine Änderung müsse eintreten, sei es mit oder gegen Stalin. Was hier erzählt wird, würde bedeuten, daß die Schwenkung mit und durch Stalin erfolgt.« PA AA, Polit. Akten Botschafter v.d. Schulenburg, 178457.

81 PA AA. Polit. Akten Botschafter v.d. Schulenburg, 178457.

82 PA AA. Polit. Akten Botschafter v.d. Schulenburg, 178458.

83 Siehe Aufzeichnung, in: PA AA, Polit. Akten Botschafter v.d. Schulenburg, 178462–65; die fehlende Tagebuch-Nummer scheint darauf hinzudeuten, daß diese Aufzeichnung nicht für Berlin bestimmt, sondern lediglich als interne Gedächtnisstütze gedacht war.

84 Die deutschen Dokumente sowie die Erinnerungen Nadolnys und Hilgers enthalten keine Hinweise auf dieses Gespräch. Hingegen existiert eine ausführliche telegraphische Mitteilung Merekalows vom 5. Januar 1939 über dieses Gespräch an den Narkomindel: Archiv Vnesnej Politiki SSSR (= AVP SSSR), f. 059, op. 1, p. 294, d. 2036, 1. 5.
85 Nadolny, Beitrag, S. 294.
86 Aufzeichnung des Leiters der Wirtschaftspolitischen Abteilung vom 11. Januar 1939, in: ADAP, D. Nr. 483, S. 542–543.
87 Aufzeichnungen R.v. Schelihas vom 28. Dezember sowie Ende Dezember 1938, nach denen sich Deutschland und Polen über »die politische Perspektive für den europäischen Osten klar« wären: »Nach einigen Jahren wird Deutschland gegen die Sowjetunion Krieg führen, und Polen wird Deutschland, freiwillig oder gezwungenermaßen, in diesem Krieg unterstützen.« Die Vorbereitungen dafür würden in einem Treffen Ribbentrops mit Beck am 6. Januar 1939, vielleicht aber auch in einem Gespräch mit Hitler persönlich in Deutschland getroffen werden. SSSR, Nr. 83, 141–142, Nr. 84, S. 142–143.
88 ADAP, D, V, Nr. 119, S. 127–132 sowie Polnisches, Weißbuch Nr. 48; dazu aus deutscher Sicht: Ribbentrop, London S. 159 (»Das Ergebnis dieser Verhandlungen war nicht besonders ermutigend.«); Kleist, Tragödie, S. 44 ff.; ders. Hitler, S. 17 ff.; sowjetische Veröffentlichung in deutscher Sprache: Gespräch Hitler-Beck vom 5. Januar 1939, in: Dokumente und Materialien aus der Vorgeschichte des Zweiten Weltkrieges 1937–1939 (= DM), Bd. 2, Moskau/Frankfurt a.M. 1983, Nr. 1, S. 3–10; Gespräch Ribbentrop-Beck vom 5. Januar 1939, in: DM Nr. 2, S. 10–14.
89 Erst um den 20. Januar 1939 erfuhr – soweit dies die sowjetischen Veröffentlichungen erkennen lassen – die Sowjetregierung, daß Beck dem energischen deutschen Druck auf Polen standgehalten hatte. Der Leiter der deutschen Osteuropa-Gesellschaft, Dr. Werner Markert, ein Informant des sowjetischen Nachrichtendienstes, berichtete am 19. Januar 1939, daß »das Bestreben einflußreicher deutscher Kreise, unter allen Umständen den Zusammenstoß mit Moskau zu beschleunigen und sich zu diesem Zwecke in Polen einen Verbündeten zu sichern«, unter deren Einfluß Hitler gestanden hätte, einen Rückschlag erlitten habe; etwa um Weihnachten habe Hitler begonnen, die Chancen eines Krieges in Osteuropa kritischer einzuschätzen. Das sowjetisch-polnische Kommuniqué, besonders aber die Haltung Becks, hätten seinen Blick vollends von einem nahen Krieg in Osteuropa weg- und zu einem »Konflikt mit den Westmächten« hingelenkt. (Aufzeichnung eines Gesprächs... mit dem Generalsekretär der Deutschen Gesellschaft zum Studium Osteuropas, in: SSSR, Nr. 95, S. 161–163).
90 Vgl. hierzu u.a. Duroselle, Politique, S. 91 ff.; Hilger, Wir, S. 271.
91 Hilger, Wir, S. 271 sowie Hilger/Meyer, Allies, S. 285.
92 Aufzeichnung vom 11. Januar 1939, ADAP, D, IV, Nr. 483, S. 542 f. ohne Erwähnung des Adressaten und Aufzeichnung vom 12. Januar 1939, ADAP, D, IV, Nr. 484, S. 543 f. mit dem Schlußvermerk: »Hiermit über Herrn Staatssekretär Herrn Reichsminister vorzulegen.«
93 Die detaillierte Darstellung, die Schulenburg Anfang Februar 1939 seinem italienischen Kollegen Rosso auf dessen Bitte gab, bestätigte, daß sich die sowjetische Seite nur allmählich auf die deutschen Vorschläge einstellte; Archiv des Italienischen Außenministeriums, Farnesina: Ministero degli Affari Esteri (= MdAE), Serie: Affari

politici, Russia 35 (1939.3), Rapporti politici Russia-Germania, Bericht Rossos an Außenminister Ciano vom 5. Februar 1939, n. 543/219, S. 2.

94 Rosso an Ciano, 5. Februar 1939, ebd.

95 Nach Auskunft Schulenburgs an Rosso hatte »... die Sowjetregierung darauf bestanden, die Verhandlungen in Moskau zu führen«. Rosso an Ciano, ebd.

96 Wiedemann, Mann, S. 231 f. Daneben Schuman, Night, S. 278, der die Episode auf den 7. Januar 1939 datiert (er schrieb: »Hitler singled out the Soviet Ambassador for friendly attention.«); Rossi, Jahre, S. 20; Watt, Initiation, S. 159; Allard, Stalin, S. 96 (»herzliches Gespräch«); Rauch, Nichtangriffspakt, S. 353 (»das ostentative Gespräch Hitlers mit dem sowjetischen Botschafter Merekalow am 12. Januar 1930«). Von sowjetischer Seite als erster ausführlich Sipols, Vorgeschichte, S. 294, unter Berufung auf David Irving, The War Path. Hitler's Germany 1933–1939, London 1978, S. 180, dt.: Hitlers Weg zum Krieg, München/Berlin 1979, S. 334, wo Irving unter Hinweis auf die ungenügenden Deutschkenntnisse Merekalows vermutet, daß der »Gesprächsinhalt unbedeutend [gewesen sei]. Was zählte, war die Gesprächsdauer. Hitler unterhielt sich mit Merekalow etliche Minuten. Auf diese Weise gab er Moskau zu verstehen, daß er die Unstimmigkeiten in der Vergangenheit vergessen könnte«. (Später, auf S. 337, bezeichnet Irving Hitlers »längere Unterhaltung mit Merekalow« als den »ersten Schritt« der Bemühungen Hitlers »um Stalins Unterstützung«.) Irving berief sich auf die Rede Hitlers vor der Generalität am 22. August 1939, in der er betonte, daß *er* die »Umstellung« der deutschen Politik auf die UdSSR dadurch eingeleitet hätte, daß er den »russischen Botschafter bei einem Empfang ebenso höflich behandelte wie die anderen Diplomaten« (Aufzeichnung Hermann Boehm, Dokument Raeder-27, IMT, XLI, S. 17–25, hier S. 23). Diese Zuordnung ist zweifelhaft: Der Kontext dieser Darstellung Hitlers erweckt eher den Eindruck, es handele sich dabei in Wirklichkeit um seine Begegnung mit dem Geschäftsträger Astachow beim Eröffnungsempfang des Tags der deutschen Kunst in München am 17. Juli 1939 (siehe unten).

97 Foreign Relations of the United States (= FRUS). Diplomatic Papers. 1939, Bd. 1, General, Washington 1956, Nr. 30, S. 313.

98 Telegramm Merekalows an den Narkomindel vom 12. Januar 1939, in: AVP SSSR, f. 059, op. 1, p. 294, d. 2036, l. 17.

99 Vgl. hierzu den Leserbrief von V. Granowskij an die *Literaturnaja Gazeta:* Ešče raz o dogovore 1939 goda: U istorii net variantov, in: *Literaturnaja Gazeta*, 26. April 1989, Nr. 17 (5239), S. 14. Granowskij sieht in diesem Gespräch den Auftakt zur Annäherung und gibt an, daß die erste Erwähnung dieser »liebenswürdigen Aufmerksamkeit« Hitlers in der sowjetischen Presse Ende Februar 1939 in einem mit »V. Gal'janov« gezeichneten Artikel in der Zeitschrift *Bol'ševik* erschien, dessen wirklicher Verfasser der erste stellvertretende Außenkommissar V.P. Potemkin gewesen sei. In ihm soll Potemkin Unzufriedenheit mit dem französischen Bündnispartner ausgedrückt und darauf hingewiesen haben, daß der Vertrag von Rapallo nach wie vor in Kraft sei. (Artikel war Vf. nicht zugänglich.) Von mehreren Artikeln Potemkins, die nach (!) dem XVIII. Parteitag in Umgehung Litwinows veröffentlicht worden seien und stark zu seiner Isolierung beigetragen hätten, spricht der Biograph Litwinows, Z. Schejnis (Maksim Maksimovič Litvinov: Revoljucioner, diplomat, čelovek, Moskau 1989, S. 360).

100 Maxim Litwinow, Memoiren. Aufzeichnungen aus den geheimen Tagebüchern, München 1956, S. 258 ff.

101 Dem widerspricht die Tatsache, daß für die Zeit ab April 1939 sehr wohl die Aufzeichnungen von Berliner Sowjetvertretern über deutsche Sondierungen vorliegen.
102 Vgl. Schuman, Night, S. 278; Beloff, Policy, S. 215.
103 Vgl. E. Chászár, Decision in Vienna, The Czechoslovak-Hungarian Border-Dispute of 1938, o.O. 1978; Gyula Juhász, Hungarian Foreign Policy 1919–1945, Budapest 1979, S. 145 ff.; und Dmytro Zlepko, Die Entstehung der Polnisch-Ungarischen Grenze (Oktober 1938 bis März 1939), München 1980, S. 70 ff.
104 Schulenburg an Auswärtiges Amt, 3. Dezember 1938, in: ADAP, D, V, S. 116.
105 Dirksen an Auswärtiges Amt, London, 4. Januar 1939, in: ADAP, D, IV, S. 315–317.
106 Vgl. Aufzeichnung des Reichsaußenministers, Berlin, den 9. Januar 1939, in: ADAP, D, V, S. 132–134.
107 Am 9. Januar 1939 schrieb Schulenburg an Frau von Duberg: »Eben erhalte ich telephonisch von der Botschafts-Kanzlei die Nachricht, daß Herr v. Ribbentrop meine Reise nach Berlin genehmigt hat.« Mit dem Unterton der Ironie fügte er hinzu: »Wir müssen jetzt immer eine Genehmigung des Herrn Reichsminister *persönlich* haben, wenn wir unseren Posten verlassen wollen (auch *innerhalb* des Landes, wo wir akkreditiert sind!!). Da Herr v. Ribbentrop viel reisen muß, ist es nicht ganz leicht, seine Zustimmung zu erlangen.« Nachlaß Schulenburg, Aktenordner Duberg, Briefe ab 1. Januar 1939, S. 2 f.
108 Sowjetische Historiker haben zum Beweis dafür einen Bericht des deutschen Generalstabs vom 28. Januar 1939 angeführt, nach dem »die russische Kriegswehrmacht... ein riesiges Kriegsinstrument, die Kampfmittel... neuzeitlich, die Führungsgrundsätze... klar und bestimmt, die reichen Hilfsquellen des Landes und die Weite des ... Kampfraumes... gute Bundesgenossen« seien; vgl. Besymenskij, Barbarossa, russ. Ausgabe, Moskau 1972, S. 95 und Sipols, Vorgeschichte S. 293 und 349, Anm. 153.
109 Die Einstellung Canaris' zur Militärmacht der UdSSR verlangt nach einer eingehenden Untersuchung. Von der Zusammenarbeit zwischen Canaris und Schulenburg gerade in diesem Zeitraum zeugen die Weihnachtsgrüße Canaris' an Schulenburg vom 17.12.1938, denen der damalige Vizeadmiral und Amtsgruppenchef im Oberkommando der Wehrmacht die Worte hinzufügte: »Bei dieser Gelegenheit drängt es mich, Ihnen für die Hilfe, die Sie mir und meiner Abteilung durch Ihr Entgegenkommen haben zuteil werden lassen, meinen aufrichtigsten Dank auszusprechen. Hiermit verbinden darf ich wohl die Bitte, uns auch fernerhin Ihre Unterstützung zukommen zu lassen.« In seiner Antwort vom 2.1.1939 erwiderte Schulenburg die »liebenswürdigen Wünsche« des Amtschefs »auf das wärmste« und versprach: »Auch im Jahre 1939 werden wir alle hier gern Ihnen und Ihrer Abteilung soweit behilflich sein, wie dies die außergewöhnlichen... Verhältnisse... zulassen.« (PA AA, Polit. Akten Botschafter v.d. Schulenburg, 178460–1).
110 Kordt, Wahn, S. 157, Anm. 1.
111 Dies scheint die korrekte Lesung der von Rossi (Jahre, S. 20) wiedergegebenen Begegnung zwischen Keitel und dem Sowjetischen Militärattaché »im Hause eines bekannten Industriellen« zu sein.
112 Vgl. die Angaben bei Rossi (Jahre, S. 20, Anm. 1): »Die militärischen Befehlshaber waren für eine Annäherung, ›vermutlich wegen der Bismarckschen Tradition und der Bedrohung durch einen Zweifrontenkrieg‹.« Nach dortigen Informationen »kam die erste Anregung nicht von der Wilhelmstraße, sondern von der Armee«.
113 In einem Privatbrief vom 5. Februar 1939 schrieb Weizsäcker, er »habe gehört, daß der

Führer ein wachsendes Interesse für Bismarck habe und pflege«, war sich aber nicht über Hitlers Beweggründe im klaren. Am 13. Februar 1939 hielt er in seinem Tagebuch den wenige Tage davor erfolgten Besuch Hitlers in Friedrichsruh fest; dieser – so hatte Weizsäcker erfahren – sollte »damit zusammenhängen, daß dem Führer die Figur Bismarcks durch Lektüre in letzter Zeit nahe gekommen ist«. In Anwesenheit Weizsäckers hatte Hitler in Friedrichsruh »mehrfach über die überragende Bedeutung des Charakters eines Staatsmannes [gesprochen], vor welchem der Verstand zurücktritt«.

114 Adolf Hitler, Mein Kampf, 1939, S. 749 sowie Hitlers Zweites Buch. Ein Dokument aus dem Jahre 1928, Stuttgart 1961, S. 155.

115 Joachim C. Fest, Hitler. Eine Biographie, Frankfurt a.M./Berlin/Wien 1973, S. 790.

116 Rosso an Ciano, 13. Januar 1939, Telegramm Nr. 163/75; zit. nach: Mario Toscano, L'Italia e gli accordi tedesco-sovietici dell'Agosto 1939, Florenz 1952, S. 8 sowie ders., Italy and The Nazi-Soviet Accords of August 1939, in: Designs in Diplomacy. Pages from European Diplomatic History, Baltimore/London, 1970, S. 51.

117 Zur Chronologie der Ereignisse ist allerdings zu bedenken, daß in der Zeit vom 11.–14. Januar 1939 Chamberlain und Halifax in Rom weilten und am 12. Januar 1939, dem Tage des Neujahrsempfangs bei Hitler, ein von sowjetischer Seite mit Argwohn verfolgtes Gespräch mit Mussolini stattfand. In diesem Gespräch stellte Chamberlain – unter Hinweis auf die militärische Schwäche der UdSSR – Mussolini implizit die Frage, ob er einen deutschen Vorstoß auf die Ukraine tolerieren, ja eventuell unterstützen würde. Mussolini ging nicht auf diese Anfrage ein. Vgl. die ausführliche Erörterung dieser Episode, mit Synopse der italienischen und englischen Aufzeichnung in: Toscano, Italia S. 8 ff., S. 16 ff. und ders., Italy S. 48–123, hier: S. 51 ff. und 57 ff. Die Sowjetregierung erfuhr, offenbar umgehend, von diesem Gespräch und zog – wie es scheint: übermäßig weite – Schlüsse aus ihm; vgl. zu diesem geheimdienstlichen Informationsfluß: Mario Toscano, Problemi particolari della storia della seconda guerra mondiale, in: Rivista di Studi Politici Internationali, 1950, S. 338–398 und ders., Specific Problems in the History of World War II, in: ders., Designs in Diplomacy, S. 406 ff.

118 Nach Aussage Potemkins im Gespräch mit Rosso vom 23. Januar 1939 hatte wenige Tage nach dem Gespräch Hitler-Merekalow auch der italienische Außenminister Graf Ciano im Gespräch mit dem Sowjetbotschafter in Rom »die Hoffnung auf eine mögliche Verbesserung der Beziehungen zwischen den beiden Ländern, zumindest auf ökonomischem Gebiet«, zum Ausdruck gebracht; Rosso an Ciano, 24. Januar 1939, zitiert nach Toscano, Italia, S. 11. Dies konnte aus sowjetischer Sicht ein Beweis dafür sein, daß die Achsenmächte gemeinsam eine Verständigung mit der UdSSR suchten, und sei es zunächst nur oder vorrangig mit dem Ziele, sich für einen gemeinsamen Westfeldzug russische Rohstoffe zu verschaffen.

119 Werner Markert in: SSSR, S. 162; Sipols, Vorgeschichte, S. 229 ff. unter Berufung auf englische Informationen.

120 Kordt, Wahn, S. 147, Anm. 1.

121 Aufzeichnung Wiehls vom 20. Januar 1939, in: ADAP, D, IV, Nr. 485, S. 544–545.

122 Vgl. Alexander Werth, Rußland im Krieg, 1941–1945, München/Zürich 1965, S. 27 ff. Interessanterweise griff der Sekretär des Moskauer Stadt- und Gebietskomitees der KPdSU, A.S. Schtscherbakow, in seiner Gedächtnisrede die Äußerungen Stalins vor dem Plenum des ZK der VKP(b) im Januar 1925 auf und betonte, jetzt erst sähe man,

wie richtig die Entscheidung des Genossen Stalin gewesen sei, die Rote Armee nicht in eine Volksmiliz zu verwandeln, da sie nun als mächtiger Mechanismus der Abschreckung wirken müsse.

123 Köstring an Tippelskirch vom 23. Januar 1939, in: Teske, Köstring, S. 220. Die früheste Manifestation dieser Art waren Artikel (*Journal de Moscou* vom 27.12.1938 und *Moscow News* vom 2.1.1939) des Inhalts, daß »gewisse französische und englische Zeitungen mehr Lärm [über die Ukraine] machen als die faschistischen Aggressoren selbst. Ihre Motive liegen auf der Hand: Sie raten Hitler, Westeuropa in Ruhe zu lassen und seine Beute im Osten zu suchen«. Vgl. Duroselle, Politique, S. 96 ff.

124 DBFP, 3, Bd. IV, Nr. 24 und Nr. 38 sowie Duroselle, Politique, S. 96 ff.

125 MdAE, AP, Russia, ebd., Telegr. vom 24. Januar 1939.

126 V. Daschitschew hat jüngst die These vertreten, die angebliche Kursänderung Stalins auf dem XVIII. Parteitag (10. März 1939) sei schon im Januar 1939 beschlossen, der Parteitag selbst auf Beschluß des Plenums des ZK der KPdSU vom Januar mit diesem Ziele einberufen worden. (Daschitschew, Stalin). Wäre dies der Fall, so müßte auch hierfür der Zusammenhang mit dem Gespräch Hitler-Merekalow ermittelt, diese Beschlußfassung insgesamt auf ihre außenpolitischen Hintergründe geprüft werden.

127 Aufzeichnung Astachows vom 30. Mai 1939, in: AVP SSSR, f. 011. op. 4, p. 27, d. 59, l. 105–110.

128 Vernon Bartlett in *News Chronicle* vom 28. Januar 1939 über die Möglichkeit eines deutsch-sowjetischen *rapprochement*, zitiert bei Franklin Reid Gannon, The British Press and Germany, 1936–1939, Oxford 1971, S. 40; G. Niedhardt, Großbritannien und die Sowjetunion, 1934–1939, München 1972, S. 392; Watt, Initiation, S. 157; und Sipols, Vorgeschichte, S. 236.

129 Vgl. Domarus, Hitler, S. 1053 ff.; in ihr ging Hitler schärfstens mit den »Kriegshetzern« England und Amerika ins Gericht und warnte erneut vor der »drohenden Bolschewisierung«, erwähnte aber die Sowjetunion nicht. Er deutete an, daß die Grenzen im Osten offen seien, stellte aber den betroffenen Ländern die Wahl anheim: Deutschland brauche dringendst Rohstoffe und werde – sollte er diese nicht (auf friedlichem Wege) erhalten – nach Ausweitung seines Lebensraumes streben müssen. Vgl. Beloff, Policy, 217; Duroselle, Politique, S. 97; Braubach, Weg, S. 9 f. Das Fehlen jeder Nennung der UdSSR wurde auch in den westlichen Ländern, etwa auf französischer Seite, vermerkt und mit dem deutsch-sowjetischen Handelsgesprächen in Verbindung gebracht; vgl. Schreiben des französischen Botschafters in London an Außenminister Bonnet vom 1. Februar 1939, in: DDF, 2, XIV, Nr. 1, S. 1–3.

130 *Prawda* vom 31. Januar 1939, Nr. 30 (7715).

131 Kirk an Secretary of State, 31. Januar 1939, in: FRUS, I, Nr. 44, S. 313 f.

132 Walter Schmid, Russische Jahre. Erlebtes aus 40 Jahren deutsch-sowjetischer Beziehungen, Bonn 1989 (Ms.), S. 9.

133 Vgl. Telegramm Wiehls an die Botschaft in Moskau vom 28. Januar 1939, in: ADAP, D, IV, Nr. 486, S. 545.

134 Vgl. u.a. Hilger, Wir, S. 271 ff.; Hilger/Meyer, Allies, S. 286; Kleist, Hitler, S. 20 ff.; ders. Tragödie, S. 46 ff.; sowie Duroselle, S. 92 ff.; Allard, Stalin, S. 97; Braubach, Weg, S. 10 u.a.

135 Mitteilung Dr. Karl Schnurres an Vf.

136 Diese Auslegung bot sich in der Tat unter den damaligen Umständen an; so ahnte der

französische Außenminister Bonnet sehr wohl die Tragweite der geplanten Moskauer Verhandlungen, als er den sowjetischen Bevollmächtigten Vertreter, Jakob Suriz, zu sich kommen ließ und die Vermutung äußerte, daß Schnurre, der – obgleich nicht ein Mann des inneren Kreises – das persönliche Vertrauen Hitlers besitze, sich doch wohl »mit allgemeinen Weisungen nach Moskau begebe ..., um dort zu sondieren«. (Vgl. hierzu und weiter: Joost, Botschafter, S. 289 ff.)
Der italienische Botschafter in Berlin, Bernardo Attolico, berichtete am 4. Februar 1939 an das italienische Außenministerium, die Ursache der Rückberufung Schnurres sei »effektiv die gewesen, die Stimmen keine Gestalt annehmen zu lassen, die angesichts einer angeblichen politischen deutsch-sowjetischen Annäherung in Umlauf gebracht worden sind« – eine Besorgnis, die allerdings durch die Reichstagsrede Hitlers vom 30. Januar 1939, die jeden Angriff auf die UdSSR vermieden habe, neue Nahrung erhalten habe; R. Ambasciata d'Italia, Berlino, Teleexpress, Nr. 00951/276 vom 4. Februar 1939 (auf Anfrage vom 1. Februar 1939), in: MdAE, AP, Russia, N. 35 (1939.3), Rapporti politici Russia-Germania.

137 Ribbentrops Worte im Moment der Kenntnisnahme der westlichen Presseberichte sprachen für eine derartige *in-flagranti*-Reaktion; er soll gesagt haben: »In einem Augenblick, wo ich im Auftrag des Führers die grundsätzliche Zusammenarbeit zwischen Deutschland und Polen gegen die Sowjetunion erreichen will, fällt man mir ... mit dieser skandalösen Störungsmeldung in den Rücken!« Kleist, Hitler, S. 20–21; ders., Tragödie, S. 46.

138 Aufzeichnung Astachows vom 30. Mai 1939, in: AVP SSSR, f. 011, op. 4, p. 27, d 59, l. 105–110.

139 Schulenburg an Staatssekretär von Weizsäcker, Moskau, den 6. Februar 1939, in: ADAP, D. IV, Nr. 487, S. 546–547: »Die Rückberufung Schnurre's nach Berlin ... hat uns betrübt ... hauptsächlich aus sachlichen Gründen.« In diesem Brief verneinte Schulenburg ausdrücklich die in Berlin geäußerte Annahme, die in der Presse erschienenen Meldungen seien von sowjetischer Seite lanciert worden, und betonte, daß sie, wo immer auch ihr Ursprung zu suchen sei, ihr Ziel erreicht hätten: »Sie haben uns einen Knüppel zwischen die Beine geworfen.«

140 Weizsäcker an Schulenburg, 15. Februar 1939, in: PA AA, Polit. Akten Botschafter v.d. Schulenburg, 178477 sowie ADAP, D, IV, Nr. 492, S. 550.

141 ADAP, D, IV, Nr. 488. S. 547.

142 Aufzeichnung Wiehls vom 6. Februar 1939, in: ADAP, D, IV, Nr. 489, S. 548.

143 Parallel dazu suchte auch Dr. Schnurre - nach seinen Mitteilungen an Vf. – im persönlichen Gespräch mit den Berliner Sowjetvertretern, die aufgenommenen Kreditgespräche »auf kleinem Feuer« weiterzuführen.

144 So zeigte sich der Wirtschaftssachverständige Hilger im Gespräch mit Rosso überzeugt, »daß die nicht zustandegekommene Reise Schnurres nach Moskau ... nur eine Verschiebung und nicht einen Verzicht auf die geplanten Handelsgespräche mit der UdSSR bedeutet«; Rosso an Ciano, 5. Februar 1939, N. 543/219, in: MdAE, AP, ebd., S. 4.

145 Der US-Geschäftsträger in Moskau, Kirk, an Secretary of State vom 15. Februar 1939, in: FRUS I, S. 314–316.

146 Zitiert nach: Ribbentrop, London, S. 160 Anm.

147 Annelies von Ribbentrop in: Ribbentrop, London, S. 160.

148 So hielt Goebbels nach einem Gespräch mit »Herren vom A.A. über Polen« fest: »War-

schau fühlt sich augenblicklich ganz groß. Aber wie lange noch?« Goebbels-Tagebücher, I, 3, S. 565.
149 Goebbels-Tagebücher, I,3, S. 566.

II. Die Anbahnung politischer Verhandlungen

1 Schulenburg an Auswärtiges Amt, 10. und 11. Februar 1939, der zweite Bericht mit der Bitte, »vorstehendes Telegramm V.L.R. Schnurre in seine Wohnung zuzustellen«, in: ADAP, D, IV, Nr. 490 und 491, S. 548–549.
2 Schulenburg an Duberg vom 13. Februar 1939, in: Nachlaß, a.a.O. S. 3.
3 Naggiar an Bonnet, 12. Februar 1939, in: DDF, Nr. 102, S. 185.
4 Schulenburg an Duberg vom 20. Februar 1939, in: Nachlaß, a.a.O., S. 5.
5 Kirk an Secretary of State, 20. Februar 1939, FRUS I, Nr. 79, S. 316–317.
6 FRUS, Diplomatic Papers, Soviet Union, S. 737.
7 Schulenburg an Duberg, 23. Februar 1939, in: Nachlaß, Ordner Duberg, »Briefe... ab 1. Januar 1939«, S. 1.
8 Schulenburg an Duberg, 27. Februar 1939, in: Nachlaß, Briefe..., ebd., S. 2.
9 Aufzeichnung Schulenburgs vom 28. Februar 1939, Anlage zu: Telegramm Schulenburgs an Wiehl vom 1. März 1939, in: ADAP, D, IV, Nr. 493, S. 550–552.
10 Aufzeichnung Schulenburgs vom 18. Februar 1939, ebd., S. 551.
11 Telegramm von Sorge an den sowjetischen Generalstab vom 23. Januar 1939, in: SSSR, Nr. 100, S. 169–170.
12 Vgl. die Mitteilungen über Zusammenstöße sowie Provokationen an der sowjetisch-mandschurischen Grenze in den *Iswestija* vom 2. Februar 1939 (in: SSSR, Nr. 111, S. 184–185) und vom 9. Februar 1939 (in: SSSR, Nr. 120, S. 193–194).
13 Aus sowjetischer Sicht, vgl. SSSR S. 669–670, Anm. 61.
14 So Majskij im Gespräch mit Lord Halifax am 26. Januar 1939; vgl. Bericht von Majskij an Litwinow, 27. Januar 1939, in: SSSR Nr. 102, S. 171–172.
15 Astachow an Litwinow, 9. Dezember 1938, in: SSSR, Nr. 68, S. 118–119.
16 Vgl. Seppo Myllyniemi, Die baltische Krise 1938–1941, Stuttgart (= Schriftenreihe der Vierteljahrshefte für Zeitgeschichte Nr. 38) 1979, S. 41 ff.
17 Telegramm des Bevollmächtigten Vertreters der UdSSR in Estland an den Narkomindel vom 7. März 1939, in: SSR Nr. 144, S. 224.
18 So berichtete der deutsche Militärattaché in Warschau, daß Hitler während eines Empfangs von Militärattachés definitiv den Eindruck erweckt habe, »daß Deutschland gemeinsam mit Italien eine Aktion gegen die Westmächte plane«. Im Unterschied zur »Tschechei-Aktion« des Vorjahres, die die deutsche öffentliche Meinung über Monate hinweg unnötigerweise nervlich belastet hätte, bereite er nun im Falle der geplanten Westaktion einen Überraschungsschlag vor; Dokument des sowjetischen Nachrichtendienstes, 27. Februar 1939, in: SSSR, Nr. 136, S. 217.
19 Gespräch eines deutschen Journalisten mit dem deutschen Botschafter in Warschau vom 13. Februar 1939, in: SSSR, Nr. 125, S. 198–199.
20 Hans Adolf von Moltke, unter dessen Leitung an der Deutschen Botschaft Warschau die (wissentlichen und unwissentlichen) Informanten des sowjetischen Nachrichtendienstes Scheliha (Botschaftsrat), Ilse Stöbe (seine Sekretärin) und Gerhard Kegel (Attaché an der Handelsabteilung) tätig waren, war ein Mann des »alten« Auswärti-

gen Amts: Verheiratet mit der Schwester von Peter Graf Yorck von Wartenburg, waren ihm die Pläne des deutschen Widerstandes vermutlich nicht unbekannt. Seinen schwierigen Posten in Warschau bis zum Ausbruch des Krieges bekleidete er in einer Weise, die seinen französischen (jüdischen) Kollegen Léon Noël – nach dem unaufgeklärten Tod Moltkes in Madrid (1943) – zu dem Hommage veranlaßte: »Herr von Moltke hat sich während dieser ganzen Zeit so zurückhaltend und gemäßigt gezeigt, wie es ihm die Weisungen einer Regierung erlaubten, der er gewiß mit der Loyalität eines Edelmannes diente, deren Politik aber nicht aufhörte, ihn aufs schwerste zu beunruhigen.« Léon Noël, L'aggression allemande contre la Pologne, Paris 1946, S. 370.

21 Wie J. Suriz am 10. Februar 1939 aus Paris berichtete, sprach Bonnet im engen Kreise offen davon, daß »es ohne Opfer im Osten nicht abgeht« und man dem deutschen Drang zu den Rohstoffquellen im Osten Auslauf gewähren müsse; SSSR, Nr. 124, S. 198.

22 SSSR, S. 202 sowie Sipols, Vorgeschichte, S. 228.

23 Vgl. Kurzer Bericht des Bevollmächtigten Vertreters der UdSSR in Deutschland über das politische Leben in Deutschland im Jahre 1938, in: SSSR, Nr. 148, S. 230–232.

24 In seinem Bericht an das Auswärtige Amt vom 3. Februar 1939 warnte Schulenburg indirekt vor der Einbeziehung Ungarns in den Anti-Komintern-Pakt, indem er darauf hinwies, daß dieser nach sowjetischer Auffassung von »militärischen Abreden« begleitet sei und den Charakter einer feindlichen Kombination besitze; die Sowjetregierung würde Länder, die sich dieser Kombination näherten, durch Aussetzung der diplomatischen Vertretungen warnen; ADAP, D, V. Nr. 283, S. 319–320. In seinem Schreiben an Weizsäcker vom 6. Februar 1939 (ADAP, D, IV, Nr. 487, S. 546–547) hob er noch stärker den Gedanken hervor, der Anti-Komintern-Pakt sei in sowjetischen Augen »*kein* ideologisches Abkommen, das sich gegen den *Weltkommunismus* richtet, sondern ein *politischer* Pakt, der einen Angriff gegen die *Sowjet-Union* zum Ziele hat«.

25 Vgl. Beloff, Policy, S. 217; Andreas Hillgruber, Die »Hitler-Koalition«. Eine Skizze zur Geschichte und Struktur des »Weltpolitischen Dreiecks« Berlin-Rom-Tokio 1933–1945, in: Helmut Berding u.a. Hrg., Vom Staat des Ancien Régime zum Modernen Parteienstaat, Festschrift für Theodor Schieder, München/Wien 1978, S. 467–484, hier S. 472.

26 Polnisches Weißbuch, S. 181 ff, 204 ff.; Beloff, Policy, S. 216.

27 Am 3. März 1939 gab ein TASS-Kommuniqué diese Tatsache bekannt.

28 So aus Anlaß des 20. Jahrestages der Frunse-Akademie am 6. Februar 1939 und am Tag der Roten Armee in der *Prawda* vom 23. Februar 1939; vgl. Werth, Rußland, S. 29.

29 Sipols geht in seinem Absatz »Der Überfall auf die UdSSR wird verschoben« von Ende Februar/Anfang März 1939 aus; Vorgeschichte, S. 229 ff.

30 GGVK, S. 396 ff. Vgl. hierzu auch: Bartel, Frankreich, S. 68 ff. »Die Krise um die Karpatho-Ukraine«.

31 Vgl. Juhász, Policy, S. 153 ff.; Zlepko, Entstehung, S. 128 ff.

32 Budurowycz (Relations, S. 143) sah hierin ein Entgegenkommen Hitlers an die UdSSR in direkter Antwort auf die Rede Stalins vor dem XVIII. Parteitag am 10. März (s.u.), in der dieser an die »normalen« Leute in Deutschland appelliert habe, in vernünftige Beziehungen zur Sowjetunion einzutreten – also einen entscheidenden Schritt Hitlers zur deutsch-sowjetischen Annäherung.

33 Vgl. Beloff, Policy, S. 216 ff.
34 GSAP, S. 396; Istorija Diplomatii, Bd. III, S. 656 ging – ohne Angaben von Quellen – so weit zu behaupten, Hitler habe die ungarische Besetzung der Karpatho-Ukraine als »verfrüht« betrachtet und Ungarn befohlen, seine Truppen wieder abzuziehen.
35 Die »Aufzeichnung über die Ansprache Hitlers am 8. März 1939« ist in der sowjetischen Aktenveröffentlichung (SSSR, Nr. 145, S. 224–225) mit Referenz auf die amerikanische Aktenveröffentlichung (FRUS, Diplomatic Papers, Bd. 1., S. 672 f.), nicht unter Berufung auf eigene Archivdokumente veröffentlicht. Dies schließt jedoch nicht aus, daß sie dort auch in einem eigenen Dokument belegt ist: Die Akten aus dem Bestand der Übermittlung des sowjetischen Nachrichtendienstes sind bisher nur zögernd und sporadisch als solche veröffentlicht worden. Domarus hat die Rede nicht aufgeführt, nennt aber die Personengruppen, die auf dem Großempfang Hitlers in der Reichskanzlei am 7. März (Oberbefehlshaber, Kommandierende Generale und Admirale) und auf dem Galaempfang am 8. März (führende Persönlichkeiten des Staates und der Partei unter Bevorzugung der Wehrmachtsoffiziere) anwesend waren; Hitler, II, S. 1988 f.
36 Bericht Merekalows vom 11. März 1939, in: SSSR, Nr. 148, S. 230–232, hier S. 232.
37 Vgl. die Aufzeichnung der Informationen von P. Kleist an den sowjetischen Nachrichtendienst am 13. März 1939, in: SSSR, Nr. 149, S. 233–235. Kleist, der 1934 an der Universität Königsberg mit einer Doktorarbeit über »Die völkerrechtliche Anerkennung Sowjetrußlands« promoviert worden war, hatte ab 1935 die partei- und bald darauf SS-Karriere durchlaufen. Als »Spezialist für polnische Fragen« war er in der parteiamtlichen »Dienststelle Ribbentrop« für polnische und sowjetische Fragen zuständig. Dort gewann er über Ribbentrop zweifellos Einblick in die Ost-Pläne Hitlers. Vgl. auch: Sipols, Vorgeschichte, S. 343, Anm. 1.
38 Eine solche Rede Hitlers am 6. März 1939 ist anderswo nicht belegt. Wahrscheinlich war die Rede von der oben erwähnten Ansprache am 8. März 1939.
39 Beloff (Policy, S. 226) hielt es für möglich, »daß die deutsche Entscheidung, auf Kosten Polens ein Abkommen mit der Sowjetunion zu suchen, vor März 1939 erfolgte«, nannte aber keine Gründe.
40 Telegramm von Merekalow an Narkomindel, 14. März 1939, nach dem die deutsche Wehrmacht »in wenigen Tagen« in die Tschechoslowakei einmarschieren werde; SSSR, Nr. 150, S. 235.
41 Schulenburg an Wiehl, 1. März 1939, in: ADAP, D, IV, S. 550–551.
42 Rosso an Ciano, 3. März 1939, N. 913/543, zitiert nach: Toscano, Italia, S. 24, Anm. 30.
43 Wiehl an Schulenburg, 8. März 1939, in: ADAP, D, IV, Nr. 494, S. 552.
44 Aufzeichnung Wiehls, 11. März 1939, in: ADAP, D, IV, Nr. 495, S. 553.
45 Schorske, Ambassadors, S. 499.
46 Vgl. Istorija Kommunističeskoj Partii, V, S. 3 ff.
47 Siehe die Beobachtungen von A. Werth, Rußland, 29 ff.
48 Werth, Rußland, S. 31.
49 Otčetnyj doklad na XVIII s-ezde partii o rabote CK VKP(b), in: I(osif). V(issarionovič). Stalin. Sočinenija, Bd. 1 (XIV), 1939—1940, Hrg. Robert H. McNeal, Stanford 1967, S. 327–402.
50 Fast alle Historiker der deutsch-sowjetischen Annäherung im Jahre 1939 haben dieser Rede Stalins Bedeutung beigemessen; doch bestehen in der Frage, ob Stalin selbst in dieser Rede (primär) der deutschen Seite seine Bereitschaft zu einer Annäherung

signalisieren wollte, erhebliche Meinungsunterschiede. Vier Meinungen können grob voneinander unterschieden werden:

1. Die »überemphatische« Interpretation, nach der Stalin jetzt definitiv die Initiative ergriff, um Hitler zum Zusammengehen mit ihm (und gegen die Westmächte) zu (ver)-leiten; diese These wurde von beteiligten Beobachtern im unmittelbaren zeitlichen Zusammenhang gar nicht und später – läßt man fragwürdige Zeugnisse, wie etwa das von J. von Ribbentrop, zur Seite – allem Anschein nach allein von P. Kleist, und selbst von diesem mit akademischen Einschränkungen, vertreten (Hitler, S. 25 ff., Tragödie, S. 50 ff.); Journalisten sowie einige Historiker hingegen haben sie in der Folgezeit bevorzugt; so: George Denicke, The Origins of the Hitler-Stalin Pact, in: Modern Review, New York, März/April 1948, S. 204–209; Rossi, Jahre, S. 21 ff.; Allard, Stalin, S. 98 ff.; Fabry, Pakt, S. 1 ff.; Myllyniemi, Krise, S. 41 u.a. Diese These kann – wie bereits Gerhard Weinberg zu Recht betont hat (Germany, S. 12) – weder belegt noch anders bewiesen werden.

2. Die »affirmative« These geht davon aus, daß die Rede Stalins wohl, wenn auch nicht nachweisbar, neben einer Warnung an die Westmächte auch eine beabsichtigte »Einladung« an Hitler enthielt, sich mit der Sowjetunion über das weitere strategische Vorgehen zu verständigen, daß also – mit anderen Worten – die »deutsche Option« in der Prioritätenfolge Stalins bereits zu diesem Zeitpunkt in den oberen, operativen Bereich gerückt war. Diese Ansicht haben, wie auch immer vorsichtig und unter Hinweis auf die ungesicherte Quellenbasis, Schuman (Night, S. 213 ff.); Beloff (Policy, S. 223); Weinberg (Germany, S. 13); Duroselle (Politique, S. 99) u.a. vertreten. Zuletzt als erster sowjetischer Historiker: Dashichev, Stalin.

3. Die »nicht-affirmative« These bestätigt, daß die Rede an sich, und besonders im Hinblick auf die Westmächte, von kapitaler Bedeutung war, postuliert aber keine unmittelbare, intendierte Hinwendung Stalins an die deutsche Reichsregierung (oder übergeht diese Frage mangels Beweisen). Die meisten der beteiligten Zeitgenossen lasen die Rede in diesem Sinne (so einige der in Moskau akkreditierten Botschafter (s. u.) und Journalisten, wie z.B. A. Werth, Rußland, S. 30 ff.). Zeitgenössische Auswertungen folgten ihr (so das Royal Institute of International Affairs, in: Survey of International Affairs, 1939–1946: The World in March 1939, London 1952, S. 530 ff.). Die Historiker Schorske (Ambassadors, S. 502), Braubach (Weg, S. 12), Watt (Initiation, S. 159), Hillgruber – mit dem einschränkenden Hinweis auf die zu schmale Quellenbasis (Außenpolitik, S. 7 ff., Weltkrieg, S. 270 ff., unklarer in Hillgruber/Hildebrandt, Kalkül, S. 13 ff.) – und Weber (Entstehung, S. 32) haben sich ebenfalls in diesem methodisch gesicherten Rahmen bewegt.

4. Die »Kontinuitäts«-These besagt, daß die Rede Stalins nicht in dem Sinne von einschneidender Bedeutung (gewesen) sei, daß ihr ein Entscheidungsdilemma oder eine Neuorientierung der sowjetischen Außenpolitik zugrunde gelegen hätten; vielmehr habe Stalin die klassischen Maximen der sowjetischen Außenpolitik (Kollektive Sicherheit, »Geschäftsbeziehungen« zu nicht-sozialistischen Ländern und »friedliche« Beziehungen auf Reziprozitätsbasis zu den Anrainerstaaten) auf den Zeitpunkt der akut verschärften Weltkriege (»Zweiter Imperialistischer Krieg«) angewandt. Diese Ansicht vertrat im Westen in etwa Edward H. Carr (Munich, I, S. 13: »Stalin's speech of March 10th, 1939, clearly dit not announce any positive decision of Soviet policy: what it did was to keep all options open and to hint more plainly then before that they were open«). Im Osten ist sie Gemeingut (Vgl. u.a. Fal'sifikatory istorii (Istoričeskaja

spravka), (Moskau) 1951, S. 17 ff.; GGVK, S. 191 ff.; GSAP S. 398; Maximytschew, Anfang, S. 278 ff.; Sipols, S. 233 u.a.).

51 Otčetnyj doklad XVII s-ezdu partii o rabote CK VKP(b), in: I(osif). V(issarionovič). Stalin, Sočinenija, Moskau 1951, Bd. 13, S. 282–379.

52 Sie beschränkten sich nicht auf Stalin. Es wäre lohnenswert, eine psycho-historische Studie über die gegenseitigen Verdächtigungen, Versuche des Ausspielens der anderen Parteien gegeneinander bis hin zum bewaffneten Konflikt zum Zwecke maximalen Sicherheitsgewinns im Prisma der Diplomatenberichte dieser Zeit durchzuführen. Diese Denkmodelle ziehen sich wie ein roter Faden durch die diplomatische Korrespondenz einiger westlicher und östlicher Staaten.

53 In seinem Rechenschaftsbericht für die Kommunistische Internationale griff Dmitrij Manuilskij diese Hinweise Stalins auf: Der Plan der englischen Reaktion bestehe darin, dem deutschen Faschismus die kleinen Staaten Südosteuropas zu opfern, indem sie ihn nach Osten gegen die UdSSR treibe; sie wünsche, daß die UdSSR den deutschen Imperialismus auf sich ziehe, Deutschland für eine lange Zeit schwäche und damit die beherrschende Position des britischen Imperialismus in Europa erhalte. Diesem Bericht Manuilskijs vom 11. März ließ Majskij in London am 15. März 1939 umgehend eine ausgleichende Rede folgen, in der er die Außenpolitik der UdSSR als die des *weltweiten* Friedens charakterisierte, – »nicht eines Friedens um jeden Preis, aber eines Friedens auf der Grundlage von Gesetz und Ordnung in den internationalen Angelegenheiten«. Obgleich – so Majskij – Großbritannien und die UdSSR sich über die »besten Methoden der Friedenssicherung« nicht immer einig seien, sei es doch von »überragender Bedeutung«, daß »gegenwärtig in keinem Teil der Welt ein Interessenkonflikt« zwischen beiden Ländern bestehe. Majskij hob die gemeinsame Verantwortung hervor, wenn er betonte, »daß das Schicksal von Frieden und Krieg letztlich von den Beziehungen zwischen London und Moskau« abhänge (zitiert nach Beloff, Policy, S. 228 f.).

54 In seinem Vortrag vor dem Plenum des ZK der VKB(b) vom 3. März 1937, in: Stalin, Sočinenija, Bd. 1 (XIV) 1934–1940, Hrg. Robert McNeal, Stanford 1967, S. 189–224 hatte Stalin unter »V. Unsere Aufgaben« betont: »Es ist notwendig, sich daran zu erinnern und niemals zu vergessen, daß die kapitalistische Einkreisung die Grundtatsache ist, die die internationale Lage der Sowjetunion bestimmt« (S. 209).

55 So etwa im Hinblick auf »die Zunahme der sowjetischen Rayons in China« (S. 292) und mit dem Bemerken: »Der Sieg der Revolution kommt niemals von selbst. Man muß ihn vorbereiten und erkämpfen...« (S. 298).

56 Stalins Rede vor dem XVII. Parteitag: S. 300, Rede vor dem XVIII. Parteitag, S. 344.

57 Derartige Euphemismen dienten einer wirksamen Abschreckung. In diesem Zusammenhang müssen auch die Ausführungen des stellvertretenden Verteidigungskommissars und Leiters der Politischen Abteilung der Roten Armee, Lev Mechlis, verstanden werden, in denen er, der Neujahrbotschaft Stalins folgend, die Idee der Vorwärtsverteidigung aussprach: Wenn der bereits im Gang befindliche Zweite Weltkrieg sich gegen die Sowjetunion richten sollte, müßten die Kriegshandlungen auf das Gebiet des Feindes übertragen werden. »Die Rote Armee würde ihre internationalen Verpflichtungen erfüllen und die Zahl der Sowjetrepubliken zu vermehren bemüht sein...« Schulenburg, der für zwei Tage (2./3. April) aus Berlin nach Moskau zurückgekehrt war, um dann als Leiter der deutschen Delegation zur Hochzeit des persischen Kronprinzen nach Teheran zu fliegen, nutzte diese kurze Zeit, um diese

Worte zur Warnung an die Adresse Berlins weiterzugeben. (PA AA, Botschaft Moskau geheim, Pol. 3, Nr. 1, Innenpolitik der SU, Bd. 1, Moskau, 3. April S. 233240–233247).

Die Rede von Mechlis, die damals angesichts der militärischen Schwäche der UdSSR als hohle Phrase überhört wurde, hat nach dem Zweiten Weltkrieg unter veränderten Bedingungen als angeblicher Beweis für den kriegerischen Expansionsdrang der Roten Armee eine begreifliche, aber den Tatsachen wenig getreue Überbewertung erfahren (vgl. etwa Rauch, Geschichte, S. 367; Myllyniemi, Krise, S. 42 f.; Pietrów, Stalinismus, sowie neuerdings in der sowjetischen Diskussion Daschitschew, Stalin). Daß sie in Wahrheit der Abschreckung diente, geht nicht zuletzt aus der schwergewichtigen Behandlung der fernöstlichen Konflikte (Kämpfe am Chassansee, japanische Angriffsabsichten) durch den Parteitag hervor.

58 Stalin, Rede, S. 342 u. a.a.O.

59 Stalin, Rede, S. 345.

60 Das hier gebrauchte russische Idiom »zagrebat' žar čužimi rukami« wurde in der Folgezeit häufig durch das deutsche bzw. englische Idiom übersetzt: »(die gewöhnt sind,) sich von anderen die Kastanien aus dem Feuer holen zu lassen«. Die Rede Stalins wurde zur »Kastanien-Rede« stilisiert. Stalin hat das Kastanien-Idiom aber nicht verwendet, obgleich es in der Redetradition Lenins (wie zuvor Bismarcks) durchaus denkbar gewesen wäre (Vgl. u.a. V.I Lenin, Sočinenija[3], 1932 Bd. XXVI, S. 8). Schon Ernst Köstring hat den wahren Wortlaut unterstrichen (»es gäbe Mächte, die glühende Kohlen mit fremden Händen aus dem Feuer holen möchten«, Teske, Köstring, S. 134). Seine Korrektur erfolgte zu Recht: Stalin hatte die Mächte im Auge, die Rußland angeblich die »Glut« (die in Rotglut befindliche deutsche Kriegsmaschinerie) durch seinen Einsatz (einen deutsch-sowjetischen Erschöpfungskrieg) beseitigen (löschen) lassen wollten. Das Kastanien-Idiom assoziiert einen selbstsüchtigen Nutzen und Genuß, der hier nicht unmittelbar intendiert ist.

Auch E.H. Carr wies auf den Unterschied zwischen dem von Stalin verwendeten Idiom und seinen Übersetzungen hin; Carr übersetzte ebenfalls wörtlich (»... warmongers who are accustomed to ›rake the fire with other people's hands‹ ...«) und machte darauf aufmerksam, daß damals von amerikanischer Seite häufig der Vorwurf gegen die Briten erhoben wurde, sie ließen »sich gern von anderen die Kastanien aus dem Feuer ziehen«. Carr sah darin die Hauptbedeutung der Anklage Stalins; Carr, Munich, I, S. 12.

61 Bericht Schulenburgs vom 3. April 1939, in: PA AA Botschaft Moskau geheim, Pol 3, Nr. 1, Innenpolitik der SU, Bd. 1, Moskau, 3. April 1939, S. 233246–7.

62 Namier, Europe, S. 260.

63 Seeds an Halifax, 20. März 1939, in: DBFP, 3rd ser., IV, Nr. 452, S. 411–419.

64 Am 21. Februar 1939 hatte Majskij im Gespräch mit Lord Halifax angedeutet, eine Kündigung des englisch-sowjetischen Handelsvertrages »könnte die UdSSR in die Arme Deutschlands führen«, eine Warnung, die er am 9. März 1939 wiederholte; Duroselle, Politique, S. 98.

65 Davies, Botschafter, Aufzeichnung vom 11. März 1939, S. 339–340.

66 Davies, Botschafter, Aufzeichnung vom 3. April 1939, S. 341.

67 Kirk an Staatssekretär Hull, in: FRUS, DP, Nr. 105, S. 744–745 sowie später S. 747–750.

68 Rosso an Ciano, 12. März 1939, zitiert nach: Toscano, Italia S. 10.

69 ADAP, D, VI, Nr. 1, S. 1–3.

70 Schulenburg an Dr. Stelzer, 12. März 1939, in: Nachlaß Botschafter Schulenburg, Aktenmappe: »Briefwechsel mit Angehörigen des Auswärtigen Amts, Moskau. 11. 2. 1939–6. 3. 1940«, S. 2.

71 Schulenburg an Duberg, Moskau, den 13. März 1939, in: Nachlaß Schulenburg, Briefwechsel Duberg, Moskau, 11. 2. 1938–18. 8. 1939, S. 3.

72 Köstring an Tippelskirch, 13. März 1939, in: Teske, Köstring, S. 223–226.

73 ADAP, D, VI, Nr. 51, S. 46–47.

74 Personalakte Schulenburg im Auswärtigen Amt.

75 Hassell-Tagebücher, Aufzeichnungen vom 22. März 1939, S. 85.

76 Kordt, Wahn, S. 146.

77 Kleist, Hitler, S. 34 f., ders., Tragödie, S. 55 f.

78 Nach den heutigen Erinnerungen von Dr. W. Schmid hätte die Rede Stalins im Auswärtigen Amt »großes Aufsehen … erregt, und die Spekulationen darüber, welche Schlüsse man … zu ziehen habe, bewegten uns alle sehr«. Schmid, Jahre, S. 12. Demgegenüber enthalten die Informationen der Pressekonferenz des Reichsministers für Volksaufklärung und Propaganda aber keinerlei Hinweis auf die Stalin-Rede vom 10. März (vgl. etwa die Sammlung Bramer in: Bundesarchiv (= BA) Koblenz, ZSg. 101/34, und die Mitteilungen zur Lage in der Sowjetunion (Nr. 3, 39, S. VIII, Z1–7) des Reichsministers-SS). Der Chef des Sicherheitshauptamtes hob ausschließlich die »antideutsche Frontstellung« in den Reden Stalins und Manuilskijs zur Außenpolitik der UdSSR hervor.

79 Ribbentrop, London, S. 171 f.

80 Vgl. hierzu auch die vorsichtige Deutung von Michalka, Ribbentrop, S. 285 ff.

81 Hilger, Wir, S. 280. Mitteilung von Dr. Schnurre an Vf. Braubach (Weg, S. 12 und S. 39, Anm. 26) hat bereits auf diese Unstimmigkeit hingewiesen und es als »fraglich« bezeichnet, »ob Hitler wirklich Stalins Äußerungen in diesem Sinne aufgefaßt, ja ob er, der gerade den Todesstoß gegen die Tschechei führte, sie überhaupt genauer gelesen hat«.

82 Hierzu ausführlicher unten: Die Unterzeichnung.

83 ADAP, D, VII, Nr. 213, S. 189–191, hier S. 191.

84 Carr, Munich, I, S. 13.

85 DeWitt Poole, Light, S. 141: »Die Deutschen sahen ein zweites und klareres Zeichen, als Stalin im Frühjahr 1939 in einer öffentlichen Rede feststellte, daß selbst der gewaltsame Widerspruch in den Anschauungen … kein Hindernis für praktische Kooperation sein muß …, und Moskau Berlin auf informelle Weise (so sagten die Deutschen) wissen ließ, daß diese Aussage speziell im Hinblick auf Deutschland gemacht worden sei.«

86 Es finden sich in der Literatur wiederholt Hinweise auf private Mittelsmänner zwischen Hitler und Stalin, die nach der Besetzung Prags in Aktion getreten seien. Erwähnt wurde in diesem Zusammenhang der tschechoslowakische General Jan Syrový, von September bis November 1938 tschechoslowakischer Ministerpräsident und zugleich von September 1938 bis März 1939 Minister für nationale Verteidigung; dieser war für seine pro-deutschen Sympathien bekannt und hatte Hàcha nach Berlin begleitet, um sich angeblich kurz nach der »Abdankung« Hàchas unter unklaren Umständen auf die Seite Deutschlands zu schlagen; von Syrový behauptete Hauptmann von Rintelen im Gespräch mit Botschafter Joseph E. Davies vom 17. Mai 1939, er sei »kürzlich … als Emissär Hitlers« zweimal nach Mos-

kau gesandt worden, um »Fühlung« mit Stalin aufzunehmen (Davies, Botschafter, S. 345).

87 Zu Rudolf Likus vgl. Döscher, Amt, S. 209, Anm. 24. In seinen Vernehmungen durch Dr. Robert Kempner gab der frühere Staatssekretär von Weizsäcker eine Charakterisierung der Arbeit von Likus und seiner zwischen dem Reichssicherheitshauptamt und Ribbentrop tätigen Organe, die auch die Lage Schulenburgs genau umreißt. Weizsäcker nannte Likus die Spinne im Netz eines Informationsapparats, durch den Ribbentrop die Berichterstattung des Auswärtigen Amts und Dienstes weitgehend außer Kraft setzte. Die Aufgabe des Likus-Netzes beschrieb Weizsäcker mit den Worten: »Diese Leute sollten ohne besondere Rücksicht auf die Wahrhaftigkeit ihrer Meldungen ... schnell etwas Interessantes produzieren«, womit Ribbentrop vor Hitler zu brillieren und sein Ansehen aufzubessern hoffte. »Das war der Sinn. Erst wurde verboten, daß den Missionschefs etwas mitgeteilt wurde, man sollte ihnen gar nicht sagen, daß Leute besondere Missionen hatten. Später wurde ihnen mitgeteilt, daß etwas ist, aber sie durften sich nicht einmischen.« Robert M.W. Kempner, Das Dritte Reich im Kreuzverhör. Aus den Vernehmungsprotokollen des Anklägers, Düsseldorf 1984, S. 218.

88 PA AA, Dienststelle Ribbentrop, AZ.: Vertrauliche Berichte, Bd. 1/2, Teil 1, 29313.

89 Mitteilung von Dr. Karl Schnurre an Vf.

90 Werth, Rußland, S. 34.

91 Gafenco, Jours, S. 30, 70.

92 Bericht Schulenburgs über sein Gespräch mit Litwinow vom 26. August 1938, in: ADAP, D, II, Nr. 396, S. 501–503. Dem italienischen Botschafter, der sich der Hoffnung hingab, Chamberlain hätte tatsächlich die Kriegsgefahr gebannt, bedeutete Litwinow »unter energischem Kopfschütteln ... : ›Sie irren! Hitler hält dort nicht an!‹«; vgl. Augusto Rosso, Obiettivi e metodi della politica estera sovietica, in: Rivista di Studi Politici Internazionali, XIII, Nr. 1–2 (Januar–Juni 1946), S. 3–29, hier S. 9.

93 Kordt, Wahn, S. 146.

94 Coulondre (über den 15. März) hier nach: Gafenco, Jours, S. 30.

95 Chamberlain in seiner Birminghamer Rede vom 17. März 1939; Coulondre, Staline, S. 261.

96 GSA S. 396.

97 Vgl. Telegramm Majskijs an Litwinow vom 20. März 1939, in: SSSR, Nr. 171, S. 258 ff.

98 Brief von Tippelskirch an Schliep vom 20. März 1939, in: ADAP, D, VI, Nr. 51, S. 46–47, hier S. 47.

99 ADAP, D, VI, Nr. 43, S. 39; Nr. 50, S. 43–44 und Übersetzung der Note als Anlage zu Nr. 50, S. 44–45 sowie DM, Nr. 20, S. 52–54 und – im russischen Originaltext – SSSR, Nr. 157, S. 242–243.

100 Werth, Rußland, S. 34.

101 Carr, Munich, I, S. 13.

102 Bericht Köstrings an Tippelskirch vom 20. März 1939, in: Teske, Köstring, S. 227.

103 ADAP, D, VI. Nr. 43, S. 39.

104 ADAP, D, VI, Nr. 50, S. 44.

105 ADAP, D, IV, Nr. 46, S. 41.

106 DeWitt Poole, Light, S. 141.

107 Vgl. hierzu und zum folgenden Kordt, Akten, S. 307 ff.

108 Kordt, Akten, S. 309.

109 Weizsäcker-Papiere, S. 150, 152, 153.
110 Kordt, Akten, S. 307.
111 Die umfangreiche persönliche Korrespondenz Schulenburgs, die Teil seines Nachlasses ist, zeugt davon.
112 Am 22. August 1938 hatte Litwinow dem Botschafter mit Resignation mitgeteilt, seit seiner nationalsozialistischen Durchsetzung sei »Danzig... für Polen verloren; es habe die Stadt längst ›abgeschrieben‹; sie sei jetzt ohne Bedeutung für Polen«. Politischer Bericht Schulenburgs an das Auswärtige Amt vom 26. August 1938, ADAP, D, II, Nr. 396, S. 501.
113 In seinem Bericht an Botschafter Attolico wies der italienische Generalkonsul Renzetti am 19. März 1939 auf dieses Gesprächsthema hin; wie er betonte, hatte diese Idee »ihre Anhänger unter denen, die eine deutsch-russische Verständigung wünschen würden«. Zitiert nach: Toscano, Italia, S. 12, ders. Italy, S. 54.
114 DeWitt Poole, Light, S. 141.
115 Renzetti an Attolico, 19. März 1939, zitiert nach: Toscano, Italia, S. 12, ders., Italy, S. 54.
116 Nicolaus v. Below, Als Hitlers Adjutant 1937–1945, Mainz 1980, S. 155.
117 Zitiert nach: Winston S. Churchill, The Second World War, Bd. 1, The Gathering Storm, London 1988, S. 318.
118 Vgl. zum folgenden aus Augenzeugensicht: Churchill, War, S. 310 ff.; Strang, Home, S. 160 ff.; Coulondre, Staline, S. 261 ff.; Gafenco, Jours, S. 31 ff.; Majskij, Vospominanija, S. 452 ff.; ders., Hitler, S. 99 ff.; ders. Memoiren, S. 425 ff.; Ribbentrop, London, S. 160 ff.; Józef Beck, Dernier Rapport, Genf 1952, S. 180 ff. u.a.; sowie aus späterer historischer Sicht: Namier, Prelude, S. 82 ff.; Beloff, S. 231 ff.; Duroselle, Politique, S. 99 ff.; Allard, Stalin, S. 103 ff.; Sipols, Vorgeschichte, S. 235 ff. u.a. Dazu notierte Goebbels: »Man dichtet uns ein Ultimatum an Rumänien an. Das wird selbst von Bukarest dementiert.« Tagebücher, I, 3, S. 577. Die Hintergründe dieser Demarche liegen bis heute im dunkeln. Geheimdienstliche Manipulation scheint nicht ausgeschlossen. Hierzu zuletzt: Armin Heinen, Der Hitler-Stalin-Pakt und Rumänien, in: Erwin Oberländer, Hrg., Hitler-Stalin-Pakt 1939. Das Ende Ostmitteleuropas, Frankfurt/Main 1989, S. 98–113, hier S. 101 (146).
119 Schulenburg gab diese TASS-Meldung am 23. März 1939 an das Auswärtige Amt weiter, um selbst am selben Tage zur Berichterstattung nach Berlin zu fahren; vgl. ADAP, D, VI, Nr. 75, S. 73–74 (mit Anlage). Im Zusammenhang mit diesem TASS-Dementi ist die Tatsache von Interesse, daß Schulenburg auf Anfrage des Auswärtigen Amts vom 8. März am 13. März 1939 betont hatte, die Sowjetpresse betrachte Polen und Rumänien als »die nächsten Opfer der Aggression« und Stalin habe die Haltung der Sowjetregierung in seiner Rede vor dem XVIII. Parteitag »grundsätzlich dahin präzisiert..., daß die Sowjetunion jeden von den Aggressoren angegriffenen Staat unterstützen wird«. Schulenburg hatte zugleich auf die Tatsache hingewiesen, daß die Regierungen Polens und Rumäniens eine Unterstützung durch die Sowjetunion bis zu diesem Zeitpunkt als unerwünscht betrachteten, »da sie die Rote Armee auf ihrem Territorium aus naheliegenden Gründen nicht haben und ihr Staatsgebiet nicht zum Schlachtfeld hergeben wollen«. Und er mußte auch wahrheitsgetreu darauf aufmerksam machen, daß Stalin nicht gesagt hatte, »worin diese Unterstützung bestehen« würde, ja, daß er »an anderer Stelle seiner Rede sogar darauf hingewiesen [habe], daß er Verwicklungen mit anderen Ländern vermeiden will«. ADAP, D, IV, Nr. 496, S. 554.

120 Aufzeichnung des Reichsaußenministers, Berlin, den 21. März 1939 (über die Unterredung mit Lipski), in: ADAP, D, IV, Nr. 61, S. 56 ff.
121 Beck, Rapport, S. 188.
122 Kordt, Wahn, S. 149.
123 Below, Adjutant, S. 157.
124 Kordt, Wahn, S. 157 und Akten, S. 306, unter Hinweis auf die entsprechende Mitteilung von Brauchitsch an Oster und von Oster an Kordt.
125 Domarus, Hitler, II, S. 1117 f.
126 Hans Bernd Gisevius, Bis zum bittern Ende, Hamburg 1947, Bd. II, S. 107 sowie Domarus, Hitler, II, S. 1118.
127 Helmut Booms, Der Ursprung des Zweiten Weltkrieges – Revision oder Expansion? in: Geschichte in Wissenschaft und Unterricht 16 (1965), S. 329 ff.; sowie Hillgruber, Hitler-Koalition, S. 472.
128 Text wiedergegeben bei: Domarus, Hitler, II, S. 1131–1132; ADAP, D, VI, Nr. 185, S. 187–189; DM Nr. 37, S. 76–79; SSSR, Nr. 227, S. 326–328.
129 So in seiner Ansprache, vgl. ADAP, D, VI, Nr. 433, S. 479.
130 Vgl. ADAP, D, VI, Nr. 185, S. 187.
131 Zur politischen und strategischen Problematik dieser Garantieerklärungen, vgl. die kritische Betrachtung von Lothar Kettenacker, Die Diplomatie der Ohnmacht. Die gescheiterte Friedensstrategie der britischen Regierung vor Ausbruch des Zweiten Weltkrieges, in: Wolfgang Benz und Hermann Graml, Hrg., Die Großmächte und der Europäische Krieg (Schriftenreihe der Vierteljahrshefte für Zeitgeschichte (= Schriften-Sonder-Nummer), Stuttgart 1979, S. 223–279; aus (offizieller) britischer Sicht: Gibbs, Strategy, S. 707 ff.
132 Coulondre, Staline, S. 263 f.
133 Majskij, zitiert nach: Sipols, Vorgeschichte, S. 248.
134 Kettenacker überspannt zwar den Bogen, wenn er die britische Garantieerklärung an Polen als »Flucht nach vorn« und einen »Bluff sondergleichen« (Diplomatie, S. 250) bezeichnet – es war zu diesem Zeitpunkt noch nicht erwiesen, daß Hitler eindeutige Beistandserklärungen ignorieren würde; doch sprach er einen entscheidenden Punkt an, als er betonte, daß Großbritannien (und Frankreich, I.F.) Polen »im Ernstfall genauso wenig beistehen konnte[n] wie der Tschechoslowakei ... Die Garantie Polens diente nicht der Sicherheit des Landes, sondern seinem sicheren Verderben in der ersten Hälfte des Septembers«.
135 Vgl. Adamthwaite, France, S. 266 ff., 309 ff.
136 Strang, Home, S. 161 f.
137 Churchill, War, Bd. I, S. 313.
138 In der zweiten Aprilhälfte 1939 berichtete der deutsche Geschäftsträger in Moskau rückblickend, daß sich die Sowjetregierung »unabhängig von den Aktionen Englands und Frankreichs sowie ungeachtet etwaiger Ergebnisse der englisch-sowjetischen Verhandlungen ... bemüht [habe], von sich aus einiges zur Erhöhung ihrer Sicherheit zu tun. Hierbei hat sie bestimmte Regionen im Auge. Ihre Bemühungen richteten sich zunächst auf die Ostsee, was aus den warnenden, durch militärische Demonstrationen an der Grenze unterstrichenen Erklärungen Litwinows gegenüber Estland und Lettland sowie aus den Pressionsversuchen gegenüber Finnland erhellt. Neuerdings scheinen parallele Bemühungen in Richtung auf das Schwarze Meer im Gange zu sein, worauf die schwebenden Verhandlungen mit der

Türkei und die Reise des Stellvertretenden Außenkommissars Potemkin nach Ankara hinweisen.« Tippelskirch an das Auswärtige Amt, 24. April 1939, in: ADAP, D, VI, Nr. 257, S. 266–267.

139 Vgl. ADAP D, VI, Nr. 57 vom 21. März 1939.

140 SSSR, Nr. 192, S. 282–283; GGVK, S. 192 ff.; Sipols, Vorgeschichte, S. 241; aber auch Allard, Stalin. S, 110 u.a.

141 Vgl. Myllyniemi, Krise, S. 43; sowie Gert von Pistohlkors, Der Hitler-Stalin-Pakt und die Baltischen Staaten, in: Oberländer, Pakt, S. 75–97, hier S. 88 (144).

142 So durch das TASS-Dementi angeblicher sowjetischer Hilfe an Rumänien und Polen vom 22. März 1939 (SSSR Nr. 179, S. 265; Beloff, Policy, S. 232; Duroselle, Politique, S. 100); durch das TASS-Dementi sowjetischer Kriegsmaterialversprechungen an Polen vom 4. April 1939 (vgl. ADAP, D, IV, Nr. 161, S. 162 f.; Toscano, Italia, S. 13; sowie Beloff, Policy, S. 232).

143 So wies u.a. Köstring in seinem Brief an Tippelskirch vom 19. April 1939 auf die Versuche der UdSSR hin, »mit leichtem Druck oder Versprechungen« auf ihre Nachbarstaaten im Westen einzuwirken; »Wir sehen alle die gleichen Versuche der S.U., von Finnland bis zur Türkei, die Nachbar- und Pufferstaaten zu sich heranzuziehen, mit Bitten, Anfragen und etwas Druck« (Teske, Köstring, S. 234/235).

144 Sipols bringt bereits für diesen Zeitraum das aktuelle Interesse der Sowjetunion an der Rückgewinnung ihrer nach dem Ersten Weltkrieg vorlorenen Westprovinzen – Ostpolen, Westbelorußland, der Westukraine und Bessarabien – ins Spiel; Sipols, Vorgeschichte, S. 242.

145 So zog auch eine Beurteilung der militärischen Möglichkeiten der UdSSR, die der britische Generalstab am 25. April 1939 dem Foreign Office vorlegte, den Schluß, daß die Rote Armee Polen keine und Rumänien keine nennenswerte wirkungsvolle Militärhilfe leisten könnte; vgl. Robert Manne, The British Decision for Alliance with Russia, May 1939, in: Journal of Contemporary History, Bd. 9, Nr. 3, July 1974, S. 3–26, hier S. 20.

146 Coulondre, Staline, S. 261.

147 Teske, Köstring, S. 140.

148 Vgl. Weizsäcker, Erinnerungen, S. 203 ff.

149 Vgl. Köstrings Antwort an Tippelskirch, in: Teske, Köstring, S. 232 sowie Watt, Initiation, S. 161.

150 Domarus, Hitler, II, S. 1119–1127.

151 Vgl. Rauch, Geschichte, S. 368.

152 Domarus, Hitler, II, S. 1122; Gafenco, Jours, S. 132.

153 Hassell-Tagebücher, S. 55, 5. April 1939.

154 Vgl. Domarus, Hitler, II, S. 1136; aus rumänischer Sicht: Gafenco, Jours, S. 33 ff.; aus sowjetischer Sicht: Sipols, Vorgeschichte, S. 241.

155 Hassell-Tagebücher, S. 85 f., 3. April 1939.

156 Vgl. Weizsäcker, Erinnerungen, S. 230.

157 Solche »Erfolge« von Angehörigen des Auswärtigen Amts und Dienstes erwiesen sich häufig als kurzlebig. Ribbentrop konnte sich den Argumenten seiner Untergebenen, besonders wenn sie gemeinsam auf ihn einwirkten, anscheinend öffnen, um sie – sobald er Hitler unter die Augen trat – zu vergessen. Pers. Auskunft von Dr. K. Schnurre an Vf.

158 Kleist, Hitler, S. 26 ff.; ders., Tragödie, S. 50 ff., wo er diese seine Fühlungnahme be-

zeichnenderweise seitenverkehrt unter der Überschrift »Stalin fühlt vor« darstellt. Das Zeugnis von Peter Kleist gebietet in jeder Hinsicht Vorsicht. In Kenntnis der Art und Darstellung seiner späteren Botengänge als »Diener dreier Herren« – Ribbentrop, Walter Schellenberg und Heinrich Himmler – in den Jahren 1943 bis 1945 (vgl. meine Arbeit »Die Chance des Sonderfriedens«, Berlin 1986, S. 255 ff.) wird man auch die Elemente seiner Beschreibung dieser Fühlungnahme zur sowjetischen Seite streng nach Wahrheit und Dichtung unterscheiden müssen. Ein anmaßend ambitiöser Charakter, der den vulgären Machtjargon des nationalsozialistischen Karrieristen (NSDAP-Mitgleid seit 1933, Eintritt in die SS 1938, 30. 1. 43: SS-Obersturmbannführer beim SS-Hauptamt) virtuos beherrschte, wurde Kleist von den Angehörigen der Deutschen Botschaft Moskau gemieden und von denen des »alten« Auswärtigen Amts mit einer Mischung von Abscheu und Verachtung behandelt. Kleist war immer dort zur Stelle, wo er eine Mission von weltgeschichtlicher Bedeutung wahrzunehmen vermeinte, und steigerte sich unter Hintanstellung der gebotenen nüchternen Analyse der Personen, Motivationen und Umstände sowie Relativierung seiner eigenen Funktion in die Rolle eines großen Mittlers hinein.

159 Dokument des Reichssicherheitshauptamts VI (August 1944), BA, EAP 173–b–20–10/11 (bzw. T 175 – R 579 – Frames 122–155) hier: Bericht vom 13. Oktober 1944, S. 4.

160 Vgl. zum allgemeinen Hintergrund: Hans-Jürgen Perrey, Der Rußlandausschuß der deutschen Wirtschaft, München 1985.

161 Kleist, Hitler, S. 28; ders. Tragödie, S. 52.

162 Goebbels-Tagebücher, I, 3, S. 59.

163 Sipols, Mesjacev, S. 128.

164 Peter Bruno Kleist, Bericht vom 13. Oktober 1944, S. 4, in: Dokument des Reichssicherheitshauptamts VI (August 1944), BA, EAP 173-b-20-10/11 sowie National Archives, Washington D.C., T 175, R 579, F 122-55.

165 Weizsäcker-Papiere, 29. April 1939, S. 153.

166 So u.a. die Aufsätze des »Politicus« in den englischsprachigen *Moscow News* vom 3. und 10. April sowie im französischsprachigen *Journal de Moscou* vom 11. April und in der deutschsprachigen *Rundschau* vom 13. April 1939; vgl. Weber, Entstehung, S. 87, Anm. 59.

167 So hatte z.B. der britische Botschafter in Moskau, Seeds, Lord Halifax in einem Bericht vom 13. April auf »die mögliche Gefahr« eines deutschen Angebots an Stalin aufmerksam gemacht: Hitler könnte unter den gegebenen Umständen sehr wohl die »offenkundige Versuchung« Stalins ausnutzen, um die Gunst Stalins durch Gebietsversprechungen, etwa in Bessarabien, Teilen Polens, in Lettland und Estland, zu gewinnen; Seeds an Halifax, 13. April 1939, in: DBFP, V, S. 104. Halifax war durch diese Mitteilung so alarmiert, daß er sofort nach ihrem Erhalt, am 14. April, im Foreign Office eine Sitzung einberief, »to discuss Russia«. Vgl. dazu sowie des weiteren: Manne, Decision, S. 17.

168 Gafenco, Jours, S. 33.

169 Domarus, Hitler, II, S. 1137 ff.; sowie aus sowjetischer Sicht: Majskij, Vospominanija, S. 460 ff.

170 Vgl. aus sowjetischer Sicht: Majskij, Vospominanija, S. 460. ff.; aus Sicht der Deutschen Botschaft Moskau den Bericht Tippelskirchs vom 24. April 1939, in: ADAP, D, VI, Nr. 257, S. 266 f.; und aus Sicht der USA: Hull, Memoirs, S. 658.

171 Beloff, Policy, S. 233.

172 Gafenco, Jours, S. 33.
173 GGVK, S. 190.
174 Gafenco, Jours, S. 118.
175 Vgl. aus der Sicht des Augenzeugen u.a. Coulondre, Staline, S. 264 ff.; Strang, Home, S. 163 ff.; Churchill, War, I, S. 325 ff.; Majskij, Vospominanija, S. 460 ff.; Gafenco, Jours, S. 138 ff.; in historischer Sicht: Duroselle, Politique, S. 100 ff.; Namier, Prelude, S. 151 ff.; Beloff, Policy, S. 232 ff.; Markus Wüthrich, Die Verhandlungen der Westmächte mit der Sowjetunion im Sommer 1939. Ein Beitrag zur west-östlichen Kontroverse um die Entfesselung des Zweiten Weltkrieges, München 1967; Niedhardt, Großbritannien, S. 390 ff.; Adamthwaite, France, S. 280 ff.; Gibbs, Strategy, S. 719 ff.; Weber, Entstehungsgeschichte, S. 43 ff.; aus sowjetischer Sicht u.a.: GSA S. 402 ff.; Istorija Diplomatii, III, S. 759 ff.; Sipols, Vorgeschichte, S. 250 ff.
176 Vgl. Georges Bonnet, Fin d'un Europe. De Munich à la Guerre, Genf 1948, S. 180 ff.; dazu Beloff, Policy, S. 231 ff.
177 Text zum ersten Mal veröffentlicht von Gafenco, Jours, S. 140, von dort auf Englisch bei Beloff, S. 234; Literatur wie unter Anm. 175.
178 Vgl. u.a. Sipols, Vorgeschichte, S. 250.
179 Russischer Text in: SSSR, Nr. 239, S. 336–337; deutsche Übersetzung in: DM, Nr. 43, S. 84–85; englischer Text in: Strang, Home, S. 163–164; aus englischer Sicht: Strang, Home, S. 163 ff.; Churchill, War, I., S. 325 ff.; aus französischer Sicht: Bonnet, S. 182 ff.; Coulondre, Staline, S. 264 ff.; 281 ff.; und aus sowjetischer Sicht: Majskij, Vospominanija, S. 464 ff.; sowie später: P.P. Sewostjanow, Sowjetdiplomatie gegen faschistische Bedrohung 1939–1941, Frankfurt/Main 1984, S. 21 ff.; Sipols, Vorgeschichte, S. 251 ff.; Maximytschew, Ende, S. 271 ff.
180 Sewostjanow, Sowjetdiplomatie, S. 21 ff.
181 Im Gespräch mit dem italienischen Generalkonsul in Berlin, Renzetti, gab Erich Koch in diesen Tagen ungewollt zu erkennen, »daß Deutschland die Absicht hat, eine Verständigung mit Rußland zu erreichen«; Renzetti an Attolico, 7. Mai 1939, zitiert in: Toscano, Italy, S. 70–71; das Gespräch mit Erich Koch hatte zu diesem Zeitpunkt »vor einigen Wochen« stattgefunden.
182 Aufzeichnung über eine Unterredung zwischen dem Generalfeldmarschall Göring und dem Duce im Beisein des Grafen Ciano in Rom am 16. 4. 1939, in: ADAP, D, VI, Nr. S. 215–219. Die Aufzeichnung wurde von Dolmetscher Paul Schmidt angefertigt, der in seinen Erinnerungen an dieses Gespräch (Statist, S. 434) auf die Unruhe der italienischen Gesprächspartner aufmerksam macht: Besorgt und mit bedenklichem Gesicht habe Mussolini »die immer tollkühner werdenden Andeutungen Görings« über Hitlers Pläne in Polen zur Kenntnis genommen. Vgl. zu diesem Treffen auch. Toscano, Italy, S. 61 ff.; Beloff, Policy, S. 227; Braubach, Weg, S. 13; Watt, Initiation, S. 164, mit besonderem Interesse an den von Göring erwähnten »Mittelsmännern«.
183 Vgl. Tagebucheintragung Cianos vom 16. April 1939: »... Die Deutschen aber täuschen sich, wenn sie glauben, mit analoger Waffe gegen Polen vorgehen zu können...« Zit. nach: Schmidt, Statist, S. 434.
184 Telegramm Litwinows an Merekalow vom 5. April 1939, abgedruckt in: God krizisa. Sentjabr' 1938 – sentjabr' 1939, Moskau: Politizdat 1990, S. 175.
185 Weizsäcker-Papiere, Brief vom 21. Juli 1939, Berlin, S. 155.
186 Weizsäcker, Erinnerungen, S. 223, 221 ff.
187 Brief Weizsäckers vom 16. April 1939, Berlin, in: Weizsäcker-Papiere, S. 153.

188 So hatte z.B. Otto Karl Kiep, nach zweijähriger Verwendung beim »Internationalen Nichteinmischungsausschuß« in London wieder in die Zentrale in der Wilhelmstraße einberufen, seinen Kollegen Anfang April ein völlig anderes Bild der englischen Bereitschaft vermittelt. »Er war stark beeindruckt durch die ausnahmslos antideutsche Stimmung. Nach seiner Ansicht sind die Engländer nichts weniger als dekadent und schlapp, sondern fest entschlossen, mit dem Nachgeben Schluß zu machen.« Hassell-Tagebücher, S. 86.

189 »Er erklärte, in den nächsten Tagen nach Moskau reisen zu müssen, und würde großen Wert darauf legen, eine Antwort mündlich oder schriftlich bis dahin zu erhalten.« Weizsäcker in der Aufzeichnung für Wiehl, in: ADAP, D, VI, Nr. 217, S. 222.

190 Vgl. Aufzeichnung des Staatssekretärs vom 17. April 1939, in: ADAP, D, VI, Nr. 215, S. 221–222 und Nr. 217, S. 222–223. Das Gespräch Weizsäckers mit Merekalow ist in der westlichen Literatur durchgängig als erste vollwertige *sowjetische* Sondierung und Willensbekundung zugunsten einer Annäherung mit Deutschland behandelt worden (vgl. u.a. Beloff, Policy, S. 235 ff.; Duroselle, Politique, S. 92, 100; Langer/Gleason, S. 99 ff.; sowie später: Fabry, Pakt, S. 20; Allard, Stalin, S. 113; Hofer, Entfesselung, S. 58 ff.; Hillgruber, Außenpolitik, S. 21; symptomatisch Brügel, Stalin, S. 42: »Moskau beginnt, das Dritte Reich ernsthaft zu umwerben«. Kein westlicher Historiker hat die Art der Darstellung des Staatssekretärs in Zweifel gezogen und (sich) die Frage gestellt, mit welcher Intention und mit Blick auf welchen Adressaten Weizsäcker diese Aufzeichnungen schrieb. Selbst Carr (Munich, II, S. 93) nahm die Aufzeichnung Weizsäckers für Ribbentrop *at face value.* Dasselbe tat Namier, Europe, S. 261. Es sind lediglich Zweifel am Gewicht einiger Aussagen wach geworden, die Weizsäcker dem Sowjetbotschafter in den Mund legte, und zwar von Schorske (Ambassadors, S. 502), Weinberg (Germany, S. 23), Braubach (Weg, S. 13) und Watt (Initiation, S. 162). Demgegenüber behandelt die sowjetische Forschung das Treffen Weizsäckers mit Merekalow als den Beginn ernsthafter diplomatischer Sondierungen durch die *deutsche* Regierung (Majskij, Who, S. 184 ff.; ders., Vospominanija, S. 513 ff.; ders. Memoiren, S. 494 ff.; Kobljakow, Bor'ba, S. 21 ff.; Androsow, Nakanune..., S. 135 ff.; Sipols, Vorgeschichte, S. 294 ff.; Maximytschew, Anfang, S. 292 ff.; Falin, Počemu, III, S. 18; Sipols, Mesjacev, S. 128 u.a.).

191 Bericht Merekalows an das Volkskommissariat für Auswärtige Angelegenheiten der UdSSR vom 6. Juli 1938, in: SSSR, Nr. 251, S. 349–501. Schon in diesem Gespräch hatte Weizsäcker – in Fortführung der Bemühungen Schulenburgs in Moskau – das deutsche Interesse an einer Neubelebung der Handelsbeziehungen erkennen lassen; er hatte von Merekalow die Antwort erhalten, beim derzeitigen Stand der deutsch-sowjetischen Beziehungen müßte die Initiative zu einer Neubelebung – unter veränderten Bedingungen und Annahme der sowjetischen Konditionen – von deutscher Seite ausgehen. Dieses ausführliche Gespräch ist der Forschung entgangen, was dazu führte, daß auch sie das Gespräch Merekalows (genau in dem von Weizsäcker intendierten Sinne) als »the only one with Weizsäcker during his ten months in Berlin« betrachtete (so als erster Weinberg, Germany, S. 23).

192 Darauf hat als erster Androsow hingewiesen; Nakanune, S. 136.

193 Weizsäcker-Papiere, S. 175 f.

194 Telegramm Merekalows an den Narkomindel vom 18. April 1939, in: AVP SSSR, f. 059, op. 1, d. 2036, 1. 61–62, abgedruckt in: God, S. 177–178 sowie Aufzeichnung

Astachows über das Gespräch, 27. April 1939, in: AVP SSSR, f. 06, op. 1, p. 7, d. 65, l. 69–71.

195 Aufzeichnung von Captain Paul Stehlin über sein Gespräch mit General Bodenschatz vom 6. Mai 1939, mit Bericht von Coulondre an Bonnet vom 7. Mai 1939, in: DDF, 2, XVI, Nr. 100, S. 221–227. Dazu aus der Erinnerung: Coulondre, Staline, S. 270–271 und Paul Stehlin, Témoignage pour l'Histoire, Paris 1966, S. 147–152; deutsch: Auftrag in Berlin, Berlin 1965, S. 180–186. Über diese Konfidenz: Gafenco, Jours, S. 161 f.; Beloff, Policy, S. 266 f.; Namier, Prelude, S. 159, Dallin, Policy, S. 27 ff.; Braubach, Weg, S. 14 und Anm. 33.

196 Sie lautet: »Glauben Sie vielleicht, daß Hitler das Spiel beginnen wird, ohne alle Trümpfe in der Hand zu haben? Das wäre entgegen seiner sonstigen Weise, die ihm die vorausgegangenen Erfolge ohne einen Schwertstreich gebracht hat... Sie haben sicher von gewissen laufenden Verhandlungen und von der Reise des Botschafters und Militärattachés der UdSSR erfahren: diese sind am Vorabend ihrer Abreise empfangen worden, der erste von Herrn von Ribbentrop [sic], der zweite im Oberkommando der Wehrmacht, und sind vollkommen über die Gesichtspunkte der Regierung in Kenntnis gesetzt worden. Ich kann Ihnen wahrhaftig nicht mehr sagen, aber eines Tages werden Sie erfahren, daß etwas im Osten im Gange ist.« DDF, 2, XVI, Nr. 100, S. 225 f.

197 Stehlin, Auftrag, S. 181.

198 Dallin, Policy, S. 28.

199 Coulondre, Staline, S. 171.

200 Später hat Goebbels »Bodenschatz... wegen seiner Schwatzhaftigkeit in militärischen Geheimnissen sehr ernst die Meinung sagen [lassen]. Er wird sich nun hüten«. Goebbels-Tagebücher, I, 4, S. 679.

201 Zitiert nach Kube, Göring, S. 309.

202 Kube, Göring, S. 309 f.; Anton Szymanski, Das deutsch-polnische Verhältnis vor dem Kriege, in: Politische Studien Nr. XIII, 1962, S. 141–144; und Watt, Initiation, S. 161, der die Mitteilungen von Bodenschatz an den polnischen Militärattaché und den Gehilfen des französischen Luftattachés irrtümlich auf den selben Tag, den 3. Mai 1939, datiert. Von der Mitteilung an die polnische Botschaft erfuhr umgehend der britische Botschafter in Berlin; vgl. Henderson an das Foreign Office, 5. Mai 1939, in: DBFB, Serie 3, V. Nr. 377.

203 Weizsäcker kann dieses Vorgehen sehr wohl mit Männern der Opposition und des Militärs besprochen und abgestimmt haben. Von den mehrmals wöchentlich stattfindenden stundenlangen privaten Erörterungen zwischen Weizsäcker und Canaris sowie, sofern anwesend, Schulenburg u.a. in der Sofaecke des Amtszimmers des Staatssekretärs berichtete Dr. Karl Schnurre dem Vf.

204 Nach Informationen aus »sehr guter Quelle« erfuhr der französische Botschafter in Berlin Ende Mai, die Generalobersten Keitel und Brauchitsch hätten Hitler gegenüber »erklärt, daß Deutschland, wenn es gleichermaßen gegen Rußland kämpfen müßte, reichlich Chancen hatte, den Krieg zu verlieren«. Coulondre, Staline, S. 271.

205 In seinem Buch »Mein Kampf« hatte Hitler bereits seine außenpolitische Maxime festgelegt; sie lautete: »Bündnisse schließt man nur zum Kampf.« In Hinblick auf ein deutsches Bündnis mit Rußland hatte er damals die klare Vision gehabt: »Würde also ein deutsch-russisches Bündnis eines Tages die Probe vor der Wirklichkeit zu bestehen haben, und Bündnisse ohne einen Gedanken an Krieg gibt es nicht, dann würde

Deutschland den konzentrischen Angriffen ganz Westeuropas ausgesetzt sein, ohne einen eigenen Widerstand ernstlicher Art leisten zu können.« In einem Punkte seiner Vorausschau allerdings täuschte sich Hitler: Er ging davon aus, daß ein Bündnis Deutschlands mit Rußland zu einem gemeinsamen »Kriege Deutschland-Rußlands gegen den Westen Europas, wahrscheinlich aber gegen die ganze übrige Welt« führen würde. Als richtig erwies sich demgegenüber seine Voraussicht, daß dieses Kampfbündnis Deutschlands mit Rußland »geradezu katastrophal« ausgehen würde; es würde Deutschland zum furchtbarsten Schlachtfeld in der Geschichte machen und ein Ergebnis haben: »Rußland vor der Vernichtung zu bewahren und dafür Deutschland zum Opfer zu bringen.« (Hitler, Kampf, S. 748). Sollte Stalin, der Hitlers »Mein Kampf« eifriger analysiert hatte als die große Mehrheit seiner deutschen Zeitgenossen, daraus nicht den Schluß gezogen haben, daß er es wohl zum Bündnis mit Deutschland, nicht aber zu einer Verwicklung in einen Krieg »gegen den Westen Europas,... die ganze übrige Welt« kommen lassen durfte?

206 Auch Bodenschatz betonte im Gespräch mit Stehlin, die Polenfrage würde letztendlich so gelöst werden, daß die Westmächte »weder Grund noch sogar die Absicht« zum (militärischen) Eingreifen haben würden. Er fügte hinzu: »Das soll nicht in ein oder zwei Monaten sein. Man braucht die notwendige Zeit zur Vorbereitung. Hitler ist nicht... der Mann, der eine Entscheidung auf brutale Weise und in einem Wutanfall ergreift.« DDF, 2, XVI, S. 226. Die Abwarte-Parole stand in diesen Tagen auf der Tagesordnung. Auch Goebbels notierte am 3. Mai 1939, die polnische Presse »krakehlt herum. Aber ihr wird schon bald das Schimpfen vergehen. Nur warten und Geduld haben«. Tagebücher, I, 3, S. 600.

207 Gafenco, Jours, S. 89.

208 Dallin, Russia, S. 22.

209 Rauch (Geschichte, S. 370) hat dafür als erster eine Erklärung gesucht; er schrieb: »Die Sowjetregierung wußte die deutsch–russischen Gespräche des Sommers ebensogut nach außen abzuschirmen wie das Auswärtige Amt Hitlers. Man war sogar so vorsichtig, den sowjetischen Botschafter in Berlin, Merekalow, vorübergehend abzuberufen und während des ganzen Sommers nicht auf seinen Posten zurückkehren zu lassen.« Merekalow ist nie wieder nach Berlin zurückgekehrt. Bis unmittelbar vor Paktabschluß blieb Astachow als Geschäftsträger in Berlin. Danach wurde Schkwarzew zum Botschafter ernannt.

210 Majskij, Vospominanija, S. 467 ff.; ders. Memoiren, S. 442 ff. Es trägt zudem – 1964 erschienen – den Stempel der relativ liberalen Phase der Chruschtschow-Periode.

211 Watt, Initiation, S. 164; Weber, Entstehungsgeschichte, S. 116.

212 Šejnis, Litvinov, S. 362.

213 Dallin, Policy, S. 26 unter Berufung auf die *New York Times* vom 6. Mai 1939 (rückblickend); Kirk an Hull, 4. Mai 1939, nach dem »seit kurzem« solche Gerüchte im Umlauf seien (FRUS, DP, SU, Nr. 218, S. 758 f.); der deutschen Presse waren »Meldungen über Stillhalteverhandlungen [!] sowie Erörterungen über dieses Thema« am 17. April untersagt worden (BA, ZSg 102/15, S. 362).

214 Vgl. Henry L. Roberts, Maxim Litvinov, in: Gordon A. Craig and Felix Gilbert, The Diplomats, 1919–1939, S. 344–347, hier S. 374; dazu Weber, Entstehungsgeschichte, S. 116.

215 Nach den späten Erinnerungen von Nahum Goldmann hatte Litwinow bei der letz-

ten Begegnung in Genf im Frühjahr 1939 gesagt, wenn Goldmann »eines Tages in der Presse lesen würde, er sei als Außenminister zurückgetreten, so bedeute dies Verständigung zwischen Nazi-Deutschland und der Sowjetunion, und der Krieg würde bald kommen«. (Nahum Goldmann, Mein Leben als deutscher Jude, München/Wien, 1980, S. 315.) Litwinows Biograph hat unter seinen Papieren ein Rücktrittsgesuch gefunden, das allerdings nicht eingereicht worden ist (Šejnis, Litvinov, S. 361). Nach Šejnis enthielt der Ukaz über die Demission Litwinows den Zusatz, er habe »eine fehlerhafte Position, insbesondere in der Bewertung der Politik Englands und Frankreichs« eingenommen (S. 365).

216 Vgl. Vernehmung von Oshima und Shiratori vor dem Internationalen Militärgerichtshof (Ferner Osten): Records of Proceedings, S. 6079 ff., 35042 ff.; vgl. Watt, Initiation, S. 161, 167, Anm. 37.

217 Vgl. Frank William Iklé, German-Japanese relations 1936–1940, New York 1956, S. 101; siehe auch: Carl Boyd, The extraordinary envoy. General Hiroshi Oshima and Diplomacy in the Third Reich, 1934–1939, Washington D.C. 1980, S. 101 ff.; Braubach, Weg, S. 13 f., S. 40, Anm. 32.

218 Vgl. etwa die Ramsaj(= Sorge)-Berichte vom 9., 15. April und (weniger positiv) vom 5. Mai 1939 (in: SSSR, Nr. 219, S. 317, Nr. 236, S. 334 und Nr. 274, S. 375–376 und die Darstellung in Anm. 53, S. 666–667), sowie das Telegramm Ribbentrops an Botschafter Ott vom 26. April 1939 (SSSR, Nr. 258, S. 352–354), dessen Inhalt vermutlich damals auf dem selben Wege nach Moskau gelangte, u.a. In einem zweiten Telegramm vom 15. April 1939 berichtete Sorge, daß sich Deutschland in den nächsten ein bis zwei Jahren »unter Berücksichtigung der Fragen, die mit der UdSSR zusammenhängen«, die Hegemonie in Mitteleuropa sichern wolle, um danach mit freiem Rücken im Westen »Krieg mit der UdSSR zu beginnen« (SSSR, Nr. 235, S. 334).

219 Nach dem Bericht von Köstring an Tippelskirch vom 19. April 1939 hatte der japanische Militärattaché Köstring unerwartet gefragt, wie er sich »japanische Operationen gegen Rußland denke!« Wie Köstring dem OKW mitteilte, sprach sein japanischer Kollege vom »Hauptstoß der Japaner etwa in Richtung Blagoweschtschensk und nordwestlich ... Ihnen käme es darauf an, an die Amurbahn zu kommen, da dann durch Mangel an Nachschub die Truppen im Raume Chabarovsk-Wladiwostok erledigt werden könnten«. Die japanischen Planspiele schienen zu diesem Zeitpunkt in einem vorgerückten Stadium zu sein (Teske, Köstring, S. 236 f.).

220 Myllyniemi, Krise, S. 46.

221 Zum Beginn des Wandels der sowjetisch-amerikanischen Beziehungen, vgl. Niedhart, Großbritannien, S. 280–281, mit Literaturhinweisen.

222 Majskij, Vospominanija, S. 469.

223 Vgl. zu diesen Vorgängen: Strang, 164 ff.; Churchill, War, I, S. 325 ff.; und Manne, Decision, S. 18 ff.; aus sowjetischer Sicht: Sipols, Vorgeschichte, S. 252 ff.

224 Vgl. auch Gibbs, Strategy, S. 727 ff.

225 Public Record Office (= PRO), Cab. 27/627, F.P. (36) 82 (paper C.O.S. 887), zitiert nach: Manne, Decision, S. 20.

226 PRO, CAB 23/99, zit. nach Niedhart, Großbritannien, S. 411, Anm. 762.

227 Cabinet minute vom 28. April 1939, in: PRO, RO 371/23064, zit. nach: Niedhart, Großbritannien, S. 411, Anm. 762.

228 Vgl. DBFP, 3, V, Nr. 316 sowie Majskij, Vospominanija, S. 469; ders., Memoiren, S. 444.

229 DBFP, 3, V, Nr. 312.

230 Majskij, Vospominanija, S. 469.

231 Vgl. die von Majskij wiedergegebene Charakterisierung der französischen Regierungspolitik durch Suriz (Majskij, Vospominanija, S. 467) sowie Berichte von Suriz an den Narkomindel vom 24. und 26. April und 6. und 10. Mai 1939 (in: SSSR, S. 347, 351, 376 und 385 f.), nach denen die Gespräche über die militärische Zusammenarbeit mit der UdSSR in den »gewöhnlichen Bluff« ausarten würden, da Bonnet ein wirksames Abkommen ebenso wenig wünsche wie Chamberlain.

232 Watt (Initiation, S. 164) ging davon aus, daß die sowjetische Entscheidung für das Zusammengehen mit Deutschland in der zweiten Aprilhälfte fiel; doch sind die von ihm verwendeten Argumente (angebliche Initiative Merekalows in Berlin, angebliche Auseinandersetzung zwischen der Linie Merekalows und der Linie Majskijs während der Moskauer Beratung, aus der Merekalow als Sieger hervorgegangen sei) ausschließlich Hypothesen.

233 Beloff, Policy, S. 239.

234 Seeds an Halifax, 3. Mai 1939, in: DBFP, 3, V, Nr. 344, S. 400.

235 Kabinettssitzung vom 3. Mai 1939, in: PRO, CAB 23/99; sowie: Dallin, Policy, S. 26; Namier, Prelude, S. 158; Niedhart, S. 410 f.

236 Domarus, Hitler, II, S. 1148 ff.; in ihr hatte Hitler den englisch-deutschen Flottenvertrag von 1935 und die deutsch-polnische Nichtsangriffserklärung von 1934 gekündigt, die Note Roosevelts vom 14. April 1939 mit Sarkasmus zurückgewiesen und das »kriegstreibende Wesen der westlichen Demokratien« angeprangert; er hatte – wie die Männer des »alten« Auswärtigen Amts sagten – »nach allen Seiten ausgekeilt«, die Sowjetregierung aber aus seinen Schmähreden ausgenommen. Vgl. auch Coulondre, Staline, S. 266 ff.; Weizsäcker, Erinnerungen, S. 223; Below, Adjutant, S. 162; Gafenco, Jours, S. 160; sowie die sowjetische Darstellung der Rede in: SSSR, S. 685–686, Anm. 109.

237 Dallin, Russia, S. 25.

238 Vgl. hierzu: Gibbs, Strategy, S. 724 ff.

239 Vgl. den Bericht des Geschäftsträgers der Deutschen Botschaft Moskau, von Tippelskirch, an das Auswärtige Amt vom 4. Mai 1939, in: ADAP, D, VI, Nr. 325, S. 346 f. sowie Bericht des britischen Botschafters Seeds an Lord Halifax vom 4. Mai 1939, in: DBFP, 3, V, Nr. 353, S. 410.

240 Evgenij Gnedin (Labyrinth, S. 27 ff.) datierte dieses Ereignis später irrtümlich auf den 2. Mai 1939 und unterstrich so unbeabsichtigt den engen Zusammenhang zwischen dem 1. Mai und dem Rücktritt Litwinows. Hingegen datiert auch Šejnis dieses Geschehen auf die Nacht vom 3. zum 4. Mai 1939 (Šejnis, Litvinov, S. 363).

241 Vgl. Gnedin, Labyrinth, S. 38 ff.

242 Tippelskirch an Schliep, Moskau den 10. Oktober 1938, in: ADAP, D, IV, Nr. 477, S. 531.

243 Texte wiedergegeben in: Werth, Rußland, S. 25.

244 Tippelskirch an das Auswärtige Amt, in: ADAP, D, VI, Nr. 325, S. 346–347.

245 Vgl. DBFP, 3, V, Nr. 353 und 359.

246 Petrucci an Ciano, Teheran, den 8. Mai 1939, Nr. 55, zitiert nach: Toscano, Italia, S. 28 ff.; ders., Italy, S. 69.

247 Weinberg, Germany, S. 24.

248 Herwarth, Hitler, S. 162. Hilger und Köstring hoben später hervor, Litwinow sei aus-

geschaltet worden, um Platz für die Annäherung an Deutschland zu schaffen (Hilger/Meyer, Allies, S. 290; Hilger, Wir, S. 276; Teske, Köstring, S. 134). Doch wird diese nachträgliche Betrachtungsweise der Komplexität der damaligen Entscheidungssituation nicht gerecht. Auf Unstimmigkeiten in diesen Angaben Hilgers und Köstrings hat schon Watt aufmerksam gemacht (Initiation, 161 ff.).

249 Weinberg, Germany, S. 24. Zwar bestand kaum Zweifel an der antideutschen Haltung Molotows (»faschistische Kannibalen«), doch sah man im Rücktritt Litwinows das Ende der sowjetischen Völkerbundspolitik und erklärte »Desinteressement ... in allen europäischen Fragen« – beides »ein ganz ungeheurer Vorteil für die Außenpolitik des Reiches«. Bedeutend verstärkt habe sich dadurch die Möglichkeit, »die polnische Frage ohne kriegerische Entwicklungen zu lösen«. Die Presse wurde angewiesen, dieses »Geschenk des Himmels« taktisch zu nutzen, indem sie den Westmächten und Polen »die Möglichkeit einer ... deutsch-russischen Verständigung oder Fühlungnahme« vorgaukelte. (BA, ZSg 101/34, S. 213 ff., 223).

250 Die Regierung der USA maß – wie Cordell Hull sich später erinnerte – dem Ereignis »die gebührende Bedeutung« bei (Hull, Memoirs, S. 656). Zugrunde lagen ihr die Berichte Kirks aus Moskau, vor allem sein Bericht vom 4. Mai 1939 (»... Dieser Wechsel könnte einen Schritt weg vom Grundsatz der kollektiven Sicherheit und hin zur Herstellung von Beziehungen mit Deutschland sein.« FRUS, DP, Nr. 218, S. 758 f.), und von Joseph Davies aus Brüssel, vor allem sein Bericht vom 10. Mai 1939, der den Signalcharakter dieser Entscheidung für die Westmächte unterstrich (Davies, Botschafter, S. 344). Der italienische Botschafter in Moskau, Rosso, neigte zu der Ansicht, »daß der Fall Litwinows das Scheitern der Verhandlungen zwischen Moskau und London bedeute« (Rosso an Ciano, 5. Mai 1939, Nr. 51, in: Toscano, Italia, 23 f.; ders. Italy, S. 69).

Im Quai d'Orsay beobachtete man die Demission Litwinows mit Aufmerksamkeit, ohne in ihr indessen zwangsläufig einen Fingerzeig Stalins in deutsche Richtung und damit eine grundlegende Wandlung der sowjetischen Außenpolitik zu sehen (Bonnet, Fin, S. 175 ff.; Coulondre, Staline, 269). Wohl aber erkannte Coulondre in der rasenden Geschwindigkeit, mit der sofort danach in Berlin Gerüchte über eine bevorstehende deutsch-sowjetische Annäherung in Umlauf gesetzt und geglaubt wurden, ein gefährliches Vorzeichen: Wenn die Verhandlungen der UdSSR mit den Westmächten zu scheitern drohten, hätte Hitler leichtes Spiel, eine *volte-face* in Richtung Rußland zu vollziehen (Coulondre an Bonnet, 22. Mai 1939, in: DDF, 2, XIV, Nr. 251, S. 500 sowie Coulondre, Staline, S. 272).

251 Vgl. u.a. Schuman, Night, S. 233; Dallin, Policy, S. 26; Beloff, Policy, S. 239; Duroselle, Politique, S. 101; Namier, Prelude, S. 159 f.; Carr, Munich, II, S. 95; Weinberg, Germany, S. 24; Allard, Stalin, S. 115 ff.; Braubach, Weg, S. 14; Watt, Initiation, S. 160 ff.; Weber, Entstehungsgeschichte, S. 118.

252 Langer/Gleason, Challenge, S. 105 ff.

253 In seinem Bericht an Halifax vom 5. Mai 1939 hielt sich Seeds stark mit Urteilen zurück, warf aber die Frage auf, ob der Wechsel nicht das »Aufgeben der Litwinowschen Politik der kollektiven Sicherheit (von der man sagen kann, daß sie soeben im Begriffe ist, von den Westmächten zurückgewiesen zu werden) und die Entscheidung, an ihrer Stelle in eine Politik der Isolation zu treten«, bedeute (DBFP, 3, V, Nr. 359, S. 412–413). Dazu die Beteiligten: Strang, Home, S. 656; Churchill, War, I, S. 329; beide nachträglich unter Hinweisen auf die Möglichkeit einer Öffnung

gegenüber Hitler, sowie die Historiker: Namier, Prelude, S. 158 ff.; Carr, Munich, II, S. 95.

254 Namier, Prelude, S. 160.

255 Für den Wahrheitsgehalt der letzten Erklärung könnte die zum Vergleich geeignete Tatsache sprechen, daß Stalin genau zwei Jahre später, am 1. Mai 1941, in einer ähnlich gefährlichen, der Kriegskatastrophe zuneigenden außenpolitischen Situation der UdSSR einen ebenso abrupten Personalwechsel vornahm, um die Entscheidungsgewalt in einer Hand zu konzentrieren: Als absehbar wurde, daß die UdSSR an der Schwelle zum Eintritt in den Krieg stand, übernahm Stalin selbst von Molotow den Vorsitz im Rat der Volkskommissare und damit die Spitze der Regierung. Molotow blieb Stellvertretender Vorsitzender sowie Volkskommissar für Auswärtige Angelegenheiten.

Majskij, der die Hintergründe kannte, spricht sie nicht aus (Vospominanija, S. 469). Die hochideologische Legitimationsschrift »Geschichtsfälscher« (»Fal'sifikatory« von Boris Stein und M.V. Chwostow), die 1951 als Antwort auf die amerikanische Aktenveröffentlichung der »Nazi-Soviet Relations 1939–1941« erschien, kanonisierte die sowjetische Version. Neuere sowjetische Arbeiten (u.a. Maximytschew, Anfang, S. 296 ff.) bezeichneten die Annahme westlicher Historiker (Hillgruber, Fest u.a.), Stalin hätte die Ablösung des »Juden Litwinow« mit einem »Seitenblick« auf Hitler vorgenommen, als »plump und ungereimt« – als eine Erfindung der Goebbelschen Propaganda. Sie betonen, daß die Außenpolitik der UdSSR durch die Entscheidungen der höchsten Partei- und Staatsorgane festgelegt wird. Jewgenij Gnedin (Labyrinth, S. 36 ff.) stellte aus der Sicht des Beteiligten den Aspekt der Doppelgleisigkeit der Außenpolitik Stalins und seiner Zugeständnisse an die deutsche Seite in den Vordergrund. Allerdings hat er seine Erinnerungen erst spät und in Kenntnis der (westlichen) Literatur geschrieben.

256 Coulondre, Staline, S. 269 ff.

257 Es bestand – auch aus Sicht der Deutschen Botschaft Moskau – kein zwingender Grund zu der Annahme, daß die Entfernung führender Juden aus Spitzenpositionen des Narkomindel ein Zugeständnis an den Nationalsozialismus oder eine Goodwill-Geste an Hitler wäre. Die Botschaft hatte in den vorausgegangenen Jahren ausreichend Gelegenheit gehabt, das Entstehen eines spezifischen Antisemitismus der Stalin-Zeit zu beobachten. So schrieb der Botschafter am 13. März 1939 aus Anlaß der Ernennung des neuen US-Botschafters in Moskau privat nach Berlin: »Er heißt Steinhardt und ist *Jude*. Ich glaube, der Präsident der Vereinigten Staaten irrt sich gewaltig, wenn er glaubt, daß ein Jude hier besser vorwärts kommt.« (Schulenburg an Duberg, 13. März 1939, in: Nachlaß Schulenburg, Briefwechsel mit Alla Duberg, 12. 2. 1938–18. 8. 1939, S. 6). Und Herwarth bemerkte im Moment der Ablösung Litwinows, daß dieser »ohnehin ... einer der wenigen Juden [war], die der Säuberung noch nicht zum Opfer gefallen waren«. (Herwarth, Hitler, S. 162).

258 DeWitt Poole erfuhr von den von ihm befragten Amtsangehörigen: »Word came from Russian friends on Stalin's intention.« (Light, S. 141 f.). Das Zeugnis ist fragwürdig.

259 Aufzeichnung Renzettis für Attolico vom 7. Mai 1939, zitiert in: Toscano, Italia, S. 29 ff.; ders., Italy, S. 70 ff.

260 F.N. Mason-MacFarlane, Beilage über das Drängen deutscher Militärs zu einem *rapprochement* mit Rußland vom 17. Mai 1939, in: DBFP, 3d, V, Nr. 552, S. 594–595.

261 Renzetti für Attolico, zitiert in: Toscano, Italia, S. 29; ders., Italy, S. 70.
262 Hilger, Wir, S. 277.
263 Below, Adjutant, S. 170.
264 Vgl. Weinberg, Germany, S. 24 f.; Weber, Entstehungsgeschichte, S. 142 f.
265 Coulondre an Bonnet, Berlin, den 7. Mai 1939, in: DDF, 2, XVI, Nr. 100, geheim, S. 222 f.
266 Mitteilung von Dr. K. Schnurre an Vf.
267 Telegramm von Petrucci an Ciano vom 8. Mai 1939, Nr. 55, zitiert nach: Toscano, Italia, S. 28; ders.: Italy, S. 69.
268 Aus italienischer Sicht: Ciano, Europa, S. 432; Toscano, Italia, S. 24; ders., Italy, S. 55. Aus deutscher Sicht: Aufzeichnung über die Besprechungen Ribbentrops mit Ciano in Mailand am 6. und 7. Mai 1939, in: ADAP, D, VI, Nr. 341, S. 372–374, wo es (auf S. 373 unter 11.) heißt: »Es wurde zwischen dem Herrn RAM und Graf Ciano vereinbart, eine Entlastung der politischen Beziehungen der Achsenmächte zur Sowjetunion herbeizuführen. Eine solche Entlastung solle jedoch nicht zu weit vorangetrieben werden, da nach Auffassung des Duce ein freundschaftliches Verhältnis mit der Sowjetunion aus italienisch-innerpolitischen Gründen nicht möglich sei.«
269 Aufzeichnung des V.L.R. Dr. Schnurre, wirtschaftspolitische Abteilung, vom 5. Mai 1939, in: Seidl, Deutschland, Nr. 3, S. 3 als: »Vorschlag des Sowjet-Geschäftsführers Astachow, die wirtschaftlichen Beziehungen zu aktivieren«; ADAP, D, VI, Nr. 332, S. 355; Gegendarstellungen bei: Majskij, Who, S. 185; ders., Vospominanija, S. 513 f.; ders., Memoiren, S. 292 ff.
270 Sipols, Mesjacev, S. 129.
271 Vgl. die Diskussion der Standpunkte in Watt, Initiation, S. 162 ff.
272 Maiski, Memoiren, S. 493.
273 Dr. Schnurre gegenüber Vf. am 20. Juni 1989.
274 Vgl. Weinberg, Germany, S. 25, Anm. 57.
275 So ließ Dr. Carl Goerdeler dem britischen Botschafter in Berlin, Henderson, am 6. Mai 1939 – möglicherweise in Kenntnis dieses Gesprächs Schnurres mit Astachow – eine Warnung über laufende deutsch-sowjetische Verhandlungen zugehen; vgl. Weinberg, Germany, S. 25, Anm. 57.
276 French Yellow Book, S. 157, zitiert nach Dallin, Policy, S. 26.
277 Vermerk des Gesandten Braun von Stumm, Berlin, den 9. Mai 1939, in: ADAP, D, VI, Nr. 351, S. 381.
278 Aufzeichnung Astachows vom 9. Mai 1939, in: AVP SSSR, f. 082, op. 22, p. 93, d. 7, 1. S. 199–201.
279 Astachow an Potemkin, 12. Mai 1939, in: AVP SSSR, f. 082, op. 22, d. 7, 1. S. 214 f., abgedruckt in: God, S. 189 f.; darüber: Sipols, Mesjacev, S. 129 sowie früher im Kern: Sipols, Vorgeschichte, S. 294 f. unter Hinweis auf: Geschichte der Außenpolitik der UdSSR, 1917–1945, Bd. I, S. 390 (russ.).
280 Aufzeichnung Astachows über sein Gespräch mit Schnurre vom 15. Mai 1939, abgedruckt in: God, S. 192 f.
281 Dr. Schnurre gegenüber Vf. am 20. Juni 1989.
282 Aufzeichnung Schnurres vom 17. Mai 1939, in: ADAP, D, VI, Nr. 406, S. 444.
283 PA AA, Dienststelle Ribbentrop, AZ.: Vertrauliche Berichte, Bd. 1/2, Teil I, 29418, vom 23. Mai 1939.
284 Zuletzt: Weber, Entstehungsgeschichte, S. 147 f.

285 Gnedin, Katastrofa, S. 57 f.
286 Domarus, Hitler, II, S. 1148–1179.
287 Beloff, Policy, S. 242 ff.
288 *The Times* vom 2. Mai 1939.
289 *The Times* vom 4. Mai 1939.
290 Botschafter Ott an Auswärtiges Amt, Tokio, den 4. Mai 1939, in: ADAP D, VI, Nr. 326, S. 347 f. Am selben Tage erfuhr auch die Sowjetregierung von Richard Sorge, daß der japanische Außenminister, Hachiro Arita, gestützt auf die Marine, die Zustimmung zu einem klaren Offensivbündnis gegen die UdSSR und/oder England verweigerte; SSSR, Nr. 274, S. 375 f.
291 Der Neffe des deutschen Botschafters in Paris, Graf Welczek, teilte dem britischen Militärattaché in Berlin Mitte Mai 1939 mit, »daß General Syrový drei Tage vor der Entlassung Litwinows im Auftrag der deutschen Regierung in Moskau angekommen sei« (Anlage des Berichts N. Hendersons an Sir A. Cadogan vom 18. Mai 1939, in: DBFP, 3d, V, Nr. 552, S. 594 f.). Sollte dies zutreffen, so hätte Hitlers Verständnis von der »Absetzung« Litwinows auf soliderem Grund gestanden.
292 Er hielt ihr zwar vor, »seit 1918 zehn Kriege und militärische Aktionen mit blutiger Gewalt« geführt zu haben, doch war dies gegenüber den Verbrechen, die er den westlichen Staaten anlastete, ein Kinderspiel. Die »bolschewistischen Mordbrenner«, das »bolschewistische Untermenschentum in Spanien« und die drohende »bolschewistische Vernichtung der europäischen Kultur« fielen dabei weniger zu Lasten des Sowjetstaats als der Komintern.
Domarus (Hitler, II, S. 1163 f.) hat in dieser Rede keine Änderung der stereotypen Ausfälle Hitlers gegen die UdSSR gesehen. David Dallin (s.o.) tat es, wobei zu bedenken ist, daß die UdSSR angesichts der wilden Abrechnung Hitlers mit Roosevelt, Chamberlain und Beck in dieser Rede im Hintergrund blieb.
293 Hilger/Meyer, Allies, S. 294 ff.; Hilger, Wir, S. 278 ff.; sowie ausführliche Erzählung von Dr. K. Schnurre an Vf., die sich in den wesentlichen Punkten mit den Erinnerungen Hilgers deckt.
294 Der ebenfalls zur eiligen Berichterstattung nach Berlin gerufene Hilfsmilitärattaché, Hauptmann Wladimir von Schubuth, war allerdings aus unbekannten Gründen nicht auf dem Berghof anwesend. Er wurde aber im »Deutschen Kriegsministerium« zu der Entwicklung in der UdSSR gehört; dort wurde ihm u.a. die Frage gestellt, »ob es irgend einen Grund zu der Annahme gäbe, daß die Sowjetunion militärisch stärker oder in einer besseren Position sei, um eine Angriffshandlung zu unternehmen, als im September des letzten Jahres«. Schubuth verneinte dies. (US-Geschäftsträger an Secretary of State, Moskau, 17. Mai 1939, in: FRUS, I, General, Nr. 251, S. 319).
295 Zur diplomatischen Korrespondenz, vgl. ADAP, D, VI, S. 347, Anm. 4; Braubach, Weg, S. 41, Anm. 34; Hilger, Wir, S. 277.
296 Telegramm Schulenburgs an Duberg: »Eintreffe morgen freitag nachmittag flugzeug…« in: Nachlaß Schulenburg, Aktenordner Duberg, Briefe des Grafen F.W.v.d. Schulenburg ab 1. Januar 1939, aus Athen, aufgenommen in Emden: 11.V.39, 20.07 Uhr.
297 Nach E. Kordt sind »nur wenige Beispiele bekannt, daß sich Hitler von dem aus dem ordentlichen diplomatischen Dienst hervorgegangenen Gesandten oder Botschafter Vortrag halten ließ. Ihre sachliche Darstellungsweise mißfiel ihm«. (Wahn, S. 158, Anm. 1).

298 Hilger, Wir, S. 279; bei Hilger/Meyer, Allies, S. 295 heißt es: »Hitler ... approached us slowly, gazing at us with strangely shifty, cunning eyes.«
299 Hilger, Wir, S. 281.
300 Domarus, Hitler, II, S. 1189; IMT 120-C, Anlage II.
301 Nicht in München, wie Braubach (Weg, S. 14) annahm.
302 Deutsche Quellen zu dieser Weisung existieren nicht. Der dieser Weisung nächstgelegene Bericht stammt vom Mittag des 20. Mai 1939 und kommt aus der US-Botschaft in Moskau; sie war im Anschluß an die detaillierten Auskünfte Schulenburgs von seinem persönlichen Referenten über den Inhalt dieser Weisung in Kenntnis gesetzt worden; vgl. The Chargé in the Soviet Union (Grummon) to the Secretary of State, Moskau, 20. Mai 1939, in: FRUS, I, General, Nr. 256, S. 319–321.
303 Nach dem Bericht Herwarths an die US-Botschaft hätte Schulenburg Ribbentrop gefragt, »whether in view of the Soviet-British negotiations some more specific and direct approach would not be desirable«; FRUS, I, General, Nr. 256, S. 320.
304 Telegramme von Rosso an Ciano vom 23. (Nr. 60) und 24. Mai 1939 (Nr. 1964/833), in: MdAE, Serie: AP, Russia, Nr. 35 (1939.3, Rapporti politici Russia-Germania), S. 1.
305 Vgl. Telegramm von Kirk an Hull vom 17. Mai 1939, 11.00 Uhr: »At the request of Berlin appointments for the Ambassador to see Molotov and Potemkin have been made for Saturday morning« (d.i. den 20. Mai 1939), in: FRUS, I, General, Nr. 251, S. 318 f.
306 Actes et Documents du Saint Siège relatifs à la Seconde Guerre Mondiale, Band 1: Le Saint Siège et la Guerre en Europe, 1939–1940, Nr. 47, S. 150–153, hier: S. 152: Le Nonce à Berlin Orsenigo au Cardinal Maglione, Berlin, 17. Mai 1939 (ital.).
307 Memorandum über eine Unterredung mit Hauptmann von Rintelen am 17. Mai 1939, Anlage Nr. 2 zu Telegramm Nr. 326 der US-Botschaft Brüssel an das State Department, zitiert nach: Davies, Botschafter, S. 345.
308 Brief Hendersons an Cadogan vom 18. Mai 1939, in: DBFP, 3d, V, Nr. 552, S. 594.

III. Die Anbahnung des Nichtangriffspakts

1 Text in: SSSR, Nr. 288, S. 390 ff., sowie in Auszügen in Schuman, Night, S. 236 f. und Beloff, Policy, S. 244 f.
2 Freundschafts- und Bündnispakt zwischen Deutschland und Italien, in: ADAP, D, VI, Nr. 426, S. 466 ff.; vgl. Domarus, Hitler, II. S. 1192 ff. Der Pakt wurde am 7. Mai 1939 in Mailand von Ribbentrop und Ciano geschlossen und am 22. Mai 1939 in Berlin unterzeichnet. Der Wortlaut des Vertrages wurde am Tage nach seiner Unterzeichnung im *Völkischen Beobachter* (Nr. 143 vom 23. 5. 1939) veröffentlicht, nicht aber der des Geheimen Zusatzprotokolls zu diesem Vertrag. Schon aus dem veröffentlichten Vertragstext ging eindeutig hervor, daß das Bündnis offensive Ziele verfolgte. So sicherte Art. III jeder vertragschließenden Partei im Falle kriegerischer Verwicklungen mit anderen Mächten automatisch vollen militärischen Beistand der jeweils anderen Partei zu.
3 Am Vortag, dem 10. Mai 1939, hatte TASS bereits ein Dementi zu einer Reuters-Nachricht veröffentlicht, die die englische Antwort (8. Mai 1939) auf den sowjetischen Vorschlag (16. April 1939) in mißverständlicher Form wiedergegeben hatte. Wie TASS konkretisierte, sei die UdSSR nicht verpflichtet, die Sicherheit jedes an sie angrenzenden Staates (es ging um Polen und Rumänien) zu garantieren – sie müßte

lediglich Frankreich und England sofortigen Beistand leisten, wenn diese in Erfüllung ihrer vertraglichen Verpflichtungen gegenüber Polen und Rumänien in kriegerische Handlungen verstrickt würden. Allerdings fehlte, so bemängelte TASS, in den britischen Gegenvorschlägen die reziproke Verpflichtung, daß auch die Westmächte der UdSSR zu Hilfe kommen würden, wenn diese in Erfüllung ihrer vertraglichen Verpflichtungen gegenüber gewissen osteuropäischen Staaten (gedacht war hier in erster Linie an die Baltenstaaten) in kriegerische Handlungen verwickelt würde. (Text in: SSSR, Nr. 282, S. 384 f. und Istorija Diplomatii, III, S. 676; vgl. auch: Churchill, War, I, S. 332.)

4 Manne, Decision, S. 22; Text in: DBFP, 3d, V, S. 469 ff.; SSSR, Nr. 278 und 279, S. 380 ff.; dazu unter anderem aus englischer Sicht: Strang, Home, S. 164 ff.; Churchill, War, I, S. 332 f. und aus sowjetischer Sicht: Suriz, in: SSSR, Nr. 283, S. 385 ff.; Majskij, Vospominanija, S. 470 f.; Fal'sifikatory, S. 43 ff.; Maximytschew, Anfang, S. 271 ff.; GSA S. 404 ff.

5 Beloff, Policy, S. 246.

6 Information von P. Kleist an den sowjetischen Nachrichtendienst vom 2. Mai 1939, in: SSSR, Nr. 266, S. 362–365 sowie dass. in: DM, Nr. 47, S. 89–93; Aufzeichnung von Rudolf von Scheliha vom 7. Mai 1939, in: SSSR, Nr. 276, S. 376–379 sowie dass. in: DM, Nr. 49, S. 95–98; und für Mitte Mai 1939: Aufzeichnung über ein Gespräch mit Rudolf von Scheliha vom 25. Mai 1939, in: SSSR, Nr. 308, S. 414–416 sowie dass., in: DM, Nr. 60, S. 116–118.

7 DM, Nr. 60, S. 117.

8 Werth, Rußland, S. 38.

9 Eigenbericht der *Transocean* aus Moskau vom 16. 5. 1939, Abschrift in: PA AA, Pol 2, Nr. 1 geheim. Bd. 1, 260419.

10 Beloff, Policy, S. 240 ff.; Namier, Prelude, S. 163; Gafenco, Jours, S. 210 f.

11 Im Gespräch mit G. Gafencu in Bukarest; Gafenco, Jours, S. 201.

12 ADAP, D, VI, Nr. 420, S. 459 f.

13 Budurowycz, Relations, S. 152 f.; SSSR, S. 389, 393; Sipols, Mesjacev, S. 129.

14 Der polnische Botschafter in Moskau, W. Grzybowski, im Gespräch mit Molotow am 11. Mai 1939, in: SSSR, Nr. 289, S. 393 f.; DM, Nr. 52, S. 100; darüber u.a.: Fal'sifikatory, S. 44; GSA, S. 410; Androsow, Nakanune, S. 107 sowie Polish White Book, S. 208; Budurowycz, Relations, S. 153.

15 Vgl. das Gespräch Becks mit Halifax am 4. April 1939, in: Documents, Nr. 18, S. 25–28; Budurowycz, Relations, S. 148 ff.

16 Nach Hillgruber (Entstehung, S. 48, mit Literaturangaben) begann dieser Krieg am 12. Mai 1939; hingegen aus militärhistorischer Sicht: Amnon Sella, Khalkin-Gol: The Forgotten War, in: Journal of Contemporary History, Bd. 18 (1983), S. 651–687, hier S. 673.

17 Churchill, War, I, S. 332; Text in: SSSR, S. 395; DM, Nr. 53, S. 101 f. sowie Seeds to Halifax, 15. Mai 1939, in: DBFP, 3d, V, S. 558–559 sowie darüber: Strang, Home, S. 165 f.; Beloff, Policy, S. 245 f.; Namier, Prelude, S. 164 f.; GSA S. 405.

18 Vgl. Proteste Molotows gegen die japanischen Grenzverletzungen (SSSR, Nr. 299, vom 19. Mai 1939, S. 406 f.).

19 Anfrage Molotows an Finnland über die Befestigung der Ålandinseln, vgl. ADAP, D, VI, Nr. 440.

20 Beloff, Policy, S. 247.

21 Hier und im folgenden: Maximytschew, Anfang, S. 272.
22 Watt, Initiation, S. 154.
23 Schulenburg an Duberg, 21. Mai 1939, in: Nachlaß Schulenburg, Briefwechsel Duberg, Moskau, 11. 2. 1938–18. 8. 1939, S. 2.
24 FRUS, I, General, Nr. 256, S. 320.
25 Schulenburg an Weizsäcker, 22. Mai 1939, in: ADAP, D, VI, Nr. 424, S. 463 f.
26 Toscano, Italia, S. 22; Androsow, Nakanune, S. 109.
27 »Trotzdem Ribbentrop das Gegenteil behauptete ...«, FRUS, I, General, Nr. 256, S. 320.
28 Schorske, Ambassadors, S. 503.
29 Vgl. Telegramm des Botschafters an das Auswärtige Amt vom 20. Mai 1939 (2208/474322) in: ADAP, D, VI. Nr. 414, Anm. 2, S. 454; Aufzeichnung Schulenburgs zu Tgb.Nr. A 1023 vom 20. Mai 1939, in: ADAP, D, VI, Nr. 424, Anlage, S. 464–466; Bericht Schulenburgs Nr. A 1923 vom 22. Mai 1939, 695/260425 (nicht gedruckt); Schulenburg an Weizsäcker 22. Mai 1939, in: ADAP, D, VI, Nr. 424, S. 463 f. sowie (auf Informationen von Hans von Herwarth an Charles Bohlen basierend): US-Geschäftsträger in Moskau, Grummon, an Staatssekretär Hull, 22. Mai 1939, in: FRUS, I, General, Nr. 258, S. 321 f. und (auf Information Schulenburgs an Rosso beruhend): Rosso an Ciano, 24. Mai 1939, Nr. 1964/833 sowie dass. von Ciano an Attolico in Berlin, 3. Juni 1939, in: MdAE, Serie: Affari politici, Russia, Nr. 35 (1939.3), Rapporti politici, Russia-Germania, S. 5. Darüber als Zeitzeugen: Hilger, Wir, S. 281 f.; Herwarth, Hitler, S. 177 ff.; aus westlicher Sicht u.a.: Beloff, Policy, S. 247 f.; Langer/Gleason, Challenge, S. 112 f.; Weinberg, Germany, S. 26; Carr, Munich, II, S. 97; Schorske, Ambassadors, S. 503 f.; Toscano, Italia, S. 33 f.; Braubach, Weg, S. 14 f.; Watt, Initiation, S. 154; Weber, Entstehungsgeschichte, S. 149; aus sowjetischer Sicht u.a.: Majskij, Vospominanija, S. 515; ders., Who, S. 186; Androsow, Nakanune, S. 9, S. 139–140, Sipols, Vorgeschichte, S. 296 f.
30 AVP SSSR, f. 06, op.1, p.1, d.2, 1. 24–6, abgedruckt in: God, S. 193 f.
31 Zuletzt: Weber, Entstehungsgeschichte, S. 149.
32 So, in der nationalsozialistischen Tradition, Kleist, Tragödie, S. 59; später Fabry, Pakt, S. 24, der die Einladung zu diesem Gespräch sogar von Molotow ausgehen läßt, und Brügel, Stalin, S. 45: »Molotow wünscht politische Basis für Zusammenarbeit.«
33 Diese weite Interpretation der Formulierung »politische Basis« findet dann auch im weiteren Verlauf der Gespräche Bestätigung: Als Weizsäcker Geschäftsträger Astachow am 30. Mai 1939 in Berlin in dieser Frage sondierte, zeigte sich dieser vom Inhalt des Gesprächs Schulenburg-Molotow vom 20. Mai 1939 »unterrichtet und interpretierte es so, daß man in Moskau eine Wiederholung des Vorgangs vom letzten Januar vermeiden wolle, d.h. man wolle nicht noch einmal die Reise eines deutschen Wirtschafts-Unterhändlers nach Moskau organisieren, um dann im letzten Augenblick unter dem Hohn der ausländischen Journalistik eine Absage erhalten.« (Aufzeichnung des Staatssekretärs über sein Gespräch mit Astachow vom 30. Mai 1939, in: ADAP, D, VI, Nr. 451, S. 503; sowie gleichlautend: Weizsäcker an Schulenburg, 30. Mai 1939, in: ADAP. D, VI, Nr. 452, S. 506.)
34 Kordt, Wahn, S. 159.
35 »... ein spezifischerer und direkterer Zugang wäre wünschenswert.«; FRUS, I, General, Nr. 256, S. 320.
36 Rosso an Ciano, 24. Mai 1939, S. 3; im Bericht des US-Geschäftsträgers an Cordell

Hull heißt es: »Molotow sprach Zweifel an der Möglichkeit einer Entwicklung der Wirtschaftsbeziehungen bei Fehlen einer ›politischen Basis‹ aus und fragte den Botschafter nach seiner Ansicht hierüber. Der Botschafter ... antwortete, daß er als Botschafter keinen bestimmenden Einfluß auf die Politik habe und insofern keine maßgebende Meinung dazu bieten konnte, daß aber vielleicht Molotow als Vorsitzender des Ministerrats der Sowjetregierung in der Lage wäre, genau zu erklären, was die Sowjetregierung bei einer ›politischen Basis‹ im Auge habe.« FRUS, I, General, Nr. 258, S. 321.

37 Rosso an Ciano, 24. Mai 1939, S. 4.

38 Rosso an Ciano, 24. Mai 1939, S. 5. Rosso versäumte nicht, in diesem Zusammenhang darauf hinzuweisen, daß eine umfassende Information durch den Palazzo Chigi für die Erfüllung seiner Aufgaben nützlich wäre.

39 Von Cordell Hull wurden die Informationen der US-Botschaft Moskau offenbar direkt an die Botschafter Englands und Frankreichs weitergegeben (vgl. Herwarth, Hitler, S. 177).

40 Schulenburg an Duberg, 21. Mai 1939, in: Nachlaß Schulenburg, Briefwechsel Duberg, Moskau, 11. 2. 1938–18. 8. 1939, S. 1 f.

41 Kordt, Wahn, S. 162.

42 Cadogan-Tagebuch, 20. Mai 1939, zitiert in Manne, Decision, S. 25.

43 Zitiert nach Namier, Prelude, S. 169.

44 Vgl. Adamthwaite, France, S. 324 f.

45 Vgl. ADAP, D, VI, Nr. 410, 427 und 447 sowie: SSSR, Nr. 302, S. 407 f. und DM, Nr. 58, S. 112 f.

46 ADAP, D, VI, Nr. 445 und 421.

47 Der japanische Botschafter Hiroshi Oshima an Ribbentrop, Berlin, den 22. Mai 1939, in: ADAP, D, VI, Nr. 425.

48 Um den 26. Mai 1939 war der Plan des »Versuch[s] einer Fühlungnahme durch private Wirtschaftler« schon wieder fallen gelassen (vgl. Brief [»Cessat«] von Weizsäcker an Schulenburg, in: ADAP, D, VI, Nr. 446, Anm. 3, S. 497).

49 Coulondre an Bonnet, 22. Mai 1939, in: DDF, 2, XVI, Nr. 251, S. 498–500.

50 Weizsäcker, Erinnerungen, S. 246.

51 Ein wenige Tage später geschriebener, aber nicht abgesandter Brief Weizsäckers an Schulenburg enthielt die unzweideutige Formulierung, daß es »uns nicht angängig [erscheint], Sie persönlich ... noch einmal mit einem solchen Auftrag bei Molotow oder Potemkin zu betrauen«. Entwurf (»Cessat«) eines Briefes von Weizsäcker an Schulenburg vom 27. (?) Mai 1939, in: ADAP, D, VI, Nr. 446, S. 497, Anm. 3.

52 Der nicht abgesandte Brief Weizsäckers an Schulenburg vom 27. (?) Mai 1939 enthielt die Mitteilung, »man« zerbreche sich zur Zeit den Kopf, wie die Verhandlungen über die Normalisierung der politischen Beziehungen eingeleitet werden könnten, »ohne daß wir uns der Gefahr eines zweiten *Refus* aussetzen«. »Man« und besonders »wir« stand in Weizsäckers privater Diktion in der Regel für Hitler oder Ribbentrop. ADAP, D, VI, Nr. 446, S. 497, Anm. 3.

53 Staatssekretär an Botschaft Moskau, 21. Mai 1939, in: ADAP, D, VI, Nr. 414, S. 454.

54 Weizsäcker an Schulenburg, 27. Mai 1939, in: ADAP, D, VI, Nr. 446, S. 497 f.

55 Hassell-Tagebücher, S. 90.

56 Schulenburg an Weizsäcker, Moskau, den 5. Juni 1939, in ADAP, D, VI, Nr. 478, S. 535.

57 Schulenburg an Duberg, 29. Mai 1939, in: Nachlaß Schulenburg, Aktenordner Duberg: Briefe des Grafen F.W.v.d. Schulenburg ab 1. Januar 1939, S. 2 f.
58 (Kurz-)Protokoll von Oberstleutnant d.G. Schmundt: IMT 079, abgedruckt in: Domarus, Hitler, II, S. 1196 ff.; SSSR, Nr. 306, S. 411 ff.; DM, Nr. 59, S. 113 ff. u.a.a.O. Anwesend waren u.a. Göring und Bodenschatz, Raeder, Brauchitsch, Keitel, Milch und Halder. Über die Besprechung: Schorske, Ambassadors, S. 504; Braubach, Weg, S. 15; Below, Adjutant, S. 163 ff.; Androsow, Nakanune, S. 98; Sipols, Vorgeschichte, S. 258 u.a.
59 Hillgruber, Hitler-Koalition, S. 472.
60 Nach einer Information, die Coulondre »aus sehr guter Quelle« erhielt, die nicht mit General Bodenschatz identisch war; vgl. Coulondre, Staline, S. 271.
61 DBFP, 3, Nr. 552, S. 594.
62 Coulondre, Staline, S. 271.
63 House of Commons, Debates, 53, Col. 2267, zitiert nach: Manne, Decision, S. 26. Dazu Manne: »... die Entscheidung für Rußland war verspätet und unter Mühen zustandegekommen. Darüber hinaus war sie ebenso sehr aus negativen Gründen (um eine sowjetisch-deutsche Annäherung zu verhindern) wie aus positiven Gründen (um Hitler abzuschrecken und eine Friedensfront zu errichten) getroffen worden ... Immerhin war sie getroffen. Am 24. Mai glaubte das britische Kabinett, daß das Bündnis mit Rußland unmittelbar bevorstehe. Warum das Bündnis erst nach der deutschen Invasion in Rußland geschlossen wurde, steht auf einem anderen Blatt.«
64 Kordt, Wahn, S. 159.
65 ADAP, D, VI, Nr. 437, Anm. 2, S. 488.
66 Aufzeichnung des Staatssekretärs, Berlin, den 25. Mai 1939, in: ADAP D, VI, Nr. 437, S. 487 f.
67 Weizsäcker-Papiere, S. 176.
68 Vgl. Vernehmung von Franz von Sonnleithner durch R. Kempner in Nürnberg am 4. Juni 1949 über die Rolle von F. Gaus, in: National Archives, RG 238, Collection of World War II War Crimes, S. 1 ff.
69 Prozeß, Bd. XL, S. 293 ff., hier S. 294.
70 Der Reichsaußenminister an die Deutsche Botschaft in Moskau, Ganz geheim! Berlin, (25./26.) Mai 1939, Instruktionstelegramm an Botschafter Schulenburg in Moskau, in: ADAP, D, VI, Nr. 441, S. 490–493.
71 Weizsäcker, Erinnerungen, S. 231, 232.
72 Attolico an Ciano, 27. Mai 1939, in: DDI, 8, XII, Nr. 48, S. 32–34; dazu: Toscano, Italia, S. 36 ff.
73 Attolico an Ciano, 29. Mai 1939, in: DDI, 8, XII, Nr. 53, S. 44.
74 Braubach, Weg, S. 17.
75 Eidesstattliche Versicherung F. Gaus, S. 294.
76 Telegramm von Weizsäcker an Schulenburg vom 26. Mai 1939, 20.35 Uhr, in: ADAP, D, VI, S. 493.
77 ADAP, D, VI, Nr. 441, S. 490–493; vgl. u.a. Anm. 1 von S. 490.
78 Texte in: DBFP, 3, V, S. 679 f.; SSSR, Nr. 311 ff., S. 417 ff.; DM, Nr. 61, S. 118 ff.; dazu u.a.: Beloff, Policy, S. 249; Namier, Prelude, S. 179; Strang, Home, S. 167 ff.; sowie Fal'sifikatory, S. 45; Istorija Diplomatii, III, S. 681; GSA, S. 406 f.; Sipols, Vorgeschichte, S. 259.
79 Am selben Tage berichtete Attolico – nun bereits mit offener Ironie – an Ciano, Rib-

bentrop habe offenbar sehr schnell »umgedacht«, denn er habe ihn am Morgen erneut lange mit dieser Frage am Telephon aufgehalten; Attolico an Ciano, Berlin, den 29. Mai 1939, in: DDI, 8, XII, Nr. 53, S. 44–46, hier S. 44.

80 Weizsäcker-Papiere, S. 177.

81 Eine deutsche Aufzeichnung von dem Gespräch existiert nicht. Vielleicht fürchtete Ribbentrop, mit diesem Gespräch gegen die Forderung strengster Geheimhaltung – »auch Italien und Japan gegenüber« – zu verstoßen, wie sie Hitler in seiner Ansprache vor den Militärs am 23. Mai 1939 aufgestellt hatte. In diesem Zusammenhang dürften auch die wiederholten Bitten Ribbentrops an Attolico gestanden haben, weder darüber nach Italien zu berichten, noch auch über das Botschaftstelephon Andeutungen zu machen – es wurde vom Reichssicherheitshauptamt abgehört. Allerdings behauptete Weizsäcker später (Erinnerungen, S. 231), Ribbentrop habe das Gespräch mit ihm »und einigen anderen« am Pfingstmontag »auf Hitlers Weisung« veranstaltet; er erwähnte aber die Anwesenheit des italienischen Botschafters, den er nicht schätzte, nicht.
Neben dem Bericht Attolicos an Ciano vom 29. Mai 1939 (DDI, 8, XII, Nr. 53) existieren heute nur die Erinnerungen von Dr. K. Schnurre (im wiederholten Gespräch mit Vf.); nach Schnurre waren alle »führenden Beamten des Auswärtigen Amts« anwesend, neben Weizsäcker und Gaus auch »Unterstaatssekretär Woermann und Angehörige seines Stabs«. Vgl. auch die Anmerkung der Herausgeber der ADAP, D, VI, S. 500–501.

82 Weizsäcker, Erinnerungen, S. 231.

83 Wie Kordt (Wahn, S. 159 f.) wußte, wurde hier »dem Geschäftsträger der Sowjetunion in Berlin ... angedeutet, daß sich Hitler persönlich für die Frage interessiert habe. Leichthin wurde ihm zu verstehen gegeben, daß trotz aller ideologischen Gegensätze eine Normalisierung der deutsch-sowjetischen Beziehungen durchaus im Bereich der Möglichkeit lag.« Allein – so schloß Kordt aus den negativen Ergebnissen der Fühlungnahme – »die sowjetischen Unterhändler in Berlin ... erhielten augenscheinlich keine Instruktionen«.

84 »Ich schlage vor ...«, in: ADAP, D, VI, Nr. 449, S. 501, mit dem Wort »geheim« und dem Randvermerk »z[u]. d[en]. A[kten]. Gespr[äch/ochen]. m[it]. russ[ischem]. Gesch[äfts]. Tr[ä]g[e]r. W[eizsäcker] 30.V.« in der Handschrift Weizsäckers.

85 »Wir stehen vor der Tatsache ...« in: ADAP, D, VI, Nr. 450, S. 502.

86 Weizsäcker-Papiere, S. 154.

87 Weizsäcker, Erinnerungen, S. 231 f.

88 Brief Astachows an Molotow vom 27. Mai 1939, in: God, S. 198–200.

89 Aufzeichnung des Staatssekretärs, Berlin, den 30. Mai 1939, Streng geheim!, in: ADAP, D, VI, Nr. 451, S. 502–505. Demgegenüber ist das inhaltlich weitgehend gleichlautende, ausführliche Telegramm Weizsäckers an die Botschaft in Moskau vom selben Tage in dezenterem Stile und sachlicherem Tone abgefaßt; es beginnt mit der Eröffnung: »Entgegen bisher geplanter Taktik [sic!] haben wir uns entschlossen, jetzt doch gewisse Fühlung mit Sowjetunion aufzunehmen.« Vgl. ADAP, D, VI, Nr. 452, S. 506.

90 AVP SSSR, f. 011, op. 4, p. 27, d. 59, l. 105–10, abgedruckt in God, S. 201–203. Darüber Sipols, Mesjacev, S. 130.

91 Majskij, Who, S. 187; ders., Vospominanija; GSA, S. 423; GGVK, S. 207 f.; Androsow, Nakanune, I, S. 141; Sipols, Vorgeschichte, S. 296 u.a.

92 In der Aufzeichnung Astachows heißt es dazu: »Wir sind niemals der Ansicht gewesen, daß ideologische Divergenzen unbedingt die staatlichen Beziehungen verderben müssen, und haben die Möglichkeit einer Aufrechterhaltung unserer Beziehungen zu Deutschland auf dem früheren Niveau auch nach der Errichtung des derzeitigen Regimes eingeräumt. Schließlich hatten wir ja über zehn Jahre gute Beziehungen mit dem faschistischen Italien. Wir waren immer zu einer Besserung der Beziehungen bereit ... In der Periode nach München ist die deutsche Regierung zur Verschlechterung der Beziehungen zu uns übergegangen ... Danach trat eine Verschlechterung [der Beziehungen Deutschlands] zu England und Frankreich ein, und die Taktik änderte sich ...«

93 Nach Majskij (Who, S. 188) hatte Astachow »sehr vorsichtig« auf diese »neue deutsche Avance gegenüber der UdSSR« reagiert; »noch wichtiger war, daß Moskau in keiner Weise auf diesen neuen Schritt der deutschen diplomatischen Offensive reagierte«.

94 Carr, Munich, II, S. 98.

95 Weizsäcker, Erinnerungen, S. 231.

96 Weizsäcker-Papiere, S. 154 und Weizsäcker, Erinnerungen, S. 233.

97 Weizsäcker, Erinnerungen, S. 233.

98 Schulenburg an Weizsäcker, 5. Juni 1939, in: ADAP, D, VI, Nr. 478, S. 534–536.

99 Rosso an Ciano, 31. Mai 1939, in: DDI, 8, XII, Nr. 73, S. 61.

100 Tret'ja sessija Verchovnogo Soveta SSSR, 25ogo–31ogo maja 1939. Stenografičeskij otčet, Moskau 1939, S. 467–476; deutsch in: PA AA, 7891/571314 und 2767/535889–535903; DM Nr. 63, S. 125–134 sowie (auszugsweise) Werth, Rußland, S. 38; darüber: Schulenburg in: ADAP D, VI, Nr. 463, S. 519–520; Rosso, in: DDI, 8, XII, Nr. 73, 77, 80, 86; Grummon in: FRUS, Nr. 282 vom 1. Juni 1939; Seeds, in: DBFP, 3, V, Nr. 689; Davies, Botschafter, S. 346 f.; Strang, Home, S. 168, Churchill, War I, S. 339 f.; Schuman, Night, S. 240–266; Dallin, Policy, S. 28; Namier, Prelude, S. 179 f.; Braubach, Weg, S. 19; Fal'sifikatory, S. 38 f.; Androsow, Nakanune, S. 98; Maximytschew, S. 94 u.a. Schulenburg hatte die Aufmerksamkeit der Wilhelmstraße bereits am Ende seines telegraphischen Berichts über sein Gespräch mit Molotow am 20. Mai 1939 mit dem Hinweis auf diese Rede gelenkt, daß sie »voraussichtlich ... einige Klarheit über sowjetische Außenpolitik bringen« würde.

101 Schulenburg an Weizsäcker, 5. Juni 1939, in: ADAP, D, VI, Nr. 478, S. 535.

102 Schulenburg an Auswärtiges Amt, 1. Juni 1939, in: ADAP, D, VI, Nr. 463, S. 520.

103 So hat er den Satz Schulenburgs – nach dem Potemkin die Frage des Botschafters, ob er etwas über die Gedankengänge Molotows sagen könnte, »verneint[e]; er könne den Ausführungen des Herrn Molotow, durch den die Sowjetregierung gesprochen habe, leider nichts hinzufügen« – mit seinem grünfarbigen (allein dem Minister zustehenden) Stift stark unterstrichen und am Rande mit zwei großen Ausrufezeichen versehen; vgl. ADAP, D, VI, Nr. 478, S. 535, Anm. 8.

104 Orsenigo an Kardinal-Staatssekretär Maglione, Berlin, den 3. Juni 1939, in: SS, I, Nr. 55, S. 166 f., hier S. 167. Die deutsche Presse wurde am 25. und 26. Mai angewiesen, »nunmehr wieder schärfer gegen Rußland zu polemisieren« und die angeordnete, taktische Rücksichtnahme fallenzulassen. Am 6. Juni wurde sie erneut zu einem versöhnlichen Kurs, insbesondere zu Verständnis für die Forderungen der UdSSR hinsichtlich des Baltikums in den Dreimächteverhandlungen aufgefordert. Ab 19. Juni waren ihr jegliche Angriffe auf die UdSSR untersagt. (BA, ZSg 101/34, S. 269; 102/16, S. 94, 97; 102/17, S. 136, 181, 187, 193).

105 Attolico an Ciano, 8. Juni 1939, zitiert nach Toscano, Italia, S. 45 f. Nach Köstring (Teske, Köstring, S. 135) hätten Schulenburg, Hilger und er selbst nach seiner Rückkehr von der Amur-Reise im Fernen Osten »auf Ribbentrops Weisung nach Berlin kommen« müssen. In Wahrheit reiste Köstring auf Anforderung Ribbentrops, während Schulenburg mit Zustimmung des Ministers und Hilger gegen den Willen zumindest des Staatssekretärs nach Berlin reisten.

106 Der Staatssekretär an die Botschaft in Moskau, Berlin, den 30. Mai 1939, in: ADAP, D, VI, Nr. 453, S. 507.

107 Gerhard Kegel, In den Stürmen unseres Jahrhunderts, Berlin (-Ost) 1984, S. 145.

108 Hilger, Wir, S. 271 f.

109 Text in: SSSR, Nr. 315, S. 432–433; DM, Nr. 43, S. 84–85; darüber u.a. Beloff, Policy, S. 251; Namier, Prelude, S. 182; GSA, S. 407; Sipols, Vorgeschichte, S. 260.

110 Sein Inhalt wurde in der *Prawda* vom 7. Juni 1939 indirekt, durch ausführliche Wiedergabe westlicher Pressestimmen, bekannt gemacht; vgl. Bericht Schulenburgs an das Auswärtige Amt vom 7. Juni 1939, in: ADAP, D, VI, Nr. 486, S. 545 f; Schulenburg gab die einzelnen Punkte als »sowjetische Mindestbedingungen« nach Berlin weiter und betonte, daß »Sowjetunion besonderen Wert auf Garantie von Estland, Lettland, Finnland« lege.

111 Gafenco, Jours, S. 218 ff.

112 Reichsgesetzblatt, Teil II, Jahrgang 1939, Berlin 1939, Nr. 32, S. 945–948; Domarus, Hitler, II, S. 1212 ff.; ADAP, D, VI, Nr. 485, S. 544; darüber u.a. Hillgruber, Außenpolitik, S. 24; Myllyniemi, Krise, S. 48 ff. Laut Informationsbericht Nr. 55 der Pressekonferenz vom 8. Juni 1939 war neben dem veröffentlichten Nichtangriffsvertrag mit Estland und Lettland »noch eine Geheimklausel verabredet [worden]. Diese verpflichtet die beiden Staaten, im Einvernehmen mit Deutschland und unter Beratung von deutscher Seite, alle militärischen Sicherheitsmaßnahmen gegenüber Sowjetrußland zu treffen. Die beiden Staaten erkennen an, daß für sie eine Angriffsgefahr nur von Sowjetrußland her besteht und daß eine sinngemäße Durchführung ihrer Neutralitätspolitik die Entwicklung aller Abwehrkräfte gegen diese Gefahr verlangt. Soweit sie dazu nicht mit eigenen Mitteln in der Lage sind, wird Deutschland ihnen behilflich sein ... Kurzum, die beiden Staaten fassen ihre Neutralität im Sinne des Wohlwollens gegenüber Deutschland auf. Da die Beziehungen sich zu Litauen in gleicher Richtung entwickeln, ist es also möglich geworden, zu verhindern, daß der baltische Raum zum Aufmarschgebiet der Einkreisungsmächte wird, daß im Gegenteil im Falle eines Konfliktes dieser Raum den Einkreisungsangriffen sich widersetzt, bis deutsche Hilfe [sic] eintrifft.« (BA, ZSg 101, S. 287.)

113 Churchill, War, I, S. 340.

114 Eine »Aufzeichnung« Hilgers vom 2. Juni 1939, die Schnurre in seiner Aufzeichnung vom 7. Juni 1939 erwähnte (ADAP, D, VI, Nr. 491, S. 551), konnte im Politischen Archiv des Auswärtigen Amts nicht aufgefunden werden. Hingegen liegen ein Bericht Schulenburgs vom selben Tage (ADAP, D, VI, Nr. 465, S. 521–522) und ein Bericht Rossos vom 4. Juni 1939 über ein diesbezügliches Gespräch mit Schulenburg vor (DDI, 8, XII, Nr. 107, S. 88–90; dazu: Toscano, Italia, S. 44 ff.). Die Aufzeichnung Mikojans über dieses Gespräch mit Hilger ist abgedruckt in: God, S. 295–296. Dazu u.a. Androsow, Nakanune, I, S. 142.

115 DDI, 8, XII, Nr. 107, S. 89; Ciano ließ den positivsten Teil dieses Berichtes unter dem Stichwort »›Normalisierung‹ der deutsch-sowjetischen Beziehungen (Handelsab-

kommen)« am 6. Juni 1939 an die Botschaften Berlin, Paris, London und Warschau weiterleiten; er lautete: »Die Deutsche Botschaft hat mich vertraulich darüber in Kenntnis gesetzt, daß der Handelsattaché in Moskau Kontakt zu Mikojan aufgenommen hat, der die Vorschläge einer Wiederaufnahme der Wirtschaftsverhandlungen nicht (ich sage: nicht) zurückgewiesen hat. Der Außenhandelskommissar hat, wie Molotow, gezeigt, daß er interessiert an ›politischen Grundlagen‹ sei, scheint aber bereit zur Eröffnung der Gespräche. Die Deutsche Botschaft betrachtet dieses erste Ergebnis als recht ermutigend.« Telegramm Nr. 10921 vom 6. 6. 1939, 17.30, in: MdAE Serie: Affari politici, Russia, Nr. 35 (1939.3), Rapporti politici Russia-Germania.
Aus Berlin antwortete Botschafter Attolico am 8. Juni 1939, daß auch hier eine Wiederaufnahme der Wirtschaftsverhandlungen nun tatsächlich für möglich gehalten würde. Attolico selbst hielt es für möglich, daß »auf lange Sicht *(a lungo andare)* ... irgend etwas herauskommen« würde; er schloß hingegen explizit aus, daß das irgendeinen Einfluß auf die in Gang befindlichen Verhandlungen zwischen Frankreich-England und Rußland haben könnte. Er hielt es allerdings auch nicht für möglich, daß die am Vortag geschlossenen deutschen Nichtangriffsverträge mit Lettland und Estland, wie die Deutschen es hofften (!), eine effektive Verhinderung jener Verhandlungen bedeuteten (Attolico an Ciano, 8. Juni 1939, zitiert nach: Toscano, Italia, S. 45 f.).

116 Der US-Geschäftsträger in Berlin erfuhr dies am 6. Juni 1939 aus Kreisen der Wirtschaftsabteilung des Auswärtigen Amts; vgl. FRUS, I, General, Nr. 446, S. 322–323.
117 Kirk an State Department vom 6. Juni 1939, in: FRUS, I, General, Nr. 447, S. 323.
118 Gafenco, Jours, S. 219.
119 Zitiert nach: Strang, Home, S. 157.
120 Zitiert nach: Namier, Prelude, S. 181.
121 Aufzeichnung des Vortragenden Legationsrats Schnurre (Wirtschaftspol. Abt.), Berlin, den 7. Juni 1939 (Datum der Vorlage), in: ADAP, D, VI, Nr. 491, S. 551–552.
122 Darüber: Der US-Geschäftsträger in Moskau an den Staatssekretär, 12. Juni 1939, in: FRUS, I, General, Nr. 307, S. 324; und Rosso an Ciano, Moskau, 12. Juni 1939, in: DDI, 8, XII, Nr. 201, S. 175–177.
123 »Wenig Fortschritt ist in diesem Gespräch gemacht worden«, Grummon an State Department, 12. Juni 1939, in: FRUS, I, General, Nr. 307, S. 324; nach diesem Bericht bestand ein Ziel der Reise des Botschafters nach Berlin darin, »mit der Regierung die Möglichkeit zu erörtern, der Sowjetregierung zu verstehen zu geben, daß der Mangel an Rohstoffen durch die sowjetische Bereitschaft überwunden werden könnte, einen Teil der deutschen Güter in ausländischer Währung zu zahlen«.
124 Rosso an Ciano, 10. Juni 1939, Nr. 918, in: DDI, 8, XII, Nr. 183.
125 Rosso an Ciano, 25. Juni 1939, in: DDI, 8, XII, Nr. 341, S. 273.
126 PA AA, Pol 2, Nr. 1 geheim, 260408.
127 ADAP, D, I, Nr. 499, S. 572.
128 PA AA Pol 2, Nr. 1 geheim, 260406.
129 Rosso an Ciano, 12. Juni 1939, in: DDI, 8, XII, Nr. 201, S. 175. Diese Einzelheiten waren Rosso in diesem Falle von einem Mitarbeiter des bereits abgereisten Botschafters überbracht worden (hier handelt es sich vermutlich um Herwarth, der dem italienischen Botschaftsrat Guido Relli diese Mitteilungen gemacht hat; vgl. Herwarth, Hitler, S. 168 ff.). Enrico Serra hält die Mitteilung dieses außenpolitischen Vier-Punk-

te-Programms von der Deutschen Botschaft an Rosso und von diesem an Ciano für außerordentlich wichtig; er sieht ein schweres Versäumnis darin, daß Ciano diesen Mitteilungen nur geringe Bedeutung beigemessen und die Initative Schulenburgs in Berlin nicht in geeeigneter Weise unterstützt hat. Vgl. Enrico Serra, Dietro il patto Hitler-Stalin. Ma Ciano non ascoltò il suo ambasciatore, in: La Stampa, 29. August 1979.

130 Nach dem Bericht des US-Geschäftsträgers in Moskau beabsichtigte Schulenburg die Erörterung der »Frage der politischen Beziehungen mit der Sowjetregierung«, »einige Schritte konkreter Art zur Beseitigung des sowjetischen Mißtrauens hinsichtlich der unmenschlichen deutschen Behandlung und zur Klarstellung ..., daß Deutschland keine aggressiven Ziele gegen die Sowjetunion verfolgt«, sowie die Wiederbelebung des »Berliner Vertrags vom April 1926«. Die Reaktion der deutschen Regierung auf alle seine Vorschläge wurde in dem Bericht als »unvorhersehbar« bezeichnet. Grummon an Staatssekretär, 13. Juni 1939, in: FRUS, I, General, Nr. 310, S. 324–325.

131 Aufzeichnung ohne Unterschrift aus der Botschaft Moskau, Moskau, den 7. Juni 1939, in: ADAP, D, VI, Nr. 490, S. 549–551.

132 Ein Gegengewicht dazu versuchte auf englischer Seite genau in diesen Tagen mit Unterstützung Hewels und Wissen Ribbentrops (sowie nachträglich auch Hitlers) Legationssekretär Adam von Trott zu Solz zu schaffen. Die Sowjetregierung verfolgte diese Bemühungen mit Argwohn; vgl. GSA, S. 418 f.; und Henry O. Malone, Adam von Trott zu Solz. Werdegang eines Verschwörers 1909–1938, Berlin 1986, S. 217 f.

133 Teske, Köstring, S. 135.

134 Coulondre an Bonnet, Berlin, 15. Juni 1939, in: DDF, 2, XVI, Nr. 434, S. 827.

135 Irgendwelche Aufzeichnungen dieser Gespräche sind nicht vorhanden. Rückschlüsse lassen sich aus Berichten Rossos über Andeutungen Schulenburgs nach seiner Rückkehr und Berichten des US-Geschäftsträgers Grummon über Äußerungen des Referenten des Botschafters (Herwarth) während der Abwesenheit und nach der Rückkehr des Botschafters sowie aus gewissen Teilen der deutschen, italienischen und französischen diplomatischen Korrespondenz aus Berlin während der Anwesenheit des Botschafters ziehen.

136 Rosso an Ciano, 27. Juni 1939, Auszug im Telegramm des Außenministeriums an die Italienische Botschaft Berlin, Nr. 13674 vom 28. Juni 1939 unter dem Stichwort: Contatti tedesco-sovietici, in: MdAE, Affari politici, Russia Nr. 35 (1939.3), Rappor ti politici Russia-Germania; und Grummon an Staatssekretär vom 19. Juni 1939 (mit dem Hinweis, der Botschafter hätte ursprünglich beabsichtigt, nach einer Woche zurückzukehren, hätte aber auf Wunsch Ribbentrops noch einige Tage angehängt, um die »Entscheidung der deutschen Regierung im Hinblick auf die Beziehungen zur Sowjetunion abzuwarten«) und vom 29. Juni 1939, wo es heißt: »Der Botschafter hatte in Berlin mehrere Gespräche mit Ribbentrop, doch gelang es ihm nicht, von diesem irgendwelche präzisen Instruktionen zu einem direkten Angebot an die Sowjetregierung im gegenwärtigen Zeitpunkt zu erhalten.« FRUS, I, General, Nr. 324 und 351, S. 325–327.

137 Ribbentrop im Gespräch mit dem japanischen Botschafter in Italien, Toshio Shiratori, in Berlin am 16. Juni 1939; vgl. ADAP, D, VI, Nr. 529, Anm. 2, S. 608.

138 In diesem Bemühen entstand vermutlich auch die Aufzeichnung des Leiters der Politischen Abteilung, Unterstaatssekretär Dr. Woermann, vom 15. Juni 1939, dem dritten

Tage der Gespräche Schulenburgs im Auswärtigen Amt (ADAP, D, VI, Nr. 529, S. 607–608, dazu u.a.: Rossi, Jahre, S. 19 und 31; Schorske, Ambassadors, S. 504; Kordt, Akten, S. 310; Allard, Stalin, S. 130 f.; Braubach, Weg S. 20). Wie Woermann berichtete, hätte ihn an diesem Tage der bulgarische Gesandte (Draganoff) aufgesucht und über ein Gespräch in Kenntnis gesetzt, das er am Vortag mit Astachow geführt hätte; dabei habe sich Astachow gegen den Abschluß mit den Westmächten und für eine Annäherung an Deutschland ausgesprochen und in diesem Zusammenhang auch die sowjetischen Besitzansprüche auf das rumänische Bessarabien erwähnt. Er hätte auf die Unklarheit der deutschen Absichten (»Mein Kampf«) hingewiesen und bedeutet, daß die Sowjetregierung eine klarere deutsche Sprache schätzen würde. Die Aufzeichnung Woermanns wurde Hitler vorgelegt und soll ihn zu der Äußerung veranlaßt haben, »wenn es jetzt zum Abschluß eines Bündnisses zwischen den Westmächten und der Sowjetunion komme, so werde er die Aktion gegen Polen abblasen und im September den angekündigten ›Parteitag des Friedens‹ tatsächlich einberufen. ›Blamieren sich aber die Westmächte und gehen sie mit leeren Händen nach Hause, so kann ich Polen ohne die Gefahr eines Konfliktes mit dem Westen zerschlagen.‹« (Kordt, Akten, S. 310).
Bei dieser Darstellung ist zu bedenken, daß Draganoff nicht nur für Bulgarien den konfliktlosen Ausgang der Polenkrise suchte; er besaß auch bei der Hitler-Regierung »eine Vertrauensstellung« (E. Kordt) und war sich seines Einflusses bewußt. Daß er die kriegerische Zuspitzung der Lage mit allergrößter Sorge verfolgte, hatte er schon Monate früher gezeigt: Er war – nach Darstellung Weizsäckers – am 17. April 1939, d.i. am Tage der Unterredung Weizsäckers mit Merekalow, in Begleitung von zwei bulgarischen Ministern zu ihm gekommen, um ihm aufzutragen, »in der jetzigen bedrohlichen Lage Deutschlands« Sorge für die Versorgung Bulgariens mit Kriegsmaterial zu tragen. (ADAP, D, VI, Nr. 218, S. 223.) Daß er nun einen Schritt weiterging und die deutsche Seite unter Hinweis auf angebliche sowjetische Revisionswünsche zu einem Paktangebot drängte, konnte angesichts der bulgarischen Interessenlage nicht überraschen. Völlig dunkel bleibt – und Woermann hebt dies in seiner Aufzeichnung auch korrekterweise zweimal deutlich hervor – die Rolle Astachows in dem angeblich vorausgegangenen Gespräch. Die Tatsache, daß Schulenburg zwei Tage später einem völlig anderen Astachow begegnete, als er in den balkanischen Tonfarben von Draganoff/Woermann gezeichnet wurde, kam nicht überraschend: Draganoff hatte – wie die Aufzeichnung Astachows über dieses Gespräch dokumentiert – im Monolog die russischen Möglichkeiten eines Paktabschlusses mit Deutschland zur Stabilisierung der Lage in Osteuropa durch Abgrenzung der beiderseitigen »Interessensphären« gepriesen!

139 Coulondre an Bonnet, 15. Juni 1939, in: DDF, 2, XVI, Nr. 435, S. 830 ff.

140 ADAP, D, VI, Nr. 530, S. 608–609.

141 Am selben Tage schrieb Coulondre an Bonnet, in der Wilhelmstraße bemühe sich derzeit Graf Schulenburg, eine Handelsdelegation nach Moskau aufzustellen. »Das Reich zieht in Betracht, Moskau außergewöhnlich vorteilhafte Angebote zu machen und auf breitester Basis Wirtschaftsaustausch zwischen den beiden Ländern zu entwickeln. Wenn das englisch-russische Abkommen nicht geschlossen würde, so wäre diese wirtschaftliche Zusammenarbeit, nach den Vorstellungen der Führer des Reichs, das beste Mittel, um den Weg für die politische Annäherung beider Länder zu bereiten ... In offiziellen Berliner Kreisen wird von ungewöhnlichen Angeboten ge-

sprochen, die Rußland gemacht worden seien, ... und vom Willen Deutschlands, um jeden Preis zu einem Abschluß zu kommen.« Derartige Angebote waren – nach Coulondre – geeignet, Rußland zu einer parallelen Verhandlungsführung mit beiden Seiten zu verleiten – »eine Taktik, die nicht ohne Gefahren für den Frieden in Europa ist«. Coulondre an Bonnet, 15. Juni 1939, in: DDF, 2, XVI, Nr. 434, S. 828.

142 Aufgrund der Eindrücke, die er in Berlin gewonnen hatte, dürfte sich Hilger in diesem Gespräch extrem zurückhaltend verhalten haben. Geschäftsträger Tippelskirch suchte den negativen Ausgang des Gesprächs abzumildern, wenn er erklärend hervorhob: »Daß Mikojan sofort auf den deutschen Vorschlag eingehen würde, war bei der Mentalität der Sowjetregierung, die gegenwärtig auf einem hohen Pferd sitzt, und bei ihren bekannten Verhandlungsmethoden wohl kaum zu erwarten. Die ständig wiederkehrende Behauptung Mikojans, daß er hinter unserem Verhandlungsangebot ein politisches Spiel vermute, dürfte ... zum Teil seine wirkliche Ansicht wiedergeben.« Im Gespräch mit Hilger betonte Mikojan, er glaube »immer noch nicht, ... daß es sich ... nicht um die Fortsetzung eines politischen Spiels handele, an dem die deutsche Seite gerade im gegenwärtigen Augenblick Interesse habe und von dem sie sich anscheinend Vorteile verspreche«. Er erklärte abschließend, »er könne seine Ansicht, daß die deutsche Antwort ›nicht ganz günstig‹ sei, ... nicht ändern«. ADAP, D, VI, Nr. 543, S. 622–624. Vgl. hierzu auch: Androsow (Nakanune, S. 142), der Hilgers Position verkennt.

143 Mikojan lehnte die Anreise Schnurres ab, so lange die deutschen Vorstellungen nicht vorher mündlich geklärt seien, und schloß die Gespräche mit der Bemerkung ab, »daß er sich ... nicht entschließen könne, ... ein Risiko« dieser Art einzugehen«. Tippelskirch an Auswärtiges Amt, 25. Juni 1939, in: ADAP, D, VI, Nr. 568, S. 658–659. Nach seiner Rückkehr erklärte Schulenburg auf Anfrage Berlins die vermeintliche »Taktik Mikojans« damit, daß die Sowjetregierung nicht wünsche, durch Anreise eines deutschen Sonderbevollmächtigten eine Sensation auszulösen; sie glaube, »daß wir durch eine Wiederaufnahme der Wirtschaftsverhandlungen gerade im gegenwärtigen Augenblick eine Einflußnahme auf die Haltung Polens bezwecken und uns hiervon bestimmte Vorteile versprechen. Sie befürchtet, daß, sobald wir diese Vorteile erreicht hätten, wir die Verhandlungen wieder versanden lassen würden.« Schulenburg sah zwei Wege, um dieses Mißtrauen zu zerstreuen: Mikojan vorzuschlagen, daß er einen qualifizierten Sonderbeauftragten mit allen erforderlichen Vollmachten zur Verhandlungsführung nach Berlin entsende, oder den Botschafter selbst mit der Fortführung der Verhandlungen in Moskau zu betrauen. (Schulenburg an Auswärtiges Amt, 27. Juni 1939, in: ADAP, D, VI, Nr. 570, S. 660–661.) Seine Vorschläge stießen in Berlin auf heftigen Widerspruch (Aufzeichnungen des V.L.R. Schnurre, Berlin, den 28. Juni 1939, in: ADAP, D, VI, Nr. 576, S. 669–670). Später verfolgte die Sowjetregierung tatsächlich den ersten Weg und beauftragte den Wirtschaftsfachmann Babarin mit der Verhandlungsführung in Berlin.

144 Vgl. das Gespräch Görings mit dem italienischen Generalkonsul in Berlin, Renzetti, vom 14. Juni 1939, in: DDI, 8, XII, Nr. 231, S. 197–198; dazu auch: Toscano, Italia, S. 51 f.

145 Aufzeichnung Schulenburgs, z.Zt. Berlin, den 17. Juni 1939, in: ADAP D, VI, Nr. 540, S. 618–619; sowie: Bericht Rossos an Ciano vom 28. Juni 1939 über dieses Gespräch Schulenburgs mit Astachow, in: DDI, 8, XII, Nr. 386, S. 303 f.; sowie auszugsweise im Telegramm von Ciano an Attolico vom 3. Juli 1939, Nr. 13677, in: MdAE, Affari politici, Russia, Nr. 35 (1939.3), Rapporti politici Russia-Germania; ferner: Bericht von

Grummon an Secretary of State vom 29. Juni 1939, in: FRUS, I, General, Nr. 351, S. 326–327.

146 Vgl. Anm. 138 zu diesem Kapitel.

147 DBFP, 3, VI, S. 115–120; DM Nr. 69–70, S. 144–146 (432–434).

148 Telegramm Astachows an den Narkomindel, 17. Juni 1939, in: AVP SSSR, f. 059, op. 1, p. 294, d. 2036, l. 115–116, abgedruckt in: God, S. 206–207. Dazu GSA, S. 423 und Sipols, Mesjacev, S. 130.

149 Die Initiative Schulenburgs hat die Forschung zu Mißverständnissen geleitet. Weber (Entstehungsgeschichte, S. 195) fragte, »ob Schulenburg etwa mit einer persönlichen Initiative die deutsch-sowjetischen Beziehungen vorantrieb«, erklärte aber den für ihn bestehenden »Widerspruch« umgehend dadurch, daß der Botschafter lediglich die »verschwommene und ziellose Weisung Ribbentrops in diplomatisch sowohl geschickter wie bestimmter Weise an die Russen weitergab.«

150 Notiz von Schliep, 26. Juni 1939, mit handschriftlichem Vermerk: »abgesandt an Obersalzberg, d. 28/6. 12.25«, in PA AA, Pol. II 63, AZ: Politik 3, Bd. 1, D 536841.

151 Nadolny, Beitrag, S. 297.

152 Brief von Nadolny an Schulenburg, Briesen, den 4. Juli 1939, in: ADAP D, VI, Nr. 614, S. 706–707.

153 Die Argumente Köstrings fielen offenbar auf fruchtbaren Boden: Nach Mitteilung des Londoner *Daily Express* von Mitte Juni 1939 bestand nun auch der Generalstab auf einer Verständigung mit Rußland (Dallin, Russia, S. 35).

154 Teske, Köstring, S. 135 f.

155 Goebbels bestätigte diese Sicht; er schrieb am 15. März 1940, Hitler hätte Stalin seinerzeit »in einem Film gesehen, und da war er ihm gleich sympathisch. Da hat eigentlich die deutsch-russische Koalition begonnen.« Tagebücher, I, 4, S. 75.

156 Vgl. etwa Kordt, Akten, S. 310; Below, Adjutant, S. 170.

157 Aufzeichnung über die Unterredung eines deutschen Journalisten mit dem leitenden Mitarbeiter der Dienststelle Ribbentrop, Dr. P. Kleist, 19. Juni 1939, in: DM, Nr. 71, S. 147–149; sowie: SSSR, Nr. 333, S. 454–457.

158 Davies, Botschafter, S. 348.

159 K.A. Umanskij war von Stalin unmittelbar nach der Botschaft Roosevelts an Hitler vom 15. April 1939, im Zuge seines neuerwachten Interesses an der Haltung der USA, zum Geschäftsträger und später Botschafter in Washington ernannt worden; vgl. SSSR, Nr. 297, S. 403.

160 Coulondre an Bonnet, 22. Juni 1939, in: DDF, 2, XVI, Nr. 505, S. 947–949.

161 Vgl. DDI, 8, XII, Nr. 317 sowie besonders Nr. 317 (Rosso an Ciano, 25. Juni 1939), Nr. 273–4 und Nr. 386 (Rosso an Ciano, 28. Juni 1939), S. 303; ADAP, D, VI, S. 659 f. (Tippelskirch an Schliep, 26. Juni 1939); ADAP D, VII, Nr. 79, S. 73 (Schulenburg an Auswärtiges Amt, 16. August 1939); darüber: Toscano, Italia, S. 49 f. besonders Anm. 67.

162 Telegramm des Geschäftsträgers in Rom, L.B. Gel'fand, an den Narkomindel, 26. Juni 1939, in: AVP SSSR, f. 059, op. 1, d. 2103, l. 74–5; abgedruckt in: God, S. 207; darüber als erster ausführlicher: Sipols, Mesjacev, S. 131.

163 Molotow im Gespräch mit Schulenburg am 15. August 1939, Aufzeichnung Schulenburgs, Anlage zu: ADAP, D, VII, Nr. 79, S. 73.

164 Schulenburg an Duberg, 25. Juni 1939, in: Nachlaß Schulenburg, Ordner Duberg: Briefe ... ab 1. Januar 1939, S. 1 f.

165 Auf Anfrage erfuhr der Botschafter um den 10. Juli 1939, daß er seinen PKW künftig (zur Reparatur) nur noch per Eisenbahn ins Ausland befördern könnte. Er kommentierte dies mit den Worten: »Es ist schon ein ›lustiges Land‹, diese Sowjet-Union! ... Auch andere Länder befestigen ihre Grenzen, aber das hindert nicht den Auto-Verkehr!« (Schulenburg an Duberg, Moskau, den 12. Juli 1939, in: Nachlaß Schulenburg, ebd., S. 2 f.).

166 Schulenburg an Duberg, 25. Juni 1939, in: Nachlaß Schulenburg ebd., S. 1 f.

167 Am 30. Juni 1939 teilte Präsident Roosevelt dem Sowjetbotschafter in den USA, Umanskij, mit, daß ihm von japanischer Seite der Vorschlag der künftigen gemeinsamen japanisch-amerikanischen »Ausbeutung der Reichtümer Ostsibiriens fast bis zum Baikal« unterbreitet worden sei; Roosevelt bezeichnete dies als »fantastisch, aber charakteristisch für die Pläne einiger japanischer ›Aktivisten‹ ...«; Umanskij an den Narkomindel, 2. Juli 1939, in: SSSR, Nr. 359, S. 478–479.

168 Vgl. Sella, War, S. 673 ff.

169 Vgl. insbesondere die TASS-Kommuniqués vom 26., 27., 28. und 29. Juni 1939; abgedruckt in: SSSR, Nr. 346, S. 466–468, Nr. 349, S. 470, Nr. 350, S. 470 und Nr. 354, S. 472.

170 Strang, Home, S. 174 ff.

171 In russischer Übersetzung: SSSR, Nr. 338, S. 459–460.

172 Aide-mémoire von Molotow an Seeds und Naggiar vom 22. Juni 1939, in: SSSR, Nr. 339, S. 461.

173 Vgl. etwa den Leitartikel der *Prawda* (Nr. 162/7878) vom 13. Juni 1939 über »Die Frage der Verteidigung der drei Ostseeländer gegen die Aggression«, nachgedruckt in: SSSR, Nr. 325, S. 444–447.

174 SSSR, Nr. 330, S. 451 f.

175 Vgl. SSSR, Nr. 337, S. 459 und Nr. 352, S. 471–472; über diesen Besuch: Myllyniemi, Krise, S. 48 ff.; Georg von Rauch, Halders Besuch in Estland im Juni 1939, in: Reval und die Baltischen Länder, Festschrift für Hellmuth Weiss zum 80. Geburtstag, Marburg 1980, S. 181–193.

176 Aufzeichnung Molotows über sein Gespräch mit Schulenburg, 28. Juni 1939, in: AVP SSSR, f. 06, op. 1a, d. 1, l. 4–6, abgedruckt in: God, S. 207–209. Dazu: Sipols, Mesjacev, S. 131; davor in Auszügen: Kobljakov, Bor'ba, II, S. 21; Sipols, Vorgeschichte, S. 297. Taylor vermutete, daß Schulenburg diesen »Schritt aus eigenen Stücken« machte (Origins, S. 242).

177 Schulenburg an Auswärtiges Amt, Geheim, Moskau, den 29. Juni 1939, 2.40 Uhr, und, nach der Weisung, das Gespräch noch ausführlicher wiederzugeben: Schulenburg an Auswärtiges Amt, 3. Juli 1939, 20.40 Uhr, in: ADAP, D, VI, Nr. 579, S. 673–674 und Nr. 697, S. 698–699. Aufgrund der ergebnislosen Berichte Schulenburgs hat diese Unterredung in der westlichen Literatur wenig Beachtung gefunden; siehe u.a. Beloff, Policy, S. 255; Carr, Munich, II, S. 98; Weinberg, Germany, S. 35 f.; Toscano, Italia, S. 58; breiter: Majskij, Vospominanija, S. 516 f.; ders., Who, S. 188 f.; Kobljakow, II, S. 21, Androsow, II, S. 100; Sipols, Vorgeschichte, S. 297 f. u.a.

178 Rosso an Ciano, 30. Juni 1939, in: DDI, 8, XII, Nr. 406, S. 317; Grummon an Hull, 1. Juli 1939, in: FRUS, I, General, Nr. 359, S. 327–329.

179 Namier, Europe, S. 266.

180 Sipols, Mesjacev, S. 131.

181 Maiski, Memoiren, S. 495 sowie ders., Vospominanija, S. 512.

182 Erstens hatte sie in diesem Moment vermutlich bereits Kenntnis vom Inhalt des Gesprächs zwischen Ciano und Parvus-Helfhand, in dem von einem deutschen Plan eines Nichtangriffspaktes mit Garantien für die baltischen Staaten die Rede war. Zweitens hatte am Tage der Unterredung Schulenburg-Molotow der diplomatische Korrespondent des *News Chronicle*, Vernon Bartlett, erneut in auffälliger Weise der Entwicklung vorausgegriffen, indem er meldete, die deutsche Regierung hätte den Beschluß gefaßt, der UdSSR einen Nichtangriffspakt für die Dauer von 25 Jahren anzubieten (Dallin, Russia, S. 35). Drittens lag ein solches Angebot aufgrund des damaligen Stands der in der Frage der Ostseeländer festgefahrenen Dreipaktverhandlungen und der bekannten sowjetischen Forderungen so sehr auf der Hand, daß in westlichen diplomatischen Kreisen zahlreiche Gerüchte dieses Inhalts kursierten; sie konnten, selbst unter der wenig wahrscheinlichen Annahme, daß die Sowjetregierung keine eigenen Informationen über die Bemühungen Schulenburgs in Berlin erhalten hätte, auch in Moskau nicht verborgen bleiben.

183 Rosso an Ciano, 30. Juni 1939, in: DDI, Nr. 406, S. 317; Ciano an Attolico, 3. Juli 1939, Nr. 13675, in: MdAE, Affari Politici, Russia, Nr. 35 (1939.3), Rapporti politici, Russia-Germania.

184 Aufzeichnung des V.L.R. Hewel, Berchtesgaden, den 29. Juni 1939, in: ADAP, D, VI, Nr. 383, S. 676–677. Hitlers Zorn war so groß, daß Hewel versuchte, die Absendung des Telegramms um einige Tage zu verzögern. Es gelang ihm nicht mehr.

185 Der Staatssekretär an die Deutsche Botschaft Moskau, Berlin, den 30. Juni 1939, in: ADAP, D, VI, Nr. 588, S. 680.

186 Sipols, Vorgeschichte, S. 297 f.; ders., Mesjacev, S. 131; vgl. auch Schorske, Ambassadors, S. 505.

187 A. Bajdakow, Po dannym razvedki . . ., in: *Prawda* vom 8. Mai 1989, Nr. 128 (25846), S. 4; G. Kumanew, Razmyšlenija istorika, 22-go na rassvete . . ., in: *Prawda* vom 22. Juni 1989, Nr. 173 (25891), S. 3.

188 Besymenskij, Alternativy II, S. 32.

189 Die gegenwärtige innersowjetische Diskussion führender ehemaliger Militärs, die sich an den »Fehlern« der Geschichte des Großen Vaterländischen Krieges entzündet hat, zielt in mancher Hinsicht auf eine Beantwortung dieser Fragen ab.

190 Tippelskirch an Auswärtiges Amt, 13. Juni 1939, in: ADAP, D, VI, Nr. 520, S. 597 f.

191 GGVK, S. 198.

192 Werth, Rußland, S. 44.

193 Vgl. Schulenburg an Auswärtiges Amt, 29. Juni 1939, in: ADAP, D, VI, Nr. 582, S. 675–678; Rosso an Ciano, 30. Juni 1939, in: DDI, 8, XII, Nr. 407, S. 317–318.

194 Vgl. u.a. SSSR, Nr. 373, S. 492.

195 SSSR, Nr. 362, S. 481.

196 Vgl. u.a. die TASS-Kommuniqués vom 6. Juli 1939 (SSSR, Nr. 364, S. 483–484), 14. Juli 1939 (SSSR, Nr. 374, S. 492–494), 23. Juli 1939 (SSSR, Nr. 380, S. 503) und 27. Juli 1939 (SSSR, Nr. 387, S. 517–518).

197 Molotow an Suriz, 30. Juni 1939, in: SSSR, Nr. 356, S. 475.

198 Vgl. M. Pankraschowa, V. Sipols, Počemu ne udalos' predotvarit' vojnu. Moskovskie peregovory SSSR, Anglii i Francii 1939 goda. (Dokumental'nyj obzor), (Moskau) 1970, S. 57 ff.

199 Strang im Brief an den Vize-Unterstaatssekretär für Auswärtiges, Sir Orme Sargent, vom 21. Juni 1939, zitiert in: Strang, Home, S. 174 f.

200 A. Shdanow »Die englische und französische Regierung wollen keinen gleichen Vertrag mit der UdSSR«, in: *Prawda* Nr. 178/7863 vom 29. Juni 1939, nachgedruckt in: SSSR, Nr. 355, S. 472–475; englische Übersetzung als Anlage zu: DBFP, 3, VI, Nr. 193. Zum Shdanow-Artikel u.a. Dallin, Russia, S. 44 ff.; Beloff, Policy, S. 255; Namier, Prelude, S. 191; Strang, Home, S. 177; Werth, Rußland, S. 43; Majskij, Vospominanija, S. 490; Androsow, Nakanune, S. 100 ff.

201 Der Vertraute Stalins hatte bereits vor dem VIII. Sowjetkongreß (29. November 1936) Drohungen an die baltischen Regierungen gerichtet. Er wurde später – beim Einmarsch der Roten Armee in den drei baltischen Republiken im Juni 1940 – zum Sonderbeauftragten für Estland ernannt. Er bildete am 1. Juli 1941, als die Heeresgruppe Nord der deutschen Wehrmacht tatsächlich die baltischen Gebiete in nordöstlicher Richtung mit Zielpunkt Leningrad durcheilte, die Kommission zur Verteidigung der Stadt. Und er mobilisierte am 2. August 1941 zusammen mit K.J. Woroschilow die letzten Reserven zur Verteidigung der Stadt und richtete an die Bevölkerung den bekannten Rundfunkaufruf über die tödliche Gefahr, die Leningrad drohe.
Vgl. u.a. Boris Meissner, Shdanow, 1 und 2, in: Osteuropa, 1951/2, S. 15–22 und 94–101.

202 Umanskij an Molotow, 2. Juni 1939, in: SSSR, Nr. 359, S. 478–479.

203 Rosso an Ciano, 30. Juni 1939, in: DI, 8, XII, Nr. 317, S. 406.

204 Zur Frage der »indirekten Aggression«, vgl. aus sowjetischer Sicht u.a. GGVK, S. 199 f.; GSAP, S. 409 ff.; Istorija Diplomatii III, S. 779 ff.; Pankraschowa/Sipols, Vojnu, S. 53 ff.; Sipols, Vorgeschichte, S. 261 ff.; aus der Sicht des westlichen Beobachters u.a. Werth, Rußland, S. 43 f.; aus englischer Sicht: Strang, Home, S. 179 ff.; Namier, Prelude, S. 195 ff.; Gibbs, Strategy, S. 742 ff.; aus Sicht der Randstaaten u.a. Gafenco, Jours, S. 221 ff.; aus neutraler Sicht: Allard, Stalin, S. 150 ff.; Wüthrich, Verhandlungen, S. 50 ff. u.a.; aus deutscher Sicht u.a. Weber, Entstehungsgeschichte, S. 202 ff.; Hillgruber, Außenpolitik, S. 24 f.

205 Strang, Home, S. 179 ff.

206 SSSR, Nr. 357, S. 476, deutsch in: DM, Nr. 75, S. 153–154.

207 Im Gespräch mit Seeds, Strang und Naggiar am 3. Juli 1939, vgl. Seeds an Halifax, 4. Juli 1939, in: DBFP, 3, VI, S. 249 ff.

208 Dekret über den Frieden, hier zitiert nach: Die russische Revolution, Hrg. M. Hellmann, München 1964, S. 314.

209 Besymenskij, Alternativy II, S. 35.

210 Seeds an Halifax, 1. Juli 1939, in: DBFP, 3, VI, S. 230–232.

211 Sowjetischer Vertragsentwurf vom 3. Juli 1939, in: SSSR, Nr. 360, S. 479–480; Entwurf des Protokolls, deutsch in: DM, Nr. 76, S. 154–155.

212 Sowjetischer Dreipakt-Entwurf vom 8. Juli 1939, in: SSSR, Nr. 366, S. 484–486; Protokoll, § 1, deutsch in: DM, Nr. 77, S. 156–158.

213 Auf die Frage von Botschafter Seeds, was die Sowjetregierung unter einer »Ausnutzung der Kräfte dieses Staates« durch die aggressive Macht verstünde, erwähnte Molotow als Beispiel die Verwendung »deutscher Offiziere als Ausbilder in den lettischen und estnischen Armeen und die Verwandlung dieser Armeen in ein Instrument der Aggression gegen die Sowjetunion«. Vgl. hierzu u.a. Myllyniemi, Krise, S. 46 ff.

214 Sowjetischer Entwurf des zusätzlichen Schreibens vom 9. Juli 1939, in: SSSR, Nr. 367, S. 486–487; deutsch in: MD, Nr. 78, S. 158–159.

215 Seeds an Halifax, 18. Juli 1939, in: DBFP, 3, VI, S. 375–377.
216 Churchill, War, I, S. 349. Auch für Gafencu war es »evident, daß die Westmächte eine psychologische Wirkung erzielen wollten (sie haben das nicht verborgen). Sie wollten eine Solidarität zwischen West und Ost schaffen, die Hitler daran hinderte, seinen Krieg zu entfesseln ... Der sowjetische Gesichtspunkt war gleichermaßen vertretbar: Moskau wollte sich nicht auf leichtsinnige Weise festlegen. Wenn trotz des grundsätzlichen Einvernehmens der Krieg ausbrach, so konnte die wichtigste deutsche Kriegsanstrengung gegen die UdSSR gerichtet sein. Die UdSSR hat, indem sie immer präzisere Festlegungen verlangte, ihre Sache verteidigt.« Beide Seiten hielten – nach Ansicht Gafencus – aufgrund ihres übergroßen Mißtrauens zu lange an ihren Standpunkten fest (Gafenco, Jours, S. 225 f.).
217 Middlemas, Diplomacy, S. 310 ff.
218 Strang, Home, S. 180, 184 (Anmerkung); Strang an Sargent, 20. Juli 1939, in: DBFP, 3, VI, S. 422–426; sowie Nachdruck in: Strang, Home, S. 181–187 und S. 180.
219 Schorske, Ambassadors, S. 504 f.
220 Schulenburg an Duberg, 9. Juli 1939, in: Nachlaß Schulenburg, Ordner Duberg: Briefe ... ab 1. Januar 1939, S. 2.
221 Tippelskirch an Schulenburg, 12. Juli 1939, in: ADAP, D, VI, Nr. 661, S. 764–765.
222 Der Botschafter hatte offenbar keine Kenntnis von »Fall Weiß«.
223 In ihrem Brief vom 5. Juli 1939 hatte Alla von Duberg Schulenburg u.a. mitgeteilt, in Berlin liefen greuliche politische Gerüchte um. Keiner wisse etwas Genaues, aber alles spräche von einem Krieg. So habe sie am Vortag gehört, daß angeblich zwischen Hitler und Stalin ein Meinungsaustausch »wegen der Teilung Polens stattgefunden« hätte; in: Nachlaß Schulenburg, Briefwechsel Duberg, Moskau 11. 2. 1938–18. 8. 1939, S. 1/2. Frau von Duberg verkehrte in diplomatischen Kreisen, u.a. in der Residenz von Coulondre.
224 Schulenburg an Duberg, 9. Juli 1939, in: Nachlaß Schulenburg, Ordner Duberg: Briefe ... ab 1. Januar 1939, S. 2/2, 3/1, 3/2.
225 Schulenburg an Weizsäcker, 10. Juli 1939, in: ADAP, D, VI, S. 750–751.
226 Schulenburg an Schliep, 10. Juli 1939, in: PA AA, Politische Akten Botschafter v.d. Schulenburg, Bd. 1, 178568-73. Der Brief enthielt eine Reihe von Beispielen erfolgreicher Bemühungen der Botschaft um eine Verbesserung der Atmosphäre.
227 Rosso an Ciano, 4. Juli 1939, in: DDI, 8, XII, Nr. 451, S. 344.
228 Rosso an Ciano, 5. Juli 1939, in: DDI, 8, XII, Nr. 481, S. 364.
229 Schulenburg an Auswärtiges Amt, 4. Juli 1939, in: ADAP, D, VI, Nr. 613, S. 705.
230 Es ging um den Austausch von zehn sowjetischen Spanien-Kämpfern gegen sieben in der UdSSR verhaftete Reichsdeutsche, für den – als eine Geste des guten Willens der deutschen Regierung – Unterstaatssekretär Woermann ab Mitte Juni die Vorarbeiten geleistet hatte; vgl. ADAP, D, VI, Nr. 610, S. 702.
231 Tippelskirch an Schulenburg, Berlin, den 12. Juli 1939, in: ADAP, D, VI, Nr. 661, S. 767.
232 Kordt, Akten, S. 309 f.
233 Tippelskirch an Schulenburg, Berlin, den 12. Juli 1939, in: ADAP, D, VI, Nr. 661, S. 764 f. Über Tippelskirch ließ Weizsäcker »Mitte Juli unserem Botschafter in Moskau, dem Grafen Schulenburg, unter der Hand noch sagen, politisch sei genug geredet, auf dem ökonomischen Gebiet wäre langsam und schrittweise vorzugehen. Schulenburg war im europäischen Osten wohl bewandert und bei den Sowjet-

Größen, gerade wegen seiner seigneurialen Art, ein gern gesehener Vertreter. Ende Juli glaubte ich nicht, daß Hitler einen politischen Abschluß schnell erzwingen könne.« Weizsäcker betonte, daß er »soweit ... beruhigt« war, zumal er die Gewißheit zu besitzen glaubte, daß sich »die britische Regierung ... bei Stalin durch Hitler nicht ausmanövrieren lassen wollte« (Weizsäcker, Erinnerungen, S. 246 f.).

234 Tippelskirch an Schulenburg, Berlin, den 12. Juli 1939, in: ADAP, D, VI, Nr. 661, S. 764. Am 7. Juli 1939 hatte Astachow öffentlich jeden »politischen Handel zwischen Moskau und Berlin« dementiert; vgl. Gafenco, Jours, S. 224.

235 Die Besprechung in der Reichskanzlei vom 7. Juli 1939 ist nur indirekt belegt; vgl. ADAP, D, VI, Nr. 583, S. 676, Anm. 1, Nr. 596, S. 686, Anm. 1, Nr. 628, S. 729, Anm. 1; dazu: Braubach, Weg, S. 22 und S. 43, Anm. 66. Wie eine gleichzeitige Benachrichtigung seines Vorgesetzten Wiehl durch Schnurre nahelegt, ging die Initiative dazu von Schnurre aus.

236 Tippelskirch an Schulenburg, Berlin, den 12. Juli 1939, in: ADAP, D, VI, Nr. 661, S. 764.

237 Kordt, Wahn, S. 161.

238 Attolico an Ciano, 7. Juli 1939, in: DDI, 8, XII, Nr. 503, S. 378–379.

239 Attolico hatte Zweifel an dieser Aussage Ribbentrops. In Klammern setzte er hinter den Namen Schulenburgs die Worte: »der danach versichert hat, es handele sich nur um eventuelle Handelsgespräche«.

240 Der Staatssekretär an die Botschaft in Moskau, Berlin, den 7. Juli 1939, in: ADAP, D, VI, Nr. 628, S. 729–730.

241 Kordt, Wahn, S. 161.

242 ADAP, D, VI, Nr. 663, S. 766. Über den Besuch Hilgers bei Mikojan am 10. Juli 1939: Rosso an Ciano, 11. Juli 1939, in: DDI, 8, XII, Nr. 537, S. 403 und Grummon an Cordell Hull, 11. Juli 1939, in: FRUS, I, General, Nr. 379, S. 330. Danach hatte Deutschland weitere Konzessionen gemacht, aber Mikojan war reserviert geblieben.

243 Schulenburg an Auswärtiges Amt, 16. Juli 1939, in: ADAP, D, VI, Nr. 677, S. 780.

244 Aufzeichnung Schnurres, 18. Juli 1939, in: ADAP, D, VI, Nr. 695, S. 786–787.

245 Domarus, Hitler, II, S. 1217.

246 Schmid, Jahre, S. 16.

247 Attolico an Ciano, 17. Juli 1939, in: DDI, 8, XII, Nr. 598, dazu: Toscano, Italia, S. 64, Anm. 93; F.O. 371/23 009, S. 372–386; *Völkischer Beobachter* vom 15.–17. 7. 1939, Nr. 196–8. Wie ernst die Sowjetregierung die Freundlichkeit Hitlers gegenüber Astachow nahm, betonte – laut Bericht Schulenburgs ans Auswärtige Amt – Potemkin noch am 27. Juli 1939 mit »Befriedigung«. Er »erklärte, daß derartige Dinge für die beiderseitigen Beziehungen von großem Wert seien« (27. Juli 1939, in: ADAP, D, VI, Nr. 727, S. 845).

248 Astachow an Molotow, 19. Juli 1939, in: God, S. 210–211.

249 Attolico an Ciano, 17. Juli 1939, in: DDI, 8, XII, Nr. 598.

250 Schulenburg an Duberg, 17. Juli 1939, in: Nachlaß Schulenburg, Ordner Duberg, Briefe ... ab 1. Januar 1939, S. 12 und 1/1. Es ist unbekannt, was er an diesem Vormittag im Außenkommissariat tat.

251 Weizsäcker-Papiere, S. 155 f.

252 Maiski, Memoiren, S. 496; Majskij, Vospominanija, S. 516; Maisky, Who, S. 189.

253 Über diese von sowjetischer Seite sehr ernst genommenen Gespräche: SSSR, Nr. 379, 382, 383; DM, Nr. 84, S. 167 ff.; Fal'sifikatory, S. 48 ff.; Majskij, Vospomi-

nanija, S. 496 ff.; GGVK, S. 206 ff.; Androsow, Nakanune, S. 101; Maximytschew, Anfang, S. 268 f.; Sipols, Vorgeschichte, S. 268 ff.; aus westlicher Sicht u.a.: Beloff, Policy, S. 259; Weinberg, Germany, S. 37 f. (mit Literaturangaben); Schorske, Ambassadors, S. 505; aus deutscher Sicht: Hillgruber, Außenpolitik, S. 24 ff. Vermutlich wurde die Sowjetregierung durch ihre britischen Informanten genau über den Stand dieser Gespräche unterrichtet. Nach dem Krieg lieferte ihr das Privatarchiv des deutschen Botschafters in London, Herbert von Dirksen, die Beweise. Dieses bildete aus sowjetischer Sicht einen Stein auf dem Weg zum Kalten Krieg. Vgl. A. Teichová, Die geheimen britisch-deutschen Ausgleichsversuche zur Zeit der englisch-französisch-sowjetischen Verhandlungen (1939), in: Der deutsche Imperialismus und der zweite Weltkrieg, Herausgegeben von der Kommission der Historiker der DDR und der UdSSR, Bd. 2, Berlin (-Ost) 1961, S. 581–615; und H. Metzmacher, Deutsch-englische Ausgleichsbemühungen im Sommer 1939, in: VfZ, 1966, Nr. 3, S. 369–412.

254 Weinberg, Germany, S. 37 mit Anm. 23.

255 So: Istorija KPSS, S. 71 f.; Text des Abkommens in: DBFP, 3, IX, S. 313; darüber u.a. Androsow, Nakanune, S. 101; Beloff, Policy, S. 259; Sommer, Deutschland, S. 262; Hillgruber, Entstehung, S. 48.

256 Istorija KPSS, S. 71 f.

257 Vgl. Sewostjanow, Sowjetdiplomatie, S. 27 ff.

258 Istorija KPSS, S. 74.

259 Istorija KPSS beruft sich hier auf den Vortrag Lenins in der Fraktion der RKP(b) vor dem VIII. Allrussischen Rätekongreß (22.–29. Dezember 1920) »Über die Konzessionen« (21. Februar 1920); in: V.I. Lenin, Sočinenija[3], Bd. XXVI (1932), S. 5 ff.; ders., Sočinenija[4], Bd. 31 (1950), S. 433 ff.; ders., Polnoe Sobranie Sočinenij[5], Bd. 42 (1959), S. 91 ff., hier: S. 99 f. Lenin hatte dort seine Politik der Vergabe von Konzessionen an kapitalistische Länder verteidigt. Er machte dabei geltend, daß der Sowjetstaat drei Jahre Interventionskriege der Ententemächte nur überstehen konnte, weil zwischen ihnen – England und Frankreich einerseits und USA-Japan andererseits – keine Einigkeit bestand. Die einzige Überlebenschance des Sowjetstaates bestehe darin, durch Aufnahme von Wirtschaftsverhandlungen und Führung von Handelsgesprächen den amerikanisch-japanischen und englisch-französischen Gegensatz zu vertiefen. Dies habe er bereits durch geheime »Gespräche über die Konzessionen allein erreicht«, (wobei freilich Nachrichten über sie in Umlauf gesetzt wurden). Daher, so Lenin, »unsere Politik – den Zwist zwischen den imperialistischen Mächten auszunutzen, um eine Übereinkunft [zwischen diesen] zu erschweren oder, wenn möglich, zeitweilig unmöglich zu machen.« Insofern sei die Frage der Wirtschaftsverhandlungen mit imperialistischen Staaten »wirtschaftlich vollkommen zweitrangig, und ihr ganzes Wesen besteht im politischen Interesse«. Dabei wies Lenin den Vorwurf zurück, diese Politik laufe auf die Entfesselung eines Krieges zwischen den imperialistischen Mächten hinaus, dessen Last die Arbeiter dieser Länder zu tragen hätten: »Unsere Politik und Propaganda sind nicht darauf gerichtet, die Völker in den Krieg zu treiben, sondern dem Krieg ein Ende zu machen.« Die Sowjetrepublik, die von kriegslüsternen kapitalistischen Ländern umgeben sei, müsse sich (durch profitable Handelsgeschäfte) stärken, um den »ewigen Kriegen« ein Ende zu setzen.

260 *New York Times* vom 22. Juli 1939, S. 3, unter Berufung auf Associated Press vom 21. Juli 1939, vgl. Weinberg, Germany, S. 37 f.

261 *Prawda* vom 22. Juli 1939. Darüber: Schulenburg an Auswärtiges Amt, 22. Juli 1939, in: ADAP, D, VI, Nr. 699, S. 802; Grummon an Hull, 22. Juli 1939, in: FRUS, I, General, Nr. 399, S. 330 f.; Rosso an Ciano, 25. Juli 1939, in: DDI, 8, XII, Nr. 674, S. 509.
262 Schulenburg im Gespräch mit Rosso; vgl. Rosso an Ciano, 25. Juli 1939, in: DDI, 8, XII, Nr. 674, S. 509.
263 Aufzeichnung Astachows über sein Gespräch mit Schnurre, 24. Juli 1939, in: AVP SSSR, f. 082, op. 22, d. 8, 1. 115-7, abgedruckt in: God, S. 216–217; dazu GSA, S. 425 f. und Sipols, Mesjacev, S. 132.
264 Schnurre berichtet, daß ihn Ribbentrop angewiesen hatte, in den Verhandlungen »nicht über Zwirnsfäden zu stolpern, die offenen Fragen seien zweitrangig gegenüber der politischen Bedeutung des Abkommens« (Mitteilung an Vf.).
265 Weizsäcker an Schulenburg, 22. Juli 1939, in: ADAP, D, VI, Nr. 700, S. 803. Darüber u.a. Schorske, Ambassadors, S. 505; Allard, Stalin, S. 150 f.; Braubach, Weg, S. 23.
266 Attolico an Ciano, 22. Juli 1939, in DDI, 8, XII, Nr. 649.
267 Rossi (Jahre, S. 35) machte darauf aufmerksam, daß sich Hitler durch diese Festlegung in eine Abhängigkeitssituation zu Stalin versetzt hätte: Er brauchte seine Zustimmung »bis zu diesem festgesetzten Zeitpunkt, wenn er nicht seinen ganzen Plan gefährden wollte«. Rossi verkannte die England-Option Hitlers.
268 Bonnet, Fin, Anhang II, S. 401 f.; Hillgruber, Außenpolitik, S. 22.
269 Mitteilung von Dr. Karl Schnurre an Vf.
270 Kleist, Tragödie, S. 63; ders., Hitler, S. 45.
271 Braubach, Weg, S. 23; Hilger, Wir, S. 282 u.a.
272 Schmid, Jahre, S. 15.
273 BA, R 25/53, S. 1–15.
274 GSA, S. 424.
275 Vgl. Aufzeichnung Schnurres (nach persönlicher Mitteilung von Dr. Schnurre an Vf.: »für Ribbentrop und Hitler«) vom 27. Juli 1939, in: ADAP, D, VI, Nr. 729, S. 847–849. Darüber u.a. Kleist, Hitler, S. 45 ff.; ders. Tragödie, S. 63 ff.; Kordt, Wahn, S. 161; Rossi, Jahre, S. 37 ff.; Beloff, Policy, S. 259; Weinberg, Germany, S. 38 f.; Fabry, Pakt, S. 44 ff.; Allard, Stalin, S. 150 f.; Braubach, Weg, S. 24; Weber, Entstehungsgeschichte, S. 243 ff.; und Hillgruber, Außenpolitik, S. 24 f., der behauptet, daß Schnurre »die sowjetischen Anregungen« aufgenommen hätte. Aufzeichnung (Babarins) vom Gespräch Astachows mit Schnurre, 26. Juli 1939, in: AVP SSSR, f. 011, op. 4, d. 59, 1. 191–195, abgedruckt in: God, S. 220–222; darüber Majskij (Vospominanija, S. 517, Memoiren, S. 496 f., Who, S. 190); Androsow (Nakanune, II, S. 103); Sipols, Mesjacev, S. 132 f.
276 Mitteilungen von Dr. W. Schmid an Vf. sowie Schmid, Jahre, S. 13 ff.
277 Auf solche Widersprüche hat schon E. Kordt aufmerksam gemacht (Wahn, S. 161). Die historische Literatur hat dies nicht berücksichtigt (etwa Allard, Stalin, S. 150).
278 Die Weisung Ribbentrops forderte von Schnurre den »Ton der Gelassenheit«, »ohne irgendwelche Eile zu zeigen«; dennoch drängte Schnurre im Eifer des Gesprächs zu äußerster Eile. Die Divergenz entging der sowjetischen Seite nicht. Wenige Tage später bat Astachow Schnurre um eine Erklärung darüber, wie sich denn die Unterschiede des von Schnurre und Ribbentrop angeschlagenen Tempos erklärten. Schnurre hob hervor, es bestände Einigkeit darüber, daß »*die nächsten Tage*« für den Abschluß der Gespräche genutzt würden, »um baldmöglichst eine Grundlage zu schaffen« (Aufzeichnung Schnurres über ein Gespräch mit Astachow am 3. August 1939, in: ADAP, D, VI, Nr. 761, S. 885).

279 Maiski, Memoiren, S. 497.
280 Mitteilung von Dr. Schnurre an Vf. und Schreiben Weizsäckers an Schulenburg vom 29. Juli 1939, in ADAP, D, VI, Nr. 736, S. 854; sowie Kordt, Wahn, S. 161.
281 Astachow an Potemkin, 27. Juli 1939, in AVP SSSR, f. 082, op. 22, d. 8, 1. 122–123, abgedruckt in: God, S. 222–223; darüber Sipols, Mesjacev.
282 Molotow an Astachow, 28. Juli 1939, in: AVP SSSR, f. 059, op. 1, d. 2038, 1. 93, abgedruckt in: God, S. 228.
283 Sipols, Mesjacev, S. 133.
284 Molotow an Astachow, 29. Juli 1939, in: AVP SSSR, f. 059, op. 1, d. 2038, 1. 94–96, abgedruckt in: God, S. 228.
285 Mitteilung Dr. K. Schnurre an Vf.
286 Teske, Köstring, S. 138.
287 Kleist, Tragödie, S. 63.
288 Weizsäcker an Schulenburg, 29. Juli 1939, in: ADAP, D, VI, Nr. 734, S. 852.
289 Kordt, Wahn, S. 162 f.
290 Weizsäcker an Schulenburg (Geheim!), Berlin, den 29. Juli 1939, Eingegangen: 31. Juli, W 1216 g; das Schreiben war ohne telegraphische Vermittlung und über zwei Tage, also offenbar durch persönlichen Kurier, nach Moskau gelangt.
291 Der französische Geschäftsträger in Berlin, M. de St. Hardouin, an Bonnet, Berlin, den 3. August 1939, rückblickend auf die letzten Juli-Tage 1939, in: Documents Diplomatiques 1938–1939. Pièces relatives aux événements et aux négociations qui ont précédé l'ouverture des hostilités entre l'Allemagne d'une part, la Pologne, la Grande-Bretagne et la France d'autre part, Nr. 180, S. 208 f.
292 Der französische Geschäftsträger in Berlin an Bonnet, 27. Juli 1939, in: ebd., Pièces. Nr. 173, S. 200 f.
293 Weizsäcker-Papiere, 30. Juli 1939, S. 156. In seinen Ausführungen vor der Pressekonferenz hatte Paul Schmidt (Presseabteilung des AA) schon am 6. Juni die »Sprachregelung« ausgegeben, »es sei begreiflich, daß Sowjetrußland für den Kriegsfall den Hafen von Riga nötig habe« (BA ZSg 102, 136). Damit sollte ein eventuelles englisches Entgegenkommen überboten werden.
294 Attolico an Ciano, Nr. 5821 vom 1. August 1939, in: Bernardo Attolico, Collana die Testi Diplomatici, 11, Rom: M.A.E. 1986, S. 99–101. Attolico hielt dies für einen Fehler und ging davon aus, daß die UdSSR im Falle eines baldigen Krieges »mit oder ohne Abkommen« nicht passiv bleiben würde; selbst wenn sie Polen momentan (noch) nicht durch aktive militärische Operationen stützen könnte, würde sie ihm doch zumindest indirekt Hilfe gewähren. Er forderte Ciano auf, das Gewicht Italiens im Spiele der Entscheidungen Hitlers geltend zu machen, um nicht durch einen ungewollten plötzlichen Krieg »überrascht« zu werden.
295 Bonnet, Fin, S. 274. Die Annahme ist zweideutig: Sie läßt ebenso die Vermutung Hitlers erkennen, daß er die UdSSR nicht (durch das Angebot der gemeinsamen Teilung Polens) zur Einhaltung der Neutralität verleiten könnte, wie seinen Plan, über Polen hinaus gegebenenfalls gleich Teile Rußlands zu überrennen.
296 Rückblickend am 25. Oktober 1939, in: Weizsäcker-Papiere, S. 181; vgl. auch Sipols, Vorgeschichte, S. 294. Demgegenüber verzeichnete die Französische Botschaft Ende Juli 1939 in der Umgebung Hitlers einen »sehr definitiven Wechsel in der politischen Atmosphäre … Der Periode der … Unentschlossenheit … ist eine andere Phase gefolgt.«

297 Herwarth, Hitler, S. 173. Herwarth unterstrich, wie stark »die sich widersprechenden und hektischen Weisungen aus Berlin« ihn irritierten, und dies besonders ab Ende Juli, als Ribbentrop das Tempo forcierte, bis schließlich »Hitler selbst Schulenburg zu äußerster Eile an[trieb], weil er ungeduldig den Tag erwartete, an dem er Polen angreifen konnte«.

298 Kordt, Wahn, S. 163.

299 Weizsäcker an Schulenburg, 31. Juli 1939, in: ADAP, D, VI, Nr. 744, S. 861.

300 (Nr. 151), vgl.: ADAP, D, VI, Nr. 744, S. 861, Anm. 3. Molotow fiel an diesem 1. August 1939 lediglich in seiner Funktion als Vorsitzendem des Rats der Volkskommissare die Aufgabe zu, diese sowjetische Landwirtschaftsausstellung in der Hauptstadt zu eröffnen (Werth, Rußland, S. 44) – eine Funktion, die den dringenden Empfang des deutschen Botschafters in seiner Eigenschaft als Volkskommissar für Äußeres nicht ausschließen mußte.

301 Namier, Prelude, S. 202.

302 Astachow an Molotow, 2. August 1939, in: SSSR, Nr. 394, S. 525.

303 Maiski, Memoiren, S. 497.

304 Ribbentrop an Schulenburg, 3. August 1939, 12.58 Uhr, in: ADAP, D, VI, Nr. 758, S. 882; Ribbentrop an Schulenburg, 3. August 1939, 15.47 Uhr, in: ADAP, D, VI, Nr. 760, S. 883–884; Telegramm Astachows an den Narkomindel, 3. August 1939, in: AVP SSSR, f. 059, op. 1, d. 2036, 1. 162–165; darüber GGVK, S. 208; Sipols, Mesjacev, S. 134.

305 Nach der Aufzeichnung Astachows sagte Ribbentrop: »Wir sind der Ansicht, daß im ganzen Raum vom Schwarzen Meer bis zur Ostsee keine Gegensätze zwischen unseren Ländern bestehen. Über alle diese Fragen kann man sich unterhalten. Wenn die Sowjetregierung diese Voraussetzungen teilt, so kann man zu einem konkreteren Meinungsaustausch kommen ...«

306 Kordt, Wahn, S. 163.

307 Telegramm Astachows an den Narkomindel, 3. August 1939, in: AVP SSSR, f. 059, op. 1, d. 2036, 1. 167, abgedruckt in: God, S. 238; Sipols, Mesjacev, S. 134.

308 Aufzeichnung Schnurres vom 3. August 1939, in: ADAP, D, VI, Nr. 761, S. 884–885.

309 Einige sowjetische Forscher gingen davon aus, daß Ribbentrop selbst sein Angebot vom 2. August mit dem Vorschlag eines »geheimen Protokolls« bzw. »Geheimprotokolls« verbunden hätte, das die »Interessen der beiden Mächte auf dem gesamten Abschnitt des Territoriums zwischen Ostsee und Schwarzem Meer abgrenzen würde« (Androsow, Nakanune, II, S. 104; GGVL, S. 208; Besymenskij, Sonderakte, S. 96). Die Sowjetregierung habe diesen Vorschlag mit Weisung an die Berliner Sowjetvertretung vom 7. August 1939 verworfen. In den deutschen Akten wird ein »geheimes Schlußprotokoll« mit einem »politischen Gedanken« zum ersten Male in der Aufzeichnung Schnurres über dieses Gespräch mit Astachow am 3. August, also einen Tag nach dem Angebot Ribbentrops erwähnt (vgl. ADAP, D, VI, Nr. 76, S. 885).

310 Telegramm Molotows an Astachow, 7. August 1939, abgedruckt in: God, S. 240.

311 Kegel, Stürmen, S. 172 f.

312 Schnurre an Schulenburg, 2. August 1939, in: ADAP, D, VI, Nr. 757, S. 881–882.

313 Istorija KPSS, S. 70.

314 Parl. Debates, House of Commons, Bd. 350, Kol. 2094–2100. Das TASS-Kommuniqué vom 2. August 1939 hob hervor, Butler hätte die Verhandlungsposition der

UdSSR entstellt. In Wahrheit ginge es gar nicht um eine Verletzung der Unabhängigkeit der baltischen Staaten durch die verhandelnden Parteien – diese träten in jedem Fall für die Garantie ihrer Unabhängigkeit ein. Es ginge vielmehr darum, dem Angreifer, der einen Anschlag auf die Unabhängigkeit der baltischen Staaten unternähme, in der Definition der »indirekten Aggression« kein Schlupfloch zu lassen. Die englische Definition habe ihm bisher eine Hintertür offengelassen (TASS-Kommuniqué in den *Iswestija* (Nr. 177/6947) vom 2. August 1939, nachgedruckt in: SSSR, Nr. 392, S. 524). Dazu u.a. Beloff, Policy, S. 262; Strang, Home, S. 187 f. Am selben Tage überreichte Molotow den Botschaftern Seeds und Naggiar in Ergänzung von § 2 des Vertragstextes vom 17. Juli 1939 eine neue, vereinfachte Definition der »indirekten Aggression«: Sie schloß eine Aktion ein, »die von dem erwähnten Staat unter Androhung von Gewalt durch eine andere Macht unternommen wurde und den Verlust seiner Unabhängigkeit bzw. seiner Neutralität zur Folge hat«, und vereinbarte unter diesen Umständen, auf Ersuchen einer der Parteien, unverzügliche Dreierkonsultationen (SSSR, Nr. 393, S. 525, DM, Nr. 96, S. 197).

315 ADAP, D, VI, Nr. 764, S. 888–889.

316 Seeds an Halifax, Telegramm vom 3. August 1939, in BDFP, 3, VI, S. 570–574.

317 Werth, Rußland, S. 44, Anm.

318 GSAP, S. 419, Istorija KPSS, S. 71.

319 Russisch in: SSSR, Nr. 396, S. 527–533; deutsch in: DM, Nr. 100, S. 227–233, Dirksen-Archiv, Moskau, Nr. 24; vgl. auch: ADAP, D, VI, S. 894, Anm.

320 Schulenburg an Auswärtiges Amt, in: ADAP, D, VI, Nr. 766, S. 892–894; Rosso an Ciano, in: DDI, 8, XII, Nr. 780, S. 583. Dazu: Hilger, Wir, S. 282; Kordt, Wahn, S. 163; Herwarth, Hitler, S. 180; sowie später: Beloff, Policy, S. 261; Carr, Munich II, S. 99; Weinberg, Germany, S. 38 f.; Schorske, Ambassadors, S. 510 f.; sowie Weber, Entstehungsgeschichte, S. 238, der das Gespräch irrtümlich auf den 4. August 1939 datierte. Aufzeichnung (Pawlows) des Gesprächs Molotows mit Schulenburg, 3. August 1939, in: AVP SSSR, f. 06, op. 1a, d. 1, l. 7–12, abgedruckt in: God, S. 235; darüber: Kobljakow, Bor'ba, II, S. 21; Androsow, Nakanune, II, S. 104; Sipols (Vorgeschichte, S. 299 und Mesjacev, S. 135).

321 Brief Schulenburgs an Weizsäcker über den Verlauf dieses Gesprächs vom 14. August 1939, in: ADAP, D, VI, Nr. 61, S. 55–56.

322 Hitler verstand, daß die sowjetische Bereitschaft zu diesem Zeitpunkt weit hinter seinen impliziten Einladungen zurückblieb und der Sowjetregierung in erster Linie an der konfliktlosen Beilegung der deutsch-polnischen Krise durch eine internationale Regelung gelegen war. Er hat diese Tatsache umgehend taktisch gegen den italienischen Wunsch nach Einberufung einer solchen Konferenz unter Ausschluß der UdSSR ausgespielt; so teilte er Ciano im Gespräch auf dem Obersalzberg am 12. August 1939 mit, »daß bei zukünftigen Zusammenkünften der Mächte Rußland nicht mehr ausgeschaltet werden könne. In den deutsch-russischen Besprechungen hätten die Russen ... zu verstehen gegeben, daß sie dies ... nicht mehr hinnehmen würden.« (ADAP, D, VI, Nr. 43, S. 38).

323 Herwarth, Hitler, S. 180.

324 Schulenburg an Schliep, 7. August 1939, in: ADAP, D, VII, Nr. 779, S. 905. Die Wiederholung dieses Ausdrucks durch Schulenburg (am 7. Juli 1939 hatte Ribbentrop Attolico mitgeteilt, er hätte Schulenburg angewiesen, Stalin einen neuen »Floh ins Ohr« zu setzen) läßt darauf schließen, daß diese Redeweise zum charakteri-

stischen Vokabular der Berliner Planungsgespräche über die Annäherung gehörte! Im selben Brief an Schliep machte Schulenburg deutlich, wie uninformiert die Botschaft über die wirklichen Entwicklungen in Berlin war und wie ratlos sie die Rückkehr von Köstring und Tippelskirch erwartete, von denen sie sich Nachrichten versprach.

325 Androsow, Nakanune, II, S. 106.

326 Schulenburg an Duberg, 7. August 1939, in: Nachlaß Schulenburg, Ordner Duberg: Briefe ... ab 1. Januar 1939, S. 1/2 und 2/1.

327 Rauch, Geschichte, S. 373.

328 Vgl. hierzu Köstring, in: Teske, Köstring, S. 139 f.

329 Die westliche Geschichtsforschung hat diese seine Gratwanderung nicht gewürdigt. So behauptete Allard, der – wie die meisten deutschen Interpreten – die treibende Kraft hinter diesen Gesprächen in der Sowjetregierung sah, daß es Schulenburg »offenbar noch immer nicht gelernt [hatte], aus den Anspielungen Molotows die richtigen Schlüsse zu ziehen«, ja, daß er sich »mit diesem pessimistischen Urteil irrte« (Allard, Stalin, S. 154 f.).

330 Der Beschluß dazu wurde am 8. und 9. August 1939 in Anwesenheit von Schnurre und General Köstring auf Ribbentrops österreichischem Sommersitz, Schloß Fuschl bei Salzburg, im Laufe hitziger Debatten und häufiger Telephongespräche mit Hitler getroffen und dem sowjetischen Geschäftsträger in Berlin am 13. August mitgeteilt. Er wurde aus Zeitgründen am 14. August kurzfristig wieder fallengelassen. Am selben Tage hatte Schulenburg, dem Köstring von diesem Beschluß berichtet hatte, in einem Brief an Weizsäcker auf die negativen Folgen aufmerksam gemacht, die seine Ersetzung durch diese zwielichtige Gestalt des NSDAP-Karrieristen haben würde, aufmerksam gemacht: »Gespräche mit Herrn Molotow führe ich wohl sicher am besten und am leichtesten. Der merkwürdige Mann und schwierige Charakter hat sich jetzt an mich gewöhnt und hat in Gesprächen mit mir einen großen Teil seiner sonst stets gezeigten Zurückhaltung fallen gelassen. Jeder neue Mann würde von vorn anzufangen haben.« (Schulenburg an Weizsäcker, 14. August 1939, in: ADAP, D, VII, Nr. 61, S. 56.)

331 Molotow an Astachow, 4. August 1939, in: AVP SSSR, f. 059, op. 1, d. 2038, l. 101, abgedruckt in: God, S. 238; Sipols, Mesjacev, S. 136.

332 Gespräch vom Mittag des 5. August 1939, Aufzeichnung Schnurres in: ADAP, D, VII, Nr. 772, S. 898. Weber (Entstehungsgeschichte, S. 239) geht irrtümlich davon aus, daß Astachow dieses Gespräch mit Weizsäcker geführt hätte und Weizsäcker der Autor dieser Aufzeichnung sei.

333 Astachow an Molotow, 5. August 1939, in: AVP SSSR, f. 159, op. 1, d. 2036, l. 169, abgedruckt in: God, S. 238; Sipols, Mesjacev, S. 136.

334 Persönliche Mitteilung Dr. Schnurre an Vf. vom 20. Juni 1989.

335 Brief von Astachow an Molotow, 8. August 1939, in: AVP SSSR, f. 011, op. 4, d. 61, l. 126–129, abgedruckt in: God, S. 241 f.; Sipols, Mesjacev, S. 136.

336 Telegramm Molotows an Astachow, 11. August 1939, in: AVP SSSR, f. 059, op. 1, d. 238, l. 105, abgedruckt in: God, S. 244; Sipols, Mesjacev, S. 136.

337 Mitteilung von Dr. Schnurre an Vf.; sowie Braubach, Weg, S. 26.

338 Ulrich von Hassell nach einem Gespräch mit Gottfried von Nostitz im Auswärtigen Amt am 7. 8. 1939, in: Hassell-Tagebücher, S. 104.

339 Nach Namier (Prelude, S. 284, ohne Nennung von Quellen oder Namen) hatten

»zwei zuverlässige Quellen« bestätigt, daß Hitlers endgültiger Entschluß zu einem politischen Abkommen mit Stalin in der Nacht vom 4. zum 5. August 1939 fiel. (Der Bericht Schulenburgs war am Morgen des 4. August eingegangen.) Diese Entscheidung Hitlers sei dann, also offenbar am Morgen des 5. August, sofort per Telephon von Berchtesgaden nach Berlin in die Wilhelmstraße durchgegeben worden. Tatsächlich bat an diesem Vormittag Schnurre Astachow zu sich. Vgl. dazu auch Beloff, Policy, S. 261, Anm. 2.

340 Nach Domarus (Hitler, II, S. 1221) befand sich Hitler am 3. August in Bayreuth. Neurath sprach von Anfang August 1939.

341 Beloff, Policy, S. 228, Anm. 1; Deutsch, Interlude, S. 111; DeWitt, Light, S. 142.

342 Hassell-Tagebücher, S. 104.

343 Attolico an Ciano, 5. August 1939, Nr. 5954, zitiert nach: Toscano, Italia, S. 71 f. Im selben Gespräch hatte Weizsäcker eine – in der italienischen Presse veröffentlichte – Verlautbarung der japanischen Botschafter in Berlin, Oshima, und Rom, Shiratori, andeutungsweise als einen Versuch bezeichnet, die »mögliche deutsch-sowjetische Annäherung zu sabotieren«. Die Botschafter hatten sich nach einem Treffen in der Villa d'Este grundsätzlich für ein Dreierbündnis ausgesprochen, in der Praxis aber die endgültige Festlegung »verschoben, da die englisch-russischen Verhandlungen gerade in eine empfindliche Phase eintraten«. Toscano, Italia, S. 71; ders., Italy, S. 103. Da dem italienischen Außenminister gleichzeitig der Bericht Rossos aus Moskau vom 5. August 1939 über den Ausgang des Gespräches Schulenburgs mit Molotow vom 3. August zuging, mußte er die zweckorientierte deutsche Doppelzüngigkeit erkennen.

344 Weizsäcker-Papiere, 6.VIII.39, S. 157. Die Londoner Geheimverhandlungen über einen britisch-deutschen Ausgleich liefen in diesen Tagen weiter – zur wachsenden Irritation der Sowjetregierung, die verfolgte, wie Halifax der deutschen Regierung über Dirksen weitreichende Zugeständnisse in Aussicht stellte; vgl. aus sowjetischer Sicht für den 6./7. August 1939: Androsow, Nakanune, II, S. 106; für den 9. August 1939: Aufzeichnung von Dirksen über sein Gespräch mit Halifax, in: DM, Nr. 105, S. 236–240.

345 Schulenburg an Auswärtiges Amt, 7. August 1939, in: ADAP, D, VII, Nr. 775, S. 902.

346 Dolmetscher Dr. Paul Schmidt über die Begegnungen mit Ribbentrop auf Schloß Fuschl am 11. und 12. August, d.h. drei Tage nach dessen Besprechungen mit Schnurre und Köstring (Schmidt, Statist, S. 483).

347 Über diese Erörterungen liegen keine Aufzeichnungen vor: Die Notizen Schnurres gingen in Berlin während des Krieges verloren, während Köstring diese Unterredung nur gestreift und dabei auf die Ignoranz Ribbentrops in russischen Fragen hingewiesen hat (vgl. Teske, Köstring, S. 136 f.).

348 Teske, Köstring, S. 135. Köstring hat diese Erinnerungen nach Kriegsende – unter veränderter Perspektive – in München geschrieben.

349 Teske, Köstring, S. 135, 139 ff. Sein Vertrauen in die sowjetische Vertragstreue ließ es ihm ausgeschlossen erscheinen, daß »Stalins Billigung des von Hitler geplanten Angriffs gegen Polen zu einer Zeit [erfolgen konnte], da derselbe Stalin durch einen Nichtangriffspakt mit Polen gebunden war« (Teske, Köstring, S. 141).

350 Mitteilung von Dr. Schnurre an Vf.

351 Astachow an Molotow, 7. August 1939, in: SSSR, Nr. 403, S. 538 und SSSR, Nr. 405, S. 538. Einige Tage später, am 16. August, berichtete er Molotow, daß nicht Danzig,

sondern ganz Polen niedergeworfen werden soll und daß auf italienischer Seite die Entstehung eines Weltkriegs nicht mehr ausgeschlossen werde (Astachow an Molotow, 16. August 1939, in: SSSR, Nr. 428, S. 606).

352 (Erster) Brief Astachows an Molotow, 12. August 1939, abgedruckt in: God, S. 244–246.

353 Eine Aufzeichnung Schnurres über dieses Gespräch liegt nicht vor. Es existiert aber ein Telegramm Schnurres an die Deutsche Botschaft Moskau vom Montag, dem 14. August 1939, 13.52 Uhr, in dem er den Botschafter über die inhaltlichen Schwerpunkte in Kenntnis setzte. Dies war insofern nötig, als Astachow im Auftrage Molotows als Ort »für diese Erörterungen Moskau vor[schlug]«: Telegramm Schnurres an Schulenburg vom 14. August 1939, in: ADAP, D, VII, Nr. 50, S. 48.
(Zweiter) Brief Astachows an Molotow, 12. August 1939, in: AVP SSSR, f. 06, op. 1, d. 70, l. 1–2, abgedruckt in: God, S. 246 f. Hier heißt es: »Nach Erhalt Ihrer telegraphischen Weisungen habe ich heute Schnurre besucht und ihm gesagt, daß eine Reihe konkreter Gegenstände (Kulturbeziehungen, Presse, ›Auffrischung‹ des Vertrags, Polen), die verschiedentlich von ihm, Ribbentrop und Weizsäcker für Gespräche mit Ihnen angesprochen worden sind, Sie interessieren, daß Sie es aber für wünschenswert erachten, über sie in Moskau und zudem ›stufenweise‹ zu sprechen, nicht mit den schwierigsten beginnend.«

354 Kordt, Wahn, S. 163.

355 Dies ist die Vermutung der Herausgeber der ADAP (D, VII, Nr. 43, S. 39, Anm. 13).

356 So die Aufzeichnung von Dolmetscher Dr. P. Schmidt, Salzburg, den 12. August 1939, in: ADAP, D, VII, Nr. 43, S. 32–49, hier: S. 39, wobei unklar bleibt, auf wen diese Formulierung zurückgeht: Wurde sie bereits von dem Überbringer (Hewel?) verwendet, um Hitler durch den Eindruck sensationeller Neuigkeiten aus seiner Verlegenheit zu befreien, oder erst von Hitler bei oder nach Erhalt der beiden Schriftstücke? Der Protokollant Schmidt hat keinen Zweifel an der Authentizität des »Telegramms« geäußert. Er hielt es in seinen Erinnerungen nicht für erwähnenswert.

357 Aufzeichnung Schmidt, in: ADAP, D, VII, Nr. 43, S. 39.

358 Aufzeichnung Ciano in: DDI, 8, XIII, Nr. 4, S. 4–7, hier S. 6; sowie Ciano, Europa, S. 453–458.

359 Aufzeichnung Schmidt, in: ADAP, D, VII, Nr. 43, S. 32–49. Darüber: Kordt, Wahn, S. 163: »Am 12. August erklärte… [Astachow] dem deutschen Sachbearbeiter [d.i. Schnurre, I.F.], die Sowjetunion sei zu umfassenden Besprechungen über die politische Lage bereit. Diese Mitteilung ging am 12. August während einer Unterhaltung Hitlers, Ribbentrops und Cianos in Berchtesgaden gleichzeitig mit einem Telegramm aus Tokio … ein.« Schmidt, Statist, S. 438–440; Massimo Magistrati, L'Italia a Berlino 1937–1939, Mailand 1956, S. 399–400; dazu: Mario Toscano, Le origine del patto d'acciaio, Florenz 1948, S. 159, Anm. 202; ders., Fonti documentarie e memorialistiche per la storia diplomatica della seconda guerra mondiale, in: Rivista storica italiana, II, 1948, S. 105–106; ders., Italia, S. 75 ff., S. 107 ff.; Namier, Prelude, S. 267–268 und 284; ders., Europe, S. 268; Beloff, Policy, S. 264; Bullock, Hitler, S. 521; Taylor, Origins, S. 255. Dr. Schnurre bestätigt, daß er nach Abschluß des Gesprächs mit Astachow unverzüglich zur Weiterleitung an Ribbentrop »Meldung« über den Ausgang des Gesprächs gemacht habe (Mitteilung Dr. Schnurre an Vf.).

360 Vgl. Aufzeichnung des Legationsrats Brücklmeier (Büro RAM), Fuschl, den 25. Juli 1939, über eine Besprechung zwischen Ribbentrop und Attolico, in: ADAP, D, VI, Nr.

718, S. 829–835 (mit Beilagen) sowie DDI, 8, XII, Nr. 717 vom 28. Juli 1939. Bei diesem Vorschlag waren sowohl die pessimistischen Berichte Attolicos aus Berlin über den Willen Hitlers und Ribbentrops zum Kriege wie die Prognose von Botschafter Rosso (und Schulenburg) aus Moskau über das Gelingen der Moskauer Paktverhandlungen und Zustandekommen einer effektiven Militärfront gegen die Aggression der Achsenmächte berücksichtigt worden.

361 Es handelte sich um das Telegramm Otts an das Auswärtige Amt vom 11. August 1939; vgl. ADAP, D, VII, Nr. 25, S. 20 f.

362 ADAP, D, VII, Nr. 43, S. 40. Wie Dr. Schnurre bestätigt, »*legte* Hitler seine Mitteilung so *aus*, daß die Sowjetunion mit der Entsendung eines deutschen Sonderbevollmächtigten nach Moskau einverstanden sei«. Mitteilung an Vf.

363 In diesem Gespräch mit Ribbentrop (11. August 1939) hatte Ciano die Siegesbeschwörungen Ribbentrops mit Ironie zur Kenntnis genommen: Ribbentrop hatte Ciano dabei u.a. »streng vertraulich« mitgeteilt, daß die Dreimächteverhandlungen gescheitert seien und Rußland nicht in einen Konflikt eintreten werde, da hinreichend präzise Gespräche zwischen Moskau und Berlin geführt würden. Darauf bemerkte Ciano, »daß das so streng gehütete Geheimnis über diese Gespräche sich schlecht mit den Bündnisbestimmungen und der vollkommenen Loyalität« der Italiener gegenüber Deutschland vereinen lasse (Ciano, L'Europa, S. 450 f. sowie; DDI, 8, XIII, Nr. 1, S. 1 f.).

364 Kordt, Wahn, S. 163, Anm. 3.

365 Toscano, Fonti, S. 105.

366 Zwei Tage davor hatte Ribbentrop Köstring die Frage gestellt: »Sagen Sie, Herr General, das russische Volk wird sich doch wohl den Stalin nicht dauernd gefallen lassen?« Köstring hatte versucht, diese in seinen Augen paradoxe Auffassung eines Mannes zu entkräften, der »wissen mußte, wie ähnlich und mit fast den gleichen Methoden das hitlerische System das deutsche Volk ebenso hoffnungslos unter die Knute zwang« (Teske, Köstring, S. 137). Dolmetscher P. Schmidt stellte in diesen Tagen eine frappierende »Gleichheit der Argumente« Ribbentrops und Hitlers fest (Schmidt, Statist, S. 439).

367 So die Mitteilung Schnurres an Astachow am 13. August 1939, in: Astachow an Molotow, 13. August 1939, zitiert nach Sipols, Mesjacev, S. 137 (AVP SSSR, f. 059, op. 1, d. 2036, l. 178–179).

368 Below, Adjutant, S. 178. Nach Below war nun der 26. 8., nach Domarus (Hitler, II, S. 1231) bereits der 1. September als Angriffstermin festgelegt. Nach Below hatte Hitler behauptet: »Rußland werde sich heraushalten. Es habe nur Interesse an den baltischen Staaten und Bessarabien« (Adjutant, S. 179).

369 Schmidt, Statist, S. 440.

370 Galeazzo Ciano, Diario, Bd. 1, s.l. 1947, S. 141 und S. 145.

371 Domarus, Hitler, II, S. 1229; sowie Below, Adjutant, S. 179; Halder, in: ADAP, D, VII, S. 461 f.

372 Am Sonntag, dem 13. August, wies Ribbentrop Schnurre in Berlin telephonisch an, Astachow umgehend eine Antwort mitzuteilen. Dieser bat Astachow zu sich, um ihm die Zufriedenheit seiner Regierung mit der Antwort Molotows mitzuteilen. Zwar hätte sie es vorgezogen, Gespräche in Berlin zu führen, doch gehe sie auch auf den sowjetischen Vorschlag ein. »Sie würde aber in diesem Falle wünschen, die Leitung der Gespräche einem der nächsten Vertrauten Hitlers zu übertragen ... Sie geht

davon aus, daß sie mit der Entsendung einer solchen Person nach Moskau einen Beweis der Ernsthaftigkeit ihrer Absichten... gibt... Schnurre erwähnte, daß Schulenburg diese Eigenschaften nicht besitzt und nannte als Beispiel den Namen Franks...« (Telegramm Astachows an Molotow, 13. August 1939, abgedruckt in: God, S. 247). Neben Frank war u.a. Göring im Gespräch. Ribbentrop setzte sich durch. Persönliche Mitteilung Dr. K. Schnurre an Vf.

373 Vor Albert Speer äußerte Hitler »unvermittelt, wie in ein Selbstgespräch vertieft: Vielleicht ereignet sich bald etwas ganz Großes. Selbst wenn ich Göring hinschicken müßte... Notfalls würde ich auch selbst fahren. Ich setze alles auf diese Karte.« Speer, Erinnerungen. Berlin 1969, S. 175. Ulrich von Hassell erfuhr am 17. August von Bernd Gisevius »Die Hauptsensation..., daß Hitler bereit ist, zu Stalin zu fahren! Mir blieb der Mund offen... Das geschieht im Augenblick der Anwesenheit der Militärmissionen in Moskau. Wenn es wahr ist, zeigt es, daß Hitler alle Ruhe verloren hat.« Hassell-Tagebücher, S. 112.

374 Weizsäcker war einer der wenigen, die zu diesem Zeitpunkt die Zusammenhänge durchschauten und verstanden, wie weit sich Hitler in seiner Vorstellung bereits vom tatsächlichen Stand der deutschen Fühlungnahmen abgehoben hatte. Am 14. August 1939 machte Weizsäcker Botschafter Attolico in Berlin darauf aufmerksam, daß die Ciano am 12. und 13. August von Hitler gegebenen Erklärungen »sehr stark übertrieben« seien; Attolico gab dies mit der Erklärung an Ciano weiter, daß die »Bemerkungen, die Ihnen in der Sache mündlich gemacht wurden, sehr, ja *sehr* übertrieben gewesen sind«. Attolico an Ciano, 14. August 1939, Nr. 502, zitiert in: Toscano, Italia, S. 79, Anm. 112 sowie S. 106, Anm. 119. Doch am nächsten Tag hatte sich das Bild aus der Sicht Weizsäckers schon wieder dramatisch verändert. Jetzt bat er den britischen Botschafter Henderson zu sich, um ihm mitzuteilen, die Lage habe sich stark verschlechtert: Er glaube jetzt, daß der sowjetische Beistandspakt [sic] für Polen nichtig sei und sich die Sowjetunion letztendlich an der polnischen Beute beteiligen werde. Henderson an Halifax, 16. August 1939, in: DBFP, 3, VII, Nr. 32, S. 31.

375 Hassell-Tagebücher, 17. August 1939, S. 108.

376 Below, Adjutant, S. 180. Ribbentrops Frau hob später hervor, »wie groß die Schwierigkeiten waren, die mein Mann nicht zuletzt bei Hitler zu überwinden hatte, um eine neue Einstellung gegenüber Rußland durchzusetzen«. Ribbentrop, London, S. 172.

377 Schulenburg an Duberg, 14. August 1939, in: Nachlaß Schulenburg, Ordner Duberg: Briefe... ab 1. Januar 1939, S. 2/2. Ende Juli 1939 war dem Botschafter die Anweisung zur Teilnahme am Parteitag in Nürnberg ab 1. 9. 1939 zugegangen. Sie war etwa zehn Tage später durch Zustellung der Reiseroute bestätigt worden. Obgleich diese Anweisung in Form von Erlassen an alle Missionschefs erging, bestand der Sinn dieser Maßnahme zweifellos auch darin, den Eindruck der Normalität zu erwecken und die Kriegsplanung zu tarnen.

378 Schulenburg an Weizsäcker, 14. August 1939, in: ADAP, D, VII, Nr. 61, S. 55. Hilger schrieb später dazu: »Wir warnten von Ribbentrop, langsam vorzugehen, weil wir das halbasiatische Temperament der Russen zu kennen glaubten, die sich nicht gern antreiben ließen: Übertriebene Eile... konnte alles verderben.« (Hilger/Meyer, Allies, S. 308.)

379 Schliep schrieb Schulenburg am 7. August, »die... britischen Militärs beurteilen die Aussichten der bevorstehenden militärischen Verhandlungen sehr skeptisch« (ADAP, D, VI, Nr. 779, S. 905); dem Auswärtigen Amt teilte er am 10. August unter

dem »Inhalt: Paktverhandlungen in Moskau« mit, in der wichtigsten Frage, der »Garantie der Baltenstaaten gegen einen indirekten Angriff, habe man sich bisher nicht einigen können« (ADAP, D, VII, Nr. 14, S. 10); am 11. August betonte er den angeblich »kleinen Rahmen... (keine Ehrenkompanie, nicht militärische Spitzen)« des Empfangs der Militärmissionen durch die Sowjetregierung (ADAP, D, VII, Nr. 29, S. 23).

380 ADAP, D, VI, Nr. 779, S. 906; vgl. dazu den Bericht des deutschen Botschafters in Helsinki an das Auswärtige Amt vom 7. August 1939, in: ADAP, D, VI, Nr. 776, S. 903.

381 ADAP, D, VI, Nr. 779, S. 906.

382 Schulenburg war mit Strang seit Jahren bekannt und traf ihn während dieses seines Aufenthaltes in Moskau wiederholt; vgl. Schulenburg an Schliep, 10. August 1939, in: ADAP, D, VII, Nr. 21. S. 17–18.

383 Schulenburg an Auswärtiges Amt, 10. August 1939, in: ADAP, D, VII, Nr. 14, S. 10.

384 Strang selbst hatte Schulenburg eine Abschiedskarte geschickt; vgl. Schulenburg an Schliep, 10. August 1939, in: ADAP, D, VII, Nr. 21, S. 17; sowie Strang, Home, S. 188 ff.

385 ADAP, D, VII, Nr. 15, S. 11 und DDI, 8, XII, Nr. 804, S. 603. Die Hintergründe der diesbezüglichen Erkundungen der Botschaft sind charakteristisch für ihre Bemühungen um Zeitgewinn: In den ersten August-Tagen hatte Schulenburg aus Berlin den Auftrag erhalten, festzustellen, ob eine polnische Militärdelegation in Moskau Beistandsverhandlungen führte. Die Frage war schwierig und ihre Beantwortung reich an Konsequenzen: Unter den gegebenen Umständen hätte ihre Bejahung Hitler einen Vorwand zur Eröffnung der Feindseligkeiten und ihre Verneinung eine Ermutigung zum Angriff bieten können. Schulenburg erörterte die Frage mit seinem italienischen Kollegen. Rosso besprach die Angelegenheit am 5. August mit dem polnischen Botschafter Grzybowski, der kategorisch den Beschluß seiner Regierung hervorhob, jede Intervention sowjetischer Truppen, Boden- wie Lufttruppen, in Polen abzulehnen. Schulenburg meldete dem Auswärtigen Amt am 8. August in einem kurzen Telegramm den Inhalt dieses Gesprächs, wonach »Ablehnung jeder sowjetischen Waffenhilfe unverändert weiterbestehe« (2767/535947, wiedergegeben in: ADAP, D, VII, Nr. 15, S. 11, Anm. 1). Erst am 10. August schrieb er einen ausführlichen Bericht, den er aber dem Kurier aushändigte, so daß er erst am 12. August im Amt eintraf. Aus diesem ging hervor, daß Botschafter Rosso Grzybowski mit einer gewissen Eindringlichkeit die Schlüsselrolle Polens für das Zustandekommen einer wirksamen Militärkonvention vor Augen gehalten hatte. (ADAP, D, VII, Nr. 15, S. 11.)

386 Schulenburg an Schliep, 10. August 1939, in: ADAP, D, VII, Nr. 21, S. 18.

387 Vgl. u.a. das TASS-Kommuniqué in den *Iswestija* vom 6. August 1939 (Nr. 181/6951): »Die Japaner beruhigen sich nicht«, nachgedruckt in: SSSR, Nr. 481, S. 536–537.

388 Schulenburg an Auswärtiges Amt, 11. August 1939, in: ADAP, D, VI, Nr. 28, S. 23. Dieser Truppenabzug könnte darauf hindeuten, daß die Erklärungen von Ribbentrop und Schnurre, nach denen die deutsche Regierung die sowjetischen Interessen in Polen achten wollte, die Sowjetregierung in diesen Tagen von der Sorge um militärische Verwicklungen in Polen zu entbinden begann. In jedem Falle erlaubte ihr die Zusammenziehung der auf diese Weise dislozierten Truppenkontingente in Ostasien, am 20. August den ersten siegreichen Großangriff gegen die japanische Armee einzuleiten, mit dem sie die Wende im russisch-japanischen Grenzkrieg anbahnte (vgl. hierzu Sella, Khalkhin-Gol, S. 651 und 675).

389 Neben den bereits erwähnten Berichten von Astachow aus Berlin vom 2. und 7. August 1939 unter anderem: Bericht über ein Gespräch mit dem deutschen Militär- und Luftattaché (Gerstenberg) an der Botschaft Warschau vom 7. August 1939, nach dem der Angriff nach dem 25. August beginnen sollte und Hitler mit der Neutralität Englands rechnete (SSSR, Nr. 492, S. 537); ein Bericht ähnlichen Inhalts von Astachow vom 9. August 1939 (SSSR, Nr. 405, S. 538); Bericht des sowjetischen Militärattachés in London vom 12. August 1939 an den Generalstab, nach dem die Vollmobilisierung in Deutschland bis zum 15. August abgeschlossen und die Einberufung der Reservisten im weitesten Maßstab verdeckt im Gange sei (Androsow, Nakanune, II, S. 105); schließlich am 16. August 1939 ein Bericht von Astachow, nach dem das Ziel des deutschen Polenfeldzugs nicht Danzig, sondern ganz Polen sei und die Möglichkeit eines Weltkriegs nicht ausgeschlossen werde (SSSR, Nr. 428, S. 606). Über diese veröffentlichten Berichte hinaus dürfte der sowjetische Nachrichtendienst über schwerwiegendes Material ihrer hochplacierten Informanten über die deutsche Kriegsplanung verfügt haben.

390 Schulenburg an Auswärtiges Amt, in: ADAP, D, VII, Nr. 27, S. 22.

391 Weizsäcker an Schulenburg, 14. August 1939, in: ADAP, D, VII, Nr. 54, S. 50.

392 Die Literatur über die Militärverhandlungen ist weniger umfangreich als widerspruchsvoll. Die veröffentlichten sowjetischen Protokolle: Peregovory voennych missij SSSR, Anglii i Francii v Moskve v avguste 1939 g., in: Meždunarodnaja Žizn', 1959, Nr. 2, S. 144–158 und Nr. 3, S. 139–158 sowie in: SSSR, S. 549–555 (12. 8.), S. 555–562 (13. 8.), S. 563–572 (14. 8.), S. 573–582 (15. 8.), S. 591–604 (16. 8.), Nr. 429, S. 607–618 (17. 8.); in deutscher Übersetzung in: DM, Nr. 109, S. 250–257, Nr. 110, S. 257–264, Nr. 111, S. 264–272, Nr. 112, S. 272–282, Nr. 113, S. 283–292, Nr. 119, S. 302–311, Nr. 120, S. 312–316, Nr. 112, S. 348–361; die englischen Protokolle in: DBFP, 3, VII, Anhang II; die französischen Protokolle sind – nach einer Auskunft, die General Doumenc 1947 vom Quai d'Orsay erhielt – zur Zeit des deutschen Vormarsches auf Paris verbrannt worden (vgl. Namier, Europe, S. 255, Anm. 4); als Ersatz diente die Darstellung von Général (Joseph) Doumenc, Pour mettre fin à une polémique: Non, la France et l'Angleterre ne sont pas responsables du pacte germano-soviétique, in: Carrefour des idées des arts, des lettres, des sciences, Paris, 21. Mai 1947; ausführlicher: Général (André) Beaufre, Le drame de 1940, Paris 1965, Kap. 3: Fatum, S. 113–265.
Ausführliche Darstellungen aus westlicher Sicht: Wüthrich, Verhandlungen, S. 65 ff.; Gibbs, Strategy, S. 748 ff.; Hofer, Entfesselung, S. 165 ff.; Weber, Entstehungsgeschichte, S. 267–281; Niedhard, Großbritannien, S. 420 ff.; Bartel, Frankreich, S. 232 ff.; aus östlicher Sicht: V. Popow, Voennye peregovory meždu Angliej, Franciej i SSSR v 1939 godu, in: Voenno-Istoričeskij Žurnal, 12, 1963, S. 23–35; N.G. Kusnezow, Upuščennye vozmožnosti, in: Novaja i novejšaja istorija, Nr. 6, 1963, S. 109–115; Pankraschowa/Sipols, Vojnu, S. 91–121; I.D. Ostoja-Ovsjanyj, Na poroge vojny (Novoe ob anglo-sovetskich voennych peregovorach v Moskve v 1939 g.), in: Novaja i novejšaja istorija, I, 1971, S. 52–60 und Nr. 2, 1972, S. 38–53; Besymenskij, Barbarossa, S. 47 ff.; und W. Basler, Die britisch-französisch-sowjetischen Militärbesprechungen im August 1939, in: Zeitschrift für Geschichtswissenschaft, Nr. 1, 1957, S. 18–56.

393 DBFP, 3, VI, S. 762–779, deutsch in: DM, Nr. 99, S. 197–226; Beaufre, Drame, S. 120 ff.; sowie Mitteilung von Dr. Lew Besymenskij an Vf.

394 Beaufre, Drame, S. 120.

395 So u.a. in: Instructions..., Part I,4 (»Jede mögliche Information... der Russen muß sorgfältig notiert werden«, in: BDFP, 3, VI, S. 762) und Part I, 115 (»Die Gelegenheit soll genutzt werden, um die Genauigkeit unserer Berechnungen der sowjetischen Streitkräfte zu überprüfen und das Maß ihrer Bereitschaft und Konzentration in Osteuropa zu ermitteln.« ebd., S. 779). Gibbs, der die einschlägigen Aktenvorgänge in den britischen Archiven kennt, stellte fest: »Die Information, die wir über (von) Rußland haben wollten, machte eine gewaltige Liste aus... Im Gegensatz dazu sträubten sich die britischen Weisungen darüber, was man den Russen an Positivem sagen konnte, vor lauter Vorsicht« (Gibbs, Strategy, S. 752).

396 Dieser Eindruck war nicht unberechtigt: Die Weisungen, nach denen die Delegationen mit »großer Diskretion« (I, 6), unter Zurückhaltung von »*vertraulicher* Information« (I, 7), »sehr langsam« (I, 8) unter Behandlung der russischen Verhandlungspartner »mit Zurückhaltung« (I, 10), ohne »Preisgabe der zwischen uns vereinbarten Strategie« (I, 13) und der »Einzelheiten jeglicher technischen Ausrüstung... und jeglicher taktischen Ausbildung« (I, 14) sowie unter Berücksichtigung der Tatsache verhandeln sollten, daß »die britische Regierung nicht bereit ist, irgendwelche... Verpflichtungen einzugehen, die uns die Hände binden könnten« (I, 15), ließen als einziges Ergebnis dieser Gespräche »irgend etwas auf der Linie einer politischen Deklaration« zu (I, 15); Instructions..., in: DBFP, 3, VI, S. 762–764.

397 Während der Anreise der englisch-französischen Militärmission, am 7. August 1939, hatte durch Vermittlung des schwedischen Kaufmanns Birger Dahlerus das erste Treffen Görings mit britischen Industriellen stattgefunden, über das Hitler umgehend durch General Bodenschatz in Kenntnis gesetzt wurde; die Aktion Dahlerus dauerte mit Unterbrechungen bis zum 31. August 1939 an (vgl. Birger Dahlerus, Der letzte Versuch – London-Berlin 1939, München 1938; Domarus, Hitler, II, S. 1224 f.). Zur Wirkung dieser Aktion auf die Sowjetregierung, vgl. Beloff, Policy, S. 268, Anm. 1. Während der Verhandlungen fand am 16. August 1939 eine Unterredung zwischen Baron de Ropp und Rosenberg in Berlin statt (vgl. ADAP, D, VII, Nr. 74, S. 68 f. und DM, Nr. 116, S. 296–298). Auch der gleichzeitige Aufenthalt (ab 13. August) des deutschen Botschafters in London, Herbert von Dirksen, in Berlin, konnte in diesem Sinne gedeutet werden. Schließlich fand, bereits am dritten Tag der Aussetzung der Verhandlungen, am 20. August 1939, noch eine Unterredung zwischen Horace Wilson und Fritz Hesse statt (vgl. DM, Nr. 34, S. 377–381). Darüber aus sowjetischer Sicht u.a. Istorija Diplomatii, III, S. 784 ff.; Pankraschowa, Sipols, Vojnu, S. 109 ff. Vgl. auch: Wüthrich, Verhandlungen, S. 185 ff.

398 Die *Prawda* vom 19. August 1939 gab unter der Überschrift »Ein Versuch zu einem neuen München« den Inhalt eines Artikels des Londoner *Daily Worker* vom 7. (!) August d. Js. wieder, der sich auf die Begegnung von Lord Kemsley mit Hitler in Bayreuth am 27. Juli 1939 bezog. Über die Erwartungen eines »neuen München« über Polen, vgl. Weber, Entstehungsgeschichte, S. 264.

399 Dabei besteht aus einer Reihe psychologischer, innenpolitischer und nachrichtendienstlicher Gründe der Verdacht, daß die Informationen der hochplazierten britischen Angehörigen des sowjetischen Auslandsnachrichtendienstes über die Dispositionen ihrer eigenen Regierung – ähnlich wie die Auskünfte und Prognosen von Richard Sorge über die Tendenzen innerhalb der japanischen Regierung – zu einer Überbewertung der sowjetfeindlichen Einstellung und negativen Faktoren neigten.

400 Weber, Entstehungsgeschichte, S. 276.
401 Hillgruber, Außenpolitik, S. 26 f.
402 So beschrieb General Beaufre die Rollenverteilung während der Verhandlungen dahingehend, daß gerade »die Engländer sich von Anfang an keinerlei Illusion über das Ergebnis der Gespräche gemacht haben und hauptsächlich auf Zeitgewinn setzten« (Beaufre, Drame, S. 124).
403 Beaufre, Drame, S. 138 und 136.
404 Doumenc, France, S. 1; sowie Langer/Gleason, Challenge, S. 176. Bonnet bestätigte den großartigen Empfang und die herzliche Atmosphäre zu Beginn der Gespräche (Fin, S. 275). Der britische Delegationsleiter betonte das »sehr günstige Willkommen« (Anhang II, BDFP, 3, VII, S. 558).
405 Vollmacht vom 5. August 1939, in: SSSR, Nr. 400, S. 535 f.
406 So das Delegationsmitglied Nikolaj Kusnezow, damals Volkskommissar für Seestreitkräfte, gegenüber L. Besymenskij, in: Besymenskij, Barbarossa, S. 54.
407 Besymenskij, Barbarossa, S. 54, 146 u.a.
408 Telegramm von Steinhardt an Sumner Welles vom 16. August 1939; vgl. hierzu Langer/Gleason, Challenge, S. 161 ff.
409 Teske, Köstring, S. 138.
410 Notes by Mr. Roberts on Anglo-Franco-Soviet Military Conversations, in: Anhang II, DBFP, 3, VII, S. 558. Vgl. hierzu auch die positiven Charakterisierungen von Woroschilow und Schaposchnikow durch Doumenc, in: France, S. 2.
411 Beaufre, Drame, S. 137.
412 Weber, Entstehungsgeschichte, S. 277; Weber bezeichnet die Verhandlungen aufgrund angeblich mangelnder sowjetischer Verhandlungsbereitschaft schlicht als »Farce«.
413 Beaufre, Drame, S. 134.
414 Die Botschafter und Delegationsleiter der beiden westlichen Länder »schienen beeindruckt von der offenkundigen Aufrichtigkeit von Marschall Woroschilow« (Notes by Mr. Roberts…, in: DBFP, 3, VII, S. 558). Erst nach dem dramatischen und für die Mitglieder der westlichen Delegationen demütigenden Ende der Militärgespräche tauchten Zweifel an der Aufrichtigkeit der sowjetischen Verhandlungsführung auf. Sie hatten wohl in erster Linie psychologische Gründe.
415 In den Beratungen vom 12. August (DM, S. 256 f.), 13. August (DM, S. 259 ff.) und 14. August (DM, S. 274 ff.). Siehe auch Doumenc, France, S. 1.
416 Zuerst in den Beratungen vom 13. August (DM, S. 270), ausführlich in den Beratungen des 14. August (DM, S. 272 ff.), später in den Beratungen vom 16. August 1939 (DM, S. 313 ff.).
417 Teske, Köstring, S. 138.
418 DM, S. 278 f.
419 Bonnet, Fin, S. 275 ff.
420 DM, S. 279, 280 und 282.
421 Beaufre, Drame, S. 145.
422 Teil I, 67 der Instruktionen hielt fest, daß »fraglich ist, ob die Polen und Rumänen in der Lage sein werden, den deutschen Vormarsch aufzuhalten und so eine feste Ostfront zu bilden, wenn sie nicht in beträchtlichem Maße von den Russen unterstützt werden« (Instructions…, in: BDFP, 3, VI, S. 773). Es herrschte Einvernehmen darüber, daß »allein die UdSSR in der Lage ist, diese Kräfte, diesen Raum und die Ressourcen

zu stellen. Damit waren auch die Verbündeten genötigt, die Unterstützung des Sowjetstaates zu suchen. Diese Unterstützung war unter militärischem Gesichtspunkt unerläßlich; in ihrer Sicherstellung bestand die einzige Chance der Kriegsverhinderung« (Beaufre, Drame, S. 117 f.).

423 Die britischen Instruktionen setzten »die fehlende polnische und rumänische Bereitschaft, sowjetische Truppen auf ihrem Staatsgebiet zu haben, und die Ablehnung dieser Länder [voraus], auch nur Pläne für eine mögliche Kooperation zu erörtern«; sie legten eine Reihe ausweichender Sprachregelungen fest, die in den Weisungen gipfelten: »Die Delegationen dürfen [den sowjetischen Gesprächspartnern] nicht versprechen, nach Hause zu berichten. Die Delegationen dürfen die Verteidigung der baltischen Staaten nicht erörtern« (Teil I, 16, in: DBFP, 3, VI, S. 764).

Die Instruktionen Gamelins hielten fest, daß die Polen in Friedenszeit offiziell ein Interventionsrecht für sowjetische Truppen auf ihrem Territorium im Konfliktfall nicht anerkennen könnten, zweifelten aber nicht daran, daß sie »im Moment der Gefahr… die sowjetische Luftwaffe, vielleicht sogar mechanisierte Verbände auf ihrem Territorium akzeptieren würden« (Beaufre, Drame, S. 122 und 123). Über diese Annahme hinaus »enthielten diese Instruktionen kein Wort von politischen Schwierigkeiten« (ebd. S. 123).

424 Beaufre, Drame, S. 141.

425 DM, S. 285–288.

426 Doumenc, France, S. 2.

427 Beaufre, S. 148 f.

428 Laut sowjetischer Aufzeichnung, in: DM, S. 288; sowie »für seine sehr klaren Darlegungen über die sowjetischen Pläne«, in: DBFP, 3, VII, S. 578.

429 Wüthrich, Verhandlungen, S. 75.

430 DM, S. 314 und 353.

431 Auskunft von L. Besymenskij an Vf. Eine Vermutung besteht darin, das William Strang einer der britischen Informanten der Deutschen Botschaft London war. Vgl. dazu die zusammenfassende Aufzeichnung des deutschen Botschafters in Großbritannien, H. v. Dirksen, für Reichsaußenminister J. v. Ribbentrop, 16.–18. August 1939, in: DM, II, S. 316–348.

432 Vgl. FRUS, I, General, Nr. 447 vom 16. August 1939, S. 335.

433 Gespräche mit seinen Bekannten in Berlin führten auch Ulrich von Hassell in diesen Tagen zu der Annahme, »der strategische Gedanke der ›Anderen‹ [sei] … offenbar der, die ›Friedensfront‹ [mit Sowjetrußland] zustandezubringen und dann uns und Italien vor die Alternative zu stellen… Ganz anders geht Hitler vor. Gerade die Konferenzgefahr veranlaßt ihn, um so stärker aufzutrumpfen. Er will noch in letzter Minute in die Vorhand kommen. Das gefährlichste Spiel hat begonnen, das sich denken läßt… Alle klarsehenden Menschen sollten alles tun, um den Krieg zu vermeiden« (Hassell-Tagebücher, S. 108.).

434 Der Geschäftsführer in London an das Auswärtige Amt, 14. August 1939, 20.37 Uhr, Ankunft 23.30 Uhr, in: ADAP, D, VII, Nr. 55, S. 50–51.

435 Eidesstattliche Versicherung Friedrich Gaus, in: Prozeß, Bd. XL, S. 294 f. Nach Aussage von Gaus ist ihm nicht bekannt geworden, von wem dieser Entwurf geschrieben war; »nach seiner Stilisierung zu urteilen, stammte er nicht oder jedenfalls nicht allein aus der Feder des Reichsaußenministers«.

436 Telegramme Nr. 172 und 174 vom 14. August 1939, in: ADAP, D, VII, Nr. 51, S. 48, einschließlich Anm. 2.

437 Sipols, Mesjacev, S. 137.

438 Maiski, Memoiren, S. 502.

439 Berichte Schulenburgs über seine Unterredung mit Molotow vom 16. August 1939, in: ADAP, D, VII, Nr. 70, S. 63 f. und Nr. 79, S. 72–75. Aufzeichnung (Pawlows) vom Gespräch Molotows mit Schulenburg, 15. August 1939, in: AVP SSSR, f. 0745, op. 15, d. 8, l. 122–128, abgedruckt in: Meždunarodnaja Žizn', September 1989, S. 97–99 und God, S. 248–251. Einen genauen Bericht über das Gespräch leitete Herwarth über Charles Bohlen an die US-Botschaft (vgl. Steinhardt an Hull, 16. August 1939, in: FRUS, I, General, Nr. 447, S. 334–335, wo betont wurde, daß die Instruktion von Hitler stammte und Stalin persönlich mitgeteilt werden sollte) und einen weiteren Bericht an die Italienische Botschaft (vgl. Rossos an Ciano, 17. August 1939, 0.40 Uhr, in: DDI, 8, XIII, Nr. 69, S. 47). Die Informationen Herwarths flossen in die Berichte: DDI, 8, XII, Nr. 201 vom 12. Juni 1939 und 8, XIII, Nr. 69 vom 17. August 1939 ein (anders irrtümlich Weber, Entstehungsgeschichte, S. 280).

440 Vgl. ADAP, D, VII, Nr. 56, Anm. 1.

441 Die sowjetische Übersetzung lautet: »Deutschland hat keinerlei aggressive Absichten gegen die UdSSR. Die deutsche Regierung steht auf dem Standpunkt, daß zwischen Ostsee und Schwarzem Meer keine Frage existiert, die nicht zur vollen Zufriedenheit der beiden Länder gelöst werden kann. Dies bezieht sich auf die Fragen der Ostsee, der baltischen Staaten, Polens, des Süd-Ostens usw.«

442 In der Aufzeichnung Schulenburgs hierüber heißt es: »Die Verwirklichung einer Reise des Herrn Reichsaußenministers nach Moskau erfordere eine eingehende Vorbereitung, damit der beabsichtigte Meinungsaustausch ein Ergebnis zeitige. In diesem Zusammenhang bäte er um Mitteilung, ob folgendes den Tatsachen entspräche: Die Sowjetregierung habe Ende Juni d.Js. von ihrem Geschäftsträger in Rom einen telegraphischen Bericht über dessen Unterredung mit dem italienischen Außenminister Ciano erhalten. In dieser Unterredung habe Ciano gesagt, daß ein deutscher Plan existiere, der sich eine entschiedene Besserung der deutsch-sowjetischen Beziehungen zum Ziele setze.... Der Inhalt... habe bei der Sowjetregierung großes Interesse hervorgerufen und er, Molotow, möchte gern wissen, was an dem Plan... wahr sei.« ADAP, D, VII, Nr. 79, Anlage, S. 73.

443 Von Herwarth erfuhr Steinhardt und von diesem der US-Staatssekretär, Molotow hätte die Fortsetzung politischer Gespräche von der Ernsthaftigkeit der zu erzielenden Resultate abhängig gemacht; als »mögliche Ergebnisse« hätte Molotow erwähnt: »1. Abschluß eines Nichtangriffspakts zwischen der Sowjetunion und Deutschland; 2. Einstellung jeder direkten oder indirekten Ermutigung der japanischen Aggression im Fernen Osten durch Deutschland und 3. Regelung der gemeinsamen Interessen im Ostseegebiet. Molotow meinte, daß diese drei Gegenstände in Vorgesprächen erörtert werden müßten, bevor die Frage der Entsendung eines deutschen Emissärs nach Moskau definitiv entschieden werden sollte.« FRUS, I, General, Nr. 452, S. 334 f.

444 Wie Schulenburg dem Auswärtigen Amt nach Beendigung des Gesprächs am frühen Morgen des 16. August 1939 in seinem ersten telegraphischen Kurzbericht mitteilte, glaubte die Sowjetregierung angesichts seiner »Mitteilung nunmehr an Aufrichtigkeit dieser Absichten« (ADAP, D, VII, Nr. 70, S. 639).

445 Schulenburg an Weizsäcker, 16. August 1939, in: ADAP, D, VII, Nr. 88, S. 82–83.

446 Langer/Gleason, Challenge, S. 172.
447 So der Augenzeuge Friedrich Gaus (Eidesstattliche Versicherung, in: Prozeß, XL, S. 295).
448 Ebd.
449 Reichsaußenminister für Botschafter persönlich, 16. August 1939, in: ADAP, D, VII, Nr. 75, S. 79, sowie nachfolgendes Drängen Weizsäckers im Auftrage Ribbentrops bis hin zur nachträglichen Überprüfung des Zeitablaufs, in: ADAP, D, VII, Nr. 89, Nr. 93 und Nr. 92, Anm. 4.
450 ADAP, D, VII, Nr. 75, S. 70.
451 Besymenskij, Barbarossa, S. 119.
452 Notes by Mr. Roberts ..., in: DBFP, 3, VII, S. 559.
453 Besymenskij, Barbarossa, S. 119.
454 Hilger, Wir, S. 287 u.a.; sowie Dr. K. Schnurre im Gespräch mit Vf.
455 Maiski, Memoiren, S. 503.
456 Bericht Schulenburgs vom 18. August über sein Gespräch mit Molotow am 17. August 1939, in: ADAP, D, VII, Nr. 105, S. 95 f. sowie Aufzeichnung Pawlows vom Gespräch Molotows mit Schulenburg am 17. August 1939, in: AVP SSSR, f. 0745, op. 19, d. 4, l. 122–128, mit Beilage 1: Text der von Schulenburg verlesenen Instruktion, und Beilage 2: Text der Schulenburg von Molotow überreichten Antwort der Sowjetregierung, abgedruckt in: Meždunarodnaja Žizn', September 1989, S. 101–102 und in: God, S. 252–255; darüber Sipols, Mesjacev, S. 138.
457 Der sowjetische Text lautete: »... mit gleichzeitiger Annahme eines speziellen Protokolls über die Interessiertheit der vertragschließenden Seiten in diesen oder jenen Fragen der Außenpolitik mit dem (Ziel), daß das letzte einen organischen Teil des Paktes darstelle«.
458 Dr. Schnurre an Vf.
459 Staatssekretär an Botschafter Schulenburg, 18. August 1939, 18.53 Uhr, in: ADAP, D, VII, Nr. 111, S. 99–100.
460 Schulenburg an Auswärtiges Amt, 20. August 1939, 0.08 Uhr, in: ADAP, D, VII, Nr. 132, S. 124–125; Aufzeichnung Pawlows über das Gespräch Molotows mit Schulenburg vom 19. August 1939, in: AVP SSSR, f. 0745, op. 19, d. 4, l. 129–131, abgedruckt in: Meždunarodnaja Žizn', September 1989, S. 102–103; God, S. 256–258; Sipols, Mesjacev, S. 139.
461 Vgl. ADAP, D, VII, Nr. 113, S. 101, Anm. 5.
462 Vgl. Rolf Ahmann, Nichtangriffspakte: Entwicklung und operative Nutzung in Europa 1922–1939, Baden-Baden 1988; sowie ders., Der Hitler-Stalin-Pakt: Nichtangriffs- oder Angriffsvertrag? (in: Oberländer, Pakt, S. 26–42), der davon ausging, daß man Punkt 2 (die uneingeschränkte Neutralitätsverpflichtung) in der Eile vergessen hätte. Dem widersprechen u.a. die Ausführungen Schulenburgs vor Molotow vom 17. August, nach denen von deutscher Seite ein Nichtangriffsvertrag mit einem einzigen Punkt (unbedingter Gewaltverzicht) ins Auge gefaßt wurde. Im übrigen bestanden auch die deutschen Nichtangriffspakte mit Lettland und Estland vom 7. Juni 1939 nur aus zwei Punkten.
463 Nach sowjetischer Darstellung »insistierte Schulenburg« auf der baldigen Ankunft Ribbentrops; Sipols, Mesjacev, S. 139.
464 Dr. Schnurre an Vf.
465 Hilger, Wir, S. 284.

466 Dr. Schnurre an Vf.
467 Botschafter an Auswärtiges Amt, 19. August 1939, 18.30 Uhr, in: ADAP, D, VII, Nr. 125, S. 111–112.
468 Schulenburg an Auswärtiges Amt, 20. August 1939, 23.24 Uhr, (ADAP, D, VII, Nr. 144, S. 132, einschließlich Anm. 3), in Beantwortung der Bitte Ribbentrops um telegraphische Mitteilung weiterer Details der Unterredungen, aus denen man auf »russische Absichten« schließen könnte (ADAP, D, VII, Nr. 140, S. 129–130, Berlin, 20. August 1939, 12.35 Uhr).
469 Schulenburg in: ADAP, D, VII, Nr. 132, S. 125; Hilger, Wir, S. 285; Dr. Schnurre an Vf.
470 Bonnet, Fin, S. 282; Telegramm des britischen Botschafters in Warschau, H. Kennard, an Außenminister Halifax vom 20. August 1939, in: DBFP, 3, VII, S. 85 f.; deutsch in: DM II, Nr. 133, S. 376 f.
471 Persönliche Mitteilung von Dr. K. Schnurre an Vf. am 20. Juni 1989. Die Vorgänge in jener Nacht bestätigen diesen Eindruck: Den ganzen Tag des 19. August hatte Schnurre vergebens darum gekämpft, das bereits paraphierte Abkommen mit Babarin unterzeichnen zu können. Er wurde von Astachow mit der Bemerkung abgewiesen, daß die »Instruktion aus Moskau« nicht vorliege. In einer Aufzeichnung vom Abend des 19. August äußerte sich Schnurre mit Ärger über das »Hinhalten und Hinzögern der russischen Unterschrift«, die nur »aus politischen Gründen« erfolgen könnten. Noch gegen 16 Uhr war ihm mitgeteilt worden, daß »sie nicht in der Lage wären, heute zu unterzeichnen. Sie baten um eine erneute Besprechung am Montag um 10 Uhr« (Aufzeichnung Schnurres vom 19. August 1939, in: ADAP, D, VII, Nr. 123, S. 110).
Am Montag, dem 21. August, sollten die Moskauer Militärverhandlungen wieder-aufgenommen werden und die westlichen Missionen die von sowjetischer Seite geforderten Dokumente präsentieren. Stalin mochte noch eine Hoffnung hegen. Doch gegen Mitternacht dieses 19. August traf dann unerwartet in der sowjetischen Handelsvertretung in Berlin die Ermächtigung zur Unterzeichnung ein. Schnurre wurde telefonisch benachrichtigt und unterzeichnete an diesem Morgen des 20. August um 2.00 Uhr zusammen mit Barbarin das auf den 19. August datierte »Kreditabkommen zwischen dem Deutschen Reich und der Union der Sowjetischen Sozialistischen Republiken« (vgl. ADAP, D, VII, Nr. 131, S. 118–124 sowie ADAP, D, VII, Nr. 135, S. 127, wo Schnurre die Botschaft Moskau über die Unterzeichnung in Kenntnis setzt). Am 21. August wurde die Unterzeichnung des Wirtschaftsabkommens vom 19. August in der sowjetischen Presse bekanntgegeben; die Leitartikel der *Prawda* und *Iswestija* von diesem Tage hoben hervor, daß dieses Abkommen in äußerst gespannter politischer Atmosphäre zustande gekommen, aber geeignet sei, zu einer Entspannung der Beziehungen zwischen den beiden Ländern beizutragen. Es könnte sich als ein wichtiger Schritt für die weitere Entwicklung nicht nur der wirtschaftlichen, sondern auch der politischen Beziehungen erweisen. Vgl. Beloff, Policy, S. 268; Steinhardt an Hull, 21. August 1939, in: FRUS, I, General, Nr. 453, S. 335–336; und Rosso an Ciano, 22. August 1939, in: DDI, 8, XIII, Nr. 166, S. 113.
472 Vgl. Schulenburg an Auswärtiges Amt vom 19. August 1939, in: ADAP, D, VII, Nr. 120, S. 108.
473 *Iswestija* Nr. 192/6962 vom 20. August 1939, nachgedruckt in: SSSR, Nr. 436, S. 623.
474 DM, Nr. 135, S. 387.

475 Sowjetischer Entwurf des Nichtangriffspaktes in: Schulenburg an Auswärtiges Amt, 20. August 1939, 0.12 Uhr, in: ADAP, D, VII, Nr. 133, S. 125–126; Durchschläge des dechiffrierten Textes gingen am 20. August, 4.30 Uhr, aus dem Auswärtigen Amt zu Händen von Hewel auf den Berghof (zu Hitler) und von Brücklmeier nach Fuschl (zu Ribbentrop).

476 Kordt, Wahn, S. 165 f.

477 Artikel 2 des Vertrages vom 24. August 1926 (Berliner Vertrag) lautete: »Sollte einer der vertragschließenden Teile trotz friedlichen Verhaltens von einer dritten Macht oder von mehreren dritten Mächten angegriffen werden, so wird der andere vertragschließende Teil während der Dauer des Konflikts Neutralität beobachten.« (Der polnisch-sowjetische Nichtangriffspakt von 1932 hatte jede Seite von ihren Verpflichtungen befreit, falls die andere eine Angriffshandlung gegen einen dritten Staat unternähme.) Artikel 2 des sowjetischen Vertragsentwurfes hieß: »Falls einer der vertragschließenden Teile Gegenstand eines Gewaltaktes oder Angriffs seitens einer dritten Macht werden sollte, so wird der andere vertragschließende Teil in keiner wie immer gearteten Form solche Handlungen dieser Macht unterstützen.« Die Auslassung des »friedlichen Verhaltens« im sowjetischen Vertragsentwurf hat einige Forscher zu der Annahme geführt, hier läge eine Zustimmung, wenn nicht geradezu eine Ermunterung zum Angriffskrieg vor, da nicht explizit festgelegt wurde, daß das Neutralitätsversprechen nur im Falle eines Verteidigungskrieges wirksam werde und insofern ein uneingeschränktes Neutralitätsversprechen vorliege (zuerst Beloff, Policy, S. 273; zuletzt Ahmann, Pakt, S. 30 ff.). Dem steht die Tatsache gegenüber, daß Art. 2 des sowjetischen Vertragsentwurfs voraussetzte, daß die Gegenseite »Gegenstand kriegerischer Handlungen« werden mußte, damit das Neutralitätsversprechen wirksam würde; Art. 2 wies der anderen Seite also ausdrücklich eine *Objekt*rolle zu. Damit blieb der sowjetische Entwurf zumindest formaliter im Rahmen der herkömmlichen Nichtangriffspakte. Bedacht werden muß ferner die Tatsache, daß diese Formulierung von Art. 2 in erster Linie die sowjetische Nutzanwendung – den deutschen Verzicht auf Unterstützung und Antreibung der japanischen Aggression – verfolgte.

478 Rosso an Ciano, 22. August 1939, in: DDI, 8, XIII, Nr. 151, S. 102–103. Rosso schrieb weiter: Schulenburg »hat mich darüber in Kenntnis gesetzt, daß Molotow den Vorschlag gemacht habe, in das Protokoll auch etwas im Hinblick auf Polen einzufügen, aber bisher ohne mit Genauigkeit seinen Gedanken zu präzisieren«.

479 Hilger, Wir, S. 291 f.

480 Staatssekretär an Botschafter persönlich, 20. August 1939, 17.10 Uhr, Ankunft: 20.50 Uhr, in: ADAP, D, VII, Nr. 143, S. 132.

481 ADAP, D, VII, Nr. 148, S. 135.

482 Schulenburg an Duberg, 20./21. August 1939, in: Nachlaß Schulenburg, Ordner Duberg: Briefe … ab. 1. Januar 1939, SS. 1/2, 4/2, 5/2 f.

Das Schmieden des Hitler-Stalin-Pakts

1 Aussage Ribbentrop, in: Prozeß, X, S. 302.

2 Weizsäcker-Papiere, 20. August 1939, S. 159. Weizsäcker fuhr fort: »Wenn Ribbentrop in der Mitte der Woche in Moskau einen Pakt schließen kann, so heißt das, daß die Russen die Zerschlagung der Antikominternfront u. freiere Hand gegen Japan höher

bewerten als den Verlust der englisch-französischen Hilfe. Sie laden uns damit zum Angriff auf Polen ein und fürchten sich wohl nicht vor einem neuen 1812.« (!)

3 Teske, Köstring, S. 139.

4 Reichsaußenminister an Botschafter Schulenburg, 20. August 1939, in: ADAP, D, VII, Nr. 140, S. 129 f.

5 Vgl. ADAP, D, VII, Nr. 148, S. 135, Anm. 2.

6 Schulenburg an Auswärtiges Amt, 21. August 1939, 1.19 Uhr, in: ADAP, D, VII, Nr. 148, S. 135.

7 Schulenburg an Auswärtiges Amt, 21. August 1939, 13.43 Uhr: »Ich sehe Molotow heute fünfzehn Uhr«; ADAP, D, VII, Nr. 152, S. 137.

8 Vgl. Beloff, Policy, S. 268; Steinhardt an Hull, 21. August 1939, in: FRUS, I, General, Nr. 453, S. 335–336; Rosso an Ciano, 22. August 1939, in: DDI, 8, XIII, Nr. 166, S. 113.

9 Bonnet, Fin, S. 284; Beaufre, Drame, S. 159; sowie Beloff, Policy, S. 267. Ein Komplex, der nach weiterer Bearbeitung verlangt, liegt in der Frage, ob und in welchem Maße die Sowjetregierung trotz der hermetischen polnischen Ablehnung noch mit den ihr zur Verfügung stehenden Mitteln (diplomatischen, geheimdienstlichen u.a.) auf die polnische Regierung einzuwirken versuchte, um eine Entscheidung zugunsten des Truppendurchmarsches herbeizuführen.

10 Doumenc, France, S. 2.

11 Beaufre, Drame, S. 155 ff.

12 Nach neueren Überlegungen hätte dieses Konzept vielleicht eine allseitig akzeptable Lösung erzielen und damit den Paktabschluß der UdSSR mit Deutschland verhindern können; vgl. hierzu: Léon Noël, La Pologne entre deux mondes, Paris 1984; sowie dazu die Besprechung von Enrico Serra, 45 anni fa, Patto Ribbentrop-Molotov: Nuovi retroscena: Si poteva evitare l'intesa Hitler-Stalin?, in: *La Stampa* 3. 8. 1984.

13 Maiski, Memoiren, S. 507.

14 Doumenc, France, S. 2.

15 DM, 2, S. 383.

16 Unter dem Eindruck des bewegenden Berichts von General Doumenc teilte der französische Botschafter Naggiar Außenminister Bonnet im Tone schärfster Warnung telegraphisch mit: »Angesichts der Schwierigkeiten in den englisch-französisch-russischen Verhandlungen wäre ich nicht überrascht, wenn das Spiel Deutschlands und Italiens jetzt darin bestände, Moskau Territorialangebote zu machen. Diese könnten bis zur Teilung Polens und Rumäniens und der Überlassung gewisser Teile der baltischen Staaten unter sowjetische Kontrolle gehen. Es ist sinnlos, die Möglichkeit eines solchen Manövers a priori durch Hinweise auf den angeblichen Grundgegensatz der Doktrinen auszuklammern. Die Position Hitlers und Mussolinis ist heute so vorteilhaft, sie riskieren beide in einem allgemeinen Konflikt, an dem Rußland beteiligt ist, so viel, daß feststeht, daß sie vor keinem Mittel zurückschrecken werden« (Bonnet, Fin, S. 286.). Die Kenntnis Naggiars resultierte u.a. aus Mitteilungen Herwarths an den Zweiten Sekretär der französischen Botschaft, Gontram Baron de Juniac. So hatte er Juniac kurz vorher »klipp und klar [gesagt], daß nicht Frankreich und England, sondern Hitler einen Vertrag mit der Sowjetunion schließen werde, denn nur er könne Stalin die baltischen Staaten schenken.« Herwarth, Hitler, S. 174; zu seinen Informationen an Juniac: S. 138 ff.

17 Der Botschafter an das Auswärtige Amt, 21. August 1939, 18.22 Uhr (gesetzt vermutlich gegen 16.00 Uhr), in: ADAP, D, VII, Nr. 157, S. 139–140.

18 Der Reichsaußenminister an die Botschaft Moskau, Berlin, 20. August 1939, in: ADAP, D, VII, Nr. 142, S. 131.

19 Für Gustav Hilger, der in den beiden Gesprächen Schulenburgs mit Molotow von diesem Tage als Dolmetscher anwesend war, wurde Stalin erst jetzt, durch die Erwähnung des Protokolls und des zeitlichen Drängens durch Hitler, davon überzeugt, daß für ihn die Zeit zum Handeln gekommen war (Hilger, Wir, S. 285; Hilger/Meyer, Allies, S. 300).

20 DM, 2, Nr. 135, S. 384–385; Bonnet, Fin, S. 284–285.

21 Er fügte dem Bericht die Worte hinzu: »Eben erfahre ich, daß mich Molotow um 17 Uhr wieder empfangen will« (ADAP, D, VII, Nr. 157, S. 140). Köstring (Teske, Köstring, S. 141) hat das dramatische Moment in diesem Zeitverlauf in Erinnerung gehabt, als er später schrieb, Schulenburg sei noch gar nicht aus dem Kreml in die Botschaft zurückgekehrt, als bereits die telephonische Benachrichtigung gekommen sei, er möge sofort zurückkehren.

22 Der Botschafter an das Auswärtige Amt, 21. August 1939, 19.45 Uhr, in: ADAP, D, VII, Nr. 159, S. 140–141.

23 Der Botschafter an das Auswärtige Amt, 21. August 1939, 18.54 Uhr, in: ADAP, D, VII, Nr. 158, S. 140.

24 Sowjetischer Textvorschlag im Telegramm des Botschafters vom 21. August 1939, 19.46 Uhr, in: ADAP, D, VII, Nr. 160, S. 141: »Nach Abschluß des sowjetisch-deutschen Handels- und Kreditabkommens erhob sich die Frage über die Verbesserung der politischen Beziehungen zwischen Deutschland und der UdSSR. Der ... Meinungsaustausch hat auf beiden Seiten das Vorhandensein des Wunsches ergeben, die Spannung in den politischen Beziehungen zwischen ihnen zu entladen und einen Nichtangriffspakt abzuschließen. In Verbindung damit bevorsteht das Eintreffen des Deutschen Reichsaußenministers Herrn von Ribbentrop in Moskau zwecks entsprechender Verhandlungen.«

25 Vgl. Handschriftliche Notiz Schulenburgs über das Telephongespräch mit Friedrich Gaus am 22. August 1939, 0.35 Uhr morgens, in: ADAP, D, VII, Nr. 170, S. 149–150.

26 DM, 2, Nr. 135, S. 386 ff. Nach Besymenskij verließen die sowjetischen Delegierten an diesem Tage »in größter Besorgnis die Villa an der Spiridonowka, ohne die realen Chancen für eine Übereinkunft zu sehen« (Besymenskij, Barbarossa, S. 128).

27 Schulenburg in seiner Unterredung mit Hitler am 28. April 1941, in: ADAP, D, VII.2, Nr. 423, S. 555–557.

28 Das französische Außenministerium wurde am 21. August 1939 vom französischen Botschafter in Berlin darüber in Kenntnis gesetzt, daß nunmehr zwei Millionen deutscher Männer unter Waffen standen und sich eine motorisierte Kolonne von hundert Kilometern Länge auf der Autobahn Berlin–Stettin nach Pommern bewegte (Bonnet, Fin, S. 285).

29 Bonnet, Fin, S. 284 f.; Beloff, S. 268 f.

30 Record of a Conversation between Marshal Voroshilov and Général Doumenc, August 22, 1939, in: DBFP, 3, VII, Nr. 10, S. 609–613; deutsch in: DM, 2, Nr. 137, S. 391–397.

31 Firebrace und Drax, Record of Conversation with Marshall Voroshilov at 13.00 hours on August 25, 1939, in: DBFP, 3, VI, Nr. 11, S. 613.

32 Beaufre, Drame, S. 176.

33 Telegramm von Naggiar an Bonnet, 23. August 1939, 0.12 Uhr, zit. nach: Bonnet, Fin, S. 295 f.

34 The Ambassador in the United Kingdom (Kennedy) to the Secretary of State, London, 23. August 1939, in: FRUS, I, General, Nr. 1219, S. 339–341.

35 Steinhardt an Hull, 24. August 1939, in: FRUS, I, General, Nr. 468, S. 343 f.

36 Rosso an Ciano, 22. August 1939, 23.59 Uhr, in: DDI, 8, XIII, Nr. 160, S. 107.

37 Kirk an Hull, Berlin, den 22. August 1939, 20.00 Uhr, in: FRUS, I, General, Nr. 863, S. 338 f.

38 Coulondre an Bonnet, 22. August 1939, zitiert nach: Bonnet, Fin, S. 289. Diese Mitteilung veranlaßte den französischen Außenminister zu einem Ultimatum an den polnischen Außenminister: In seiner Folge ermächtigte der polnische Außenminister den Leiter der französischen Militärmission in Moskau, General Doumenc, am Nachmittag des 23. August, vor Woroschilow »die folgende Sprache zu führen: Wir haben Gewißheit darüber erlangt, daß – im Falle einer gemeinsamen Aktion gegen eine deutsche Aggression – eine Zusammenarbeit zwischen Polen und der UdSSR, unter näher zu bestimmenden technischen Bedingungen nicht ausgeschlossen ist [oder: möglich ist]...« (Bonnet, Fin, S. 290). Das Telegramm der französischen Botschaft Warschau, das diese bedingte Zustimmung Becks übermittelte, traf am späten Abend des 23. August in Paris ein, von wo die Meldung umgehend nach London und Moskau weitergegeben wurde. Sie erreichte die französische Botschaft in Moskau in den frühen Morgenstunden des 24. August, nach der Unterzeichnung im Kreml.

39 Braun von Stumm an die Botschaft in Moskau, Berlin, 23. August 1939, 12.16 Uhr, Ankunft: 17.40 Uhr, in: ADAP, D, VII, Nr. 198, S. 175.

40 Der Text des Telegramms trägt den handschriftlichen Randvermerk Ribbentrops: »Schulenburg: Molotow Stellung gegen Falschmeldungen nehmen. Abreise Mil[itär]-Kommissionen« (ADAP, D, VII, Nr. 198, S. 175, Anm. 2).

41 Nach Auskunft Görings an DeWitt Poole, in: DeWitt, Light, S. 142; von hier zu Deutsch, Interlude, S. 112, der aus der folgenden Episode Görings – m.E. zu Unrecht – schließt, Göring hätte Hitler die Idee seines persönlichen Telegramms an Stalin eingegeben. Fabry (Pakt, S. 66) datiert diese Episode auf die Nacht vom 23. zum 24. August. Dies erscheint weniger wahrscheinlich, weil sich Hitler dann, nach der telephonischen Zwischennachricht, schon über den positiven Ausgang im klaren war.

42 Domarus, Hitler, II, S. 1232.

43 Vgl. ADAP, D, VII, Nr. 159, S. 141, Anm. 3.

44 Domarus, Hitler, II, S. 1233.

45 Vgl. Gaus, Eidesstattliche Versicherung, in: Prozeß, XL, S. 295 ff.

46 Below, Adjutant, S. 180.

47 Selbst Philipp W. Fabry, der zur apologetischen, seitenverkehrten Darstellung dieser Zusammenhänge neigt, räumte ein: »Was den Begriff ›Interessensphäre‹ betrifft, so muß allerdings gesagt werden, daß die deutsche Diplomatie dieses Wort zuerst Moskau gegenüber ins Gespräch gebracht hat.« Zu Unrecht geht Fabry davon aus, daß der Begriff für Ribbentrop lediglich eine »verschwommene Wendung« gewesen sei und erst die Russen ihm im weiteren Verlauf jene von Ribbentrop unbeabsichtigte »fatale Wendung« gegeben hätten (Fabry, Pakt, S. 67). Dem stehen nicht zuletzt die Erinnerungen Ribbentrops entgegen, wo er schrieb, unter diesem Begriff sei »bekanntlich zu verstehen, daß der interessierte Staat mit den Regierungen der zur Interessensphäre gehörenden Länder ihn allein angehende Verhandlungen führt und der andere Staat sich daran ausdrücklich desinteressiert« (Ribbentrop, London, S. 181).

Als Ribbentrop nach Moskau fuhr, ging er – nach seinen eigenen Aussagen – davon aus, daß es sich bei den in »Interessensphären« aufzuteilenden Ländern »um Gebiete handelte, die den beiden Ländern nach einem unglücklichen Kriege verlorengegangen waren; und ... daß zweifellos eine Berechtigung für Adolf Hitler da sei, auch auf anderem Wege [!] diese Gebiete wieder dem Deutschen Reich einzuverleiben« (Aussagen Ribbentrop, in: Prozeß, X, S. 303 f.).

48 Kleist, Tragödie, S. 71; ders. Hitler, S. 58; Gaus, Versicherung, S. 296.

49 Bei der sowjetischen Besetzung Bessarabiens im Juni 1940 ließ sich Hitler die Ribbentrop am 21./22. August 1939 erteilten Weisungen von diesem noch einmal ins Gedächtnis rufen; Ribbentrop fertigte daraufhin am 24. Juni 1940 eine Aufzeichnung an. Aufzeichnung des Reichsaußenministers, 24. Juni 1940, in: ADAP, D, X, Nr. 10, S. 9–10.

50 Ribbentrop, London, S. 181. Die Formulierung zeigt, daß der Hitler-Stalin-Pakt (»das Abkommen«) für Ribbentrop im wesentlichen aus dem Geheimen Zusatzprotokoll bestand.

51 Aussage Ribbentrops, in: Prozeß, X, S. 359.

52 Gaus, Eidesstattliche Versicherung, in: Prozeß, XL, S. 297 f.; in der Verhandlung behandelt, in: IMT, X, S. 358. Von Ribbentrop indirekt bestätigt in: Ribbentrop, London, S. 181 ff. und in: Prozeß, X, S. 303 ff.

53 ADAP, D, VII, Nr. 191, S. 167.

54 Aufzeichnung ohne Unterschrift: Ansprache des Führers vor den Oberbefehlshabern am 22. August 1939, in: ADAP, D, VII, Nr. 192, S. 167–170.

55 Domarus, Hitler, II, S. 1233; es folgt auf S. 1233–1237 diese erste und auf S. 1237–1239 die zweite Rede Hitlers vor den Generalen am 22. August 1939.

56 Kleist, Tragödie, S. 69, 72, 74; ders., Hitler, S. 55, 60, 63.

57 Tagebucheintrag von Generaloberst Halder, 22. August 1939. Besprechung beim Führer (Obersalzberg, 12 Uhr), zitiert nach: ADAP, D, VII, S. 467 ff. Bei Halder heißt es weiter: »Entwicklung: Abberufung Litwinows: Zeichen für Abschluß der Interventionspolitik, Handelsvertrag. Schon vorher Besprechungen über Nichtangriffspakt auf Anregung Rußlands, Intervention im russisch-japanischen Konflikt, Baltikum, Russen haben mitgeteilt, daß sie bereit sind, Pakt abzuschließen. Persönliche Verbindung Stalin – Führer. ›Damit habe ich den Herrschaften ihre Waffen aus der Hand geschlagen. Polen ist in die Lage hineinmanövriert worden, die wir zum militärischen Erfolg brauchen.‹ Auswirkung noch nicht zu übersehen: Neuer Kurs! Stalin schreibt, daß er sich für beide Teile viel verspricht. Ungeheure Umwälzung der ganzen europäischen Politik.«

58 Below, Adjutant, S. 181.

59 Eine weitere Niederschrift dieser Rede (Prozeß L-3) wurde ihrer brutalen Diktion wegen vom Internationalen Militärgerichtshof als unglaubhaft betrachtet und nicht als Beweisstück verwendet (vgl. Domarus, Hitler, II, S. 1233, Anm. 648, siehe unten V.).

60 IMT 1014-PS; Domarus, Hitler, II, S. 1237–1238. Am Vormittag des 23. August 1939 teilte Hitler Schmundt mit, der Angriffstermin auf Polen sei der 26. August, 4.30 Uhr (Below, Adjutant, S. 182). Das militärische Vabanque-Spiel Hitlers ging weiter: Wie Kordt, (Wahn, S. 199 ff.) anführte, hatte der Generalstab nach der Sudentenkrise eine Zeitspanne von minimal 48 Stunden zwischen Angriffstermin und Beginn der Operationen für erforderlich erklärt. Auf Betreiben Hitlers wurde die Frist nun auf 14 Stunden herabgesetzt. Am 25. August 1939, 15.05 Uhr, ließ Hitler über Keitel

Oberst Warlimont Befehl zum Generalangriff auf Polen für den 26. August, 5.30 Uhr, geben. Um 17 Uhr erfuhr er vom Abschluß des britisch-polnischen Bündnisvertrags, ab 18 Uhr überbrachte ihm Attolico eine Botschaft Mussolinis, die italienische Waffenhilfe nur für den Fall eines lokalisierten Konflikts zusagte. Nach diesen Nachrichten ließ Hitler durch Keitel »den Vormarschbefehl sofort widerrufen«. Er hatte damit die Frist auf 8 Stunden herabgesetzt. Ein neuer provisorischer Termin wurde am Abend des 25. August für den 31. August festgesetzt und am 30. August auf den 1. September verschoben.

61 Below, Adjutant, S. 181.

62 Rundtelegramm des Staatssekretärs, 22. August 1939, in: ADAP, D, VII, Nr. 180, S. 157–158.

63 Magistrati an Ciano, 22. August 1939, 19.54 Uhr, in: DDI, 8, XIII, Nr. 152, S. 103.

64 Weizsäcker an Botschafter Ott in Tokio, 22. August 1939, 22.25 Uhr, in: ADAP, D, VII, Nr. 183, S. 159.

65 Weizsäcker, Erinnerungen, S. 249 f.

66 Kordt, Wahn, S. 177.

67 Weizsäcker, Erinnerungen, S. 250.

68 Niederschrift über die Unterredung des Herrn Reichsaußenministers mit Botschafter Oshima in Fuschl am 23. Februar 1941, in: Prozeß, XXVIII, 1834-PS, S. 554.

69 Marginalie Schulenburgs, vgl. Aufzeichnung Schulenburgs vom frühen Morgen des 22. August 1939, in: ADAP, VII, Nr. 170, S. 150, Anm. 4. Der Effekt war geschickt, nicht zuletzt auf das sowjetische Bedürfnis nach Größe und Repräsentation, berechnet.

70 Kleist, Tragödie, S. 69 ff.; ders., Hitler, S. 55 ff.; daneben Ribbentrop, London, S. 177 ff.; Schmidt, Statist, S. 441; Herwarth, Hitler, S. 185 ff. (der, aus dem Manöver kommend, in Königsberg zur Delegation Ribbentrops stieß); sowie Bericht von Dr. Schnurre an Vf.

71 Aussage Ribbentrops vom 1. April 1946, in: Prozeß, X, S. 427; hier in erster Linie mit Bezug auf die Paktzeit, für die Ribbentrop bestätigte, daß die Berichte der Botschaft Moskau über die sowjetische Vertragstreue günstig lauteten. Auf die Frage: »Glaubten Sie ihnen denn nicht, glaubten Sie selbst Ihren eigenen Beamten nicht?« gab er die Antwort: »Ich war auch [d.i. so wie Hitler, I.F.] sehr skeptisch, ob diese Berichte zutreffend waren.«

72 Ribbentrop, London, S. 178.

73 Ribbentrop schrieb zwar: »Im Flugzeug skizzierte ich zunächst zusammen mit Gaus einen Entwurf für den vorgesehenen Nichtangriffspakt. Das erwies sich bei der Besprechung im Kreml als nützlich, da die Russen keinen Text vorbereitet hatten.« (London, S. 178.) In Wahrheit lag Gaus und Ribbentrop der sowjetische Entwurf für den Nichtangriffspakt, nicht aber für das gewünschte Zusatzprotokoll vor; den Inhalt dieses Protokolls zu präzisieren und einen entsprechenden Text zu entwerfen, hatte Molotow wiederholt und explizit von deutscher Seite erbeten.

74 Ribbentrop, der einen Teil der Dokumente bei seiner Abreise aus Moskau zurückgelassen hatte, drahtete der Botschaft Moskau am 25. August den Text: »Ich weise nochmals darauf hin, daß das am 23. August dort unterzeichnete geheime Zusatzprotokoll nebst *den* dort etwa vorhandenen *Entwürfen* auf das strengste zu sekretieren ist.« ADAP, D, VII, Nr. 309 f.

75 Ribbentrop, in: Prozeß, X, S. 353.

76 Dr. Seidl, in: Prozeß, X, S. 216.

77 Selbst ein so nüchterner Interpret wie Braubach vermutet, ohne nähere inhaltliche Qualifikation, daß das Geheime Zusatzprotokoll »doch wohl im wesentlichen auf Vorschlag der Russen« (Weg, S. 30) zustande gekommen sei.

78 Damit erweisen sich die späteren Behauptungen Ribbentrops, Stalin habe im »Verlauf des ersten Teiles der Verhandlungen bereits erklärt, daß er gewisse Interessensphären wünsche ...«, und die »Forderung nach Interessensphären« erhoben, als grundsätzlich oder zumindest im logischen und Zeitablauf unrichtig (London, S. 181), und die Literatur, die das Teilungsprotokoll – wissentlich oder unwissentlich auf diesen Behauptungen aufbauend – als eine sowjetische Erfindung betrachtet, als fehlgeleitet.

79 Kordt, Wahn, S. 178.

80 Teske, Köstring, S. 141.

81 Hilger, Wir, S. 288.

82 Ribbentrop, London, S. 179. Es ist gut denkbar, daß Ribbentrops Sorge um das weitere »Protokoll« und sein Verlangen, mit Stalin persönlich zu verhandeln, zu entsprechenden Nachfragen oder Anregungen der Deutschen Botschaft bei der Protokollabteilung des Außenkommissariats führte; denn das spätere Erscheinen Stalins selbst erfolgte für Kenner der Moskauer Verhältnisse unerwartet – »Stalin hat bei dieser Gelegenheit zum ersten Male mit dem Vertreter einer fremden Regierung über den Abschluß vertraglicher Vereinbarungen verhandelt« (Hilger, Wir, S. 285).

83 Hilger/Meyer, Allies, S. 309; verkürzt in: Hilger, Wir, S. 292.

84 Von diesen weltgeschichtlichen Verhandlungen im Kreml ist keine Aufzeichnung bekannt geworden. Dabei liegt ein deutscher Hinweis dafür vor, daß die Verhandlungen protokolliert werden sollten: Dolmetscher Schmidt betonte, daß Hilger nicht nur als Dolmetscher hinzugezogen worden war, sondern auch die Aufzeichnung über die Verhandlungen anfertigen sollte (Schmidt, Statist, S. 444). Hilger hat dies nicht bestätigt. Leider hat er auch den Gang der Verhandlungen in seinen Erinnerungen nur sehr summarisch geschildert. Diese, die Aussagen Ribbentrops, die Versicherung von Gaus in Nürnberg und die in der Haft geschriebenen Memoiren Ribbentrops sind daher die Hauptquellen, die der folgenden Rekonstruktion zugrunde liegen. Auf sowjetischer Seite sind – was weniger verwunderlich ist – ebenfalls keine Aufzeichnungen gefunden worden (vgl. Sipols, Mesjacev, S. 140). Stalin ließ niemals Protokolle oder Aufzeichnungen anfertigen, allenfalls die sogenannten Resolutionen oder Entschließungen schriftlich zusammenfassen, d.h. auf das Wesentliche beschränkte Ergebnisprotokolle niederlegen. Auch etwas Derartiges existiert in diesem Falle nicht. Der einzige Zeuge, der heute Auskunft über den Gang der Verhandlungen geben könnte, der damals anwesende Dolmetscher Stalins, Pawlow, hat sich bisher noch nicht geäußert.

85 Ribbentrop, London, S. 179.

86 Laut Ribbentrop konnte Graf Schulenburg »einen Ruf der Überraschung nicht unterdrücken« (London, S. 179 f.); nach Auskunft von Hilger hingegen war Ribbentrop »freudig überrascht, als er bei seinem Eintritt Stalin neben Molotow stehen sah« (Wir, S. 286).

87 Hilger, Wir, S. 28; sowie Hilger/Meyer, Allies, S. 301.

88 Prozeß, X, S. 303.

89 Unter der Führung des bayrischen Anwalts und Verteidigers von Rudolf Hess, Dr. Seidl, der nicht zuletzt zu diesem Zwecke sogar die Ladung und Vernehmung des

sowjetischen Außenkommissars beantragte (Prozeß, X, S. 217), erklärte Ribbentrop vor Gericht sogar: »Es ist kein Zweifel, daß Stalin Deutschland niemals den Vorwurf einer Aggression oder eines Aggressionskrieges über sein Vorgehen in Polen machen kann; wenn von einer Aggression hier gesprochen wird, dies auf beiden Seiten liegen würde« (Prozeß, X, S. 356). Aus diesen Worten sprach noch einmal sein Triumph über das Gelingen seiner Moskauer Mission: Stalin in eine unwiderrufliche Komplizenschaft mit den völkerrechtlichen Verbrechen Hitlers zu verstricken.

90 Ribbentrop, London, S. 180.

91 Hilger, Wir, S. 288; Hilger/Meyer, Allies, S. 303; siehe auch Schmidt, Statist, S. 444.

92 Hilger, Wir, S. 286.

93 Ribbentrop, London, S. 180 f.

94 Aussage Ribbentrop, in: Prozeß, X, S. 303. Später schrieb Ribbentrop: »Ich habe hierbei [bei der Festlegung der Demarkationslinie im polnischen Gebiet, I.F.] Stalin gegenüber darauf hingewiesen, daß deutscherseits alles versucht würde, die Dinge in diplomatisch-friedlicher Form zu lösen.« Ribbentrop, London, S. 181.

95 Bei seinem zweiten Besuch, zur Unterzeichnung des Grenz- und Freundschaftsvertrags Ende September 1939, sollte sich dies allerdings ändern. Ribbentrop fühlte sich dann »wie unter alten Genossen« – Stalin hatte, zu seinem eigenen Nachteil, die Wachsamkeit und das berechtigte Mißtrauen gegenüber den deutschen Absichten verloren, die sein Verhalten in diesen Augusttagen noch bestimmten.

96 Gaus, Eidesstattliche Versicherung, in: Prozeß, XL, S. 298. In Prozeß, X, S. 358 wird das Affidavit von Gaus dahingehend zitiert, daß »der Reichsaußenminister ... seine Worte so gewählt [hatte], daß ein kriegerischer Konflikt zwischen Deutschland und Polen nicht als eine bereits entschiedene Tatsache erschien, sondern nur als eine drohende Möglichkeit ...«

97 Aussage Ribbentrop, in: Prozeß, X, S. 204 f.

98 Aussage Ribbentrop, in: Prozeß, X, S. 359.

99 Ribbentrop, London, S. 177.

100 Aussage Ribbentrop in: Prozeß, X, S. 359.

101 Ribbentrop, London, S. 181; Prozeß, X, S. 304 ff.

102 Hitler teilte Weizsäcker, der sich während der Abwesenheit Ribbentrops in seiner Nähe aufhielt, am 23. August mit, daß die Regierung Chamberlain »unter dem Eindruck unseres Coup in Moskau stürze und die Garantie-Idee falle«. Hitler ging an diesem Tag »direkt auf den Krieg zu u. zeigt[e] keine Lücke in seinem Entschluß. Er rechnet weiterhin mit einem lokalisierten Krieg, spricht aber auch davon – wenigstens heute –, einen allgemeinen Krieg führen zu können. Vor kurzem urteilte er hierüber anders.« Am 24. August bemerkte Weizsäcker dann an Hitler wieder gewisse Zweifel: »Der Führer arbeitet weiter in der Richtung des lokalisierten Krieges, den er nicht preisgeben will. Der Gedanke, auch mit dem Westen zu kämpfen, ist ihm doch peinlicher, als ich es gestern glaubte. Er denkt, die Polen würden einlenken, er spricht wieder von etappenweiser Lösung. Nach der ersten Etappe würden die Engländer die Polen fallenlassen.« Weizsäcker-Papiere, S. 159 f.

103 Für diese Annahme sprechen schwerwiegende Tatsachen in den deutsch-sowjetischen Beziehungen nach Vertragsunterzeichnung. Angedeutet sei an dieser Stelle nur die mangelnde Bereitschaft der Roten Armee zu einer Invasion in Polen; diese erfolgte erst nach intensivstem zweieinhalbwöchigen deutschen Drängen; erinnert sei ferner an die überaus schleppende sowjetische Ratifizierung des Vertrags und an die

Unterredung Ribbentrops mit dem sowjetischen Geschäftsträger in Berlin, Iwanow, am 29. August, über die eine Aufzeichnung aus der verläßlichen Feder von Dr. Paul Schmidt vorliegt. In diesem ersten Gespräch Ribbentrops mit einem Sowjetvertreter nach seiner Rückkehr aus Moskau, das in der Forschung kaum Beachtung gefunden hat, hob er nämlich hervor, daß »auch ... [der Führer] eine Besserung der deutsch-englischen Beziehungen wünsche und daß das polnische Problem so oder so gelöst werden würde. Der Führer habe außerdem als absolute Vorbedingung für eine bessere Verständigung zwischen Deutschland und England festgelegt, daß das Abkommen zwischen Deutschland und Rußland nicht tangiert würde.« Ribbentrop teilte Iwanow weiter mit, daß Henderson ihm eine Botschaft überbracht habe, nach welcher die »Englische Regierung hoffe, daß es möglich sein werde, das akute polnische Problem durch eine unmittelbare deutsch-polnische Aussprache zu lösen. Die englische Antwort würde im Augenblick geprüft und die Russische Regierung würde weiter über das Ergebnis dieser Prüfung auf dem laufenden gehalten werden.« Wie die Aufzeichnung weiter sagt, betonte Ribbentrop dann, daß die Umstellung der deutschen Außenpolitik zur Freundschaft mit Rußland, »wie er bereits Stalin und Molotow gegenüber erklärt habe, ... eine radikale und endgültige sei. Deutschland würde an keiner internationalen Konferenz teilnehmen, auf der nicht auch Rußland vertreten sei.« Anschließend setzte Ribbentrop Iwanow über die deutsche Mobilmachung in Kenntnis, was Schulenburg auf Weisung Weizsäckers vom selben Tage auch gegenüber Molotow tun mußte. (ADAP, D, VII, Nr. 413, S. 355, einschließlich Anm. 4.)

104 Aussage Ribbentrop, in: Prozeß, X, S. 303.

105 Ribbentrop, London, S. 181.

106 Aussage Ribbentrop, in: Prozeß, X, S. 356.

107 Aussage Ribbentrop, in: Prozeß, X, S. 303.

108 Aussage Ribbentrop, in: Prozeß, X, S. 304.

109 Kleist, Tragödie, S. 71, der hier aus der Erinnerung Ribbentrop paraphrasiert.

110 Ribbentrop, London, S. 182: »Die Härte der sowjetischen Diplomatie zeigte sich in der baltischen Frage und insbesondere in bezug auf den Libauer Hafen.«

111 Deutsch-sowjetischer Grenz- und Freundschaftsvertrag nebst einem Vertraulichen und zwei Geheimen Zusatzprotokollen vom 28. September 1939, in: ADAP, D, VII, Nr. 157–160, S. 127–129.

112 Dies ist der Wiedergabe der Darstellung Ribbentrops durch Kleist zu entnehmen; dort heißt es: »Schwieriger [als im Hinblick auf Polen] sei die Grenzziehung im Gebiete der Baltischen Staaten, die von England und Frankreich restlos an die Sowjets verkauft worden seien.« (Tragödie, S. 71.)

113 Kleist, Tragödie, S. 71.

114 Ribbentrop schrieb später: »Ich hatte zwar für den Abschluß eines Vertrages uneingeschränkte Vollmacht, hielt jedoch bei der Bedeutung der russischen Forderungen eine Rückfrage bei Adolf Hitler für richtig.« (London, S. 182.)

115 Gaus, Eidesstattliche Versicherung, S. 298.

116 Schmidt, Statist, S. 444.

117 Ribbentrop an Auswärtiges Amt, Moskau, 23. August 1939, 20.05 Uhr, mit der Bitte, Hitler sofort zu informieren, in: ADAP, D, VII, Nr. 205, S. 184–185.

118 Below, Adjutant, S. 182 f. Telephonisch gab Hewel die Zustimmung an Botschaftsrat Tippelskirch durch. Das von Kordt aus Berlin abgesandte, nachträglich eingegangene Telegramm gleichen Inhalts lautete: »Antwort lautet: ja, einverstanden.« (ADAP,

D, VII, Nr. 210, S. 187). Kordt, (Wahn, S. 178) berichtete: »Hitler erklärte nach Einsichtnahme in eine Karte, daß er an ... den Häfen kein Interesse habe.«

119 Herwarth, Hitler, S. 187.

120 Peter Kleist, der selbst – entgegen seiner eigenen Darstellung – nicht anwesend war, als Ribbentrop Stalin und Molotow die Mitteilung machte, daß Hitler mit der Einbeziehung dieser Gebiete in die sowjetische Interessensphäre einverstanden sei, berichtete später, daß bei dieser Nachricht »durch Stalin ... ein Ruck [gegangen sei] ... Es ist, als ob er einen Schock überwinden müsse. Aber das ist blitzschnell vorüber.« (Kleist, Tragödie, S. 72; ders. Hitler, S. 59). Dies wie auch seine spätere Erklärung, Stalin hätte diese beispiellose Konzession als »Kriegserklärung Hitlers an die Sowjetunion« bezeichnet (Kleist, Tragödie, S. 228 f.; ders., Hitler, S. 268), entbehren jeder Quellenbasis.

121 Kleist, Tragödie, S. 72.

122 Schmidt, Statist, S. 444. Beide wurden wiederum von Hilger als Dolmetscher begleitet, der »gleichzeitig die Aufzeichnung über die Besprechung machen sollte« (Schmidt, Statist, S. 444). Von diesen drei Personen spricht auch Gaus (Versicherung, S. 296). Hingegen behaupte Kleist (Tragödie, S. 72), Ribbentrop sei »mit einem größeren Gefolge« in die zweite Gesprächsrunde gefahren, und er selbst sei anwesend gewesen. Diese Behauptung, die auch von anderen Mitgliedern der Moskau-Delegation Ribbentrops gemacht wurde, ist unzutreffend.

123 Kordt, Wahn, S. 178.

124 Hilger, Wir, S. 288.

125 Nichtangriffspakt zwischen Deutschland und der Union der Sozialistischen Sowjetrepubliken, in: ADAP, D, VII, Nr. 228, S. 205–206.

126 Gaus, Eidesstattliche Versicherung, in: Prozeß, X, S. 296.

127 Hilger, Wir, S. 290.

128 Hilger, Wir, S. 290, Hilger/Meyer, Allies, S. 302. Ribbentrop (London, S. 180), Gaus (Versicherung, S. 296) sowie – durch ihre Vermittlung – Kordt (Wahn, S. 179) geben die Worte Stalins dahingehend wieder, daß das nationalsozialistische Deutschland die UdSSR jahrelang »mit Kübeln von Jauche« übergossen habe. Diese Version machte im deutschen Schrifttum Geschichte. Möglicherweise stützt sie sich auf die Übersetzung des zweiten anwesenden Dolmetschers, Pawlow.

129 In seinem Gespräch mit Botschafter Rosso wies Ribbentrop gesondert auf diesen Punkt hin und unterstrich den Charakter des Paktes als eines »Nichtangriffs- und Konsultationsvertrags«. (Vgl. Rosso an Ciano, 25. August 1939, in: DDI, 8, XIII, Nr. 282, S. 181–184, hier S. 183, mit juristischer Textanalyse).

130 Rosso hielt die neue Redaktion unter den gegebenen Bedingungen für besonders bedeutsam, »insofern sie Deutschland sicherstellt, daß die UdSSR nicht an irgendwelcher Einkreisungspolitik beteiligt sein wird«. (DDI, 8, XIII, Nr. 282, S. 183.)

131 Aufzeichnung Botschafter Schulenburgs über das Gespräch mit Hitler am 28. April 1941, in: ADAP, D, XII. 2, Nr. 423, S. 555.

132 Ribbentrop, London, S. 184.

133 Wie Ribbentrop später schrieb, hatte er den Eindruck, »daß die Fühlungnahme zwischen den westlichen Militärs und Moskau auch nach ihrer Abreise nie ganz aufgehört hat« (London, S. 184).

134 Ribbentrop, London, S. 184.

135 Vgl. u.a. den Bericht von Krahmer-Möllenberg an das Auswärtige Amt vom 12. August 1939, wo es hieß: »Man wisse in Polen doch ganz genau, wie die Absichten Ber-

lins seien. Sie ... liefen auf eine restlose Aufteilung Polens hinaus ... man [beabsichtige] in Berlin eine neue Grenzziehung mit einem Bogen, der von Ostpreußen dicht an den Toren Warschaus vorbei bis Oberschlesien geht; dann sei Galizien ... und ... Teschen das Ziel der deutschen Wünsche. Die übrigbleibenden Gebiete sei man bereit, Rußland zu übergeben ...« (ADAP, D, VII, Nr. 42, S. 32).

136 Vgl. hierzu die juristische Analyse von Prof. R.A. Mjullerson, Sovetsko-germanskie dogovorennosti 1939 g. v aspekte meždunarodnogo prava, in: Sovetskoe gosudarstvo i pravo, 9, 1989, S. 105–109.

137 A. Jakowlew in seinem *Prawda*-Interview vom 18. August 1989, zitiert nach: Nowosti, 24. August 1989, S. 12 sowie ders. in der Mitteilung der Kommission für die politische und rechtliche Bewertung des deutsch-sowjetischen Nichtangriffspaktes vom Jahre 1939, in: *Prawda*, 24. Dezember 1989, S. 1 f.

138 Gaus, Eidesstattliche Versicherung, in: Prozeß, X, S. 296.

139 Geheimes Zusatzprotokoll, in: ADAP, D, VII, Nr. 229, S. 206–207. In der westlichen historischen Forschung ist an der Authentizität dieses Dokuments nicht gezweifelt worden. Sie spricht – ungeachtet der Methoden der Quellenkunde – bereits aus dessen Geschichte: Vertrag und Zusatzprotokoll waren in deutscher und russischer Sprache verfaßt und unterzeichnet worden. Vom Geheimen Zusatzprotokoll gab es »... nur zwei Exemplare. Die eine Ausfertigung verblieb am 23. August 1939 in Moskau, die andere Ausfertigung wurde von Ribbentrop nach Berlin mitgebracht.« (Dr. Seidl, in: Prozeß, X, S. 215 f.) Für das Geheime Zusatzprotokoll galt auf beiden Seiten die Bedingung strengster Geheimhaltung. Sie war selbst Gegenstand des Protokolls. In Berlin wurde das deutsche Alternat an besonderer Stelle im Ministerbüro Ribbentrops aufbewahrt. Es lag dort in einem »besonders versiegelten Umschlag, der weisungsgemäß besonders sekretiert aufbewahrt wurde« (Aussage der Sekretärin Ribbentrops, Blank, in: Prozeß, X, S. 217 f.). Nur Personen im engen Umkreis Ribbentrops hatten davon Kenntnis. Wie sich Weizsäcker erinnerte, hatte er »eine Photokopie davon gesehen, vielleicht sogar das Original. ... Ich hatte ein Exemplar, eine Photokopie, in meinem persönlichen Safe eingeschlossen« (Prozeß, XI, S. 318). Ob es sich um eine oder mehrere Kopien handelte und ob diese auf Wunsch oder mit Wissen Ribbentrops hergestellt wurde(n), ist nicht bezeugt.
In den Jahren 1943/44 wurde das Dokument zusammen mit anderen Akten des Ministerbüros verfilmt und im Frühjahr 1945 aus Sicherheitsgründen nach Gut Schönberg in Thüringen ausgelagert. In den letzten Kriegstagen wurden auf Befehl aus Berlin große Teile der ausgelagerten Dokumente verbrannt. Westliche alliierte Truppen konnten einen Teil dieses wichtigen Aktenbestandes vor der Vernichtung retten und in Sicherheit bringen. Das Geheime Zusatzprotokoll zum Nichtangriffspakt befand sich nicht mehr darunter. Hingegen konnte nun ein Angehöriger des Auswärtiges Amts, Karl von Loesch, den Leiter des britischen Teams zur Sicherstellung deutscher auswärtiger Akten zu der Stelle führen, an der er seinerzeit den deutschen Originalfilm der aufgenommenen Akten aus dem Büro Ribbentrop vergraben hatte. Der Film hatte leicht unter Wassereinwirkung gelitten, enthielt aber – unter den Aufnahmen von etwa 10 000 anderen wichtigen Dokumentenseiten – auch die des Geheimen Zusatzprotokolls. Nach Überzeugung von Prof. George O. Kent, der den Film damals entgegennahm und in den nachfolgenden Jahren mit seiner Hilfe die »Documents of German Foreign Policy« herausgab, »bestätigt der Film die Echtheit des Protokolls mehr, als es ein angebliches Original tun würde. Denn das Protokoll ist

zwischen vielen anderen Dokumenten gefilmt worden, deren Gültigkeit nicht in Zweifel gezogen worden sind; und es wäre schwerer, eine ganze Rolle Film zu fälschen als ein einzelnes Dokument.« (George O. Kent, As It Denies the Deal It Made to Swallow them, in: *Newsday*, 9. September 1988, S. 89).
Darüber hinaus existieren Originale von Verhandlungsakten der Deutschen Botschaft in Moskau, die unzweifelhaft über die Existenz des Geheimen Zusatzprotokolls Auskunft geben: So teilte Botschafter Schulenburg dem Auswärtigen Amt am Abend des 25. August 1939 in Telegramm Nr. 217 mit, Molotow habe ihn an diesem Abend zu sich gebeten und erklärt, »daß infolge der großen Eile, mit der geheimes Zusatzprotokoll abgefaßt worden sei, sich in dessen Text eine Unklarheit eingeschlichen habe. Am Schluß des ersten Absatzes von Punkt 2 (zwei) müsse es im Einklange mit den hier geführten ... [Besprechungen, I.F.] heißen: ›Durch die Linie der Flüsse Pissa, Narew, Weichsel und San abgegrenzt.‹ Unzulänglichkeit der bei den Besprechungen verwendeten Karte erweckte bei allen Beteiligten den unzutreffenden Eindruck, daß Oberlauf des Narew ostpreußische Grenze erreiche, was ... [nicht, I.F.] der Fall ist. Obwohl Sinn getroffener Vereinbarung keinerlei Zweifel zulasse, bat er der Ordnung halber, den fraglichen Satz durch Einschaltung der Flußbezeichnung ›Pissa‹ ... [zu ergänzen, I.F.], was durch Schriftwechsel zwischen ihm und mir erfolgen könne.« Schulenburg bat um Ermächtigung, diese Ergänzung mit Molotow zu vereinbaren (ADAP, D, VII, Nr. 284, S. 247). Ein handschriftlicher Vermerk Weizsäckers am Rand dieses Telegramms bestimmte: »Sekretieren Kassette«. Die Ergänzung des Textes wurde in einem besonderen Protokoll niedergelegt, das Schulenburg und Molotow am 28. August 1939 unterzeichneten und das dem Auswärtigen Amt durch Drahtbericht der Deutschen Botschaft Moskau Nr. 229 mitgeteilt wurde (vgl. Kordt, Wahn, S. 179, Anm. 2. Da Kordt zu dieser Zeit Leiter des Ministerbüros Ribbentrops war, ist sein Zeugnis von besonderer Bedeutung).
Darüber hinaus diktierte Ribbentrop am 25. August 1939 unter »Sofort« das Telegramm Nr. 213, das am 26. August an die Deutsche Botschaft ging und in dem der vergeßliche Gast »nochmals darauf hin[wies], daß das am 23. August (sic) dort unterzeichnete geheime Zusatzprotokoll nebst den dort etwa vorhandenen Entwürfen auf das strengste zu sekretieren ist. Alle dortigen Beamten und Angestellten, die bisher davon Kenntnis erhalten haben, sind auf Geheimhaltung besonders zu verpflichten und haben diese Verpflichtung durch persönliche Unterschrift zu bestätigen. Andere Personen dürfen von der Existenz des Dokuments und von seinem Inhalt keinerlei Kenntnis mehr erhalten. RAM.« (ADAP, D, VII, Nr. 309, S. 264 f.) Unter 644/254850 enthält das Politische Archiv des Auswärtigen Amts die schriftlichen Erklärungen der Verpflichtung zur strengen Geheimhaltung dieses Dokuments, die auf den 27. August 1939 datiert sind (vgl. ADAP, D, VII, Nr. 309, Anm. 2).

140 Aussage von Weizsäcker, in: Prozeß, XI, S. 317. Rechtfertigungsversuche, wie etwa der von Fabry (»Ob Ribbentrop, als er das Zusatzprotokoll unterschrieb, davon etwas ahnte, ist mehr als zweifelhaft.« Fabry, Pakt, S. 68), sind angesichts der hier nachgewiesenen Zusammenhänge hinfällig.

141 Schmidt, Statist, S. 445.

142 Vgl. hierzu: Gerd R. Ueberschär, Hitler und Finnland 1939–1941. Die deutsch-finnischen Beziehungen während des Hitler-Stalin-Paktes (= Frankfurter Historische Abhandlungen, Bd. 16), Wiesbaden 1978, S. 61 ff.; H. Peter Krosbby, Finland, Germany, and the Soviet Union, 1940–41, The Petsamo Dispute, Madison, Milwaukee, London

1968, bes. S. 73 ff.; sowie, aus der Sicht des damaligen deutschen Gesandten in Helsinki: Wipert von Blücher, Gesandter zwischen Diktatur und Demokratie, Erinnerungen aus den Jahren 1935–1944, Wiesbaden 1951, besonders S. 146 ff. Zum letzten Aspekt vor allem: Gerd R. Ueberschär, Die Einbeziehung Skandinaviens in die Planung »Barbarossa«, in: Das Deutsche Reich und der Zweite Weltkrieg, Bd. 4, Der Angriff auf die Sowjetunion, Stuttgart 1983, S. 365–412.

143 So begründete Stalin die sowjetischen Minimalforderungen – Karelien, die gesamten Inseln im Finnischen Meerbusen und Hangö – mit den Worten: »We can't move Leningrad, so the line has to move.« (Väinö Tanner, The Winter War. Finland against Russia 1939–1940, Stanford, California 1957, S. 28.) Vgl. Irina M. Morozowa und Galina A. Tachnenko, Zimnaja vojna (Dokumenty o sovetsko-finljandskich otnošenijach 1939–1940 godov), in: Meždunarodnaja Žizn', Nr. 8, 1989; sowie M.I. Semirjaga, »Neznamenitaja vojna«. Razmyšlenija istorika o sovetsko-finljandskoj vojne 1939–1940 godov, in: Ogonek, Nr. 22, Mai 1989, S. 28–30.

144 Vgl. ADAP, D, VIII, Nr. 36, S. 27. Die offizielle Erklärung für das anhaltende deutsche Interesse an dem sog. »Wilnaer Zipfel« bzw. »Dreieck von Mariampol« im Verlauf der Paktzeit bestand darin, daß dies Göring als Hinterland für sein Jagdrevier in der Rominterner Heide erhalten bleiben müsse. Die deutschen Unterhändler erfuhren nur, es »müßte unbedingt in deutscher Hand bleiben«. Sie zerbrachen sich »den Kopf darüber – dort gab es gar keine Hirsche!« (Mitteilung von Dr. Schnurre an Vf.)

145 Ribbentrop ließ dies dem Litauischen Gesandten Škirpa durch P. Kleist mitteilen; ADAP, VIII, 1, Nr. 41, S. 31.

146 Im Unterschied zum Nichtangriffsvertrag vom 23. August liegt über die erste Verhandlungsrunde über den Grenz- und Freundschaftsvertrag vom 28. September ein Bericht des Reichsaußenministers vor, der aus Moskau über den Staatssekretär an Hitler geleitet wurde. In ihm ersuchte Ribbentrop diesen um Entscheidung in der Frage der evtl. Überlassung Litauens an die sowjetische Interessensphäre. Das Dokument gibt Einblick in die Art der Verhandlungen und ist daher einer Betrachtung wert. Zu bedenken ist allerdings, daß diese zweite Begegnung Ribbentrops mit Stalin und Molotow bereits unter dem Eindruck des absprachegemäßen deutschen Verhaltens bei der Zerschlagung Polens stand; Stalin war vom Alptraum des deutschen Durchbruchs durch die Demarkationslinie befreit. Im Vordergrund dieser Verhandlungen stand das weitere Schicksal des besiegten Polen. Dabei ergaben sich zwei Möglichkeiten: »1) Es verbleibt [sic] bei vereinbarten Flußlinien Pissa, Narew, Weichsel, San: ferner verbleibt Litauen entsprechend Moskauer Protokoll in deutscher Einflußsphäre. 2) Wir treten Litauen an die russische Einflußsphäre ab und erhalten dafür ein Areal östlich der Weichsel ... Weiter ... Zipfel um Suwalki ... Die Frage, ob Lösung 1) oder 2) für uns erstrebenswert, ist schwer zu entscheiden. Für 1. Lösung spricht nach meiner Auffassung, daß Litauen in unserer Hand deutsche Siedlungszone nach Nordost erweitert.« Dies ist ein klarer Hinweis darauf, daß die Einbeziehung in die »Einfluß-« bzw. »Interessensphäre« nach deutschem Verständnis auch hinsichtlich des Baltikums Annexion und innere Umstrukturierung bedeutete. Ribbentrop erbat von Hitler die telephonische Mitteilung darüber, welchen Vorschlag er vorziehe, »da von hier aus Einzelheiten wie militärische oder sonstige Gesichtspunkte nicht in vollem Umfang übersehen werden können« (ADAP, D, VIII, Nr. 152, S. 123 ff.).

Es bestand – wie die nachfolgende diplomatische Korrespondenz zwischen Staatssekretär (im Auftrage von Heydrich) und Ribbentrop (über die Deutsche Botschaft

Moskau) belegt – nicht der geringste Zweifel darüber, daß im »Fall des Einmarsches russischer Truppen nach Estland« anarchische Zustände entstehen konnten und Menschenleben und Besitzstand in hohem Maße gefährdet waren (ADAP, D, VIII, Nr. 153-6, S. 125–127). Dieselbe Erwartung bestand im Falle der Abtretung Litauens an die Interessensphäre der UdSSR, die in einem von drei geheimen deutsch-sowjetischen Zusatzprotokollen zum Vertrag vom 28. September 1939 festgelegt wurde (ADAP, D, VIII, Nr. 159, S. 129). Dieses Protokoll hielt das folgende »Einverständnis« der Bevollmächtigten der beiden Regierungen, Ribbentrop und Molotow, fest: »Das am 23. August 1939 unterzeichnete geheime Zusatzprotokoll wird in seiner Ziffer 1 dahin abgeändert, daß das Gebiet des litauischen Staates in die Interessensphäre der UdSSR fällt...« Am Ende stand der Satz: »Sobald die Regierung der UdSSR auf litauischem Gebiet zur Wahrnehmung ihrer Interessen besondere Maßnahmen trifft, wird zum Zwecke einer natürlichen und einfachen Grenzziehung die gegenwärtige deutsch-litauische Grenze dahin rektifiziert, daß das litauische Gebiet, das südwestlich der... eingezeichneten Linie liegt, an Deutschland fällt.« Dies war die deutsche Einladung der UdSSR zur Besetzung Litauens mit Ausnahme eines Teils des Korridors von Wilna.

147 Deutsch-sowjetisches Geheimprotokoll, Moskau, den 10. Januar 1941, in: ADAP, D, XI.2 Nr. 638, S. 889 f. In Artikel 1 dieses Geheimabkommens erklärte die Reichsregierung den Verzicht »auf ihren Anspruch auf den litauischen Gebietsteil, der in dem geheimen Zusatzprotokoll vom 28. September 1939 erwähnt... ist«. Unter Artikel 2 erklärte die Sowjetregierung ihre Bereitschaft »der Deutschen Reichsregierung das in Punkt 1 dieses Protokolls erwähnte Gebiet zu kompensieren durch Zahlung von 7500000 Gold-Dollar = 31 Millionen 500 Tausend Reichsmark an Deutschland«.

148 Aussage von Weizsäcker, in: Prozeß, IV, S. 318.

149 Ergänzend hinzugefügt auf Bitte der Sowjetregierung vom 25. August 1939 (in: ADAP, D, VII, Nr. 284, S. 247, vgl. oben, Anm. 136) und Zustimmung des Staatssekretärs vom 27. August 1939 (in: ADAP, D, VII, Nr. 353, S. 297).

150 Demselben Interesse folgte möglicherweise auch eine telegraphische Aufforderung Hitlers, die Ribbentrop während dieser Besprechung noch erreichen sollte, ihm aber schon nicht mehr zuging. Danach »würde es [Hitler] sehr begrüßen, wenn im Rahmen jetziger Abreden zum Ausdruck gebracht würde, daß nach Einigung zwischen Deutschland und Rußland über Probleme in Osteuropa diese als zur ausschließlichen Interessensphäre Deutschlands und Rußlands gehörend zu betrachten« seien (ADAP, D, VII, Nr. 206, S. 185).

151 Dieses setzte – symptomatisch für den Wunsch Hitlers, die UdSSR in einen Krieg mit den Westmächten zu verstricken – genau am 3. September 1939, dem Tage der Kriegserklärung Englands und Frankreichs an Deutschland, ein. Auf Weisung vom Abend des 3. September legte Schulenburg der Sowjetregierung von da an – aus Sicht des als Dolmetscher anwesenden Botschaftsrates Hilger – »nahe, aus dem Geheimen Zusatzprotokoll die Konsequenzen zu ziehen und die Rote Armee gegen die in der sowjetischen Interessensphäre befindlichen polnischen Streitkräfte in Bewegung zu setzen«. Nach der Beobachtung von Hilger hatte sich Stalin, »vorsichtig wie immer... zu keiner übereilten Handlung hinreißen lassen ... Am 10. September erklärte Molotow dem Grafen Schulenburg, die Rote Armee würde noch weitere zwei bis drei Wochen für ihre Vorbereitungen brauchen. Aber schon am 16. September, als die polnische Regierung das Land verlassen hatte..., teilte uns Molotow mit,

Stalin würde den Botschafter ›noch heute nacht‹ empfangen und ihm ›Tag und Stunde des sowjetischen Vormarsches bekanntgeben‹ ... Am 17. September um 2 Uhr nachts wurden Graf Schulenburg, der deutsche Militârattaché General Köstring und ich zu Stalin gebeten; Stalin eröffnete uns, die Rote Armee würde um 6 Uhr die Sowjetgrenze auf der ganzen Linie von Polozk bis Kamenetz-Podolsk überschreiten, und bat um entsprechende Benachrichtigung der zuständigen deutschen militärischen Stellen. Bestürzt versuchte der Militârattaché geltend zu machen, daß es innerhalb der wenigen Stunden ... unmöglich sei, die deutschen ... Einheiten rechtzeitig zu unterrichten ... Woroschilow schob jedoch alle Einwendungen Köstrings mit der Bemerkung beiseite, die Deutschen würden ... auch diese Situation mit Leichtigkeit meistern.« (Hilger, Wir, S. 294 f.)
Die Aufzeichnungen über die hier angesprochenen Begegnungen, Weisungen und Telegramme in: ADAP, D, VII, Nr. 567, S. 450 f.; ADAP, D, VIII, Nr. 2, S. 2; Nr. 5, S. 3 f.; Nr. 34, S. 26 f.; Nr. 37, S. 28; Nr. 39, S. 29; Nr. 46, S. 34 f.; Nr. 59, S. 44; Nr. 63, S. 47; Nr. 70, S. 53 f.; Nr. 78, S. 60; Nr. 80, S. 62.

152 Hilger, Wir, S. 294.

153 Churchill hat das sowjetische Vorrücken (an die Curzon-Linie) in seiner Rundfunkansprache vom 1. Oktober 1939 als eine sinnvolle Absicherung der UdSSR gegen die nazistische Bedrohung begrüßt (W.S. Churchill, Der Zweite Weltkrieg, I, 2, Stuttgart 1954, S. 63).

154 Am 10. September 1939 begegnete Molotow dem Drängen des deutschen Botschafters mit der Erklärung, »daß die Sowjetregierung durch unerwartet schnelle deutsche militärische Erfolge völlig überrumpelt worden sei. Rote Armee habe gemäß unserer ersten Mitteilung mit einigen Wochen gerechnet, die auf wenige Tage zusammengeschrumpft wären. Sowjetische Militärs seien daher in schwierige Lage geraten ...« (Schulenburg an Auswärtiges Amt, in: ADAP, D, VIII, Nr. 46, S. 35).

155 Zur Begründung seines Verzichts auf die im Geheimprotokoll der Interessensphäre der UdSSR zugeschlagenen Gebiete Polens im Austausch gegen Litauen machte Stalin in der Verhandlung vom 28. September 1939 gegenüber Ribbentrop geltend, »daß eine Teilung des Gebiets mit rein polnischer Bevölkerung ihm bedenklich erscheine. Die Geschichte habe bewiesen, daß die polnische Bevölkerung immer wieder nach Vereinigung strebe. Eine Teilung der polnischen Bevölkerung werde daher leicht zu Unruheherden führen ...« Damit wurde, wie Ribbentrop bemerkte, »Rußland ... vom polnischen Problem entlastet« (Ribbentrop über Staatssekretär an Hitler, Moskau, den 28. September 1939, in: ADAP, D, VIII, Nr. 152, S. 124 f.).

156 Neben der endgültigen Festlegung der »Grenze der beiderseitigen Reichsinteressen [sic]« (Artikel I und II) und der Aberkennung der Rechte »dritter Mächte« (Artikel II) legte der Vertrag in Artikel III »die erforderliche staatliche Neuregelung« in den Gebieten in die Hand der jeweiligen Regierung (Deutsch-sowjetischer Grenz- und Freundschaftsvertrag, in: ADAP, D, VIII, Nr. 157, S. 127 f.). Damit unternahm Deutschland explizit den ersten Schritt zur »Bolschewisierung« Osteuropas.

157 Vgl. Aufzeichnung Ribbentrops vom 24. Juni 1940, in der er die Weisung Hitlers vom 22. August 1939 in bezug auf Süd-Ost-Europa rekonstruierte, in: ADAP, D, X, Nr. 10, S. 10.

158 Gaus, Eidesstattliche Versicherung, Prozeß, X, S. 297.

159 Kordt, Wahn, S. 178 f.

160 Siehe oben, Anm. 49.

161 ADAP, D, VII, Nr. 567, S. 450.
162 ADAP, D, VIII, Nr. 5, S. 4.
163 Vgl. aus der älteren deutschen Forschung die Dokumentation von Boris Meissner, Die kommunistische Machtübernahme in den baltischen Staaten, in: VfZ, 2, 1954, S. 95–114, daneben die bibliographischen Angaben in Loeber, Selection. Ein ausgewogenes aktuelles Bild liegt nicht vor. Der gesamte Fragenkomplex verlangt dringend nach einer neuen übergreifenden Darstellung unter Einbeziehung der sowjetischen und baltischen Quellen und Dokumente jener Zeit.
164 Es bestand zweifellos ein auf beiden Seiten erkannter Zusammenhang zwischen der Wendung Hitlers nach Rußland nach dem Sieg über Frankreich und dem sowjetischen Vorgehen im Baltikum und in Bessarabien (Hitlers vorübergehende Erwägungen, Rußland noch im Sommer 1940 niederzuringen, wurden erst in der zweiten Julihälfte fallengelassen; vgl. Albert Seaton, Der russisch-deutsche Krieg 1941–1945, Hrg. Andreas Hillgruber, S. 24; sowie Generaloberst Halder, Kriegstagebuch, II, S. 32 und 49). Um seine Wendung nach Osten – bei anschwellenden Kriegshandlungen gegen England – plausibel zu machen, nutzte Hitler bewußt eine falsche Interpretation des Geheimen Zusatzprotokolls, besonders hinsichtlich Bessarabiens. Die Denkweise im Kreise um Hitler reflektierte Goebbels, der am 7. Juli notierte, Rußland nutze »... die Stunde. Vielleicht müssen wir später noch einmal gegen die Sowjets antreten«, und vier Tage später schrieb: »Rußland sucht kurz vor Toresschluß noch möglichst viel zu fressen. Da müssen wir aufpassen.«
165 Daschitschew, Pakt, 1, S. 3.
166 Vgl. die Schilderung Ribbentrops, nach der Stalin »in betont freundschaftlichen Worten« an Hitler erinnert habe (London, S. 182) sowie die phantasievolle, aber unzutreffende Erzählung von Kleist (Tragödie, S. 72 ff.; ders., Hitler, S. 59).
167 Hilger, Wir, S. 293.
168 Die *Prawda* hob die Bedeutung des Nichtangriffspakts für die »Friedenspolitik« hervor und betonte, daß er das Ziel verfolge, »Konflikten aus dem Weg zu gehen, friedliche und Geschäftsbeziehungen zwischen den beiden Staaten zu festigen«; er beseitige die Spannung und gehe über eine Regelung der Verhältnisse zwischen den beiden Ländern hinaus.
169 Vystuplenie V.M. Molotova na vneočerednoj četvertoj sessii Verchovnogo Soveta SSSR 1-ogo sozyva, 31 avgusta 1939; die hier zitierten Stellen auf Russisch in: Fel'štinskij, SSSR, S. 74–76. In dieser betonte Molotow: »Unsere Pflicht ist es, an die Interessen des Sowjetvolkes zu denken ... Die Kunst der Politik auf dem Gebiet der auswärtigen Beziehungen besteht ... darin, die Zahl der Feinde seines Landes zu verringern und zu erreichen, daß die Feinde von gestern gute Nachbarn werden, die ... friedliche Beziehungen aufrechterhalten ... Dieser Vertrag bringt uns nicht nur die Bewahrung vor der Gefahr eines Krieges mit Deutschland – er engt das Feld möglicher militärischer Zusammenstöße in Europa ein und dient insofern der Sache des allgemeinen Friedens; er soll uns neue Möglichkeiten des Wachstums der Kräfte, der Festigung unserer Positionen, das weitere Anwachsen des Einflusses der Sowjetunion auf die internationale Entwicklung gewähren ...«
170 In seiner Ansprache vom 3. Juli 1941 stellte Stalin die rhetorische Frage, ob es in Anbetracht der eingetretenen Entwicklung nicht ein Fehler gewesen wäre, den Nichtangriffspakt mit Hitler einzugehen. Seine Antwort war: »Absolut nicht. Ein Nichtangriffsvertrag ist ein Friedensvertrag zwischen zwei Ländern. Es war genau ein Vertrag

dieser Art, den uns Deutschland 1939 angeboten hat … Was haben wir durch den Abschluß dieses Paktes gewonnen? Wir haben unserem Lande für anderthalb Jahre den Frieden gesichert, ebenso wie die Möglichkeit, unsere Streitkräfte auf die Verteidigung vorzubereiten für den Fall, daß das faschistische Deutschland unser Land in Verletzung dieses Paktes angreift. Es war dies ein sehr klarer Nutzen für uns und zum Schaden für das faschistische Deutschland.«

171 Ribbentrop sprach von einem »kleinen, einfachen Abendessen zu viert im selben Raum, dem Arbeitszimmer Molotows« (London, S. 182).

172 Gaus, Versicherung, S. 297.

173 Aufzeichnung des Vortragenden Legationsrats Hencke, in: ADAP, D, VII, Nr. 213, S. 189–191, hier S. 191.

174 Kleist, Tragödie, S. 72.

175 Aufzeichnung Hencke, in: ADAP, D, VII, Nr. 213, S. 189.

176 Hilger, Wir, S. 291. Tatsächlich sagte Stalin dies am 27./28. 9. 1939.

177 Aufzeichnung Hencke, in: ADAP, D, VII, Nr. 213, S. 190.

178 Kleist, Tragödie, S. 74.

179 Vgl. das brillante, januskopfartige Psychogramm von Stalin und Hitler von V. Bereshkow, Proščet Stalina, in: Meždunarodnaja Žizn', Nr. 8, 1989, S. 20 ff.

180 Aufzeichnung Hencke, in: ADAP, D, VII, Nr. 213, S. 191.

181 Ribbentrop, London, S. 182.

182 Hilger, Wir, S. 285, der die Schilderung Hewels zugrunde legte.

183 Teske, Köstring, S. 142.

184 Below, Adjutant, S. 183. Vgl. zur Wirkung dieses Pakts in der Weltöffentlichkeit die Dokumentation von Wolfgang Leonhard, Der Schock des Hitler-Stalin-Paktes. Erinnerungen aus der Sowjetunion, Westeuropa und USA, Freiburg 1986.

185 Nach Below (Adjutant, S. 184) durchschritt Ribbentrop die Räume der Wohnung Hitlers nach seiner Rückkehr wie ein »Triumphator« und wurde von Hitler »sehr herzlich begrüßt« und beglückwünscht. Siehe auch Domarus, Hitler, II, S. 1253 f.

186 Ribbentrop, London, S. 184.

187 Kordt, Wahn, S. 181.

188 Weizsäcker, Erinnerungen, S. 246.

189 Weizsäcker-Papiere, 25. Oktober 1939, S. 181.

190 Hassell-Tagebücher, S. 113 (Aufzeichnung, Berlin, 27. 8. 1939).

191 A. Jakowlew in seinem *Prawda*-Interview vom 18. August 1989, Nowosti, 24. 8. 1989, S. 10. Vgl. dazu auch: D.A. Wolkogonow, Drama rešenij 1939 goda, in: Novaja i novejšaja istorija, Nr. 4, 1989, S. 3–27.

192 Schulenburg an Duberg, 27. August 1939, in: Nachlaß Schulenburg, Ordner Duberg, Briefe … ab 1. Januar 1939, S. 1.

193 Teske, Köstring, S. 142.

194 Herwarth, Hitler, S. 188.

195 Charles E. Bohlen, Witness to History 1929–1969, New York 1973, S. 82 ff.; Herwarth, Hitler, S. 188 f.

196 Steinhardt an Hull, Moskau, 24. August 1939 (received August 24 – 11:15 a.m., in: FRUS, I, General, Nr. 465, S. 342 f.).

197 Hull, Memoirs, S. 661. Der amerikanische Historiker polnischer Herkunft, Piotr Wandycz, hat das Telegramm von Laurence Steinhardt vom 24. August 1939, 12 Uhr, im Jahre 1988 zum Anlaß genommen, um die westlichen Staaten, die von sei-

nem Inhalt wußten, ihres Versäumnisses wegen anzuklagen, die polnische Regierung nicht rechtzeitig in Kenntnis gesetzt zu haben (vgl. *Polityka* vom März 1989, *Südkurier* vom 10. März 1989).

198 Steinhardt an Hull, 24. August 1939, 5 p.m., in: FRUS, I, General, Nr. 468, S. 343 f.

199 Pers. Mitteilung Dr. Schnurre an Vf.

200 Pers. Mitteilung von Albrecht Graf von der Schulenburg an Vf.

201 Schulenburg an Duberg, 27. August 1939, in: Nachlaß Schulenburg, Ordner Duberg: Briefe... ab 1. Januar 1939, S. 1, 7 f.

202 Schulenburg an Duberg, 4. September 1939, in: Nachlaß Schulenburg, Ordner Duberg: Briefe... ab 1. Januar 1939, S. 1 f.

Schlußbetrachtung

1 In seiner Rede vor den Oberbefehlshabern auf dem Obersalzberg am 22. August 1939 gab Hitler die korrekte Folge der Initiativen wieder, wenn er betonte, daß er selbst nach der Ablösung Litwinows die Umstellung der Beziehungen zur UdSSR eingeleitet und die Wirtschaftsgespräche in Gang gesetzt habe; er fuhr fort: »Schließlich kam von den Russen [Sperrung im Text, I.F.] der Vorschlag: 1. Für einen Nichtangriffspakt. 2. Für eine Intervention zwischen Japan und Rußland. 3. Für eine Regelung in der Frage der baltischen Provinzen.« Aufzeichnung Boehm, in: Prozeß, XLI, S. 17–25, hier S. 24.

2 Nikita Chruschtschow, Vospominanija. Izbrannye otryvki, New York 1982, Bd. 1, S. 41 f.

3 In seiner Rede vom 22. August 1939 ließ Hitler selbst durchblicken, daß nach seiner Begegnung mit Astachow (14. Juli) die »Gespräche auf wirtschaftlichem Gebiet, die zu einem Handelsvertrag führten«, als Schiene zur Anbahnung der politischen Gespräche benutzt wurden; Aufzeichnung Boehm, in: Prozeß, XLI, S. 23.

4 Hier und im folgenden: (nicht gezeichnete) Aufzeichnung der Rede Hitlers vor den Oberbefehlshabern auf dem Obersalzberg am 22. August 1939, in: ADAP, D, VII, Nr. 193, Anm. 1, S. 171–172.

5 Rede Hitlers am 22. August 1939, Aufzeichnung Boehm, in: Prozeß XLI, S. 24 f.

6 V.M. Falin, in: »Kruglyi stol«: Vtoraja mirovaja vojna – istoki i pričiny, in: Voprosy istorii, 1989, 6, S. 5 und a.a.O. Vf. hat die Authentizität dieser Episode sowie ihre Hintergründe bisher nicht persönlich verifizieren können.

7 Rede Hitlers am 22. August 1939, (nicht gezeichnete) Aufzeichnung, in: ADAP, D, VII, Nr. 193, Anm. 1, S. 171.

8 Burckhardt, Mission, S. 364 ff. Burckhardt warnte Hitler, daß die von ihm ins Auge gefaßte Zerschmetterung Polens »einen allgemeinen Krieg bedeuten wird«, worauf Hitler »erregt und fast beschwörend« sagte: »Dann soll es eben sein. Wenn ich Krieg zu führen habe, würde ich lieber heute als morgen Krieg führen ... Ich kann nicht hinnehmen, daß mein Volk Hunger leidet. Soll ich dann nicht besser zwei Millionen auf dem Schlachtfeld lassen, als noch mehr durch Hunger zu verlieren ... (Kreischend): Ich will das nicht... ich muß freie Hand im Osten haben.«

9 Dieser Tendenz folgen u.a. die Historiker Heino Arumäe und V.I. Daschitschew, der letztere u.a. in der Diskussion der *Komsomol'skaja Prawda* vom 8. August 1989, S. 3: Uroki istorii: Tak kak že eto bylo?

10 Vgl. u.a. Oberländer, Pakt, S. 114.

11 Die sowjetische Historikerdebatte (besonders V.I. Daschitschew und M.I. Semirjaga) unterwirft heute gerade die inneren Voraussetzungen für die außenpolitische Isolation der UdSSR im Jahre 1939 der schonungslosen Kritik. Dieses Verfahren verlangt dem westlichen Historiker in seinem moralischen Rigorismus hohen Respekt ab, manifestiert allerdings neben dem Bemühen, die Schuld im eigenen Haus zu suchen, auch deutliche Züge der »Verbürgerlichung« des Bewußtseins: Es sollte nicht an der Tatsache vorbeigehen, daß der aus der Revolution hervorgegangene Sowjetstaat, nebst seinem internationalen Anspruch, an sich, auch unabhängig von den Entartungen des Stalinismus, für die etablierten westlichen Staaten ein *skandalon* bedeutete.

12 So bestätigte V.M. Bereshkow kürzlich unter Hinweis auf eine persönliche Mitteilung A. Mikojans, die (früher in Ansätzen von Kriwickij berichtete) Episode, nach der Stalin das Verhalten Hitlers nach dem sog. Röhm-Putsch am folgenden Tag in der Sitzung des Politbüros mit den Worten quittiert habe: »Da sieht man, was Hitler für ein Prachtkerl ist! So also muß man mit seinen politischen Gegnern umgehen!« (*Komsomol'skaja Prawda*, 8. August 1989, Tak, S. 3).

12a Vgl. die Ausführungen A.N. Jakowlews in der Mitteilung der von ihm geleiteten Kommission, in: *Prawda*, 24. Dezember 1989, S. 2.

12b Informationsbericht Nr. 84, 11. August 1939, in: BA, ZSg 101, 409.

13 Vgl. Churchill, War, I, S. 350; dagegen: Eberhard Jäckel, Über die angebliche Rede Stalins vom 19. August 1939, in: Vierteljahrshefte für Zeitgeschichte, 6, 1958, S. 380–389.

14 Vor allem von Lew Besymenskij aus historischer Sicht und R.A. Mjullerson aus rechtlicher Sicht, u.a. in: »Vtoraja mirovaja vojna: Istoki i vyvody, in: *Prawda*, 11. August 1989 (Nr. 223), S. 5.

15 Wie Hermann Budzilawski zuerst vermutete und Rolf Ahmann bestätigte (Ahmann, S. 26–42, hier S. 26, 38 ff.).

16 Vgl. hierzu u.a. die Betrachtung von Bereshkow, Proščet und R.A. Medwedew, Diplomatičeskie i voennye proščety Stalina v 1939–1941 gg., in: Novaja i novejšaja historija, Nr. 4, 1989.

17 Vgl. hierzu die neueren Überlegungen von V.M. Falin, M.I. Semirjaga, L. Besymenskij u.a. in: Stol, und von L. Pozdeewa, in: *Prawda*, 11. August 1989, S. 5.

18 Chruschtschow, Vospominanija, I, S. 36–39; die Reihenfolge seiner Aussagen ist in dieser Übersetzung der Verf. nach Inhalten geordnet.

19 Chruschtschow, Vospominanija, II, S. 69 ff.

20 D.M. Proektor in: *Iswestija*, 29. November 1987, S. 4–5.

21 F. Meyer in der Titelgeschichte des *SPIEGEL* vom 7. August 1989, S. 94.

22 Sie wird im Zentrum einer Studie über die Bemühungen der deutschen Rußland-Diplomatie um Kriegsverhinderung stehen, die im Juni 1991 erscheinen soll.

23 Carl J. Burckhardt, Memorabilien. Erinnerungen und Begegnungen, München 1977, S. 279.

Citissime !

Telegramm (geh.Ch.V.)
Moskau, den 16. August 1939 2.48 Uhr
Ankunft: " 16. " " 4.25 "

Ganz Geheim!

Nr. 175 vom 15.8.

Auf Telegramm vom 14. Nr. 175 +)

W ...... g

Geheim !

Randvermerk:
Telegramm Moskau 175 ist heute früh auf Weisung von Herrn VLR Kordt nach Fuschl an H.R.A.M.durchgegeben Hübscher 16.8. 6.40 Uhr.

Molotow nahm Inhalt mir aufgetragener Mitteilung mit größtem Interesse entgegen, bezeichnete sie als außerordentlich wichtig und erklärte, daß er seiner Regierung hierüber gleich berichten und mir in Kürze Antwort geben werde. Schon jetzt könne er erklären, daß Sowjetregierung deutsche Absichten nach Verbesserung Beziehungen zu Sowjetunion lebhaft begrüße und angesichts meiner heutigen Mitteilung nunmehr an Aufrichtigkeit dieser Absichten glaube.

Zur Frage der Herreise des Herrn Reichsaußenministers möchte er provisorisch als seine eigene Ansicht zum Ausdruck bringen, daß eine solche Reise einer entsprechenden Vorbereitung bedürfe, damit Meinungsaustausch zu einem Ergebnis führe.

In diesem Zusammenhang interessiere ihn die Frage, wie Deutsche Regierung zu der Idee des Abschlusses eines Nichtangriffspaktes mit der Sowjetunion eingestellt sei, ferner ob Deutsche Regierung bereit sei, auf Japan zwecks Besserung sowjetisch-japanischer Beziehungen und Beseitigung der Grenzkonflikte einzuwirken und ob etwaige gemeinsame Garantierung Baltenstaaten in den Bereich deutscher Erwägungen gehören.

Bezüglich angestrebter Verbreitung Wirtschaftsverkehrs anerkannte Molotow, daß Verhandlungen in Berlin erfolgreich fortschritten und einem günstigen Ende zusteuerten.

Molotow wiederholte, daß, wenn meine heutige Mitteilung Idee Nichtangriffspaktes oder etwas ähnliches einschließt, über diese Frage konkret gesprochen werden müsse, damit im Falle einer Herreise des Herrn Reichsaußenministers es nicht bei einem Meinungsaustausch verbleibt, sondern konkrete Entscheidungen getroffen werden.

Molotow anerkannte zwar, daß Eile geboten, um nicht vor vollendete Tatsachen gestellt zu werden, betonte jedoch, daß entsprechend Vorbereitung von ihm erwähnter Fragen unerläßlich sei.

Eingehende Aufzeichnung über Verlauf Unterredung folgt Donnerstag mit Sonderkurier Flugzeug.

Schulenburg

23920

Schulenburg an Auswärtiges Amt. 16. August 1939, PA AA Nr. 34/23920

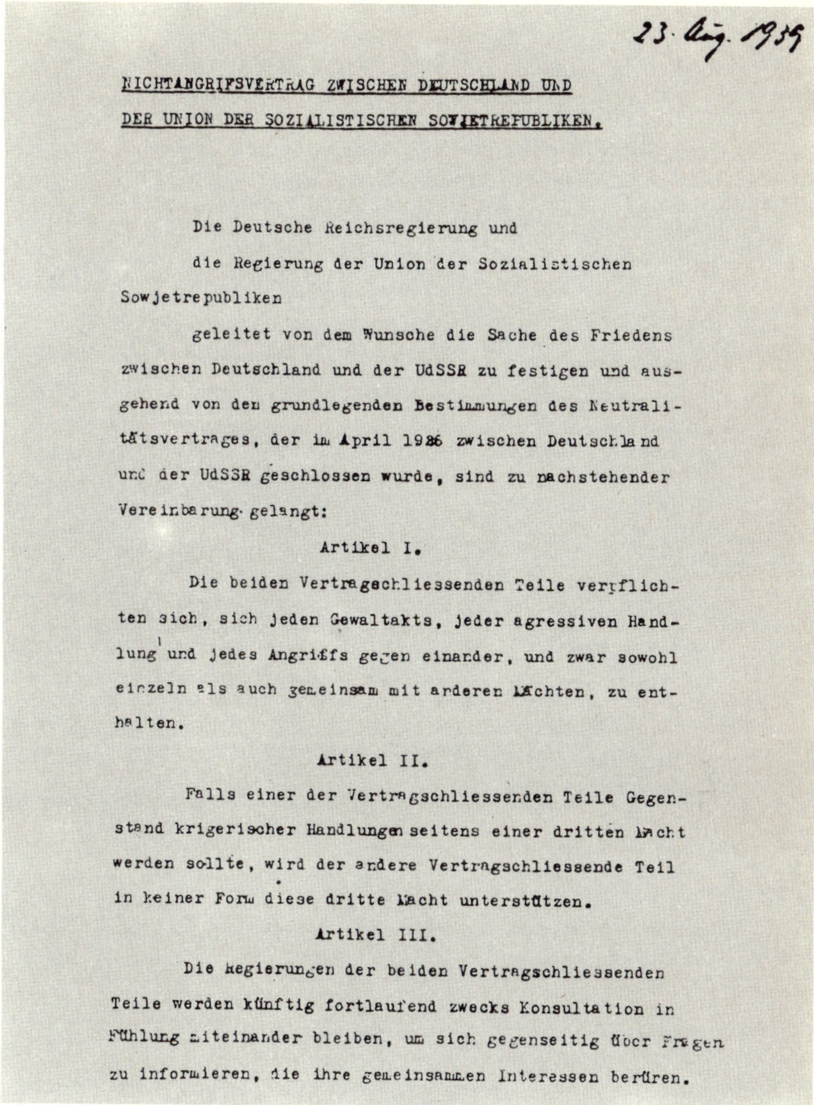

23. Aug. 1939

NICHTANGRIFFSVERTRAG ZWISCHEN DEUTSCHLAND UND DER UNION DER SOZIALISTISCHEN SOWJETREPUBLIKEN.

Die Deutsche Reichsregierung und
die Regierung der Union der Sozialistischen Sowjetrepubliken

geleitet von dem Wunsche die Sache des Friedens zwischen Deutschland und der UdSSR zu festigen und ausgehend von den grundlegenden Bestimmungen des Neutralitätsvertrages, der im April 1926 zwischen Deutschland und der UdSSR geschlossen wurde, sind zu nachstehender Vereinbarung gelangt:

Artikel I.

Die beiden Vertragschliessenden Teile verpflichten sich, sich jeden Gewaltakts, jeder agressiven Handlung und jedes Angriffs gegen einander, und zwar sowohl einzeln als auch gemeinsam mit anderen Mächten, zu enthalten.

Artikel II.

Falls einer der Vertragschliessenden Teile Gegenstand krigerischer Handlungen seitens einer dritten Macht werden sollte, wird der andere Vertragschliessende Teil in keiner Form diese dritte Macht unterstützen.

Artikel III.

Die Regierungen der beiden Vertragschliessenden Teile werden künftig fortlaufend zwecks Konsultation in Fühlung miteinander bleiben, um sich gegenseitig über Fragen zu informieren, die ihre gemeinsammen Interessen berühren.

Text des Nichtangriffsvertrags, 23. August 1939, PA AA F 11/0048-0050

Artikel IV.

Keiner der beiden Vertragschliessenden Teile wird sich an irgend einer Mächtegruppierung beteiligen, die sich mittelbar oder unmittelbar gegen den anderen Teil richtet.

Artikel V.

Falls Streitigkeiten oder Konflikte zwischen den Vertragschliessenden Teilen über Fragen dieser oder jener Art entstehen sollten, werden beide Teile diese Streitigkeiten oder Konflikte ausschliesslich auf dem Wege freundschaftlichen Meinungsaustausches oder nötigenfalls durch Einsetzung von Schlichtungskommissionen bereinigen.

Artikel VI.

Der gegenwärtige Vertrag wird auf die Dauer von 10 Jahren abgeschlossen mit der Massgabe, dass, soweit nicht einer der Vertragschliessenden Teile ihn ein Jahr vor Ablauf dieser Frist kündigt, die Dauer der Wirksamkeit diese Vertrages automatisch für weitere fünf Jahre als verlängert gilt.

Artikel VII.

Der gegenwärtige Vertrag soll innerhalb möglichst kurzer Frist ratifiziert werden. Die Ratifikationsurkunden sollen in Berlin ausgetauscht werden. Der Vertrag tritt sofort mit seiner Unterzeichnung in Kraft.

Ausgefertigt in doppelter Urschrift, in deutscher und russischer Sprache,

Moskau am 23. August 1939.

Für die Deutsche Reichsregierung:

v Ribbentrop

In Vollmacht der Regierung der UdSSR:

V. Molotow

Geheimes Zusatzprotokoll.

Aus Anlass der Unterzeichnung des Nichtangriffsvertrages zwischen dem Deutschen Reich und der Union der Sozialistischen Sowjetrepubliken haben die unterzeichneten Bevollmächtigten der beiden Teile in streng vertraulicher Aussprache die Frage der Abgrenzung der beiderseitigen Interessenssphären in Osteuropa erörtert. Diese Aussprache hat zu folgendem Ergebnis geführt:

1. Für den Fall einer territorial-politischen Umgestaltung in den zu den baltischen Staaten (Finnland, Estland, Lettland, Litauen) gehörenden Gebieten bildet die nördliche Grenze Litauens zugleich die Grenze der Interessenssphären Deutschlands und der UdSSR. Hierbei wird das Interesse Litauens am Wilnaer Gebiet beiderseits anerkannt.

2. Für den Fall einer territorialpolitischen Umgestaltung der zum polnischen Staate gehörenden Gebiete werden die Interessenssphären Deutschlands und der UdSSR ungefähr durch die Linie der Flüsse Narew, Weichsel und San abgegrenzt.

Die Frage, ob die beiderseitigen Interessen die Erhaltung eines unabhängigen polnischen Staates erwünscht erscheinen lassen und wie dieser Staat abzugrenzen wäre, kann endgültig erst im Laufe der weiteren politischen

Text des Geheimen Zusatzprotokolls zum Nichtangriffsvertrag vom 23. August 1939, PA AA F 19/182-183

Entwickelung geklärt werden.

In jedem Falle werden beide Regierungen diese Frage im Wege einer freundschaftlichen Verständigung lösen.

3) Hinsichtlich des Südostens Europas wird von sowjetischer Seite das Interesse an Bessarabien betont. Von deutscher Seite wird das völlige politische Desinteressement an diesen Gebieten erklärt.

4) Dieses Protokoll wird von beiden Seiten streng geheim behandelt werden.

Moskau, den 23. August 1939.

Für die Deutsche Reichsregierung:

v. Ribbentrop

In Vollmacht der Regierung der UdSSR:

W. Molotow

Personenregister